新宏观经济学

[澳]威廉·米切尔(Wiliam Mitchell) [美]L.兰德尔·雷(L. Randall Wray) [澳]马丁·沃茨(Martin Watts) —— 著
贾根良 李黎力 何增平 —— 译
贾根良 —— 校

中央编译出版社
Central Compilation & Translation Press

© William Mitchell, L. Randall Wray and Martin Watts, 2019.

This translation of *Macroeconomics* is published by arrangement with Bloomsbury Publishing Plc.

著作权合同登记号：01－2024－4734

图书在版编目（CIP）数据

新宏观经济学 ／（澳）威廉·米切尔
(William Mitchell)，（美）L. 兰德尔·雷
(L. Randall Wray)，（澳）马丁·沃茨 (Martin Watts)
著；贾根良，李黎力，何增平译. -- 北京：中央编译
出版社，2025. 7. -- ISBN 978-7-5117-4889-8

Ⅰ. F015

中国国家版本馆CIP数据核字第2025KU9616号

新宏观经济学

选题策划	张远航
责任编辑	张　科
责任印制	李　颖
出版发行	中央编译出版社
网　　址	www.cctpcm.com
地　　址	北京市海淀区北四环西路69号（100080）
电　　话	（010）55627392（总编室）　　（010）55627312（编辑室）
	（010）55627320（发行部）　　（010）55627377（新技术部）
经　　销	全国新华书店
印　　刷	廊坊昌能印刷有限公司
开　　本	710 毫米×1000 毫米　1/16
字　　数	911 千字
印　　张	57.75
版　　次	2025 年 7 月第 1 版
印　　次	2025 年 7 月第 1 次印刷
定　　价	258.00 元

新浪微博：@中央编译出版社　　　微　信：中央编译出版社（ID: cctphome）
淘宝店铺：中央编译出版社直销店（http://shop108367160.taobao.com）　（010）55627331

本社常年法律顾问：北京市吴栾赵阎律师事务所律师　闫军　梁勤
凡有印装质量问题，本社负责调换。电话：（010）55627320

作者简介

威廉·米切尔（William Mitchell）

澳大利亚新南威尔士州纽卡斯尔大学（University of Newcastle）经济学教授、充分就业与公平研究中心（Centre of Full Employment and Equity, CofFEE）主任。

威廉·米切尔著作等身，近期著有《欧元区祛魅》（*Eurozone Dystopia*）和《重新主张国家》（*Reclaiming the State*）。他在宏观经济学、劳动力市场、计量经济学、区域经济学和发展经济学等领域发表了大量学术论文和学术专著。他曾担任澳大利亚政府、工会、社区及数个国际组织［包括欧盟委员会（European Commission）、国际劳工组织（International Labour Organization）和亚洲开发银行（Asian Development Bank）］的顾问。他经常参与公共服务和撰写媒体评论。他是现代货币理论的创始人之一。

L. 兰德尔·雷（L. Randall Wray）

美国巴德学院（Bard College）经济学教授和巴德学院利维经济研究所（Levy Economics Institute of Bard College）高级学者。他是制度主义思想学会（Association for Institutionalist Thought）前主席，演化经济学学会（Association for Evolutionary Economics）理事。兰德尔师从海曼·明斯基（Hyman P. Minsky），专注于研究货币理论和政策、宏观经济学、金融不稳定和就业政策。他是现代货币理论的创始人之一。

L. 兰德尔·雷是《后凯恩斯主义经济学杂志》（*Journal of Post Keynesian Economics*）的联合主编，著有《现代货币理论：主权货币体系的宏观经济学》

(*Modern Money Theory*: *A Primer on Macroeconomics for Sovereign Monetary Systems*);《理解现代货币：走向充分就业和价格稳定的关键》(*Understanding Modern Money*: *The Key to Full Employment and Price Stability*) 和《资本主义经济中的货币和信贷：内生货币理论》(*Money and Credit in Capitalist Economies*: *The Endogenous Money Approach*)。他主编了论文集《货币与银行理论》(*Theories of Money and Banking*) 和《信用与国家货币理论：A.米切尔·英尼斯的贡献》(*Credit and State Theories of Money*: *The Contributions of A. Mitchell Innes*)。他与埃里克·泰摩尼 (Eric Tymoigne) 合著有《基金经理资本主义的兴衰》(*The Rise and Fall of Money Manager Capitalism*)、《明斯基的半个世纪：从"二战"到大衰退》(*Minsky's Half-Century*: *From World War Two to the Great Recession*)。

兰德尔最新的著作是《为何明斯基重要》(*Why Minsky Matters*)，他目前正在编辑已故经济学家海曼·明斯基未完成的书稿。

马丁·沃茨（Martin Watts）

澳大利亚新南威尔士州纽卡斯尔大学经济学名誉教授、充分就业与公平研究中心（CofFEE）研究员。他曾在莫纳什大学工作（1975—1990）。

马丁·沃茨在宏观经济学、歧视的理论与测度、经济地理模型等领域发表了大量期刊论文，并参与撰写了多个论文集。他在劳动经济学和宏观经济学等领域具有丰富的教学经验。

译者简介

贾根良

中国人民大学吴玉章高级讲席教授,教育部"长江学者"特聘教授(2016)。主要研究方向为经济思想史、演化经济学、发展经济学、科学技术与创新政策、比较经济学、财政货币与宏观经济学。已发表论文两百多篇,著有《国内大循环:经济发展新战略与政策选择》《现代货币理论在中国》(合著)等,译有《演化经济学译丛》等。

李黎力

中国人民大学经济学院副教授,经济思想史教研室主任,美国密苏里大学堪萨斯分校(UMKC)访问学者。主要研究方向为货币金融思想史和经济思想编史学。著有《明斯基经济思想研究》等,译有《货币国定论》《殿堂:经济学大师的思想》等。

何增平

北京理工大学经济学院助理教授,研究领域为经济思想史、后凯恩斯主义经济学和现代货币理论。已在国内外学术期刊发表论文十余篇,主持国家社会科学基金项目和中国博士后科学基金项目各一项。

本书简介

《新宏观经济学》分为八个部分。在第一部分《导论与方法》中，我们介绍了宏观经济学的研究对象，以及宏观经济学与微观经济学的区别（第1章）。宏观经济学是一门充满争论的学科，同时对宏观经济现象的分析可能犯"合成谬误"。第2章强调了培养读者批判性思维的重要性。在第3章中，我们简述了资本主义崛起的经济史，考察了资本主义的历史背景。每一门学科都有自己的语言，有了这些概念和理论，我们就能够理解——而不仅仅是描述——相关现象。为此，我们初步介绍了国民经济核算、劳动力市场和部门收支平衡的基础知识（第4至6章）。概念和理论可以通过数学模型来描述和理解。第7章提供了一些数学工具使用的入门知识。认知框架和学科语言对于宏观经济学的学习很重要（第8章）。

在第二部分《通货、货币与银行业》中，我们解释了为什么法定货币（Fiat Currency）被赋予了价值并且能在国内交易中被接受，以及固定汇率和浮动汇率的区别及其对实施宏观经济政策的意义。你将了解到债务（IOUs，或译作借据，或欠条"我欠你"）是如何被创造和毁灭的（第9章）。第10章的重点是货币和银行业。我们概述了货币供给和金融资产等概念的定义，强调了现代货币理论与主流经济学在解释银行信贷创造过程上的不同。此外，你还将学习简化的资产负债表，从而理解金融体系的运作。

在第三部分《国民收入、产出与就业的决定》中，我们简要介绍了一些模型。首先是至今仍影响着宏观经济理论和政策的古典体系（第11章），接下来是凯恩斯在利率和就业决定等方面对古典体系的批判（第12章），以及对就业和产出取决于预期的有效需求的证明（第13章）。宏观上对劳动力的总需求是一种派生需求，而失业可能成为宏观经济的均衡状态（第 14 章）。这部分最后概述了总支出模型（第 15 章），并详细分析了加成定价理论，该理论解释了为什么企业在短期内总是倾向于进行数量调节。

在第四部分《失业与通货膨胀：理论和政策》中，我们首先介绍了通货膨胀的定义，然后说明了通货膨胀源于收入分配的斗争。我们强调了货币数量论的缺陷（第 17 章）。第 18 章概述了早期关于菲利普斯曲线的争论，随后批判了附加预期的菲利普斯曲线，这一理论在 40 多年后仍然深刻影响着发达经济体的宏观经济政策实践。你还会了解到菲利普斯曲线相关研究的最新进展，例如，回滞效应（这一效应说明了失业持续时间的重要性）和不充分就业（underemployment）。大多数政策制定者仍在利用失业缓冲储备来对抗通货膨胀的压力。第 19 章探讨了就业保障（Job Guarantee）计划的优点，该计划以就业缓冲储备为基础，与其他宏观经济政策协调配合，旨在实现充分就业和价格稳定。

在第五部分《开放经济中的经济政策》中，我们首先概述了财政部和中央银行的作用。中央银行的流动性管理必须与财政政策相互配合。我们认为，货币主权（Currency Sovereignty）是实施独立货币政策的必要条件。此外，税收制度的设计应当致力于公平和改善行为的目标，而非增加财政收入。在第 21 章中，我们概述了赤字鹰派、鸽派和猫头鹰派对财政政策的不同看法乃至对立的观点，讨论并批驳了挤出效应。此外，我们还评估了刺激性财政政策与恶性通货膨胀之间的联系。在第 22 章中，我们讨论了财政空间和财政可持续性等概念，论证了浮动汇率能够最大化财政空间，并说明了一个发行主权货币的政府永远不会面临公共债务可持续性的危机。第 23 章主要分析了中央银行的货币政策操作及其对宏观经济的影响。该部分最后一章概述了国际收支的组成部分及其相互关系。我们区分了名义汇率和实际汇率，扩展了第 15 章的总支出模型，将外贸和汇率变化的影响纳入其中。

第六部分探讨了经济的不稳定性。第 25 章的重点是投资的乘数和加速数效应。我们在投资模型中考察了经济稳定政策。在第 26 章中，我们介绍了马克思主义和其他非正统学派的金融危机理论，特别是明斯基的金融不稳定性假说。该假说得出了有违直觉的结论，即由财政部和中央银行制定的补救政策可能进一步削弱金融体系，使其更容易爆发危机。

在第七部分《宏观经济学思想史》中，我们从经济思想史概述出发，介绍了从斯密到 19 世纪后期的新古典经济学的思想史。我们提供了一个年表，以展示特定的经济学说是何时发展起来的，以及这些学说是如何被后来的学派所吸收（或摒弃）的。第 28 章全面考察了影响深远的"IS—LM 框架"，介绍了在该模型中政策选择和工资/价格弹性的宏观经济后果，并在最后指出了该模型的局限性。第 29 章对现代经济思想流派进行了概括和评价，特别介绍了新古典宏观经济学、真实经济周期理论、新凯恩斯主义和现代非正统经济学流派。在第 30 章中，我们概述了宏观经济学的新货币共识。它可被视为后全球金融危机时代主流经济学的集大成者。

第八部分《当代争论》由最后三章构成。在第 31 章中，我们通过现代货币理论的透镜分析了当代经济的五大政策争论。这些政策争论是（i）老龄化、社会保障与代际争论；（ii）双赤字假说；（iii）国际收支约束与货币危机；（iv）固定汇率与弹性汇率：最优货币区、班柯还是浮动汇率；（v）环境可持续性与经济增长。第 32 章指出了主流宏观经济学的一大缺陷，即主流宏观经济学没能预见到全球金融危机（Global Financial Crisis）。作为对比，我们概述了为什么现代货币理论（MMT）的支持者既预测到了全球金融危机，又认识到了欧元区的设计缺陷。在最后一章中，我们概述了能够改变未来的宏观经济模型的关键基石，包括存量流量一致性、对法定货币的理解、中央银行的流动性管理、中央银行的内生货币供给，以及汇率制度的选择对财政政策空间的影响。

名人推荐

这是一本采纳现代货币理论新框架的宏观经济学教科书。针对主流宏观经济学的世界观,对于真实的世界,它说了什么,特别重要的是它没有说什么,该书提供了一种替代性的选择。它对于凯恩斯思想的表述非常接近于凯恩斯本人的洞见,有别于"冒牌的"凯恩斯理论的教科书,这是目前亟需的一种改变。本书可读性很强,清楚地揭示了不同模型背后的假设,逻辑简明易懂,相关历史知识有助于对真实世界的理解。

——约翰·P. 沃特金斯(John P. Watkins),美国犹他州威斯敏斯特学院

本书对宏观经济理论提供了一个完整的、最新的和极好的解释。这是对主流经济学范式的一种极好的批判,它呼吁对人类行为采取更加实事求是的方法,呼吁经济学的非正统观点。本书的宏观经济学方法论是以2007—2008年的金融危机为基础的,并概述了经济学在"后危机"时代应该如何发展的问题。这是近几年最有趣和最引人注目的宏观经济学教科书之一。

——奥马尔·法拉伯利(Omar Feraboli),英国邓迪大学

本书拒绝将新古典经济学的微观基础作为理解资本主义的基础。作者用社会阶级取代了最大化的个人,其中,具有强大权力的资本主义企业在很大程度上决定了经济结果。

——罗伯特·彻诺马斯(Robert Chernomas),加拿大曼尼巴托大学

这是市面上最先进的宏观经济学教科书。使用资产负债表的方法,作者仔

细研究了我们这个时代最重要的问题：为什么作为货币（currency）发行者的主权政府不受财政约束？银行如何通过发放贷款来创造存款？中央银行如何通过调整利率来影响经济？作者都是宏观经济学领域的杰出学者，本书将启发新一代学生和读者。我衷心地推荐它。

——德克·埃恩斯（Dirk Ehnts），德国弗伦斯堡欧洲大学

本书对21世纪的宏观经济学进行了独特的、结构良好的和清晰的讨论，它对现代货币生产的经济进行了有益的和实事求是的分析，并与近年来全面失败的、有缺陷的、不切实际的、过时的和狭隘的主流宏观经济学教科书进行了对比。简言之，这是我读过的最好的经济学图书，它应该成为未来许多大学和学院的标准教科书。

——史蒂文·海尔（Steven Hail），澳大利亚阿德莱德大学

超级通俗易懂的书……与其他大多数教材不同，它对经济学的不同流派进行讨论，将其与经济思想史联系起来，并提供了历史的和制度的细节。学生们被邀请反思经济学家们为什么有不同的范式和理论，思考宏观经济学意味着什么，并认识到语言和框架在理论建构中的作用。所有的教科书都要培养未来的经济学家对这些话题的敏感性，但这只是我们的一种希望。总之，对于刚接触宏观经济学的学生来说，这是一本非常通俗易懂的教科书，并为理解当前的政策辩论奠定了良好的基础。它将多元化的思想与现代货币理论的清晰阐述结合在一起，所有这些都来自制度实在论和分析的严谨性——这是一项重大成就。强烈推荐！

——德克·J. 贝泽默（Dirk J. Bezemer），荷兰格罗宁根大学

甚至一些主流经济学家现在也承认，过去30年的宏观经济学是一个巨大的退步。但是，他们没有认识到，这是因为它缺乏多元主义的视角，同时又忽视了非正统经济学对重建宏观经济学的革命性潜力。本书为即将到来的宏观经济学革命指明了正确的方向。

——贾根良，中国人民大学（中国北京）

这是一本期待已久的大学一年级教材。在这里，非正统的和主流的方法在一个新的框架之下被讲授，避免了学生们被迫通过主流经济学的视角学习经济学的教学陷阱。学生们和有经验的经济学家都可以从这本精彩的、期待已久的著作中学到很多东西。

——阿尔贝托·帕洛尼（Alberto Paloni），英国格拉斯哥大学

这本《新宏观经济学》教科书从正统和非正统（后凯恩斯主义、老制度主义和马克思主义）的观点为宏观经济学提供了一个非常全面和平衡的指南。它涵盖了一些重要但很少在入门级教科书中讨论的主题，例如，不平等的测量、内生货币和现代货币理论、量化宽松、负利率政策、有效需求理论、充分就业政策、经济不稳定和环境可持续性。这是一部真正重要的和颇具创新性的宏观经济学入门教科书，不仅对于初学的学生，而且对于那些想要了解被正统经济学所忽视的重要主题的专业经济学家来说，同样如此。向作者致敬！

——Y. K. 金（Y. K. Kim），美国波士顿马萨诸塞大学

前　言

本书从现代货币理论的视角，提供了一种全面介绍大学程度的宏观经济学课程。

我们的方法是以真实世界的制度运作为基础的，并明确了中央政府的决策能力。因此，在教学法上，我们首先把发行通货的政府（the currency-issuing government）放在了首位。①

我们希望读者们能够了解现代货币系统是如何运转的，政府和非政府部门之间如何交互作用，中央银行和银行之间如何相互作用，劳动力市场如何运作，贸易和资本流动如何对经济结果产生影响，等等。

读者将了解到货币发行（currency-issuing）政府的潜力和能力，以及这种类型的政府如何可以有目的地利用财政和货币政策增进国民福祉。

早期的多元主义的宏观经济学教学方法首先是从对标准的、由新凯恩斯主义主导的主流宏观经济学的阐述开始，只有在这之后，才用一些来自"真实世界"的批评引出非正统经济学的概念结构和框架。我们感觉到，如果我们

---

① 请注意全书中"通货（currency）"和"货币（money）"的区别：一般认为，"通货"指流通中用于结算的（实物）货币，这是目前文献中通用的"通货"概念，包括硬币和纸币，通俗称"现钞"或现金，而货币概念的范畴远大于通货，如包括银行准备金、各种存款等，所以就有了M0、M1、M2等区分。所谓M0就是基础货币，即通货加银行准备金（请见第10章）。但在现代社会中，现金很少被使用，由政府支出创造的"通货"现在主要是中央银行准备金——商业银行在中央银行的存款。与纸币、硬币一样，准备金是以国家记账货币计价的中央银行的负债（在美国，硬币是财政部发行的负债）。准备金虽然不包括在通常的通货定义中，但在实际操作中，它们完全可以按照票面价值作为通货的替代品，因而成为现代社会用于结算的主要货币形式。此外，在本书英文版中，the currency-issuing government是经常出现的一个术语，直译应为"通货发行政府"（发行通货的政府），但考虑到人们很不习惯这种译法，而且，我们发现这种翻译将造成一些不必要的混乱，因此，除了个别地方，我们统一将之译为"货币发行政府"，当你看到这个术语时，请注意这里的货币概念都是"通货"（currency）这个英文词，而非一般的"货币"（money）概念。——校订者注

从一开始就切入到货币体系实际运作方式的理解，那么读者将会得到更好的信息。在采取这一方法时，我们就会发现，对于理解现实世界的货币运作来说，主流宏观经济学并没有提供连贯的知识体系。

我们认为，在主流经济学的传统教育之下，读者会接触到有关货币体系如何运作的概念和解释，但这些概念和解释在应用于现实世界时是完全错误的。这些推理上的重大缺陷所造成的后果有时是毁灭性的。想想全球金融危机（GFC）吧。主流经济学家们没有预见到它的到来，而且，当世界处于金融崩溃的边缘时，许多人主张政府削减开支以保持低财政赤字。或者，考虑一下欧元区内部的棘手问题，这些问题甚至在欧元诞生之前就已被现代货币理论的经济学家们所发现，但它们超出了主流经济学家们能够理解的范围。

在其他许多错误中，其中一例就是主流经济学家们预测量化宽松将导致加速通货膨胀。人们认为，不断上升的财政赤字将推高利率和债券收益率，而政府将耗尽资金。此外，主流理论还预测，欧元的采用将使欧洲国家的经济趋同于高速且可持续的增长率，从而使每个人的生活水平不断提高。这些预测都被证明是错误的，但是，政府却听取了这类建议，从而迫使数百万工人失去了工作，并确保经济复苏成为一个漫长而痛苦的过程。

文献已经表明，在理解为什么全球金融危机会发生、为什么它会迅速导致欧元区出现更严重的危机，以及随后政府干预的可能结果方面，在现代货币理论的传统之中工作的经济学家更有先见之明。

对货币体系如何运转以及政府作为货币发行者的能力的深入研究是现代货币理论的突出特征，因此，从现代货币理论的这种研究入手，本书将为读者理解现实经济提供一个更加健全的平台。

在我们对经济制度（政府、中央银行、商业银行、家庭、企业、贸易实体等）的日常运作提供详细的描述性理解的同时，我们也对过往的经济念念不忘。为了给读者提供一个语境的透视图，我们还介绍了丰富的历史分析，包括经济思想史本身和国家经济史。从历史中可以学到很多东西。当前许多关于政策选择的辩论不过是过去辩论的重复。更尖锐一点地说，今天提出的一些建议在过去已经被明确证明是糟糕的选择。我们认为，读者需要了解这些问题，以便更好地理解政府的可行性政策选择。

我们相信，对于从实际出发进行经济叙述和撰写报告的人来说，从认知科学中得出的概念——如框架和语言——是其重要组成部分。在这种背景之下，本书极具创新性的一个特点是，向读者展示我们如何使用语言来构建经济叙述的框架，表达经济概念，并做出政策选择。通过这种方式，我们将宏观经济学置于更广阔的社会科学背景之中，我们认为这可以丰富读者的学习经验。

我们没有回避承认正式化（formality）的好处：使用数学和统计技术。这本书对其主题更技术性的方面提供了一个坚实的介绍，读者将获得数学技巧的知识，但不是为了数学本身，而是因为它们有助于我们更有效地理解所处理的材料。

此外，读者将学习如何处理现实世界的数据，并将这些知识应用到现实世界的情况。我们认为，读者一旦进入职业生涯阶段，就必须为有意义的经济评论做好准备。

宏观经济学是一个激动人心的研究领域，尤其是因为它对我们的日常生活和我们国家的繁荣有着深远的影响。

我们希望使用本书的学生们能对宏观经济学领域有一个全面的了解，以使他们具备必要的技能来理解重要的宏观经济辩论，并能够建设性地参与这些辩论。

威廉·米切尔
L. 兰德尔·雷
马丁·沃茨
2018 年 10 月

致　谢

本书是献给数百万默默无闻的失业工人的，新自由主义经济政策剥夺了他们过上幸福生活的机会。主流经济学家鼓吹这些政策，却从不承担自身愚蠢的后果。

三位作者特别感谢充分就业与公平中心的梅琳达·汉南（Melinda Hannan）在行政和编辑方面的宝贵帮助。

三位作者感谢密苏里大学堪萨斯分校和纽卡斯尔大学学生的反馈，这些学生在本书写作的过程中阅读了本书原稿。

三位作者也要感谢在无数次的讨论中提供意见的同事们，包括沃伦·莫斯勒（Warren Mosler）、马特·福斯塔特（Mat Forstater）、斯蒂芬妮·凯尔顿（Stephanie Kelton）、帕芙琳娜·切尔内娃（Pavlina Tcherneva）、埃里克·泰摩尼（Eric Tymoigne）、叶娃·纳斯岩（Yeva Nersisyan）、弗拉维亚·丹塔斯（Flavia Dantas）、詹姆斯·朱尼珀（James Juniper）、安德鲁·纳多尔尼（Andrew Nadolny）、蒂姆·夏普（Tim Sharpe）、约翰·亨利（John Henry）、简·克莱格尔（Jan Kregel）、史蒂夫·法扎里（Steve Fazzari）、韦恩·戈德利（Wynne Godley）和海曼·明斯基（Hyman Minsky）。

在三位作者中，威廉要感谢路易莎一直以来的支持、批评和关爱；兰德尔要感谢肖娜、新华、肖恩、艾琳娜和艾莉森的耐心陪伴；马丁要感谢琳达、蕾切尔、本和克莱尔的宽容——他们在几年前就期待着本书的出版！此外，马丁还要感谢她的侄女杰玛一直保持着对这个项目的兴趣，尽管她的专业领域是法学和心理学。

尽管许多人提供了帮助并提出建议，但所有的错误仍由作者们负责。

目 录

第一部分　导论与方法 ……………………………………………………………… 1

第 1 章　导论 …………………………………………………………………… 3
第 2 章　怎样思考和从事宏观经济学研究 ………………………………… 30
第 3 章　经济史和资本主义兴起的简要概述 ……………………………… 58
第 4 章　国民收入和产出账户体系 ………………………………………… 79
第 5 章　劳动力市场的概念和核算 ………………………………………… 105
第 6 章　部门收支核算与资金流量 ………………………………………… 130
第 7 章　方法、工具和技巧 ………………………………………………… 162
第 8 章　框架的使用与宏观经济学的语言 ………………………………… 182

第二部分　通货、货币与银行业 ………………………………………………… 207

第 9 章　主权货币：政府及其货币 ………………………………………… 209
第 10 章　货币与银行业 ……………………………………………………… 230

第三部分　国民收入、产出与就业的决定 …………………………………… 253

第 11 章　古典体系 …………………………………………………………… 255
第 12 章　凯恩斯先生与"古典学派" ……………………………………… 279
第 13 章　有效需求理论 ……………………………………………………… 300
第 14 章　宏观的劳动力需求 ………………………………………………… 318
第 15 章　总支出模型 ………………………………………………………… 335
第 16 章　总供给 ……………………………………………………………… 368

第四部分　失业与通货膨胀：理论和政策 ………………………………… 391
- 第 17 章　失业与通货膨胀 ……………………………………………………… 393
- 第 18 章　菲利普斯曲线及其发展 ……………………………………………… 413
- 第 19 章　充分就业政策 ………………………………………………………… 445

第五部分　开放经济中的经济政策 ……………………………………………… 481
- 第 20 章　货币和财政政策导论 ………………………………………………… 483
- 第 21 章　主权国家的财政政策 ………………………………………………… 509
- 第 22 章　财政空间和财政可持续性 …………………………………………… 535
- 第 23 章　主权国家的货币政策 ………………………………………………… 551
- 第 24 章　开放经济中的政策：汇率、国际收支和竞争力 …………………… 573

第六部分　经济不稳定性 ………………………………………………………… 599
- 第 25 章　投资对利润的影响 …………………………………………………… 601
- 第 26 章　稳定不稳定的经济 …………………………………………………… 637

第七部分　宏观经济思想史 ……………………………………………………… 657
- 第 27 章　经济思想史概述 ……………………………………………………… 659
- 第 28 章　"IS—LM 框架" ……………………………………………………… 681
- 第 29 章　现代经济思想流派 …………………………………………………… 718
- 第 30 章　宏观经济学的新货币共识 …………………………………………… 749

第八部分　当代争论 ……………………………………………………………… 765
- 第 31 章　最近的政策争论 ……………………………………………………… 767
- 第 32 章　全球金融危机中的宏观经济学 ……………………………………… 822
- 第 33 章　面向未来的宏观经济学 ……………………………………………… 848

索　引 ……………………………………………………………………………… 865

后　记 ……………………………………………………………………………… 903

第一部分

导论与方法

chapter 1

第1章
导　论

本章纲要

1.1　经济学是什么？——两种观点
1.2　经济学与公共目的
1.3　宏观经济学是什么？
结论
参考文献

学习目标

- 理解宏观经济学是对总体经济行为的分析，如对就业、失业、国内生产总值（GDP）和通货膨胀的分析，而微观经济学则是对个体经济行为主体的分析，尤其是对家庭和企业的分析。
- 要认识到，宏观经济学是一门有争议的学科，两种不同流派的经济学（正统经济学和非正统经济学，或主流经济学和非主流经济学）对市场有效性和政府作用的看法是不同的。
- 应该承认，社会科学学科和物理科学学科在构建概念和理论上有自己的语言，它们为理解而不仅仅是描述相关现象提供了基础。

1.1 经济学是什么？——两种观点

据说，美国前总统哈里·杜鲁门的经济顾问们总是告诉他，"嗯，一方面，我们可以做 X，另一方面，我们可以做 Y"，"Y"通常是与"X"完全相反的政策，这使杜鲁门很沮丧，以至于有一天他终于忍受不了了，大喊道："谁可以给我找来一位独臂的经济学家（one-armed economist）啊！"

这个故事当然很搞笑，但它确实突显了一个在所有社会科学学科中都普遍存在的问题。然而，遗憾的是，经济学有时被降级，划入"企业决策研究"领域，或者只被看作是数学的一个分支，并将大量使用数学和模型视作学科的标配。这种将经济学视为决策科学的观念预设了一种高度人为假定的世界，在这个由超级理性"机器"人组成的世界中，这些"机器"人始终如一地追求快乐最大化并避免痛苦。如果这是真实的世界，那么杜鲁门的顾问们当然就能很轻易地提出一项"正确"的政策。

与目前主流经济学的图书不同，本书将以更宽广的视角来看待经济学这门学科，将其归入社会科学的范畴。正如杜鲁门的经历所说明的，与其他社会科学学科，如心理学和政治学一样，经济学也是具有相当难度的学科，因为经济学关注的是我们称之为"经济"领域的人类行为，而这一领域本身就很难界定，它也很难与人类密切相关的其他领域区分开。作为社会科学的主题，人类行为是复杂的，我们往往不了解其原因，甚至不了解其性质，更不知道我们如何以我们所期望的方式影响它，即使我们知道我们想要的结果（比如，更聪明、更快乐的孩子），我们也不能肯定地知道哪些政策选择将会产生预期的结果。

尽管我们可以认为，将"经济"与社会生活的其他部分分离开来，并将"经济学"应用于其研究是有益的，但我们也要认识到，这种划分必然是武断的。事实上，并不存在完全独立的"经济生活"的领域，这意味着经济学与其他社会科学学科是联系在一起的，并融合了它们的研究成果。

此外，我们想强调的是，不存在一种单一"正确的"经济学研究方法。在本书中，我们将运用多种方法和理路来加深对经济的理解。我们偶尔也会引进其他学科的研究和方法。我们将使用一些数学与模型。因为我们相信经济史和经济思想史有助于我们理解当代经济，因此，我们将从两个方面——经济事件和领会既往伟大思想家的真知灼见——对历史进行检视。

在本节的其余部分，我们将简要地概述历史上的经济思想家以及当代的经济学家们对经济学所采取的两种主要的研究框架和方法。把个人和他们的理论进行归类总是有风险的，就像任何政党的政治家（比如，澳大利亚的工党，或者美国的共和党）持有本党多数党员的观点，但也有可能持有与对立党派更一致的观点。经济学家也是如此。尽管如此，探究在过去两个世纪中主导了大部分争鸣的两种不同类型的经济学还是很有用的。

回顾一下使杜鲁门总统颇为沮丧的故事，我们可以把经济学的"两只手"理解为两种类型的经济学：一种是正统的或新古典主义的传统，在其中，一些相关的分支得到发展；而另一种则是非正统的（Heterodoxy），或"凯恩斯主义—制度主义—马克思主义"的传统，这也是一种存在众多流派的经济学类型。① 让我们依次研究这两种类型的经济学，当然我们无法一一展开来说。

正统的或新古典主义的方法

在新古典主义传统中，人们对人性作出了一个重要假设：个人寻求快乐的最大化，避免痛苦。快乐被定义为"效用"，所以个人追求效用最大化的行为，避免"负效用"——痛苦。此外，理性的个体是利己的，他们只寻求最大化自己的效用，而不会寻求从他人的经历中获得效用或负效用。新古典经济学假定个人是"理性的"，也就是说，在给定约束条件下，个人将实现效用最大化。新古典主义的思考表明，如果没有约束，个人会将其效用最大化到无穷大。然而，个人受到他们所拥有的资源的限制，这些资源在新古典经济学中被称为"个人的资源禀赋"。互惠交换根据偏好重新分配资源，从而增加交易双方的效用。

在假设的自由市场中，交换是由竞争所决定的相对价格进行的（相对价格是比率，例如，一只鹿＝三只海狸＝六只兔子＝两蒲式耳小麦＝十小时的劳动）。市场参与者将相对价格作为信号。某种商品的相对稀缺将导致其价格上

---

① 在本书中，除个别地方，Heterodoxy（异端）一般意译为"非正统"。有关非马克思主义的非正统经济学的主要流派，请参看贾根良等著：《西方异端经济学主要流派研究》，中国人民大学出版社2010年版。——校订者注

涨，促使供应商生产更多的商品，而买家的需求则减少。例如，如果经济学专业学生的供给不足以满足市场对经济学家的需求，那么经济学家相对于历史学家的工资就会上涨。与此同时，雇主们将试图找到可以接受的、相接近的但成本更低的替代品；比如，政治学专业的学生。之后，随着经济学家供应的增加，经济学专业学生的相对工资优势下降。当然，其他因素也会影响决策，但重要的是，相对价格对供应商（经济学专业的学生）和需求者（经济学家的雇主）都起到了信号的作用。

"均衡"被定义为"出清"市场的一组相对价格，一般"均衡"是指出清所有市场的一套完整的价格。亚当·斯密关于**"看不见的手"**的著名隐喻被用来解释市场如何被引导向均衡价格。对"看不见的手"类比的一种解释是，通过产生市场出清的价格，市场提供了指引个人最大化其效用的信号，同时也提供了确保供需平衡的社会产品或公共产品。为了理解"看不见的手"的概念，我们可以设想一个周末在公共广场上举办的农贸市场。农民们在周六的清晨带来他们的水果和蔬菜，广而告之他们愿意出售的价格。一天下来，一些人发现他们把价格定得太低了（面对快速增长的销售，库存很快就会耗尽），而另一些人则把价格定得太高了。

与此同时，消费者根据报价调整他们心目中愿意支付的价格（他们愿意为给定数量/质量的商品支付的最高价格）以及他们想要的数量。价格在周末进行了调整，以实现收入最大化，同时确保农民不必把未售出的农产品运回家中。在这种叙述中，生产者和消费者将理性地调整价格，从而使"供给等于需求"，也就是说，所有的水果和蔬菜都会被卖完。

"手"是"看不见的"，不需要授权，它就能够引导个人和经济作为一个整体走向均衡，因此，政府几乎没有管理经济的必要。虽然这种推理是一个分析上的跳跃，但这种"自由市场"叙事的下一步就是将市场类比延伸到整个经济。确实，如果所有的价格和工资都是灵活的，那么每个市场，包括各种技能的劳动力市场，难道不会在需求等于供给的情况下使市场出清吗？任何一个供给者或需求者如果固执地拒绝"看不见的手"提供的指导，难道不是非理性的吗？按照新古典主义的这种理论，似乎整个经济可以通过一组价格和工资（每一种产品或生产投入都对应于一种价格和工资）来出清所有市场，从而达到**一般均衡**。

当然，在制定和执行规则、提供国家安全以及某些提供社会安全网方面，政府可以发挥一些作用。但根据亚当·斯密的这一解释，政府没有必要指导个人为公共利益服务，因为通过对价格信号的反应去追求自己的利益，个人实际上就是在为公共利益行事。

新古典经济学从中推出了一个更重要的结论："你得到的是你应得的"。如果我们都到自由市场来进行互惠交换，我们都是在资源限制的情况下追求我们自己的个人效用最大化。均衡配置被建构为是"公平的"，但这并不意味着分配是平等的。有些人将拥有更多（并实现更大的效用），有些人将拥有更少，但这是因为有些人一开始就拥有更大的"禀赋"（资源、能力和动力）。

从技术上讲，这个概念是指一个人根据自己对市场的贡献获得资源分配。如果你最终得到的资源配置很低，那是因为你对市场的投入太少——也许你生来就没有什么资源，也许你不得不做出一个受限制的选择，如因为很少接受教育，或者你更喜欢休闲而不是工作。换句话说，对于你微薄的资源配置来说，除了你自己，你怪不得别人。

当然，新古典经济学也考虑到了坏运气、先天残疾等因素。因此，社会政策也应参与改变资源配置，以保护最贫穷和最弱势的群体。然而，一般来说，资源配置应该留给市场，因为它将根据每个参与者对市场的生产性贡献来奖励他们，这是公平的一个维度。

近年来，新古典经济学被用来支持保守主义对"二战"后西方国家经济和社会改革的反对。这场运动在美国以外通常被称为"新自由主义"运动，① 在美国国内则被称为"新保守主义运动"。这种"反政府"的立场与美国前总统罗纳德·里根（Ronald Reagan）和英国前首相玛格丽特·撒切尔（Margaret Thatcher）的执政密切相关。里根在1980年竞选总统时承诺，"要使人们摆脱压在背上的政府"，而撒切尔则以主张"不存在社会"这一概念而闻名，这反映了新古典经济学家们所共有的个人主义分析框架。

精简政府，尤其是缩小社会安全网，是与这种观点相一致的：政府只需要

---

① 在美国，"自由主义"是指"反对""新自由主义"的"左翼意识形态"。——校订者注

"使刺激正确",然后,自由市场将使个人福利最大化,而"看不见的手"将确保来自市场的信号引导个人去做最有利于整体经济的事情。

虽然新自由主义或新保守主义政策与保守派政党关系最为密切,但在整个20世纪90年代和21世纪初,就连温和派和社会民主党也采取了这些政策。例如,美国前总统克林顿(Bill Clinton,民主党人)在1992年的竞选中承诺"终结我们所知道的福利制度",这与里根总统对社会福利计划的厌恶如出一辙。他取消了最大的反贫困项目——受抚养子女家庭援助计划(Aid to Families with dependent children),取而代之的是一项期限有限的计划,该计划试图迫使受援者为他们的福利(benefits)(请注意,是"工作福利 workfare"而非"福利 welfare")工作。

在美国以外,英国工党等其他左翼政党也采取了类似的战略,诸如"为失业救济金而工作"。欧洲许多(左翼)的社会民主党敦促经济与货币联盟(欧元区)推行财政紧缩、私有化和放松监管。新古典经济理论为这些经济和社会政策的变化提供了强有力的理由,因为政治家们援引了这种改革的所谓好处,即在减少政府对"看不见的手"的干预的同时,更多地依赖"市场的结果"。

自20世纪80年代以来,新古典主义在公共政策争论中的主导地位如此强大,以至于大多数政党(至少在经济政策方面)都采取了与这些观点步调一致的改革。①

最后,让我们看一看**新古典主义对经济学的定义**,因为它很好地总结了它所采取的方法:

经济学是对在无限需求中如何分配稀缺资源的研究。

这个定义经常被框定为"经济问题",也就是说,在资源稀缺的同时,我们的需求却是无限的。"问题"是我们永远无法完全满足自己的需求。虽然我们都试图实现"效用最大化",但有限的资源阻止了我们获得最大的满足感。

---

① 这就是本书校订者早已注意到的一种现象:自20世纪80年代以来,西方国家的左派及其政党在经济政策上也都是"新自由主义"的,导致这种状况在经济思想上的重要原因是西方国家所有左翼经济思想都接受了主流宏观经济理论,特别是财政货币理论,这是美国建制派候选人在2016年大选时都被民众抛弃的重要原因。——校订者注

正是这个原因，许多人认为经济学是一门"沉闷的科学"，因为他们认识到了"问题"无法得到解决的本质。

经济学家常说的另一句话是"天底下没有免费的午餐"，这也源于新古典经济学的定义。换言之，因为资源是稀缺的，所以总是存在着权衡。如果我们把资源从一种用途转移到另一种用途，我们必然会减少对第一种用途的享受，而代之以对第二种用途的享受。例如，如果我们想要更多的"枪支"，我们就必须减少"黄油"；如果我们想提高"鲍勃"的生活水平，就必须降低"吉尔"的生活水平。

严格地说，这种情况只有在充分利用所有资源的情况下才会出现。然而，在"看不见的手"引导资源配置的情况下，灵活的相对价格确保所有稀缺资源都能得到充分利用。其理念是，价格将会一直下跌，直到供给等于需求，这样就不会存在资源闲置。

而且，还要注意，这种权衡只是暂时的。例如，如果我们把资源从生产消费品转移到生产提高生产能力的投资品上，那么我们在未来可以生产更多的消费品。通过经济增长，我们可以提高生产水平，这样"鲍勃"和"吉尔"都可以得到更多。然而，这与"天底下没有免费的午餐"的告诫并不矛盾，因为如果我们将来要增加产量的话，我们今天就需要牺牲一些消费。

关于新古典主义的方法，我们在后面的章节中会有更多的内容。然而，现在是转向另一种方法的时候了。

非正统的方法："凯恩斯主义—制度主义—马克思主义"

经济学中还有一个重要的传统，它采用了一种完全不同的分析框架。可惜的是，人们对如何称呼它并没有达成强烈的共识。有时它被称为"非正统的"（non-orthodox），这似乎是与正统或新古典经济学相对立的定义。近年来，很多研究这一传统的人已经确定了使用"非正统的"（heterodox）这一术语，但这个形容词通常也被定义为"不符合公认的信念"。然而，从第二次世界大战结束一直到20世纪70年代初，那些如今被称为"非正统"经济学的观点实际上占据着主导地位，因为这些观点现在不再是大多数人的意见，所以正是在这种意义上，曾经是"正统的"观点现在才被看作是"非正统的"了！

此外，虽然所有的正统经济学家基本上都接受新古典经济理论的原则，但"非正统"经济学是由一些公认的、具有凝聚力的经济学流派所组成。① 虽然这些非正统的经济学流派具有共同的方法论基础，但是它们在一些重要的方面也存在差异。这些思想流派中最重要的三种是马克思主义（追随卡尔·马克思）、制度主义（追随索尔斯坦·凡勃伦）和凯恩斯主义（约翰·梅纳德·凯恩斯的追随者）。②

我们应该怎样称呼这种与新古典经济学存在根本不同的经济学呢？尽管我们对"异端的"和"非正统"的称谓提出了语义学上的反对意见，但我们仍将遵循这种约定俗成，并将第二种经济学称为非正统的或"凯恩斯主义—制度主义—马克思主义"的研究框架。③ 让我们考察一下他们共同的框架。

首先，按照这种研究框架，根本不存在自然的人类行为；相反，人类行为是由制度、文化和社会塑造和改变的；利己（或者"自利"这种更褒义的说法）行为没有任何内在的自然性，在新古典主义的意义上，这种行为也不是"理性"的。人类是社会性动物，在许多文化中，利己的行为会受到惩罚，利己的个体会受到排斥。由于人类的生存需要合作，利己实际上是非理性的，因为失去群体的支持和资源会降低一个人生存的机会。在已知的所有社会中，都进化出了精心设计的仪式及传统去促进合作，甚至为了共同的利益而作出牺牲。

人类的行为在不同的社会中有很大的差异，而经济制度是判定在任何特定社会中某种行为是否适当的一个因素。利己行为在某些社会中比在另一些社会

---

① 请注意，本书采用的方法和现代货币理论都属于非正统阵营。事实上，它是建立在许多非正统经济学传统的基础之上的。

② 这里需要注意的是，许多自称是凯恩斯主义者的学者，以及经济学教科书中经常出现的凯恩斯主义理论，都不是非正统的。他们更接近于新古典主义的方法。实际上，正统宏观经济理论的奠基人之一保罗·萨缪尔森（Paul Samuelson, 1947）将其称为"新古典综合"，以表明其基础尽管是新古典的，但凯恩斯的一些观点也被综合进来了，或者被嫁接到这个基础之上了。凯恩斯的非正统追随者认为，这种整合是不可能的。我们将在第 27 章详细讨论这些问题。

③ 贾根良早在 1998 年就提出"经济学研究的两大传统"，并在后来将这两大传统命名为"牛顿主义和达尔文主义"，提出经济思想史和当代经济学中存在"两大传统和三大理论体系"，"三大理论体系"分别为新古典主义、马克思主义和演化经济学综合，"演化经济学综合"的理论来源除了本书作者在这里提到的"凯恩斯主义—制度主义—马克思主义"，还包括新熊彼特主义、替代性经济学教规（演化发展经济学）等其他当代非正统经济学流派和历史上重要的思想家如弗里德里希·李斯特、阿林·杨格、卡尔·波拉尼等。在过去十几年，我们一直将"现代货币理论学派"视作"演化宏观经济学"的主要发展。——校订者注

中更容易被接受。新古典经济理论主要是在西方资本主义社会发展起来的，尤其是在英国，这并非巧合。新古典经济学家认为所有人的行为都是"理性"的，但这种"理性"行为只是对早期英国资本家行为的合理的和准确的描述。在他们所处的社会环境，只顾自己的利益而不顾他人（尤其是员工）的福利，可能增加了他们作为资本家的成功概率。此外，他们的活动是在一种敌对的政治气候（political climate）中进行的，在这种政治气候中，国王和拥有土地的贵族想要保护有利于他们的农业经济的主导地位，保持甚至增加他们自己在英国相当微弱的产出中所占的份额。从第一批资本家的角度来看，政府"干预"几乎总是一件坏事，因为政府的运作在很大程度上是维护国王和贵族的利益的。

我们现在不讨论经济史。我们想强调的是，人类的行为具有惊人的可塑性，并以一种复杂的方式受到习俗和传统的影响。

此外，我们不能肯定地知道我们采取的任何行动是否都是真正的"效用最大化"。我们应该买雷诺汽车还是马自达汽车？在作出决定之后，随着时间的推移，我们可能对更好的选择有更好的想法，但更有可能的是，即使再过十年，我们也不知道哪种选择是最好的。显然，与人们必须做出的大多数经济选择相比较，这种选择相对不重要而且简单。事实上，我们几乎永远不知道我们是否作出了效用最大化的正确决定，即使是"事后诸葛"。

根据非正统经济学的方法，决策和行为取决于一系列其他因素，其中包括不确定性、权力、歧视和偏见等，例如，个人实际上可供选择的范围取决于他们的地位、社会阶级、种族、宗教和性别。这些"非经济"因素严重地影响甚至限制了我们的选择。

非正统经济学的所有流派都反对这种观点：经济结果是由一个非个人的市场来仲裁的，这个市场只寻求"需求和供给"的均衡。在现实世界中，市场价格主要是由拥有市场力量的公司来管理的。工资水平的确立并非"出清"劳动力市场的结果，而是由工人与资本家之间激烈的博弈的过程所决定的。资本主义是一个由阶级冲突所定义的制度。一般来说，工人们希望自己付出的努力能挣到尽可能多的钱，而老板们则希望工人们尽可能多生产，同时尽可能少地给工人支付工资。而且，正如我们将在后面讨论的那样，关于失业，不可能通过削减工资来消除过剩的劳动力供给；实际上，降低工资将减少对劳动力的需求，从而提高失业率。更一般地说，工资和其他价格不仅仅是"看不见的手"的信号，而且也是决定收入并影响企业销售及其未来决策的因素。因此，价格和工资的决定通常不会由市场这只"看不见的手"来决定。

对于所谓的资源稀缺和需求无限的"经济问题"，非正统经济学持有不同的观点。需求在很大程度上是由社会创造的，人类拥有"无限的"需求不是自然的。虽然现代广告的作用的确在不断地扩大我们的欲望（desires），但这可以通过教育来对抗。此外，资源也主要是由社会创造的。诚然，一些自然资源的供应是有限的，但创新却在不断地产生替代品。例如，西方社会在19世纪面临着第一次重大的能源危机，当时鲸鱼油被用于照明和其他目的，而捕鲸者（因成本高）大大减少了鲸鱼供给的数量。然而，石油和电力的生产很快取代了对鲸鱼油的需求。

而且，任何经济体中最重要的资源是劳动力。具有讽刺意味的是，在资本主义经济中，劳动力实际上总是供过于求，也就是说，许多工人处于失业状态。更具有讽刺意味的是，新古典经济学从资源稀缺的假设出发，而显而易见的经验事实是劳动力未得到充分利用。任何以劳动力总是处于充分就业状态作为前提的理论，都明显地忽视了这个前提与劳动力是稀缺的假定存在着矛盾。

让我们来看一看非正统经济学传统对经济学的定义：

经济学是对社会资源的社会创造和社会分配的研究。

请注意，与正统的定义不同，非正统的定义侧重于资源的创造。① 此外，这种创造大部分是集体的事业，而非个人的事情：人们的共同努力创造了社会资源。分配也是由社会决定的，而不是由技术因素（一个人对生产过程的贡献）来决定的，例如，工会与雇主进行集体谈判，而雇主则联合起来保持低工资。

政治进程在决定分配方面也很重要。政府不仅通过雇佣或提供援助直接为社会的一大部分人提供收入，而且还规定了雇主必须满足的最低工资、福利和

---

① 新古典经济学是资源配置的经济学，而演化经济学则是资源创造的经济学。请见贾根良：《演化经济学：经济学革命的策源地》"前言"，山西人民出版社2004年版。——校订者注

工作条件。政府也是资源的创造者,而不仅仅是资源的使用者。它组织并资助创新的研究和开发(通常是在政府的实验室),然后用来创造资源(通常是由私人公司来进行);它还直接向企业采购,鼓励它们增加雇佣和产出;这些政府活动不仅增加了生产,而且也影响了分配。它对分配的影响通常并不是零和方式的,选民们和他们在政府中的代表对这一点具有很好的理解,因为政策创造了赢家和输家。

权力、歧视、串谋和合作都在决定谁能得到什么方面发挥着作用。关键在于,社会没有必要让市场来决定女性的薪酬是否应该低于男性,或者那些受教育程度较低的人是否应该继续失业并因此而陷入贫困。

经济学和所有的社会科学一样,关注的是一个复杂的、不断变化的社会。由于经济学家们研究的是经济领域中的人类行为,所以,他们的工作是非常困难的。无论人类做什么,他们都可以做一些不同的事情。人类有一定程度的自由意志,他们的行为很大程度上是基于他们认为他们应该做什么。这反过来又取决于他们对不可知的未来的预期。他们不知道自己行动的结果会是什么,也不知道别人会怎么做。

的确,人类既不知道过去到底发生了什么,也不完全了解今天正在发生什么。他们必须理解他们生活的环境,并意识到他们不能完全理解它。他们永远不知道自己是否真正"最大化了"自己的享受。他们在存在不确定性的情况下制订计划,并在他们所处的环境下尽其所能。他们的行动几乎总是考虑到对他人的影响。人类首先是社会动物,这就是为什么经济学必须是社会科学的一个分支。

经济学家们是做什么的?

与社会学家和政治学家一样,经济学家也在试图理解人类行为的某些特定方面,例如,关于支出水平和支出模式的决定,关于毕业后教育(post-school education)的入学和就业类型的选择。我们在上面已经讨论过,所有这些都受到制度、文化和社会的影响,这些影响至少与它们受到"纯经济"变量(如收入、商品价格和不同职业的预期工资率)的影响一样大。在微观经济学中,我们关注的是个体消费者和企业的行为,而在宏观经济学中,我们关注的是这些决策在国家层面上对结果的总体影响，包括总产出、就业和通货膨胀率。我们将在下面详细阐述微观经济学和宏观经济学的这些定义。

在试图理解经济行为的特定方式时，我们需要发展理论，以便决定我们认为会影响特定经济决策的因素。换言之，我们需要简化假设，这意味着我们必须忽略那些我们认为不相关的因素。否则，我们就会试图复制我们看到的复杂现实，仅仅去描述而不是构建理论。

在理论的发展过程中，我们形成了可以被视为理论基石的概念。一个模型可以被看作是一个理论的形式化（见下文）。为了理解任何理论（模型），对读者来说，理解它的基本概念是很重要的。

社会科学家们试图利用现实世界提供的经验数据，检验他们抽象的理论模型，这些模型以对现实世界中人类行为进行猜想的形式表达出来。例如，我们可以猜想，如果可支配收入（即纳税后的剩余收入）增加，家庭消费就会增加。因此，我们会收集有关可支配收入、家庭消费以及任何我们认为可能与之相关的数据，使用各种统计工具（例如，回归分析）列举可支配收入与居民消费之间的关系，以便检验我们的猜想是否与经验数据一致。

在从事这类工作时，负责任的社会科学家并不寻求确定理论模型是否正确，因为那是一项不可能完成的任务，我们无论如何也没有办法知道真相是什么。相反，我们寻求理论或猜想的发展，以便能够更好地理解我们所生活的经验世界。这意味着，我们当前公认的知识体系是由理论和猜想所构成的，与和它相对应的理论相比，理论和猜想的发展是为了尽可能全面地解释现实世界及其数据。

此外，我们很少能完全驳倒一个理论。正如杜鲁门总统所抱怨的那样，最重要的经济问题上都有两个或两个以上的方面，因此存在着相互冲突的理论方法，并产生不同的结论。即使研究人员利用相关数据进行分析（通常需要使用计量经济学），他们也永远无法百分之百地有把握驳斥一个理论。对一个理论的接受通常是由意识形态和政治所驱动的，而不是对相互冲突的理论和相关证据的平衡性评估所导致的。

对经济研究和政策的影响

像杜鲁门总统一样，许多读者发现经济学家们无法对经济问题给出明确的答案，这让他们很沮丧。这里有必要强调的是，与自然科学和其他社会科学一样，经济学是一门有争议的学科，正如我们对上述经济学中两大研究传统的简要讨论所表明的那样。在第 31 章中，读者将接触到一些当代宏观经济学的主要争论。

如果经济学（和其他学科）中长期存在的争论似乎没有得到解决，那么我们对经济现象的理解又如何能取得进展呢？这是一个重要的问题，因为宏观经济决策者所做的决定对人民的福利，例如，就业机会和工资，具有深远影响。

1.2　经济学与公共目的

现代资本主义经济中的家庭和企业作出许多重要的经济决策，这些决策有助于确定就业和产出水平、产出的价格及其构成、收入分配水平。经济学中存在着这样一种断言：一个由只追求自身利益的个人组成的自由市场经济可以像一只看不见的手一样协调运转（见第 1.1 节）。事实上，在 20 世纪 50 年代的时候，经济学家们就已经作出严格的证明：在现实世界中，导致这种论断的社会经济条件是不存在的。换句话说，"'自由市场'是最好的"这种说辞没有科学根据。

无论如何，这种主张即使对某些假设的经济是正确的，但对实际存在的现代资本主义经济来说却是不相干的。这是因为所有现代资本主义经济都是"混合的"，它们都是由巨型企业（包括跨国公司）、劳工组织及与其经济规模相适应的政府所构成的。个人和公司都是在社会政治和文化经济的结构中运作的，这种结构对其既有限制作用，也有促进作用。

有时，个人和公司的目标与所谓的"公共目的"是相一致的，但经常是不一致的。在这一节中，我们将讨论公共目的以及政府在试图将私人利益与社会递增目标结合起来时所扮演的角色。

什么是公共目的？这是不容易定义或识别的。任何社会组织的基本职能之一是为社会成员的生存提供必要的食物、衣物、住所、教育、医疗、法律框架和社会化。

虽然本课程的主题是经济学，但经济学领域与其他研究社会过程的社会科学领域并不是截然可分的。我们通常认为经济是社会组织中负责提供物质生存手段的那一部分，如食物、衣物和住所，等等。然而，经济总是嵌入到作为整体的社会组织中，受到文化、政治和社会制度的影响并对其产生影响。

即使我们同意任何成功的经济组织都应该能够为其人口生产适当的食物，这仍然留下了许多问题：哪种类型的食物？如何生产？如何分配？甚至"适当的"含义是什么？

此外，一个社会并不是由和谐的个人和群体所构成的，总是存在相互矛盾的主张和目标需要协调，不存在一种社会的所有成员都为之奋斗的单一的和明显的公共目的。即使我们能够确定一套社会上大多数人愿意为之努力的目标，但随着希望和梦想的发展，这些目标也会随着时间的推移而改变。公共目标是一个不断演化的概念。

本书的立场是，没有一只"看不见的手"能确保私人利益与公共目的相一致。事实上，经济只是社会组织的一个组成部分，而社会组织是确立不断演变的公共目的并为实现这一目标而努力的必要条件。

"市场"只是众多社会组织中的一种制度，这些组织致力于建立包括其社会和私人目的在内的社会目标。其他制度包括政治组织、工会、制造商（协会）和非政府组织（NGOs）。

正如我们在本章开头所指出的，中央政府在社会中扮演着重要的角色，因为它有助于确定社会目的，并建立一种促使个人和团体致力于实现公共目的社会结构。

诚然，很难概括出哪些因素界定了公共目的，但确定被广泛接受的目标是可能的。例如，联合国《世界人权宣言》（1948）要求签署国实现一套相对明确的共同目标。

该宣言载于联合国主页（联合国，1948）：

因此，**大会发布这一世界人权宣言**，作为所有公民和所有国家努力实现的共同标准，以期每一个人和社会机构经常铭念本宣言，努力通过教诲和教育促进对权利和自由的尊重，并通过国家的和国际的渐进措施，使这些权利和自由在**各会员国本身公民及其管辖下领土的人民**中得到普遍和有效的承认和遵行。

定义这个宣言的条款包括：①

- 人人有权享有生命、自由和人身安全。
- 任何人不得使为奴隶或奴役；一切形式的奴隶制度和奴隶买卖，均应予以禁止。
- 任何人当宪法或法律所赋予他的基本权利遭受侵害时，有权由合格的国家法庭对这种侵害行为作有效的补救。
- 人人在各国境内有权自由迁徙和居住。
- 每个人都有获得国籍的权利。
- 成年男女，不受种族、国籍或宗教的任何限制，有权婚嫁和成立家庭。在婚姻方面，他们在结婚期间和在解除婚约时，应有平等的权利。
- 人人有单独的财产所有权以及同他人合有的所有权。
- 人人有思想、良心和宗教自由的权利；此项权利包括改变他的宗教或信仰的自由，以及单独或集体、公开或秘密地以教义、实践、礼拜和戒律表示他的宗教或信仰的自由。
- 人人有权享有主张和发表意见的自由；此项权利包括持有主张而不受干涉的自由；通过任何媒介或不论国界，寻求、接受和传递消息与思想的自由。

---

① 《世界人权宣言》是人权史上具有里程碑意义的文件，它由来自世界各个地区不同法律和文化背景的代表起草，于1948年12月10日在巴黎召开的联合国大会上以第217A（III）号决议通过并颁布。《世界人权宣言》作为所有国家和所有人民的共同成就，第一次规定了基本人权应得到普遍保护。《世界人权宣言》已被翻译成近500种语言。《世界人权宣言》共三十条，这里选录了其中最基本的二十一款，这里的翻译参考了其中文译本。——校订者注

- 人人有权享有和平集会和结社的自由。
- 人人有直接或通过自由选择的代表参与治理本国的权利。
- 人人有平等机会参加本国公务的权利。
- 每个人，作为社会的一员，有权享受社会保障，并有权享受个人尊严和人格的自由发展所必需之经济、社会及文化方面的各种权利的实现，这种实现将通过国家努力与国际合作并当依照各国的组织和资源情况。
- 人人有权工作、自由选择职业、享受公正和合适的工作条件并享受免于失业的保障。
- 人人有同工同酬的权利，不受任何歧视。
- 每一个工作的人，有权享受公正和合适的报酬，保证使他本人和家属有一个符合人的尊严的生活条件，必要时并辅以其他方式的社会保障。
- 人人有为维护其利益而组织和参加工会的权利。
- 人人有享受休息和闲暇的权利，包括工作时间有合理限制和定期带薪休假的权利。
- 人人有权享受为维持他本人和家属健康和福利所需的生活水准，包括食物、衣着、住房、医疗和必要的社会服务；在遭到失业、疾病、残废、守寡、衰老或在其他不能控制的情况下丧失谋生能力时，有权享受保障。
- 人人都有受教育的权利。教育应当免费，至少在初级和基础阶段。初级教育应属义务性质。技术和职业教育应普遍设立。高等教育应根据成绩而对一切人平等开放。
- 人人有权自由参加社会的文化生活，欣赏艺术，并分享科学进步及其产生的福利。

很明显，这些人权中的许多，特别是在本清单的末尾，都与经济运作有关。例如，我们在前面讨论过，任何成功的经济都应该提供足够的食物、衣服和住所，而《联合国宪章》中列出的许多人权都涉及一国公民的物质福利。

此外，表面上看来与经济绩效无关的其他人权实际上是以实现与物质福利直接相关的其他人权为前提的。

例如，在现代资本主义经济中，就业（公认的权利之一）是充分参与社会的必要条件。一份工作不仅能提供收入，使人们能够购买食物、衣服和住所，而且还能提供进入社交网络的机会，并因对社会生产做出了贡献而产生自我价值感，提高社会声望，并有助于为年老退休提供保障。

事实上，就业已被证明对个人和社会有广泛的其他好处，例如，更好的身体和心理健康，减少犯罪和药物滥用，减少对儿童和配偶的虐待，以及更多地参与其他社会和政治活动。

可以肯定的是，上述清单（其本身只是议定的普遍权利的部分清单）包括许多即使在最富有和最民主的国家也没有充分实现的权利。从这个意义上说，这些权利是"有抱负的"，签署国承诺努力实现这些权利。再一次，如果我们以工作权和适当的生活水平为例，这些权利即使在最富裕国家的最繁荣时期也经常遭到侵犯。尽管如此，这些得到普遍承认的权利为各国评估其进展提供了一种衡量标准。

我们以如下重要的三点作为结论。

首先，公共目的是广泛的，并随着时间的推移而演变，由于这些原因，它随着时间和地点的不同而变化。它应该包括：提高生活水平，尤其是那些低收入者的生活水平；环境可持续性；减少种族、民族和性别不平等（公共目的的重要组成部分）；必须超越家庭收入等简单的经济条件，从而包括充分参与社区生活。公共目的还应包括减少犯罪、腐败、任人唯亲、可憎的歧视、炫耀性消费和其他社会病态。

其次，《联合国宪章》规定了它所认为的"普遍的"人权。对于公共目的的陈述来说，这是一个有用但并非完全令人满意的清单。今天被认为是一项人权的东西，在一个世纪以前似乎是一种极端的乌托邦；毫无疑问，在未来的某一天，上述清单会显得过于谨慎和保守。

公共目的本质上是一个进步的议程，不断地努力改善社会所有成员的物质、社会、身体、文化和心理健康。它本质上是有"抱负的"，因为其边界将不断地扩大而没有尽头。

最后，在塑造我们对人类所追求的社会类型的愿景方面，各国政府和国际组织（如联合国）必须发挥重要作用。除了制定这些目标外，各级政府还必须带头建立一系列制度和行为规则，并制定对不良行为进行制裁的措施，以推动社会实现这些目标。

例如，在 20 世纪 50 年代，各国政府和国际组织开始消灭被称为天花的毁灭性疾病。虽然市场和营利性生产在开发疫苗、分发疫苗和从事宣传活动方面发挥了作用，但仅靠私营部门的积极性是无法消灭这种疾病的。

这项任务太大，它与自利的逐利行为不完全一致，而且它需要国际合作，即使是最大的公司也无能为力。

因此，政府组织必须发挥作用。

就公共目的"有抱负"的本质而言，成功地消灭天花并不意味着结束，而是一场新运动的开端，消灭一种疾病，然后是下一种，再接着是另一种。

也许在遥远的未来，无疾病生活的人权将得到承认，这是所有国家都应该保护的既定权利清单上的又一项。

当然，我们无法想象这样的未来，但就在不久前，美国国会还不承认妇女和非裔美国人的投票权。今天，任何基于性别、宗教、种族或民族或原出生国籍而拒绝社会成员投票的国家都被认为是违反人权的，因此是国际社会的弃儿，尽管这种限制在几代人以前还被认为是可以接受的。例如，美国 21 岁以上的白人妇女直到 1920 年的总统选举才获得选举权，而英国在 1928 年将选举权扩大到所有 21 岁以上的妇女。在澳大利亚，土著居民在 1962 年的联邦选举中获得了登记和投票的权利。许多今天被视为自由民主的发达国家直到 20 世纪才给予妇女或少数民族投票权（例如，1971 年的瑞士）。

公共目的天生是进步的，它永远不会结束。

1.3　宏观经济学是什么？

在宏观经济学中，我们研究经济行为的总体结果。"宏观"这个词来源于希腊语"makro"，意思是"很大"，当我们从整个经济的角度来观察经济行为时，就是如此。

因此，宏观经济学并不关注对个人、家庭或企业的行为的分析；这是经济学分析的另一个主要分支——微观经济学的领域。宏观经济学关注的是总体水平上的一些结果，是在国际背景下对就业、产出和通货膨胀的研究。对于这些总体变量的每一个是如何决定的以及为什么会发生变化，一种系统的宏观经济理论将为之提供逻辑一致的解释。

就此而言，存在着一些关键性的宏观经济问题需要我们进行探讨：

1. 什么因素决定了在一定时期内经济的总产出流量及其历时增长？
2. 什么因素决定了总就业以及为什么会出现大规模失业？
3. 什么因素决定了经济中价格的演变（通货膨胀）？
4. 国内经济是如何与世界其他地区互动的？这种互动的影响是什么？

宏观经济学和微观经济学的中心思想都是效率，即充分利用现有资源。这个概念的内涵极其丰富，是许多争议的焦点，其中一些争议比其他争议更加晦涩难解。然而，经济学家们有一个共识，即在宏观经济层面，效率边界（定义为从一系列可能结果中可获得的最佳结果）通常以充分就业来概括。经济学家们多年来一直争论的一个问题是"充分就业"一词的确切含义是什么。我们将在第 17 和 18 章中全面审议这个问题。

但抛开定义上的争议不谈，充分就业的概念是宏观经济理论的中心焦点，这是一个事实。最大限度地利用包括劳动力在内的现有宏观经济资源，是宏观经济学的一个关键目标。争论的焦点是实际的限制是什么。与之相关的宏观经济挑战是如何在保持充分就业的同时实现物价稳定，即物价以低而稳定的速度增长。

明确的一点是，一旦实现了充分就业和物价稳定，那么，社会经济将通过确保在物价稳定的环境下实现较高的实际产出水平，为促进市场繁荣、提高人民福利做出贡献。

本书教科书发展了一个框架来理解在货币经济体系中决定如下总量结果的关键性因素是什么：产出的水平和增长、失业率和通货膨胀率。所有经济体都使用货币来促进交易。货币进入经济的安排和国家作为货币发行者，以及它们在总体水平上对结果的影响是宏观经济学的关键组成部分。

我们在下面将简要概述的现代货币理论（MMT）发展为一种可以将货币制度的独特特性纳入其中的宏观经济学框架。

宏观模型

为了组织对宏观经济关系的思考，我们使用了一个有时在经济学文献中称为模型的概念结构，在以下语境中，它指的是**宏观经济模型**。模型只是一个组织框架，代表了对所要研究的系统的简化。在这本教科书中，我们将开发一种把叙述与一些代数相结合的宏观经济模型，以提高你对现实世界经济如何运转的理解。现实是复杂的，为了清晰地表达思想，我们必须简化它，但是，我们将始终关注真实的世界，而不是假设一些与实际经济无关的抽象概念。

所有学科都会发展自己的语言作为交流的方式。有人可能认为，这只会让人更难理解这些观点，我们对这种观点表示同情。但我们也明白，对于某一特定学科的读者来说，如目前我们讨论的宏观经济学，在一定程度上熟悉他们正在学习的学科语言仍是非常有用的。

在第 7 章《方法、工具和技巧》中，我们提出了用于详细说明和求解本书宏观经济模型的基本的分析手段和术语。在与本书相配套的练习题中，这些工具和技巧也得到了运用，读者可以在互联网主页上找到（www.macmillanihe.com/mitchell-macro）。我们应该经常地查阅第 7 章。

宏观经济模型利用概念和代数技巧来提高我们对主要经济总量（如产出、就业和价格水平）的理解。本书的独特之处在于，它特别发展了现代货币理论的宏观经济模型，为经济政策辩论提供了依据。我们将在下一小节中介绍这种方法。

宏观经济学的现代货币理论（MMT）方法

现代货币理论有别于其他宏观经济学的方法，因为它将货币安排置于分析的中心地位。正如我们将看到的，MMT 建立在许多隶属于非正统经济学传统的经济学家的洞见之上。因此，它拒绝接受正统的新古典主义宏观经济学方法的主要规则。但是，由于强调资本主义经济中的货币安排，所以，它增加了以前在非正统经济学传统中不存在的新见解。从 MMT 的角度学习宏观经济学需要你理解货币在现代经济中的"运作"方式，并为分析实际存在的经济建立一个概念结构。

通过将作为货币发行者的政府置于货币体系的中心地位，MMT 方法立即聚焦于政府如何支出，以及这些支出如何影响我们试图解释的上述宏观经济总量。该框架将首先对适用于所有货币的汇率制度的政府支出进行一般性分析，然后解释在从灵活汇率制度转向固定汇率制度时政府所面临的约束（政策选择）。我们将考虑货币体系的设计对国内政策的选择产生何种影响，以及特定的政策选择将在产出、就业和通货膨胀方面产生何种结果。

MMT 得出的最重要的结论是：货币发行者不会面临财政约束。简言之，一个发行本国货币的国家永远不会用尽其货币，也永远不会破产，它可以支付所有到期的以本币计价的款项。因此，将一个主权政府的财政状况类比为一个家庭或公司的财务状况是完全错误的。

家庭和公司是货币（通货）的使用者；他们必须获得货币以便在到期时付款；他们必须或者赚取收入，或者借贷，或者出售资产，才能获得货币；他们可能被迫违约。但主权货币的发行者永远不会用光自己的货币。在后面的章节中，我们将解释主权货币发行者是如何开支的，以及为什么他们总是能够负担得起以本国货币标价的任何东西。

然而，这里有一个警告。即使是一个主权货币发行者也可以束缚自己的手脚，如果政府承诺交付贵金属（如黄金）或外币，则会发生这种情况。政府发行外币债券并不少见，发展中国家尤其如此，在这种情况下，他们必须获得外币来偿还债务。在过去，许多国家的政府都承诺将本国货币兑换成黄金或白银，因此，他们不得不再次获得黄金或白银来兑现这些承诺。因此，虽然这些国家的政府不会耗尽本国货币，但它们肯定会耗尽贵金属或外币，然后被迫违约，没办法**履行用贵金属或外币支付的承诺**。

许多人都不知道，1971 年发生了一件重大事件，时任美国总统尼克松放弃了黄金可兑换性，终止了自第二次世界大战结束后在布雷顿森林国际货币体系之下一直存在的固定汇率制度。自 19 世纪后期以来一直存在但在两次世界大战期间被终结的金本位制度下，货币可以兑换成黄金，而在布雷顿森林体系之下，不仅货币可以兑换成黄金，而且汇率固定在美元上。因此，加入这种国际货币体系的国家必须以积累黄金或美元的方式来运作其经济。这通常意味着采取紧缩的财政政策，同时维持高利率，以确保贸易顺差和强势货币。然而，1971 年以后，大多数政府都让本国货币自由浮动，并在外汇市场上自由交易，有时，这些国家的中央银行会采取一种后来被称为"有管理的浮动汇率制"，试图限制自由浮动可能产生的波动幅度。

因此，理解汇率制度的概念是至关重要的，汇率制度可以从固定汇率制度到浮动汇率制度，其间可以有不同程度的汇率管理。理解汇率的设定方式是很重要的，因为它使我们能够理解货币发行政府在影响我们研究的主要对象——就业、产出和通货膨胀，所采取的各种政策选择；它还可以使我们加深对选择使用一种外国货币的政府行为的理解，例如，理解经济与货币联盟（欧元区）成员国所采取的政策选择。

灵活的汇率可以使货币政策摆脱对外国货币实行固定平价（汇率）的约束。然后，财政和货币政策可以专注于确保高水平就业所需的国内支出。其结果是，发行本国货币的政府不再需要积累大量外汇储备来捍卫本国汇率。现实情况是，澳大利亚、英国、日本和美国等国的货币发行政府永远不会缺钱，这些国家的政府总是有能力以本国货币进行支出。

然而，现有宏观经济学教科书中的大部分分析都源自"金本位制"的逻辑，并渗透到公众辩论中以支持对紧缩政策的崇拜，但这些分析并不适用于现代的法定货币制度。主导当前辩论的经济政策理念是1971年已被抛弃的旧制度的产物。

MMT强调的宏观经济学中最基本的命题之一是，在总量水平上，总支出等于总收入和总产出。反过来，总的就业状况与经济总产出相关。因此，为了理解就业和产出的决定因素，我们需要理解是哪些因素推动了总支出，以及总支出是如何产生收入、产出和劳动力需求的。

在这种情况下，我们需要考虑政府和非政府这两个经济部门的行为和相互作用。因此，我们将把非政府部门分解为其组成部分：国内私人部门（消费和投资）和国外部门（贸易和资本流动）。在第4章，我们将利用这些广泛的宏观经济部门，详细分析所谓的国民经济核算。这种方法被称为**部门平衡方法**，它建立在政府赤字（或盈余）必须被非政府部门的盈余（或赤字）完全抵销的会计规则之上。非政府机构包括国内私人部门和国外部门。因此，一个更基本的观察是，当我们考虑政府、国内私人部门和国外部门时，部门收支平衡的总和为零。

如果一个部门的支出超过其收入，至少有一个其他部门的支出必须低于其收入，因为就整个经济而言，总支出必须等于总收入或收入总额。虽然没有理由要求任何一个部门必须在支出和收入之间保持平衡，但国民经济核算框架表明，整个经济系统必须做到这一点。虽然经常（但并非总是），国内私人部门有盈余（支出低于收入）。这就是它积累净金融财富的方式。国内私人部门的总储蓄（或盈余）是整体支出周期的一个漏出，必须与另一个部门支出的注入相匹配。经常账户（国外部门账户）赤字是另一个导致国内需求流失的漏出。当国内经济在海外的支出超过外国人在国内经济中的支出时，就会出现经常账户赤字。这些概念将在第6章中全面展开。

在这里，区分存量和流量是有用的。后者是每一时间段的量。例如，支出总是某个时期的货币流量（比如，2018年前三个月的家庭支出可能是1000亿美元）。另一方面，存量是在某个时点上计量的。例如，一个学生的金融财富可以由其当地银行的存款账户余额体现出来，比如，2018年1月1日的余额为1000美元。我们将在第4章和第6章详细解释存量和流量。

部门平衡框架显示，部门赤字（例如，每年的流量）在会计核算上将累积为金融债务（存量）。另一方面，一系列的部门盈余将累积成为一种金融资产，这也是一种存量。因此，MMT是基于宏观经济学中所谓的"存量—流量相一致"的方法，通过这种方法，所有的流量和由此产生的存量都以详尽无遗的方式进行核算；未能坚持这种"存量—流量相一致"的方法将会导致错误的分析结论和糟糕的政策设计。

从财政政策选择的角度来看，"存量—流量相一致"方法的一个重要方面是一个部门的支出流量等于其收入流量再加上其财务收支（资产存量）的变化，对此，我们将在第6章进行详细的解释。

本书将表明，一个国家只有在世界上其他国家希望积累对该国（金融债务）的金融债权时，才有可能出现经常账户赤字。MMT框架还表明，对于大多数政府来说，政府债务不存在违约风险，因此这种情况是"可持续的"，不应该被解释为不可取的。任何对国家财政状况的评估都必须考虑到政府支出计划对实现国家社会经济目标的有效性。这就是阿巴·勒纳（Abba Lerner，1943）所称的**功能财政**的方法。政府不应采取某种期望的财政结果（支出与税收收入之间的关系），而应以实现"功能"明确的结果（如充分就业）为目的进行支出和征税。

在术语方面，我们避免使用"预算"一词来描述货币发行政府的支出和税收结果。相反，我们使用**财政收支**（Fiscal Balance）这个术语。当政府支出超过税收收入时，就会出现财政赤字；而当政府支出低于税收收入时，就会出现财政盈余。

使用"预算"这个术语来描述财政收支时，将会让人产生这样一种想法：发行货币的政府在制定预算时，面临着与家庭相同的财务约束。这种想法是错误的。对货币制度的深入理解将使我们清楚地认识到，政府并不是一个"大家庭"。政府的支出可以持续地超过其收入，因为它"创造"了货币。家庭使用政府发行的货币，因为家庭必须为其支出提供资金。家庭的开支受到可动用资金来源的限制，包括来自所有来源的收入、资产出售和对外借款。尽管家庭必须储蓄（支出低于收入）以增加未来的支出，但政府可以购买任何他们喜欢的东西，只要商品和服务是以其发行的货币出售。

主权政府必须先支出，然后才能征税或举债。家庭支出不可能无限期地超过其收入，因为持续增长的私人债务是不可持续的。因此，家庭面临的预算选择是有限的，它阻止了永久性的赤字。从技术意义上讲，一个发行货币的政府永远不会受到财政收入的限制，而且可以在没有偿付能力风险的情况下无限期地维持赤字。换句话说，我们个人的预算经验并没有产生任何与政府事务相关的知识。我们在本书中提出的这种不同的叙述，突出了政府货币垄断这种非同一般的特征。

当一国政府的支出低于通过税收从经济中抽走的货币数量时，就会出现财政盈余。财政盈余不能提高政府满足未来需求的能力，财政赤字也不会削弱这种能力。政府总是有能力以其货币进行支出。

总而言之，预算盈余迫使非政府部门出现赤字，而国内私营部门则被迫积累不断增加的债务水平，以维持其开支。我们将解释为什么这是一种不可持续的增长战略，以及国内私人部门如何最终被迫通过增加储蓄来降低高风险的债务水平，由此导致的民间支出下降，将强化政府财政盈余对总支出的负面影响。

财政和货币政策

影响经济中所谓需求或支出方面的两个主要政策工具是货币政策和财政政策。

财政政策是由政府（"财政部"）做出的支出和税收选择。这些决策的净财务会计结果定期地由政府的财务状况公告所汇总。财政政策是政府试图影响整体经济支出并实现其经济和社会目标的主要手段之一。

本书将表明,一个国家在下述情况下将具有最大的财政空间,即政府使用其支出和税收的财政政策工具的能力:

• 如果它使用的是一种主权货币,也就是说,由主权政府发行的通货,其价值不与外国货币挂钩;而且,如果它避免外国货币债务,或避免为国内实体(公司、家庭、州、省或城市债务)的外国货币债务提供担保。

在上述情况下,主权政府总是能够负担得起以本国货币出售的任何东西。这意味着,如果存在失业资源,政府总能通过财政政策的使用,将其用于生产性用途。简言之,这意味着如果有失业的工人愿意工作,主权政府就有能力雇佣他们为公众利益服务。正如我们注意到的,从宏观经济效率的角度看,公共政策的首要目标是充分利用现有资源。在这些最优条件下,政府不受收入限制,这意味着它在制定支出决策时不会面临私人家庭或公司所面临的融资限制。

中央银行负责货币政策的实施,这通常包括设定短期政策目标利率。自2008年全球经济危机以来,货币政策的范围已大大扩展,这些发展将在第23章加以分析。

中央银行的典型角色不仅包括通过银行间隔夜拆借利率执行货币政策,同时还要运行银行间清算机制(这样银行支票就可以在银行间进行清算),充当最后贷款人(阻止银行挤兑),并对银行进行监管。

MMT 认为,财政部和中央银行的职能分别是所谓的**合并政府部门**(Consolidated Government Sector)的一部分。在许多教科书中,学生们被告知中央银行是独立于政府的。MMT 宏观经济模型将证明,如果货币体系要平稳运行,中央银行就不可能独立于财政部开展工作。

MMT 对主权国家的政策意义

MMT 提供了一个具有普遍意义的理论分析框架,其基础就在于认识到主权货币本身实际上是一种公共垄断,征税加上政府支出不足导致了失业。

对以上这一点的理解将有助于学生们理解政府在维持物价稳定和充分就业这一近乎通行的双重使命方面所能发挥的作用。学生们将了解到政府在制定财政政策时有两种控制通货膨胀的方法。

这两种方法都利用缓冲储备（Buffer Stock）的概念来控制价格。我们将研究它们在使用上的差异：

a. 失业缓冲储备：描述当前正统政策的新古典经济学的方法，试图通过使用高利率（从紧的货币政策）和限制性（紧缩）财政政策来控制通货膨胀，从而导致失业缓冲储备。在第 17 章和第 18 章中，学生们将了解到，这种方法是代价高昂的，而且为决策者提供了一个不可靠的目标作为控制通货膨胀的手段；

b. 就业缓冲储备：在这种方式下，政府利用其作为货币发行者的财政能力创造就业缓冲储备。在 MMT 中，这被称为就业保障（Job Guarantee，JG）方法，以实现充分就业和价格稳定。该模型被 MMT 认为是较优的缓冲储备的选择，我们在第 19 章再对其进行详细的解释。

MMT 的宏观经济学框架显示，为了实现物价稳定而充分利用闲置的劳动力，就有必要实施针对失业人口的就业计划，它既能将总体价格水平锚定在这个（目前失业的）缓冲就业劳动力的价格上，又能生产有用的产品，从而产生积极的供给效应。

结　论

本章强调了经济学是研究"经济生活"的一门社会科学。我们把经济定义为社会组织中负责提供物质生存手段的那一部分：食物、衣服、住所，等等。然而，经济总是嵌入到作为一个整体的社会组织中，影响其文化并受文化影响。

经济学没有单一"正确"的方法。经济理论，以及经济学家本身，可以分为两种主要的方法：正统的新古典主义方法和非正统的"凯恩斯主义—制度主义—马克思主义"方法。我们将看到，这两种方法所提出的公共政策建议是非常不同的，因为它们基于对经济如何运行的非常不同的观点。

例如,"非正统的"方法设想让政府在确保经济进一步实现公共目标方面发挥更重要的作用。本章讨论了联合国《世界人权宣言》所列举的公共政策的广泛的公共目标,其中许多与经济问题有关,例如,工作的权利。

最后,本章将宏观经济学的范围界定为对经济行为总体结果的研究。现代货币理论的方法被引入并与其他宏观经济学方法区分开来,因为它将货币安排置于分析的中心。特别是,**MMT 强调货币的主权性质,以及国家政府(National Government)发行本国货币的能力所产生的政策影响**。这是贯穿全书的主题。

参考文献

[1] Lerner, A. (1943) "Functional Finance and the Federal Debt", *Social Research*, 10 (1), 38–51.

[2] Samuelson, P. (1947) *Foundations of Economic Analysis*, Cambridge, MA: Harvard University Press.

[3] United Nations (1948) United Nations Declaration of Human Rights, United Nations General Assembly, 10 December 1948, available at: http://www.un.org/en/universal-declaration-human-rights/ accessed 15 January 2016.

chapter 2

第 2 章

怎样思考和从事宏观经济学研究

本章纲要

2.1 引言
2.2 宏观经济学的思维方式
2.3 宏观经济理论应该能够解释什么？
2.4 为什么在政策上如此难以达成一致？——最低工资的争论
2.5 科学革命的结构

结论

参考文献

附录："袋鼠币"模型

学习目标

- 认识合成谬误在理解宏观经济学中的重要性。
- 认识到宏观经济学是一门在理论和政策上都是极具争议的学科。
- 在分析理论和政策时，请注意与典型事实（the stylised facts）相参照的重要性。
- 培养对拥有自己的主权货币的宏观经济运行进行批判性思维的能力。

2.1 引言

在第 1 章中，我们已经特别指出，任何学科，无论是物理的还是社会的，都会发展理论来理解它试图解释的特定现象，而且抽象是必要的。

经济学中存在着两大研究传统，而每一种研究传统内部又存在着不同的学派，这意味着经济学是一门有争议的学科，对理论和政策都有持续的争论。① 在第 1 章中，我们概述了宏观经济学的主题，并突出了现代货币理论的显著特征。最后，我们通过引入公共目的的概念，对宏观经济政策目标进行了讨论。

所有学科都有自己的语言和思维方式。宏观经济学家的思考是特别有挑战性的，因为这一学科备受争议，自诩为专家的人会提出不同的观点，我们在下一节将对此进行讨论。在这方面，目前一个重要的例子就是现代货币理论拒绝新古典主义的以下主张：一个发行本国货币的主权政府就像一个家庭，受到同种类型的预算约束。更一般地说，有些命题在直觉和个人层面上是正确的，但在总体层面上却不成立。这就是所谓的"合成谬误"（Fallacy of Composition）。

本章提供了一些经济和非经济方面的例子。然后，我们将讨论宏观经济学应该如何解释和概述两个与失业和财政政策实施有关的经验案例，在这两个案例中，现代货币理论与正统理论之间存在着明显的不同。我们将以最低工资法为例，说明学者们在确定政策的宏观经济效果上存在着的困难。最后，我们将讨论社会科学中科学进步的本质。

---

① 在中文文献中，经济学中的两大研究传统是由贾根良教授在 1998 年最早提出，并在 2006 年和 2010 年的论文中进行了较详细的讨论。——校订者注

在附录中，我们提供了对"袋鼠币"（Buckaroos）模型的简要概述，[①] 该模型已在美国密苏里大学堪萨斯城分校（UMKC）实施。该校的学生必须在毕业前作为社区服务者从事一定时间的义务劳动。"袋鼠币"模型是实施这一计划的一种手段，并提供了有关现代货币经济运行的见解。

2.2 宏观经济学的思维方式

宏观经济学是一个充满争议的研究领域。在某种程度上，这是因为研究的主题被视为对一个国家和我们的日常生活具有重大意义，即使讨论的细节对我们来说大多是难以理解的。

一般来说，通俗报刊和媒体充斥着宏观经济学。晚间新闻总是有评论员谈论宏观经济问题，比如，实际 GDP 增长率、通货膨胀率或失业率。在过去 20 年左右的时间里，人们更多地接触了宏观经济学术语，社交媒体的出现让任何想成为宏观经济评论员的人都有了发言权。

所谓的博客圈充满了自封的"宏观经济专家"，他们对所有事物夸夸其谈，常常依靠直觉的逻辑论证来证明自己的观点。问题在于，常识是通往现实的危险向导，并不是所有的意见都应该在公共讨论中享有同等的特权。我们倾向于从个人经验中进行归纳，仿佛个人经验构成了普遍真理，这种倾向主导着公共辩论；宏观经济学领域是这类存在问题的推理的主要舞台。

例如，在公共政策领域存在着一种典型的说法："如果政府不限制其开支，它可能耗尽其货币"。试图限制政府开支范围的保守派政治家往往试图通过诉诸我们的直觉和经验来赋予这种说法以权威。

他们将主权政府类比为家庭，声称强加于个人或家庭的同样的微观经济约束在没有严格限制条件下也同样适用于政府。我们被告知，政府和家庭一样，必须量入为出。这个类比引起了选民的强烈共鸣，因为它将政府财政无定型的和较模糊的运作方式，等同于一个更容易引起共鸣的我们日常家庭财务的主题

[①] 使用"袋鼠币"这个名称的原因在于，首先提出这个设想的大学是美国密苏里大学堪萨斯分校（UMKC），这个学校的标识为袋鼠。——校订者注

和规模。①

正如第 1 章已经提到的，我们知道我们不可能永远增加自己的家庭债务，当我们达到信用卡的借款限额时，我们必须节制。我们可以通过借债来增加当前的支出，但最终我们不得不牺牲支出来偿还债务。

新自由主义者将政府类比为家庭，因为他们知道，我们会认为政府赤字是不计后果的，如果财政赤字上升，情况更是如此。但是政府并不是一个大家庭。因为政府可以创造货币，所以，它就可以持续地支出超过收入。尽管家庭必须储蓄（支出低于收入）或借贷以在未来增加支出，但只要有商品和服务以发行的货币出售，政府就可以随心所欲地购买。诸如英国、美国、日本和澳大利亚等国政府总是有能力以本国通货进行开支，而且永远不会耗尽其货币。

MMT 告诉我们，我们管理自己家庭预算的经验并不能提供关于政府财政状况管理的指导，但在日常生活中，我们被告知它可以。

政府必须考虑经济中可用的实际资源以及如何最好地运用它们。这不是出于财政上的考虑；货币发行政府不存在着内在的财政上的约束。此外，目前的财政盈余（税收收入大于政府支出）不会为政府提供更大的能力来满足未来的支出需求，财政赤字（税收收入低于政府支出）也不会侵蚀这种能力。

"负债过多"的家庭可以储蓄并减少债务。但是，撇开公共债务是否实际上内在地存在问题不谈（见第 22 章），如果政府试图"储蓄"（这本身就是另一种来自个人层面的不适当的概念移植），那么公众的债务可能会上升。

在 20 世纪 30 年代以前，不存在一种称作宏观经济学的单独的研究领域。经济学中占支配地位的新古典主义学派在推理上将宏观经济学看作是个人单位或原子层次上人类行为的简单加总。20 世纪 30 年代，正是因为人们意识到，这种将微观经济层次上真实的东西轻松地转换到宏观尺度的思维方式充斥着逻辑错误，导致了虚假的分析性推理和糟糕的政策建议，宏观经济学作为一门独立的学科才开始出现。

微观经济学在个人、家庭或公司层面上发展了有关个体行为的理论。例

---

① 请注意，本书的政府都是指主权政府或通常人们所说的中央政府，地方政府不是主权政府，其开支在一定程度上可以类比为个人和家庭。——校订者注

如，它可以试图解释公司的雇佣决定或作为收入接受者的个人的储蓄决定。然而，微观经济学理论在考察这些企业或家庭层面的决策时，忽视了对其他决策的连带影响（或连锁效应，Knock-on Effects）。从宏观经济的角度来看，这显然是不恰当的，因为我们必须考虑这些更广泛的影响。

我们已经知道，宏观经济学研究的是所有企业和家庭行为的总体结果。问题是我们如何从个体单位的层次（微观经济）上升到整体经济的层次（宏观经济），这就是所谓的加总问题致力于要解决的。

为了对产业、市场或整体经济作出陈述，新古典经济学家试图加总他们的原子论分析。原因越来越清楚，简单的加总被证明是有缺陷的。解决办法是敷衍了事，引入"代表性家庭"的概念作为商品和服务（产品）市场的需求方，同时引入"代表性企业"作为该市场的供给方。双方一起买卖一种"代表性的商品"（Composite Good）。这种加总是虚构的，因为它舍弃了在市场互动上许多值得关注的内容。

例如，如果我们简单地将价格与开支意愿之间的所有个人需求关系相加，就可以形成一个具有代表性的家庭需求函数。但是，如果每个家庭或其中一部分家庭的消费意图是相互依赖而不是相互独立的呢？如果一个家庭在发现隔壁邻居的消费意图后改变了他们的需求（比如，"攀比"）会怎样？如果一个家庭的行为影响到另一个家庭的可行选择，怎么办？因此，简单地对需求进行加总是不适当的。

但是这些问题并没有被考虑，代表性企业和代表性家庭只是原子论单位的更大版本，而应用于解释这些代表性行为的基本准则，只不过是那些被用来解释孤立的个体行为的那些原则。因此，可能对个人或公司有利的行为或环境的改变，自动地就被宣称为对整个经济也是有利的。

在大萧条时期，这种错误的逻辑指导了20世纪30年代初的政策，导致了危机的进一步加深。在当时，英国经济学家约翰·梅纳德·凯恩斯等人试图揭露居于支配地位的正统经济学在加总方法上的逻辑错误，他们强调了与正统经济学模型的若干差异，包括节俭悖论和削减工资的失业解决方案。在那场辩论中，这种关于加总的正统观点被证明包含了一种合成谬误，从而导致了宏观经济学作为一门独立于微观经济学的学科的发展。卡尔·马克思在19世纪中叶就认识到了这种谬误,但他的贡献在 20 世纪初流行的经济学文献中基本上被忽视了。

合成谬误是这样一种逻辑上的错误:从某件事情在个体层面上是正确的,推断出其在整体层面上也是如此。当在个体或微观层面上是合乎逻辑的、正确的和理性的行为,但在总体或宏观层面上却是不合逻辑(有可能是错误的或非理性)的时候,合成谬误就出现了。

在考虑节俭和财政紧缩的悖论之前,让我们先考虑两个更简单的例子,第一个是非经济的,第二个是与经济相关的。

假设有一大群人参加体育活动。体育场为所有与会者提供座位。一个独立的观众站起来就能更好地看到边线附近发生的事件。但如果所有人都站起来,所有人都能看得更清楚吗?显然,这个问题的答案是否定的。

现在让我们考虑一些在周四晚上失业的员工。星期五早上,他们查阅当地报纸和网上的招聘广告,然后申请合适的工作。他们还会敲开当地所有雇主的门,递上简历,询问工作情况。经过一番用尽全力的求职,他们在一周内找到了新工作。如果所有的失业者都自觉地去找工作,那么失业问题就会得到解决,这样说对吗?答案是否定的。简单地说,假设所有的失业者都有资格填补空缺职位,但有 100 个工人在竞争 50 个工作岗位,那么不管他们找工作有多认真,这些求职者中至多有 50 人仍将处于失业状态。这一主题在《100 只狗和 95 块骨头的故事》(充分就业和公平中心)中得到了进一步的讨论[(Cof-FEE), c. 2001](查看专栏 14.1)。

一个由合成谬误引出的有缺陷推理的当代例子是**"节俭的悖论"**,即如果一个人足够自律(一个微观层面的事实),他可以增加储蓄,但同样的推理不适用于宏观层面。通过减少个人消费支出,一个人当然可以提高其储蓄的比例,并因此享受更高的未来消费的可能性。这种个别调整对整体经济造成的支出损失将是很小的,因此不会对总体经济活动造成不利影响,而总体经济活动是由总支出驱动的。但是,想象一下,如果所有的个人(所有的消费者)在同一时间采取相同的目标,并开始集体减少他们的支出,情况会怎样?这肯定会影响销售,进而影响总体水平上的就业和收入。现在还不清楚,在进行了所有的调整之后,我们是否会发现总储蓄上升了。这就是凯恩斯所说的节俭的悖论。

为什么会出现节俭的悖论？换句话说，这种合成谬误的根源是什么呢？

原因就在于宏观经济学的一个基本规则，一旦你开始以宏观经济学的方式进行思考，你就会学到这个规则：**支出创造收入和产出**。这种有计划的经济活动为通过生产商品和服务创造就业提供了动力。因此，由于企业通过增加（减少）就业和产出来应对更高（更低）的销售，支出的调整推动了经济中总生产（产出）的调整。

储蓄增加的结果是，总支出大幅下降，正如你将从第15章中了解到的那样，国民收入下降（随着生产水平对支出下降做出反应），失业率上升。消费的减少对总需求（支出）的影响将使经济陷入衰退。当然，由于均衡国民收入的下降，储蓄总额将低于个人计划。正如我们在后面将看到的，如果由于储蓄意愿的增强而导致销售业绩不佳，从而对投资产生负面影响，那么储蓄总额肯定会下降。

通过假设我们可以简单地将微观经济关系相加，从而得到代表性企业或代表性家庭，当时的主流经济学家们一致认为，总体单位面临着与单个子单位相同的约束。

在全球金融危机（GFC）期间，保守派对政府赤字增加的反应是通过削减政府支出和/或增加税收来实施财政紧缩措施，并鼓励各国削减国内成本，以通过提高竞争力来刺激出口部门。

在其他所有国家都保持强劲经济增长的情况下，如果一个国家孤立地采取这种战略，那么，这种战略就有可能奏效。类似的，一个个体储蓄者可能会合理地假设，改变他们的消费选择不会产生可能影响他们收入的更广泛的影响。但是，如果所有国家都采取紧缩措施，降低增长率，那么整体支出就会下降，进口和出口也会全面下降。这是另一个合成谬误的例子。

国与国之间通过贸易实现的相互依赖，以及政府净支出的下降，削弱了这种情况下的政策效果。同样明显的是，并非所有国家都能依赖出口导向型经济增长模式（以抵消政府净支出的下降），因为每个出口商都必须有一个进口商。

现代货币理论包含着一种连贯的逻辑，将教会你如何避免落入直觉陷阱和合成谬误。现代货币理论将教会你以宏观经济的方式思考问题。

凯恩斯和其他人认为，合成谬误，如节俭悖论，为把宏观经济学研究作为一门独立学科提供了一个初步的案例。上述例子表明，我们在根据自己的经验得出一般性结论时必须非常谨慎，以避免合成谬误。

2.3 宏观经济理论应该能够解释什么？

任何宏观经济理论都应有助于我们理解现实世界，既能解释历史事件，又能对既定事件（例如，政策环境的变化）有可能导致的后果作出合理的预测。

一个理论的好坏并不取决于其预测的绝对准确性，因为人们知道，试图对未知的未来作出预测是很容易发生预测错误的。然而，系统性的预测错误（即持续地未能预测到事物发展的方向）以及灾难性的疏忽（例如，未能预测到2008年的全球金融危机）表明，宏观经济理论存在着严重的缺陷。

在本节中，我们将介绍一些现代工业化经济在过去几十年里呈现出的某些典型事实（stylised facts）。当我们比较不同的经济学流派在处理重要的宏观经济问题，如失业、通货膨胀、利率和政府赤字等问题时，这些事实将在整部书中作为对这些流派是否具有现实性的检验。

这些事实为任何宏观经济理论的评估提供了一个基准。如果一个宏观经济理论产生的预测与我们后来观察到的不一致，那么我们可以得出这样的结论：它没有促进我们对现实世界的理解，应该被抛弃。

实际国内生产总值（GDP）增长

实际国内生产总值是衡量一个经济体在特定时期内商品和服务的实际生产的指标。我们将在第4章学习国家统计局如何对实际GDP进行衡量以及我们如何解释它的变动，在那时，我们将讨论国民收入与产出账户（the National Income and Product Accounts，NIPA）的问题。但在目前，我们只要知道以下知识就可以对经济史中的典型事实进行讨论了：经济增长是用实际GDP的百分比变化来衡量的，从这个意义上说，它是一个国家繁荣程度的一个衡量标准。我们将了解到，就业增长也依赖于产出增长，因此更高的实际GDP增长通常意味着更高的就业和更低的失业率。

表 2.1 列出了从 1960 年开始的,按每十年计算的各国年均实际国内生产总值增长率。选择的国家样本共 7 个,其中包括欧洲三个大型的工业化国家:北部的德国和南部的意大利和西班牙,它们都是欧元区成员国;自 1999 年欧元区成立以来置身其外的一个欧洲国家——英国;一个小型的开放型经济、主要出口初级商品和工业基础较不发达的澳大利亚;还有两个非欧洲的工业化大国——日本和美国。

表 2.1 按十年计算的年均实际国内生产总值增长率(%)

	德国	意大利	西班牙	英国	澳大利亚	日本	美国
1960—1969	4.5	5.7	8.6	3.1	5.0	10.2	4.7
1970—1979	3.3	4.0	5.3	2.6	3.3	5.2	3.2
1980—1989	2.0	2.6	3.0	2.7	3.4	4.4	3.1
1990—1999	2.2	1.5	2.8	2.1	3.2	1.5	3.2
2000—2009	0.8	0.5	2.7	1.9	3.2	0.6	1.8
2010—2015	2.0	-0.5	-0.3	2.0	2.6	1.4	2.1

资料来源:作者根据各个国家统计机构公布的数据制作

从表 2.1 中可以看出,有几件事情是清楚的。首先,自 2010 年以来,每个国家的实际经济增长均低于 20 世纪 60 年代。其次,南欧国家(意大利和西班牙)在最近一段时间的表现明显不佳。再次,自 2000 年以来,包括德国在内的欧元区的欧洲国家的表现相对较差。最后,澳大利亚总体上比其他国家表现更好。

我们的宏观经济方法需要能够以一致的方式回答的问题包括:为什么平均的实际 GDP 增长放缓?为什么澳大利亚自 2000 年以来的经济增长率要高于其他国家?为什么意大利和西班牙在 2010 年至 2015 年期间经历了负增长?

失业

自 20 世纪 80 年代以来,现代经济的一个明显事实就是失业率的演变方式。虽然不同的国家记录了不同的结果,但共同的主线是,失业率整体上升,而且在大多数情况下,多年来一直维持在较高的水平。

图 2.1 绘制的是表 2.1 所示的 7 个国家在 1960 年至 2015 年期间的失业率，即愿意工作却找不到工作的人的百分比。请注意，垂直比例尺是不同的。

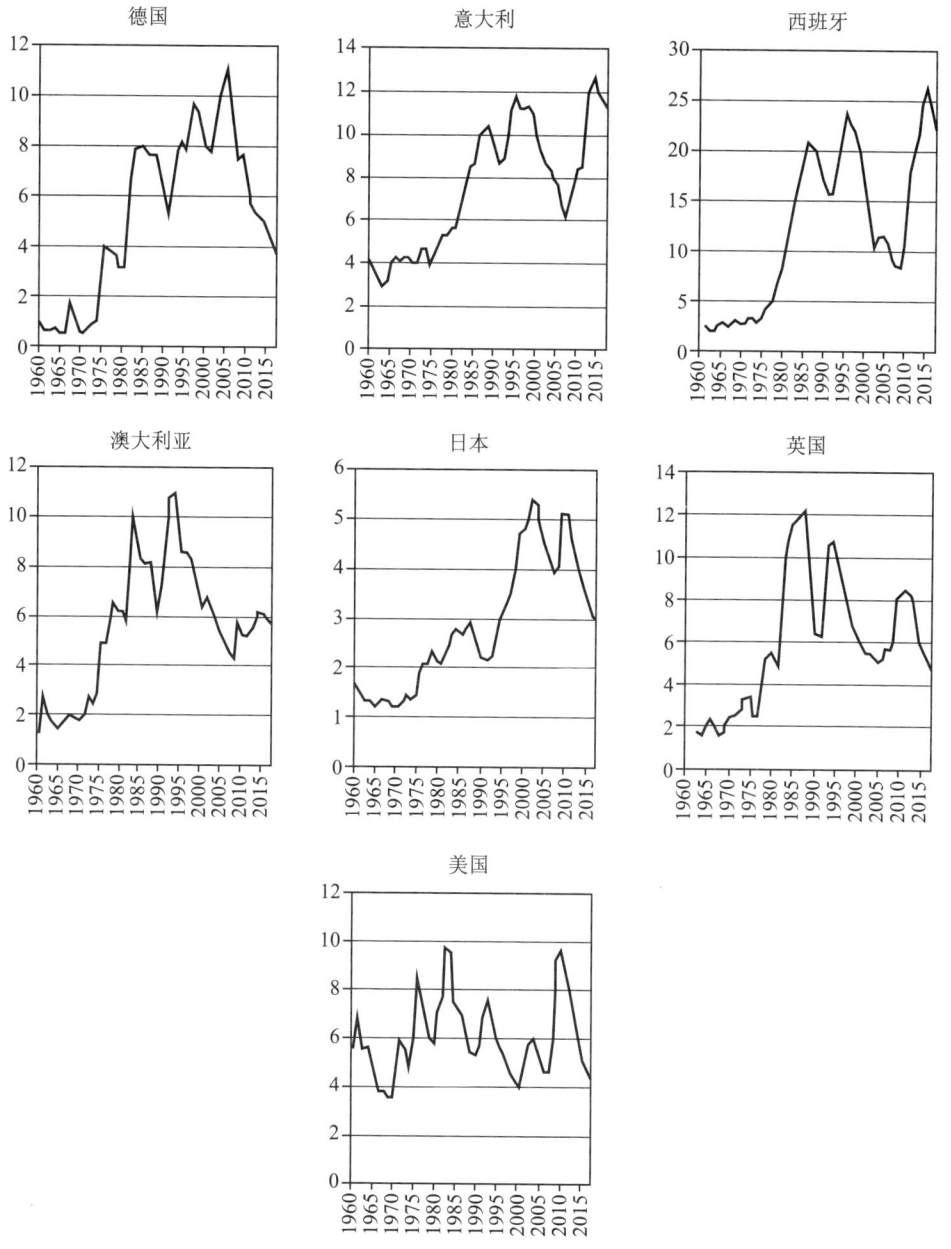

图 2.1 1960 年至 2015 年的失业率比较（%）

资料来源：作者根据各个国家统计机构公布的数据制作

表2.2提供了进一步的资料，以便评估失业的历史。

图2.1和表2.2显示，在20世纪70年代，7个国家的失业率都有所上升，并一直维持在这种高水平上，直至新世纪的头十年。日本的失业率远低于其他国家的失业率，尽管其也有上升趋势。

数据还显示出相当明显的周期性型态，澳大利亚就是一个明显的例子。第二次世界大战后早期的大部分时间里，失业率都低于2%，然后在20世纪70年代中期大幅上升，并在80年代初经济陷入深度衰退时继续上升。

20世纪80年代后半期的经济增长使澳大利亚的失业率从1982年的高峰下降，但从未降到50年代、60年代和70年代初的低水平。在1991年的经济衰退中，失业率再次迅速上升，并超过了1982年的峰值。在经济衰退正式结束后，随着经济的增长，失业率再次下降，但又过了很多年才回到1991年以前的水平。

表2.2

	德国	意大利	西班牙	英国	澳大利亚	日本	美国
1960—1969	0.8	3.8	2.5	1.8	1.7	1.3	4.8
1970—1979	2.4	4.7	4.4	3.6	3.9	1.7	6.2
1980—1989	6.8	8.4	17.5	9.6	7.5	2.5	7.3
1990—1999	7.8	10.4	19.5	8.0	8.8	3.0	5.8
2000—2009	8.9	7.9	11.3	5.4	5.5	4.7	5.5
2010—2017	5.1	10.9	21.9	6.6	5.6	3.9	6.8

资料来源：作者自制。数据来自各国统计部门

美国也遵循类似的型态，尽管与澳大利亚相比，战后初期失业率较高，但在20世纪90年代则较低。全球金融危机在很大程度上绕过了澳大利亚，却导致了美国的高失业率，此后美国的失业率有所下降。

失业率往往表现为一种不对称的模式；当经济活动陷入低迷时，它们会迅速大幅上升，但在经济恢复增长后，很长一段时间内才会逐渐下降。

任何可信的宏观经济模型都需要为这些变动提供令人信服的解释。在20世纪50年代和60年代，失业率是如何保持在低水平的？为什么失业率在20世纪70年代上升，并在高水平失业上持续了几十年？是哪些因素决定了失业

率的周期性和非对称性？表 2.1 所示的 GDP 增长数据与表 2.2 所示的失业数据之间是否存在行为上的关系？

在回答前两个问题时，MMT 指的是宏观经济学中的关键性命题，即总支出决定产出和就业，而间接决定失业率。MMT 将得出结论，问题可能在于总需求不足导致的支出不足，这是我们将在后面几章中讨论的一个主题。

实际工资和生产率

1957 年，英国著名经济学家尼古拉斯·卡尔多（Nicholas Kaldor）在《经济杂志》上发表了一篇关于长期经济增长的本质的文章。他指出，"最近的经验调查揭示了" 6 种 "非凡的历史稳定性"（第 591 页），他后来认为这些历史稳定性构成了有关经济增长的 "典型事实"。他指出，这种稳定性不一定不受周期性变化（经济周期上下波动）的影响，但在较长时期内相对稳定。

在他关于经济增长的典型事实中，有这样一段话："19 世纪下半叶以来，在美国和英国的'发达'资本主义经济中，工资和利润在国民收入中所占的比例表现出显著的稳定性"（Kaldor，1957：592－593）。许多经济学家在其他国家也发现了这种在劳动力（工资）和资本（利润）之间国民收入分配之间的稳定性。

我们将在以后的章节中学习到，为了使工资和利润在国民收入中所占的比例长期保持不变，实际工资的增长速度必须与劳动生产率的增长速度相同。实际工资是与工人工资等值的购买力。劳动生产率是每单位劳动投入的产出。

图 2.2 反映了 1971 年初澳大利亚和美国经济的情况。这些例子代表了这段时间在世界上一些发达经济中观察到的趋势。直到 20 世纪 80 年代早期，实际工资的增长速度与劳动生产率（在我们的图表中以每小时工作生产的 GDP 表示）保持一致，这与卡尔多的观察结果一致。

但在 20 世纪 80 年代初，这两个数据系列之间的差距开始扩大，并一直在扩大。（在这个阶段，如果你在解释图表及其基础数据时遇到困难，请不要担心。当我们研究这本书中的材料时，我们将开发必要的技术来帮助您解释数据中的变化。）

就国民收入的份额而言，实际工资与劳动生产率之间的差距不断扩大，意味着实际收入不断地被重新分配：从工人（工资）流向资本（利润）。

我们如何解释国民收入份额的这种日益增大的差异？为什么卡尔多稳定不变的国民收入份额时代结束了？在过去几十年里，实际工资一直是家庭消费支出的主要推动力，而现在，国民收入通过降低实际工资的份额进行了大幅度的重新分配，其意义何在？现在还有什么其他因素影响家庭消费支出的增长？这是一个宏观经济学必须能够解释的话题，本书将帮助你解决这些问题。

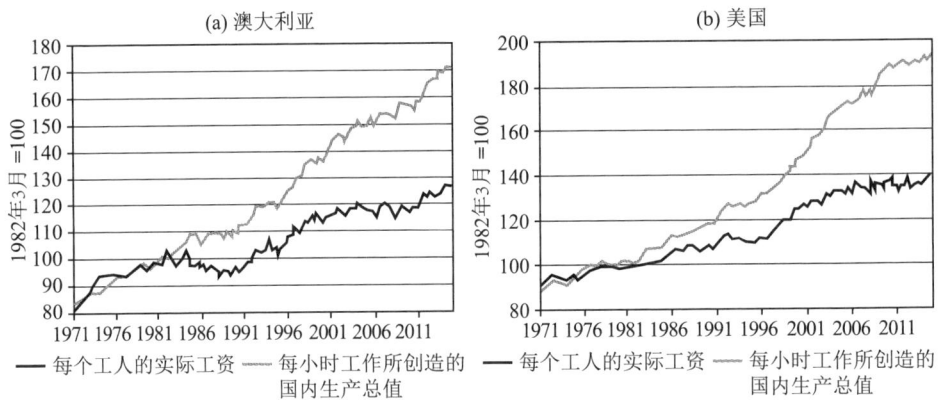

图 2.2　1971—2011 年澳大利亚和美国实际工资和生产率指数（1982 年 3 月 =100）

资料来源：作者自制。数据来自各国统计部门

私人部门债务

图 2.3 显示了在 2000 年至 2015 年期间，许多经合组织（OECO）国家的家庭债务占可支配收入的比例的上升。在图上所示的这段时间里，随着金融市场放松管制的步伐加快，大多数国家的这一比例显著上升。

家庭负债率的大幅上升是否与图 2.2 所示的国民收入分配变化有关？还有什么其他因素可以解释这种转变吗？家庭债务占可支配收入之比上升意味着什么？全球金融危机与这种变化有联系吗？再说一次，这本书将为你提供理解这些问题所需要的分析。

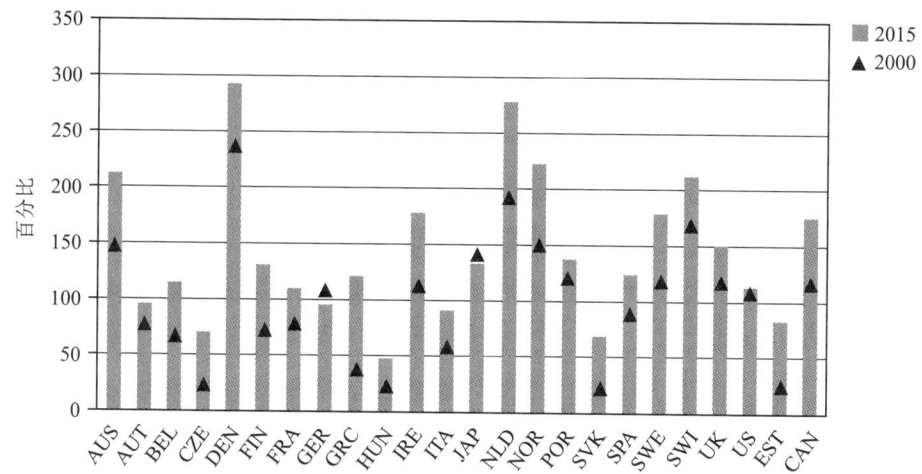

图 2.3　经合组织国家家庭债务与可支配收入之比（2000 年至 2015 年）

注：图中的缩写表示以下国家：AUS，澳大利亚；AUT，奥地利；BEL，比利时；CZE，捷克；DEN，丹麦；FIN，芬兰；FRA，法国；GER，德国；GRC，希腊；HUN，匈牙利；IRE，爱尔兰；ITA，意大利；JAP，日本；NLD，荷兰；NOR，挪威；POR，葡萄牙；SVK，斯洛伐克；SPA，西班牙；SWE，瑞典；SWI，瑞士；UK，英国；US，美国；EST，爱沙尼亚；CAN，加拿大。

资料来源：作者自制。数据来自经济合作与发展组织（OECD）

中央银行资产负债表

图 2.4 显示了由美国联邦储备银行（简称美联储）管理的所谓美国经济的基础货币。

我们将在后面的章节中更深入了解何谓基础货币，但现在我们可以简单地将其看作是美国银行系统在中央银行（联邦储备银行）持有的准备金总额加上流通中的通货（currency，包括纸币和硬币）。基础货币代表美国央行资产负债表中的负债。直到 2008 年，基础货币主要包括发行中的通货。与 2008 年相比，银行准备金的比例有所上升，以至于 2015 年 12 月，银行准备金约占基础货币总额的 65%。

2008 年 1 月，美国的基础货币为 8306.32 亿美元。之后，这一数字迅速上升，到 2015 年 12 月，达到 38,358 亿美元，以任何标准衡量，这都是一个巨大的增长。

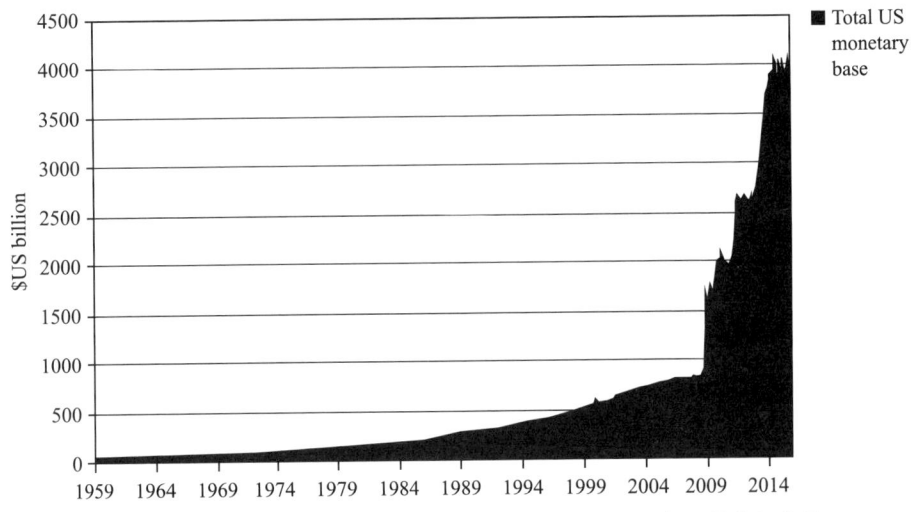

图 2.4　美国联邦储备银行的基础货币（1959 年至 2014 年，数十亿美元）

资料来源：作者自制。数据来自美国联邦储备银行

　　美国中央银行准备金的增长并非孤立事件，其他国家（例如，日本和英国）近年来也出现了类似的资产负债表变化。许多主流经济学家预测，美国中央银行准备金的大幅度增加将使每个经济体充斥大量货币，并引发通胀。但历史告诉我们，在同一时期，通货膨胀率却一直很低。

　　我们如何解释美联储资产负债表的这种巨大转变？这种转变意味着什么？基础货币如何与货币供应量相关？美国中央银行能够无限期地背负如此大规模的债务吗？

日本持续的财政赤字：明显的反事实案例

　　一个不争的事实是，查阅任何一种其他的宏观经济学教科书，你会发现以这种或其他形式陈述的下列命题：

　　1. 持续的财政赤字推高了短期利率，因为所谓的更高的赤字融资的需求，推高了相对于其供应而言对稀缺储蓄的需求。

　　2. 这些更高的利率减少了私人的投资支出（即所谓的"挤出效应"假说）。

　　3. 持续的财政赤字导致债券市场要求提高政府债券的收益率。

　　4. 持续的财政赤字导致公共债务占国民生产总值（GDP）的比重不断上

升，最终将导致债券市场撤回对政府的贷款，而政府将耗尽其货币。

5. 持续的财政赤字将导致加速的通货膨胀，并有可能导致恶性通货膨胀，这对宏观经济极为不利。

日本在战后的重建使其成为世界第二大经济体，并在 20 世纪 60 年代实现了惊人的经济增长。现在它是仅次于美国和中国的第三大经济体。自 1990 年以来，日本为宏观经济学家们的研究提供了一个非常有趣的案例，因为它的许多宏观经济结果都与正统思维相冲突。

从图 2.5 可以看出，日本政府自 1993 年以来一直处于财政赤字状态。伴随着 1988 年至 1992 年五年的日本财政盈余，出现了与房地产繁荣相关的私人债务的大规模积累。房地产繁荣在 1991 年轰然崩塌，随之而来的是一个低增长和赤字不断上升的时期。日本的惯常做法是，中央政府（The National Government）通过向非政府部门（主要是国内私人部门）发行债券来匹配其财政赤字。①

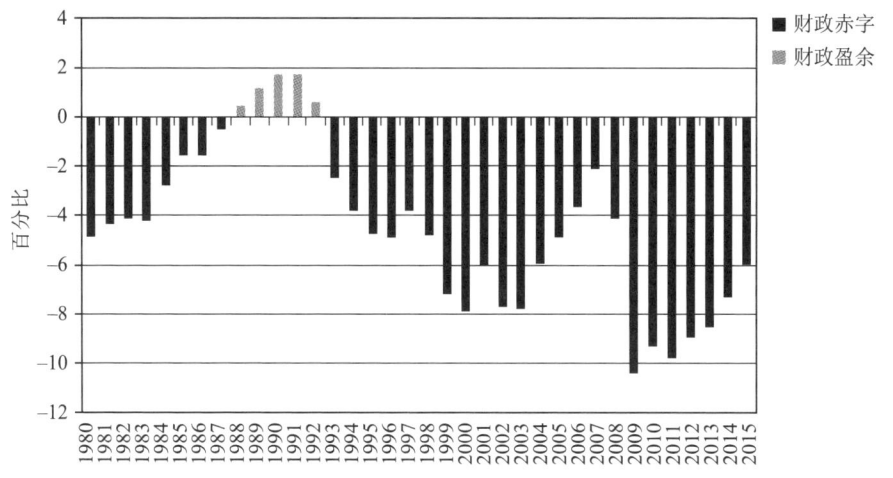

图 2.5　1980 年至 2015 年日本政府财政收支占 GDP 的百分比
资料来源：作者自制。数据来自国际货币基金组织世界经济展望数据库

图 2.6 显示了自 1980 年以来公共债务占 GDP 比重的演变。公共债务总额是指日本中央政府发行的未偿公共债务总额。但是政府也有能够带来回报的投

---

① 按照 MMT 的理论，在主权货币制度或法币制度下，中央政府没有必要"向非政府部门发行债券来匹配财政赤字"，理由见后。"中央政府通过向非政府部门发行债券来弥补财政赤字"的说法是错误的，因为"弥补"一词具有发行债券为财政赤字筹资的含义。——校订者注

资,当我们从总公共债务中减去投资收益后,我们就得到了净公共债务。

不出所料,鉴于向私人债券市场发行债券以应对财政赤字的制度性惯例,随着时间的推移,债务比率上升,反映了日本政府为了支持经济增长和维持相对较低的失业率而一直在增加赤字(见图2.6)。

如果上面总结的新古典主义命题正确地抓住了现实世界的运作方式,那么鉴于日本持续的财政赤字,我们应该预料到日本利率会上升、债券收益率会上升、通胀会加速。

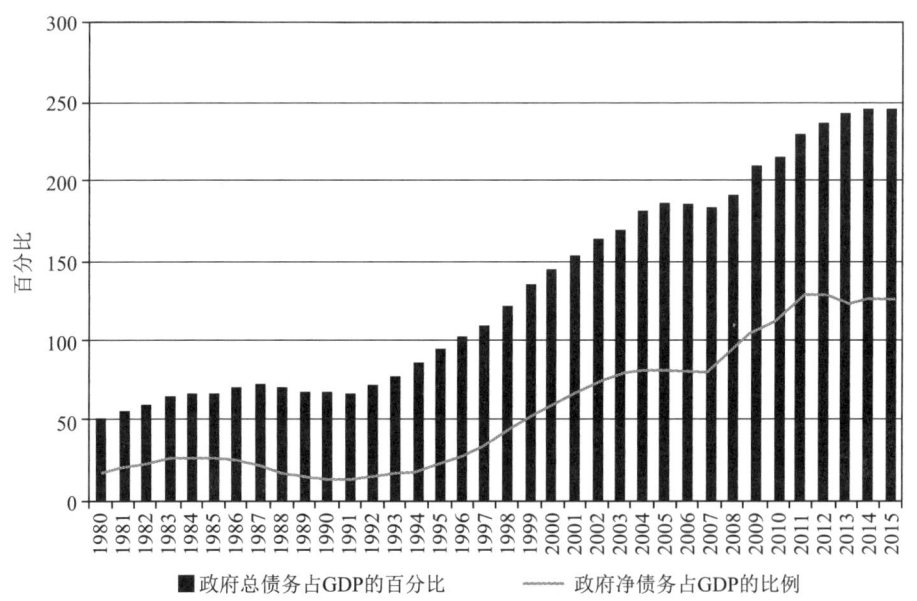

图2.6 1980年至2015年日本公共债务总额和净额占国内生产总值的百分比
资料来源:作者自制。数据来自国际货币基金组织世界经济展望数据库

日本持续的财政赤字是否推高了利率和政府债券的收益率?答案显然是否定的!图2.7显示的是日本的隔夜利率,由日本的央行(日本银行)管理。这是日本银行用来借贷的利率。它一直保持在极低水平,没有对持续的财政赤字做出不利的反应。图2.8显示,政府债券的长期(10年期)收益率(利率)亦维持在极低水平,未能对持续的财政赤字做出负面反应。如果投资者认为购买政府债券的风险越来越大,那么他们就会要求提高收益率来弥补这种风险。但没有迹象表明,债券市场投资者对日本政府债券变得谨慎起来。他们也没有表示不愿意购买这些债券;对债券的需求仍然很高,而收益率却仍然很低。

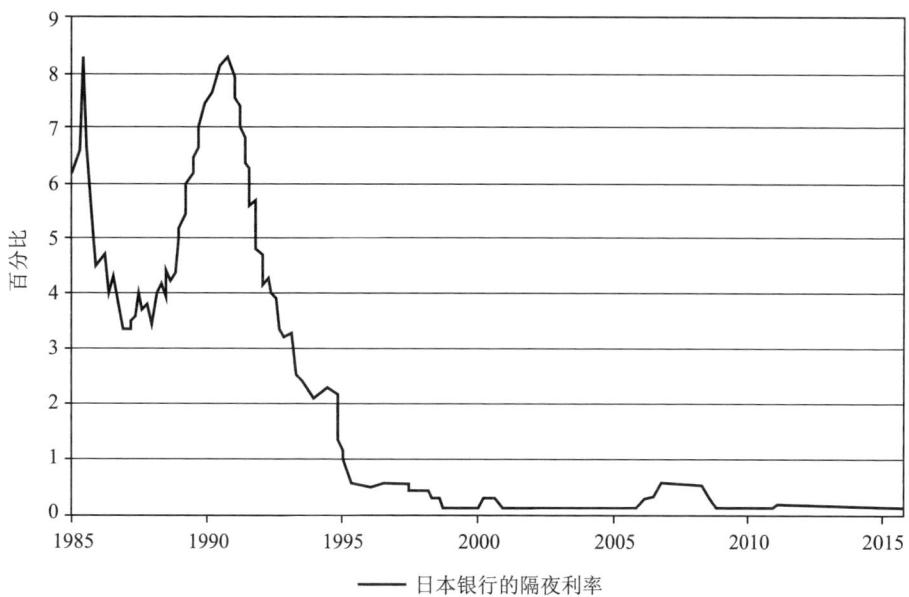

图2.7　日本银行1985年7月至2015年12月的隔夜利率（%）

资料来源：作者自制。数据来自日本银行

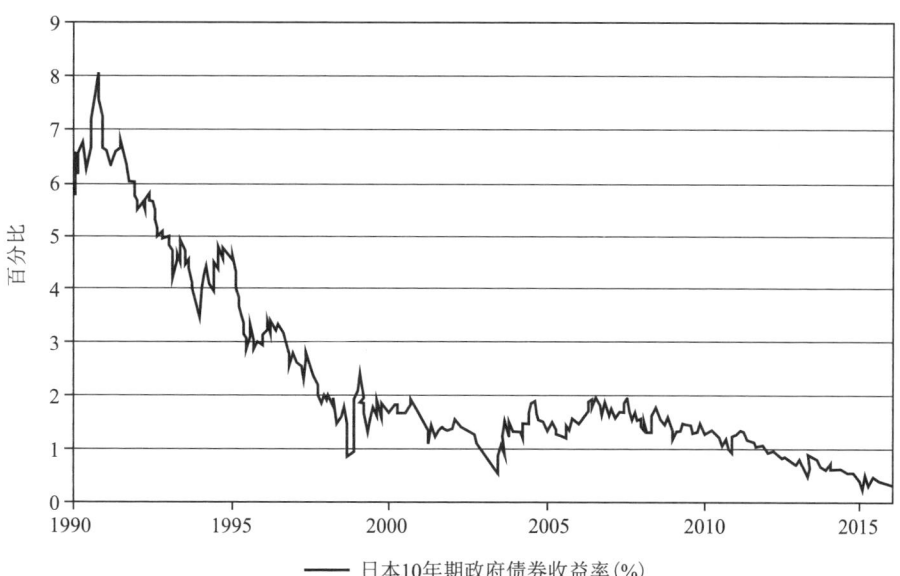

图2.8　日本1990年至2015年10年期政府债券收益率（%）

资料来源：作者自制。数据来自日本财务省

图 2.9 显示了 1980 年至 2015 年日本的通货膨胀率和通货紧缩率。通货膨胀发生在物价总水平持续上升的时候，而通货紧缩则是物价总水平持续下降的情况（负通货膨胀）。

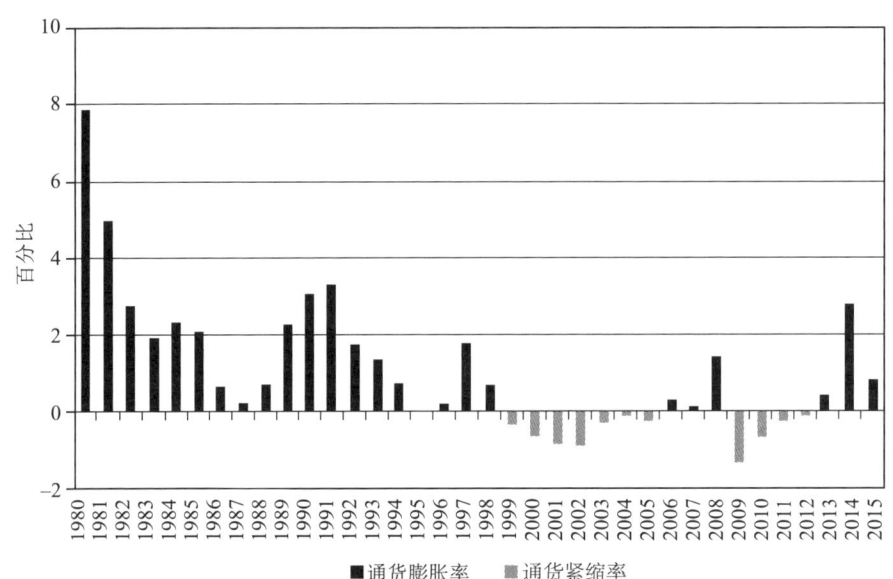

图 2.9　1980 年至 2015 年日本的通货膨胀率与通货紧缩率（%）
资料来源：作者自制。数据来自国际货币基金组织世界经济展望数据库

你可以看到，因为房地产繁荣的崩溃和日本政府开始运行持续的、有时是巨额的财政赤字，通货膨胀率一直很低，而且经常是负数。与主流经济学理论一贯预测的相反，现代日本经济明显地不存在通货膨胀的趋势。

上述证据表明，首先，尽管存在着赤字的持续增加，公共债务占国内生产总值之比不断上升，包括 2015 年 4 月惠誉（Fitch）的评级在内，国际评级机构都下调了对日本的信用评级，但国际债券市场并没有对日本政府的 10 年期国债施以高利率的"惩罚"，日本央行也没有失去对隔夜利率的控制。其次，持续的财政赤字并没有导致国内的高通胀率。

显然，主流宏观经济学对财政赤字、利率、债券收益率和通胀率之间关系的解释，无法充分捕捉日本真实状况的动态。在对现实世界解释上的这种彻底的失败，说明主流经济理论存在着严重的缺陷。现代货币理论将在第 20 章和第 21 章对这些经验结果进行解释，届时，读者将对拥有主权货币的现代货币型经济的运转和财政政策的操作有一个透彻的理解。

2.4 为什么在政策上如此难以达成一致？——最低工资的争论

在前一节中，我们探讨了一些典型事实，并指出经济理论应该能够解释这些事实。在这一节中，我们来看一个政策辩论的例子：最低工资。

许多国家已经立法规定了最低工资标准，并定期提高。每当政策制定者审查提高最低工资标准的理由时，经济学家们就会大吹大擂地预测，如果工资提高，就业将面临灾难性的后果。这些经济学家大多自欺欺人地宣称，经济理论得出了一个决定性的结论：法定最低工资导致失业。事实上，对于提高最低工资对失业的影响，经济学理论（至少）给出了两个答案。

1. 提高工资会增加企业成本，超过某个点就会提高产出价格。如果保持消费者的收入和购买力不变，那么高物价就会导致更少的销售，从而降低就业率。还有其他一些影响可能会加强这种效果，比如，从劳动力更便宜的海外进口的增加，以及用机器替代价格上涨的劳动力。因此，新自由主义者认为，提高最低工资必然导致更高的失业率。

2. 没有那么快，我们的"双臂经济学家"说。① 如果工资上涨，那么消费者的收入和购买力不一定不变。毕竟，大多数消费是由工资提供资金的，而那些工资最低的人的收入却增加了。这些工人将购买更多的商品和服务。出售这些商品和服务的公司可能会决定雇佣更多的工人。那些工人也买了更多的东西。如果一些雇主决定，在更高的最低工资情况下，他们更愿购买机器人来代替工人，这就意味着更多的工作岗位将被用来制造机器。我们不能肯定地说，这种复杂连锁反应的最终结果将是更多的工作还是更少的工作。

因此，任何一位"双臂经济学家"都会承认，经济理论无法为此提供一个确切的答案。

对此失望的学生（同时还有政策制定者）问道："但是为什么我们不能只

---

① 见第1章1.1。——校订者注

看现实世界的证据来解决这个问题呢？"经济学家当然会这样做，他们选择的工具是计量经济学。我们可以看看一些提高最低工资的例子。例如，在美国，50个州都有自己的最低工资法，因此可以对一个提高最低工资的州与最低工资保持不变而其他条件相似的州的就业效果进行比较。美国一项对此无比细致的研究发现，提高工资并不会减少就业和增加失业；实际上，这种相关性似乎是反向的，即就业率上升。

这能解决问题吗？不。即使把反对提高最低工资的人明显带有意识形态偏见的主张撇在一边，这种实证研究也不可能是决定性的。即使是最精心设计的测试也不能控制所有可能影响就业的因素。我们不能肯定提高工资是导致就业增加的原因。很可能会有一个不受控制的因素恰巧增加了就业（事实上，即使在工资上涨本身实际上会减少就业人数的情况下，也有可能发生这种事情）。

经济学家们很清楚这个难题：经验相关性永远不能证明因果关系。因果关系本身是一个非常复杂的话题。虽然我们可以把理论、模型和数据放在一起提出一个案例，但当涉及经济学中最重要的问题时，我们可能无法证明"X导致Y"。

约翰·梅纳德·凯恩斯认为，一个人能做的最好的事情就是通过自己论点的分量来说服别人。当然，一个人需要理论和可能的证据，甚至可能是一个数学模型，但即使这样也无法说服对手，除非是通过有说服力的论据。凯恩斯是辩论大师，但即便是他也并不总是赢家。迪尔德丽·N. 麦克洛斯基（Deirdre N. McCloskey）在她的《经济学的修辞》（1985）一书中也提出了类似的主张。她的观点是，证据本身并不是决定性的；"修辞"——论说的艺术——也很重要。如果证明是困难的，而理论提供了模棱两可的答案，经济学能取得进展吗？在下一节，我们将讨论这个问题。

2.5 科学革命的结构

托马斯·塞缪尔·库恩（Thomas Samnel Kuhn, 1970）在其影响深远的著作《科学革命的结构》中提出了一个论点，这就是将科学工作区分为在"范式"内工作的常规科学和打破范式，甚至将其打得粉碎的科学革命。对于我们的目的来说，我们可以把新古典主义方法看作是在效用最大化和理性框架内工作的"范式"，而把"凯恩斯主义—制度主义—马克思主义"的方法看作是打破范式的科学革命。

回到有关最低工资的争论，新自由主义的结论是，如果从新古典主义范式的角度来看待这个问题，那么提高工资将导致失业就是正确的答案。在这种"范式"下，价格配置资源，价格越高，需求就越少；随着工资的上涨，雇主想要雇佣的工人就越来越少，由此认为失业率上升是有道理的。

然而，在非正统经济学的范式中，重要的是总的有效需求问题（这是我们稍后将讨论的主题）。更高的工资意味着更多的收入和更多的销售，因此企业需要更多的工人。工资上涨的净效应可能是增加就业。

库恩的突破在于他认识到，在大多数时候，科学家（包括经济学家）都是在一个范式内工作的，他们以一种与这种范式相一致的方式提问并试图回答问题。他将这种科学工作称作"常规科学"，研究过程主要是"解谜"。"常规科学家"遇到的"异常"是很难在他们工作的范式中解决的，正如我们在专栏2.1中看到的。

库恩的论点是，随着时间的推移，当研究人员在他们的范式中从事常规科学的工作时，他们会遇到越来越多无法解释的异常现象。另一个例子是"地球是平的"理论。早期的科学家可以对这些明显的异常现象提出越来越复杂的解释。例如，当船只从遥远的地平线上接近海岸时，由于地球的曲率，只有桅杆的顶部是最先看得见的。然而，如果光以弯曲的路径传播，这种现象就可以在"地球是平的"范式中得到解释。但是，通过其他测试会发现，光线明显是沿直线传播的，这是一种异常现象。

按照库恩的说法，随着异常现象的被确认，一些研究人员开始思考原有范式之外的问题：也许地球**不是**平的。库恩称这是一场"科学革命"，有人把它比作摘下扭曲的眼镜，戴上矫正视力的功能性眼镜。世界再也不会和以前一样了，因为新的范式完全改变了一个人的观点。被认为是异常的东西在新范式中很容易被解释。新范式是由更年轻的研究人员或该领域以外的人员开发的，这并非巧合，因为他们更容易摆脱旧的观念。

在新的范式中，正常的科学通过解谜来进步，并最终遇到新的异常。最终，我们将需要另一场科学革命。请注意，这并不是有意贬低"常规科学"。科学的大部分进步是通过解谜来实现的。事实上，如果没有一个范式作为起点，一个人就无法进行研究，甚至无法试图理解这个世界。但解谜本身是不够的。科学革命是必要的，因为范式也有局限性；它们限制了那些有可能性的观念。

当约翰·梅纳德·凯恩斯完成其经典著作《就业、利息和货币通论》（以下简称《通论》）（1936）的草稿后，他写信给朋友乔治·萧伯纳（George Bernard Shaw），宣称他的新书将彻底改变经济理论，即使不是立刻改变，至少也是最终会改变。当然，这是一个相当有说服力的论断。凯恩斯很聪明，也很自信。人们对他的书的第一反应似乎证实了他的期望。虽然不是每个人都准备接受这种新理论，但毫不夸张地说，许多人承认了其理论的革命性。到20世纪60年代，大多数宏观经济学家都认为自己是凯恩斯主义者。

然而，凯恩斯理论很快就失宠了。主流宏观经济学从20世纪70年代初开始抛弃凯恩斯主义思想，到90年代它几乎完全消失了。这就好像我们在接受了"圆形地球理论"之后又回到了"地球是平的"理论。

请注意，部分差异在于，经济学是一门研究人类行为并提出直接影响人类生活的政策的社会科学。它涉及有争议的主题，其中一些政策对一些人有利，但可能损害另一些人的利益。从凯恩斯革命中产生的所有政策——无论是穷人的社会福利，老年人的社会保障，还是失业者的工作——都会遭到某些群体的反对。反对者不可避免地将重整队伍，并试图发动一场反革命。

社会科学的其他理论也经历了逆转。过去的社会理论再次成为人们关注的焦点。的确，即使在自然科学领域，旧的观点有时也会重新出现。例如，在美国，已经确立的进化论再次受到攻击。库恩曾警告我们，不应该把科学看作从神话到真理的线性的稳步发展。有一种倾向就是这样撰写教科书的，但现实是混乱的。

无论如何，本书的作者们确实都把凯恩斯的《通论》看作是库恩意义上的一场科学革命，正如卡尔·马克思在1867年出版的《资本论》中所提出的理论一样。但在这两种情况下，正统学说都对其发动了反革命，以恢复新古典主义的思想。

到19世纪70年代，三名正统经济学家都出版了著作，其目的不仅是为了捍卫新古典经济学，而且是为了加强它对马克思经济学的反驳。杰文斯、瓦尔拉斯和门格尔在1871年至1873年间发表了他们的著作，直接回应了马克思（亨利，2012）。换句话说，新古典主义框架是作为对马克思主义方法的反驳而发展起来的。马克思的革命理论继续发扬光大，但在西方很多地方，随着新古典主义理论占据主导地位，它被边缘化了。

就《通论》而言，凯恩斯革命逐渐流产，因为凯恩斯的一些思想被纳入新古典主义方法，形成了教科书中概述的［以保罗·萨缪尔森（Paul Samuelson，1947）为首的］新古典综合派。为了让凯恩斯或多或少地与新古典经济学保持一致，凯恩斯（以及凡伯伦和马克思）的所有革命性见解都被抛弃了。

不像马克思的《资本论》那样遭到公开贬斥，凯恩斯的《通论》受到赞誉。曾经有一个时期，一些凯恩斯的思想被纳入新古典经济学的"综合"中，大多数宏观经济学家自称"凯恩斯主义者"，但很少有人能完全理解凯恩斯的著作。

非正统经济学家们坚持认为这是一个错误，新古典理论应该被抛弃，非正统经济学的革命性见解（可以追溯到马克思）应该催生一个新的范式。

虽然我们这本书的主要目的是发展一种替代新古典经济学的非正统经济学的新框架，但在这个过程中，我们也将讲授新古典经济学的方法。

结 论

本章的例子表明，宏观经济学在理论和政策上都是一门备受争议的学科。在评估金融评论员和经济学家们在公开辩论中发表的言论时，人们必须不断地与那些典型事实相对照。

重要的是让读者熟悉宏观经济学的语言，理解关键的概念和理论，这些将在接下来的章节中展开。

> **专栏 2.1　挑战新古典传统**
>
> 　　一个常用的例子是餐馆里给小费的惯例。我们假设用餐者和服务员都是新古典主义意义上的完全理性的人（即自私的人），那么小费通常应该在用餐前进行协商，以获得良好的服务，除非用餐者是经常光顾餐厅的当地人。当地的就餐者可以等到餐后，因为服务好而给小费。服务员会在用餐者付小费之前提供良好的服务，希望用餐者会对良好的服务给予奖励。如果当地的用餐者付的小费少，那么下次光临时服务可能会很差。
>
> 　　然而，游客或商务旅客可能永远不会再回到这家餐馆。服务前的小费可以根据用餐者想要的服务水平来协商。签订一个合同，然后如果服务员提供合同约定的服务，则在晚餐结束时付款。合同可能包括一个外部意见和执行机制。在实践中，我们没有观察到这种合同。相反，用餐者在晚餐结束时根据对服务员提供服务的评估支付小费。然而，（按照新古典理论）一个理性的一次性访客不会在服务结束后支付小费。为什么要这么麻烦？对于服务人员来说，提供糟糕的服务已经太迟了。用餐者永远不会再回来。这种行为是新古典主义范式的反常。

参考文献

［1］Centre of Full Employment and Equity (CofFEE) (c. 2001) *The Tale of* 100 *Dogs and* 95 *Bones*. Available at：http://e1.newcastle.edu.au/coffee/education/education_view.cfm? ID=1, accessed 10 July 2018.

［2］Henry, J. F. (2012) *The Making of Neoclassical Economics*, Routledge Revivals, Abingdon：Taylor & Francis.

［3］Kaldor, N. (1957) "A Model of Economic Growth", *The Economic Journal*, 67 (268), 591–624.

［4］Keynes, J. M. (1936) *The General Theory of Employment, Interest and Money*, London：Macmillan.

[5] Kuhn, T. S. (1970) *The Structure of Scientific Revolutions*, 2nd edn, Chicago: University of Chicago Press.

[6] Marx, K. (1867) *Capital*, Volume I, London: Everyman's Library.

[7] McCloskey, D. (1985) *The Rhetoric of Economics*, Madison, WI: University of Wisconsin Press.

[8] Samuelson, P. (1947) *Foundations of Economic Analysis*, Cambridge, MA: Harvard University Press.

附录:"袋鼠币"模型

货币制度是现代货币型经济的一个突出特征,在这种制度下,经济主体(例如,家庭、企业、金融机构和政府)之间可以进行交易。例如,这可能涉及家庭从企业那里购买商品和服务;家庭和企业购买资产;向政府支付税款或接受政府的财政转移(如失业救济金)。

现实世界中的"袋鼠币"模型展示了通货、支出和税收在一种简化的经济中的作用。

在密苏里大学堪萨斯城分校,学生们在修读学位课程期间,须按指定时数从事社区服务。在修读学位课程期间未能完成所需的社区服务时数,会对学生的最终成绩产生负面影响。经济学系负责这个试点项目,并设计了一个货币体系来管理这个项目。

假设每个学生都要缴纳社区服务税,比如,每学期要工作 25 小时,支付给大学的财政部门。再假设有大学认可的社区服务提供商(例如,儿童看护、老年护理、环境服务等)向大学财政部门提交学时投标。大学财政部门向社区服务提供商(假设符合健康、安全和环境标准)发放纸币(我们姑且称其为 Bs,即 Buckaroos)。在这种经济下,假设一小时的平均社区工作等于 B1。纸币被印出来,上面印有"这张纸币代表密苏里大学堪萨斯城分校学生为社区服务一小时"。

例如,大学财政部门同意,学生本学期可以在为独居的老年人提供支持的"XYZ 非营利机构"做 100 小时的工作。财政部为 XYZ 提供 B100,使其能够购买100小时的学生劳动。

然后，社区服务提供商利用他们的 Bs 来支付学生的服务时间。这可以被认为是大学财政部门通过社区服务提供商进行的开支。如果每个学生在本学期从事了25小时的社区服务，那么当他们把这些 Bs 归还给大学财政部门时，这就标志着他们缴纳了 B25 的服务税。每个学生通过给财政部交付 Bs 来消除他们本学期的税务责任。

图 2A.1　大学储值货币（University Reserve Roo Note）

大学的财政部门会烧掉从学生那里收到的 Bs，或者把它们储存起来，用于未来的财政支出，这取决于哪种方式的成本效率更高。提供给任何社区服务提供商的 Bs 数量受到其对学生劳动力需求的限制，也受到其吸引学生工人的能力的限制。

"袋鼠币"模型的意义

大学财政部门是不能伪造 Bs 的唯一来源。大学财政部门在支出某些 Bs 之前是不能征收 B 税的。只有在学生完成工作后，才能将 Bs 交给学生使用。大学财政部门征收的税款不能超过以前的支出。

大学财政部门一个可能的财政结果是"预算平衡"，税收"收入"等于 B

支出。因此，社区服务提供商从大学财政部门取得的 Bs 被用来购买学生的劳动，然后由学生通过归还给大学财政部门交税。另一方面，当在某个学期如果发生了财政支出总额少于或多于那段时间的税收总额，那么大学部门就会出现财政盈余或财政赤字。

chapter 3

第 3 章
经济史和资本主义兴起的简要概述

本章纲要

3.1 引言

3.2 货币型资本主义 引言

3.3 部落社会

3.4 奴隶制

3.5 封建制度

3.6 起义与向资本主义的过渡

3.7 资本主义

3.8 货币型资本主义

3.9 全球资本主义

3.10 未来的经济制度？

结论

参考文献

> **学习目标**

- 认识到占支配地位的生产方式在历史上是不断演变的，并且是可以被推翻的。
- 需要认识到，虽然所有的社会都面临着生产和分配生活资料（包括食物、衣服和住宅）的问题，但它们创造了各种各样的生产和分配的方式。
- 要知道，当前，资本主义是全球的主导形式，但这种制度相对较新，只有几百年的历史。
- 在人类历史的大部分时间里，人们都生活在其他类型的经济制度之下。
- 我们必须承认，资本主义已经进化了，在未来有可能会发生根本性的变化，因此，我们当前的生产方式没有任何自然的或永恒的东西。

3.1 引言

在本章中，我们将简要地研究资本主义与其他经济制度的不同之处。重要的是要明白，人类并不总是围绕着货币来组织经济活动。在人类历史的大部分时间里，经济要么完全没有货币，要么在物资供应过程中货币扮演着相对不重要的角色。然而，随着资本主义的兴起，说货币起主导作用并不是误导。海曼·明斯基（Hyman Minsky）甚至认为，现代资本主义制度应该作为一个**金融体系**来分析。

但是，我们不应该把货币的使用仅仅与资本主义经济联系起来。货币已经存在了至少4000年，而资本主义的起源可以追溯到大约500年前。诚然，货币的起源并不为人所知，也可能永远不会为人所知，但毫无疑问，在资本主义取代封建主义之前，货币已经使用了数千年。

本章首先指出资本主义采取了不同的形式。我们简要地分析前资本主义的不同的生产方式，即部落社会、奴隶制和封建主义，然后考察向资本主义的过渡。在我们推测未来的经济制度之前，我们先来探讨一下全球资本主义的影响。

3.2　货币型资本主义　引言

今天，主要的国家都有符合资本主义一般结构的经济制度。有时这些经济被不准确地称为**市场制度**（Market Systems），这个术语太过笼统（市场比资本主义早了几千年），而且过于狭隘（虽然市场对资本主义制度当然很重要，但它们只是经济的一部分）。它们也被称为**混合经济**（Mixed Economies），以表明政府部门在经济过程中与私营部门是一样重要的。

一些经济学家（包括马克思和凯恩斯）使用更技术性的术语将其描述为**货币型生产经济**（Monetary Production Economy）；这就抓住了以记账货币计价为利润而生产的主要目的，所谓记账货币就是记账时使用的一种价值尺度（单位）。虽然这种描述确实引起了人们对货币的重要性和利润动机的注意，但它似乎又一次忽视了政府的作用，因为政府的运转并不是为了货币利润。因此，对**资本主义**的简单定义似乎更适合我们的目的。

马克思认为资本主义的特殊性在于其生产组织，生产资料的所有者可以从那些为了生存只能出卖劳动力的工人那里获得剩余劳动。

马克思所说的剩余劳动，是指超过为工人生产生活资料所必需的劳动（必要劳动）的那一部分劳动。因此，他区分了劳动能力（劳动力）与劳动行为（劳动）。

我们不应该认为，资本主义只有一种单一的形式，在这种资本主义中，存在着统一的和精心设计的制度、统一的行为规则以及整齐划一的政府和其他部门的作用。资本主义的形式多种多样，从一个主要由小企业组成并把大量生产外包给使用简单工具的家庭的资本主义制度，到一个利用现代化大规模工业生产和每个工厂实际上有数千名高技能和工会化工人的资本主义制度，不一而足。**福特制**（Fordism，或译为福特主义）描述了基于大规模、标准化的大量生产和大量消费的经济和社会制度。

尽管人们对后福特制的性质和范围的定义存在着很大的不同意见，但一般认为，后福特制是目前占主导地位的生产和消费制度。评论者提到了后福特制的如下特征：小批量生产，专业化产品和工作，新的信息技术，服务业就业增长，等等。

当然，资本主义生产已经变得越来越全球化，在复杂的供应链中，最终被组装成完整产品的零部件生产分散在许多国家的专业化工厂之中。

首先，某些资本主义企业可能在残酷竞争的约束下运作，而另一些则可能被组织成大型卡特尔，为了共同的利益而精心控制竞争。正如查尔斯·狄更斯（Charles Dickens）的作品中所描绘的那样，资本主义可以是卑鄙的，大多数家庭靠低工资和长时间劳动勉强度日。或者它可以更宽宏大量一些，拥有强大的工会工人，他们要求良好的工作条件、足够的工资，并有一个照顾老年人、残疾人和儿童的社会安全网。

其次，今天的资本主义已经日益全球化，在富裕国家，参加工会组织和工资相对较高的工人比20世纪50至60年代大幅度减少了，而在发展中国家，许多零部件是在工资较低、工作条件恶劣的"血汗工厂"生产的。

资本主义制度可以表现良好，为大多数人提供不断提高的生活水平，也可以像20世纪30年代那样陷入大萧条。它们可以长时间快速增长（1960年后的意大利，或1990年前的日本），也可以停滞不前，增长缓慢（1990年后的日本；2008年全球金融危机之后的大多数西方国家）。

再次，资本主义制度可以有"大政府"积极管理经济，使大多数人受益，也可以有新自由主义政府，甚至在失业率和贫困率上升的情况下，为有钱有势的人服务。因此，存在这许多种类型的资本主义，而不是只有一种类型的资本主义。

最后，即使我们承认资本主义有多种类型，但同样重要的是要认识到，资本主义绝不是唯一的一种经济制度。正如我们在接下来的章节中所讨论的，人类曾经生活在其他类型的制度中，并且将来有可能选择生活在新制度中。我们首先简要考察其他形式的经济组织，然后提供资本主义发展的概要。

3.3 部落社会

历史上，人类最早（也是最长的时间）生活在部落社会。例如，当欧洲人入侵时，美洲原住民和澳大利亚原住民都生活在各种各样的部落组织中，就像几千年前希腊和罗马崛起之前的所有欧洲人一样。

虽然承认部落社会有多种多样的形式，但我们仍可以概括出它们的许多共同特点，至少在其发展的早期阶段。首先，部落是平等的、集体的（communal）、以血缘关系为基础的社会组织。部落成员是有血缘关系的，有关于婚姻、成年（和收养没有血缘关系的新成员）和被驱逐的规则。

一个平等主义的社会是一个成员拥有平等权利和责任的社会，尽管可能会有性别和年龄的区别。还应该指出，一些部落社会也实行奴隶制（一般来说，被抓获的敌人被奴役、杀害或收养），因此平等主义并不适用于所有生活在部落里的人。

其次，在通常情况下，部落社会是母系的（一个人的继承权是通过母亲一方追溯的）和居住在女方家庭的（结婚后，男性加入了女性的家庭），尽管也有父系部落的例子，即血统是通过父亲一方追溯并居住在男方家庭的（妻子加入了丈夫的家庭）。

最后，作为集体社会，部落是一个所有成员都按照明确规定参与规则进行生产和分配的社会。换言之，个人（或单个家庭）将不负责决定生产什么、如何生产、何时以及如何消费这些产品。相反，部落将决定生产什么，如何生产，以及如何在成员之间分配部落的劳动成果。这些决定将遵循惯例，尽管随着时间的推移会作出调整。

伟大的人类学家玛格丽特·米德（Margaret Mead）观察到某个部落所采用的复杂规则，它被用来分配狩猎得来的肉和耕种得来的庄稼。这些规则规定，杀死猎物的猎人不允许吃它，而是必须把它交给特定的亲属。猎人一家会吃其他亲戚提供的肉。在现代西方人看来，这种做法似乎很奇怪。但这种互惠的义务（reciprocal obligation）达到了社会目的，即通过相互依赖把部落成员团结在一起。

对于部落社会利用可能近似于市场活动的做法的可能性存在一些争议。令人怀疑的是，市场是否会在一个部落内部出现，因为生产和分配遵循的是集体惯例。一个人不会为了卖掉某种东西而决定其生产，也不会为了购买其他东西而与同一部落的另一个生产者进行正式的交换。生产和分配的决定是集体作出的，因此不需要交换基本物品。

然而，众所周知，部落社会的成员有复杂的礼物交换仪式（类似圣诞节礼物的赠送），但交换的物品通常没有什么实际价值。这些仪式最有可能的目的是再次把部落成员聚集在一起，以加强社会关系。此外，在婚礼上向新娘的家人赠送礼物也很常见，通常这被称为彩礼。然而，认为这是一个买卖新娘的市场显然是错误的。

也许部落活动最接近于某种我们可能愿意认为是市场交换的东西，那就是部落间互赠礼物的习俗。一些研究人员声称，在一些例子中，这样的交换涉及提供有用的物品，否则接受礼物的部落将无法获得这些物品。例如，一个生活在雨林中的部落可能提供只能用雨林资源生产的产品，而另一个生活在草原平原的部落则提供从其环境中生产的产品。在这种情况下，交换礼物在改善每个部落的生活水平方面是互利的，同时也加强了两个部落之间的社会关系（减少冲突或战争）。

有些人可能认为这类似一种被称为物物交换的无货币的市场交换。即便如此，很明显，大多数供应是在部落内部（而不是在部落之间），通过不涉及市场的公共生产和分配完成的。因此，这些交换更可能是仪式性的或象征性的，而不是由参与者维持的重要组成部分。几乎没有证据表明，部落社会的活动与市场的销售和购买活动密切相关，这些活动使用记账货币计价的借据为媒介。

3.4 奴隶制

我们注意到，在一些部落社会中存在着奴隶制，还有整个经济是建立在奴隶制基础之上的，在这样的社会里，大部分生活必需品的生产是由奴隶完成的。19世纪60年代，美国南北战争之前，美国南部各州存在着一个相对较近的、著名的奴隶制社会。

在奴隶制社会，生产决策主要由奴隶主制定，他们也拥有奴隶的产出。奴隶可以在市场上被买卖，尽管在对待奴隶及其家庭的法律上存在很大的差异。一般来说，奴隶的生产主要用于奴隶主的消费和奴隶的生存。然而，奴隶生产也可以用来提供商品，甚至是在市场上出售的服务。

像部落社会和资本主义社会一样，奴隶制社会也有不同的形式。某些奴隶制社会对待奴隶更加严厉；而另一些奴隶制社会为奴隶或至少为他们的孩子提供了更大的自由。一些奴隶制社会允许奴隶获得自由，并享有社会其他成员享有的人权。美国的奴隶制尤其令人反感，因为它与万恶的种族主义结合在一起，并以种族主义作为其合理存在的基础，这种种族主义甚至否认黑人可以被视为人类。相比之下，古代社会的奴隶制并没有建立在种族主义的基础上，这意味着获得自由的奴隶可以获得公民权。

然而，关于奴隶制社会最重要的一点是，它是为奴隶主（人数相对较少）的利益而运行的，而且（通常）更多的奴隶认识到，他们的生活只有通过革命和解放才能得到改善。即使在最开明的奴隶制社会，也需要使用武力来维持奴隶制。

此外，因为大部分的利益都属于奴隶主，奴隶们几乎没有动力去提高生产率和扩大产量。监督员被要求确保最低的工作量。技术进步往往是缓慢的，这既是因为奴隶几乎没有创新的动力或机会，也是因为更复杂的生产手段通常更容易被破坏，修复成本也更高。奴隶们可以用"活动扳手"猛拧齿轮来报复他们的主人。

奴隶制社会天生是不稳定的并受到反抗。当面临军事入侵时，奴隶制社会通常不能武装奴隶，因为他们害怕武器会被用来对付奴隶主。此外，奴隶可能会利用外部入侵的机会发动他们自己的造反。因此，国家无法将所有资源都投入到对抗外部威胁上，而是需要维持甚至加强现有的力量来阻止奴隶起义。由于这些原因，奴隶制社会往往是不稳定的。

3.5 封建制度

大多数读者对另一种重要的经济制度——封建制度还算熟悉。在西欧，封建时期或多或少与被称为中世纪的时期（the Middle Ages or Medieval period）相吻合，但使用"封建制度"一词更为准确。骑士与城堡、贵族与农民、剑术与格斗比赛都是西方世代相传的传说。西欧和东欧以及中国和日本都有各自的封建社会的长期经验。在西欧，封建社会兴起于公元前 5 世纪罗马衰落之时，持续了一千年，尽管它的制度在 11 世纪开始瓦解，在 13 世纪到 17 世纪，新生的资本主义制度开始取代封建主义制度，这在各地区开始和持续的时间是不同的。一如既往，我们不能确定一种经济制度的开始或灭亡的确切日期。和往常一样，封建制具有不同的类型。

对于西欧来说，最具特色的形式在 7 世纪到 11 世纪期间达到了顶峰。两个主要的阶级是农民和封建领主。农民有获得农业用地的权利，这种权利是建立在习惯的基础之上的，封建领主定期在农民之间对土地进行重新分配，以反映家庭规模、土地肥力等方面的变化。对土地的所有权一般可以追溯到记忆允许的时期，甚至可以追溯到前罗马时代的部落社会。种植和收割仍然是典型的集体行为，就像在部落社会一样，但每个家庭都将获得分配给他们的土地的产出。

耕种土地的权利不应与土地所有权的现代概念相混淆，因为家庭不能自由地**转让**（出售）土地。的确，一个家庭可以离开该地区，几代人之后，即使在土地市场已经发展起来的情况下，继承人也可以根据其古老的习惯权利，回来要求拥有耕种土地的权利。可转让的土地所有权和私有财产制度与封建制度不相符合，一旦发展起来，将有助于结束封建制度。

相对较小的上层阶级由封建领主组成。在某些情况下，他们还享有该区域土地的习惯权利。由于领主不劳动，农民就得在领主分配的土地上干活，并把产品交给领主。在领主分配的土地上劳作所需的劳动力被称为地租。

重要的是，剩余的生产（在庄园制度下，由领主根据他的权利征收）在时间和空间上与劳动者保证他们自己生存所必需的劳动和生产相分离。① 这是在马克思对资本主义的解释下，将劳动外推为一种可以买卖的商品的关键一步。

在其他情况下，领主没有土地的权利，而是根据惯例对每个农民土地产出的一部分行使权利。这部分也被称为**租金**（rent），以农业产出的形式支付。骑士和其他宣誓效忠于领主的武装人员，以武力威胁的方式强制执行这些习俗，为负责收取租金的司法官服务。

随着时间的推移，租金逐渐转化为货币租金。罗马和希腊社会存在过货币，而且确实使用过硬币。虽然货币在封建制度的早期是很稀少的，对于维持封建关系也是没有必要的，但随着硬币和其他形式的货币变得越来越普遍，越来越多的领主也同意接受它们。就像土地私有财产制度一样，货币使用的增长也有助于打破封建社会。

租金的支付往往表现为一种交换，农民通过这种交换向封建领主购买保护。在某些方面，确实是这样。封建领主的武装力量的威胁确实起到了阻止和预防其他封建领主向他的农民收租的作用。然而，农民得到的主要保护来自他们自己的封建领主和他的骑士，就像今天的店主从黑手党手中购买保护一样。保护费的支付确保了黑手党将防止其他帮派利用威胁和暴力勒索钱财。然而，如果店主不付钱，黑手党自己肯定会打断店主的腿，威胁他的家人，甚至放火烧店。同样，如果农民拒绝支付租金，骑士就会攻击他。如果农民付出了代价，骑士就会保护农民免受其他骑士的攻击。——两害相权取其轻。如果没有对封建领主和骑士的保护的需求，农民会更幸福，正如如果没有敌对的黑手党，店主将会更富有一样。

---

① 西欧的封建制度与中国的封建制度存在着差异。在西欧庄园制度的早期，农奴保有一小块土地，在自己拥有的土地上劳动的成果归农奴所有，以维持自身生存，而其他时间则在领主的土地上劳动，其劳动成果全部归领主所有，在马克思主义经济史学中，这被称作是"劳役地租"，在这种情况下，"剩余的生产在时间和空间上与劳动者保证他们自己生存所必需的劳动和生产相分离"。请仔细阅读这句话后面几段的文字。西欧的封建制度经历了从劳役地租到实物地租，再到货币地租的历史演变。——校订者注

3.6 起义与向资本主义的过渡

再一次,就像奴隶制一样,农民们不难得出这样的结论:如果没有封建领主,他们的生活会更好。因此,就像奴隶社会中奴隶不断地起义一样,农民也不时地反抗封建领主。英国农民起义发生在 1381 年,在迫使领主让步方面还算成功。电影《勇敢的心》(*Brave heart*)描述了 13 世纪的一场农民起义,这场起义也是民族主义的,因为农民试图驱逐外国领主和他们的军队。

到那时,欧洲封建主义的性质已经发生了许多变化。一个重要的变化是,以货币计价的借据(IOUs)支付租金的做法越来越普遍。1381 年的那次起义推动的另一个变化是承认土地的产权,走向土地的可转让性。这与圈地运动相结合,推动了欧洲封建制度的瓦解。

经济学学生熟知圈地运动。最初,每个地区的一部分土地被保留为**公共用地**(Commons),包括森林、牧场、湿地和其他未耕种的土地。公共用地对于农民家庭来说是很重要的,因为它是木材的来源,可以用来建筑、生火、狩猎和放牧。然而,随着时间的推移,封建领主逐渐对公共用地提出要求,使用武力、威胁将农民排斥在外。封建领主还对公共用地的狩猎和所有其他资源的使用提出了要求权。

公共用地的圈地(Enclosure)也就是对公共用地的豪夺使本来生活就很困难的农民更难以忍受。他们不能再用野味来补充他们的食物,他们不能再砍伐木材,他们不能再放牧其牲畜。因此,一些人会寻找有报酬的工作来补充他们微薄的农业产出。有些人甚至会卖掉他们的土地,完全放弃农业。由于农民要交纳逾期的租金,其工资收入和卖地收入常常要落到封建领主的手中。

我们可以看到,随着封建关系的破裂,部分经济变得越来越货币化。为工资而工作变得更加普遍。以货币形式而不是以劳动力或农产品形式支付租金变得越来越普遍。土地被买卖,取代了传统的土地所有权。

与此同时,城市变得越来越重要,成为吸引农民离开土地的磁石。在城市里,人们也许可以在手工艺店找到一份学徒的工作,学习制作家具、银器或鞋子的技能。如果运气好,工作努力,一个人可能会成为一个能工巧匠。通过专业化，市场变得越来越重要。例如，工匠为市场生产鞋子，然后用销售所得购买食物和其他必需品，甚至一些奢侈品。农民也可以出售他们的部分产品，支付租金，或者购买一些他们以前自己生产（或没有生产）的消费品。市场和货币变得越来越重要。

除了圈地运动，封建领主还采取了其他手段强迫农民离开土地。有些人被领主和国王的军队用暴力赶走。还有一些人因为天主教会的土地被没收而流离失所。天主教会是当时最大的封建领主，控制着大片土地并收取租金。在与梵蒂冈发生争执后，国王亨利八世没收了教会在英国的土地，结果，一些农民因为无法养活家庭而自愿离开自己的土地，而另一些人则因为债务负担过重被迫将土地转让给了债权人。

在18世纪和19世纪，苏格兰的高地地区被土地所有者蓄意残忍地清除了人口，他们希望从自己的土地中获得更多的收入。这些空出的土地可以被合并为牧场，特别是牧羊的牧场。羊毛被运往发展中的纺织制造业中心。与此同时，无家可归的农民不得不寻找其他谋生手段，因此许多人被转变为在同种制造业工作的雇佣工人。

经济逐渐向看起来更为熟悉的方向转变：就业，市场产出，城市，甚至工厂。我们看到的经济不再是建立在领主和农民的基础之上，而是以工人和他们的雇主——资本家为基础，甚至是在封建占主导地位的农业区，土地所有者也越来越多地雇佣工资劳动力（而不是农民）来种地和放牧。越来越多的产品进入市场。

市场产出追求的是利润，以记账货币来衡量。虽然市场和货币计价的销售、货币计价的债务已有几千年的历史，但它们以前从未主导过经济。在过去的几个世纪里，大多数人的生计并不依赖于生产适销对路的产品。大多数消费是由消费者（或其大家庭）直接生产来满足的。

随着封建制度的瓦解，这一切都开始迅速改变。

3.7 资本主义

资本主义的生产方式与以往所有的经济制度完全不同。随着资本主义的发展，大多数生产者（工人）对他们生产的东西没有支配权。他们使用资本家拥有的工具和机器从事工作。事实上，大多数工人除非为资本家工作，否则根本不可能生产出多少东西，因为他们没有其他途径获得必要的工具和机器。这与封建社会有很大的不同，在封建社会中，农民拥有对土地的习惯权利，而土地是农业生产所必需的。

在资本主义制度下，工人无权获得生产资料，因此也就没有谋生的手段，除非他们能够说服生产资料的所有者（资本家）雇佣他们获得工资。没有人能保证工人会设法找到工作；即使他们找到了工作，也没有人能保证其工资能够维持令人满意的生活水平。

虽然工人有时被称为**工资奴隶**（Wage Slaves），但资本主义在许多重要方面与奴隶制社会不同。的确，奴隶制社会的奴隶也必须为他人工作，他们通常不拥有自己使用的工具，也不拥有自己生产的产品。然而，奴隶从来没有失业。如果主人不需要奴隶，奴隶就会被卖给有需要的人。此外，奴隶通常不能退出并寻找不同的主人。工人通常可以自由地辞掉工作，另谋出路；然而，他们可能会失业，因为他们不能强迫资本家雇佣他们。

与封建制度相比，资本主义的剩余生产并没有在时间和空间上与维持工人生活所需的生产分开。它们都是由每天的劳动和资本家凭借其对生产资料的所有权而积累的剩余创造的，而不是作为任何庄园权利的结果。

在资本主义制度下，失业工人和他们的家庭将会挨饿。相比之下，在奴隶社会中，理性的奴隶主至少会提供维持生计的必需品，以保护他们的投资（他们对人的所有权）。尽管如此，工资奴隶（为工资而工作）肯定要比真正的奴隶要好；作为真正的奴隶，他沦为了他人的财产。

所有的前资本主义社会都经历了历史的变迁：习俗和信仰的演变；包括专有技术在内的技术发生了变化和改进；畜力代替了人力，然后又被机器的力量所替代。消费品的种类和消费方式发生了变化；人口迁移；文明兴起又衰落。变化一直是人类生活的一部分。

然而，在资本主义制度下，这种变化的速度几乎是不可想象地加快了。

在以前的经济组织形式中，孩子们可以预期过一种与他们的父母、祖父母甚至曾祖父母所过的生活没有明显不同的生活。经济增长（从生产生活资料的意义上说)一般是随着时间的推移而发生的,但它是如此缓慢,以至于几乎没有人注意到。资本主义改变了这一切。虽然说资本主义总是在任何地方都能提高人们的生活水平,这肯定是不正确的,但总有一个几乎不可阻挡的长期趋势,即提高产出,这一点不容忽视。

在一个非常真实的意义上,经济学的整个学科是随着资本主义的兴起而产生的,目的是理解这种新的、不断变化的社会形态。通常,一个人的孩子的生活水平会与他们的父母有很大的不同,孩子们肯定会面临一系列新的产品和工作,这是他们的父母在20年前无法想象的。这些变化是明显的,需要发展一个社会科学领域来解释驱动它们的力量。

资本主义代表了一场社会革命,以及确保以相对较快的速度持续变革的机制的制度化。与资本主义兴起之前几代人的经历相比,我们很难理解今天的变化有多快。在今天的澳大利亚和美国,有很多人在他们年轻的时候乘坐马车旅行,住在草棚里,没有收音机(和电视机)。然而,我们不应误以为,经历迅速变化的生活是过去半个世纪所特有的;即使在资本主义早期,也存在着类似的变化速度。

工业革命(Industrial Revolutions)一词的应用反映了人们所感知到的变化速度是如此快速并颇具戏剧性,以至于它看起来就像革命。即使是那些伟大的资本主义批评家——卡尔·马克思和弗雷德里希·恩格斯——也承认资本主义以一种新颖的、前所未有的方式**解放了生产力**:

> 资产阶级在它的不到一百年的阶级统治中所创造的生产力,比过去一切世代创造的全部生产力还要多,还要大。自然力的征服,机器的采用,化学在工业和农业中的应用,轮船的行驶,铁路的通行,电报的使用,整个大陆的开垦,河川的通航,仿佛用法术从地下呼唤出来的大量人口——过去哪一个世纪料想到在社会劳动里蕴藏有这样的生产力呢?

这些话出自《共产党宣言》(1848年),它宣称:

> 资产阶级用来推翻封建制度的武器,现在却对准资产阶级自己了。但

是，资产阶级不仅锻造了置自身于死地的武器，它还产生了将要运用这种武器的人——现代的工人，即无产者。（马克思、恩格斯，1848）

请注意马克思和恩格斯是如何庆祝**社会劳动**（social labour）的巨大生产力的兴起，并宣称社会劳动（无产阶级）将被证明是资本主义的掘墓人。

在我们讨论资本主义灭亡之前，让我们先来详细了解一下当今世界上大多数人所生活的资本主义制度。

3.8 货币型资本主义

资本主义与以往所有的经济制度也有很大的不同，因为它是彻底的货币制度。我们已经暗示过，货币和市场的出现远远早于资本主义。然而，资本主义的重要之处在于生产的目的是不同的。在以前所有的经济制度中，生产的直接目的是生产出真正的商品和服务供生产者（部落成员、奴隶、农民）和其他人（封建领主及其骑士、国王和王后、奴隶主、教会官员，等等）消费。

的确，一部分生产一直致力于投资（更好的工具、机器和基础设施），以确保未来更高效的商品和服务生产。这些延期的收益不能供其生产者立即消费。此外，根据工作安排，有些商品甚至在资本主义之前就已经在市场上销售了。然而，大多数生产从来没有进入市场，而是为了直接（即使不是立即）满足部落、农民和封建庄园的领主、或奴隶和奴隶主的需求。生产者消费的大部分商品和服务不是在市场上购买的。

资本主义生产方式是在出售产品和赚取货币利润的条件下进行的。确实，生产的产品和服务将被消费（或构成供应未来消费的生产能力的一部分）；然而，这只发生在它们被出售之后。

此外，除非拥有生产资料的资本家相信商品和服务可以以有利可图的价格出售，否则生产就不会发生。无论人们多么需要消费或想要工作，除非被认为是有利可图的，否则生产是不会发生的。

货币不仅是生产的目标，也是生产得以进行的首要条件。马克思将资本主义的生产和流通过程描述为 M—C—M′。生产开始时，**货币**被用来购买生产过程中的所有投入，包括设备、原材料和劳动力。它由初始的 M 表示。生产过程导致**商品**（C）的生产；这些商品和服务将在市场上出售。它们包括直接出售给消费者的产出，以及出售给其他公司用于其他生产过程的产出。如果一切按计划进行，这些商品将以足够高的价格出售，从而获得利润。这就要求**销售收入的货币**总价值（M′）大于**用于生产过程的货币总价值**（M），即利润需要 M′ > M。

我们可以看到，在生产过程中有两个必须克服的主要障碍：第一，资本家必须能够获得货币融资来开始生产；第二，资本家必须相信产品销售会产生货币利润（M′ > M）。任何一种障碍都可能妨碍生产。

因此，在货币生产型经济中，生产从货币开始，预期资本家最终会得到更多的货币。从一个重要的意义上说，货币是造成失业的原因，无论是劳动力还是其他资源的失业。当资本家无法获得启动生产过程的货币，或者他们认为生产不会产生足够的（货币）利润时，这些资源就会闲置。

3.9 全球资本主义

随着资本主义的发展，更多的生产过程被带入市场。在资本主义的早期，工人的家庭可能仍然生产他们消费的大部分产品。牛奶、奶油和黄油都来自自家的奶牛；自家的菜园里种出了蔬菜；鸡蛋来自自家饲养的鸡；大部分衣服和被褥都是在家里做的；市场上购买的服务很少。

然而，资本主义的生产方式有一种趋势，即为了追求有利可图的机会而不断扩展到新的领域。如今，在现代发达的资本主义国家，食品大多来自全球农业综合企业，服装由在亚洲雇佣廉价劳动力的大型企业集团生产，家庭以前为自己提供的许多服务现在都在市场上购买。例如，今天在美国大多数郊区，甚至工人阶级家庭都雇佣园艺公司来修剪草坪，但在几代人以前，只有富人才购买这项服务。

资本主义不仅得到了加强（intensive），在某种意义上说，它不断地将其触角延伸到一个国家的新市场，而且当它扩展到全球并寻求将所有潜在的消费者都带入资本主义生产方式时，它也变得更加广泛（extensive）。从不到五个世纪前的西北欧开始，资本主义的生产方式现在主导着世界各地的生产。

此外，如上所述，生产越来越多地采用国际供应链的形式。例如，构成典型的最终产品的汽车零件是在世界各地的工厂生产的。例如，像福特汽车公司这样的大公司在许多国家拥有许多附属公司甚至是独立的供应商，这些供应商按照合同进行零部件的生产，最后的组装将在一个可识别的福特工厂进行。苹果 iPhone 的零部件主要由亚洲的低薪工人生产，尽管其高价值的软件和营销工作位于美国加州。因此，越来越难以准确地说出"生产"是在哪里进行的，这给负责执行劳工标准的监管机构和税务当局带来了问题。由于跨国公司可能会为发展中国家提供就业和它们希望吸引的发展机会，因此，发展中国家难以抗拒跨国公司的需求，由此所导致的国际供应链的崛起为资本主义的全球化效应增添了力量。

但是，我们不应该夸大资本主义生产的重要性。即使在美国和澳大利亚等发达国家，许多对社会生存绝对必要的生产也发生在资本主义企业之外。

首先，家庭仍然生产许多商品，特别是支持家庭所需的服务，如养育孩子、做饭、住房的日常维护、园艺、金融理财（平衡家庭预算）和（相互间的）娱乐，等等。即使这些东西大部分可以从外部市场购买到，但家庭也能察觉到质量上的差异，并享受在一起劳作的乐趣。健康的家庭生活很可能需要把这种活动的很大一部分保留下来，使其不受市场制度的影响。

其次，正如我们在本书所强调的，许多生产更适合于由公共组织而非营利性的目的来提供。自 20 世纪 70 年代以来，新自由主义的政治家和智库一直在大力推动缩小政府规模，采取的手段是要么放弃其职责，要么将服务外包给私营企业，其理论主张是私营企业效率更高，市场能产生正确的激励。

在某些情况下，上述主张可能是正确的，但在许多其他情况下，它为滥用权力、任人唯亲和腐败开辟了道路。此外，由于私营企业追求利润，他们理性地倾向于向那些愿意支付和有能力支付的人提供商品和服务。由于这些原因，市场之外总会有生产的空间，由家庭、政府和非营利组织来满足营利性生产无法满足的需求。

自 20 世纪 70 年代以来，推动全球化的力量非常强大，各种自由贸易协定就是明证。就美国及其邻国而言，最近的一项重要进展是 1994 年生效的《北美自由贸易协定》（NAFTA）。19 世纪末也有过类似的全球化时期。在这两种情况下，进口和出口都变得相对的更重要，大型国际公司对国际贸易有了实质性的控制。在 19 世纪末和最近几十年，金融业也在很大程度上实现了国际化。

在 20 世纪 30 年代的大萧条期间，全球化的早期阶段以及与之相关的国际金融的发展崩溃了。美国和其他国家的反应是改革金融，缩小金融规模，并通过监管施加更多的控制。在"二战"后，国际贸易变得不那么重要了，贸易壁垒也恢复了。然而，随着时间的推移，生产、销售和金融逐渐全球化，甚至比 20 世纪初的全球化程度还要高。

全球金融危机暂时延缓了全球资本主义的发展。然而，美国联邦政府对全球金融机构以及一些境况不佳的大型全球非金融企业（如通用汽车）的纾困，似乎已使其重新取得了进展。

在 2016 年的美国总统大选中，全球化成为一个主要的竞选议题，伯尼·桑德斯（来自左翼）和唐纳德·特朗普（来自右翼）都对跨国公司进行了抨击，据说跨国公司将工作岗位从美国转移到了拥有廉价劳动力的国家。随着特朗普的胜选和英国退欧（即英国投票决定退出欧盟），许多观察人士预测，全球化的步伐有可能会放缓。

3.10　未来的经济制度？

所有的经济制度都在演化，但不可能预测变化的方向。我们可以肯定，100 年后的经济将与现在不同，但我们不知道这些不同将如何展现。从 21 世纪初的角度来看，主要发达国家的资本主义模式在环境和社会方面似乎是不可持续的。

在后面的章节中，我们将探讨某些社会问题，特别是失业、不平等和贫困，这些都是当今许多现代经济运行方式所导致的。毫无疑问，资本主义将继续改变，而明智的政策有助于解决这类问题。

然而，许多资本主义的批评家预测，总有一天资本主义会被替代性的经济（和社会政治）制度所取代。我们将简要概述两种制度：社会主义和共产主义。我们将把它们与资本主义经济制度区分开来，也将它们彼此区分开来。

我们的定义遵循这些制度的主要倡导者通常使用的那些定义。然而，必须指出的是，以下内容必然是推测性的，因为我们描述的是未来可能的经济制度，我们无法知道事情最终将会如何发展。

最后，我们意识到围绕这些术语存在着很多争议和困惑。这在一定程度上是因为，一些现实世界的社会不同程度地宣称自己是社会主义或共产主义社会，或被其他人以不同程度的准确性指责为社会主义或共产主义社会。在这里，我们给出了一些明确的定义，这些定义并不意味着要描述那些现实世界中的任何经济体。

社会主义经济制度是指生产资料为集体所有的经济制度。在这样的制度中，没有发挥作用的资本家，因为生产资料的私有制是被禁止的。可以肯定的是，私人仍然拥有服装、汽车、住房，甚至小型家庭农场。然而，生产资料的很大一部分不是私人拥有的。

没有生产资料的私有制，就没有有份量的私人雇佣经济。在家庭农场中雇佣家庭成员或其他家庭成员是被允许的，但大多数工人将在生产资料集体所有制的组织中工作。

替代性的安排将是可能的。在一个极端，这个集体的工人将共享工厂和所有相关工具、建筑、金融资产等诸多方面的公共所有权。集体将作出所有的生产决策：生产什么，如何生产，以及如何定价。

在另一个极端，所有的生产资料将由整个国家的工人拥有和管理，有关生产什么、如何生产以及如何定价的决定将在全国范围内由工人代表作出。在这种情况下，生产的目的将是实现国家目标。与资本主义不同，生产不会以获取货币利润为目的。

作为两种制度之间差别的一个简单例子就是：在社会主义经济中，生活必需品（食物、衣服、住房、医疗、教育）的价格要低到所有社会成员都能负担得起的程度。奢侈品或有害产品及行为（例如，烟草、赌博）的价格将被定得足够高，以限制它们的使用。

相比之下，在资本主义经济中，价格的设定是为了确保公司的资本所有者获得他们想要的利润。

共产主义经济制度具有社会主义制度的某些特点：没有资本家，也没有生产资料私有制。进一步的假设是，所有人都渴望成为工人，而私人雇佣他人的做法是所有社会成员所憎恶的。

所有的生产决策都是民主的。不像社会主义，它不需要工资和价格，因为所有的生产都是自由地和普遍地提供给所有社会成员的。生产的力量是如此之强大，以至于一切物质需要和欲望都能很容易地得到满足。因此，没有理由限制产量。

此外，许多刺激炫耀性消费和令人反感的身份区分的社会问题将从社会中消失。因此，在发达的资本主义经济体中那种常见的，甚至是被默许鼓励的挥霍式消费（购物直到精疲力竭）将会消失。共产主义社会将会有公共仓库，家庭可以在这里得到他们需要的任何东西，而不是购物中心和华丽的广告，后者试图引诱家庭消费超过他们需要或真正想要的东西。

此外，为了诱使人们工作，将不需要剥夺的威胁。所有人都希望为一个满足他们一切需要的社会做出贡献，因此所有人都将自愿尽其所能地参与社会生产过程。

区分社会主义社会和共产主义社会有一个很简单的方法。社会主义提供了从资本主义到共产主义的过渡，在社会主义制度中，"每一个生产者，在作了各项扣除之后，从社会方面正好领回他所给予社会的一切"（马克思，1875：10）。① 换句话说，社会产出的分配在很大程度上取决于对生产过程的贡献。这意味着，在社会主义制度下，产出分配的不平等将继续存在：那些产出更多的人将得到更多。尽管分配的不平等程度将低于资本主义制度下的分配，但仍将存在一些不平等。当然，就像在其他经济制度中一样，会有一些人生产不了太多东西。例如，残疾人，或太年轻或太老而不能工作的人，或有年幼子女的父母，可能无法对生产过程做出很大贡献。因此，会有一些偏离社会主义座右铭的制度，以确保所有人都能得到必需品。

共产主义的座右铭是："各尽所能，按需分配！"（马克思，1875：11）。

---

① 马克思的这句话以及本节后面的"各尽所能，按需分配！"都出自马克思的《哥达纲领批判》。——校订者注

在这种情况下，没有尝试也没有必要根据对生产的贡献来分配产量。这是因为共产主义的经济制度可以很容易地满足所有合理的需求，而且这种经济制度中的成员不会有不合理的需求。每个人只拿他们需要的东西。因为每个人都将尽其所能，所以强迫是不需要的。

如果我们将这两种制度中的任何一种与资本主义进行比较，就会发现它们存在明显且巨大的差异。在资本主义制度中，一个人的收入包括由于他拥有的生产资料而产生的收入，后者使他能够雇佣他人并获得他人生产所产生的收入。资本家获得利润收入不是因为他们工作，而是因为他们拥有工厂和其他生产场所。

资本主义制度把生产资料的所有权集中在少数人手中，其他所有人都必须为资本的所有者工作，为他们创造利润收入。虽然人们通常认为资本家也通过提供企业家技能对生产过程做出贡献，但实际上这些技能可以被雇佣，将会有一个被雇佣的管理团队，一个被雇佣的研发团队，等等。即使是在支付了所有这些团队的工资后，还必须存在着利润收入，否则资本家就不会允许使用他们的生产资料。事实上，资本家提供的是他们实际上垄断的生产资料。

社会主义和共产主义通过消除私人就业和生产资料的私人所有制来消除资本家的收入。

结　论

未来的经济制度会像今天占主导地位的资本主义，还是第 3.10 节所研究的替代性制度，或者别的新制度？我们无法知道。在现实世界中，曾有过一些实施社会主义经济制度的实验（1871 年的巴黎公社、1917 年的苏联和 1949 年的中国）。到目前为止，这些国家似乎都没有能力建立一个可行的替代资本主义的制度。

向资本主义的过渡经历了许多失败的开端，几百年后才取代了整个欧洲的封建制度。我们可以确信，我们的经济制度将继续演化，因此，资本主义在未来几十年里可能会经历许多变革。

在我们对经济史进行简短介绍的最后，我们想指出的最重要的一点是，我们的经济所采取的任何一种特定形式都不是自然的，即使不是完全有意为之，经济制度也是建构起来的，这意味着如果表现不好，它们是可以被改变的。

参考文献

［1］Marx, K. (1875) "Critique of the Gotha Program", in *Marx/Engels Selected Works* (1970), Vol.3, Moscow: ProgressPublishers. Available at: https://www.marxists.org/archive/marx/works/download/Marx_Critque_of_the_Gotha_Programme.pdf, accessed 4 April 2017.

［2］Marx, K. and Engels, F. (1848) *Communist Manifesto*, English translation by Samuel Moore, 1888. Available at: https://www.marxists.org/archive/marx/works/download/pdf/Manifesto.pdf, accessed 3 September 2018.

第4章

国民收入和产出账户体系

本章纲要

4.1 国民产出核算

4.2 国内生产总值（GDP）的构成

4.3 三种国内生产总值（GDP）计算方式的等价性

4.4 国内生产总值（GDP）与国民生产总值（GNP）

4.5 核算国民总收入和净收入的核算

4.6 GDP 的增长和平减物价指数（the Price Deflator）

4.7 计算链式加权的实际 GDP

4.8 计算消费者价格指数（CPI）

4.9 衡量国民收入不平等程度

结论

参考文献

学习目标

- 理解 GDP 的核算方法以及为什么不同的 GDP 核算方法是等价的。
- 了解用 GDP 衡量社会福利的缺陷。

- 推导 CPI 指数及其变化率。
- 说明测量收入不平等程度的方法。

4.1 国民产出核算

国民收入和产出账户（National Income and Product Accounts，NIPA）体系是国家统计人员为了**核算**经济活动而建立的框架。

在本章中，我们将讨论国民经济核算，即如何计算国内总支出、国内总收入及其构成部分。核算一国经济产出最重要的指标是**国内生产总值**（Gross Domestic Product），即 GDP。首先让我们给出一个规范的定义：

国内生产总值（GDP）是按市场价格计算的一定时期内（比如，一个季度、一年）生产的所有最终产品和服务的总和。

请注意，GDP 是一个流量指标。月、季度和年是最常见的产出流量的核算周期。

让我们着重强调以下定义中最重要的部分：

- **一定时期内生产的**：只包括在这段时间内生产的产品和服务，在这段时间内销售的但是在以前生产的产品不包括在内。因此，GDP 不包括"二手"商品的销售额。

- **最终产品和服务**：这些是卖给最终使用者的产品和服务，无论他们是消费者、企业还是政府。家庭会购买最终消费品和服务；企业会购买投资品以增加产能；政府会购买商品并雇佣劳务。中间产品和服务不包括在 GDP 内，例如，一家汽车制造商购买轮胎用于组装新车并销售，这些轮胎就是中间产品。如果我们将这些轮胎计算为 GDP 的一部分，然后再将生产的汽车的价值计算为 GDP 的一部分，那么我们将会重复计算轮胎的价值（因为汽车的价值已经包含了所有生产汽车的中间产品和服务）。因此，我们只计算最终产品和服务的价值。

- **按市场价格计算**：我们按市场价格计算最终产品和服务的价值。这意味着 GDP 是按名义价值计算的。我们还会使用另一种度量 GDP 的方法来消除价格变化的影响，即**实际 GDP**（real GDP）。请注意，除非在特别说明的情况下，当我们谈到 GDP 时，我们指的是按当前市场价格计算的名义 GDP。我们将在后文中讨论实际 GDP。

编制国民收入和产出账户（NIPA）体系的统计学家必须决定把哪些商品包含在内，把哪些商品排除在外。尽管这些决定不是随意作出的，但要认识到的很重要的一点是，它们仅仅是惯例。换句话说，这些惯例并非神圣不可更改的，它们可以通过国际协定进行变更。

例如，你自己在家洗碗这项活动不包括在 GDP 中。然而，如果你雇佣你的邻居来洗碗，那么洗碗的服务就应该计入 GDP 中。请注意，我们说的是"应该"，因为如果你"悄悄地"付钱给你的邻居，而且你俩都没有申报，这笔交易可能就不会被计入官方数据。这种区别在一定程度上是有道理的，因为在第一种情况下（自己在家洗碗）没有货币交易，也没有服务发生时的市场价格，而在第二种情况下（雇佣邻居洗碗），有你为服务支付的市场价格。然而，由于排除了包括清洁、修理、抚养照顾儿童和老人在内的所有无偿的家庭服务，国民收入和产出账户（NIPA）体系的统计数字忽略了一个国家很大一部分的产出。

更重要的是，它低估了女性的产出贡献，因为她们承担了更多的无报酬工作。许多经济学家呼吁对核算惯例进行改革，将更多的无偿劳动纳入其中，从而让这些"女人的工作（women's work）"的经济和社会价值获得更多认可。

黑市、灰色市场和大部分非正规经济活动的产出也不包括在 GDP 中。这在很大程度上与数据收集的困难有关。黑市交易是非法的，尽管商品或服务本身可能是合法的，例如，只有在没有缴纳税款的情况下，出售香烟才是违法的；另外，毒品交易和性交易在许多国家属于非法的商品和服务交易。

灰色市场，指合法的真货在正规渠道之外销售。例如，某一品牌的照相机在某国的售价非常高，大胆的当地商人就可能从价格较低的国家进口，然后在本国销售，与该照相机在本国的官方销售商进行竞争。许多国家确实试图估算此类活动，甚至将其——至少是其中的一部分——纳入官方计算的 GDP 之中。

许多非正规的经济活动与上面讨论的家庭生产类似。例如，在许多发展中国家，很多粮食产出没有进入正规市场，这些粮食被农民消费，或在地方集市上分配或出售，而没有被官方记录；还有其他一些经济活动是私下发生的，为了避税而未被记录。虽然有些国家有时会估算黑市的规模，但黑市通常不包括在官方计算的 GDP 之中。不过，在 2014 年底，意大利国家统计局宣布，未来 GDP 将包括对非法活动［尤其是贩毒、卖淫和走私（烟酒）］的最优估计（*The Economist*，2014）。

另一个问题是，GDP 不一定是衡量产出对社会福利的贡献的好指标。例如，一个小商品工厂在生产产品时可能会污染空气和水。在测算 GDP 时，社会、健康和环境成本不会从产出价值中扣除。但是，如果我们不得不雇佣工人和生产机器来清理工厂排放的污染物，那么这些清理活动将被计入 GDP。具有讽刺意味的是，这样的话这一生产过程将被两次计入 GDP，一次是生产小商品的价值，另一次是清理环境污染的价值。

此外，如果小商品生产工厂的邻居因为污染而生病，那么他们的医疗支出也会被计入 GDP。因此，GDP 可能不是衡量经济福利的好指标，尽管高污染行业提高了 GDP，但这些行业可能会对我们的总体生活水平产生负面影响。

另一个例子是，一个生产大量军事装备的国家的 GDP 可能与一个生产大量医疗和教育产出的国家的 GDP 相当。在这种情况下，将 GDP 作为衡量国家发达水平的指标可能会非常有误导性。后者（生产大量医疗和教育产出的国家）的人民很可能有更高的物质生活水平。

还有一个问题是不平等。现有 GDP 的核算没有考虑到这样的问题：几乎所有的产出都流向收入最高的 10% 的个人或家庭，从而使收入最低的 90% 的人只得到 10% 的产出。GDP 只是简单地把国内产出加总，而不考虑产出的分配。在比较不同国家的生活水平时，GDP 可能是一个糟糕的衡量指标。

一种常见的做法是用一国的 GDP 除以其人口数从而得出该国的人均 GDP。我们可以依据按同种货币计算的人均 GDP 对各国进行排名，从而把一些国家归为富国，一些国家归为中等收入国家，而一些国家则归为穷国。然而，人均 GDP 只是提供了一种衡量平均水平的方法，要是把它当作一国居民普遍生活水平的指标，这可能具有高度的误导性。

例如，A、B 两个截然不同的国家的人均 GDP 可能都是 3.5 万美元。在 A 国，前 1% 的最富有的人口可能占有 90% 的国内生产总值，而剩下的 99% 人口仅能获得全国产出的10%；但是在B国，收入分配可能是均等的，99%的人口的收入与平均水平（3.5万美元）之间的差距不超过几千美元。显然，B国的经济福利将被更广泛地分享，因为这里几乎没有穷人，生活水平远远高于平均水平的富人也很少。经济学家经常使用**基尼系数**（Gini Coefficient）来衡量收入不平等程度——我们将在后文对此进行讨论。

其他一些衡量经济福利的方法试图避免这些问题。一些方法尝试测量家庭产出，其他一些方法将不平等、贫困、教育和医疗考虑在内。还有一些方法则扣除了社会、健康和环境成本，例如，例子中的小商品生产工厂实际上对经济福利具有负的净影响，因此通过关闭工厂来增加社会整体福利是有益的，即使代价是减少对这类小商品的消费。

一个现实情境的例子是，吸烟增加了GDP，这部分GDP来源于烟草销售、制造空气净化器来清除烟雾，以及抽烟者和所有受二手烟影响的人在医疗保健方面的高水平支出。禁烟无疑将增进社会福利，但可能会降低GDP。出于以上这些原因，在考虑经济、社会和环境福利时，我们需要GDP以外的其他核算方法。

不过，GDP作为最常用的核算方法确实有一个很大的优势：它主要关注的是产出的货币价值。如前所述，利润动机驱动着资本主义生产。它的典型特征是"M—C—M′"也就是说，它从货币（M）开始，然后生产出商品（C）来出售从而赚取更多的货币（M′）。因此，GDP是核算资本主义生产的恰当指标，因为它关注的是为了赚取货币而进行的生产。

然而，即使是为了这个有限的目标，GDP也不是完美的，因为，正如我们已经指出的，它需要估算一些未实际出售的产品的货币价值。最典型的例子是业主自住住房的"服务"。自住住房"服务"的意思是，随着时间推移，房主会"消费"住房服务，因为如果房子不是住户自己的，我们可以用他们支付的租金作为租房者所消费的住房服务的价值。然而，因为许多家庭住在他们自己购买的房子里，所以没有市场交易发生。

请注意，购买新房被视为住宅投资（包含在投资中，而不是消费中——请参阅下一节）。将房屋的**全部**市场价值作为这段时期的消费是不合理的。此外，大多数房主都买的是"二手房"，而这种购房行为既不会出现在投资中，也不会出现在消费中。所以，在这段时期内，不管住房是不是新的，住房服务的货币估算价值都被视为消费。尽管如此，在包含估算值的情况下，我们测量的 GDP 偏离了理想的情况，即衡量一定时期内以市场价格销售的全部产出的总价值。

4.2　国内生产总值（GDP）的构成

国民收入和产出账户将一国产出划分为三个主要类别，另外还有第四个账户来计算本国居民获得的外国产出。这四者分别是消费、投资、政府支出、进出口。每一个类别都可以进一步细分。

消费（C）

消费是**家庭部门**在国内对商品和服务的消费。请记住，从我们对 GDP 的定义来看，只有在一定时间内生产的最终产出，即当前生产的最终产品和服务——才包含在内。中间产品和服务不包含在内，二手商品的销售额也不包括在内。

一般来说，家庭在新产品和新服务上所有的当期支出都包含在消费之内。一个重要的例外是购买新建成的房屋，如前所述，这被包括在投资支出当中。另一个重要的例外是被"估算"的业主自住住房的住房服务——这被包括在消费当中。

最令人困惑的是，家庭在股票和债券上的"投资"根本不包括在 GDP 中。这是因为股票和债券不是当期生产的商品和服务。实际上，购买任何类型的金融资产都被 NIPA 体系视为储蓄，而不是支出。

投资（I）

投资主要包括三大类：企业的资本投资、企业的存货投资和家庭的房地产投资。投资支出提升了经济体的生产能力，扩大了我们所说的**潜在 GDP**（potential GDP）。因此，投资增加了当前支出，而且也提高了经济体未来吸收支出增长而不引发通货膨胀的能力。

资本投资包括厂房和设备支出，例如，工厂和机器。近年来，投资包含了越来越多的软件和其他非实体的长期性生产投入。

如前所述，我们不希望把中间产品包含在 GDP 中，因此在生产过程中"用掉了的"投入品不包括在投资中。这里我们说的投入品是指诸如电力、石油和其他自然资源，以及营销服务等。请注意，投入和投资之间的细分在某种程度上是任意的，它取决于核算惯例对投入品的使用寿命的规定。

同样的，购买金融资产也不包括在投资之内。例如，如果一家公司收购了另一家公司，这对于核算 GDP 来说不能算作投资。还需注意的是，如果一个家庭购买了一辆汽车，会被视为消费，但如果一个企业购买了一辆汽车，这会被视为投资，即使该公司是在同一户家庭的家庭办公室里运营的！

未售出的货物被称为存货。存货增加也被视为是一种投资，即使存货的增加不是企业事先计划好的。一家企业在核算期间生产的产品可能超过它能卖出的数量，这时存货投资就会增加。如果一家企业销售的产品比计划的数量多，这时它的存货数量就会减少，这被视为负投资。存货投资的波动可能相当大，因为企业很难精确地卖出它们计划的销售量。

最后，房地产投资包括新建的住宅和非住宅建筑。已建成的住宅和商业建筑的销售不包括在投资内。土地的销售也不会被算作投资。

当你对购买一项资产是否算作投资有疑问时，一个有用的经验法则是考虑在该时期内是否使用了劳动来生产这些资产。如果是，那么这种购买就是投资；如果不是，那么它就只是一种资产组合的调整，而不是一种投资。新生产的机器、工厂、房屋和公寓都需要当期的劳动来生产，因此可以被算作投资。股票、债券、已建成的房屋或工厂的销售在当期不需要劳动来生产，因此它们不被算作投资。

政府支出（G）

政府支出包括政府购买的最终产品和服务。

请注意，这不包括政府的转移支付，例如，在福利和社会保障方面的支出。这是因为，如果我们将转移支付包含在内，那么就会出现重复计算，因为大多数转移支付将被用于商品和服务的消费，从而会被包括在上文所述的 C

（消费）中；而且政府转移支付不是购买当前生产的商品和服务，因此也就不是 GDP 的一部分。

政府购买可以进一步分为"消费"支出和"投资"（或资本）支出。这两个子类别之间的划分在某种程度上是任意的。政府消费支出用于会被相对快地用掉的商品和服务（如消防服务、邮政和空中交通管制），而政府投资支出则用于购买可以在长期内持续使用的产品（如消防车、道路和机场）。一般来说，任何在 12 个月内趋向耗尽的支出都被视为是消费，否则，它们就被归类为投资。我们将"消费"和"投资"用于划分政府支出，但请不要因此混淆了政府开支和其他类别的支出；政府消费支出和政府投资支出都属于 G（政府支出），而不是上文讨论的 C 或 I。

出口（X）减去进口（M）或净出口（NX）

出口是销往国外的商品和服务；进口是在国内使用而在国外生产的商品和服务。如果进口大于出口，则净出口为负；如果进口小于出口，则净出口为正。同样的，这些既可以是消费类的商品也可以是投资类的商品，只要它们在国外销售或从国外购买，它们就属于 NX（净出口），而不属于 C 或 I。

出口增加了对国内产出的支出从而会刺激生产，而进口则代表了对国内支出的流失。

4.3　三种国内生产总值（GDP）计算方法的等价性

计算 GDP 的方法有三种，即支出法、生产法和收入法。这些方法在理论上会给出相同的 GDP 核算结果，但现实中会有统计误差的影响。

从概念上讲，支出法是最简单的。它的原理是，总支出代表已购买产品的价值，由于存货投资被包括在投资支出当中，它计算的就是总产出的价值。生产法（或增加值法）是把每一类企业的总产出加起来，然后减去对中间品的消耗。收入法的原理是生产要素（生产者）的收入等于总产出的价值，因此我们可以通过把所有生产者的收入相加来计算 GDP。

支出法

支出法通过计算以市场价格衡量的对最终产品和服务的总支出来估算GDP。如前所述，GDP（Y）是消费（C）、投资（I）、政府支出（G）和净出口［NX 或（X－M）］的总和。这可以写作如下恒等式：

$$Y \equiv C + I + G + (X - M) \tag{4.1}$$

所谓恒等式（identity）是这样的一种代数方程：按照方程中的变量的定义，它总是成立的。在这个方程中，我们所依据的是，总支出（国内生产总值）可以分解为若干组成部分，并且这些组成部分都已经被赋予了明确的定义。

生产法

这种方法衡量的是总增加值。首先要计算的是国内（比如，一年内的）所有产出的总价值。这将包括所有生产阶段产生的价值，① 我们还要考虑中间消耗——在生产总产出中所消耗的原材料、物资和服务。然后，我们从国内所有产出的总价值中减去中间消耗，得到总的增加值。如前所述，如果不减去中间消耗，那么我们就会犯重复计算的错误。

我们不妨考虑一个包括三个阶段的生产过程，它的终点是将羊毛大衣销售给消费者。第一阶段，牧场支出饲料等饲养绵羊的费用，并向牧羊人和剪羊毛的工人支付工资。第二阶段，牧场把羊毛卖给一家毛纺厂，这家工厂通过雇佣劳动力对羊毛进行加工。第三阶段，毛纺厂把加工过的羊毛卖给生产羊毛大衣的厂家，该厂家通过雇佣工人来生产羊毛大衣。为简单起见，我们假设生产商将这些最终产品直接出售给消费者。我们要计算的是生产过程中每个阶段的生产者提供的增加值，例如，毛纺厂提供的增加值等于销售加工后的毛线价值减去未加工的羊毛、原材料以及生产过程中消耗的电力等成本。我们可以把这个计算过程写作：生产羊毛大衣的增加值＝总产出价值－中间消耗价值，其中每

---

① 如果所有最终产出的生产都是垂直整合的，那么一家公司负责每种商品或服务的所有生产阶段，那么就不存在中间消耗。

个项目都是对生产各阶段的加总。

所有企业的增加值之和被称为按要素成本计算的国内生产总值。按要素成本计算的国内生产总值加上间接税，再减去对产品的补贴，就是按生产者价格计算的国内生产总值。

收入法

第三种核算 GDP 的方法是计算分配给国内商品和服务生产者的原始收入之和。这种方法将企业为获得要素服务而支付的生产者收入加总，即将工资、利息、地租和利润加总。这是按要素成本计算的 GDP。这种定义下的 GDP 需要加上间接税并减去补贴（从而以市场价格计算），并按照折旧（或者资本消耗补偿）进行调整才能得到一般定义下的 GDP。

在生产法下，生产的每一阶段所增加的价值就是该阶段所增加的收入，因此生产法和收入法在计算 GDP 上是等价的。

4.4　国内生产总值（GDP）与国民生产总值（GNP）

GDP 是在一国之内生产的所有商品和服务的总价值，与生产这些商品和服务的企业的所有权无关；国民生产总值（Gross National Product，GNP）是一个国家的国民生产的所有商品和服务的总价值，与生产地点无关。

国内生产总值（GDP） 包括在国内产生但由外国人获得的收入。

国民生产总值（GNP） 不包括在国内产生但由外国人获得的收入；但包括国内企业和居民在外国经营所获得的收入。国内部门和国外部门之间的资金流动并不局限于净出口。

直到 20 世纪 90 年代初，美国仍倾向于使用 GNP，而许多国家则使用 GDP。然而，从那以后，尽管美国仍然报告 GNP，但它已经接受并采用了 GDP。对美国来说，GDP 和 GNP 之间没有什么重大区别，因为外国人在美国获得的收入几乎与美国居民在外国的收入持平。然而，对于其他许多国家来说，GDP 与 GNP 之间存在巨大差异，例如，一些国家的居民大量投资位于国外的工厂。爱尔兰是一个 GDP 与 GNP 差别突出的例子，由于该国公司税非常低，许多外国企业被吸引到该国设立总部，这使得爱尔兰国内存在大量的外资企业。

4.5 核算国民总收入和净收入的核算

国民总收入核算

我们首先从如何使用收入的角度引入**国民总收入**（Gross National Income，GNI）的概念：个体可以将收入用于消费、纳税或储蓄。作为一种简化，我们暂且忽略 GNP 和 GDP 之间的差异，由此我们可以得到：

$$Y \equiv C + S + T \equiv GDP = C + I + G + NX \qquad (4.2)$$

这里我们用 Y 表示收入，S 是总储蓄，T 是总税收。我们可以把 S 看作一种剩余：它是收入中不用于消费的（税后）人们可以随意支配的部分。

我们可以很容易地对上面的等式进行变换，得到一个有用的等式，这个等式在后面的章节中将有助于说明凯恩斯主义的储蓄理论：

$$S \equiv I + (G - T) + NX \qquad (4.3)$$

G - T 是什么呢？它是政府赤字支出，是政府支出（G）与税收总收入（T）之差。

我们在后面将会进一步用到等式4.3。

国民净收入核算

在总量上，国民收入等于国内产出，因为正如前面所讨论过的，总产出会产生出等额的收入。我们将国民净收入（Net National Income）称为 NNI，这个概念将衍生出若干种收入的细分概念。

我们的核算从国民生产总值（GNP）开始，这样比较方便，因为其中包括国内居民的国外收入。国民生产总值（GNP）等于国民总收入（Gross National Income，GNI），要计算国民净收入（NNI），我们需要从中减去折旧和税收。

在一个生产周期（月、季度或年）中，一些生产设施（厂房和设备）会"磨损"或"贬值"。我们从国民生产总值（GNP）中减去折旧，就可以得到国民生产净值（Net National Product，NNP）。

我们再从中减去间接的营业税（销售税和消费税），就可以得到国民净收入（NNI）。扣除折旧和营业税是为了使计算得到的收入可以实际用来购买国内产出的收入；减去折旧是因为生产者必须从总收入中留出一部分来替代逐渐损耗的资本；减去间接税是因为这些税收减少了收入中可以用于支出的部分。总而言之：

> 从国民生产总值（GNP）开始
> GNP 减去折旧 = 国民生产净值（NNP）
> NNP 减去间接税（销售税和消费税）= 国民净收入（NNI）

接下来，我们要想办法计算流入家庭部门的个人收入（Personal Income，PI）。我们需要减去公司税、工资税和未分配利润，因为税收归政府所有，未分配利润归企业所有，剩下的收入才是留给家庭部门的。

但是，我们需要加上政府对家庭的转移支付和家庭的个人利息收入，这样才能得到个人收入（PI）。这些计算过程总结如下：

> 从国民净收入（NNI）开始
> NNI 减去公司税、未分配利润和工资税
> 加上转移支付和个人利息收入 = 个人收入（PI）

我们还需要计算税后的个人收入，我们从个人收入中扣除个人所得税，从而得到个人可支配收入（Personal Disposable Income，PDI），它是可供个人消费和储蓄的税后收入。

我们从个人可支配收入（PDI）当中再减去个人消费、支付给企业的利息和支付给外国人的转移支付，我们就可以得到个人储蓄（Personal Saving，PS）。

> 我们从个人可支配收入（PDI）开始
> PDI 减去个人消费
> 减去支付给企业的利息
> 减去支付给外国人的转移支付 = 个人储蓄（PS）

请注意，总储蓄（S）（公式 4.3 中定义的）与个人储蓄（PS）是不同的，因为总储蓄是基于总收入（而不是个人可支配收入）的，它没有扣除其中支付给企业的利息和支付给外国人的转移支付。

4.6 GDP 的增长和平减物价指数（the Price Deflator）

名义 GDP 是按当前市场价格计算的产出价值。我们常常要计算经济增长率，也就是 GDP 的增长率。问题在于，价格和产出都会随着时间变化。如果我们发现今天的 GDP（名义 GDP）是 100 年前的 100 倍，这是否意味着我们的实际产出是 100 年前的 100 倍呢？在价格和实际产出都上涨了的情况下，显然不是如此。考虑到这一点，我们经常需要"平减"名义 GDP，也就是对价格变化进行修正，从而了解实际的经济增长率。

这个想法很简单，但实践起来却很困难。让我们先从概念问题开始。

假设我们要比较 2018 年的 GDP 和 2002 年的 GDP，看看在这 16 年间实际的产出增长了多少。为了求出每年的名义 GDP，我们用当年的当期市场价格乘以当年的产量。为了便于说明，这里我们简化一下，假定有一种叫做 GDP 的单一总商品的数量和价格为：

$$GDP_{2002} = P_{2002} \times Q_{2002} \tag{4.3a}$$

$$GDP_{2018} = P_{2018} \times Q_{2018} \tag{4.3b}$$

其中，GDP_t 代表按第 t 年的当期价格计算的 GDP，它取决于当期产出水平（Q_t）和当期市场价格（P_t）。

我们感兴趣的是实际 GDP 随时间的变化，因此我们要修正其中的价格变化。首先，我们需要决定以哪一年的价格为基准。我们根据基准年的价格来计算一段时间内的实际 GDP。我们可以选择 2002 年、2018 年或其他年份作为基准。我们这里选择使用 1985 年的价格作为基准（也就是说，我们不一定要用 2002 年或 2018 年的价格）。

然后我们就可以做如下的计算：

$$\text{RGDP}_{2002} = P_{1985} \times Q_{2002} \qquad (4.4a)$$

$$\text{RGDP}_{2018} = P_{1985} \times Q_{2018} \qquad (4.4b)$$

其中 RGDP_t 为第 t 年的实际 GDP，以 1985 年的价格为基准。

只要我们使用相同的基准年计算 2002 年和 2018 年的实际 GDP，我们就可以确定这 16 年间的实际 GDP 增长率。但是，当我们考虑多个商品而非单个商品的时候，这种方法在一定程度上会受到基准年选择的影响。

在实践中，统计人员会随着时间变化来更新基准年，以便他们总是使用相对较近的基准年。因为，你不太可能把 1900 年当作基准年来计算 2018 年的实际 GDP，用于计算的基准年距离当期越远，在计算实际 GDP 时遇到的问题就越大。我们稍后将继续讨论这些问题。在此之前，还有两个与计算实际 GDP 相关的重要概念。

首先是 GDP 的平减指数，它是衡量物价变化的一种指标。第 t 年的 GDP 平减指数定义如下：

$$\text{GDPD}_t = \text{GDP}_t / \text{RGDP}_t \qquad (4.5)$$

其中 GDPD_t 为第 t 年的 GDP 平减指数。

GDP 平减指数随时间变化的幅度为我们提供了一个从整体上衡量所有产出价格变化的方法。请注意，价格有可能上涨也有可能下跌。当然，在过去的一个世纪里，通货紧缩相对罕见且持续时间较短。

我们的目标是建立一种基于价格变化调整 GDP 的方法。实际上，这比前面的讨论要困难得多。在前面，我们使用了一种简化的方法来计算名义 GDP，即单个"总 GDP"商品的"价格乘以数量"。

然而，GDP 的定义是以当前价格衡量的所有产出的价值。理论上，我们有一组价格（一个价格的向量 P：向量中的元素 P_i 代表一个已售出的商品或者服务的价格）和一组商品数量（一个商品数量的向量 Q：向量中的元素 Q_i 代表对应的已售出产品的数量），然后我们将每一种商品和服务的销售额（对于商品 i，销售额为 $P_i \times Q_i$）加总，得出 GDP。这似乎并不太难；我们考虑到产品的异质性，因此它们只能按名义货币量加总，而不能按"实际数量"加总。

在实践中，如果我们试图用另一年的价格来计算实际 GDP，那么就会出大问题。假设我们将 1985 年作为基准年，并将 1985 年的价格用于计算 2018 年销售的商品和服务。这时，我们该如何按照 1985 年的价格确定 2018 年销售的 iPad 的价格呢？1985 年市场上还没有 iPad，并且实际上也没有类似的产品。

换个角度来看这个问题，我们如何找到在 1900 年销售的手动打字机在 1985 年的价格，从而计算 1900 年的实际 GDP（按 1985 年的价格计算）呢？显然，在销售的产品类别和产品质量方面（今天销售的普通个人电脑比 1990 年销售的个人电脑在运算速度上要快得多，尽管两者的名义价格几乎没有变化），产出的构成都发生了变化。显然，选择的基准年距离当期越久远，这样的问题就越严重。这就是为什么近年来统计人员越来越倾向于使用 GDP 的链式加权方法，这种方法的滞后期只有一年。在下一节中，我们将详细讨论这种计算方法。

4.7 计算链式加权的实际 GDP

链式加权实际 GDP 定义如下：

$$\text{RGDP}_t = \{(P_{t-1} + P_t)/2\} \times Q_t \tag{4.6}$$

这种方法平均了相邻两年的价格，正如我们下面将要讨论的，这对于计算实际 GDP 增速特别有用。

实践中，比起实际 GDP 的水平，经济学家更加关注实际 GDP 的增长率。这使得链式加权的方法比用定期改变的基期来计算实际 GDP 的方法更受欢迎。每次当基准年改变时，每一年的实际 GDP 都需要被重新计算，这进而将改变对实际 GDP 增长率的计算结果。这意味着，每一次基准年发生变化，经济史都会被"重写"一次。

然而，使用链式加权法的话，实际 GDP 增长率的计算将不再随基准年的变化而变化。改变基准年将改变实际 GDP 的水平，但使用链式加权平均法后，这不会改变实际 GDP 的增长率。

链式加权法是以相邻年份作为权重来计算的增长率。这些年份的增长率被"链接"在一起，形成一个时间序列，并且这个时间序列考虑到了相对价格变化和产出构成随时间变化的影响。美国经济分析局（Bureau of Economic Analysis，BEA）由此计算出增长率，这个增长率有适合于各个时期的权重。这就避免了由于更新基准期而导致原先加权指数的改变，以及固定加权指数所固有的替代性偏差，这些问题都会导致经济史的"重写"问题（Landefeld and Parker，1997：59 – 60）。

换句话说，一旦美国经济分析局使用链式加权法计算出任何一组年份的实际 GDP 增长率，它就不需要重新计算，因为用于该组年份的基准年价格不会改变。这种方法在操作中会比听起来的更复杂，我们在此就不再详细讨论了。

4.8 计算消费者价格指数（CPI）

CPI 指数

在本节中，我们将考察如何测算消费品（由家庭购买的产品）的价格，并简要提及生产品（由厂商购买的产品，包括用于生产的原材料和中间产品）的价格。这些价格可能会下降，但通常的趋势是上涨。

计算消费品价格变化最常用的指数是**消费者价格指数（Consumer Price Index，CPI）**。它的定义如下：

基于固定的一篮子用于消费的商品和服务的花费所构建的指数。

在构建 CPI 指数的过程中，统计人员需要决定指数要包括哪些消费品和服务，它们各自的数量（权重）是多少以及如何计算相应的价格。所选的一篮子商品和服务是为了代表一个典型家庭的消费，这个篮子会定期更新。统计人员会选择一个基准年（这非常类似在计算实际 GDP 时对基准年的选择）。CPI 代表了一篮子用于消费的商品和服务的市场价格。

CPI 通常表示的是一个特定空间区域的消费者价格指数，例如，一个省会城市或者一个国家所有省会城市的加权平均值。

2016 年 3 月澳大利亚统计局（Australian Bureau of Statistics）公布的澳大利亚的 CPI 中包含的科目如表 4.1 所示。在每个主要组别中还包含许多子项目。

表 4.1 澳大利亚 CPI 的科目（2016 年 3 月）

食品与非酒精饮料
酒类与烟草
服饰鞋帽
房屋
家居家装
医疗健康
交通
通讯
文娱
教育
保险与金融服务

资料来源：澳大利亚统计局，消费者价格指数

如果篮子里的所有商品价格从一个时期到下一个时期都以相同的速率变化，那么每个时期的一篮子花费的变化就很容易计算。但在现实中，不同价格的变化速度通常是不同的，因此相对价格也在变化。于是，统计人员需要用一个统一的加总方法来确定一篮子商品的整体花费是否上升。这就是物价指数的作用。物价指数是给定篮子中的各种商品相对于某个基准期的价格变化率的加权平均值。

在编制 CPI 等综合指标时，统计人员必须选择是使用基期加权还是使用当期加权来计算指数。

基期加权指数，是指用基准期的购买数量来计算一篮子商品和服务的价格变化。它被称为**拉氏指数（Laspeyres index）**，以最早编制此类指标的德国经

济学家拉斯佩尔的名字命名。基期加权指数可以让我们知道消费者在基准期购买的一篮子商品在当期的价格。

当期加权指数,是指用当期购买的篮子中的每种商品和服务数量作为权重计算的指数。它被称为**帕氏指数**(Paasche index),以发明这种方法的德国统计学家帕舍的名字命名。当期加权指数可以让我们知道消费者在当期购买的一篮子商品在基准期所需的花费。

这些测算方法提供了不同的路径来估计一篮子商品和服务的花费随时间的变化。统计学家们倾向于使用拉氏指数来计算 CPI,因为它需要更少的信息:唯一需要的新数据是篮子中商品的当前价格,篮子中的商品数量和相应的基准年价格是已经知道的。

这种方法有助于及时地公布 CPI,这一点很重要,因为 CPI 是一个重要的政策变量,中央银行和财政部制定货币政策和财政政策时会用到它,制定劳动合同和其他合同时会用到它,转移支付(例如,养老金和其他福利)进行指数化调整时也会用到它。

为了简化分析,我们假设篮子中只包含两种商品:面包和奶酪(我们忽略了一个明显的问题:"这些人不穿衣服吗?")。表 4.2 展示了我们假设的用来编制价格指数的数据。

表 4.2　假设的一篮子商品和服务的数据

	单位价格	数量	支出	按其他年份数量计算的支出
	(1) $	(2) 单位	(3) $	(4) $
第一年				
奶酪	4	3	12	16
面包	2	9	18	20
合计			30	36
第二年				
奶酪	5	4	20	15
面包	3	10	30	27
合计			50	42

在第 1 年，每单位奶酪的价格是 4 美元，总共消费奶酪 3 个单位。所以，第 1 年对奶酪的总支出是 12 美元。一单位面包的价格是 2 美元，第 1 年消费面包 9 个单位，对面包的总支出是 18 美元。加总起来，一篮子商品第 1 年的花费是 30 美元（第 3 列）。

在第 2 年，奶酪价格上涨到每单位 5 美元，总共消费奶酪 4 个单位，而面包价格上涨到每单位 3 美元，总共消费面包 10 个单位。加总起来，第 2 年的一篮子商品的花费是 50 美元（第 3 列）。

请注意，如果我们想知道第 1 年购买量的商品在第 2 年所需的花费，我们就需要将第 1 年购买的每种商品数量乘以第 2 年的价格。第（4）列给出了答案（42 美元），我们进行如下计算来得到这个结果：

$$奶酪\ \$5 \times 3 = \$15$$
$$面包\ \$3 \times 9 = \$27$$
$$总计 = \$42$$

相反地，第（3）列显示的第 2 年支出所依据的是第 2 年的价格和第 2 年的购买数量。

类似的，如果我们想知道基于第 1 年的价格和第 2 年的购买数量，第 1 年的一篮子商品的花费是多少，那么我们也可以在第（4）栏找到答案。

在这个例子中，价格指数是多少呢？我们的答案取决于我们是使用基期加权还是当期加权。

基期加权 CPI

如果使用基期权重（第 1 年的数量），那么我们把第 1 年的指数设置为 100，（使用第 1 年的权重）第 2 年的指数为：

$$CPI_{第2年} = CPI_{第1年} \times 第2年总支出(第4列)除以第1年的总支出(第3列)$$

$$CPI_{第2年} = (100 \times \$42) / \$30 = 140$$

当期加权 CPI

如果是使用当期权重（第 2 年的数量），那么我们把第 1 年的指数再次设置为 100，第 2 年的指数为（使用第 1 年的权重）：

$$CPI_{第2年} = CPI_{第1年} \times 第 2 年总支出(第 3 列)除以第 1 年的总支出(第 4 列)$$

$$CPI_{第2年} = (100 \times \$50)/\$36 = 138.9$$

由此，我们可以看到，不同的加权方法确实产生了不同的结果。

CPI 指数的增长率

我们基于两年数据生成了两个 CPI 指数（一个基期加权指数和一个当期加权指数），由此我们可以计算出一个衡量物价总体变动的指标，从而衡量生活成本的变化。CPI 增长率衡量的是通货膨胀率（如果是正的）或通货紧缩率（如果是负的）；需要注意的是，严格意义上的通货膨胀（通货紧缩）是物价水平的持续上升（下降），而不是一次性的上升（下降）。

我们可以把通货膨胀率（通货紧缩率）的百分比值写作：

$$CPI_{Gt} = 100 \times [(CPI_t - CPI_{t-1})/CPI_{t-1}] \qquad (4.7)$$

其中 CPI_t 表示在 t 时点的指数值，CPI_{Gt} 表示 CPI 从 $t-1$ 时点到 t 时点（比如，一年）的变化。变化率可以表示为指数的变化量除以指数的初始值再乘以 100。

利用表 4.2 的数据可以很容易得出，在第 1 年和第 2 年之间，基期加权和当期加权的价格指数的变化率分别为 40% 和 38.9%。

由此可以发现，当期加权指数考虑了价格变化以及价格变化后商品购买数量的变化；而基期加权方法只考虑了价格变化，但忽略了一个事实，即随着时间的推移，人们的支出模式也会随着相对价格的变化而改变。

在现实中，家庭支出模式会发生变化，市场上会出售新的商品和服务，因此统计人员会根据他们收集到的信息，定期修正商品和服务篮子中的权重。他们借助复杂的方法将新指数和旧指数拼接在一起。在下一小节中，我们将探讨用 CPI 来衡量通货膨胀时会出现的偏差。

最后，我们需要知道，还有其他类型的价格指数，这包括那些基于批发和零售价格的指数。例如，美国的生产者价格指数（Producer's Price Index）依据的是大约3000种商品的批发价格，其中包括原材料和半成品的价格。

使用CPI准确衡量通货膨胀的困难之处

测量偏差

要用CPI来准确衡量通货膨胀存在很多困难。例如，如果消费者增加在折扣商店的购买比例，CPI就会夸大消费者实际承受的通货膨胀率。这被称为"折扣替代偏差"（Outlet Substitution Bias），因为CPI指数没有充分考虑到这种变化。

此外，随着时间推移，消费者会改变他们购买的一篮子消费品的构成。用于计算价格指数的一篮子商品的基本构成会不定期地进行修订，这导致了一种偏差。经济学家指出了与篮子变化相关的三种不同偏差：替代偏差（substitution bias）、质量变化偏差（quality change bias）和新产品偏差（new product bias）。此外，人们越来越意识到还有第四种偏差——方法偏差（formula bias）。

替代偏差：是指相对价格变化对篮子中商品的构成的影响。例如，如果茶的价格相对于咖啡的价格上涨，经济学理论表明消费者会用咖啡来代替茶。然而，由于CPI篮子可能10年才会改变一次，所以可能要一段时间之后CPI才能反映出消费者向咖啡的偏好转变。在此之前计算CPI时仍然假定没有发生替代，这导致了由替代偏差而带来的对通货膨胀的高估。

质量变化偏差：价格上涨经常反映的是产品质量的提高（产品变得更加耐用或服务的水平变得更高）。在大多数情况下，很难计算出价格上涨的哪一部分应归因于质量变化。例如，美国劳工统计局（The Bureau of Labor Statistics，BLS）甚至都不对许多产品的质量变化进行测算。因此，对质量变化的不准确度量导致了质量变化偏差，这通常被认为会高估通货膨胀，因为它低估了质量变化，而质量变化带来了合理的价格上升。

新产品偏差：新产品会不断地推出，只有在很久且不确定的滞后期之后，美国劳工统计局才会将新产品纳入它的篮子中，这导致CPI中出现了新产品偏差。在有些商品上这种偏差会相当大。例如，许多高科技消费品遵循一种价格周期，在周期开始时，向高收入阶层出售的商品价格非常高，然后随着商品进入低收入阶层，价格迅速下降，最后随着市场成熟，价格又逐渐上升。如果美国劳工统计局只在价格达到最低后才将商品纳入篮子，CPI 将不会包含价格迅速下跌的时期，只会包含价格上涨的成熟期。近年来，由于新的消费类电子产品的层出不穷（以及这些产品淘汰的速度），新产品偏差被认为是相当重要的。

方法偏差：这种偏差源自价格数据是分部门收集，然后以一种非常复杂的方式进行汇总的，这可能会产生偏差。例如，近年来使用的计算方法给打折销售的物品赋予了过多权重；悖谬的是，这些商品折扣的消失居然被视为通货膨胀，这种通货膨胀是统计方法带来的。在统计样本中所包括的打折品的价格变化越快，这种偏差就会越大，因为这种偏差是由短期价格变化以及给打折商品赋予更高权重的做法造成的。

研究人员注意到，对消费者实际支付的平均价格的调查显示，通货膨胀率远低于 CPI 报告的通货膨胀率，后者依据的是由不同商品构成的消费品篮子。虽然这种现象可以部分归因于替代偏差，但大部分不能归因于此。根据估计，对业主自住房的方法偏差高达 0.6 个百分点；对服装这种经常打折的商品的方法偏差高达 1 个百分点。

CPI 中的住房部分

CPI 中的住房部分非常大；在美国，它占该指数的 40% 以上，在高通货膨胀时期，它贡献了统计到的通货膨胀率的一半。计算价格指数中的住房部分有两种方法：服务流方法和屋主（或"用户"）成本法。目前在美国使用估算租金成本的方法是服务流方法，这种方法自 1983 年以来一直在使用。此前，美国劳工统计局曾试图计算住房的用户成本，但这种方法被认为混淆了住房的投资特征和消费特征。

住房部分中占比最大的是居住"服务"，占住房部分的三分之二以上。近四分之三的住房成本反映的是所有者的自住成本，因为大多数美国人拥有自己的住房，少数的是租房成本。大多数所有者成本依据的是业主等价租金（Owners' Equivalent Rent，OER）。

美国劳工统计局会对出租房屋进行调查，以便获得有关租金变化的数据。

结果会通过加权平均法进行调整，并对质量进行调整从而反映房屋的老化和改造提升。因此，将租房成本计入 CPI 的方法是直截了当的。

但是，业主等价租金的计算方法则非常复杂。调查人员会询问房主，如果房主将房子出租时，房主认为房子肯定能得到多少租金。如果调查人员认为房主的估价不合理，他们可能会录入自己的估价。这些调查数据被用来估算和设定基准年的租金。这个房子后来的潜在租金是依照类似的出租住房的价格增长率计算出来的，所谓类似的出租住房被认为在某些方面（位置、结构类型和质量）与该自有住房类似。

在某些情况下，这种测算住房部分"通货膨胀"的方法可能会导致错误的结果（例如，统计人员计算出高通货膨胀但实际房价在下跌）。我们不需要在这里讨论它，相反，我们想要明确的是，构建一个指数是困难的，很容易出现有争议的决定甚至错误。

此外，重要的是要理解，CPI 包含"估算"价格的成分，即由统计人员制定的价格，而不是从市场获得的价格。这是因为统计人员希望获得一个相对完整的消费篮子，其中包括那些不是每年都需要购买的物品，比如，那些自己拥有住房的人享受到的住房"服务"。

在计算 CPI 时需要权衡两种方法：一种是采用"享乐主义"方法，即为从所有类型的消费品中获得的"享受"定价；另一种则试图聚焦于购买物品时的市场价格。第一种方法的问题是统计人员必须做很多的估算，第二种方法的问题是它没有处理好商品质量变动的问题。

对学习者来说，这意味着你应该对 CPI 测算的通货膨胀率持怀疑态度，特别是在较低的通货膨胀率下，我们无法确信人们购买的东西的价格是真正地在上涨、保持稳定还是下跌。

4.9 衡量国民收入不平等程度

如前所述，一国产出指标（GDP）和收入指标（GNI）没有直接考虑产出和收入的分配。经济学家通常使用从**洛伦兹曲线（Lorenz curve）**中得到的**基尼系数（Gini coefficient）**来作为衡量收入分配的指标。**基尼系数**是由意大利统计学家和社会学家科拉多·基尼（Corrado Gini）在1912年提出的。**洛伦兹曲线（Lorenz curve）**是由美国经济学家马克斯·洛伦兹（Max Lorenz）在1905年提出的。

洛伦兹曲线描绘了有收入的人中收入最低的X%部分（横轴）在总收入中的占比（纵轴，见图4.1）。很容易看出，在图中的例子中，分配是不均匀的，因为当我们从横轴左端开始向右移动时，流向收入最低的人群的收入份额最初增长缓慢。随着我们向高收入人群移动，收入的累积份额增长得更快。45°线表示完全平等的情况，即30%的人拥有30%的总收入；60%的人拥有60%的总收入，以此类推。

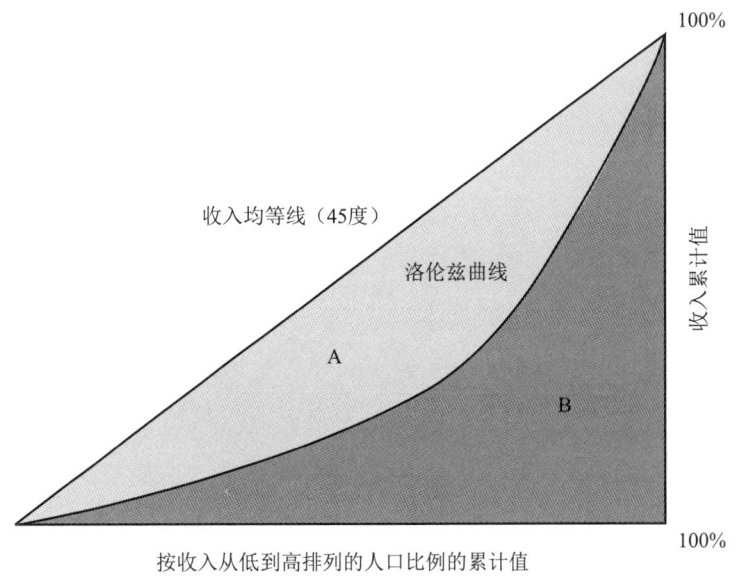

图4.1　洛伦兹曲线

利用图4.1中的A、B两个区域面积，我们可以计算出基尼系数：

$$基尼系数 = A/(A+B) \quad (4.8)$$

不同形状的洛伦兹曲线可能得到相同的基尼系数。此外，收入有不同的测算方法，例如，税前或税后，转移支付之前或之后。基尼系数也可用代数式来表示。除了基尼系数以外，还有其他衡量收入不平等的指标。重要的是要认识到，不同的指标具有不同的性质，我们应该根据测算不平等的目的是什么来选择使用哪个指标。

基尼系数为零意味着收入分配完全平等，因为此时洛伦兹曲线与收入均等线重合。相反，基尼系数为1意味着收入分配完全不平等，也就是说，一个人占有了全部的收入。

表4.3显示了经济合作与发展组织（Economic Co-operation and Development，OECD）所有国家的基尼系数，这些国家在2004年和2012年有可比数据。这些数据是基于税后和转移支付后的可支配收入。这些国家的基尼系数大多在0.25到0.50之间。不同国家在收入不平等方面存在着相当大的差异。在2004年，瑞典的不平等程度最低，而墨西哥在这两年的不平等程度均最为严重。在发达国家，美国的不平等程度最高，而斯堪的纳维亚国家的不平等程度最低。还要注意，在2004年至2012年间，有一些国家的不平等程度有所上升，而另外一些国家的不平等程度则有所下降（用+和−符号表示）。

表4.3　2004年和2012年若干OECD国家的基尼系数

国家	2004	2012	改变量
澳大利亚	0.315	0.324	+
奥地利	0.269	0.276	+
比利时	0.287	0.262	−
捷克共和国	0.269	0.252	−
爱沙尼亚	0.346	0.326	−
芬兰	0.267	0.261	−
法国	0.283	0.306	+
德国	0.285	0.289	+
希腊	0.336	0.340	+
冰岛	0.262	0.252	−
爱尔兰	0.323	0.302	−
意大利	0.331	0.326	−
卢森堡	0.263	0.299	+
墨西哥	0.474	0.482	+
挪威	0.276	0.253	−
波兰	0.381	0.300	−

(续表)

国家	2004	2012	改变
葡萄牙	0.383	0.341	−
斯洛伐克共和国	0.266	0.249	−
斯洛文尼亚	0.247	0.251	+
西班牙	0.332	0.335	+
瑞典	0.234	0.274	+
英国	0.331	0.351	+
美国	0.360	0.389	+

来源：经济合作与发展组织统计资料（OECD Statistice）。2012 年统计的基尼系数采用了一种新的收入定义方法，该定义更为详细地划分了"家庭收到和支付的经常性转移和订正的家庭收入定义，后者将自己生产自己消费的产品价值作为自我雇佣收入的一部分"。（OECD, 2016）

结　论

本章介绍了国民收入和产出账户（NIPA）体系，各国依据这一体系来核算经济活动。我们给出了国内生产总值（GDP）和国民收入总值（GNI）的定义，并研究了它们的组成部分。我们讨论了核算产出时的一些困难之处。我们说明了核算增长和通货膨胀的一些方法，其中最重要的是消费者价格指数。最后，本章讨论了洛伦兹曲线和用来衡量国民收入不平等程度的基尼系数。

参考文献

［1］*Economist*, The（2014）"Sex, Drugs and GDP: Italy's inclusion of illicit activities in its figures excites much interest", 31 May.

［2］Landefeld, J. S. and Parker, R. P.（1997）"BEA's Chain Indexes, Time Series, and Measures of Long-Term Economic Growth", *Surveys of Current Business*, June, 58－68.

［3］OECD（2016）*Income Distribution and Poverty: by country-Inequality*, OECD. Stat, Available at: http://stats. oecd. org/index. aspx?queryid = 66670, accessed 22 August 2018.

chapter 5

第5章

劳动力市场的概念和核算

本章纲要

5.1 引言

5.2 核算方法

5.3 失业的种类

5.4 更全面地测算劳动力利用不足

5.5 计算失业的流量

5.6 失业的持续时间

5.7 回滞

结论

参考文献

学习目标

- 了解劳动力统计框架的主要特征，以及就业和失业的定义。
- 认识到官方失业率在衡量劳动力利用不足时的缺陷。
- 了解劳动力市场中存量和流量之间的关系。
- 认识到失业持续时间对劳动力市场回滞的重要性。

5.1 引言

第3章概述了从原始社会、奴隶制社会、封建制社会到现代资本主义社会的经济制度演变过程。我们介绍了（劳动力）市场是一种具有内在权力关系的社会结构，这个概念使得我们能从本质上理解当一个人得到一份工作和一份工资时发生了什么。

本章主要讨论与现代劳动力市场相关的定义和核算的问题。我们将介绍劳动力统计框架，它包括就业、失业和非劳动力这些存量指标的定义。我们将对失业进行分类，并说明用失业率作为衡量劳动力利用率不足的指标是不恰当的。我们将解释在不同的劳动力市场状态之间存量指标和流量指标之间的关系。最后，我们将探讨失业平均持续时间及其在劳动力市场回滞（hysteresis）过程中的作用。

5.2 核算方法

许多教科书会这样说，宏观经济学研究的是经济总体的运行状况，例如，就业、产出和通货膨胀。因此，除了研究实际的GDP、国民收入和价格的决定，宏观经济学还要研究就业以及与之相关的失业的动态变化。

此外，微观经济学和宏观经济学都有一个中心思想，那就是要实现效率，即充分利用现有资源。效率这一概念的内涵极其丰富，也是众多争论的焦点，其中一些争论较之其他争论会显得晦涩难解。在宏观经济层面，尽管人们对充分就业的定义有争论，但效率边界通常被认为是充分就业，这也是长期以来经济理论的焦点。尽管在如何定义充分就业的问题上存在理论争论，但大多数经济学家都认为，如果一个经济体没有充分利用所有的现有资源，那么它就不可能是有效率的。近几十年来，气候变化问题使我们开始思考资源利用的限度在哪里，或者应该在哪里。在这一章中，我们主要关注的是劳动力资源的利用。

在第二次世界大战结束时，争取**充分就业**成为大多数国家的政策目标。各个国家面临的挑战是：如何在保持高劳动利用率的情况下，将因战争动员而具有高就业率的战时经济转变为和平时期的经济。

在本节中，我们将概述一些关键概念以及与核算相关的问题。我们如何知道在任一时点的就业量呢？什么是失业呢？它是一种衡量劳动力资源浪费的指标吗？除此之外，是否还应该考虑失业的其他问题呢？

劳动力统计框架

劳动力统计框架（Labour Force Framework）由一组定义和惯例组成，它保证国家统计人员能够收集劳动力市场的数据并编制相关的统计指标。这些统计指标包括就业量、失业量、经济不景气程度和不充分就业量，这些数据可以与其他调查数据相互补充，例如，职位空缺数量、收入、工会成员数、劳资纠纷情况和劳动生产率，从而全面反映劳动力市场的表现。

劳动力统计框架是一个分类系统，里面由一组规则和分类体系构成。它为劳动力市场数据的跨国比较提供了公认的基础。该框架由国际劳工组织（International Labour Organization，ILO）及其下设的国际劳动统计学家大会（International Conference of Labour Statisticians，ICLS）创建并完善。它们制定了运用劳动力统计框架和编制国家劳动力数据的准则或规范（参见专栏5.1）。

澳大利亚统计局（Australian Bureau of Statistics，ABS）出版的《劳动力统计：概念、来源和方法》（*Labour Statistics：Concepts，Sources and Methods*）介绍了各国统计机构都认同的国际准则。这本指南性的读物概述了劳动力统计框架的基本原则。由此，在发布劳动力统计数据时，各国的国家统计机构［例如，美国的劳工统计局（Bureau of Labor Statistics）、英国的国家统计局（Office of National Statistics）、德国的联邦统计局（Federal Statistics Office）］都遵循共同的国际标准和准则。

劳动力统计框架的规则具有以下特征：

- 设定有一个活跃性准则，用于将人口归类为以下三个基本类别之一：就业、失业和非劳动力。
- 设定有一组优先级规则，它确保每个人只被分为三类中的一类。
- 设定有一个短的参考期，从而及时反映特定时期的劳动力供给状况。

优先级规则确保了劳动力活动优先于非劳动力活动，并且工作或在岗状态（就业状态）优先于寻找工作的状态（失业状态）。此外，与对大多数活动的统计一样，非正规部门或黑市经济的就业不在统计的范围之内。

专栏5.1　劳动力市场统计数据的收集和公布

第一次世界大战结束时，为了设定最低劳工标准，国际劳工组织成立了。它每年都举行一次国际劳工会议，由该会议确定《国际劳工公约和建议》(International Labour Conventions and Recommendations)。

1985年，第71届国际劳工大会通过了《劳工统计公约（第160号）》，这个公约用一个现代化的统计公约替代了1938年通过的公约。

1985年的这个公约第1条要求国际劳工组织所有成员国（澳大利亚和美国也在其中）定期收集、汇编和公布基本的劳工统计资料，并随着其数据来源的逐步扩大，统计数据应该逐渐覆盖下列内容：

a. 经济活动中活跃的人口和就业，与之相关的失业和可能观察到的不充分就业；

b. 经济活动中活跃的人口的结构和分布，这些数据可以用于详细分析和作为基准数据；

c. 平均收入和工作时数（实际工作时数或有偿工作时数），以及在可能的情况下，时薪和正常工作时数；

d. 工资结构和分布；

e. 劳动力成本；

f. 消费者价格指数；

g. 住户支出或（如果恰当的话）家庭支出，在可能的情况下，住户收入或（如果恰当的话）家庭收入；

h. 工伤以及尽可能详尽的职业病数据；

i. 劳资纠纷。(ILO, 1985)

> 国际劳工组织还发布了非常详细的技术指南，阐明如何借助国际劳动统计学家大会（ICLS，这是国际劳工组织下设的一个技术委员会）收集和传播这些统计数据。该委员会大约每五年召开一次会议，其成员包括政府官员（"主要来自劳工部门和国家统计部门"）、雇主组织的代表和劳动者组织的代表。
>
> 国际劳动统计学家大会就统计方法进行协商并达成一致，然后每个国家的统计机构依照此方法收集和发布数据。虽然各国的国家统计机构都会对劳动力统计数据的编制方法有所调整，但一般来说，它们的统计方法具有广泛的一致性。劳动力统计数据经常被卷入政治争论，批评人士指责政府出于政治目的操纵官方数据。但是，一旦你理解了劳动力统计数据的收集方法是如何制定的，以及国际劳动统计学家大会的决议中是如何阐述相关定义的，你就会很难相信这种说法。
>
> 但这并不是说官方的劳动力统计数据的统计方法就毫无争议了。对于这些统计方法以及能否改善这些方法，现在仍然存在很多争论。但我们首先要做的是理解这些数据是如何收集的。

"有偿工作"的概念对优先级规则至关重要，但对此存在争议。有偿工作通常是指以利润或报酬为目的的工作。在政府部门或非营利部门的有报酬的工作会包括在内，但任何形式的无偿工作则被排除在外。

因此，为商业洗衣店熨衣服的人被定义为是在从事有偿工作，而如果同一个人只为家人熨衣服，那么这个人就会被认为没有从事经济活动（经济不活跃）。正如我们在第 4 章已指出的，由于对经济活动和非经济经济的区分存在性别偏见，这种区分导致我们低估了女性所从事的很大一部分工作。

这种优先级规则的另一个例子是，维修房屋但不收取报酬的人不属于劳动力，而因此收取报酬的人则属于劳动力，并且被视为处于就业状态。同样，从事无偿志愿工作的人并不属于劳动力，尽管他们的活动与雇员的活动非常相似。

图 5.1 总结了适用于澳大利亚的劳动力统计框架，这种结构在所有国家都是通用的。国家统计机构定期（通常按月）进行**劳动力调查**（labour force survey，LFS），利用劳动力统计框架内提供的概念和定义来收集数据。

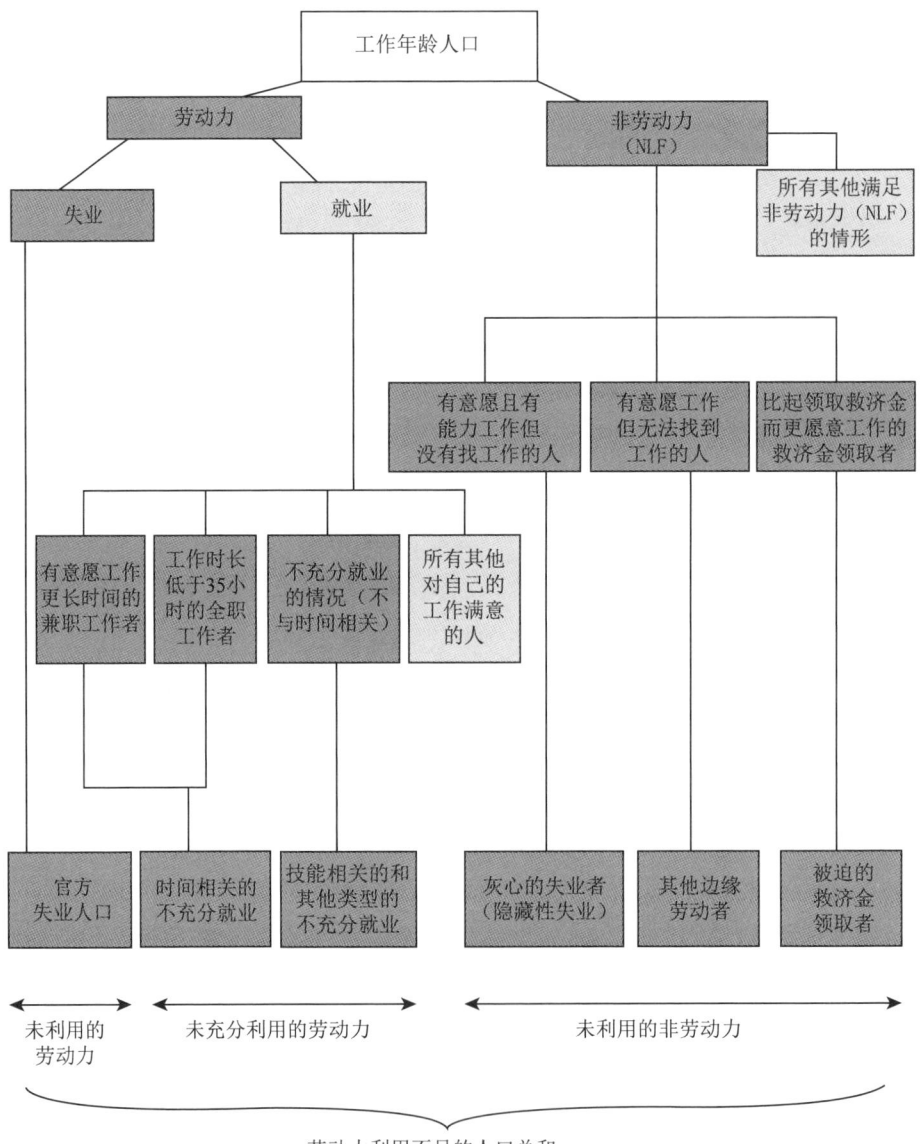

图 5.1　劳动力统计框架

工作年龄人口（Working Age Population，WAP）通常是指 15 岁以上的所有公民。在一些国家，最低工作年龄限制为 16 岁。在过去，工作年龄范围是 15 岁到退休年龄（通常在 65 岁左右）。然而，随着许多国家都实施了禁止年龄歧视的法律，一些国家也因此取消了年龄上限。此外，作为全面紧缩政策的一部分，一些国家提高了领取政府养老金的年龄要求。

工作年龄人口（WAP）分为**劳动力**（"活跃的"部分）和**非劳动力**（"不活跃的"部分）。处于**就业**或**失业**状态的劳动者都被视为活跃的。

劳动参与率决定了成年人口中的劳动力所占比例，国际劳工组织对劳动参与率的定义为：

劳动力占工作年龄人口的比例，以百分比表示。

我们将在本章后面的内容里讨论劳动参与率的周期性。

国际劳工组织对就业人员的定义是在调查参考期内（可能短至一周或一天）符合下列任一条件的人：

a. 从事某些以现金或实物支付工资的工作；

b. 与他们的工作有某种正式的联系，但在调查参考期内暂时不工作；

c. 从事某些获取利润或家庭收入的工作（以现金或实物形式）；

d. 曾在一家企业（工业企业、农场或服务业）工作，但在调查参考期内因某些特定原因暂时不工作。（ILO，1988：47）

"从事某些工作"这个概念既不明确，也有争议。例如，在澳大利亚和美国，一个人每周从事 1 小时或几小时的有报酬工作就可以视为就业状态，这使得就业和失业之间的差别非常小（只是 1 小时的有报酬工作）。

就业这个大类中还有进一步细分的子类别，这将在后文予以讨论。最重要的是，很多就业者都可能属于不充分就业；因为在某一时期经济体中的总需求不足，所以他们无法获得他们想要的工作时长。

什么是失业呢？根据国际劳工组织的定义，如果一个人超过特定年龄并且没有工作，而他们目前可以工作，并且**正在积极寻找工作**，那么这个人就处在失业状态。

因此，失业量就是就业量与劳动力（非军事的民用劳动力）的差额。

由此衍生出两种备受关注的指标。首先，国际劳工组织将**失业率**定义为：

失业人数占民用劳动力的比率。

以一个实际数据为例，美国 2016 年 11 月的失业率为 4.6%。这是根据美国劳动力的估计值 15948.6 万和失业量的估计值 740 万计算出来的。

其次，统计部门会公布**就业人口占总人口比例**：

一个经济体的工作年龄人口中就业人口所占比例。

以一个实际数据为例，澳大利亚统计局公布的数据显示，2016 年 11 月，澳大利亚的就业总人数为 1197.32 万人，工作年龄人口为 1964.27 万人，由此可得就业人口占总人口比例为 61%。

请注意，这两个比率——失业率和就业人口占总人口比例——的分母是不同的。失业率的分母是劳动力数量，而就业人口占总人口比例的分母是工作年龄人口数量，前者是后者的一个子集。

在我们考察劳动力市场在经济周期中的调整变化及这种调整变化会如何影响到我们对经济状况的解读时，我们就会看到这种差异的重要性。

失业率是经济学家所说的存量指标。它被定义为两个存量的比率：失业人数（分子）和劳动力人口数量（分母）。失业率这个存量指标对应着某个时间点（通常按月）。

国际劳工组织将**边缘劳动力**定义为，在标准的就业和失业的定义下经济活动不活跃，因而不属于劳动力，但在放松标准定义的某一项后又可以被视为经济活动活跃的人。例如，如果我们放宽一定时间内一直有工作这一标准（例如把时间从四周内放松到一周内），那么这将增加属于就业者的人数。这就可能导致数据的一系列变动，我们可以由此看到，对核心概念的界定可能会有无休止的争论。

经济周期对劳动参与率的影响

工作年龄人口是指，年龄在最低工作年龄（通常被设定为 15 岁）以上的人口。劳动力占工作年龄人口的比例被称为劳动参与率。对于任何给定的工作年龄人口数量，参与率的变化会导致劳动力数量的变化。

劳动参与率是一个顺周期变量；它在经济景气时上升，在经济萧条时下降。这意味着，在经济不景气时，某些劳动者愿意接受工作机会，但他们已经不再去找工作,并被国家统计人员列为非劳动力。那些因明显缺乏工作机会而失去找工作的信心的人被归类为**隐蔽性失业**(Hidden Unemployed)。从找工作的角度来看,这些劳动者与官方记录的失业者没有什么本质上的不同,但如果有人向他们提供工作机会,他们会立即接受。这表明,在经济低迷时期,由于劳动参与率变低了,官方失业率低估了经济中"真正的"潜在失业率。

图 5.2 显示了 1980 年 1 月至 2015 年 12 月澳大利亚的劳动参与率。灰色区域表示经济萧条的时期。图中有两个在大多数国家的劳动参与率中普遍存在的特征。首先,很明显,在图中所显示的时间段内,劳动参与率总体呈上升趋势,这主要是因为更多的已婚女性进入了劳动力市场。其次,劳动参与率的波动很明显与实际 GDP 增长率的波动相吻合。

图 5.2 澳大利亚的劳动参与率(%),1980—2015

来源:作者自制。数据来于澳大利亚统计局的劳动力调查

例如,在 20 世纪 90 年代初,澳大利亚出现了一次严重的经济衰退,这导致劳动参与率大幅下降。2000 年之后的几年里,随着就业机会的增加,劳动参与率也增加了。

随着 2007 年初全球金融危机的爆发和就业增长速度的放缓，就业机会在不断减少，劳动参与率因此下降。2008 年底，澳大利亚政府针对危机推出了两项大规模财政刺激计划，这两项计划促进了经济增长，改善了劳动力市场的状况。失业率在 2011 年初之前在不断下降，但在 2015 年初又逐渐上升，劳动参与率也同时在下降。

5.3 失业的种类

经济学家一直用分类的方法来说明他们对失业的看法。在本节和下一节，我们将重点讨论其中两种流行的分类方法。这些分类方法可能会相互交叉，并且最优的分类方法是不存在的。分类方法的使用取决于分析的目的。总的来说，经济学家们将这些分类方法与更广泛的理论讨论结合了起来。这些理论讨论所研究的问题是：为什么会出现失业？失业是不是一个问题？如果我们认为它是一个问题，我们可以通过何种政策干预来解决它？

失业常被分为摩擦性失业、季节性失业、结构性失业和周期性（需求不足型）失业。

摩擦性失业（Frictional Unemployment）——这种失业体现了劳动力市场不断变化的特点。不断地有工作岗位被设立或取消，辞职或被解雇的劳动者会在不同的岗位之间流动，企业则会为了新设立的岗位而寻找员工，或为填补原有员工离职了的工作岗位而寻找员工。

此外，新进入劳动力市场的劳动力会寻找工作，而退休人员则会离开工作岗位。摩擦性失业的出现是因为这些需求与供给之间的匹配不是即时完成的。从劳动者和雇主收集相关信息到劳动者入职都需要时间。摩擦性失业是一种短期现象，是劳动力市场正常运转的一部分。一般认为这类失业者占劳动力的 1% 至 2%。

季节性失业（Seasonal Unemployment）——它的出现是因为某些职业技能群体和产业部门在一年里会经历可预测的系统性（季节性）波动。例如，在某些地区，从事收割农作物的劳动者会在农产区和居住地之间流动，这时他们就在遭受季节性失业。在做宏观经济总体评估时，这一类失业规模很小。并且它也很难与摩擦性失业区分开。

结构性失业（structural unemployment）——当工作岗位数量和失业者数量在总量上是匹配的，但在技能需求和技能供给之间存在不匹配，以及在有工作岗位的地区和失业人员所处的地区之间存在不匹配时，这种类型的失业就会出现。这类失业经常在产业结构调整的背景下被讨论（例如，制造业的衰退或去工业化）。就业构成的变化带来了衰退部门的就业机会流失和新兴部门的就业机会增加。此外，在就业机会集中在某个地区的情况下，某一地区的一家大公司的衰落将对当地的劳动力市场产生重大影响。

技术的变化会对结构性失业有影响——企业需要新技能，而不再需要旧技能。

这种对劳动力就业状况的扰动需要时间来解决。因结构变化而失业的劳动者需要重新安置或者接受再培训，有时这会是一个漫长的过程。结构性失业与摩擦性失业的不同就在于所需技能和工作地点都发生了变化，以及解决由此产生的供需失衡所需的漫长时间。

通常所说的结构性失业在概念上有两个重要的限定条件，主流教科书经常忽略这些条件。

首先，技能短缺是一个相对概念。毫不意外地，企业界和政府对技能短缺的分析总是从企业的角度和营利的角度出发，强调在工资和工作条件方面的劳动力成本控制。只要有可能，任何与培养企业所需的员工技能相关的成本都会被外部化。

在这种情况下，由"技能不匹配"引起的结构性失业就可以被理解为，如果企业认为应聘者达不到它们理想的条件，那么企业不愿意为这些失业者提供工作及附带的培训机会。但在劳动力市场吃紧的情况下，以上做法是不划算的，因而企业有可能降低其招聘标准，甚至在提供工作机会的同时提供培训机会。

然而，当劳动力利用严重不足的时候，企业可以很容易地提高他们的雇佣标准，也就是说，提高对劳动者的招聘要求。企业由劳动力短缺带来的提供培训的意愿也随之消失。在这种情况下，从静态的角度看，"技能不匹配"是经济不景气的表现。

因此，企业的招聘标准和为新员工提供培训机会的意愿会随着宏观经济状况的变化而改变。这意味着结构性失业很难与需求不足型失业区分开来。需求不足型失业与经济体中的总需求不足有关，与"技能不匹配"的失业类似，它也是周期性的。

由此，我们可以看到，这些失业的类别存在明显的重叠，它们不能彻底分解总失业。

周期性（需求不足型）失业 [Cyclical（demand deficient）Unemployment]——这种失业是指在当前工资水平下，相对于劳动力资源（人员和工作时长）的供给意愿，在总量上工作岗位短缺的情况。这类失业被称为需求不足型失业，因为它与总需求不足有关。因此，失业率会随着经济周期变化，当总支出下降，并且低于充分利用现有劳动力所需的水平时，失业率会上升；当总支出上升，并且逐渐接近充分利用现有劳动力所需的水平时，失业率会下降。

当宏观经济无法创造出足够的就业机会来满足对工作岗位的需求时，周期性失业就演变成了我们所说的大规模失业（Mass Unemployment）。它还与**产出缺口（Output Gap）**这一概念有关，产出缺口衡量的是在某一时点实际GDP与潜在生产水平之间的差额。

在经济下行（甚至演变成经济衰退）的时期，周期性失业是统计到的失业量的主要部分；在总需求增加使得经济上行时，周期性失业就会减少。

在第19章中，我们将看到失业的经济代价和社会代价是巨大的（这与产出缺口有关），因此消除周期性失业是一项势在必行的政策。解决周期性失业问题的办法是提高总需求的增长率从而缩小产出缺口。

5.4　更全面地测算劳动力利用不足

图5.1概述了澳大利亚的劳动力统计框架，它所依据的是国际劳工组织及其下属的ICLS所进行的工作。所有国家的统计机构收集劳动力市场数据的统计框架大致相同。

我们把失业作为劳动力市场表现的一个指标，因为它意味着生产性资源的浪费，并且更不用说还有与之相随的个人成本和社会成本。然而，失业率作为衡量劳动力利用不足的指标是有局限性的。

劳动力利用不足的原因有很多，这些原因可以分为两大类：

- **一类是失业及其近似情况**——这个类别包括国际劳工组织标准下的官方失业以及一部分非劳动力。这些非劳动力包括放弃寻找工作的非劳动力（失去找到工作的信心的劳动者）、无法开始工作的非劳动力（其他边缘劳动者），以及（更广义地）接受了残疾补贴或者其他补贴而不工作的非劳动力（被迫的救济金领取者）。这些非劳动力有一个共同的特点，那就是他们没有工作，但只要有空缺的岗位，他们就有意愿去工作。但是，他们不满足失业者的所有标准，特别是，他们没有积极地寻找工作。

- **另一类涉及次优的就业**——这一类劳动者符合国际劳工组织对就业的定义，但属于工作时间不足的不充分就业（Underemployment），这典型地体现为兼职工作和不合适的就业状况（工作不能完全发挥就业者的技能水平）。

我们已经介绍过隐蔽性失业的概念，它是一种近似于失业的状态。在本节中，我们将重点讨论不充分就业，这已成为许多国家日益严重的问题，特别是在2008年全球金融危机之后。

我们已经了解到，在劳动力统计框架内，如果在一周的调查参考期内，一个处于工作年龄的人达到了最低的工作小时数（通常是每周一小时），那么这个人就会被认为已经就业。（各国对工作时长的要求不同，但门槛都很低。）否则，他们会参照活跃性准则被归类为失业者或非劳动力。

虽然一个兼职的人可能希望工作更多的时间，但是宏观经济环境不允许他这样做。这样的人就属于**不充分就业**。在这种情况下，不充分就业与时间有关，它指的是劳动者受到劳动力市场需求方面的限制，以至于他们的工作时长少于他们想要的时长。这种情形下的劳动者有时被称为显性的不充分就业。

另一种类型的不充分就业被称为"与技能相关"的不充分就业，它指的是劳动者从事的工作不能完全发挥自身技能水平。显然，如果社会将资源投资于教育，那么培养出来的技能就应该得到适当利用，从而实现投资回报的最大化。

不充分就业（特别是与技能有关的不充分就业）是很难量化的，这导致缺乏可用的数据来测算它。尽管如此，国家统计人员仍然制定了复杂的核算方法来统计与时间有关的不充分就业或者说显性的不充分就业。

从概念上讲，在参考期内的不同时间点上，不充分就业的劳动者可以被认为既是就业的又是失业的，即使从整个时期来看该劳动者被官方归类为就业者。不充分就业的劳动者增加工作时间的意愿各不相同。

如果在一个经济体中，很多从事兼职工作的劳动者都有意愿从事全职工作，却又无法找到全职工作，那么这个经济体的效率要低于所有劳动者对工作时长的偏好都得到满足的经济体。从这个角度看，非自愿的兼职劳动者与失业者有相似之处。表5.1显示了自1990年以来部分经济合作与发展组织（OECD）国家不充分就业的演变情况，各国按2015年的不充分就业占全部劳动人口的比例从高到低排列。

表5.1 经济合作与发展组织的劳动力中不充分就业所占的百分比，1990—2015年

	1990	2000	2005	2010	2015
意大利	1.6	4.6	8.1	12.1	16.9
西班牙	1.1	3.0	6.7	9.1	11.7
澳大利亚	3.8	8.2	9.4	9.6	11.1
瑞典	2.2	5.0	4.0	10.4	8.4
日本	1.1	—	7.0	8.5	6.7
加拿大	3.1	6.2	6.3	6.8	6.3
新西兰	4.1	8.3	5.2	5.8	6.1
希腊	1.1	2.6	3.7	4.2	6.1
葡萄牙	1.3	4.1	4.0	4.5	5.9
OECD	1.7	3.0	4.3	5.2	5.4
荷兰	5.4	2.1	2.4	3.4	5.3
德国	0.7	3.9	6.9	7.7	5.3
芬兰	—	5.1	4.4	4.6	5.1
英国	1.3	3.0	2.5	4.3	4.9
奥地利	—	2.9	4.0	4.2	4.8
卢森堡	0.4	1.6	3.5	2.6	4.3
比利时	3	6.6	5.6	4.0	3.3
挪威	3.2	2.5	3.5	2.3	2.1
美国	—	0.9	1.2	2.0	1.8

来源：数据来自OECD统计资料

与时间相关的不充分就业，和失业一样，源于总需求不足。失业表明工作岗位不足，而不充分就业的存在则表明在需求有限的情况下，企业提供的工作时长被按照一定的配额重新分配了。在这两种情况下，有工作意愿的劳动力资源都被浪费了。

不充分就业的两个概念（即与时间相关和与技能相关的不充分就业）也是相关的。自20世纪90年代以来，许多国家的不充分就业率不断上升，这与临时工制度的兴起有关，这种制度源于政府将劳资关系的天平向雇主倾斜并减少了劳动保护，这些保护中包括限制使用非标准工时。

结果是，许多劳动者的就业质量下降了。兼职劳动者经常得不到与全职劳动者相同的福利和保护。一些雇主减少工时以逃避适用于全职劳动者的劳动法规。这一时期是服务业部门增长的时期，在许多国家，服务业增长带来的主要是低技能、不稳定的工作，不充分就业在这样的部门很普遍。

我们将在第19章中看到，对充分就业的正确定义应该包括不充分就业为零。如果一个劳动者长期处于不充分就业的状态，那么这就不能被认作是充分就业。

5.5 计算失业的流量

存量表示的是在一个时点处的状态。但是，在每个时期都有大量劳动者在不同状态之间流动，这些状态包括就业（E）、失业（U）和非劳动力（N）。国家统计人员会在定期进行的劳动力调查中核算这些流量。各种存量和流量指标如下所示。一个字母表示存量，两个字母表示存量之间的流量：

E：就业人数，下标 t 表示当期，$t+1$ 表示下一期；

U：失业人数；

N：非劳动力人数；

EE：就业之间的流量（在上一时期就业并且在这一时期仍然就业的人数）；

UU：失业之间的流量（在上一时期失业并且在这一时期仍失业的人数）；

NN：在上个时期为非劳动力，在这一时期仍为非劳动力的人数；

EU：由就业转变为失业的流量；

EN：由就业转变为非劳动力的流量；

UE：由失业转变为就业的流量；

UN：由失业转变为非劳动力的流量；

NE：由非劳动力转变为就业的流量；

NU：由非劳动力转变为失业的流量。

表 5.2 展示了劳动力统计框架下三种不同状态之间可能产生的流量。

表 5.2 劳动力市场流量矩阵

第 0 期的状态	第 1 期的状态		
	就业	失业	非劳动力
就业	EE	EU	EN
失业	UE	UU	UN
非劳动力	NE	NU	NN

为了让我们对不同月份之间这些流量的规模有所了解，表 5.3 总结了 2015 年 12 月至 2016 年 1 月美国劳动力市场的流量情况。

表 5.3 的数据显示，美国 2015 年 12 月的就业总人数为 14967.8 万人，失业总人数为 754.1 万人，非劳动力总人数为 9449.5 万人。这些存量的总和等于 25171.4 万的**工作年龄人口**（WAP）(16 岁以上人口）。

表中的流量数据显示，从 2015 年 12 月到 2016 年 1 月，有 159.4 万的失业者转变成了就业状态（UE），有 210.5 万就业者转变成了失业状态（EU）。

对于非劳动力的流量，在 2015 年 12 月处在就业状态的 481.8 万名劳动者到了 2016 年 1 月已经退出了劳动力市场（EN），而在 2015 年 12 月处在失业状态的 185.9 万名劳动者到了 2016 年 1 月已经退出了劳动力市场（UN）。

在 2015 年 12 月与 2016 年 1 月之间，在流入劳动力市场的新增劳动力中，处在就业状态的劳动者数量（NE）为 444.4 万人，处在失业状态的劳动者数量（NU）为 209.9 万人。

最后一列和最后一行分别显示了 2015 年 12 月和 2016 年 1 月的就业人数、失业人数和非劳动力人数。这些数据是对一行或一列求和得到的。在这个月里，就业人数下降了，这反映了就业在冬季的季节性特点，因为在冬季一些户外工作无法进行。

我们需要知道的一点是，表 5.3 追踪了 2015 年 12 月和 2016 年 1 月的 25239.7 万美国公民的劳动力状况（他们是工作年龄人口的一部分）。这不包括 2016 年 1 月由于年龄或移民而被新计入**工作年龄人口**的人，以及由于死亡或移民而被移出**工作年龄人口**的人。

表 5.3　2015 年 12 月至 2016 年 1 月美国劳动力市场的总流量（万人）

上期状态	本期状态			
	就业	失业	非劳动力	上期存量
就业	14275.5	210.5	481.8	14967.8
失业	159.4	408.8	185.9	754.1
非劳动力	444.4	209.9	8795.2	9449.5
本期存量	14879.3	829.2	9462.9	25171.4

数据来源：美国劳工统计局（US Bureau of Labor Statistics）

我们还可以计算任何两个我们感兴趣的时期之间三种劳动力状态的总流入和总流出。表 5.4 展示了基于表 5.3 中的数据进行的这种计算。就业的总流入人数等于 NE + UE，在该时期的总人数为 603.8 万，而就业的总流出人数等于 EU + EN，在该时期的总人数为 692.3 万。因此，就业的净流入为负 88.5 万。这证实了在 2015 年 12 月至 2016 年 1 月就业人数的下降。

失业的总流入人数等于 EU + NU，在该时期为 420.4 万，而失业的总流出人数等于 UE + UN，在该时期为 345.3 万。因此，失业的净流入为正（意味着失业人数在此期间上升），等于 75.1 万。

表 5.4　2015 年 12 月至 2016 年 1 月美国劳动力市场的总流入和总流出（万人）

劳动力市场状态	总流入	总流出
就业	UE + NE = 603.8	EU + EN = 692.3
失业	EU + NU = 420.4	UE + UN = 345.3
非劳动力	EN + UN = 667.7	NE + NU = 65.43

数据来源：美国劳工统计局（US Bureau of Labor Statistics）

最后，退出劳动力市场（成为非劳动力）的总人数等于 EN + UN，在此期间的总人数为 667.7 万，而新进入劳动力市场的总人数等于 NE + NU，在此期间的总人数为 654.3 万。因此该时期非劳动力的净流入为 13.4 万。

劳动力市场的存量和流量

我们可以通过两个时期之间的净流量来理解劳动力市场状态的存量指标从一个时期到下一个时期的变化。

公式 5.1 给出了任一时间点的就业总人数（E_t），该式是一个恒等式，因为一个成年劳动者在某一时间点只能处于三种劳动力市场状态中的一种：

$$E_t \equiv E_{t-1} + UE_t + NE_t - EU_t - EN_t \tag{5.1}$$

根据表 5.3 和表 5.4 中 2015 年 12 月至 2016 年 1 月美国劳动力市场的实际流量，公式 5.1 的计算结果为（单位为万人）：

$$E_t = 14967.8 + 159.4 + 444.4 - 210.5 - 481.8 = 14879.3 \tag{5.1a}$$

任一时期就业量的变化量 ΔE 等于总流入量减去总流出量：

$$\Delta E = E_t - E_{t-1} = UE_t + NE_t - EU_t - EN_t \tag{5.2}$$

任一时间点的失业总人数（U_t）为：

$$U_t = U_{t-1} + EU_t + NU_t - UE_t - UN_t \tag{5.3}$$

公式 5.3 根据表 5.3 和表 5.4 中数据的计算结果为（单位为万人）：

$$U_t = 754.1 + 210.5 + 209.9 - 159.4 - 185.9 = 829.2 \tag{5.3a}$$

因此，在任一时期，失业总人数的变化量 ΔU 为失业的总流入量减去总流出量：

$$\Delta U = U_t - U_{t-1} = EU_t + NU_t - UE_t - UN_t \tag{5.4}$$

我们可以用表 5.3 中的数据来计算所谓的转移概率（Transition Probability），即发生转移（状态变化）的概率。转移概率等于 3×3 流量矩阵中的元素除以该行元素的总和。

例如，在表 5.5 中，第一行的 0.03 的意思是，在 2015 年 12 月处在就业状态的劳动者在下一个月离开劳动力市场的概率为 0.03。由于四舍五入，各行的总和可能不为 1。

我们通常用百分比来表示这些概率，由此在 2015 年 12 月失业的劳动者在 2016 年 1 月仍然失业的概率为 21%。这种可能性低于一个人从失业转变为非劳动力的可能性（25%）。

表 5.5　美国劳动力市场状态的转移概率：2015 年 12 月至 2016 年 1 月

上期状态	本期状态		
	就业	失业	非劳动力
就业	0.95	0.01	0.03
失业	0.21	0.54	0.25
非劳动力	0.05	0.02	0.93

经济学家由此认为劳动力市场是变化很大的，这种变化可以通过劳动力市场三种状态之间的总流量来衡量，同时这也体现在三种状态之间的转移概率上。这些概率不同于矩阵主对角线上的概率（EE、UU 和 NN），后者衡量的是保持原本的劳动力市场状态的可能性。

此外，这些流量具有很强的周期性。例如，在经济衰退期间，流量 EU 会增加，而流量 UE 则会下降。此外，还有大量劳动者退出劳动力市场，这会导致劳动参与率下降，并且新进入劳动力市场的劳动者更多地会转变为失业状态，而不是就业状态。

5.6　失业的持续时间

如前所述，失业率对于认识劳动力市场状况是有局限性的。失业率没有体现劳动力未充分利用的另一个维度，即失业的持续时间。正如我们对流量的讨论中所指出的，劳动力市场的变动很大，在不同劳动力状态之间每周都有大量流动。这些流量的规模是高度周期性的，在经济衰退期间，失业的净流入量要比其他时期大。

因此，在评估劳动力市场状况时，我们必须把失业的平均持续时间考虑在内。

澳大利亚统计局的《劳动力统计：概念、来源和方法》提供了以下定义：

> 失业的持续时间（Duration of Unemployment）的定义是从当前失业的劳动者寻找工作开始到调查参考周结束的时间，或者是从一个人最后一次工作两周或以上时间结束后（两者以时长较短者为准）到调查参考周结束的时间。求职者开始找工作后从事的短期工作（少于两周）不被考虑在内。（ABS，2007）

这一概念在国际上具有代表性，尽管各国在如何收集劳动力调查数据方面存在差异。

失业的持续时间是我们评估经济衰退对不同劳动者的影响的重要因素。例如，如果失业者经历的只是短暂的失业，也就是说，失业的平均持续时间只有短短几周，那么失业对他们的收入和储蓄的影响会小于长时间失业的情况。一场旷日持久的经济衰退通常会使失业者的积蓄化为乌有。

对于给定的失业率，一个经济体中可能是短期失业占主导地位（失业劳动者的大量流入和流出），也可能是少部分人遭受长期失业（失业劳动者的少量流入和流出）。

虽然任何高失业率都是有问题的（高于不可再降低的最低失业率的情况），但是从个人和经济总体的角度来看，失业持续时间分布不均的情况显然代价更大。

例如，一个经济体的劳动力有 100 人，而失业率为 8%。对此，一种情况是，8 个人在本月初失业，但他们将在下个月找到工作，下个月，8 个不同的人将失业；因此，每个人的失业持续时间大约是一个月。

另一种情况是，同样的经济体中同样的 8 个人月复一月地失业，而失业率则维持在 8%。这 8 个人会连续失业 12 个月，而其余 92 个人则全年都有工作。这两种失业对经济体的总体影响显然是不同的。

失业的持续时间表现出明显的周期性。随着经济的放缓和衰退，大量劳动力进入失业状态，短期失业的人数会激增。因此，在经济衰退的最初几个月，失业的全部劳动力中短期失业者的比重较大。随着经济衰退的持续，失业的净流入人数保持为正，但数量开始减少，而长期失业的人数增加，越来越多的失业者被归类为长期失业。失业的平均持续时间在这个阶段开始急剧上升。经济衰退持续的时间越长，长期失业率就会越高。

即使经济复苏，这种状况仍会持续。随着流入失业的人数开始下降，失业人口中失业持续时间较长的劳动者比重会变得更大。结果是，即使失业率开始下降，失业的平均持续时间仍会继续增加。

在经济复苏的早期阶段，经济体面临的问题是要有足够大的就业增长，这种增长必须足以吸纳新进入劳动力市场的劳动力（能够追上潜在人口增长），并且能够逐步吸收庞大的失业大军。有证据表明，在经济复苏的早期阶段，企业更愿意雇佣那些只经历过短期失业的员工。换句话说，一个人失业的持续时间越长，他找到工作的可能性就越低（详见5.7节）。

官方对长期失业的定义存在国际差异。例如，在美国，长期失业的时间被规定为6个月以上，而在澳大利亚和英国，长期失业的时间被规定为12个月以上。

图5.3展示了在经济衰退时期和经济复苏初期失业平均持续时间的变化。

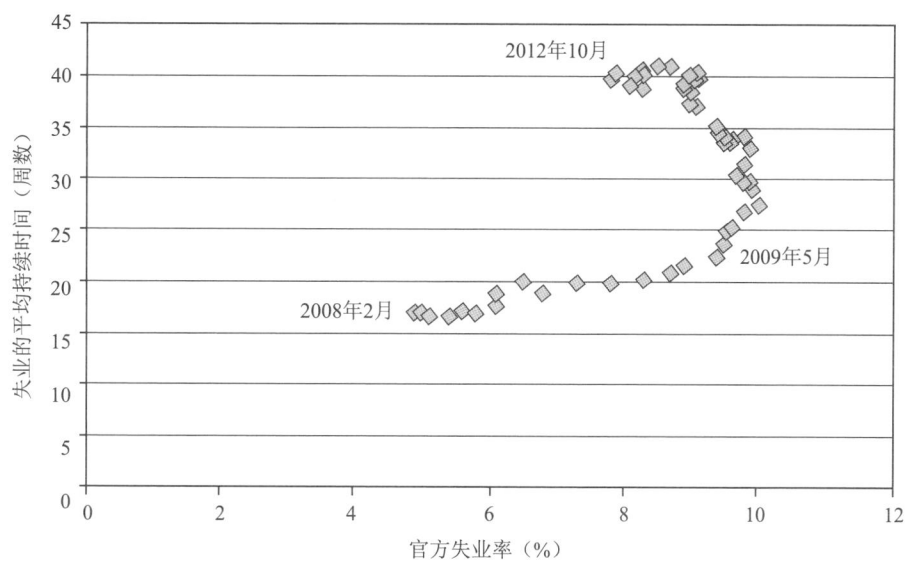

图5.3　美国的失业率与失业的平均持续时间（周数），2008年2月至2012年10月
来源：美国劳工统计局（US Bureau of Labor Statistics）

在 2008 年 2 月，美国官方失业率为 4.9%，失业的平均持续时间为 16.9 周。

在经济衰退的前 12 个月，失业率上升了 2.9 个百分点，失业的平均持续时间上升了 2.9 周。

在经济衰退的第 2 年，尽管失业率只上升了 1.4 个百分点，但是失业的平均持续时间却上升了 10.2 周。尽管失业率在危机的第 3 年开始下降（下降了 0.7 个百分点），但是失业的平均持续时间仍然进一步增加了 7.3 周。

5.7 回滞

失业的持续时间变长让我们感到忧虑，这种忧虑与路径依赖，或者说**回滞**（hysteresis）**现象**有关。回滞是一个来自物理学的术语，《牛津词典》将其定义为：

一种物理性质的值滞后于导致这种效应的变化的现象，例如，磁感应滞后于磁化力。①

在经济学中，我们有时会说，我们今天的状况反映了我们的过去。换句话说，现在的状况是路径依赖的，或者更简单地说，历史会影响现在。

我们将在第 18 章中详细考察这种效应，因为它与非加速通货膨胀的失业率这一概念有关。

我们将了解到，回滞效应描述了实际失业率与均衡失业率之间的相互作用。回滞现象意味着，在任一时间点，与稳定的通货膨胀率相一致的失业率不能只认为由扩张性的宏观经济政策来降低。均衡失业率本身可以通过降低实际失业率的政策来降低。

对于本章的内容而言，我们将只讨论经济周期对劳动力市场中就业的影响。

正如我们在前一节中所说，经济衰退会导致失业率上升，如果衰退持续下

---

① 回滞现象的特征是因变量由于自变量的影响而发生变化，但当自变量的冲击消失后，因变量却不会返回初始状态。在社会科学中，回滞现象的一个例子是：虽然旧制度消失了，但旧制度的影响却能存在很长时间。正如过去人们常说的，封建制度虽然已经消失，但其遗毒仍然存在。——校订者注

去，短期失业就会变成根深蒂固的长期失业。因此，我们可以观察到，随着长期失业的劳动力数量的增加，失业的平均持续时间也在延长。

然而，失业率在经济周期前后的变化是非对称的，这意味着失业率会在短期内迅速上升，但需要很长时间才能下降。

有充分的证据表明，失业时间越长，劳动者找到工作的机会越小。在总需求不足（因此会有大量失业者在找工作）的时候，雇主在招聘时会想方设法筛选应聘者，一些筛选机制有效地"洗牌"了失业队伍，最不满足雇主标准的劳动者被排在队伍的最后。

除此之外，企业还会提高招聘标准（例如，要求劳动者具备超出必要条件的资质），并采用某些歧视性规则（按年龄、种族等筛选）。一种常见的方法是**统计上的歧视（Statistical Discrimination）**，按照这种方法，企业会得出这样的结论：因为平均而言，某个特定的人口群体会表现出一种特定的特征，例如，较高的缺勤率，因此该群体中的每个人都必然具有这种负面特征。他们利用这些信息来筛选求职者，即使对于一个特定的求职者，统计上的平均水平可能不反映他的实际情况。由此，性别、年龄、种族和其他对个体特征的歧视起到了"洗牌"的作用，弱势的劳动者被排到了求职队伍的后面。

在这个背景下，回滞这一概念与劳动力市场在经济周期中的调整方式有关。在经济衰退中，许多企业会彻底消失，尤其是那些使用过时的设备的企业，这些设备的生产率较低，因此它们的单位成本会高于采用现行最优技术的情况。

与使用这些设备相关的技能会随着此类设备的不再使用而变得过时，这可能对长期失业者更加不利。这种现象被称为**技能退化（Skill Atrophy）**。技能退化的范围不只限于操作某种设备或完成某家企业的特定流程所需的技能。

长期失业还会侵蚀更具泛用性的技能，因为失业的心理创伤会影响劳动者的信心和承受能力。研究者通过社交网络这种非正式途径收集到了大量劳动力市场的信息，有强有力的证据表明，随着失业持续时间的延长，失业者的社交网络的广度和质量都在下降。

新进入劳动力市场的劳动力会因为工作机会太少而加入失业大军。他们因为缺乏相关的技能（以及与稳定工作相关的社交圈子）而找不到工作。此外，由于培训机会通常会由初级的工作岗位提供，在此类职位空缺不足的时候，劳动力的总体平均技能水平会下降。因此，无论是失业人员还是新进入劳动力市场的人，他们都需要通过找到工作来更新或获得相关技能。技能（经验）的提升也通过换工作来实现，这在经济低迷时期很难做到。

因此，在其他条件相同的情况下，失业时间较短的劳动者往往更接近失业队伍的前端。企业认为长期失业的人可能在技能上不如刚刚失业的人，而且因为有这么多的劳动者可供选择，所以企业不愿意提供员工培训。雇主的这种看法变成了自我实现的预言——"因为这个求职者已经失业18个月了，所以他肯定有问题"。

然而，正如经济衰退会造成技能流失，并使得某些群体的失业持续时间延长，一个不断增长的经济将会提供更多的培训机会，失业人数将减少。这也是为什么经济学家们认为，在经济衰退即将来临之际，政府有必要刺激经济增长从而使得人们更容易习得技能。

随着需求的回升和失业劳动者的减少，雇主们就不能那么挑剔了。"紧绷的充分就业"（Tight Full Employment）被定义为职位空缺多于寻找工作的失业者的情况。在这样的条件下，即使是最弱势的劳动者也能获得工作。那些面临种族、民族或性别偏见而受到不公平待遇的群体，以及在经济活动低迷时期排在失业者队伍末尾的群体，现在都能够实现就业，并获得必要的培训机会。保持紧绷的充分就业有助于避免雇主产生这些非理性偏见。

结　论

第5章的主题是劳动力市场，或者说一个经济体的潜在劳动力，本章介绍了劳动力统计框架，这个框架将劳动力资源分为若干类别：就业、失业、不充分就业和非劳动力。本章讨论了如何计算劳动参与率、就业率和失业率，并说明了要准确核算一个国家的失业情况会面临困难的抉择。

许多被官方归为就业者的劳动者的工作时间比他们希望的少得多，而且许多人从事的工作不能充分利用他们的技能和所接受的教育。许多被官方归为非劳动力的人实际上想要一份工作，但他们已经放弃了去寻找工作机会。本章考察了不同类别之间的劳动者流动,这表明劳动力市场的变动很大——个体在不同的类别间流动,这使得许多失去工作的人没来得及被计入失业人数,而许多获得工作的人在上一期也没来得及被计入失业人数。劳动力市场状态的转移概率有助于说明劳动力市场的变化程度。

本章研究了失业的类别:摩擦性失业、季节性失业、结构性失业和周期性失业。本章介绍了产出缺口的概念,即实际 GDP 与潜在生产水平之间的差额。随着产出缺口扩大(即产出进一步低于潜在产出),失业率会上升,劳动参与率会下降。

本章还介绍了失业持续时间和回滞等相关概念。当劳动力市场萧条时(寻找工作的人数远远超过空缺的岗位数量)时,平均失业时间往往会上升。失业持续时间的延长往往会降低人们获得工作的可能性,也就是说,这会导致回滞现象:越来越多的失业劳动者被潜在的雇主认为是不能雇佣的。

参考文献

[1] ABS (Australian Bureau of Statistics) (2007) Labour Statistics: *Concepts, Sources and Methods.* Available at: www.abs.gov.au/ausstats/abs@.nsf/Latestproducts/973128B0B872F469CA2572C100244952, accessed 18 January 2017.

[2] ILO (International Labour Organization) (1985) *Labour Statistics Convention* (*No.*160). Available at: http://www.ilo.org/dyn/normlex/n/f?p=1000:12100:0::NO::P12100_INSTrUMENT_ID:312305, accessed 18 January 2017.

[3] ILO (International Labour Organization) (1988) *Current International Recommendations on Labour Statistics*, 1988 edition, ILO, Geneva.

[4] ILO (International Labour Organization) (n.d.) *International Conference of Labour Statisticians.* Available at: https://www.ilo.org/global/statistics-and-databases/meetings-and-events/international-conference-of-labour-statisticians/lang-en/index.htm, accessed22August2018.

[5] US Bureau of Labor Statistics (2016) "Labor Force Status Flows by Sex, January 2016", *Labor Force Statistics from the Current Population Survey.* Available at: http://www.bls.gov/web/empsit/cps_flows_current.htm, accessed 18January 2017.

Chapter 6

第 6 章
部门收支核算与资金流量

本章纲要

6.1 引言
6.2 国民经济核算的部门收支平衡观
6.3 再论存量和流量
6.4 国民收入和产出账户、存量、流量与资金流量表的整合分析
6.5 资产负债表
6.6 资金流量矩阵
结论
参考文献

学习目标

- 理解部门收支恒等式：如果一个部门有盈余，那么在别的部门肯定会有等量的赤字。
- 理解部门收支与净金融资产变化之间的关系。
- 区别垂直交易和水平交易对净金融资产的不同影响。
- 学会解释资产负债表（存量）及其科目的逐期变动（流量）。

6.1 引言

在第 4 章中我们了解到，国民经济核算将国民经济分为不同类别的支出：个人/家庭消费、私人企业投资（以及住宅投资）、政府支出、国外部门的进出口贸易。

宏观经济学最基本的原理是，一个人的支出是另一个人的收入。换言之，一个人对其收入的使用（即支出），将成为另外一个人或几个人的收入来源。

在本章中，我们将扩展对国民经济核算的理解，这种核算记录了各种支出和收入的流量。**部门收支平衡视角**下的国民经济核算将国民收入的用途和来源纳入一个统一的分析框架。我们将说明，基于正确的核算概念，各部门的收支总和必定为零。据此，我们将拓展对存量和流量的讨论，并在部门收支的框架下讨论资金流量的概念。

理解一国的部门收支有助于我们获得许多有用的见解。部门收支方法有助于我们了解经济体内家庭、企业、政府和国外部门的收支余额之间的关系。例如，它表明，所有部门不可能同时实现盈余（即所有部门不可能"在总体上都在储蓄"或支出小于收入）。要使得一个部门实现盈余，我们至少需要另一个部门处于赤字状态（即支出大于收入）。我们将认识到，对于任何一个对外逆差的国家来说，为了使其国内私人部门（即家庭及企业）实现盈余（即支出少于收入），政府就必须处于财政赤字状态（即政府支出多于扣除转移支付后的税收）。

6.2 国民经济核算的部门收支平衡观

引 言

澳大利亚统计局出版的《澳大利亚国民经济核算体系：概念、来源和方法》是理解部门收支平衡框架的基本概念的重要文献（ABS，2014）。里面的内容基本上适用于所有国家。

依据国民核算的部门平衡框架，经济学家推导出了宏观经济学中基本的**"收入—支出模型"**，这个模型解释了**凯恩斯主义**经济学的核心理论，即收入决定理论（详见第 15 章）。

"收入—支出模型"是从国民核算框架中得出的会计恒等式与行为理论相结合的产物。行为理论解释的是家庭、企业、政府和国外部门的支出流量是如何通过相互作用增加了销量，进而刺激了产出和收入的增长。

需要切记的是，**支出流量**是用一定时期内所花费的美元数量来衡量的。**存量**则是在某个时间点上测量到的，它是之前各时期相关流量的净和。

"收入—支出模型"背后的核算原理在于，我们可以用多种方式分析国民收入。

首先，从国民收入**来源**的角度看，我们可以用下面的简写公式来表示总支出，其中的每一项表示了总支出的各个组成部分：

$$Y \equiv C + I + G + (X - M) \tag{6.1}$$

国民总收入（GDP，即国内生产总值，用 Y 表示）是消费支出总额（C）、私人投资总额（I）、政府支出总额（G）及净出口总额（X – M）的总和。请注意该公式中使用的数学符号 ≡（恒等于号），它表明这是一个恒等式，恒等式中的关系依据对变量的定义始终成立。我们已经在方程式 4.1 中见过了这个恒等式。我们可能需要回顾那一部分的讨论来唤醒记忆。

我们暂且将这些支出流量看作是外生给定的，它们是国民收入的不同组成部分。

支出的各个组成部分的加总等于某一时期的**对商品服务的总需求**。新增的总需求继而会促使生产者（包括私人和公共生产者）提高产出，从而会为要素的供应者提供收入流（工资、利润）。这些收入流的总和等于国民收入。

正如我们在第 4 章中所指出的，贸易账户只包括国内部门与国外部门之间的一部分金融流量。我们必须将对外收入净流量包括在内，即居民的海外投资产生的收入流量减去向在本国拥有金融资产的外国投资者支付的股息和利息流量。

将对外收入净流量（FNI）加入 GDP 的方程式（6.1），我们就得到了我们所熟知的国民生产总值（GNP）：

$$GNP \equiv C + I + G + (X - M) + FNI \tag{6.2}$$

企业的留存收益等因素会使分析变得很复杂，因此在这里我们暂且假设企业产生的所有收入都由家庭获得，也就是说，不存在任何留存收益。

要得到部门收支恒等式，我们需要在方程式 6.2 的两边同时减去扣除了转移支付后的税收总额（T）：

$$GNP - T \equiv C + I + G + (X - M) + FNI - T \tag{6.3}$$

现在，我们可以将等式中三个部门的收支重新组合：

$$(GNP - C - T) - I \equiv (G - T) + (X - M + FNI) \tag{6.4}$$

方程式 6.4 中的各项都很容易理解。等式中的（GNP – C – T）项指的是收入总额减去家庭消费总额和家庭向政府缴纳的扣除了转移支付后的税收总额，因此，它代表家庭总储蓄。

（GNP – C – T）项表示家庭总储蓄（S），而方程式 6.4 左侧的（GNP – C – T）– I 项表示的则是**国内私人部门**的**净储蓄总额**。

换言之，方程式 6.4 的左侧表示**国内私人部门金融余额**（S – I）。如果它是正的，那么部门支出小于收入，其净金融资产存量相应增加；如果它是负的，那么部门支出超过收入，其净金融资产存量相应减少。我们一般将资产定义为家庭、政府和非政府组织所拥有的具有价值的资产项目总和，这包括金融资产（如持有的记账货币、银行存款和股票）和实物资产（如资本设备、土地和房产）。它们在持有资产的同时还持有负债，这些负债是需要通过某种形式在未来偿付的金融债务。偿付的形式可以是金融的形式，如银行存款的转账或股票的转让，也可以是实物形式，如商品和服务的转让。

我们对方程式 6.4 进行变换，就可以得到部门收支平衡方程式的另一种形式：

$$(S - I) + (T - G) + (-CAB) \equiv 0 \tag{6.5}$$

其中，（T – G）项表示**政府财政余额**或基本财政收支余额，如果政府支出

(G)大于政府税收收入（T），那么就会出现赤字；如果政府支出（G）小于政府税收收入（T），那么就会出现盈余。

最后，方程式左边的 –（X – M + FNI）是负的**对外收支余额**，对外收支余额通常被称为经常账户余额（Current Account Balance，CAB）。如果 –（X – M + FNI）为负，那么对外收支处于盈余状态；如果 –（X – M + FNI）为正数，那么对外收支处于赤字状态。它是外国人对本国的支出/收入流量减去本国居民对外国的支出/收入流量。或者更简单地说，如果 –（X – M + FNI）为正，那么就存在经常账户赤字。

由方程式 6.5 我们可以得出这样的结论：

国内私人部门金融余额、政府财政余额与经常账户赤字的总和等于 0。

这是一个会计命题。

例如，我们假设对外收支余额或国外部门余额等于零，如果国内私人部门收入为 1000 亿美元，而支出则为 900 亿美元，那么全年私人部门的盈余总额为 100 亿美元。由恒等式（6.5）可知，这时政府部门全年的财政赤字将等于 100 亿美元。国内私人部门在该年将新增 100 亿元的净金融财富，这些净金融财富由 100 亿元的政府部门债务构成（假设对外收支余额为零）。

再举一个例子，假设经常账户赤字有 200 亿美元，此时外国人对本国的支出/收入流量少于本国居民对外国的支出/收入流量。同时，假设政府部门的支出少于收入，财政盈余为 100 亿美元。根据核算恒等式，我们知道，在同一时期内，国内私人部门肯定会有 300 亿美元的赤字（200 亿美元加上 100 亿美元）。与此同时，私人部门将出售资产和/或发行债券，这使得它的净金融资产将减少 300 亿美元。同时，政府部门将增加 100 亿美元的净财政收入（用于减少其未偿还的债务或增加对其他部门的债权），而国外部门也将靠这 200 亿美元改善其净财务状况（用于减少其未偿还债务或增加对本国居民或该国政府的债权）。

显然，如前所述，如果一个部门有盈余，那么肯定至少有另外一个部门处在赤字状态。就存量而言，如果要让一个部门增加净金融财富，那么至少要有另外一个部门出现赤字。**在一个经济体内不可能所有部门都处在盈余状态从而都积累起净金融财富。**

如何应用部门收支平衡框架?

图6.1展示了英国各部门的收支余额状况,除了这里的余额是按占GDP的百分比来表示外,里面变量的含义和方程式(6.5)中的一样。各部门收支余额总和等于0。

在这里,我们可以观察到以下三点:

1. 尽管现在仍然有赞同年度财政收支"回归"财政盈余状态的言论,但是这在英国几乎没有发生。事实上,自1960年以来,英国只实现了7次财政盈余,而且每个盈余额都相对较小,并且持续时间也较短。这种现象在其他发达国家也很常见。

2. 与美国、澳大利亚等许多发达国家一样,英国的经常账户很少出现盈余。

3. 私人部门通常处于盈余状态。偶尔出现的私人部门赤字往往伴随着财政盈余。在图6.1中,1998年至2000年的3次年度财政盈余期间都出现了经常账户赤字和相对较大的私人部门赤字(在2000年占到了国内生产总值的7.3%)。在2001年,经济状况随之恶化。在大多数发达国家,在财政盈余与私人部门巨额赤字相伴的时期,剧烈的和严重的经济衰退往往随之发生。

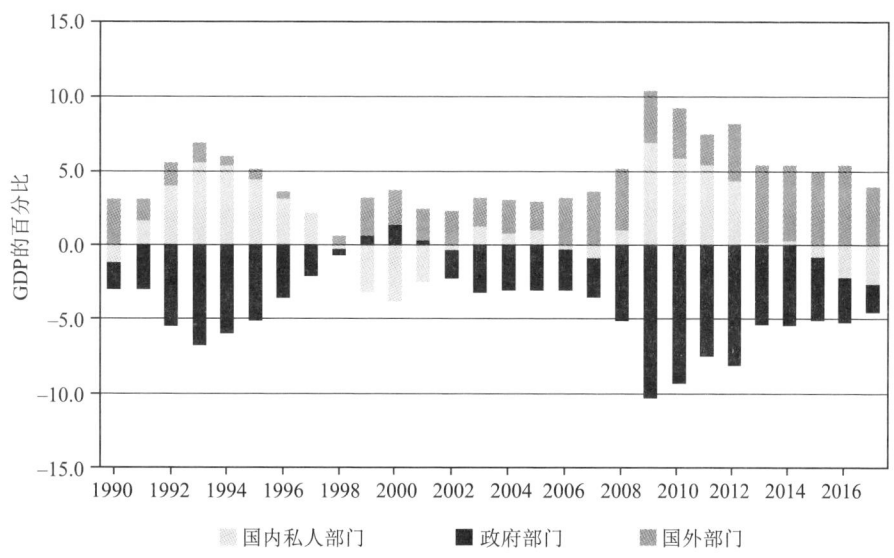

图6.1 英国的部门收支平衡(1990—2017年)

数据来源:OECD(2015)

注:图中进口数据包括净收入流量

部门收支平衡框架的图示

从方程式 6.5 中可知，在国民经济核算中，各部门收支余额的总和等于 0。我们可以构造一个四象限图像：在图 6.2 中，纵轴表示政府财政收支余额，横轴表示对外收支余额。

纵轴上所有大于 0 的点表示政府财政盈余（T>G），纵轴上所有小于 0 的点表示政府财政赤字（G>T）。

同样，横轴上所有在原点右侧的点表示对外盈余（X+FNI>M），所有在原点左侧的点表示对外赤字（X+FNI<M）。尽管我们说的是部门收支的盈余和赤字，但请注意这里所说的收支余额指的是它们占 GDP 的百分比。

显然，在原点处，各部门收支余额都等于 0。由方程式 6.5 可知，当国内私人部门余额为 0（S=I）时，政府的财政赤字（盈余）将等于对外赤字（盈余）。在图 6.2 中，45°的对角线表示国内私人部门收支余额等于 0（S=I）时政府财政余额和对外收支余额全部的组合，我们将其称为 **SI 线**。

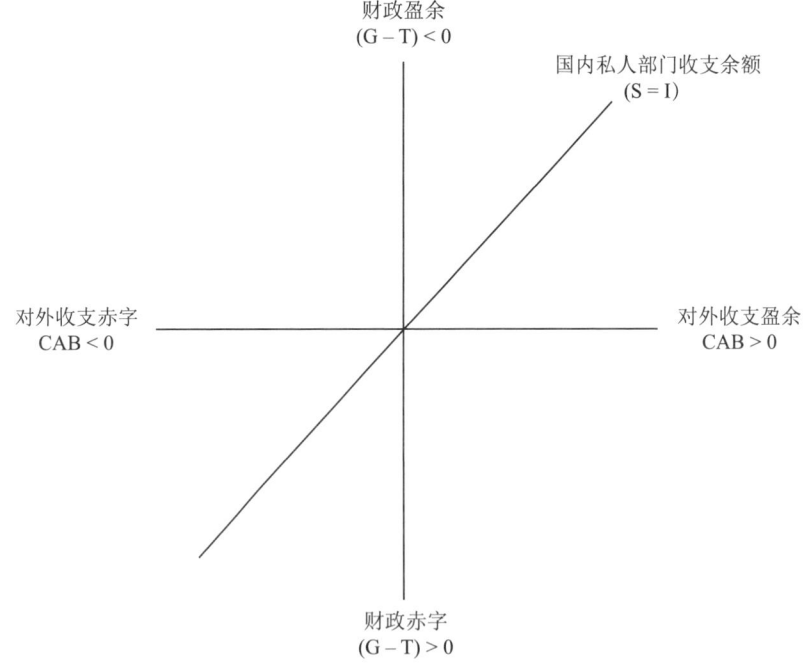

图6.2　部门收支平衡框架的图示

我们可以以此来划分图像中被 SI 线分割的上下两部分，这两部分分别表示国内私人部门盈余（S＞I）和赤字（S＜I）这两种情况。为了简便起见，我们将方程式 6.4 改写为：

$$(S-I) \equiv (G-T) + (X-M+FNI) \equiv (G-T) + CAB \qquad (6.6)$$

其中，（GNP – C – T）= S，CAB =（X – M + FNI）。等式左边表示的是国内私人部门收支余额。

我们来看看在不同的政府财政收支余额和对外收支余额的组合中，国内私人部门是处于盈余状态还是赤字状态。在图 6.3 的 A 点和 C 点处，国内私人部门收支平衡，B 点对应财政赤字（G＞T）和对外盈余（CAB＞0）的情况，由此，私人部门在 B 点处的净储蓄一定为正（S＞I）。在 B 点移向 A 点和 C 点的过程中，私人部门的净储蓄逐渐减少，直至在 A 点和 C 点处，国内私人部门都实现收支平衡。

同样，很容易看出，在 D 点处，国内私人部门收支余额为负（S＜I）。在 D 点向 C 点和 A 点移动的过程中，私人部门收支余额逐渐增加，直至在 A 点和 C 点处，国内私人部门都实现收支平衡。

我们可以由此总结出规律：在 45°线以上的所有点对应国内私人部门赤字的情况，在 45°线以下的所有点对应国内私人部门盈余的状况。例如，点 b 对应的是国内私人部门盈余，而点 a 和 c 则对应国内私人部门收支平衡。

这个图示可以帮助我们分析不同的政策选择。对于一个发行主权货币的政府而言，四个象限中所有的点在政策上都是可能的。私人部门的支出和储蓄决策以及对外贸易的收入流量决定了国民收入，而政府部门可以将其财政收支余额调整到维持充分就业和价格稳定所需要的任意水平。

例如，如果对外账户出现赤字，并且国内私人部门总体的储蓄净增加，那么就会出现社会总需求不足，[①] 这时就需要政府有足够规模的财政赤字，从而确保有足够的总支出使得经济中实际的生产能力得到充分的利用。

---

① 这里的"社会总需求不足"是指本国的总需求不足。——校订者注

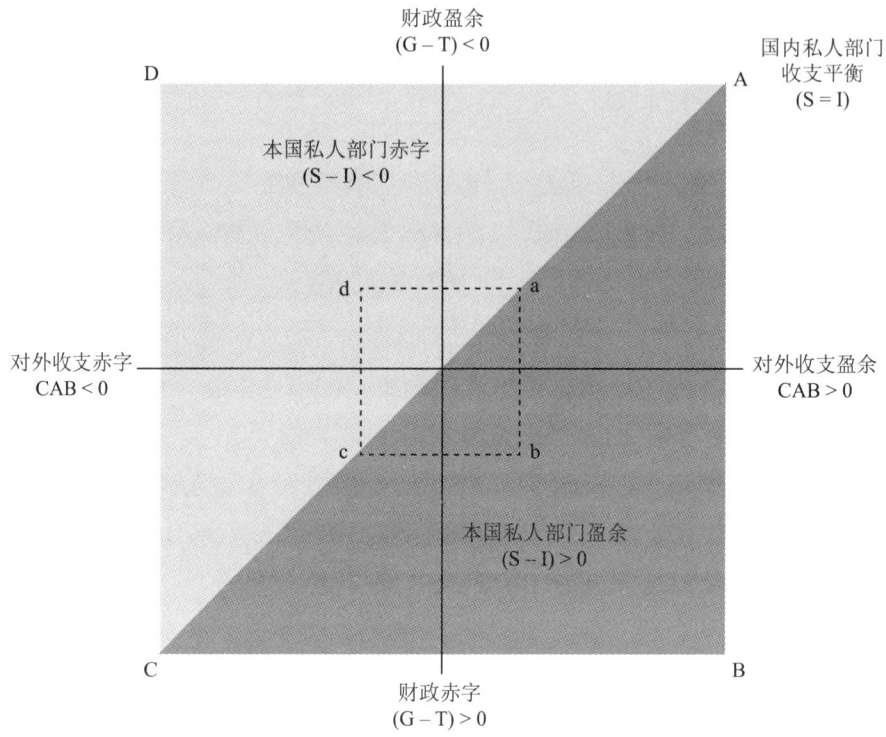

图 6.3　国内私人部门的盈余和赤字

又例如，对外账户可能出现盈余，社会总需求会随之增加。国内私人部门的支出可能超过其收入，总体上出现赤字。在这种情况下，政府需要确保有足够的财政盈余，从而防止经济过热及生产能力被耗尽。经济景气伴随着税收的增长，这将帮助政府实现财政盈余，此外，还有可能根据需要对支出和税率相机进行调整。

尽管上面这种情况是可能的，但是我们知道，国内私人部门不可能永远维持赤字，因为赤字必须通过融资得到弥补。正如我们早些时候在讨论存量和流量时所指出的（参见第6.4节的讨论），国内私人部门的赤字最终会表现为其资产负债表上债务存量的不断增加。

债务的积累是有极限的，因为如果债务的积累超过了某种程度，那么资产负债表就会很容易受到周期性波动（例如，失业率上升）的影响，违约风险也会上升。在一些历史案例中，债务的积累在严重的债务违约发生后崩溃了

（例如，在 2007 年至 2008 年的全球金融危机爆发的头几个月）。在其他时候，私人部门会开始通过减少支出和增加储蓄来降低资产负债表的不稳定性，从而将其债务降至可持续的水平。但这将使得经济增速放缓，除非同时存在本国政府或国外部门相应规模的支出增加。

从长期来看，唯一可持续的状态是国内私人部门盈余。尽管一个经济体可以承受国内私人部门非盈余的状态，但是，这仅限于短期。

图 6.4 展示了发行本国货币的政府可以选择的可持续的政策空间。注意，永久性私人部门赤字不在其中，那种情况是不可持续的。

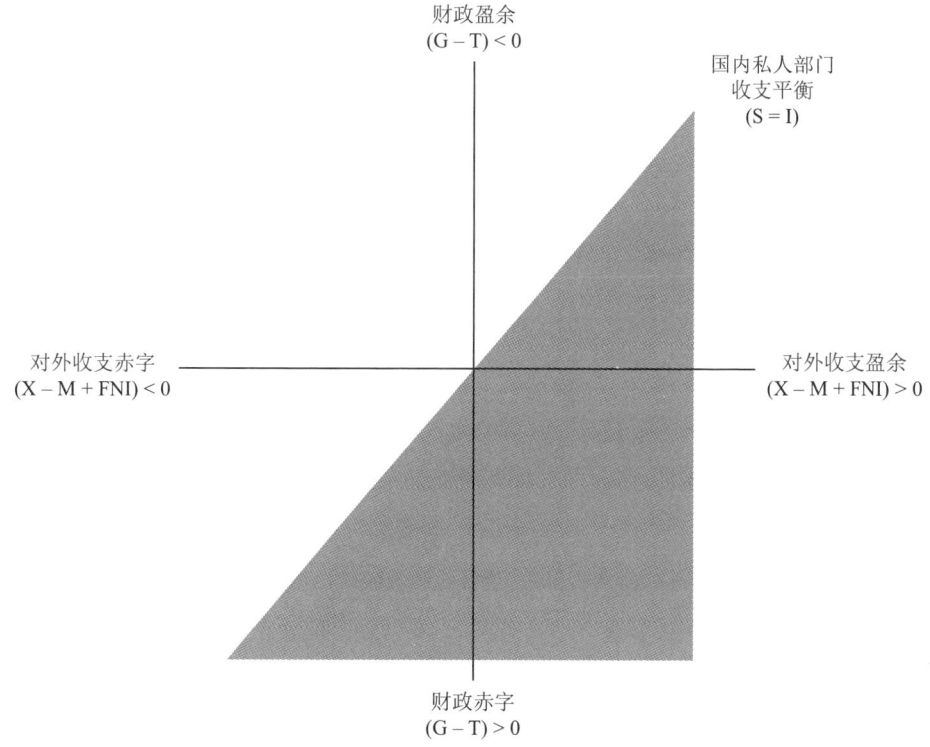

图 6.4　主权政府可持续的政策空间

现在我们设想一下，假如政府必须遵守一项财政规则，即财政赤字不得超过 GDP 的 3%（如图 6.5 中黑线所示）。欧洲经济与货币联盟（European Economic and Monetary Union）即欧元区（Eurozone）在成立时便在《稳定与增长公约》（*Stability and Growth Pact*）中加入了这种财政规则，其目的是限制每个成员国进行财政赤字支出的能力。

对于宏观经济政策的制定者而言，如果他们要将财政收支维持在制度允许和可持续的范围内，这样的财政规则意味着什么呢？

显然，在图6.5中，在财政赤字占GDP 3%的线以上的任意点都是财政规则允许的。然而，与之前的逻辑一样，可持续的政策空间要求国内私人部门保持总体盈余，即使在短期内可能偏离盈余。

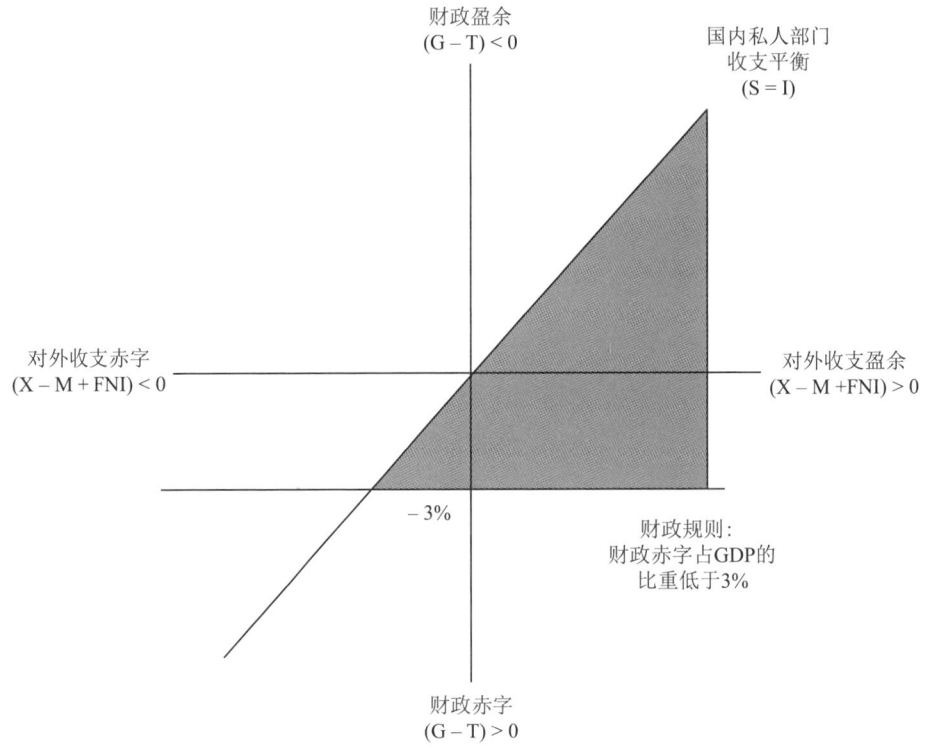

图6.5 财政规则约束下的可持续政策空间

图6.5展示了这种情况下的可持续政策空间。正数区域显示了对外盈余的国家可选择的可持续政策空间。负数区域则显示了对外赤字的国家可选择的可持续政策空间。

因此，相较于没有任何直接的赤字限制的主权货币政府，在受限于财政规则时，政府必须在政策空间内进行操作，这时它的政策空间非常有限。

为什么这一点很重要呢？因为一个不受约束的主权货币政府总是可以利用

现有的政策空间，保证总需求能够维持充分就业和价格稳定。

依据核算原则，不可能所有的国家都实现对外盈余，因为一国的对外盈余意味着他国的对外赤字。虽然对外盈余的国家在图6.5所示的财政规则下具有更大的政策灵活性，但事实表明，这种情况下容许出现的财政赤字额可能仍不足以达到充分就业所需的总需求水平。

而如果同时存在对外赤字和财政规则，政府的政策灵活性将进一步降低，如图6.5中的灰色小三角形所示。当这个经济体遭遇严重的负面经济冲击时，私人部门会在这种冲击下削减支出从而实现私人部门盈余，这时政府通过财政赤字来弥补总需求不足的能力是非常有限的。

由于政府被施加了人为制定的财政规则，该经济体极有可能会经历持久的衰退。我们可以注意到，在全球金融危机影响之后，希腊和其他一些地中海欧洲国家出现了这种情况。

同时还可以注意到，虽然图6.2—6.5显示了在受约束和不受约束情况下部门收支余额可能的组合，但是这些图示没有指出其中的哪些组合对应着充分就业。

提示框

一国政府的可持续经济目标应该是保持充分就业和价格稳定，并为此对财政收支作出相应调整，从而使得总需求符合该目标。一个发行货币的主权政府只要有此意愿，总是能够实现这些目标。

然而，财政规则限制了这些政策目标的实现，使得宏观经济政策的目标变成了事先制定的财政收支决算目标，而不是充分就业和价格稳定等更为重要的宏观经济目标。

我们应当从中吸取教训：政府不应该将任何特定的财政决算结果作为政策约束，而应该将就业增长和价格水平稳定作为目标。

6.3 再论存量和流量

流量（Flows）

在本节中，我们将再次讨论存量和流量的概念，这些概念在第 1 章中已经简要介绍过，这有助于我们更清楚地阐明赤字支出与储蓄之间、财政赤字与债务之间的关系。本节将阐明这些基本的会计关系。

流量变量参照的是一段时间。最简单的例子是个人收入，它可以表示为每小时 10 美元，或每周 400 美元，或每年 20000 美元。重要的一点是，如果没有对时间单位的明确界定，任何关于流量的表述都是不完整的，甚至是没有意义的。如果一个人说他的收入是 100 美元，我们只有知道了这是每小时、每天、每周还是每年，才能够理解它。另外，流量变量的增长率也是有用的概念，我们经常用到年增长率，例如，你的雇主可能会提供这样一份劳动合同，合同规定工资的年增长率依照生活成本的年增加率，并且规定每年生活成本增加 4%。在第一年，你会得到 20000 美元，而在第二年你会得到 20800 美元的工资收入（20000 美元加上 20000 美元的 4%，也就是 800 美元）。

什么是流量？当我们谈到河流的流量时，显然我们讲的是流动的水量，它以每秒数千立方米的流速来衡量。但是，当我们讨论收入和支出的流量时，正在流动的东西却不那么清晰，例如，是什么在"流动"从而为我们提供了每年 20000 美元的工资收入？对此，简单直接的答案是"美元"。你为你的雇主每天工作 8 小时，每周工作 5 天，两周后你会收到 800 美元的电子转账（出于简化的需要，这里忽略了任何可能的税收和福利扣除）。然而即使在发薪日，我们也很难把电子转账想象成在工作时流动的"美元"。正如我们将在第 9 章中看到的，雇主的付款（例如，以电子转账的形式）只是雇主的开户银行开具的一张借据，这张借据以本国的记账货币计价（在我们的例子中为美元）。

事实上，我们可以将按小时计酬的工资看作对雇主借据的隐性积累。在工作的两周内，你从雇主那得到了两周后支付工资的隐性承诺，每小时的工资流为 10 美元；在工资支付之前，你得到的工资流的形式是从雇主那里得到的隐性承诺。实际上，在劳资纠纷中，法庭会认可雇主有法律义务按工作的小时数支付工资。在这个意义上，我们可以把工作的每一小时（它会使你积累起雇主的借据）看作是用美元度量的。而在发薪日，雇主将向你转账，从而偿清其两周内积累的债务。从这个例子中我们可以得出两个重要的结论：

流量可以用货币来衡量、记账货币是我们衡量收入或支出流量的方式。

与此相关的货币（currency）流量可以是以纸币和硬币的实物形式，但同样也可以是以私人银行电子存款的形式。因此，与水的流动不同，消费或收入的流量并非总是以实物形式出现。

正如我们稍后将探讨的金属硬币和纸币，只不过是政府以记账货币计价的借据。虽然政府发行的货币（currency）在某些方面不同于雇主的隐性借据，但它们都有一个共同的特点，那就是它们都是以美元计价的借据。

我们还需区分以记账货币计价的收入和支出流量与劳务、消费品和服务等相关的流量。一般来说，消费品和服务被用来满足家庭的需要。然而，该家庭在一周内所采购的商品可以用上数月甚至数年。经济学家通常在消费支付完成时就将此消费数额计算在流量内，并且以购买时的美元价值来计算，虽然经济学家知道该时期所购买的商品和服务可能会用上很长的时间。

存量（Stocks）

流量累积成存量。水流可以积聚在水坝后面的水库里，也可以在我们放置于水流中的量杯里。这时，水的存量就是水库里的立方米数，或杯子中的公升数。与流量不同的是，存量存在于某个时点上，所以不用参考某个时间段。我们可以在夏季最后一天的中午测量得到一个湖泊的蓄水量为 15 亿立方米，也可以在冬季最后一天的中午测量得到蓄水量为 20 亿立方米。因为存量增加了，我们可以推测，过去 6 个月流入的水量比这段时间流出的水量多 5 亿立方米。

让我们进一步假设，你以电子转账的形式收到了两周的工资 800 美元，一年就会收到大约 25 次工资，总共 20000 美元（请注意，和标准的日历时间相比，这个数字有些不准确——因为我们想让数字简单化）。在发薪日，雇主会向你的银行账户转账，你的存款会增加 800 美元。银行存款是你财富的一部分，它是一种金融资产，是个人持有的对银行的债权。（我们将在第 10 章研究金融资产的性质。）因为财富是在某一时刻衡量的，所以它是一个存量变量。除银行存款外，你还可以持有其他形式的金融财富（如股票和债券、口袋里的通货、其他类型的银行存款等），以及实物资产（如汽车、房地产、企业、艺术品和珠宝等）。同样，这些存量变量均是在某一时刻用记账货币来衡量的。

在收到 800 美元的存款转账后，你就可以动用你的银行账户来购买东西。假设个人年消费额为 18000 美元，其中包括购买消费品（食品、汽车燃料、服装）和服务（娱乐、医疗、法律服务），因此，在两次发薪日之间，你总共将 720 美元用于消费，这些钱都是从银行账户中支取的。

在这一年里，你的工资收入为 20000 美元，其中的 18000 美元花在了消费上，你一年的储蓄流量有 2000 美元，储蓄是该时期没有被消费的剩余收入的美元价值。

这些储蓄的积累会增加你的财富存量。如果这些资金积累在银行账户中（我们先假定该账户不产生利息），那么你的金融财富每年将增加 2000 美元。或者，你可以购买有息债券，那是另一种形式的金融财富。在那种情况下，除了劳动收入，你还会有利息收入。利息收入流（假设一年的利息收入为 200 美元）也会增加你的金融财富存量，这样的话，你的金融财富存量每年会增加 2200 美元。

个人储蓄的流量还有许多其他用途。你可能会购买股票或其他类型的金融资产。或者，你可能会购买实物资产，如古董车、房地产，或者为你的家族生意购买设备。在分析个人的储蓄时，储蓄决策可以分为两个步骤：首先是决定不将一部分收入用于支出，其次是决定以何种形式来积累财富。收入流量首先是借据的积累，通常是银行的负债（即存款）的积累；这些收入流量在第二步里会被用来购买资产，这些资产可能是其他类型的金融借据，也可能是某种实物资产。

一个个体的金融资产是另一个个体的金融负债。核算的基本原则为，每一项金融资产都有一项与其对等的金融负债：银行存款是家庭的金融资产，与银行的负债对等；政府债券或公司债券也是家庭资产，同时是发行人（政府或公司）的负债；家庭可能也有一些债务，如学生贷款、住房抵押贷款或汽车贷款，并由债权人作为资产持有，其债权人可以是银行，也可以是养老基金、对冲基金或保险公司等金融机构。一个家庭的净金融财富等于其所有金融资产的总和减去其金融负债的总和（其发行的所有以记账货币计价的借据）。如果计算结果为正，那么这个家庭就有正的净金融财富。

存量的例子有资本存量、存货、金融财富和净资产。

内部财富与外部财富

在经济学中，区分经济中不同类型的部门是有用的。最基本的是公共部门（包括各级政府）和国内私人部门（家庭和企业）之间的差别。为了简化分析过程，我们假设一个不存在国际贸易和资本流动的完全封闭的经济体，将国外部门排除在外。

如果我们把所有私人发行的金融资产和负债都计算在内，那么金融资产之和必定等于金融负债之和，这是基本的逻辑推论。换句话说，如果我们只考虑私人部门的借据，那么净金融财富将等于零。这时被称为"内部财富（inside wealth）"，因为它存在于私人部门之内。要使得整个私人部门积累净金融财富，资金就必须以"外部财富（outside wealth）"的形式流入，即持有对另一个部门的金融债权。基于我们对公共部门和国内私人部门的区分，外部金融财富将会以政府借据的形式存在。私人部门持有政府狭义上的通货（硬币和纸币）、商业银行在中央银行的准备金以及全部政府债券（短期票据和长期国债），从而保持正的净金融资产。

在不考虑国外部门的封闭经济中，私人部门净金融财富等于公共债务。前面我们说过，存量通过流量积累。私人部门在一年内积累的净金融资产之所以可以实现，只能是因为其支出低于同期收入。换言之，私人部门的储蓄使得它能够以金融资产的形式积累财富存量。相应地，只有当政府的支出超过税收收入时，私人部门才能积累这些政府借据。这被称为财政赤字。财政赤字指的是在一定时期内（通常是一年），政府支出流量超出以记账货币计价的政府税收收入的数额。赤字的累积会增加政府债务的存量，它等于私人部门在同一时期积累的金融财富。

在第20章我们将对政府支出和税收进行全面的解释。目前需要我们理解的是，在我们所举的两部门的例子中，私人部门持有的净金融资产恰好等于政府的净金融负债。如果政府的财政支出一直等于其税收收入，那么私人部门的净金融财富将等于零。

其他国家的债务是本国的金融资产。我们可以将分析范围扩大，将世界其他地区的金融资产和负债考虑进来。在开放经济体中，我们有以下三个部门：国内私人部门、国内公共部门和由外国的政府、企业和家庭组成的"世界其他国家"部门。在这种情况下，即使国内公共部门在此期间的支出恰好等于其税收收入，国内私人部门也有可能累积起对世界其他国家的净金融债权；国内部门累积的净金融资产等于其他国家的净金融负债。在现实中，国内私人部门积累起的净金融财富中包括国内政府债务和世界其他国家的债务；国内私人部门也可能在积累政府债务（增加其净金融财富）的同时，又向世界其他国家发行债务（减少其净金融财富）。

非金融财富（实物资产）

单个个体的金融资产必然被另一个个体的金融负债所抵销。然而，实物资产代表的个人财富不会被另一方的负债所抵销，因此在总量上，净财富等于实物（非金融）资产的价值。例如，你可能通过负债购买了一辆汽车，金融负债（汽车贷款）被汽车贷款公司持有的金融资产所抵销。由于金融资产和金融负债相抵，剩下的就是实物资产，即汽车的价值。在接下来的大部分讨论中，我们将关注金融资产和负债，但必须牢记，无论是在个人层面还是总体层面，实物资产的价值都提供了净财富。一旦我们从总资产（实物资产和金融资产）中减去所有的金融负债，剩下的就是非金融（实物）资产，即总净值。

6.4 国民收入和产出账户、存量、流量和资金流量表的整合分析

第6.2节探讨了源自国民经济核算体系的部门收支平衡框架。它与**资金流量分析**（Flow of Funds Analysis）有着内在的联系，是研究国民经济活动的不同但相关的两种方式。

作为资金流量分析的早期倡导者，劳伦斯·里特尔（Lawrence Ritter,

1963：220）指出：

> 资金流量是一种社会核算体系，其中：(a) 经济被分为若干部门，(b) 每个部门均编制一份"资金来源和使用表"。当所有部门的资金来源和使用表排放在一起时，我们就可以得到 (c) 整个经济的资金流量矩阵。

因此，资金流量核算使得我们可以用一个统一的形式将一个部门的资产负债表（关于金融和实物的净财富存量的报表）与收益表（关于流量的报表）联系起来。在货币经济中，我们用记账货币来衡量一段时期内的支出流量，其中涉及经济体中各部门之间的交易，在逻辑上这些流量相应地会带来存量变动，也就是说，流量改变存量。资金流量核算需要确保以上所有的交易都得到准确无误的核算。

资金流量核算的想法为"新剑桥方法"（New Cambridge Approach）提供了理论支持，"新剑桥方法"是20世纪70年代初剑桥大学的剑桥经济政策小组（Cambridge Economic Policy Group）的研究内容。该小组的主要成员有马丁·费瑟斯顿（Martin Fetherston）、韦恩·戈德利（Wynne Godley）和弗朗西斯·克里普斯（Francis Cripps），他们都是凯恩斯主义者。

尽管部门收支核算方法在更早的时候就已经被提出，如尼古拉斯·卡尔多等人，但是新剑桥学派的宏观经济分析将**净增金融资产**（**Net Acquisition of Financial Assets**，NAFA）的概念纳入凯恩斯主义的收入支出模型的前沿研究中，并推广了此方法。

与劳伦斯·里特尔（Lawrence Ritter）一样，剑桥大学的经济学家也对追踪不同经济部门之间的资金流量感兴趣。他们将其分为政府部门、国内私人部门和国外部门。这些部门间的交易会按照时期被记录下来，每个部门的金融赤字或盈余也会被记录下来。

由此，我们可以将方程式6.6重新表述为如下恒等式：

$$(S - I) \equiv NAFA \equiv (G - T) + CAB \tag{6.7}$$

(S－I)是国内私人部门的金融余额,这也被称为国内私人部门的净增金融资产(NAFA)。当国内私人部门的可支配收入(GNP－T)大于(或小于)其在消费品和投资品上的支出时,该部门就处于金融盈余(赤字)状态。

从存量的角度来看,净增金融资产(NAFA)也等于 $t-1$ 期国内私人部门净金融资产存量和 t 期存量的差值,例如,如果 t 为 2017,那么 $t-1$ 就是 2016。

如果 G－T＜0,那么政府部门的支出小于其征税所得的收入,这会削弱其他两个部门通过盈余积累净金融资产的能力,反之亦然。

CAB 是国外部门的金融余额(经常项目余额),包括**贸易余额**(即货物和服务的进出口之间的差额)和居民持有海外资产所获得的利息和股息的**净收入流量**(扣除向外国人支付的类似款项)。

如果整个国外部门的收支出现赤字,那么本国经济将会在国外发行债务,或以其他方式来减少其净金融资产,而外国人则会与此同时积累起金融资产(当外部收支出现盈余时,情况则相反)。

请注意存量和流量的区别,方程式(6.7)这样解释:如果右侧为正,那么(G－T)+CAB＞0,政府部门余额和经常账户余额产生出了国民收入和新增的国内私人部门的净金融资产。因此净增金融资产(NAFA)＞0 意味着国内私人部门存在盈余,私人部门在吸纳新资产和/或减少其现有债务。

相反,如果政府部门余额加上经常账户余额是负值,那么国民收入将减少,这会削弱国内私人部门增加净储蓄和净金融资产存量的能力。在这种情况下,净增金融资产(NAFA)＜0,国内私人部门的财务状况在恶化,它需要从其他部门借款和/或卖出其积累的部分财富存量。

方程式(6.7)也可以写成:

$$[(S-I)-CAB] \equiv (G-T) \qquad (6.8)$$

其中,左侧[(S－I)－CAB]项表示非政府部门的金融收支余额,与政府部门收支余额(G－T)大小相等。**这就是我们所熟知的现代货币理论的结论,即政府部门赤字(盈余)等于非政府部门盈余(赤字)。**

很重要的一点是,国内私人部门的内部交易不会改变该部门整体的净金融

状况。如果一家银行为其客户提供贷款，那么银行的资产就会增加，但另一方面，客户的负债也会增加相等的数额，这使得私人部门的净金融状况保持不变。

国内私人部门整体增加其净金融资产的唯一途径是出售商品和服务给政府或国外部门。

一旦我们理解了这三个部门之间的内在联系，我们就很容易意识到，如果一个部门购买净金融资产改善其财务状况，并实现金融盈余，那么这就需要另外至少一个部门减少其净金融资产，出现金融赤字。

资金流量框架使我们能够理解，一个特定部门在一段时间内（从经常收入、借款、出售金融资产和减少现金余额）所获得的资金必须等于其经常支出、资本支出、债务偿还、贷款和现金增加的总和。显然，这种方法使得我们可以追踪每个部门的资金来源和使用情况。

需要强调的是，资金流量方法依据的是国民经济核算原理，这不是理解这些流量为什么会如此的行为（理论）框架。我们也无从得知各部门净金融资产变化是如何决定的，但这一缺陷不应成为批评该方法的理由，而仅仅是发现了它的一个限制条件。它也不会减少该方法的实用性和正确性。经济学家们常常喜欢诋毁那些基于核算恒等式的研究方法，认为这种方法太低级，但任何方法都是有价值的，只要它能提供有用的思维方式。

因果关系

从上面的讨论中我们可以清楚地看出，非政府部门盈余是一种储蓄流量，它带来了金融资产的净积累。同样道理，赤字则会减少净金融财富。如果国内私人部门或国外部门出现赤字，它要么动用之前积累的金融资产（在过去盈余时积累的），要么发行新的借据来抵消赤字（也就是借款）。

因此，为了给其赤字支出"买单"，该部门会出售资产，减少银行存款（"负储蓄"），或通过借款（发行债务）来获取银行存款。一旦其积累的资产耗尽，它别无选择，只能在赤字的年度增加债务。同时，如果国外部门或国内私人部门出现盈余，那么这些部门将积累净金融资产，这些净金融资产会以对其他部门的债权的形式存在。

我们将在后面讨论,将"负储蓄"或"借款"等术语用于描述发行货币的主权政府是具有误导性的。

在确定了部门收支的核算关系之后,我们还可以讨论收入流量和支出流量之间的因果关系以及它们对存量的影响。

个人支出主要由收入决定。在个体层面,收入决定支出,这样的说法是有说服力的,因为没有收入的话,在购买商品和服务时个体决策肯定会非常受限。然而,如果我们稍加思考,很明显,即使在个体层面,收入和支出并非严格相关;一个人可以花得比收入少,积累净金融资产,也可以发行金融债务,支出得比收入多,从而背上债务。尽管如此,在家庭和企业的层面,因果关系仍是从收入到支出,即使这两种流量之间的对应关系并不严格。

赤字创造金融财富

我们同样可以在个体层面上讨论金融财富积累的因果关系及其传导方向。如果一个家庭或企业的支出大于收入(赤字状态),那么它可以发行债务来为额外的购买提供资金。另一个家庭或企业则可以将这些债务累积起来,变成它们的净金融财富。又或者,这些债务会在政府手中积累起来,这时就会出现政府财政盈余。要积累净金融财富,必须有一个家庭或企业愿意进行赤字支出,而另一个家庭、企业或政府愿意持有前者发行的债务从而积累财富——"两个人才能跳探戈"。尽管如此,进行赤字支出的决策是净金融财富积累的初始原因。除非有人愿意进行赤字支出,否则其他人无论多么想积累金融财富都无法做到这一点。当然,家庭或企业要能够进行赤字支出,它们需要能够出售它们积累的部分资产,或者找到愿意持有其债务的人,比如,创造贷款的银行。

就主权政府而言,它拥有一种特殊的权力,即征税的能力,这可以保证家庭和企业愿意积累政府债务。我们的结论是,尽管因果关系错综复杂,但是因果关系的链条通常是从个人赤字支出到金融财富积累,即从债务到金融财富。由于金融财富存量的积累源于盈余,即储蓄流量,我们还可以得出这样的结论:因果关系往往是从赤字支出到储蓄。这在部门的层面同样适用。因此,如果其他部门没有出现盈余,那么该部门也就不可能处在赤字状态。同样,我们可以说，如果没有其他部门愿意积累一个部门的债务，那么该部门就不能发行债务。

在总体层面上，如果我们把一国经济看作一个整体的话，那么上述因果关系将更加清晰。一个社会的决策不能让收入变得更多；但它可以决定让支出变得更多。此外，所有的支出都肯定会变成其他人的收入。换句话说，总支出创造了总收入。最后，如前所述，支出不一定受到收入的限制，因为家庭、企业和政府的支出都有可能超过收入。事实上，这三个主要部门中的任何一个都可能出现赤字，当然，此时至少有一个其他部门会出现盈余，而且总支出必须等于总收入，因为部门余额的总和必须为零。因此，当我们从整体上讨论经济发展时，我们必须反转支出和收入之间的因果关系：在个体层面，收入导致支出，而在总体层面，支出导致收入。

此外，在现代货币理论中，我们需要区分经济体中的水平交易和垂直交易。水平交易发生在非政府部门中的个人和企业之间（例如，购买商品和服务，从银行借款），垂直交易发生在政府部门和非政府部门之间（例如，政府支出和征税）。

水平交易不会增加非政府部门所持有的净金融资产。一个部门发行的大多数债务将由同一部门的其他人所持有。例如，通过分析国内私人部门的金融状况，我们将发现，大多数企业债务是由国内企业和家庭持有的。用我们前面介绍的术语来说，这是那些赤字的企业和家庭的"内部债务"（inside debt），而那些盈余的家庭和企业则将其视为"内部财富"。同样，如果家庭选择进行赤字支出，也就是说，支出超过其年收入流量，那么他们可能会去申请银行贷款。在这种情况下，私人部门作为整体的净资产状况并没有发生改变。这些都是水平交易。学生贷款既可以由私人提供融资，也可以由政府提供融资，这两种情况都没有改变非政府部门持有的净金融资产。如果国内私人部门的整体支出超过收入，它必须发行"外部债务"（outside debt），这些"外部债务"作为"外部财富"一般由国外部门持有。然而，由于这属于水平交易，非政府部门（国内私人部门加上国外部门）持有的净金融资产仍然保持不变。

人们通常认为私人部门出现赤字的初始原因是想要支出的数额超过收入，

因此，其背后的因果关系主要是从赤字到盈余，从债务到净金融财富。尽管我们认识到，除非有一个部门希望实现盈余，否则其他任何部门都不可能出现赤字，但这通常不是我们需要考虑的问题，因为经济体中始终存在积累净金融资产的倾向。

垂直交易增加了非政府部门持有的净金融资产。假设出现了财政赤字（可能是政府支出增加的结果），为了简单起见，我们假定经常账户余额（CAB）为零，那么这时私人部门就获得了金融资产存量的净增长。这种政府和私人部门之间的交易被称为垂直交易，在这个例子中，它导致非政府部门持有的净金融资产的增加。另外，如果政府实现财政盈余（通过减少净支出），我们仍假设经常账户余额为零，那么非政府部门（尤其是私人部门）持有的净金融资产将会减少。

在本节中，我们展示了资金流量方法是如何分析货币交易的，强调了垂直交易和水平交易之间区别的重要性，并揭示了所谓的政府"预算"约束（GBC）恒等式的基本会计性质，我们将其称为政府财政约束。

6.5 资产负债表

根据劳伦斯·里特尔提出的理论，如图 6.6 的"丁"字账户所示，我们可以画出一个非常简单的"一般的资产负债表"，它适用于任何部门。"丁"字账户是采取复式记账法的财务记录。

资产	负债和净值
金融资产	负债
1. 货币	
2. 其他	
实物资产	净值
合计：	合计：

图 6.6　典型的部门资产负债表

有两点需要注意的是，实物资产只出现在其所有者的资产负债表上；金融资产不同于实物资产，因为它们是其他部门的负债，这意味着，它们至少对应着一个其他部门的资产负债表上的金融负债。

金融资产表示为该部门所拥有该类资产的货币额，如前所述，这意味着在至少一个其他部门的资产负债表上会有一个与之对应的负债。

当我们把货币体系作为一个整体来考虑时，我们可以得到这样的结论：金融资产和金融负债的总净额为零，即金融资产的总价值等于未偿债务的总价值。

这种核算方法还告诉我们，从整体看，净资产等于经济体中实物资产的货币价值。

资产负债表描述的是存量，但我们可以很容易看到，它可以像国民经济核算一样，为我们提供有关资金流量的信息。存量是在某个时点（比如，年末）进行度量的，而流量则是度量在一段时间内（比如，一年）所进行的货币交易额。

如果我们比较 2017 年 12 月 31 日编制的资产负债表与 2018 年 12 月 31 日编制的资产负债表之间的差异，我们就可将其中资产、负债和净资产的信息转变为流量数据。

在图 6.7 中（Δ 表示在此期间的变化量），"丁"字账户中的分录表示在我们考察的时期里资金的使用和来源（即流量）。这包含两个组成部分，一个与实物资产和净资产有关，另一个与金融资产有关。

一个部门（如家庭、企业、政府等）首先可以通过借款（ΔL）来获得资金，而且可以用这些资金来增加金融资产（ΔFA）或增加现金余额（ΔM）。

如果我们想让问题变得更复杂一些，那么我们需要认识到，一个部门也可以通过出售现有的金融资产或减少现金余额来获得新的资金，由此我们可以进一步将 ΔFA、ΔM 和 ΔL 进行分解。同样，该部门也可能会使用资金来减少负债（偿还债务）。因此，图 6.7 中的分录应当被视为**净交易**。

在给定时期内，一个部门的资金来源和使用还与实际资产的变化（ΔRA）和净资产的变化（ΔNW）有关。

按照国民经济核算框架（参见第 4 章），我们可以区分资本账户和经常账户，前者涉及对生产能力的投资，后者指的是经常性支出和收入。资本账户记录的是使得实物资产和净资产产生变化的交易。

这里所讲的实物资产变化指的是什么呢？在对国民经济核算的介绍中，我们探讨了总资本的形成或者说投资，并将其定义为对生产性的资本品（例如，厂房和设备）的支出。这是企业在当期的资金使用。折旧是总投资和净投资之间的差额。不过，就目前而言，我们暂且假设不存在折旧。

使用	来源
△金融资产（贷出）	△负债（借入）
△货币（现金余额）	
△实物资产（投资）	△净资产（储蓄）
合计：	合计：

图 6.7　资金使用和来源表①

最后，一个部门在一个时期内净资产的变化量是在计入所有资金使用和来源之后的剩余部分。而从会计的角度来看，净资产等于总资产和总负债的差额。

因此，净资产的变化量等于总资产变化量和总负债变化量之间的差额。如果总资产增加额比总负债增加额多（或者总资产的减少额少于总负债的减少额），那么该部门的净资产就会增加。

考虑净资产变化（也就是资金流量）的另一种方式是将其与国民经济核算中的储蓄概念联系起来。

例如，在国民经济核算中，我们认为家庭储蓄是消费（资金使用）和可支配收入（资金来源）之间的差额。这一概念可以（但应慎重地）简化为一个部门的盈余是其经常性收入和经常性支出之间的差额。

盈余的资金流量将会带来什么呢？如果当期收入流量大于当期支出，那么

---

① 表中的"金融资产（贷出）"是指金融资产中贷出的部分，"现金"也属于金融资产，作者将"现金"从金融资产中单列出来了。——校订者注

在本期末，该部门将增加实际持有的资产和/或减少所欠的负债，从而积累更多的净资产存量。

当期收入超过当期支出的盈余必然等于净资产存量的增加额。我们已经在前文论述别的问题时讨论过了净资产的概念。

一段时期内净资产的变化量是总资产变化量和总负债变化量的差额，这个差额等于当期收入超过当期支出的盈余。

因此，从核算角度来看，我们可以把储蓄看作是某个时期内净资产的变化。

然而，图6.7实际上未直接表明它包含了经常账户的交易，即当前收入和支出的流量，由此我们将净资产的变化量（ΔNW）定义为该时期这两种流量之间的差额。

图6.7简洁地表明了：如果在一个部门中出现赤字（也就是说，该部门支出超过收入，或者采用上文的说法，投资超过储蓄），那么这个部门必须拥有可以用来弥补赤字的资金来源。这些来源包括：

- 增加借款（$\Delta L > 0$）
- 减少现金余额（$\Delta M < 0$）
- 出售现有的其他金融资产（$\Delta FA < 0$）
- 出售现有的实物资产（$\Delta RA < 0$）

概而论之，一个部门（例如，家庭、公司、政府）可能面临赤字问题，但是它仍然能够选择通过某种方式来减少负债（$\Delta L < 0$），这些方式包括减少金融资产存量（$\Delta FA < 0$）、减少实物资产存量（$\Delta RA < 0$）和减少现金余额存量（$\Delta M < 0$）。显然，有无限多种负债变动和不同类型的资产变化的组合，但它们的结果都是总资产和总负债的差额（净资产）下降了。

相反，如果在一个部门中出现盈余（即支出少于收入，或采用上文的表述，投资少于储蓄），那么这个部门必须使用盈余资金来进行如下操作：

- 偿还债务（$\Delta L < 0$）
- 增加现金余额（$\Delta M > 0$）
- 增加金融资产（增加贷出）（$\Delta FA > 0$）
- 增加实物资产（$\Delta RA > 0$）

总体来说，一个部门（例如，家庭、企业、政府）可能会有盈余，但是它仍然可以选择通过借款（ΔL）的方式增加其负债，获得更多的资金，并将这些资金用于积累更多的金融资产（ΔFA）或现金余额（ΔM）。

同样，有无限多种负债变动和不同类型的资产变化的组合，但它们的结果都是总资产和总负债的差额（净资产）增加了。

如果我们想让问题变得更复杂一些，我们需要认识到，一个部门可能在出售一部分金融资产的同时买入新的金融资产，由此我们可以进一步分解 ΔFA、ΔM 和 ΔL。同样，当有债务需要偿还时，它也可以通过发行新的债务来再融资。对此，图 6.7 中的相关分录应当被视为**净交易**。

在考虑不同部门时，我们还必须谨慎使用这些术语。如果我们考虑的是家庭部门，那么很明显，如果其支出小于收入，那么储蓄就会增加，即家庭部门推迟了当前的消费，希望在未来能够获得更多的消费。净资产的增加为家庭未来消费的增加提供了条件。

同样，对于一个商业公司来说，如果支出少于收入，我们将这部分盈余称为留存收益，它是公司未来的资金来源。

总而言之，某一部门在特定时期内的净资产是在计入所有的资金使用和来源之后的余额。而从核算的角度来看，净资产等于总资产和总负债的差额。

因此，净资产的变化等于总资产变化量和总负债变化量之间的差额。如果总资产增加额比总负债增加额多（或者总资产减少额少于总负债减少额），那么该部门的净资产就会增加。

如果企业的总投资小于家庭的总储蓄，那么国内私人部门（家庭和企业的总和）整体是在储蓄。另外，在国民经济核算中，我们通常认为家庭在储蓄，企业在投资。

然而，对于政府部门而言，这样的术语表达具有误导性。如果政府支出小于其税收收入（以税收形式从非政府部门获得的收入），那么我们会说存在财政盈余。而当支出大于税收收入时，则会出现财政赤字。

盈余（储蓄）可以增加家庭未来的支出能力，但财政盈余没有这个作用，它不能提高主权政府未来支出的能力。

> **提示框**
>
> 正如我们在第 1 章中所提及的，主权货币政府没有内在的财政约束，它在任何时候都可以购买在市场以其发行的货币出售的所有商品，其购买能力不受过去的支出和收入的影响。

图 6.8 最全面地展示了资金流量的分析框架，因为它综合了前文讨论过的经常性交易（收入和支出）、金融交易和资本交易等因素。资本和金融交易体现在图 6.6 资产负债表的变化中。

需要注意的是，当我们谈论主权政府时，我们实际上排除了没有货币发行权的政府。州政府和地方政府在这方面更类似家庭或企业，尽管它们确实能够征税和罚款。

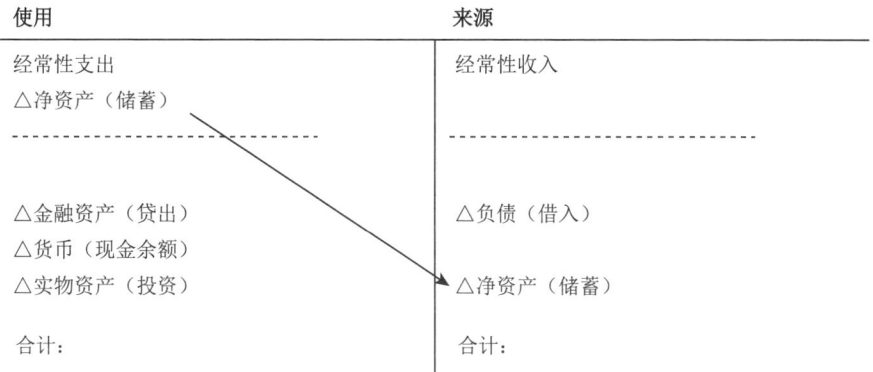

图 6.8　完整的部门资金使用和来源表

图 6.8 中虚线上方的交易包括经常性的收入来源和使用。虚线上方的平衡项是净资产的变化（ΔNW）或"储蓄"。

虚线下方是资产负债表中的变化量，平衡项是净资产变化（ΔNW）。由此可见，我们可以将净资产变化（ΔNW）消去，因为它既出现在表的左边，又出现在表的右边。由此我们可以得到一个核算表，在这张报表上，经常性收入和借款向一个部门提供了资金来源，这些资金被用于经常性支出、投资、贷出和/或增加现金余额。

6.6 资金流量矩阵

当"丁"字账户追踪了部门资金的来源和使用，我们可以通过"资金流量交易矩阵"（flow of funds transactions matrix）对所有部门的丁字账户进行总结。表6.9展示了一个典型的"资金流量交易矩阵"。

表6.9 典型的三部门资金流量矩阵

流量	部门1		部门2		部门3		所有部门	
	U	S	U	S	U	S	U	S
储蓄变化（ΔNW）								
投资变化（ΔRA）								
贷出变化（ΔFA）								
现金余额变化（ΔM）								
借入变化（ΔL）								

资料来源：里特尔（Ritter, 1963: 228–229）。

资金流量账户最重要的核算规则是，对于经济整体和经济体中的每一个部门，资金来源总额必须等于资金使用总额。经济体中各个部门提供的资金来源都会被这些部门使用。

表6.9（摘自Ritter, 1963）显示了三个部门和总体经济。在总量层面，我们将这三个部门设定为国内私人部门、政府部门和国外部门。

对于每一个核算时期，在矩阵每一行中，统计人员会记录该类别有关的资金流量。最重要的是，我们已经认识到，对于储蓄小于投资的赤字部门，至少有一个其他部门出现盈余，这部分盈余与赤字相抵消。

里特尔（Ritter, 1963: 228）对此的表述是：

> 这是一个紧密联系而又彼此独立的系统……它显示了在一个时期内，每个部门平衡的资金来源和使用表、各部门之间的相互关系，以及整个经济体中储蓄、投资、贷出、储藏和借入的总额。任何一个部门的投资都可

能高于或低于其储蓄，任何一个部门的借入都可能高于或低于其贷出。然而，对于整个经济来说，储蓄必须等于投资，借入额必须等于贷出额加上储藏的资产额。

因此，对于储蓄小于投资的赤字部门来说，其赤字肯定会对应至少另一个其他部门的盈余，而它们的净流量会等于零。

以这种方式来呈现经济数据有什么好处呢？资金流量核算所提供的信息有多种实际用途。

首先，资金流量核算方法能够分部门提供经济体内部资金流量的所有信息，这使得研究人员和政策制定者能够了解资金是如何通过银行系统从一个部门流出并流向最终使用者（例如，进行生产性投资的公司）的。

其次，资金流量核算使得研究人员和政策制定者能够监测经济发展的主要趋势，例如，各个部门的债务水平变化及其资金来源。资金流量核算可以让我们了解到，在全球金融危机爆发之前，私人部门的债务不断增加，如果政策制定者了解这一点，他们可能可以注意到由此引发的金融不稳定。

再次，资金流量核算使得研究人员能够分析经济中的储蓄模式，它告诉我们一个部门的储蓄是如何配置的。这些账户可以告诉我们哪些部门正在积累盈余或赤字，以及金融资产和实际资产是如何配置的，同时它也使得我们可以了解总资本是如何形成的。

最后，资金流量核算使得研究人员能够研究家庭财富等变量的动态变化。我们可以了解家庭资产负债表是如何随时间变化的，以及这些财富是如何构成的。例如，在全球金融危机爆发前，许多国家的一个显著特征是，家庭财富向风险更高的资产类型转移，例如，通过保证金贷款（margin loans）购买股票。① 财富总体上从更安全的住房抵押贷款转向更有风险的财富来源，这一转变意义重大，因为它加大了经济体出现金融不稳定状况的风险。

除此之外，资金流量核算还可以帮助中央银行估计经济对信贷宽紧变化的

---

① 保证金贷款是一种贷款类型。投资者借入资金用于购买证券。如果证券价格上涨（并且超过了贷款成本），那么投资者就可以从中获利。反之，投资者则会遭受损失。——校订者注

敏感度。

资金流量核算和国民经济核算

资金流量核算补充了国民经济核算与国际收支账户的内容，它由国家统计部门定期编制，是衡量总体经济活动和各部门经济活动的一种方法。

我们将在第 24 章讨论国际收支核算。

资金流量核算与国民经济核算之间存在几点重要的区别：

- 国民经济核算中没有与金融交易、借入、贷出或现金余额变化有关的数据。只有非金融交易才会被记录在内。资金流量核算填补了这一空白。
- 国民经济核算的重点是最终支出、产出和收入的当期流量。正如我们在第 4 章中所看到的，最终支出中不包括重复计算或中间产品交易的部分。资金流量核算使得我们能够追踪在过去产生的资产的交易。
- 在国民经济核算中，消费者的耐用品支出尽管在理论上可以被看作投资活动，但是仍被计入经常性支出。而在资金流量核算中，各个部门都可以进行投资和储蓄。

结　论

本章首先讨论了存量和流量的概念，然后介绍了部门收支平衡的框架。本章说明了一个部门的净收入流量如何与其金融资产和负债的积累相关联，以及一个部门的收支余额如何与另一个部门的收支余额相关联。最后，我们介绍了资产负债表，它的作用是说明单个经济实体的资金使用和来源。

从本章中我们可以看到，对部门收支平衡框架及其背后核算原理的理解能够使得我们更好地检验政治家和媒体评论员关于缩减政府债务和私人债务的主张的内在逻辑是否正确。

但仅凭部门收支平衡框架，我们无法知道"紧缩措施将刺激经济增长"等出于政治动机的观点是否正确。在这一点上我们还需要其他理论，但是，我们仍然可以使用（并且应该使用）部门收支平衡框架进行分析，以便于我们了解部门收支余额将如何对紧缩政策做出反应。

因此，如果一个政治家宣称，政府和非政府部门应该同时减少净负债（通过盈余增加净资产），那么我们应当知道，除非经常账户的盈余增长，否则这一设想将不可能实现。换句话说，如果一个政治家主张国内私人部门和政府部门都勒紧裤腰带以减少债务，那么他们必须说明他们如何才能说服外国人提高其债务水平。[1] 我们无需诉诸理论而只需通过基本的核算原理就可以得到这一结论。

参考文献

［1］ABS（Australian Bureau of Statistics）（2014）*Australian System of National Accounts*：*Concepts*，*Sources and Methods*，ABS：Canberra.

［2］OECD（2015）Organization for Economic Co-operation and Development，Economic outlook annex tables. Available at：http://www.oecd.org/eco/outlook/economic-outlook/，accessed 16 September 2018.

［3］Ritter，L. W.（1963）"An Exposition of the Structure of the Flow-of-Funds Accounts"，*The Journal of Finance*，18（2），May，219–230.

---

[1] 自2012年起，为减少政府债务和私人债务，有人提倡对希腊采取这样的政策。然而，主张实施该政策的"三驾马车"（Troika）没有认识到，除非其他国家（如德国等）愿意实现对希腊的经常账户赤字从而增加本国的债务水平，否则该政策的目标是不可能实现的（作者注）。这里的"三驾马车"是指国际货币基金组织、欧洲中央银行和欧盟委员会。——校订者注

chapter 7

第7章

方法、工具和技巧

本章纲要

7.1 概述

7.2 代数基础

7.3 一个简单的宏观经济学模型

7.4 宏观经济模型的图形表示

7.5 幂级数代数与支出乘数

7.6 指数

7.7 年平均增长率

7.8 本书的编写形式

结论

学习目标

- 理解宏观经济学模型的相关术语。
- 具备求解简单的线性宏观经济学模型的能力。
- 掌握宏观经济学模型的图形表达形式。
- 学会构造并解释与经济变量相关的指数。

- 掌握经济增长率的计算。
- 懂得经济学概念和经济关系可以用不同方式来表示,这包括代数、图形和文字叙述。

7.1 概述

在宏观经济学中,我们经常用符号来表示所要研究的现实世界中的变量,例如,实际 GDP、消费和投资等。这些符号会有一个抽象含义(例如,用 Y 代表实际 GDP),它们通常也会有对应的数量(例如,在 2013 年第三季度,澳大利亚的实际 GDP 约为 3870.31 亿澳元)。

在第 1 章中,我们已经介绍了什么是经济学模型。模型是对一个经济系统的运行方式的概括。它可以是简单的文字叙述,例如,"一个家庭会将部分税后收入用于消费"。这一理论陈述可能随后被检验其经验相关性,但也将刺激进一步的理论研究,以便于为我们所推测的这种行为方式提供解释。

宏观经济学模型表达了我们对主要的宏观经济变量(例如,就业、产出和通货膨胀)之间关系的理论猜想。

像其他使用模型的学科一样,在经济学中,叙述性描述可以简化为一些包含数学符号的表达式。由此,经济模型可以使用若干方程来表示(这些方程是一个也可以是成百上千个),这些方程式描述了我们所要研究的变量之间的关系。因此,数学是一种可以准确表达变量之间关系的简化形式。我们可以利用代数的基本规则来对经济问题进行分析。

我们通常使用字母(例如 Y)来代表不同的宏观经济变量。变量取值可能会随时间变化而变化。变量与字母之间的对应关系不是固定的,但在本书中我们会保持字母及其对应变量的一致性。

我们通常使用希腊字母(例如 α)来表示模型参数,这有助于我们规范地表达变量间的关系。我们一般先假定这些参数不随时间变化。

我们通常用 Y 来表示实际 GDP 或实际国民收入(但 Y 也被用于表示总产

出），用 C 来表示家庭最终消费，I 表示私人投资总额，X 表示出口总额，M 表示进口总额。尽管在一些宏观经济学教材中 M 表示货币存量，但在本书中 M 只用于表示进口总额。

宏观经济模型中存在多种类型的变量，以下是一种有用的分类方法：

- **内生（Endogenous）** 变量或因变量——它的值由模型的解来确定，因此内生变量的值取决于其他变量；

- **外生（Exogenous）** 变量或自变量——它的值在模型求解前就给定了。

如前所述，经济变量通过方程相互关联，这些方程代表了宏观经济学模型的结构。通常我们将需要被解释的变量（即因变量）放在方程等号的左边，将可能对被解释变量（因变量）产生影响的变量（即自变量）放在等号的右边。

模型两侧变量之间的关系由变量的**系数**（或者叫参数）决定。例如，方程 $y = 2x$ 表示因变量 y 是自变量 x 的两倍，等号（=）告诉我们其左边和右边的大小是一样的（也就是说，方程左右两边相等）。

我们将数值代入未知数中来求解方程。方程 $y = 2x$ 中的 2 被称为系数，它是对 y 与 x 的联系的估计。因此，若 $x = 1$，那么我们可以解出方程的解 $y = 2$。

系数，也叫做**参数**，在一个模型中是给定的；它可能是通过计量经济学分析（计量回归）得出的，或者是凭直觉假定的（这时我们并不准确知道系数的值）。例如，我们可以将上述模型写作 $y = bx$，其中 b 为未知系数。这时即便我们知道 x 的值，也无法解出 y 的值。给定自变量 $x = 1$，那么我们只能解出 $y = b$。要想求解 y，我们还必须知道系数 b 的值。

宏观经济学模型中使用的方程有以下几类：

- **恒等式方程（Identity equation）** ——根据定义自然成立的表达式，通常是依据某个核算准则，这在第 6 章中论述过。例如，GDP 等于各个支出组成部分的总和，这个恒等式成立的原因是我们构建的国民经济核算方法和对支出组成部分的定义。

- **行为方程（Behavioural equation）** ——这类方程体现了我们对某一变量是如何决定的假设。这类方程代表我们对经济运行模式的推测（或提出的理论），显然，不同的经济学理论的方程组（即经济模型）中会包含不同的行为方程。

- **均衡方程（Equilibrium equation）**——表达变量之间的一种关系，这种关系确定了均衡状态。

尽管对于 y = 2x，我们在知道自变量 x 的值的情况下可以很容易地求解，但有时我们不能解出未知变量的数值解。尽管如此，我们还是可以简化方程，根据其重要程度，显示模型的结构，以增进我们对变量之间关系的理解。

7.2 代数基础

我们需要了解一些基本的代数规则，这些规则将用于变换方程并求解方程中的未知量。在求解经济模型的过程中，我们经常需要对方程进行变形，以便求解出我们感兴趣的变量。

模型求解

在一个方程组中，某些变量是未知的，我们只有在**求解**方程组后才能得到这些未知变量的值。假设我们有包含如下两个方程的**方程组**：

$$y = 2x \tag{7.1}$$

$$x = 4 \tag{7.2}$$

其中 x 是事先给定的变量（它的值为 4），因此它是外生的。我们事先不知道 y 的取值，需要通过求解方程组才能知道，因此 y 是内生的。我们把方程 (7.2) 中 x 的值代入到方程 (7.1) 中，可以解得 $y = 2 \times 4 = 8$。

更一般地说，**结构方程组（system of structural equations）** 的解需要把每一个内生变量，如 y_1、y_2、…、y_n 表示成外生变量 x_1、x_2、…、x_m 的函数，这样就会有 n + m 个解方程。上面的例子中有两个解方程，它们是由一个内生变量 [方程 (7.1) 的变量 y] 和一个外生变量 [方程 (7.2) 的变量 x] 构成的。

> **专栏 7.1　代数法则**
>
> **方程的加减**
>
> 一般而言，方程一侧加减了一个值，另一侧也要对应加减同样的值才能保持等式两端相等。
>
> 对于方程 $y = x$，它等价于 $y \pm z = x \pm z$，例如，$y = x$ 等价于 $y + 2 = x + 2$。
>
> 我们也可以把一个方程表达式代入到另一个方程中，并保持方程左右两边相等。
>
> 例如，方程 $y = 2x$ 和 $x = 6z$ 可以等价变换成 $y = 2 \times (6z) = 12z$。
>
> **方程的乘除**
>
> 给定一个方程 $y = x$，我们可以将它等价变换为 $3y = 3x$ 或者 $y/3 = x/3$。如果我们在方程左边乘以或除以一个变量（或者更复杂的代数表达式），那么我们必须也在方程右边同时乘以或除以同一个变量（或代数表达式）。方程两边不能同除以 0，方程两边可以同乘以 0，但这没有多大意义。

由此我们就可以把这 m 个外生变量的值分别代入到这 n 个方程中，从而得到内生变量的解，y_1^*、y_2^*、...、y_n^*。如果要让这些变量有唯一解，那么方程组需要满足一定的条件，其中之一就是方程的数量要等于未知变量的数量。

在构建经济模型的时候，我们要决定哪些变量是内生的，哪些变量是外生的，这通常是一个比较复杂的问题。在极端情况下，一切变量都可以被看作是内生的，但这在数学上会变得非常复杂。计量经济学有大量有关如何在实证研究中确定系数值的研究，但这部分内容远远超出了本书的范围和目的。

7.3　一个简单的宏观经济学模型

我们在第 4 章中提到了著名的描述总需求和总产出的国民经济核算恒等

式，这是恒等式方程的一个例子：

$$Y \equiv C + I + G + X - M \tag{7.3}$$

如前文所述，Y 代表 GDP（总收入和总产出），C 代表家庭消费支出，I 代表私人资本形成或投资支出，G 代表政府支出总额，X 代表出口总额，M 代表进口总额。我们在恒等式中使用恒等号（≡）而不是等号（=），从而把它与行为方程等区分开来。

在简单的国民收入模型中，上述恒等式也是一个均衡条件，但它并没有解释等式右侧的变量是如何变化的，也就是说，什么因素会影响它们。对此，我们需要构建有关这些变量的决定因素的理论，这些理论用行为方程的形式来表示。简单的消费函数就是行为方程的一个例子：

$$C = C_0 + cY_d \tag{7.4}$$

上述行为方程表示，家庭最终消费（C）等于一个常数（C_0）加上一定比例（c）的家庭最终可支配收入（Y_d）。常数部分（C_0）表示在没有收入的情况下会发生的消费，这也意味着在没有收入的情况下它可以被认为是负储蓄。

需要说明的是，下标经常被用于对变量添加信息。在上例中，我们在收入符号 Y 上标注下标 d 来表示这是可支配收入（税后总收入）。

当我们研究一个随时间变化的变量时，我们还可以利用下标来表示时间。例如，Y_t 代表第 t 期的 Y 值。同样，Y_{t-1} 代表第 $t-1$ 期的 Y 值，其中滞后期（-1）的含义取决于数据对时期的定义。如果我们使用的是季度数据，那么 $t-1$ 表示的就是上一季度。

在宏观经济学中，一些行为方程的系数是非常重要的，它们被经济学家们重点关注。例如，消费函数中的系数 c 被称为边际消费倾向（Marginal Propensity to Consume，MPC），表示每一美元新增可支配收入所增加的消费量。如果 c = 0.8，那么这意味着经济体每新增一美元的可支配收入，其中就会有 80 美分用于消费。

边际消费倾向（MPC）与边际储蓄倾向（Marginal Propensity to Save，MPS）之间存在内在联系。边际储蓄倾向是指经济体中每一美元的新增可支配收入中家庭在决定消费量后剩余的储蓄量。根据定义可知，MPS = 1 − MPC。

边际消费倾向的重要性在于，它是决定支出乘数的关键因素之一（详见第 7.5 节）。我们将在第 15 章讨论支出乘数时说明这一点。

我们已经介绍了外生变量和内生变量的区别，后者是通过求解方程组确定的。

外生变量是在求解方程组之前我们就知道的。它们的值是已知的或者预先确定的。为了简化问题，我们可以假设方程（7.3）中的政府支出（G）等于 1000 亿美元，这意味着它的值是已知的，而不是在模型中确定的。

恒等式方程和行为方程构成了一个宏观经济系统。当然这是一种非常简单的系统。为了便于说明，我们可以假设该经济体是封闭的，这意味着没有出口或进口。在这种情况下，国民收入恒等式就变为 $Y \equiv C + I + G$。

我们还假设在这个经济模型中没有税收，也就是说在模型中可支配收入等于总收入（Y）。

这时，该模型就变成了：

$$Y \equiv C + I + G \tag{7.5}$$

$$C = C_0 + cY \tag{7.6}$$

为了简便起见，我们假设总投资 I 和政府支出 G 是外生的，即它们的值是预先给定的，剩下的两个变量，总收入 Y 和总消费 C 是内生的，也就是说它们的值取决于模型的解。

我们怎样才能解出 Y 的值呢？

我们将方程（7.6）中的 C 代入方程（7.5）中可以得到：

$$Y = C_0 + cY + I + G \tag{7.7}$$

我们现在可以变换该方程（注意到两边都有 Y 项），根据代数法则两边同时减去 cY 后可得：

$$Y - cY = C_0 + I + G \tag{7.8}$$

可以发现，现在等式右侧均为常数或外生变量。

我们可以在等式左边提取公因式 Y，将 $Y - cY$ 变换成 $Y(1-c)$，这时可以得到：

$$Y(1-c) = C_0 + I + G \qquad (7.9)$$

此时等式右边并没有发生变化。

我们让等式两边同时除以 $(1-c)$，这样等式两边仍然相等。这样就可以分离出（解出）等式左边的 Y：

$$Y = [C_0 + I + G]/(1-c) \qquad (7.10)$$

由此，Y 的均衡值可以表示为 I、G 等自变量的函数。

我们称方程（7.10）为该经济模型的**简化解**（**reduced form solution**），在这个式子中等号右边只有外生变量或常数，等号左边只有未知的内生变量。

在宏观经济学模型中，所有的内生变量都可以用简化形式来表示。在上例中，消费 C 的解为：

$$C = C_0 + cY = C_0 + \frac{c[C_0 + I + G]}{1-c} = [C_0 + c(I+G)]/(1-c) \qquad (7.11)$$

尝试一下自己能否完成以上步骤从而得到这个解。

简化形式的模型使得我们能够进行**敏感性分析**（sensitivity analysis），例如，改变外生变量或系数（本例中的边际消费倾向）的取值来分析其对模型中内生变量（C 和 Y）的影响。

例如，假设其他外生变量不变，政府支出 G 的增加会对国民收入 Y 产生什么影响呢？

根据方程（7.10），我们可以得到当 $G = G_0$ 时有：

$$Y_0 = \frac{[C_0 + I + G_0]}{1-c} = \frac{[C_0 + I]}{1-c} + \frac{G_0}{1-c} \qquad (7.10a)$$

在上式中，我们把 G 与 I 和 C_0 分离。

如果 G 增加到 G_1，那么：

$$Y_1 = \frac{[C_0 + I + G_1]}{1-c} = \frac{[C_0 + I]}{1-c} + \frac{G_1}{1-c} \qquad (7.10b)$$

由此，Y 的变化量（$Y_1 - Y_0$）是方程（7.10b）与方程（7.10a）的差，即：

$$Y_1 - Y_0 = (G_1 - G_0)/(1 - c) \qquad (7.10c)$$

为了对符号进行简化，我们通常用希腊符号 Δ 来表示一个变量的变化量，所以等式（7.10c）也可以写作：

$$\Delta Y = \Delta G/(1 - c) \qquad (7.10d)$$

其中，由 Δ 表示的时间长短视具体情况而定。

将等式两边同时除以 ΔG 后可以得到：

$$\frac{\Delta Y}{\Delta G} = 1/(1 - c) \qquad (7.10e)$$

等式（7.10e）的右边被称为**乘数（multiplier）**，因为它代表每一单位 G 的变化所带来的 Y 的变化量。我们将在第 15 章更为详细地讨论乘数，我们会讨论税收和开放经济条件下的进出口等因素。

7.4 宏观经济模型的图形表示

在宏观经济学中，除了数学表达，我们还可以利用图形来表达以下这些经济理论。

1. 当收入为 0 时，家庭消费为正值。家庭消费随着可支配收入的增长而成比例地增长，但是这个比例小于 1。

2. $C = C_0 + cY_d$，其中 $0 < c < 1$ 且 C_0 为常数（固定值）。小于号（<）表示常数 c（边际消费倾向 MPC）的值介于 0 和 1 之间，即 c 为正且小于 1。我们仍假设税收为零，也就是说，国民收入（Y）等于国民可支配收入（Y_d）。

我们假定消费函数中的常数 $C_0 = 100$，系数 $c = 0.8$，收入 $Y = 400$，那么我们就可以通过代入常数和变量（本例中的收入 Y）来解出方程 $C = C_0 + cY$ 中 C 的值：

$$C = C_0 + cY = 100 + 0.8 \times 400 = 420 \qquad (7.12)$$

图 7.1 展示了等式（7.12）中的消费函数，其中横轴为收入 Y，纵轴为消费 C。我们从横轴 Y = 400 处作一条垂线，与消费函数相交于点 A，再过 A 点

作一条水平线交于纵轴，与纵轴交点的值即为我们所要求解的消费量的值。

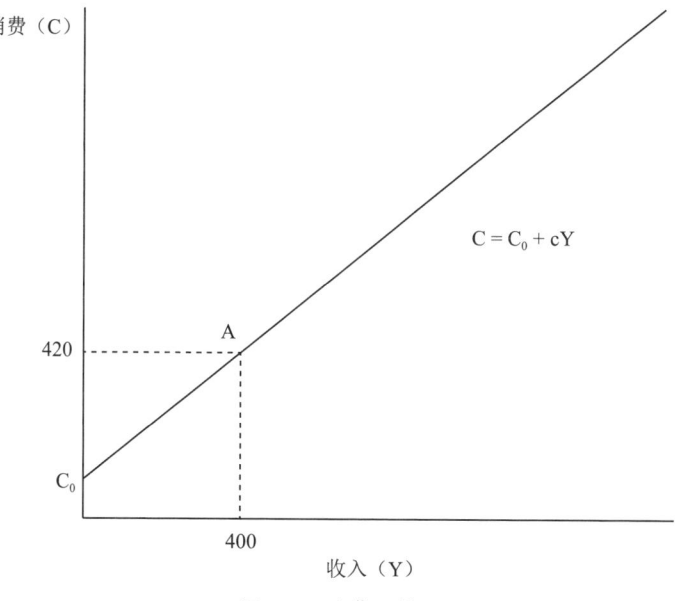

图 7.1 消费函数

图中曲线的斜率是边际消费倾向（c）。我们将在第 15 章学习支出乘数（expenditure multiplier）的原理的时候，详细讨论曲线斜率的应用。

为了加深对这一方法的理解，现在我们假设国民收入总值从 400 增加至 1000。

图 7.2 展示了我们所确定的 Y 和 C 的组合。点 A 表示了组合 $(Y_1, C_1) = (400, 420)$。图中还有另一个点 B，它是通过与点 A 相同的方法确定的。在 Y = 1000 处向曲线作垂线，垂线与曲线交于 B 点，再在 B 点作水平线交于纵轴，这样就可以知道对应的消费量的值。点 B 代表组合 $(Y_2, C_2) = (1000, 900)$。

我们能通过计算来验证在图形中得到的解。我们将 Y = 1000 代入到方程中可得：$C = C_0 + cY = 100 + 0.8 \times 1000 = 900$。

我们还可以通过下式来表示过 A、B 两点的直线的斜率：

$$C = \frac{C_2 - C_1}{Y_2 - Y_1} \tag{7.13}$$

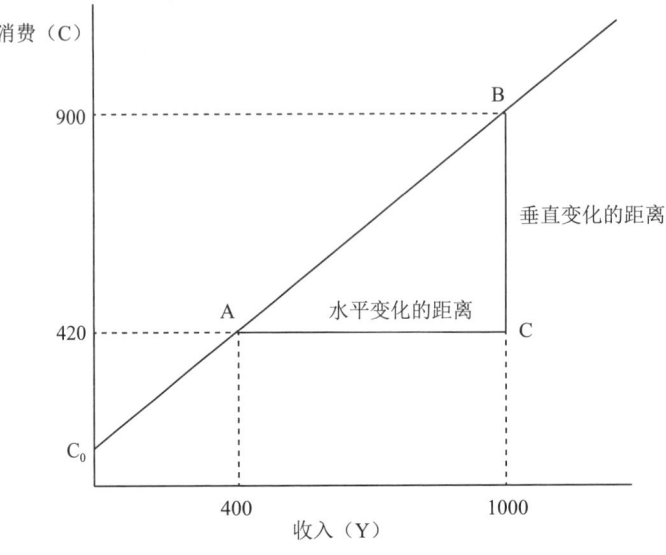

图7.2 消费函数曲线的斜率

直线斜率等于消费 C 的变化量除以可支配收入 Y 的变化量。从图 7.2 中可以看出，这个比值也是线段 BC 的长度与线段 AC 的长度的比值，BC/AC。这适用于所有的线性函数。当直线斜率为负时，纵轴增量的值也是负的。

我们可以在消费函数曲线上选取一点来验证曲线斜率，例如，取 BC = 480，AC = 600，那么可以得到 BC/AC = 0.8，这等于边际消费倾向（c）的值。

我们之前已经提到过，我们通常用希腊符号 Δ 来代表某一变量的变化量。用这个符号的话，消费函数曲线的斜率可以写作 $c = \Delta C/\Delta Y = 0.8$，这意味着无论 ΔY（以及对应的消费变化量 ΔC）有多大，该（线性）函数曲线任意一点上的斜率都是不变的。

用图形确定斜率的方法只适用于线性函数。如果消费函数是非线性的，那么斜率的公式（7.13）只能用于计算两点之间斜率的平均值。

当变量之间的关系非线性时，斜率会不断变化，这时我们就需要一种更一般性的方法。在这种情况下，我们可以利用微分学的方法，某一点的斜率值是函数在该点的**导数值**。

这时计算斜率的一般原理和之前说的一样，即 $c = \Delta C/\Delta Y$。但在进行微分计算时，我们假定变量的变化值 ΔY 和 ΔC 是无穷小的（接近于零的值）。与线性函数不同的是，非线性函数的斜率不是固定的，它取决于我们所选择的 ΔY 的大小和 Y 的取值。因为我们通常考虑的是非无穷小的变化所带来的影响，所以微分对我们的用处有限。因此，我们只会少量地使用微积分，但理解导数的基本概念仍是有益的。

函数 y = f（x）的曲线斜率为 Δy/Δx。我们可以将 Δy 表示为 Δy = f(x + Δx) – f(x)。如果 Δx 无限接近于零，那么会发生什么呢？

我们以一个非线性函数 $y = x^2$ 为例：

如果 $f(X) = X^2$，

那么 $f(X + \Delta X) = (X + \Delta X)^2 = X^2 + 2X\Delta X + \Delta X^2$

以下推导过程不需要自己推导。我们只希望你能理解其中的概念。

将该式代入到求斜率的公式中，可以得到：

$$\begin{aligned}
\frac{\Delta y}{\Delta x} &= \frac{f(x + \Delta x) - f(x)}{\Delta x} \\
&= \frac{x^2 + 2x\Delta x + (\Delta x)^2 - x^2}{\Delta x} \quad （消去\ x^2\ 和\ -x^2） \\
&= \frac{2x\Delta x + (\Delta x)^2}{\Delta x} \quad （除以\ \Delta x） \\
&= 2x + \Delta x
\end{aligned} \quad (7.14)$$

函数 y = f(x) 的导数是当 Δx 无限趋近于 0 时，Δy/Δx 的极限值。

由方程（7.14）可以得到，当 Δx 趋于 0 时，函数 $y = x^2$ 的导数为 2x。由此可以看出，非线性函数的导数值取决于 x 的取值。函数 y = f(x) 的导数可以写作 dy/dx 或 f′(x)。

函数导数的含义是什么呢？例如，对于函数 $y = x^2$，导数的含义是在任一点处函数值 y 的变化率都是 2x。如果 x = 4，那么此时 y 的变化率就为 8。如果 x = 5，那么 y 的变化率为 10。

更一般地，如果函数为 $y = x^n$，那么函数的导数是 $dy/dx = nx^{n-1}$。因此对于函数 $y = x^3$，函数的导数 $dy/dx = 3x^2$。

对于消费函数 $C = C_0 + cY$，该函数导数的一般形式为 $dC/dY = cY^{1-1} = cY^0 = c$，这与我们之前讨论过的一致。（注意 $Y^0 = 1$）

7.5 幂级数代数与支出乘数

我们先前已经介绍过支出乘数的概念，在第 15 章中我们将更为深入地讨论这个概念。这个概念能让我们计算出在总需求的某个部分（如政府支出或私人投资）发生变化后国民收入 Y 的总变化。

在分析政策干预的经济影响时，乘数起到了重要作用。乘数取决于最初的支出规模和随后引致的支出的大小。如我们以后将了解到的，在政府增加支出后，国民收入也会相应增加，而这又将引致更多的消费支出。

如果通过增加支出的方式向经济体中注入 1 美元，总收入最初将增加 1 美元。如果边际消费倾向为 0.8，那么收入的初始增长将在第一阶段引致 0.8×1 美元，即 80 美分的消费增长。这 0.8 美元的支出增长又会在第二阶段进一步引致消费再增长 0.8×0.8 美元，即 64 美分，以此类推。注意，这只是一种简单的数学说明，在现实世界中，政府支出的增加对于整体经济的影响是一个复杂的过程。

乘数与曲线斜率和代数中的几何级数（幂级数）的概念有关。假设政府支出增加 1 美元，c 表示边际消费倾向，n 表示时期数，那么我们可以把这 n 期的乘数计为 k(n)：

$$k(n) = 1 + c + c^2 + c^3 + \cdots c^n \qquad (7.15)$$

等式右边的表达式是**幂级数**，每一项都是前一项的常数次幂。

我们在方程（7.15）两边同时乘以 c 后可得：

$$ck(n) = c + c^2 + c^3 + \cdots + c^n + c^{n+1} \qquad (7.16)$$

如果我们从方程（7.15）中减去方程（7.16），那么我们可以得到：

$$k(n) - ck(n) = (1 - c)k(n) = 1 - c^{n+1} \qquad (7.17)$$

简化后可得：

$$k(n) = (1 - c^{n+1})/(1 - c) \qquad (7.18)$$

当时期数趋近于无限大，即 n→∞ 时，由于 $0 < c < 1$，c^{n+1} 的值趋近于零。我们将幂级数的和写作 k^*，则有：

$$k^* = 1/(1 - c) \tag{7.19}$$

方程（7.19）表明，当 n 非常大时，乘数 k^* 等于 $1/(1-c)$，其中 c 是边际消费倾向。这是乘数过程的全部影响，而不是在有限时段内的影响。

7.6 指数

指数使得我们能够比较不同时间的变量值。例如，我们在第 4 章中介绍的消费者价格指数（CPI）。如果我们把两个或多个变量以指数形式来表示，我们就可以直接比较它们的变化率（增长率）。

建立指数需要一个起始值（基期或基值），通常被设置为 100。之后的每个观测值都可以表示为基期值的百分比。以表 7.1 中的数据为例，它显示了 2000 年至 2012 年澳大利亚的全职、兼职和总就业情况。数据的单位为千人。

表 7.1 澳大利亚的就业情况（2000—2012 年）

	全职就业量（千人）	兼职就业量（千人）	兼职就业量（千人）
2000	6 614.6	2 375.1	8 989.7
2001	6 597.5	2 492.4	9 089.9
2002	6 648.7	2 622.0	9 270.7
2003	6 772.7	2 712.2	9 485.0
2004	6 930.4	2 730.9	9 661.3
2005	7 148.7	2 849.4	9 998.1
2006	7 326.9	2 930.2	10 257.1
2007	7 583.7	2 993.3	10 577.0
2008	7 782.5	3 093.1	10 875.6
2009	7 724.3	3 229.5	10 953.7
2010	7 852.5	3 337.6	11 190.0
2011	8 014.5	3 376.1	11 390.6
2012	8 098.3	3 417.1	11 515.4

我们可以直观地从数据中了解澳大利亚在这段时间内的就业量变化情况。但如果我们想要知道自2000年以来，与兼职工作相比，全职工作的就业量的增长速度是快还是慢，我们应该怎么做呢？这就需要用到指数。

要把这些数据转化为指数，我们首先设置2000年为基年，指数值为100。然后，我们将2001年至2012年的全职就业情况分别与2000年（指数值为100）的情况进行比较，从而得到指数值。为此，我们将每一年的全职工作人数除以2000年的数值（6614.6），然后再乘以100。由此我们可以得到2001年全职工作的就业量的指数为100×（6597.5/6614.6）=99.7。以此类推。

表7.2展示了该时段内以上三种就业人数对应的指数。需要注意的是，虽然刚开始的就业数据是以千人为单位的，但指数是没有单位的。因此，在为这三种就业量的指数序列确定了一个共同的基准年（即将2000年的值设为100）后，即使它们的绝对值相差很大，我们也可以很方便地对它们进行比较。

表7.2 澳大利亚就业量的指数（2000—2012年）

	就业量			就业量的指数		
	全职就业量（千人）	兼职就业量（千人）	总就业量（千人）	全职就业量的指数（2000年为100）	兼职就业量的指数（2000年为100）	总就业量的指数（2000年为100）
2000	6 614.6	2 375.1	8 989.7	100.0	100.0	100.0
2001	6 597.5	2 492.4	9 089.9	99.7	104.9	101.1
2002	6 648.7	2 622.0	9 270.7	100.5	110.4	103.1
2003	6 772.7	2 712.2	9 485.0	102.4	114.2	105.5
2004	6 930.4	2 730.9	9 661.3	104.8	115.0	107.5
2005	7 148.7	2 849.4	9 998.1	108.1	120.0	111.2
2006	7 326.9	2 930.2	10 257.1	110.8	123.4	114.1
2007	7 583.7	2 993.3	10 577.0	114.7	126.0	117.7
2008	7 782.5	3 093.1	10 875.6	117.7	130.2	121.0
2009	7 724.3	3 229.5	10 953.7	116.8	136.0	121.8
2010	7 852.5	3 337.6	11 190.0	118.7	140.5	124.5
2011	8 014.5	3 376.1	11 390.6	121.2	142.1	126.7
2012	8 098.3	3 417.1	11 515.4	122.4	143.9	128.1

在表格中可以看到，全职就业量的指数从 2000 年的 100 上升至 2012 年的 122.4，增幅达 22.4%。同期，兼职就业量的指数从 2000 年的 100 升至 2012 年的 143.9，增幅达 43.9%，几乎是全职就业指数增幅的两倍。

另外，对于任意两个指数值，我们还可以计算它们的百分比变化。例如，在 2008 年和 2009 年之间全职就业量的增长率是多少呢？

我们知道，2008 年的全职就业人数为 7782.5 千人，2009 年降至 7724.3 千人。我们由此可以很简单地计算出变化率为 100 × (7724.3 − 7782.5) / 7782.5 = −0.75 个百分比。利用指数进行计算会得到相同的结论，全职就业量的指数在 2008 年为 117.7，在 2009 年为 116.8，计算可得变化率为 100 × (116.8 − 117.7)/117.7 = −0.76 个百分比。（这里的细微差别是在计算指数时四舍五入至小数点后一位的结果。）

如果我们想要直观地比较不同变量的变化趋势，我们也可以用图形来表示指数。例如，从图 7.3 中可知，2008 年金融危机爆发时，澳大利亚的全职就业人数下降，而兼职就业人数则在增长。这一观察结论会促使研究者去进一步调查这一现象背后的劳动力市场变化。

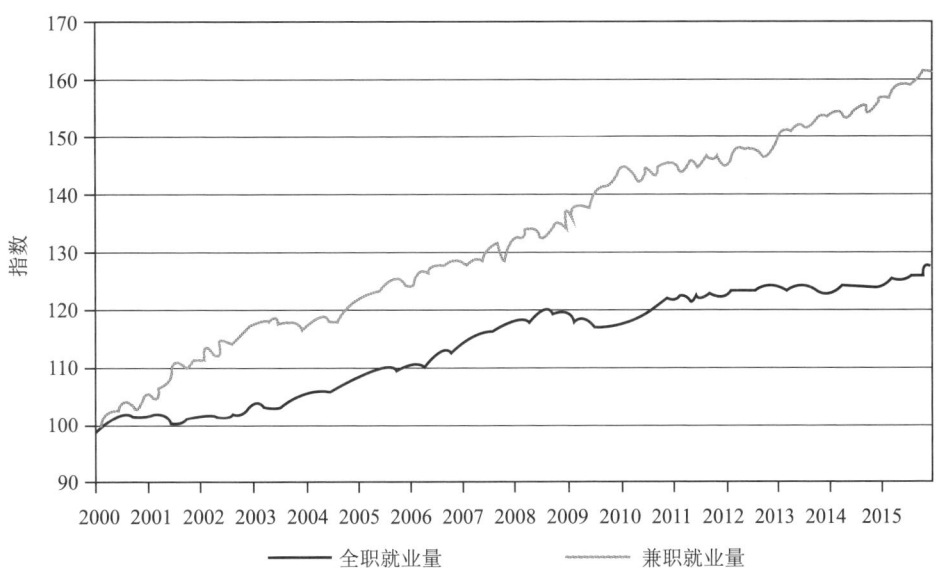

图 7.3 澳大利亚就业量的指数（2000—2015 年，以 2000 年 1 月的指数为 100）
来源：作者的计算，数据来自澳大利亚统计局，国民账户

如前所述，指数还使得我们可以比较两个或多个单位不同的变量随时间变化的趋势。例如，近几十年来，大多数国家的实际工资与劳动生产率同步增长，这使得工资增长的同时保持低通货膨胀成为可能。这个例子也说明了为什么经济学家经常关注随时间变化的两个变量的关系。

图 7.4 以指数形式展示了 1978 年至 2015 年澳大利亚实际工资和劳动生产率。指数的基期为 1982 年 3 月，数据是按季度编制的。劳动生产率是用每小时工作时间产出的实际 GDP 来衡量的，实际工资则是用消费者价格指数调整后的名义工资（美元/小时）来衡量的。

通过将不同的变量序列转换为指数，我们可以很方便地比较这些时间序列的变化趋势。

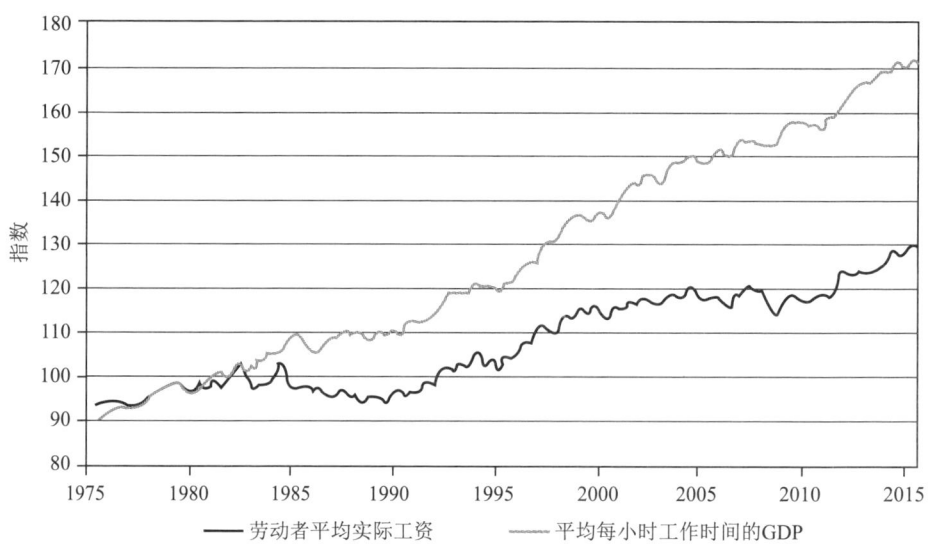

图 7.4　实际工资和劳动生产率（1978—2015 年，季度数据，以 1982 年 3 月的指数为 100）
来源：作者的计算，数据来自澳大利亚统计局，国民账户

7.7　年平均增长率

在第 4 章中，我们计算了 CPI 从一个时期到下一时期的百分比变化。我们实际上是在解如下的方程式中的 r^*：

$$CPI_t = CPI_{t-1} \times (1 + r^*/100)$$

其中 r^* 是 CPI 的变化率的百分比数。

经济学家经常需要计算经济体（或其他总体）多年来的平均增长速度。这时我们计算的是年平均复合增长率。

7.8 本书的编写形式

我们知道，每个人都会用自己喜欢的方式来学习和理解相关概念。一些人喜欢数学方法，另一些人喜欢用绘制图形的方法，还有一些人喜欢通过阅读文字来学习，尽管这种学习方式容易带来理解方面的问题。

因此，本书涉及的所有主要问题都将分别按上述三种方法进行阐述。数学的内容有时会出现在相关章节的附录中（通常是较高深的内容），有时则会出现在正文中。

我们的目标是增进对内容的理解，并尽可能地让读者用最适合自己的方式学习。经济学家们在他们的工作中会使用各种各样的方法，这包括数字、图形、代数和文字描述，我们认为应该让读者接触到现实中使用的多种表达方法，这一点是很重要的。

试试看

在 1960 年，澳大利亚的实际国内生产总值为 2490.83 亿美元，到 2012 年则增长到了 15082.67 亿美元。要计算在这 52 年间的年平均复合增长率，我们需要进行一些简单的代数运算并使用复合增长率的概念。

我们可以写出下式：

$$Y_t = Y_0(1 + r)^t$$

其中 Y_t 是 2012 年的实际 GDP；Y_0 是 1960 年的实际 GDP；r 是平均复合增长率，用小数表示，即 $r = r^*/100$；t 是我们要计算的时期数，在本例中是 52 年。

这里我们要用到自然对数（ln）来简化计算。

目标是解出未知数 r，如下所示：

$$(Y_t/Y_0) = (1+r)^t$$

$$\ln(Y_t/Y_0) = t \times \ln(1+r)$$

$$\frac{\ln(Y_t/Y_0)}{t} = \ln(1+r)$$

$$\exp\left[\frac{\ln(Y_t/Y_0)}{t}\right] = 1+r$$

$$r = \exp\left[\frac{\ln(Y_t/Y_0)}{t}\right] - 1$$

表 7.3 展示了每步计算的结果，你可以将数据粘贴到电子表格程序中获得相同的结果。计算结果显示，1960 年至 2012 年，澳大利亚实际 GDP 的年平均复合增长率为 3.52%。

通过代入其他合适的数据，你可以将此公式应用于任何时期或数据频率（例如，月、季度、年）。

表 7.3　计算复合增长率

1960 年的实际 GDP（百万美元）	Y_0	249 083
2012 年的实际 GDP（百万美元）	Y_t	1 508 267
时期数（年）	t	52
GDP2012/GDP1960 (Y_t/Y_0)	$=(1+r)^t$	6.0553
取对数	$= t\ln(1+r)$	1.8009
除以 52	$= \ln(1+r)$	0.0346
取反对数	$= 1+r$	1.0352
	r	0.0352
	r per cent	3.5240

结　论

本章概述了宏观经济学中常用的基本数学方法，这包括代数、幂级数、指数和增长率。同时本章还建立了一个简单的宏观经济学模型，用于讲解我们在宏观经济学中经常使用的方法。我们说明了本书的编写方法：我们会用三种方法（文字、图形和数学）来说明所有主要内容。每个读者都可以选择最适合自己学习风格的方法。

chapter 8

第 8 章
框架的使用与宏观经济学的语言

本章纲要

8.1 引言

8.2 现代货币理论与公共话语

8.3 两种经济世界观

8.4 认知框架与经济评论

8.5 在经济评论中占主导地位的隐喻

8.6 面对面：主流宏观经济学与现代货币理论

8.7 构建宏观经济学的叙事

结论

参考文献

学习目标

- 认识到框架和语言在学习宏观经济学中的重要性。
- 理解人类使用隐喻进行认知的方式。

- 发展一种对框架改变中的困难进行鉴别的能力。
- 将学习目标与本书中现代货币理论（MMT）的教学法和相关阐述联系起来。

8.1　引言

言语很重要。从你还是个婴儿的时候起，你的父母和其他监护人就会给你讲故事，目的是教你如何处世。《小火车头做到了》教会我们坚持不懈的价值；①《乌龟大王亚特尔》灌输给你同情和反抗暴政的意愿；②《格林童话》告诫人们远离父母保护的危险。

你在孩提时代学到的词语和教训会一直伴随着你。它们会在你的大脑中留下印记，并且很容易被触发。如果有人说出"女巫"这个词，可能会触发你儿时听过的某个故事的旧的回忆，甚至有时候你无法将那些记忆从脑海中抹去。

语言学专家乔治·莱考夫（George Lakoff）提供了以下例子。他告诉读者"别想那只大象"③，但不管你怎么努力，你都会想到大象。如果我们继续说，"不管你做什么，不要想到小飞象"④，你们大多数人，特别是那些在西方国家长大的人，会想到流行的儿童读物和迪士尼电影中的人物，那软耷耷的大耳朵在你脑海里挥之不去，让你很难去想其他事情。

这不只是简单地将一个词（大象）与一个想象（你童年记忆中的小飞象形象）联系起来。现代科学告诉我们，许多人从小就学会了用故事来思考。在思维（认知）过程中，人们常为了适应新情况而去改编那些旧故事，以理解这个世界。

广告商利用现代认知科学来唤起他们试图销售的产品与已经植入你大脑的

---

① 《小火车头做到了》是西方经典的少儿读物，其中那句"我想我能做到！"鼓舞了很多人。——校订者注
② 《乌龟大王亚特尔》是美国的一部童话名著，出版于 1958 年。——校订者注
③ 乔治·莱考夫：《别想那只大象》，闫佳译，浙江人民出版社，2013 年版。
④ 飞象，传说中耳朵进化为翅膀，能在空中飞行的象。肯尼亚当地传说中奇特的生物，飞象传说也见于阿拉伯民间故事。——校订者注

神经网络之间的联系。例如，一款马桶清洁剂总被关联到一位年轻的、微笑的和关心她可爱的、快乐的蹒跚学步的孩子的母亲。政客们也用（认知）科学来引发好的和坏的联想来赢得选票。例如，一个以"严厉打击犯罪"为竞选纲领的政客会拐弯抹角地提到一个臭名昭著的案件，以引起选民的恐惧。美国总统罗纳德·里根（Ronald Reagan）在竞选期间曾讲过一个著名的故事，讲的是一位"福利女王"母亲开着一辆凯迪拉克，他把福利项目与骗子和浪费性支出联系在一起。①

经济学家们不可避免地会用故事来表达他们的信念，尽管他们往往没有意识到，他们构建论点的方式可能会促进或阻碍他们试图传授的知识。他们也不总是能够理解他们使用的词语将在听众的脑海中触发哪些神经网络。例如，"债务"这个词语必然是一个与轻率、重负和违约联系在一起的诱导性词汇。一旦与这些故事相关的神经网络被激活，就很难避免给"债务"这个概念赋予负面的含义。

总的来说，保守派经济学家对认知科学具有更多的认识，并成功地将他们的意识形态假设渗透到经济话语中，包括课堂和决策领域。不幸的是，进步派经济学家普遍采用了保守派的术语和框架，削弱了他们试图提供一种替代主流的、保守的经济学方法的努力。

在本书中，我们努力使用与我们的进步经济学方法论相一致的语言。在本章中，我们将讨论语言和框架在现代货币理论（MMT）的替代性教学中是何等重要的问题。

8.2　现代货币理论与公共话语

本教材对现代货币理论提供了一种完整的阐述，它与许多大学讲授的和在政策制定领域占支配地位的主流宏观经济学截然相反。在本章中，我们将讨论

---

① 那是在20世纪80年代初，当时的选民也应该明白，美国总统里根的故事中隐含着种族因素。尽管事实上大多数接受"福利"救济的人（主要项目是帮助有需要抚养孩子的家庭）都是白人，但人们对"福利母亲"的普遍看法是，她们大多是非洲裔美国人。此外，凯迪拉克是美国制造的豪华车，深受非洲裔美国人的喜爱，而富有的美国白人越来越多地选择外国制造的豪华车（尤其是欧洲制造的）。

如何使用框架和语言提出概念性的想法，以及人们怎样被劝服，从而相信那些没有现实基础的命题。① 了解框架和语言的重要性就在于它是从根本上把握什么是知识和什么不是知识的前提。

宏观经济学的概念，例如，实际 GDP、通货膨胀、失业率、财政赤字和利率，每天都会成为头条新闻。国家新闻广播中的财经栏目越来越多地讨论宏观经济问题，并经常使用大多数媒体评论员或公众不太理解的复杂术语。

因此，从一开始，公共话语就存在重大的错误，使得参与者几乎不可能独立于相关的政治而对宏观经济发展作出明智的评估。

政府财政赤字等经济概念包含着细微的差别，因此很难对其含义作出明确的评估。例如，我们不能得出这样的结论：与赤字规模减半相比，相当于 GDP 2% 的赤字表明政府的财政立场更具扩张性。公众看不到这些复杂性，但它们是准确理解这些问题的基础。

社交媒体加剧了混乱。所谓的博客圈充斥着自称宏观经济学专家的人，他们关于政府财政状况等问题的言论在最好的情况下也是错误的。诉诸"常识"、依赖逻辑或直觉在这些论坛都已成为危险的规范，强化了这种观点：并不是所有的意见都应该在公共话语中享有同等的特权。我们倾向于从个人经验中归纳，就好像这些经验等同于常识一样，不断地将这些"脸书"式的宏观经济学辩论引向从错误命题到错误推理的对抗性死胡同。

当前主导公众辩论的意识形态假设，放大了复杂经济概念和证据传播过程中固有的问题。经济学作为一门学科，已经被一系列与占支配地位的自由市场范式相关的信念所定义。其结果是，这是一场狭隘的辩论，它排除了历史的教训和替代性经济学范式的可能性，而这些替代性的经济学范式为当前的经济状况和相关政策选择提供了实事求是的洞见。

保守派智库和媒体发布了一系列"研究"或"政策"报告，以至于公众的理解被正统的概念和结论所束缚，这些概念和结论不仅本身是错误的，而且也会导致破坏繁荣和破坏公共目的的政策结果。公众对大规模失业、收入不平等加剧和贫困的容忍意愿就是这种综合征的表现。

---

① 具体讨论参见康纳斯和米切尔（Connors and Mitchell，2017）。本章大量地借鉴了那篇文章。

在全球金融危机（GFC）之前，主流经济学家们宣称经济周期已经死亡，并宣称我们已经进入了一个大缓和时期（Stock and Watson，2002；卢卡斯，2003；伯南克，2004）。这些经济学家显然未能预见到他们所提倡的放松劳动力和金融市场管制政策的灾难性后果。

我们有理由预计，与全球金融危机一样的专业失败将导致人们对这些经济学家工作范式的重新评估，并导致经济学课程和研究的重大变化。然而，主流经济学家未能在任何重大方面改变他们的教学方法。

主流宏观经济学在遭遇现实失败的情况下仍保持其主导地位，这在很大程度上要归因于经济学辩论在公共话语中被框定的方式。"框架"（Framing）指的是说话者和听者将论点概念化并进行交流的方式。在此过程中使用概念模型和陈述。认知哲学和认知语言学的研究表明，驱使我们思维的模型在很大程度上是在无意识的层面上运作的，我们所使用的抽象概念"在很大程度上是隐喻性的""富有想象力的"和"情绪化的"（Lakoff and Johnson，1999：3－4）。

新古典主义宏观经济学的支持者非常成功地使用了常见的隐喻来推进他们的意识形态利益。充斥意识形态的神话——使用现代的说法就是"虚假的知识"——被公众当作真理而不受质疑。因此，意识形态战胜了证据，我们将谎言接受为真理。

最近的心理学研究强调了先前存在的偏见在多大程度上影响了我们解释事实性信息的方式，包括简单的统计数据。这为传播可能违反直觉或有争议的研究成果，或挑战有关公共政策设计的主导话语提出了一个更深层次的问题，就像在讨论经济紧缩或气候变化的时候所发生的。

此外，经常出现的情况是，用来提倡进步的替代性方案的语言实际上强化了保守派的神话（参看Lakoff，2010；Wray，2013）。有人提出，语言在学习中是如此重要，以至于有必要开发与正统经济学无关的新术语，以传播一种新的进步主义宏观经济学，就像本书中所开发的那样。但是，在开发这种新语言可能带来的好处与使用公众熟悉的术语来讨论经济结果的必要性之间，存在一种紧张关系。除了重新考虑这些概念之间的关系之外，还需要基本概念方面的良好教育。

在本书中，我们围绕现代货币理论展开论述，这是一个连贯的宏观经济学叙述，为政府可获得的政策机会及其可能的结果提供新的深刻见解。

由于以下原因，现代货币理论在更广泛的经济和政治辩论中难以获得吸引力：

1. 经济评论员，特别是记者，以及包括政策制定者和公众在内的更广泛的群体对关键性的宏观经济学术语的不完全理解；

2. 在普遍存在的文化隐喻的背景下，那些有效地使少数特权阶层受益但损害大多数人利益的政策干预得到了主流宏观经济学术语的支持。

在本章中，我们已经提供了一个简短的概念基础来理解我们使用的语言是如何限制我们的思维的。我们将继续研究一些关键性的隐喻，这些隐喻被用来强化正统经济学中有缺陷的信息。

8.3 两种经济世界观

申克尔-奥索里奥（Shenker-Osorio，2012）比较了两种不同的经济世界观。图8.1代表保守的主流经济学观点，其基本假设是"人与自然的存在主要是为了服务经济"（Shenker-Osorio，2012：Location 439）。

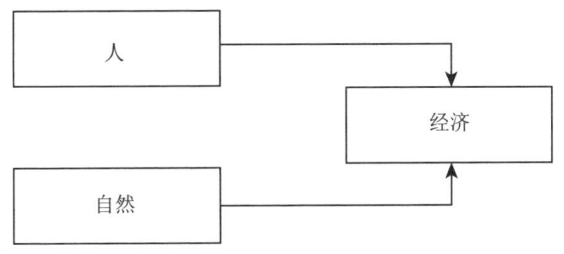

图8.1　保守派的经济学建构

来源：作者自制。源自Shenker-Osorio（2012）的讨论

这种叙事告诉我们，如果不受政府干预，一个有竞争力、自我调节的经济将创造出最大的财富和收入。经济被奉为一个实体——几乎是一个超出我们控制范围的"神"，尽管它承认我们的努力，并相应地奖励或惩罚我们。我们需要有信念，努力工作，为了经济的发展作出必要的牺牲；那些不这样做的人理应被剥夺这种奖励。

经济也被建构为一个有生命的实体。如果政府干预了竞争过程，并为"不值得"（懒惰等）的人提供了获得奖励的途径，那么这个系统就会变得"病态"。解决办法是恢复经济的自然过程（恢复它的"健康"），这需要消除政府干预，如最低工资、就业保护和收入补贴。

关键性的信息是"自我调节和自然"，它迫使我们得出这样一个明显的结论："政府干预弊大于利，我们不得不接受当前的经济困难。"（Shenker-Osorio，2012：Location 386）

尽管这种观点的支持者会让我们相信这是一种理性的叙事，但事实上，它代表了一种更恰当地与中世纪关于个人与世界关系的观点相联系的"魔法思考"（magical thinking）。[1]

这种叙事告诉我们，我们自己的成功或失败主要是由于我们自己的努力，而与系统的成功不相干。私人财富与社会经济状况、稳定和高质量基础设施之间的联系被降至最低程度。同样，失业者被视为他们要对自己的失业负责，但实际上却是系统性的就业不足造成了他们的困境。

这种叙事是如此强大，以至于进步的政治家和评论人士受到其诱惑，致力于提供一种比主流经济学的解决方案"更公平"的方案，而不是彻底地挑战其背后的假设。例如，进步人士胆怯地主张更渐进式的财政紧缩措施，而他们本应基于财政紧缩失败的证据，完全拒绝这种做法，并主张扩大财政赤字，以解决给大多数国家带来不利后果的大规模劳动力未充分利用的问题。

进步人士和保守派都受制于对经济运行方式的错误认识，公众被迫相信，除了正在实施的破坏性经济政策之外，别无选择。

图 8.2 代表了关于经济的另一种世界观，在这种世界观中，经济作为我们的建构为我们服务，人是有机地嵌入自然环境之中并受到其滋养。因此，经济被视为一个建构的对象，围绕它的政策干预应该只从实现我们的广泛目标的角度来评估，一种进步的政策目标应该在环境可持续性的限度内，从提高公共福利和最大限度地发挥全体公民的潜力的角度来构建。据此，重点就转移到把人类目标置于我们关于经济思考的中心，这与功能财政的原则（Lerner, 1943）

---

[1] "魔法思考"基于这样一种信念：思考某事或希望某事发生就可以使其发生。——校订者注

是相呼应的。与此相一致，现代货币理论强调了主流经济学只关注财政平衡而不参考更广泛的人类背景，人类背景是与这种进步的政策目标不相关的。

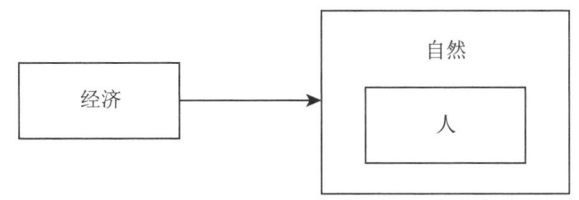

图 8.2　经济就是我们

来源：作者自制。源自 Shenker-Osorio（2012）的讨论

在这种叙事中，人们创造了经济。没有什么"自然"而言。诸如"自然失业率"这样的概念是错误的，因为它意味着应该由其自身的平衡力来达到其自然状态。政府总是可以选择并维持特定的失业率。我们创造了政府作为我们的代理人来做我们自己不能轻易做到的事情，我们明白，经济只有在受到积极的监督和控制的情况下才能为我们的共同目标服务（Mitchell and Muysken, 2008）。

两种不同的经济世界观（Visions of The Economy）可以用价值术语概括为个人主义（图 8.1）和集体主义（图 8.2）。对于一个进步的经济学家来说，集体意志是重要的，因为它为更公平地分担经济活动的成本和收益提供了政治上的理由。进步人士历来就认为，如果私人市场不能创造足够的就业，政府就有义务创造就业。因此，政府有权尽其所能地确保为所有想要工作的人提供足够的就业机会。

图 8.1 和 8.2 中概述的两种世界观之间的竞争，引发了一场旷日持久的学术辩论。它在大萧条期间发挥了作用，它告诉我们，政策干预是至关重要的，以便控制那些制造了混乱并具有破坏性力量的贪婪和权力，这种干预构成了资本主义货币制度的基础。我们了解到，所谓的"市场信号"并不能带来令人满意的就业水平，整个体系很容易陷入大规模失业。我们还了解到，这一弊病是由支出不足造成的，政府有能力弥补这些不足，并确保所有希望工作的人都能就业。

从大萧条和对它的反应中，我们认识到经济是一种建构，而非神祇，我们可以通过财政和货币政策来控制它，从而创造出令人满意的集体成果。我们明白，经济是我们创造出来的，目的是提供集体利益，而不是根据某种道德框架分配奖惩的抽象实体。政府不是一个道德仲裁者，而是一个服务于我们需求的功能性实体。人们在这一时期的经历导致了凯恩斯等人对新古典主义宏观经济学的彻底排斥（见第11章和第12章）。

20世纪70年代的石油输出国组织（OPEC）的油价上涨提供了一个转折点，见证了图8.1所代表的保守主义思想重新占据优势，尽管他们的思想在30年代已经声名扫地。

自那时以来，自由市场范式的复兴伴随着一场精心策划的公共宣传运动，在这场运动中，框架和隐喻战胜了操作性的现实或理论上的优势。这一进程得到了企业和其他反政府利益的协助，这些利益集团为新兴的保守和自由市场的"智库"提供了大量资金。贝德认为这些机构微调了"直接结论"的艺术，使其研究适合他们的客户或捐助者（Beder, 1999：30）。政客们炫耀这些所谓的独立研究成果，将其作为证明其放松监管议程合理性所需的权威，而来自"智库"的错误言论又加剧了政策辩论的扭曲。

8.4 认知框架与经济评论

概览一下支撑认知语言学和认知哲学的假设，有助于我们解释为什么很难对正统的宏观经济学观点提出一种易于理解的挑战。

1. 心智本来就是基于身体的。
2. 思维大都是无意识的。
3. 抽象概念在很大程度上是隐喻性的。

我们可以用下面的方法总结一下这意味着什么。具体化涉及用手抓东西、站立行走等日常活动。为了理解我们周围的世界，我们通过使用隐喻将这些物理行为联系起来。例如，我们对"多"或"少"概念的理解与"向上"或"向下"的方向有关，这是我们与环境交互作用的物理体验的结果。与方向有关的隐喻被用于我们对快乐或悲伤的推理，例如，"那是一部振奋人心的电影"，或者"我的情绪低落"；这种方向性的隐喻也被用于对成功或失败的推理，例如，"他们正在攀登公司的阶梯"，或者"他们从恩宠中坠落了"（他们失宠了）。我们认为数量的方向是这样的，即"更多"被认为是上升趋势，而"较少"被认为是下降趋势。而关于我们对货币的一般看法，"多"通常是好的，而"较少"通常是坏的。因此，从最基本的意义上来讲，认为"更大的财政赤字可能是一件好事"是违反直觉的。

为了更全面地理解宏观经济学术语产生的政策机遇，我们在交流时需要对相同的信息以不同的方式作出解释，发展一种新的经济学教学方法。

8.5 在经济评论中占主导地位的隐喻

宏观经济学的主流理论模型强化了图 8.1 的世界观，它不仅没有抓住真实世界的基本特征，而且就其对现实事件的预测准确与否而言，它们的表现一直欠佳。

我们已经注意到，主流宏观经济学的叙事在公共领域的支配性地位是通过一系列相互关联的神话实现的，这些神话通过强有力的隐喻得到了强化。表 8.1 展示了一些主流经济学家和评论人士常用的隐喻的例子，这些例子集中攻击政府支出、赤字、公共债务和为处境最困难的工人提供收入补贴。正如我们在第 8.4 节中所了解到的，这些隐喻中的每一个都旨在强化主流范式所追求的主要核心价值，如自律、独立、抱负、财富和牺牲（参见图 8.1）。这些隐喻掩盖了真相，导致我们支持那些让我们变得更糟的政策，即使有其他选择可以让我们所有人（从集体意义上来说）变得更好。

表 8.1　新古典主义宏观经济学隐喻的例子

攻击的焦点	隐喻性的主张	隐含的意义
政府开支	国家入不敷出	过度的开支需要牺牲，需要立即削减
	国家已经刷爆了信用卡	因为不负责任的开支而花光了钱
	花钱像喝醉的水手	肆无忌惮的不负责任和违法行为
财政平衡	预算黑洞	预算超出了人类的控制，就像大质量恒星的崩溃
	预算状况恶化	预算就像一个身体，处于不健康的状态，需要紧急手术，别无选择（TINA）
	迅速增长的预算赤字	预算是一个失去控制的有机实体
	这个国家的钱用完了，它破产了	政府预算就像家庭预算，国家经济和我们一样

(续表)

攻击的焦点	隐喻性的主张	隐含的意义
国债	国家破产了	国家是一家管理不善、资不抵债的公司
	堆积如山的公共债务	债务是危险的，难以对付的
	加重了子孙后代的负担	债务威胁社会的基本单位（家庭）并破坏未来的繁荣
	把未来抵押出去了	当前的政府债务会影响未来的支出
收入补贴	福利依赖	福利系统对民众来说就像毒品一样，助长了疾病和毒瘾
	失业救济金的游手好闲者（Dole bludgers, Skivers）	失业的人是懒惰的，不值得救助

8.6　面对面：主流宏观经济学与现代货币理论

表 8.1 中隐含的隐喻强化了主流经济学家们提出的一系列主张，将攻击重点集中在了政府干预上。在本书以后的章节中，我们将提供另一种理论方法来揭露主流宏观经济学所固有的谬误。在本章最后的两节中，我们总结了现代货币理论提出的相关操作现实，我们将在本书的其余部分对之进行详细地阐述（请参看 Mosler, 1997 – 8；Mitchell, 1998；Wray, 1998；Mitchell and Muysken, 2008）。正如您将看到的，这些与表 8.1 中的隐喻相反。

主流谬论 1：政府面临着与家庭相同的"预算"约束

许多被广泛使用的隐喻，比如，表 8.1 中的那些，试图直接将政府支出等同于不计后果的个人户主的支出（在信用卡债务上挥霍，忽视了支付抵押贷款，没有照顾好他们的孩子）。家庭预算的类比是错误的。家庭使用国家政府发行的货币，必须先为他们的支出提供资金，而主权政府发行通货，必须先支出，然后才能征税或借款。从技术上讲，一个发行货币的政府永远不会受到收入的限制，而且可以在没有偿付能力风险的情况下无限期地维持赤字。

意义：

- 家庭预算的类比不适用于发行货币的政府。
- 当我们分析政府的支出和收入时，我们个人的预算经验并不能产生相关的见解。

- **替代性的叙事**必须突出政府垄断货币发行的特殊性。

主流谬论 2：财政赤字是坏的，财政盈余是好的

财政赤字既不好也不坏，从会计角度看，它与非政府盈余相等。从行为上讲，当非政府部门的支出意图不足以确保充分利用现有的生产资源时，就需要这些措施。背景很重要，因为财政结果是实现社会经济目标的工具，而不是目的本身。

同样，财政盈余既不好也不坏，只在某些情况下可能是有害的。对于一个净出口强劲、公共服务优质、国民收入水平足以支持私人部门储蓄意愿的国家，可能需要盈余来控制名义总需求，以避免通货膨胀。

使用"财政赤字"这个术语存在两个问题。首先，尽管许多人说，财政赤字似乎是政府做出的政策选择，但实际上，财政结果是由整体经济活动的状态所决定的，在很大程度上是不受政府控制的。如果私人支出疲弱，那么财政赤字通常会随着税收收入下降而上升。因此，财政收支变动的结果是不确定的。如果赤字是由于政府在考虑到非政府部门的支出和储蓄决策的情况下，为保持充分就业而作出的可自由支配的财政政策决定所产生的，那么，这种财政结果表明赤字是好的；如果财政赤字的出现是因为非政府支出下降，而自动稳定器又导致税收下降和失业率上升，这种财政赤字就是不好的（坏赤字）。当私人支出崩溃、财政赤字上升时，正确的反应是增加可自由支配的公共支出净额，而不是削减它。政府不为财政赤字做预算。相反，赤字结果（以及政府应该如何应对预算结果）取决于经济的表现。

其次，这个术语是贬义的，因为赤字意味着短缺，虽然从会计意义上说，这是准确的，但在赤字对非政府部门的净金融财富做出积极贡献的背景下，这是高度误导性的。政府赤字是非政府部门净金融资产的唯一来源。非政府部门行为者之间的所有交易净额为零。这种会计现实说明，如果非政府部门希望以发行的货币实现净储蓄，那么政府就必须出现赤字。

从国民经济核算中得出的部门平衡恒等式概括了这一结果，表明政府赤字（盈余）总是等于非政府盈余（赤字）。财政盈余迫使私人部门为获得现金而

清算其财富，从而摧毁了流动性（借记准备金账户），这是通缩。在存在外部赤字的情况下，财政盈余导致国内私人部门债务水平的上升，并不能代表可持续的长期增长战略。最终，国内私人部门增加净储蓄、降低债务水平的决定，将与盈余带来的财政拖累相互作用，迫使经济陷入衰退。然后，预算的周期性成分将把赤字推回到坏赤字的状态。

意义：

- 要对财政状况的适当性作出合理的评估，了解特定财政结果发生的背景是至关重要的。
- 财政赤字使非政府部门能够全面储蓄，而财政盈余则破坏了非政府部门的财富，这一事实应该得到理解和推广。

主流谬论 3：财政盈余有助于国民储蓄

发行货币的政府不储蓄其货币。财政盈余不代表可以用来为未来公共支出提供资金的公共储蓄。储蓄是一种放弃当前支出以增加未来支出可能性的行为，适用于在财务上存在约束的非政府实体，比如，家庭。

财政盈余既不能提高政府满足未来融资需求的能力，也不会削弱这种能力。对政府支出的限制不是财政上的，而是由政府发行的货币计价出售的实际经济资源的可得性所决定的（参见谬论 7）。

意义：

- 一个发行货币的政府从来不需要事先存在的资金来支出，因此也就不需要储蓄。
- 财政盈余毁灭非政府部门的金融财富，财政赤字增加非政府部门的金融财富。

主流谬论 4：在整个经济周期中，财政结果应该是平衡的

认识到财政结果是内生的，意味着政府在实践上不能瞄准特定的财政结果，因为私人支出的变化可能会阻碍政府为实现这一目标所做的任何努力。政府负责任的战略应该是，考虑到非政府部门的支出决定，不管经济周期的状况如何，都要让财政收支调整到实现充分就业所需的净支出水平。

国民经济核算告诉我们，对于一个有外部赤字的国家，"平衡预算的规则"等同于要求国内私人部门出现与国外部门同等规模的赤字。这不大可能是一个可持续的战略。

此外，逆周期调节的财政战略并不要求政府实现盈余。逆周期的概念更准确地指的是变化的方向，而不是财政结果的水平。如果经济已经满负荷运转，而且政府对私人支出组合感到满意，那么政府就不应该再增加可自由支配的净支出，因为这种扩张将是顺周期的。但在外部赤字稳定、国内私人部门需要整体储蓄的情况下，导致稳定赤字的财政立场是可取的。

意义

- 以公共债务或赤字率定义的财政规则，不太可能与负责任的财政政策管理相一致。

- 发行货币的政府应该追求充分就业等功能性目标，并允许其财政结果作出相应调整。

主流谬论5：财政赤字将推高利率，挤出私人投资，因为它们争夺稀缺的私人储蓄

这是谬论2的一个特定版本。虽然发行货币的政府不需要出售债券，但事实上，它们并不会在公共部门和私人借贷者之间争夺有限的储蓄。首先，随着国民收入的增长，政府赤字会刺激经济增长和私人储蓄。其次，政府在向非政府部门出售债券时回笼的资金最终来自出售债券前赤字开支创造的净金融资产。最后，银行贷款不受准备金限制，银行会向任何信誉良好的客户发放贷款。如果银行的准备金不足，它们就会在银行间市场互相拆借。最终，他们总能从中央银行借款。因此，向银行出售政府债券并不会降低银行向客户放贷的能力。①

此外，赤字对利率构成下行压力。通过向投资者提供一种有息资产，使银

---

① 实际上，由于政府债券是非常安全的金融资产，所以，它们被银行以投资组合的形式而持有，并作为自己借款的抵押品。这使得它们在出现资金短缺时，更容易从其他银行借入准备金。如果有什么不同的话，那就是持有这些债券实际上可能会提高银行向客户放贷的意愿。

行体系中因赤字支出而产生的超额准备金被抽干，债券可以让中央银行维持一个正的目标利率。如果这些准备金不被抽干，那么在政府赤字的环境下，（由于银行竞相摆脱非营利性的准备金）隔夜利率就会下降，这可能会影响到中央银行的目标利率，除非它能给超额准备金提供回报，而大部分超额准备金确实都有回报。

意义：

- 中央银行将公共债务作为维持利率目标策略的一部分。
- 公共债务（国债）无法为政府支出提供资金。
- 发行货币的政府不需要借贷。

主流谬论6：财政赤字意味着未来更高的税收

税收有许多种用途（降低私营部门的购买力，减少有害商品和服务的消费，如烟草等）。但这些目的都与为政府支出提供资金无关。

在法定货币体系中，货币没有内在价值，政府需要将真实的商品和服务从非政府部门转移到政府部门，以促进其经济和社会计划。在这方面，税收的一项主要职能是促进个人向政府提供商品和服务，以换取消除税务责任所需的资金。关键的一点是，纳税义务所需的资金通过政府支出提供给非政府部门。因此，如果政府支出是充足的，那么它就会提供有偿工作，从而消除税收造成的失业。

通过剥夺非政府部门的购买力，税收削弱了总需求，这样政府就能创造出非通胀的、真实的资源空间为公共支出所支配。

重要的是，每一代人都可以自由地选择自己的缴纳税收水平，因为他们通过政治程序决定政府的规模和它将利用的实际资源空间。过去的财政赤字永远不需要目前的一代人或未来任何一代人来偿还。

意义：

- 进步人士应该谈论这是"公共"货币，而不是"纳税人"的货币。
- 纳税人不为政府支出提供资金。
- 为了让政府能够利用实际的经济资源，政府需要通过征税来降低非政府部门控制实际的商品和服务的能力。

主流谬论7：如果政府过度开支，它将耗尽其财政空间（或货币）

这与谬误1、5和6有关。保守派政客和经济评论员经常声称，如果政府不控制支出，它将耗尽其货币。他们试图通过诉诸我们的直觉和经验来赋予这种说法以权威，也就是说，他们利用家庭预算的类比，声称政府和家庭一样，必须量入为出。这个类比引起了选民的强烈共鸣，因为它很容易引起共鸣：作为个人，我们本能地理解，我们不可能永远寅吃卯粮。

一个发行货币的政府没有内在的财政约束：政府永远不会耗尽建设医院的资金或支付医疗卫生专业人员的工资，但可能无法获得建设医院设施所需的材料和运营设施所需的熟练工人。因此，更准确的财政空间的定义应该是以发行货币出售的实际的商品和服务。这些都是政府履行其社会经济宪章的"手段"。发行通货的政府总是可以购买任何以本国货币出售的东西。

"如果政府过度开支，它将耗尽其财政空间（或货币）"，这种谬论也与代际（老龄化）人口的主张有关，这种主张认为养老金和/或医疗体系在未来是不可持续的。发行货币的政府在未来提供一流的医疗及养老金时不受财政限制。抚养比率上升带来的挑战，将是在劳动力减少的情况下，生产率的增长能否确保有足够的实际商品和服务以维持生活水平的提高。这些不是财政限制。

另一个相关的说法是，如果公共债务比率超过某个阈值（通常被界定为80%），主权货币发行者将面临违约风险。只要政府只发行本国货币的债券，而且不提供可兑换成另一种货币的保证，违约风险就为零。

意义：
- 财政空间不是根据某些特定的财务比率（如公共债务比率）来定义的。
- 财政空间是指政府在追求其社会经济计划时能够利用的实际可用资源的范围。
- 政府发行的本币债券不存在违约风险。

主流谬论8：政府开支导致通货膨胀

如果所有支出（私人或公共支出）推动名义总需求的增长速度快于经济吸收总需求的实际能力，那么它们就会引发通货膨胀。如果有闲置的实际资源可以重新投入生产被使用（例如，失业的劳动力），那么政府开支的增加就不会造成通货膨胀。

相关谬论包括向中央银行发行债券的所谓"印钞"选项会使通货贬值，而向私营部门发行债券则会降低赤字的通货膨胀风险。这两种说法都不正确。首先，当政府将其赤字与债券发行规模相匹配时，与它不发行债券的情况相比，特定净公共支出水平所带来的通胀风险没有什么不同。购买债券反映了有关私人财富持有方式的投资组合的决策。如果我们用于购买债券的资金被用来购买商品和服务作为替代，那么财政赤字将因此降低。其次，只有在没有财政空间的情况下，中央银行提供信贷（以换取国债）才会导致通胀（见谬误7）。

20世纪20年代的德国和曾经的津巴布韦等恶性通货膨胀的例子并不支持赤字导致通胀的说法。在这两种情况下，在通货膨胀之前，经济的供应能力都有大幅度的下降。

意义：

• 当经济处于充分就业状态时，所有支出都带有通货膨胀的风险，而发行国债并不能降低与公共支出相关的风险。

• 政府支出应设法将闲置资源重新用于生产。

• 非通胀性公共支出的限制是由可用的财政空间来界定的，而可用的财政空间又是闲置资源可用性的函数。

主流谬论9：财政赤字导致大政府

财政赤字可以反映政府规模的大小。如果非政府部门作为一个整体希望储蓄，而政策目标是保持国民收入的充分就业水平，那么即使是小政府也需要维持持续的赤字。

经济理论没有规定政府的最优规模。（财政赤字导致大政府）这种说法和对小政府的吁求反映了一种没有经济理论基础的意识形态立场。政府的规模将反映公众对公共产品、服务和基础设施的偏好。

意义：

• 政府规模是政治选择，而非经济需要。

• 即使是小政府，通常也会持续出现赤字，以保持充分就业。

8.7 构建宏观经济学的叙事

虽然现代货币理论（MMT）对经济运行方式提供了一种内在一致和具有坚实经验的描述，但它显然也对人们思考宏观经济学概念的方式提出了挑战。但是，通过谨慎地使用语言，避免使用现有宏观经济学的隐喻，我们可以对本书中建立的概念框架有一个逻辑一致的理解。

语言和隐喻的例子

隐喻的主要**目的是目标**（Purposes Are Destinations），这种目标与我们对想要达到目的的主观判断有关，当我们到达目标时，我们就成功了。

现代货币理论（MMT）是以人而不是以独立的"经济"来定义目标的。例如，我们可以把我们的目标定义为充分就业，或者"人力资源的零浪费"。实现这一目标的时点不是公共债务比率达到 x% 的时候，而是所有希望工作的人都能找到工作，例如，统计的失业率（measured unemployment）低于 2%，就业不足为零（zero underemployment）。① 这就是我们所希望达到的特定目标，并允许我们对我们的分析采取积极的态度。如果我们陷入对诸如财政赤字规模之类的财务比率的争论，我们只是强化了在牺牲、偿债能力和公正问题上价值判断的保守主义框架（表 8.1）。

一个关键的问题是语言和术语。正如申克尔-奥索里奥所指出的，"支出"这个词可能有问题，因为"支出"意味着"用完"。这意味着被支出的东西是有限的，已经支出的东西不再存在。这种语言支持了作为本国货币发行者的主权政府如何使用其本币的错误假设（Shenker-Osorio，2012：Location 452）。

当现代货币理论告诉我们，现实情况却是政府支出向经济系统注入了净金融资产，目的是满足"关键的人类需求"（Shenker-Osorio，2012：Location 452）

---

① 充分就业可以在已统计的失业率为零之前实现，因为有些处于待业状态的人更愿意花一些时间寻找一个合适的职位；失业和就业之间的这种过渡将导致非零的失业率统计。充分就业通常被定义为"职位空缺多于求职者"，换句话说，充分就业是这样一种状态：对于那些正在寻找工作的人来说，存在着大量的工作机会。

的时候，我们的语言必须加强而不是破坏这种理解。

当人们说政府征税"从我们的口袋里拿走了钱"的时候，我们可以说，"政府开支把钱放进我们的口袋"。这不仅更准确，而且还为政府支出和政府赤字提供了一个不同的内涵。也就是说，政府支出把更多的钱放进了我们的口袋里，而不是通过征税取走我们的钱。①

但是，在将"支出"用于私人部门支出时，它仍带有这种负面的含义。虽然我们喜欢花钱的好处（例如，在餐馆吃顿大餐），但我们不喜欢"支出"我们的货币。我们不应把注意力集中在支出的行为上，而应集中在政府支出的结果上。因此，与其说"政府支出"，毋宁说：

它是实现我们目标的政府投资。

我们很容易把投资与创造财富联系起来。也就是说，它是"积累"而非"用完"。它引发了"**多为上**"（More is Up）的隐喻，它颠覆了当前支出的负面含义。

同样，"预算赤字"一词有两个负面含义。首先，使用"预算"引发了错误的家庭类比。其次，"赤字"意味着短缺和失败。在这本书中，我们使用了"财政赤字"这个术语，但避免使用"预算"这个描述性的术语，目的是避免使用"家庭类比"。

从会计意义上讲，"赤字"一词显然是准确的，但就财政赤字对非政府部门净金融财富的贡献而言，它具有高度误导性。但试图取代"赤字"一词几乎肯定会导致意义的完全丧失，使教学方法进一步复杂化。

因此，我们没有为赤字发明一个新术语，而是试图利用"**多为上**"的隐喻，将政府赤字与其为非政府部门提供的积极结果——赤字所提供的净金融资产的增加——联系起来。所以我们会说：

政府赤字上升，为家庭和企业创造了更高水平的财富。

这种类型的语言还更积极地激发了著名的"**事件—结构**"（Event-Structure）的隐喻，将"目的定位为要达到的目标"（"purposes as destinations to be

---

① 政府支出多于税收就会产生财政赤字，只有财政赤字才能把更多的钱放进我们的口袋里，财政赤字不再具有"亏空"或"钱不够花"这种负面的含义。强调重点的不同，其意义差别很大。——译者注

reached", Lakoff and Johnson, 1999：94）。目标必须在叙事中被突出，然后我们必须详细地阐明实现目的的因果关系链条。因果关系（在隐喻上）与强迫运动的概念相关，例如，我们可能会说政府赤字是一种力量的应用（净金融资产的注入），它导致了状态的变化（更高的收入、就业或财富）。

莱考夫和约翰逊（Lakoff and Johnson, 1999：91）指出，强制行动的概念提醒我们"如果没有力量的作用，行动是不会发生的"。就我们的研究对象而言，这种隐喻就是说，经济是我们人类创造的产物，而不是我们无法控制的自然的自我均衡系统，国民收入或就业的改善就是政府激励这种原因的直接结果。

原因是力量（Causes are Forces），因果关系是强制行动（Causation is Forced Movement），人类对这种逻辑做出反应。以这种方式框定的概念更容易学习和理解。在"经济作为自然系统或神祇系统"（图8.1）的认知和研究范式中，政府的管制和干预是不必要的和有害的。在现代货币理论的替代性框架中，同样的行动迫使我们朝着我们希望达到的目标前进。如果没有这种力量，当前的状态就不会被改变，目标也就无法实现。

我们希望政府代表我们采取行动，把我们从（不太理想的）A状态转变为（更接近我们目标的）B状态。值得注意的是，经济本身是没有目标的，我们利用、管理和控制经济来实现我们的目标。

此外，在公众辩论中谨慎地选择宣传的框架也很重要。例如，保守派为了攻击政府，关注于减轻税负等概念，这是一种税收造成痛苦的框架。针对保守派的框架，进步派应该通过强调减少失业的必要性来构建辩论的框架，这种框架让人们感到失业是痛苦的，并将减少失业痛苦作为一个预期目标。

与此相关的是，我们避免在保守派使用的框架内进行辩论。例如，抨击实施财政紧缩的速度"太快"，仍然意味着（承认）理想的替代方案是更渐进地（有管理地）达到同样的目标，即减少政府财政赤字。

更富有成效的框架将是解释政府财政赤字的功能性作用，并不断地提及保守政策的人力成本。从"解除"高失业率的角度讨论财政赤字将会重新构造辩论的话语权，并将焦点集中在保守派力量未能达到（实现就业的）预期目标。每句话都必须强调定义我们如何看待政策的目的和目标。

财政空间

在第 22 章，我们将概述财政空间的概念。国民经济核算的惯例表明，政府赤字总是等于非政府部门的盈余，政府盈余也总是等于非政府部门的赤字。

正如我们在第 6 章中所了解到的，外部赤字和国内私营部门整体储蓄的愿望相结合，意味着非政府部门将发挥着吸纳与收入流动相关的整体支出的作用。这也意味着要维持一定水平的经济活动，就需要持续的财政赤字。

因此，一个国家在每个经济周期中都有持续的政府赤字，随着非政府部门净支出的波动而上升或下降，这是正常的状态。政府很少会出现盈余是适当的。

此外，政府赤字不仅适用于经济衰退或经济增长缓慢的时期。当非政府部门希望获得盈余时，就需要政府赤字，这是典型的情况。因此，我们可以不断地强化这个框架：

政府赤字是正常的，而盈余则是非典型的。

这意味着"在周期内平衡预算"之类的观点是破坏性的。它落入了误导性的"赤字是不好的"框架。

因此，我们根据闲置的实际资源来构建财政空间的概念，这些闲置资源可以通过提高政府支出和/或降低税收来实现其生产性的利用。闲置资源表明政府赤字过低或盈余过大。理想的目标是零浪费，所需的行动是更大的赤字。

公共项目的成本

在界定财政空间时，强调实际资源的可得性也与成本相关的框架有关。我们经常听到或读到这样的说法：

- 项目 A 给纳税人带来的成本是巨大的；
- 国家负担不起这个项目的成本。

如果我们要实施一项公共就业计划，要求政府在工资、资本设备、管理和监督方面支出 x 亿美元，我们可以合理地询问该计划的成本。保守的框架告诉我们成本是 x 美元（这个数字出现在反对该计划的年度财政文件中）。

现代货币理论的框架认为，财政文件中的 x 美元是没有意义的。该方案的实际成本是它在使用**实际资源**方面所引起的变化：以前失业的工人现在有了工作，更多的消费，一些设备和工程监理费用，等等。另一项额外成本是这样一个项目的机会成本，考虑到失业人员是闲着的，这个项目的成本是最小的。事实上，在这个框架中，增加对实际资源的使用对个人和社会都有好处，所以使用成本这个术语会产生误导。当我们问美国是否能够负担得起一项政策倡议时，我们应该忽略花费多少美元的问题，而是考虑有多少实际的资源可用，将失业资源用于工作的潜在成本（几乎为零），以及将已经就业的工人转移到政府项目的成本（机会成本）。可用的实际资源构成了财政空间。因此，财政空间应该始终与我们想实现的目的和我们希望达到的目标相关。

现代货币理论替代性的框架

在表 8.2 中，我们总结了现代货币理论对表 8.1 中框架的替代性方案。

比较表 8.2 和表 8.1，我们可以清楚地看出这两种方法如此不同。我们可以利用对语言学的理解，为主权货币国家提供一个与可能找到的政策空间相一致的框架。

表 8.2　MMT 的宏观经济学隐喻的例子

关注的焦点	隐喻性的主张	隐含的意义
政府开支	政府开支把货币放进我们的口袋	政府开支增加非政府部门的收入
	政府投资于国家的生产能力	政府开支增加了我们满足人民需要的能力
	政府不会用完货币；真正的限制是国家的资源	没有财政限制，虽然可能有资源限制
财政收支	政府赤字允许我们储蓄	政府赤字等于非政府部门的盈余
	政府盈余等于非政府赤字	政府盈余减少了非政府部门的金融储蓄
	财政收支在很大程度上取决于经济的表现	财政收支的结果不是自由决定的
	国家不会耗尽它自己的货币	政府"预算"**不像**家庭预算
国债	政府的债是我们的资产	政府债券提供了一种无风险的金融资产以加强非政府部门的投资组合
		政府债务有助于稳定金融体系
收入补贴	我们自己照顾自己	由于我们的政府没有财政上的限制，所以它可以利用自己的财政能力，确保资源的调动以照顾好本国人民
	一个好的国家支持它的人民	失业总是政策失败的证据，它没有把资源投入到工作之中
	一个好的国家会帮助其他国家需要帮助的人	富裕国家帮助贫穷国家调动其所需的资源

结　论

现代货币理论提供了货币体系如何实际运作的准确描述。

追求与图 8.1（个人主义）或图 8.2（集体主义）相一致的政策框架的决定纯粹是意识形态上的。与图 8.1 有关的正统经济学的修辞学是基于对宏观经济现实的不完整理解，并利用强有力的隐喻以确保这些现实和相关政策机会不被人所看到。

参考文献

［1］Beder, S. (1999) "The Intellectual Sorcery of Think Tanks", *Arena Magazine*, 41, June/July, 30 – 32.

［2］Bernanke, B. S. (2004) "The Great Moderation", Speech to the Eastern Economic Association, Washington DC, 20 February.

［3］Connors, L. J and Mitchell, W. F. (2017) "Framing Modern Monetary Theory", *Journal of Post Keynesian Economics*, 40 (2), 239 – 259.

［4］Lakoff, G. (2010) "Untellable Truths", *Huffington Post*, 10 December. Available at: http://www.huffingtonpost.com/george-lakoff/untellable-truths_b_794832.html, accessed 26 April 2017.

［5］Lakoff, G. and Johnson, M. (1999) *Philosophy in the Flesh: The Embodied Mind and its Challenge to Western Thought*, New York: Basic Books.

［6］Lerner, A. (1943) "Functional Finance and the Federal Debt", *Social Research*, 10 (1), 38 – 51.

［7］Lucas, R. E. Jr. (2003) "Macroeconomic Priorities", *The American Economic Review*, 93 (1), March, 1 – 14.

［8］Mitchell, W. F. (1998) "The Buffer Stock Employment Model-Full Employment without a NAIRU", *Journal of Economic Issues*, 32 (2), 547 – 555.

［9］Mitchell, W. F. and Muysken, J. (2008) *Full Employment Abandoned: Shifting Sands and Policy Failures*, Aldershot: Edward Elgar.

[10] Mosler, W. (1997 - 8) "Full Employment and Price Stability", *Journal of Post Keynesian Economics*, 20 (2), Winter: 167 - 182.

[11] Shenker-Osorio, A. (2012) *Don't Buy It: The Trouble with Talking Nonsense about the Economy*, New York: Public Affairs, E-book references.

[12] Stock, J. and Watson, M. (2002) "Has the Business Cycle Changed and Why?", *NBER Macroeconomics Annual*, MIT Press, 159 - 218.

[13] Wray, L. R. (1998) *Understanding Modern Money: The Key to Full Employment and Price Stability*, Cheltenham: Edward Elgar.

[14] Wray, L. R. (2013) "A Meme for Money", Working Paper No. 736, Levy Economics Institute.

第二部分
通货、货币与银行业

chapter 9

第 9 章

主权货币：政府及其货币

本章纲要

9.1　引言

9.2　国家货币（记账单位）

9.3　浮动汇率制度与固定汇率制度

9.4　以国家货币计价的债务：政府部门与非政府部门

9.5　"货币"概念：术语的界定

结论

参考文献

学习目标

- 解释为何法定货币是重要的并且能够在国内交易中被广泛接受。
- 区分固定汇率制度与浮动汇率制度的不同及其对实施宏观经济政策的影响。
- 理解债务创造与债务清偿的过程。

9.1 引言

在本章，我们将详细考察本书前面章节中已简单介绍过的几个概念。我们首先讨论记账货币和国家货币。注意，国家货币已经不再有贵金属（比如，黄金）的"支撑"。我们认为，所谓的**法定货币**（Fiat Currency）之所以有价值并且能在交易中广泛使用，是因为国家要求以这些货币来缴纳税收和履行其他义务。所有的金融资产存量和流量都是以国家的记账货币计价的。在这种情形下，金融系统可以被看作是对经济活动的交易记录，类似一个记分牌。随后，我们将考察浮动汇率制度和固定汇率制度的不同。

在主权货币体系中，政府与非政府的债务都是以国家货币（记账单位）计价的。在了解了什么是债务杠杆（对债务的使用）之后，我们将介绍由不同债务构成的债务金字塔，其中政府债务处于金字塔的顶端。

最后，我们强调有必要谨慎地使用"货币"（money）这一术语，以避免可能的误解。

9.2 国家货币（记账单位）

让我们把货币视为一种记账单位（the unit of account），金融资产的存量和流量均以之计价。

一个国家，一种货币

在第6章中，我们介绍了记账货币的概念，澳元、美元、日元、英镑、欧元等都是记账货币的例子。前四种货币分别与一个单一国家相联系，这是历史上常见的情况，即"一个国家，一种货币"。当然还存在一些例外，例如，欧元，它是欧盟中一些国家（也就是欧盟中欧元区国家）共同采用的一种记账货币。对于这些特例，我们应仔细分析当一个国家使用某种货币但并未自主发行该货币时所产生的不同。

接下来要讨论的是一种更普遍的情况，即一个国家使用自己的记账货币。一国政府发行其通货（通常由各种面额的金属硬币和纸币构成），并规定政府支出、税收、收费和罚款等都以该记账货币计价。这些付款是依法强制执行的。更一般地说，一国记账货币的广泛使用是通过在法庭上强制执行货币合约（例如，支付工资）来确保实现的。

在很多国家，有些私人合约是以外国记账货币计价的。例如，在一些拉美国家，以美元计价签订合约和进行支付都很常见。在国际贸易中，大部分合约都是以美元计价的，即使贸易双方的国内都不使用美元。据估计，流通于美国境外的美元纸币总值超过了境内总值，其中的大部分被认为与毒品交易等非法活动有关。

因此，一个国家也可能会使用外国货币及其货币单位。尽管大部分时候这是因为地下经济试图逃避监管，但有些国家会明确承认和允许这种情况。虽然这些情况违反了"一个国家，一种货币"的规则，但它们只占各类交易和合约的很小一部分，而绝大多数的交易和合约仍是以国家规定的记账货币计价的。

主权与货币

国家货币通常又被称为**主权货币**（sovereign currency），即由主权政府发行的货币。主权政府垄断了这种权力。在这里，我们只关心那些与货币相关的权力，主权政府独享认定何种记账货币为官方记账单位的权力。此外，只有现代主权政府有权发行以其记账货币计价的货币。例如，如果任何一个除美国政府之外的主体试图发行美元，那么它必将被作为假币制造者而被起诉，而且会遭到严厉的处罚。（敌对国家有时的确会试图通过伪造一国货币来摧毁该国的经济，以期造成通货膨胀并削弱人们对其货币的信任。）

如上所述，主权政府以其记账货币来征收税赋（以及其他罚款和费用），并决定这些负债如何被偿付。换言之，在纳税人缴税时，主权政府有权决定它接受用什么东西来支付税款。最后，主权政府同样有权决定在购买商品或劳务时，或在完成退休养老金等其他支出时，如何进行支付。大多数现代主权政府使用本国货币来完成支付，并要求缴税也使用同样的货币。进一步的研究将说明，以本国通货缴税确保了本国货币在政府支付中能被接受。

什么"支撑"着货币？

人们一直无法解释对主权货币的一些困惑。例如，许多政策制定者和经济学家都不明白，为什么私人部门在进行各种支付时，愿意接受政府发行的货币。一些人认为以贵金属来"支撑"货币才能保证它在支付中被人们接受。

在历史上，政府有时会为本国货币保有黄金或白银（或这两者）的储备。为此，有观点认为，如果向政府缴还货币总是能换回一定量的贵金属，那么这种货币就能够被接受，因为人们认为它"就像黄金一样值钱"。有时，通货本身就包含贵金属，比如，金币。

例如，直至20世纪60年代末，美国财政部还持有相当于其发行的货币价值的25%的黄金储备，但美国政府并不允许美国公民将美元兑换为黄金，只有持有美元的外国居民才可兑换。① 然而，如今美国和绝大多数国家早已放弃了这种做法。即使没有黄金作为支撑，美元仍在全球范围内有旺盛的需求。这表明，通货需要贵金属支撑的观点是错误的。

法定货币法

关于货币可接受性的另一种解释是法定货币法的存在。历史上，主权政府通过立法来要求人们接受用其货币进行支付。实际上，美元纸币上写着"本币是用于偿还所有公共和私人部门债务的法定货币"，加拿大的纸币上则印着"本票据是法定货币"，澳元纸币上则标明"本币在澳大利亚及其属地是法定货币"。相较而言，5英镑纸币上则仅仅写着"我承诺按要求向持有人支付5英镑"。另一方面，欧元纸币却未作出任何承诺。

纵观历史，有很多例子表明，有时尽管政府通过了法定货币法，但是它们仍然无法创造对其通货的需求，这些货币不仅在私人支付中不被接受，并且有时也会被政府自己拒绝。在一些历史案例中，拒收国王硬币的惩罚甚至是将烧红的硬币烙在拒收者的额头上。总之，有些货币在没有任何法定货币法的情况下也可以流通，而有些货币即使有法定货币法也会被拒收。此外，就我们所知，美元尽管在许多国家并非法定货币（甚至在一些国家被当局明令禁止），

---

① 正如贾根良指出的，"从人民币的前身到人民币诞生，一直到现在，人民币作为主权货币的本质从未改变过，而在第二次世界大战后，美、英、日等国货币作为主权货币是在1971年布雷顿森林体系崩溃后才诞生的，这种重大历史区别的意义在我国经济学界从未得到过深入探讨。"见贾根良等著《现代货币理论在中国》的《跋》，中国人民大学出版社2023年版，第383页。——校订者注

却也能在这些国家流通。

法定货币

现代货币通常被称为**法定货币**，原因就在于政府不承诺把它们兑换为贵金属，它的价值是通过"法令"来规定的（例如，政府立法发行新的通货，并宣布一枚硬币的价值为半美元，却并未持有价值等于半美元的贵金属储备）。许多经济学课堂上的学生在第一次听闻他们口袋中的货币除了政府"法令"外没有任何支撑时，都大吃一惊。尽管他们从未真正考虑过要拿这些货币到财政部兑换黄金，但他们已经在一种错误信念中得到了安慰，即相信货币背后有贵金属储备的支撑。

英镑上"按要求向持有人支付5英镑"的承诺看起来似乎提供了这种支撑，好像在暗示英国财政部拥有可用于履行其支付承诺的储备。然而，如果有人确实向英国政府出示一张5英镑的钞票，那么财政部仅会再提供另外一张5英镑钞票，或是总计5英镑的一摞硬币！任何美国或澳大利亚的公民在其财政部也会有相同的经历，即5美元钞票仅能换回另一张5美元钞票，或是一些总计5美元的硬币和纸币。这就是政府所谓的"支付承诺"！

如果货币不能兑换为贵金属，如果法定货币法对于保证货币可接受性既非必要也不充分，如果政府的"支付承诺"实际上毫无意义，那么为什么所有人都愿意接受本国货币呢？让我们试着探寻其中的答案。

税收驱动货币需求

主权政府最重要的一项权力是征收税赋（以及包括收费和罚款在内的向政府支付的其他款项）的权力。这些税赋以本国记账货币标价，例如，在美国以美元计价，在澳大利亚以澳元计价，在日本以日元计价，在英国以英镑计价。此外，主权政府还决定交付何物才能偿付税负。在所有的现代国家中，政府在税收支付中接受的是本国货币（通常是以中央银行准备金的形式，我们将在后文中对此加以说明）。

在现实中，一些纳税人使用私人银行的支票来缴纳税款，另一些人以电子形式向政府转账。当政府收到这些支票或转账之后，便会减少私人银行在中央银行账户上的准备金。准备金仅仅是一种特定形式的主权货币，银行用它来互相支付或向政府进行支付。和所有货币一样，准备金是政府的债务（**the government's IOU**）。私人银行是纳税人与政府之间的媒介，代表纳税人用通货（准备金）支付税款。一旦银行完成了支付，纳税人就履行了他的纳税义务，从而税负也就得以清偿。①

现在我们就能回答前面提出的问题：为什么大家会接受不可兑换的主权货币？答案是，主权货币是政府所接受的、用于偿付税款和其他对政府欠下的负债的主要形式（通常也是唯一形式）。诚然，主权货币也可用于其他目的，例如，硬币可用于从售卖机中购买商品，纸币可用于偿付私人债务，货币可为了未来花销存进储蓄罐。然而，货币的这些用途都是附属性的，都源于政府接受用它来缴税。因为纳税人需要这种货币来履行纳税义务，所以这种货币才会被人们需要，进而它才能够被用于购买商品或清偿私人债务。

政府无法直接迫使人们用它发行的货币来进行私人交易或储蓄，但可以强制要求人们使用这种货币来缴税。因此，确保货币的可接受性既不需要贵金属储备，也不需要法定货币法，而只需要纳税人按要求用这种货币来偿付税收负债。英镑纸币上印着的"支付承诺"是多余的，实际上它还有一定的误导性。我们知道，如果拿给英国财政部5英镑纸币，它不会真正支付任何东西，除了一张新的纸币。然而，它必须接受以这张纸币来支付税款。这才是政府回收货币的方式，不是通过兑换为黄金，而是通过向政府支付税款。具体的资产负债表处理将在本书第20章讨论。就本章的目的而言，我们理解如下逻辑就足够了：私人部门对政府税负的清偿是通过向税务部门缴纳政府发行的债务（**the government's own IOUs**）来完成的。

因此，我们的结论是**税收驱动货币**（**Taxes Drive Money**）。政府首先创造一种记账货币（例如，美元），然后以这一记账货币向经济体征税，在所有的现代国家，这足以确保绝大多数的债务、资产和价格都以本国记账货币计价。继而，政府便可发行以此记账货币计价的通货。在现实中，最常见的政府货币

---

① 纳税减少了纳税人的金融财富，因为他们的银行账户余额减少了。与此同时，当税款得以缴纳时，政府的资产（纳税人应付税款）消除了，并且政府的负债（私人银行持有的准备金）也消除了。这是支付系统运行过程的一个例子。对此我们将在第20章详细分析。

发行的渠道是通过政府支出。我们将这一过程称为：**政府通过支出创造货币**。当然，政府也可以通过贷款发行货币。

因此，没有必要以贵金属来支撑货币，也不必颁行法定货币法来要求人们接受本国货币。例如，美国政府所需做的，不是在美元上印刻"本币是用于偿还所有公共和私人部门债务的法定货币"这句话，而是承诺"这张纸币可用于税款的支付"，从而保证美元在美国甚至境外的广泛接受性。

在第2章的附录中，我们介绍了"袋鼠币"模型：美国大学生可以每年通过提供社区服务来获得这种货币，学生们用以支付所欠学校的债务，因此它显然具有价值，尽管没有贵金属的支持。袋鼠币在全美国没有广泛的接受性，因为美国政府是以美元来征税的。然而，可以想象，学生之间会出现以袋鼠币换取美元的交易。一些学生或许会提供额外几小时的社区服务，而另一些学生则会以美元购买袋鼠币，而不必完成所要求的社区服务。

在专栏9.1中，我们通过考察18世纪晚期弗吉尼亚殖民地的纸币来说明尽管没有贵金属作为支撑，法定货币仍然可以有价值。

专栏9.1　历史故事：
美洲殖民地的纸币及其通过税收的赎回

税收驱动货币的观点可以通过对铸币和纸币的发行历史来说明。格拉布（Farley Grubb，2015）在他对弗吉尼亚殖民地纸币使用情况的考察中阐明了征税赎回（回笼）纸币的原理。英国国王为保护其铸币垄断权，禁止美洲殖民地铸造硬币，殖民地只能通过出口来换取硬币。但是，作为工业强国，英国只允许其殖民地出口原材料，进口制成品，结果是大量铸币回流到英国。英国还希望削减大英帝国的开支，因此殖民地承担了英国的财政支出，其中包括与法国人、加拿大人和美洲原住民的战争支出。结果是殖民地政府长期缺乏英国铸币，只能通过诸如人头税以及通过对奴隶和烟草的出口征税等渠道获得货币。

为增强财政能力，殖民地政府开始发行纸币，弗吉尼亚的殖民地政府通过了一系列法令授权财政部发行纸币。每项法案都确定了将要发行的纸币的总价值（以弗吉尼亚英镑计价），并设定最终"赎回"（redemption，格拉布和立法者使用的术语）的日期。有意思的是，该法案在纸币发行之时还会开征新税：

> 每项纸币法案都包含了新增的税项，特别是土地税和人头税，它们的有效期长达数年。而为赎回纸币法案授权发行的纸币，这些新增税项的实施年限都足以征收足够的税款。在每一项纸币法案中，为最终偿付法令所授权发行的纸币而设立的日期，与该法令所规定的征税的最后期限高度契合。(Grubb, 2015：27)

纸币法案充分证明了政府征税是在回笼货币，所以财政部门在发行纸币的同时也开征了新税。实际上，殖民地纸币有两种赎回或回笼的途径：用于纳税或向财政部门兑换（英国）硬币。财政部门会通过支出向经济体中注入新发行的纸币，而得到纸币的人们可以用它来缴税，或把它花掉，或者用它向财政部门兑换硬币。

财政部门如何处理在征税中收到的纸币呢？格拉布（Grubb, 2015：17）说，"纸币被毁掉和烧掉了"，而不是被花掉了。这与政府需要有税收收入才能支出的普遍观念完全相反。殖民地的例子表明，政府必须先支出才能征得税收，而当征得税收之后，政府将会烧掉这些纸币而不是花掉它们。

格拉布的研究表明，大多数的税收是通过纸币缴纳的，并且大多数的纸币也都在征税中被"赎回"了：

> 通过税收"赎回"的货币有10327弗吉尼亚英镑，其中的2527英镑是硬币，被存在一个专门账户中用来兑换纸币。其他以纸币缴纳的税款被烧掉了。76%的税收是以纸币支付的，24%则是以硬币缴纳的。(Grubb, 2015：29)

那么那些未通过任何途径得以"赎回"的纸币怎样了呢？它们仍在继续流通：

> 在最终"赎回"的日期到来时，各类纸币的持有者们并未冲到财政部门兑换硬币。那些纸币仍然继续流通，并且持有者们可以在闲暇之时到财政部门兑换它们。弗吉尼亚1766年之后的财政官卡特（Robert Nicholas Carter）记录了这一行为，"比起黄金白银，大多数商人及民众都更偏爱它们（弗吉尼亚财政部门的纸币），因为它们在国内的商业贸易往来中更便于使用"（*William and Mary College Quarterly Historical Magazine*, 1912: 235）。(Grubb, 2015: 30)

同样的，亚当·斯密也曾指出，如果殖民地十分谨慎，确保他们不会发行超过税收收入过多的纸币，那么纸币就不会贬值（斯密指出，实际上纸币甚至可能会溢价流通）。通过缴税将这些纸币赎回会使它们从流通中退出，由此保持它们的稀缺性。格拉布指出，殖民地政府充分认识到了这一点：

> 弗吉尼亚州立法机关非常认真地对待纸币的赎回及其对纸币价值的影响。而这在1760年3月的纸币法案上有所阐述，"维持本殖民地纸币的信用是最为重要的，为了达到这一目的，最为重要的是根据纸币发行法案所发行的货币数量恰当地回收纸币和国库券；为此，建立一种常规办法可以防止公共账目结算的困难与混乱……（Hening 1969, v.7, p.353）"。(Grubb, 2015: 27-28)。

这段话强调了一个事实：从流通中回笼纸币不是为了给政府支出提供"收入"，而是为了维持政府纸币的价值。纸币支出超过回笼所带来的问题不是政府无力偿债，而是会造成通货膨胀。税收不是为了支出而"获取收入"。殖民地政府也同样意识到了需要以硬币的形式征收部分税收，这是为了确保它能履行将纸币兑换为硬币的承诺。

> 征税不仅让殖民地政府赎回了纸币，也让纳税人履行了纳税义务。两者是同时进行的："债权人"（纳税人）向"债务人"（发行纸币的财政部门）支付纸币；同时，"债务人"（纳税人）的所欠税款得以清偿。在资产负债表中这四项分录同时完成了。
>
> 纸币的发行先于通过征税的"赎回"。纸币的创造（通过政府支出）在逻辑上先于它（通过税收）的"赎回"。① 实际上，在长期缺乏硬币的情况下，除非纸币首先被发行和创造出来，否则殖民地的居民不可能缴纳新税。如果政府不支付纸币，那么它也无法收到新增的税款。
>
> 这表明，如今对"赎回"一词的解释过于狭隘了，它仅用于货币发行人承诺货币使用者可以用纸币兑换黄金（金本位制度）或外币（固定汇率制度），实际上，货币发行人可以"赎回"其发行的纸币。的确，有一些发行人作出了这样的承诺。然而，更为常见（也更为基本）的"赎回"承诺是在对自己的支付（例如，需向主权政府缴纳税赋）中接受自己所发行的债务（货币）。当然，在这种情况下，主权政府也可以承诺以黄金或外币来"赎回"纸币（即弗吉尼亚殖民者承诺以英国硬币"赎回"纸币），但我们将其视为一种特定情况下的额外承诺，它在当今的发达国家（除了欧元区国家②）已是很罕见了。在他人对自己的支付中接受自己发行的货币是更为常见的承诺，这也是普遍意义的"赎回"承诺，并且，这足以"驱动"货币。

以一国记账货币计价的金融资产的存量和流量

金融资产和负债的存量和流量都是以一国记账货币计价的。工作赚取的工资作为一种流量是以记账货币计价的，它是积累起来的雇主的货币债务（见

---

① 有时我们将这种"赎回"货币的行为翻译为"回笼"，货币"回笼"是在我国刚改革开放时仍使用的一个术语，这个术语反映出中国共产党的第一代经济学家对主权货币的正确认识，虽然他们对财政收支的认识受到计划经济体制这种特定制度的限制而存在很大局限性。——校订者注

② 每个成员国都发行以欧元计价的货币和债券，这些货币和债券可按面值兑换为欧洲央行的债务。

第 6 章），等到支付薪水时，雇主通过银行电子转账来发放薪资，从而清偿债务。用以转账的资金是雇主开户银行的债务，它也是以该国记账货币计价的。如果员工需要的话，他可以将其银行存款兑换为政府发行的通货，后者是政府的债务。

所有未用于消费的可支配收入都构成了储蓄流量，这些流量积累形成了财富存量。在这个例子中，储蓄以银行存款这种金融存量的形式存在。在概念上，这些货币存量和流量只不过是以记账货币表示的会计分录（accounting entries）。我们不难想象，就算没有硬币、纸币和支票簿，所有支付流量仍可以通过互联网和计算机来记录，所有的金融财富存量都可以在不使用纸张的情况下进行核算。

在第 5 章中，我们曾详细考察过存量（例如，财富）和流量（例如，收入、支出和储蓄）的定义，以及它们之间的关系。

作为电子记分牌的金融系统

现代的金融体系可以被看作是一种构造精密的记录保存系统，一种资本主义经济活动的金融记分系统。这种金融记分系统就像是体育赛事中的记分牌。当一队得分，记分员判给其分数，电流就会使得 LED 灯作出相应变化，由此显示所判定的分数。随着比赛的进行，各队分数不断作出调整。这些分数没有真实的物质形态，它们仅仅依据比赛规则记录了每一队的竞技表现。尽管它们没有任何物质"支撑"，但它们是有价值的，因为积分最高的团队将被视为"获胜者"，而且可能会收获名誉和财富。此外，根据所适用的规则，裁判会判定犯规并作出处罚，分数可能会被取消。取消的分数并未去向其他任何地方，而仅仅是在记分员将其扣除之时消失了。

类似的，在资本主义日常生活的比赛中，挣得的收入会使得"得分"贷记（增记）在金融机构所记录的"分数牌"（资产负债表）上。与体育竞技不同，在日常生活中，判给某一比赛者的"得分"会扣减另一个比赛者的"分数"。这或是减少支付方的资产，或是增加支付方的负债。经济活动比赛的计分员十分谨慎，以确保金融账户始终保持平衡。工资支付会借记（减记）雇主在银行的"分数"，并贷记（增记）员工的"分数"；与此同时，雇主完成了支付薪资的义务，员工实现了获得工资的权利。因此，虽然生活中的比赛较之橄榄球比赛稍显复杂，但以货币记录与以分数记录是极为类似的。这一类比有助于我们理解货币并非某种"物"，而是一种记录所有交易（"得分"）的记账单位。

如果认为货币发行政府（通过政府支出向经济注入货币）记录的只不过是"得分"，那么那种认为政府会耗尽货币的观点就讲不通了。就像比赛必须在赛程结束之前的某一刻终止，因为记分员已将分数用完了，无法再更改记分牌。在后面的章节，我们再讨论这里的问题。

9.3 浮动汇率制度与固定汇率制度

汇率（Exchange Rate）是指在外汇市场上用一单位某种货币可购买到的另一种货币的数量。我们将在第 24 章详细讨论外汇市场。政府可以让本国货币按外汇市场确定的汇率（浮动汇率）自由兑换，也可以对汇率进行管理（固定汇率，通常受各国制定的多边协议影响）。不同的汇率制度会影响经济政策的实施，我们将在本节对此作出简要的分析。

在本章前文中，我们讨论过政府不承诺把它的货币根据需要兑换为贵金属或其他任何东西的情况。例如，当一张 5 美元纸币呈递给美国财政部时，它可用来缴税，或者兑换为一些总计为 5 美元的纸币和硬币，但是，美国政府并不会将它兑换为其他任何东西。此外，美国政府并不承诺把美元与其他货币的汇率维持在任何特定水平上。这也是大多数国家的典型情况。

本书的大部分内容关注实行**浮动汇率**（Floating Exchange Rates）的主权货币，这些货币不能以固定汇率兑换为别的货币。这包括美元、澳元、加拿大元、英镑、日元、土耳其里拉、墨西哥比索、阿根廷比索，等等。

固定汇率和浮动汇率之间究竟有何不同？这种不同对经济政策又有着怎样的影响呢？

金本位与固定汇率制度

大约一个世纪以前，许多国家实行的是金本位制度，它们不仅承诺将其货币兑换为黄金，并且还承诺可以以固定的汇率兑换。例如，35 美元兑换为 1 盎司黄金，在很多年里，这实际上就是美国的官方汇率。其他国家也采用了固定汇率，将其货币价值要么与黄金挂钩，要么在"二战"之后与美元挂钩。例如，在战后布雷顿森林体系建立之初，英镑对美元的官方汇率为 0.2481（1945 年 12 月 27 日），相当于每英镑兑换 4 美元。当布雷顿森林体系中其他货币确立了它们与美元的关系后，它们彼此之间的汇率也就确立了。因此，在 1945 年 12 月 27 日，119.1 法郎可兑换 1 美元，那么 1 英镑就可以兑换约 480 法郎。在第 24 章，我们将学习如何解读和计算汇率。

为了履行以固定汇率兑换其货币的承诺，各国政府不得不持有外汇和（或）黄金储备。例如，外国中央银行如果向英格兰银行（英国中央银行）提出用大量英镑兑换美元的要求，那么英国的外国货币储备（即外汇储备，主要是美元）将会迅速耗尽。英国政府可以采取三种策略来避免其外汇储备的耗尽，但没有一种策略能令人满意。这三种策略是：（a）改变英镑相对于美元的价值，即令英镑贬值；（b）借入一些外汇储备；（c）通过高利率和（或）削减财政支出以减少进口，从而紧缩其经济，并且吸引外资流入。

在这种固定汇率制度下，贸易赤字（出口小于进口）的国家总是难于保持其汇率稳定。当一个国家出口商品时，外国买家必须以外国的货币换取该国家的货币，而当一个国家进口商品时，该国必须以本国货币换取其进口国的货币。因此，贸易赤字在外汇市场上将表现为该国货币相对于其他货币的供给过剩，而这将使得该国货币价格（汇率）走低。为了阻止汇率的下降，该国中央银行就必须在外汇市场上动用外汇储备买入其货币，从而消除其货币的供给过剩。然而，长期贸易赤字的国家迟早会耗尽其外汇储备。这些压力最终使得布雷顿森林体系难以为继，于是它最终在 1971 年 8 月解体了。

浮动汇率

1971 年 8 月，美国总统尼克松宣布美国放弃固定汇率体系，因为美国已不能继续保证以协议价格将美元兑换为黄金。许多国家纷纷效仿。这意味着这些政府不再承诺以固定汇率将其货币兑换为其他货币或黄金。结果是，汇率开始浮动，并由外汇市场上每时每刻的供求关系所决定。

如今，在私人银行或国际机场的货币兑换机，把大多数货币（包括浮动汇率的货币）兑换为其他主要货币都很容易。货币兑换根据的是当前国际市场的汇率（减去交易费用）。这些汇率每天，甚至每分钟都在变动，随需求（来自那些试图获得该货币的人）和供给（来自那些提供该货币以换取其他货币的人）而波动。

在浮动汇率制度中，汇率的决定是十分复杂的。例如，美元的国际价值就受诸多因素的影响，如对美国资产的需求、美国的贸易收支、美国相对于世界其他国家的利率、美国的通胀水平，以及美国相对于其他国家的经济增长速度。由于涉及的因素太多，目前还没有一个能够可靠预测汇率变动的统计模型。

然而，就我们的分析而言，更重要的是，如果一国政府采取浮动汇率，那么它就不必担心其外汇储备（或黄金储备）会消耗殆尽。其中的原因很简单，因为政府不需要承诺以固定汇率将其货币兑换为外币。在实践中，采取浮动汇率的政府往往会持有一些外汇储备，并为便利其金融机构而提供货币兑换服务。然而，这些兑换是以现时的市场汇率完成的，而不会将汇率维持在一个预定水平上。

政府也许会介入外汇市场，从而将汇率推向预期的方向。他们也会运用宏观经济政策（包括货币政策和财政政策，参见本书第20章的讨论）来影响汇率。这些政策有时奏效，但有时却不起作用。关键的是，在浮动汇率制度下，影响汇率的尝试可以是相机抉择的。与之不同，在固定汇率下，政府必须实施保持汇率稳定的政策。

浮动汇率保证了政府有更大的自由去追求其他政策目标，例如，实现充分就业、经济增长和价格稳定。在后面的章节我们将讨论这是如何实现的。

9.4 以国家货币计价的债务：政府部门与非政府部门

在前面的章节中，我们已经指出，资产和负债是以记账货币计价的，而记账货币是由中央政府选择并通过税收机制强制推行的。在浮动汇率制度的情况下，政府的债务（the government's own IOUs，即它发行的货币）是不可兑换的，政府不承诺将其货币兑换为贵金属、外币，或任何其他东西。政府只是承诺在对自己的支付（主要是税款，还包括罚款和费用）中接受自己的债务。这是政府作出的必要且基本的承诺：债务的发行者必须在对自己的支付中接受自己的债务。只要政府同意在税收支付中接受它自身的债务，政府的债务就会有需求（至少是用于纳税的需求，此外还有其他需求）。

类似的，私人部门在发行借据的同时也承诺接受他们的债务。例如，如果你有银行贷款，那么你就总能够通过你在这家银行的存款来偿还贷款的本金和利息，并且，所有的现代银行体系都设有支票清算机构，以便国内每家银行都接受其他银行的支票。支票清算机构会在银行间进行账户结算，这使得人们能够使用国内任一银行的支票来偿付自己在任一银行的债务。我们将在本书第20章详细讨论这一问题。重要的是，银行接受用银行的债务（存款）来偿付贷款，正如政府接受用政府的债务（通货）来偿付税款。

加杠杆

然而，政府与银行有一个重要区别：银行确实承诺将其负债兑换为某种东西。你可以向银行出示支票换取现金（兑现支票），也可以在自动柜员机（ATM）上从银行账户中提取现金。无论哪种情况，银行的债务都转换成了政府的债务。银行通常会承诺即时兑现（在活期存款的情况下），或者在某种指定时间段后进行兑现（在定期存款的情况下，可能会因提前取款而损失利息）。

由于银行承诺及时按需兑现，它们就必须持有国家货币作为准备金，或者有获得国家货币的快捷渠道。银行的准备金包括库存现金和存放在中央银行的存款。请注意，银行只需要持有相对于其存款规模少量的准备金，因为银行知道在短时期内，兑现的存款只占其存款总额的很小一部分。

准备金对存款的比率被称为"存款准备金率"。我们可以将银行存款看作是银行对中央银行准备金**加杠杆**（Leveraging）的结果。例如，在美国，银行准备金对存款的比率（存款准备金率）大约在1%，这意味着杠杆率是100∶1。

银行只在金库中存放少量现金来应对即时兑现，而把大部分的准备金存在了中央银行。他们如果需要现金，便会请求中央银行派押运车送来所需的纸币和硬币。就我们所讨论的话题而言，银行准备金（在中央银行的存款）与库存现金没有本质差别，因为银行总是可以及时地将准备金转换为现金以应对提款需求。银行在金库中的现金与在中央银行的准备金存款没有功能上的差异。我们可以将这两种零期限的政府债务都视作通货。

银行不喜欢持有大量库存现金或准备金，而且在正常情况下它们也不需要这样做。显而易见，银行认为在营业场所持有大量现金会吸引银行劫匪，但银行减少现金持有的主要原因是降低持有成本——最明显的成本是库房保管和雇佣保安的支出。更重要的是，持有准备金不能给银行带来利润。银行更喜欢持有贷款，因为借款人会为其贷款支付利息。因此，银行的杠杆率很高，相对于其存款，银行仅以准备金形式持有很少的资产。只要仅有一小部分存款人来取款，这样做就没有问题。然而，在银行挤兑（大批客户在同一时间来取款）的情况下，银行就不得不从中央银行获取货币。中央银行会作为最后贷款人，将准备金借给面临挤兑的银行。我们将在第23章讨论这些问题。

银行间债务清算

银行持有准备金还有另一层原因。假如你从银行账户开出一张支票，支票的收款人会将支票存入他在另一家银行的账户。这家银行会将支票交给你的银行并要求兑现。这便是所谓的银行间**账户结算**（Clearing Accounts）。商业银行之间的债务清偿需使用政府债务，这正是各银行在中央银行存有准备金存款的意义所在。更重要的是，他们如果需要的话还有办法获得更多的准备金。它们可以在银行间市场（银行相互拆借的隔夜市场）从其他银行那里借入准备金，也可以从中央银行借入准备金。所有现代金融体系都拥有完善的结算程序，以确保银行可以获得所需的现金和准备金，从而完成它们之间以及与其存款客户之间的结算。当银行出现准备金短缺时，中央银行有义务随时向银行提供充足的准备金。

例如：当第一国民银行收到从第二国民银行开出的支票时，第一国民银行会请求中央银行（在其资产负债表上）借记（减记）第二国民银行的准备金并贷记（增记）自己的准备金。如今这些操作都已经电子化了。请注意，当第二国民银行的资产减少（所借记的准备金数额）时，其负债（支票账户的存款）也会减少相同的数额。类似的，当存款人从自动取款机上取款时，银行的资产（现金）会减少，对该存款人的债务（银行存款）也会减少相同的数额。

非银行企业则使用银行债务来进行账户结算。例如，一个零售商从批发商那里收到货物，并通常承诺在一个规定时间（在美国通常是30天）后支付货款。在此期间，批发商会持有这些债务，直到零售商通过从他的银行账户开出支票或者电子转账来支付货款。此时，零售商欠批发商的债务就被消除了。

或者，批发商可能不愿意等到债务到期。在这种情况下，批发商可以将债务贴现（价格低于零售商承诺到期支付的数额）。这一折扣实际上是批发商为提前获取资金而支付的利息。零售商的债务仍是通过银行债务来清算的（零售商债务持有者收到银行存款转账）。正如我们在第23章将要看到的，贴现是商业银行业务和利率的基础。

货币金字塔

需要注意的是，私人金融负债不仅以政府的记账货币计价，而且最终要兑换为政府货币（Government's Currency）来偿还。正如我们之前所讨论的，银行明确承诺将其债务兑付为通货（即时兑付活期存款，或者延迟兑付定期存款）。其他非银行私人企业则主要通过银行债务来进行账户结算。这意味着它们承诺将其债务转换为银行债务，并在指定日期（或根据合同中的其他条件）进行兑付。为此，它们必须有银行存款，或者有办法得到存款从而完成付款。

实际情况比这更加复杂，因为存在着大量提供支付服务的金融机构（甚至提供金融服务的非金融机构）。这些组织机构可为非金融企业提供支付服务，而这些"非银行金融机构"之间的结算则通过银行债务来最终完成，银行进而再通过政府债务来结算账户。因此，进行结算的债权人与债务人之间可能存在着"六度分隔（six degrees of separation）"①（多层级的金融杠杆）。

我们可以设想一个债务金字塔，不同层级对应着与中央银行的分离程度。债务金字塔底部是由家庭的债务组成的，这些债务由其他家庭、非金融企业、银行和其他金融机构持有。重要的是，家庭通常使用债务金字塔中更高层级主体（通常是金融机构）发行的债务进行账户结算。

由下至上的第二层级是非金融企业的债务，它们的债务大多由处于债务金字塔更高层级的金融机构持有（虽然仍有部分债务由家庭和非金融企业持有）。这些非金融企业主要使用金融机构（包括影子银行）的债务来结算。

再往上一个层级是非银行金融机构，他们接着通过在金字塔中等级更高的银行债务来结算账户。银行则通过政府的负债进行结算。

政府处于金字塔的顶端，没有任何债务比不可兑换的政府债务等级更高。金字塔结构有两点启发意义。第一，债务确实存在一种层级安排，即金字塔中更高层级的主体所发行的债务通常更容易被接受。在某些方面，这是由于较高的信誉度，因为政府的债务没有信用风险。当我们沿着金字塔向下移动，从银行债务到非银行金融机构债务，最后到家庭债务，这些债务的风险往往会增加，尽管这并非绝对的规律。第二，每一层级的债务通常都是在对更高级债务加杠杆。从这个意义上讲，整个金字塔都是在对（数额相对较小的）政府债务加杠杆。下一节中我们还会探讨这一概念。

图9.1为我们展示了一个金字塔，这一概念由明斯基（Hyman Minsky）和弗利（Duncan Foley）提出，经贝尔（Stephanie Bell）扩展，它直观地体现了加杠杆这一概念。在金字塔的顶端是政府的债务，我们称之为基础货币，它由所有银行存放在中央银行的准备金和流通中的现金（纸币和硬币）构成。金字塔的底端包括除了银行债务和政府债务以外所有以货币计价的债务（例如，非金融机构和家庭的债务）。

---

① 在社会学中，存在一种"六度分隔"的理论，即任何两个人之间最多只需要通过六个中间人就可以建立联系。——校订者注

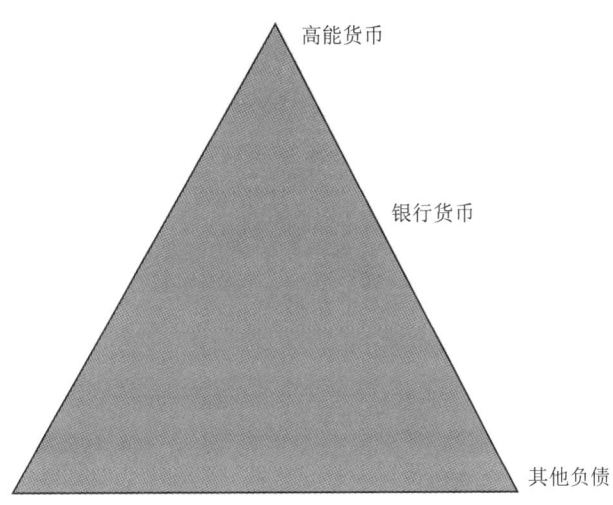

图 9.1 "明斯基–弗利"金字塔

9.5 "货币"概念：术语的界定

在对本章进行总结之前，我们还要简要说明一下我们采用的"货币"概念与它的通常用法之间的区别。在日常用语中，"货币"通常是指收入，例如，"你的工作挣多少钱？"正如我们在第 5 章所讨论的，收入是以名义值即以记账货币计量的流量。在本书中，我们将始终谨慎地区分流量与存量，区分"货币"和"收入"。

"货币"这一术语也经常被用来表示特定的债务，例如，银行的活期存款或者政府发行的通货。实际上，正如我们在上文所讨论的，所有的金融负债都是以记账货币来计价的。所以，将其中一些债务称作"货币"而将其他排除在"货币"概念之外，这种做法是相当武断的。此外，当人们用"货币"来指代由货币计价的债务时，他们必须说明哪些债务被包括在"货币"概念之内，哪些又被排除在外。否则，我们将永远无法确定他们指的是什么。

在本书中，我们将始终仔细区分记账货币（例如，美元、澳元）和以记账货币计价的特定债务（例如，银行活期存款或政府发行的通货）。"货币"

通常是指政府选择用来对税款和财政支出进行计价的记账单位，例如，美国的美元或者在澳大利亚的澳元。

正如我们所讨论过的，货币并没有任何实体，它只是一个我们用以记录债权债务的单位，就像足球比赛中的"分数"，只是用作记录进球得分的记账单位。正如足球比赛的分数是以进球来计算的，一枚硬币是以美元来计价的。足球比赛中的进球是有实体的（运动员将球踢进指定区域），但是用以计算进球的"分数"没有任何实体。同样的，政府发行的一张10美元纸币是有物质形式的（印有油墨的一张纸），但衡量政府债务的10美元却没有。我们可以认为纸币仅仅是政府债务的一张书面记录。政府欠你多少钱？这10美元的债务"记录"表明你拥有以此偿还10美元税款的权利。

结　论

在本章中，我们界定和考察了主权货币体系，这是一个政府发行本国货币的体系。当今世界上（和历史上）的大多数国家都采用了本国货币，因为这涉及国家的独立性和财政主权。我们还说明了为何浮动汇率制度通常能提供最大的财政政策和货币政策空间。相比之下，将汇率钉住外币或黄金通常则会削减政策空间，并且可能迫使一个国家因无法兑换货币而违约。尽管很多人认为货币需要以有价值的东西（黄金、外币）来"支撑"，但是征税（或其他义务）足以驱动货币。换言之，公众需要主权货币来支付税收，而这就足以保证本国货币会被接受。

最后，我们讨论了国家货币加杠杆的概念。私人的债权债务是以政府的记账货币计价的。其中一些私人债务（最主要的是银行活期存款）可即时转换为国家货币，这些债务以国家货币结算。其他类型的私人债务则使用银行债务来结算，由此便得到了债务的金字塔结构。政府债务处于金字塔的顶端，下面层级的债务则是对政府债务加杠杆而产生的。

参考文献

[1] Grubb, F. (2015) "Colonial Virginia's Paper Money Regime, 1755 – 1774: A Forensic Accounting Reconstruction of the Data", Working paper No. 2015 – 11. Available at: http://lerner.udel.edu/sites/default/fies/ECON/PDFs/RePEc/dlw/WorkingPapers/2015/UDWP2015 – 11.pdf, accessed 16 May 2017.

[2] Smith, A. (1937 [1776]) *The Wealth of Nations*, 5th edn, London: Methuen. Available at: http://www.econlib.org/library/Smith/smWNCover.html, accessed 4 April 2017.

chapter 10

第10章

货币与银行业

> **本章纲要**

10.1 引言
10.2 相关定义
10.3 金融资产
10.4 银行是做什么的？
结论
参考文献

> **学习目标**

- 理解并掌握货币供给和金融资产的定义。
- 认识到现代货币理论与主流经济学对银行信贷创造过程的解释是明显不同的。
- 能够解读银行资产负债表和记录新的交易流量。

10.1 引言

本章主要有以下几个主题。首先,我们将介绍**货币供给(Money Supply)**的常用定义。前面章节已多次提及政府(中央银行和财政部)和银行会购买或出售金融资产,本章将介绍**金融资产(Financial Assets)**的一般特征。然后,我们将深入探讨在现代货币型经济中银行的货币创造过程。最后,我们将揭穿长期以来流行的有关银行在金融系统运作中所扮演角色的神话。

10.2 相关定义

货币总量

经济学家和媒体评论员经常从货币总量的长期变化趋势来推断经济状况。如今已有多种货币总量的衡量指标,但对于每个指标包含一些组成部分,各国之间存在差异。中央银行公布的货币总量可以分为 M0、M1、M2、M3 和 M4,它们代表不同程度的流动性(即兑换成现金的容易程度)。流动性最高的指标 M0 和 M1 通常被视为**狭义货币(Narrow Money)**,而 M2、M3 和 M4 则被称为**广义货币(Broad Money)**指标。

M0 被称为**基础货币(Monetary Base)**。在澳大利亚和英国等国,M0 包括非政府部门(包括银行)持有的流通中的纸币和硬币、银行在中央银行的存款(通常被称为"准备金")以及中央银行对非政府部门的其他负债。美国对基础货币的定义也同样如此,但并不使用 M0 这一提法。基础货币衡量的是最具流动性的货币供应量,有时也被称为**高能货币(high powered money,HPM)**,因为商业银行对它加杠杆,从而发行以该货币计价的债务,例如,银行存款。

M1 通常包括流通中的纸币、硬币和私人非银行部门持有的银行活期存款。在某些国家的规定中,它还包括各类支票存款账户。它衡量的是较有流动性的货币供应量,因为这些类型的货币供给可随时用于购买商品和服务。

美联储将 M2 定义为 M1 加上大多数储蓄账户、货币市场账户、货币市场共同基金和小额定期存款（存款金额低于 10 万美元）。M2 衡量的货币供给流动性要更弱，经济学家们经常依据其变动来预测通货膨胀。

M3 拓展了 M2，容纳了流动性更弱的货币供给，例如，长期定期存款。M4 的内容则更为广泛，它将一些非流动性资产加了进来，例如，非银行金融机构借款。

不同中央银行会公布不同的指标。例如，美国只公布基础货币、M1 和 M2，英国官方则只公布 M0 和 M4，欧洲中央银行公布 M1、M2 和 M3，澳大利亚中央银行公布 M0、M1、M3 和 M4（或广义货币指标）。

10.3 金融资产

如果一个家庭在几个月或几年内都在储蓄（一定时期的流量），那么它会积累起越来越多的财富存量。该家庭需要决定是将储蓄变成新增的银行存款，还是投资于风险各异的金融资产组合，例如，股票或债券，这些金融资产同样也是以记账货币计价的。

在现代经济中，财政部会发行不同期限的债券，也就是国债。国债可在中央银行、商业银行和私人实体之间买卖。私人实体（例如，企业）也发行债券。

一般而言，债券表示**发行人**（issuer）对**债券持有人**（bondholder）负有债务。债券发行人必须定期向持有人支付利息，并在债券到期时（按债券的面值）偿还本金。债券是债券持有人的财富。

因此，**债券**（bond）是一种定期偿还贷款的**正式合约**（formal contract）。债券持有人是贷方（债权人），发行人是借方（债务人），而**票面利率**（coupon）是按照债券**面值**（face value）支付的利率，通常这些信息都印在债券上，是固定不变的。

发行价（issue price）是首次发行时投资者为获得债券而支付的价格。之后，债券可以溢价（优质债券的价格会高于面值，发行人的违约风险较小）或者折价（价格低于票面价值）交易。在现实中，以本币发行的政府债券的违约风险为零，因为政府总能偿付其债务。因此，国债在经济前景充满不确定性时非常受欢迎。**永续债券**（consol）是一种特殊的债券，它没有到期日，会一直支付该资产的利息。

政府债券市场（government bond market）分为一级和二级市场。**一级市场**（primary market）是政府向非政府部门出售债务的市场。虽然许多人错误地认为一级市场的债券发行旨在筹集资金以满足政府支出需要，但实际上发行本币的政府没有融资约束（参见第 1 章）。因此，我们需要重新解释政府为何向非政府部门发行债券。我们将在本书的第五部分中深入探讨这些问题。

二级市场（secondary market）是指政府债券通过一级市场进入货币体系后，由相关方进行买卖的市场。这样的制度安排也同样适用于私人部门的股票发行，企业在一级市场发行股票来筹集资金，然后其股票在二级市场进行交易。政府债券是可转让的，债券的所有权可以在二级债券市场上出售给另一个人。但注意，在债券发行后，后续的交易不会改变金融资产总量，因为它只是财富持有者的"洗牌"。

一级市场的发行过程因国家而异，也随着时间的推移而变化。以前典型的制度安排是政府债券会在一级市场定期出售给固定的交易商（例如，银行）。政府将确定发行的债务量（以货币单位表示）并确定支付给购买者的利息率。政府债券的这种"要么接受要么拒绝"的发行方式可能无法吸引非政府部门的购买。未售出的债券将完全由中央银行买入，也就是说，政府在向自己发债，这样的操作给发行债务的整个逻辑带来了问题。

到了 20 世纪 70 年代后期，货币主义在经济思想中占据了主流地位，该学派错误地声称中央银行购买政府发行的债务将导致通货膨胀。政府成为这种逻辑的牺牲品，并开始设法阻止中央银行购买其未售出的债务。因此，政府会设定收益率，不断地上下调整收益率以尽可能多地出售其债务和满足市场需求，确保净支出（财政赤字）与债券收入一致。

后来政府采用更简单的国债拍卖制度，从而避免了对政府操纵收益率的指责，响应了市场"自由"的诉求。这种拍卖制度目前在国际上很普遍。一般而言，财政部会公布拍卖信息，包括可供出售的债务数量、债务的到期日和票面利率（按债券面值定期支付的利息）。随后开始债券招标，一级市场的债券交易商将确定债券的最终价格，这剥夺了民选政府对债券收益率的自由决定权。

举例来说，设想一张1000美元的带有5%票面利率的债券，意味着在债券到期前，你每年可获得50美元，到期时你将获得1000美元的本金。债券发行时，债券市场交易商希望的收益率为6%，这样可以满足其利润预期，因此5%的票面利率是没有吸引力的。在采用拍卖制度之前，私人债券交易商在这种情况下不会购买债券。但在实行拍卖制度后，他们可以按低于1000美元的价格竞标，从而获得6%的收益率。

固定收益的债券价格与其收益率（利率）成反比关系。为什么会这样呢？固定收益债券的一般规则是，当二级市场债券价格上升时，其收益率会下降，反之亦然。这是因为，当固定收益债券的价格上升时，我们需要花更多的钱买入债券以获得和原来一样的收益；而当固定收益债券的价格下降时，我们只需花更少的钱就可以获得和原来一样的收益。此外，尽管持有人在债券到期时只能得到债券的面值，但是市场中的债券价格会随着利率的波动而发生变化。

当利率上升时，先前发行的债券的价格就会下跌，这是因为新发行的债券能提供更高的票面利率（以反映当前的利率），与新发行的债券相比，先前发行的债券的吸引力较小。当利率下降时，旧债券的价格随之上升，因为新发行债券的票面利率低于旧债券的票面利率。

政府拍卖国债时会收到一级市场债券交易商的投标，并将投标按价格（相对应的预期收益率）和购买量进行排名。然后，按照价格由高到低来发行债券，直到达到政府希望出售的数量。因此，价格最高（收益率最低）的投标人最先获得他们想要的债券数量（只要它不超过拍卖国债总量，当然这一般不会发生）。然后排名第二的投标人获得他们的份额，以此类推。如此一来，如果对国债的需求很低，那么最终收益率就会更高。

债券也可由地方政府、企业、金融机构或其他公共机构在一级市场发行。企业可以通过以下一种或多种方式为投资募集资金：(i)发行债券，(ii)使用留存收益，(iii)发行新股。

财政部和其他机构发行的债券有不同的期限。例如，美国财政部发行一个月、三个月、六个月、一年、两年、三年、五年、七年、十年、二十年和三十年的债券。十年期国债会在十年后到期，以此类推。

固定收益资产投资中的收益率概念

收益率表示将从投资中所获得的收益,通常以百分比表示。市场中常用的几种收益率概念如下。

- **票面收益率或名义收益率(Coupon or Nominal Yield)**——如果债券的面值为1000美元,每年支付80美元,那么名义收益率为8%。投资者每年将获得80美元的收益,直至债券到期。票面收益率在债券的整个存续期间内保持不变。

- **当期收益率(Current Yield)**——假设你在二级市场以800美元的价格购买了票面价值为1000美元的债券,你每年可以获得80美元的票面利息。这时你获得的收益率会比上面的例子(8%)更高,因为你买入债券的价格只有800美元。你的实际收益率为80美元/800美元=0.1美元(即10%)。因此,要计算当期收益率,你只需将票面利息除以你为获得债券而支付的价格。一般而言,如果你折价购买债券,那么当期收益率将高于票面收益率,如果你溢价购买债券,那么当期收益率将低于票面收益率。

- **到期收益率[Yield to Maturity(YTM)]**——当期收益率不考虑到期支付的本金。到期收益率则要考虑除了利息之外,投资者持有债券到期时可能产生资本利得或损失。到期收益率衡量的是投资者在债券存续期内的实际收益,是比较具有不同到期日和票面价值的债券的最准确方法。

专栏10.1 收益率计算示例

假设你在二级市场花费800美元购买了面值为1000美元的债券。200美元的折价也要计入收益。假设债券还有5年到期,每年支付80美元的利息。

由此可以得到三种不同的收益率:
- 8%的票面收益率($80的收入除以1000美元面值)
- 10%的当期收益率($80的收入除以800美元的购买价格)
- 13.3%的到期收益率,具体解释见下文。

到期收益率的计算较为复杂，可简化为以下经验法则：

$$YTM = (C + PD)/[0.5 \times (FV + P)] \quad (10.1)$$

其中 C 是利息，PD 是分摊的差价，FV 是面值，P 是购买价格。PD 等于面值和购买价格之间的差额除以到期年数。如果债券以溢价交易，则 PD 为负，这意味着到期收益率低于票面收益率。

以前述的例子计算，可以得到：

$$YTM = [80 + (200/5)]/[0.5 \times (\$1000 + \$800)] = \$120/\$900 = 13.3\%$$

债券交易者说的收益率通常指到期收益率，这是唯一考虑到本金价格、票面利率和到期时间对债券收益的影响的指标。

通过比较不同期限政府债券的收益率，有两种方式可以评估经济发展状况以及非政府部门对未来通胀率的预期。我们已经看到，收益率上升意味着债券价格降低，私人部门对该资产的需求下降，这说明经济增长强劲，投资者追逐更高风险的资产。而当中央银行提高银行拆借利率时，债券收益率也会或多或少地跟着上升（详见第 20 章）。此外还可以利用债券收益率的变动来评估非政府部门的通胀预期。长期收益率的上升表明，私人部门认为通胀水平将在未来上升，因此他们希望提高债券的名义收益率从而维持实际收益率。

观察收益率的第二种方法是**收益率曲线（yield curve）**。收益率曲线是**无风险利率期限结构（term structure of risk-free interest rates）**的图形描述：横轴表示不同政府债券的到期日，纵轴表示对应的收益率（如图 10.1 所示的 2016 年 2 月 3 日美国国债收益率曲线）。关于收益率曲线及其变动有着各种各样的理论，它们的理论共识是，在其他因素相同的情况下，预期通胀水平越高，收益率曲线就会越陡峭。

收益率曲线的形状和经济前景是如何联系起来的呢？收益率曲线的短期一端反映了中央银行所设定的利率，这个利率是高流动性的货币市场利率。当短期利率上升（下降）时，其他流动性较低的资产的收益率也会随之上升（下降）。收益率曲线的陡峭程度取决于由市场决定的长期债券收益率，但曲线的短期一端是其斜率的首要决定因素。换言之，曲线陡峭主要是因为中央银行降低了货币市场利率，曲线扁平则主要是因为中央银行提高了货币市场利率。

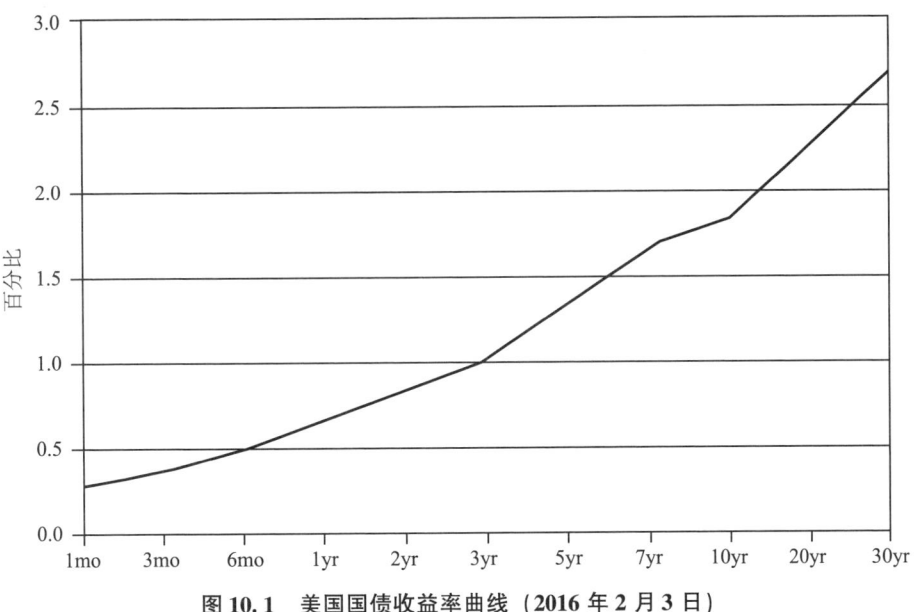

图 10.1　美国国债收益率曲线（2016 年 2 月 3 日）

来源：作者的计算。数据来自美国财政部

债券交易商将收益率曲线的变动与他们对经济前景的预期相联系，并以此来影响中央银行的利率政策。注意，如果中央银行提高利率，这将导致债券价格下跌，也就是**资本损失**（Capital Loss），而且期限越长的债券价格受到的影响越大，因而长期债券的资本损失风险最大。因此，通胀预期、对中央银行政策的预期、长期债券的价格和收益率之间可能存在联系。①

总之，收益率曲线通常有三种形状：

- **正常（Normal）**——在正常情况下，短期债券利率低于长期利率。中央银行试图维持低利率以保持尽可能高的经济活动水平，债券投资者则希望较长期限的债券可以获得溢价以补偿可能的资本损失。这时收益率曲线向上倾斜，如图 10.1 中所示的美国的情况。

---

① 主流经济学家们认为，名义利率等于实际利率加上预期通货膨胀率。实际利率被认为是由市场决定的，它使得资金的储蓄供给与资金的投资需求达到均衡。因此，它是一个实际量。由于合约都是以名义量（即名义利率）制定的，因此名义利率必须包含对预期通货膨胀率的补偿。这种由通胀预期形成的对实际利率的补偿被称为"费雪效应"（Fisher Effect）（见专栏 10.2）。许多市场参与者认为费雪效应也应该适用于债券市场，名义收益率应该随通胀预期加以调整。

● **倒挂（Inverted）**——有时短期利率高于长期利率，收益率曲线是倒挂的。当经济过热时，通胀预期可能导致中央银行提高目标利率，市场会对长期债券要求更高的收益率。中央银行可能会通过大幅提高短期利率来应对通胀压力。尽管债券收益率会上升，但货币政策会导致短期利率上升得更快，进而导致收益率曲线倒挂。利率的上升可能导致经济增长放缓。

● **平缓（Flat）**——收益率曲线在正常和倒挂之间转变的过程中，平缓的收益率曲线经常出现。随着收益率曲线变得平缓，收益率差（yield spread）就会缩小。收益率差是指不同期限的债券的差价。平缓的收益率曲线意味着什么呢？它反映的可能是紧缩的货币政策（短期利率上升），也可能是衰退后宽松的货币政策（短期利率下降），因此反向收益率曲线将趋于平缓。

收益率曲线的变动受到经济学家们的密切关注，因为它们传达了有关经济总体健康状况、中央银行可能进行的利率调整以及非政府部门的通胀预期的信息。

专栏 10.2　主流经济学对名义利率的解释：费雪效应

持有固定收益债券的一个风险来自通货膨胀。

支持可贷资金理论的主流经济学家认为，大多数人更喜欢在当下消费而不是等到未来，因此，为了鼓励消费者放弃当前消费，市场必须为储蓄提供收益。这个收益使得他们在未来能消费得更多，足以弥补现在的牺牲。但如果商品和服务的价格同时上涨，通货膨胀可能完全抵销收益，使得实际利率为零。

假设某人投资一年期 1000 美元面值的国债，到期一次性支付利息 100 美元。因此，到期时他有望获得 1100 美元。假设在持有期间，物价上涨了 10%。一年之后，以前 1000 美元的商品现在要花费 1100 美元。那么这笔投资的结果是，投资者没得到什么好处，因为名义收益率已被通货膨胀所抵销。主流经济学家们认为，投资取决于实际收益，而不是名义收益。这是因为他们认为，投资决策是一种消费决策，即决定是现在消费还是未来消费，这里的"消费"指的是消费实际的商品和服务。如果在决策中不考虑通货膨胀，那么这些储户未来的实际消费可能低于预期。

> 主流经济学家们还认为，名义利率等于实际利率加上预期通货膨胀率。实际利率被认为是由市场决定的，它使得资金的储蓄供给与资金的投资需求达到均衡。因此它是一个实际量。由于合约都是以名义量（即名义利率）制定的，因此名义利率必须包含对预期通货膨胀率的补偿。这种由通胀预期形成的对实际利率的补偿被称为"费雪效应"（Fisher Effect），以美国经济学家欧文·费雪（Irving Fisher）命名，他在20世纪30年代确定了这种关系。许多市场参与者认为费雪效应也应该适用于债券市场，名义收益率应该随通胀预期加以调整。
>
> 随着债券期限的延长，来自通货膨胀的风险就会增加，这也是为什么许多经济学家认为长期收益率通常会更高。市场收益率等于要求的实际收益率加上对预期通胀率的补偿。如果预期通货膨胀率上升，那么市场利率就会随之上升以弥补损失。在这种情况下，收益率曲线将会变得陡峭，因为费雪效应对长期债券的影响比对短期债券的影响更为显著。

10.4 银行是做什么的？

新古典经济学的观点：货币乘数

在大多数同类书中，银行被视为金融中介，它们吸收存款，以准备金的形式持有其中的一小部分，然后将其余存款放贷出去。因果关系是"存款—准备金—贷款"。如果每家银行在提供贷款时都遵循这些原则，则总贷款规模会通过货币乘数扩大。假设所有银行都需要保持10%的存款准备金率，这可能是为了能够随时应对准备金流失，这些流失的准备金可能由其他银行持有，也可能由客户以现金的形式持有。

以下就是新古典经济学对货币乘数（money multiplier）的描述：

i）假设客户在A银行存入100美元；

ii）A银行保留10美元的准备金，以符合10%的存款准备金率的要求。

为了增加贷款和利润，剩下的 90 美元贷给了客户。A 银行贷款增加 90 美元，另一名客户在 A 银行存款增加了 90 美元；

iii）这名客户将存款花出去，资金的收款人（卖方）将这 90 美元存入 B 银行；

iv）B 银行随后向它的客户发放 0.9×90 美元 $= 81$ 美元的贷款（按 10% 的存款准备金率，保留 9 美元准备金）。

在每个阶段，贷款会增加存款，而客户的支出会减少存款。因此可以很容易地证明，如果这是银行系统的运作方式，那么最终会新增 900 美元的贷款。加上最初的存款，这意味着存款总额增加至 1000 美元，其中 100 美元是准备金，准备金比例恰好是 10%。

这个例子展示了主流经济学图书中提到的**部分准备金制度（fractional reserve banking system）**。它旨在解释银行的货币创造。存款的增加导致了货币供应量 M1 的增加。在上个例子中，100 美元的初始存款的乘数为 10，即存款准备金率 0.1 的倒数。如果在贷款时非政府部门选择保留更多准备金，那么货币乘数就会小一点。

值得注意的是，在这个例子中单个银行没有"创造货币"，但整个银行系统将 100 美元的初始存款倍增到 1000 美元。在每个环节中，每家银行都只是贷出其存款的 90%，保留 10% 作为准备金。根据主流教科书的观点，这样的货币创造"奇迹"源于部分准备金制度。如果存款中留存的准备金比例越大，那么乘数效应将会越小。按照这个逻辑，如果准备金率为零（没有存款准备金），那么银行靠 1 美元的存款就可以创造出无限量的存款。

标准的经济学教科书的案例通常假设为 10% 的准备金率，因而学生可以轻松计算出货币乘数等于 10。1992 年 4 月 12 日，美国联邦储备银行有史以来第一次将活期存款准备金率定为 10% 这一神奇的数字，由此使得理论与现实相吻合，但这种巧合并不能证实理论的正确性。正如我们接下来将要看到的那样，用货币乘数描述现代银行业务是虚构的神话，与银行在现实世界中的运作方式无关。

总之，主流的新古典经济学认为，银行是追求利润最大化的金融中介。它们吸收存款，保留部分准备金，以更高的利率贷出存款。监管规定要求它们维持最低的存款准备金率。部分准备金制度使得由此产生的信贷创造过程是有尽头的。

此外,许多经济学家仍然相信中央银行能够控制基础货币数量(银行准备金和非政府部门持有的现金)。因此,中央银行被认为能够通过控制基础货币的规模和设定准备金比率来控制货币供应量。

因此,在新古典经济学的叙述中,货币供给被认为是**外生的**(exogenous),是由中央银行决定的。同时,新古典经济学认为中央银行任由货币供给过快增长会引发通货膨胀,由此便产生了货币数量论的政策建议,即中央银行可以通过减缓货币增长来抑制通货膨胀。正如我们将在第 20 章看到的(并在第 23 章进行分析的),货币数量论是一个有缺陷的通货膨胀产生过程的理论。我们还将证明,在一个正常运作的货币系统中,中央银行没有能力控制货币供应量。

按照货币乘数理论的基本逻辑,如果银行没有足够的准备金来增加贷款,那么它将放弃有利可图的贷款机会。但银行还有一些信贷空间:货币乘数被看作是利率、利率差别、银行对持有超额准备金的偏好、公众持有现金的偏好、定期存款和活期存款比率的函数。然而,正如布鲁纳(Bruner, 1968)所"论证"的,这些因素只是次要的。

MMT 对信贷创造过程的解释

新古典经济学基于部分准备金制度来刻画信贷创造过程,这不能准确描述银行在现代货币型经济中的运作方式。

在现实世界中,银行业务很复杂,但在某些方面,却与其他追求利润的企业十分类似。和其他企业一样,银行也寻求赚取利润,进而为股东创造更多的回报。只要银行为获得资金所支付的利息低于客户贷款的利息,那么银行开展信贷活动就会有利可图。

信贷创造有三个必要条件:首先,有非银行企业或家庭正在寻求贷款,从而为其计划支出提供融资。其次,贷款申请者被银行认为是有信誉的,贷款有较大可能被全部偿还。在经济周期中,对信誉的评估会发生变化。在繁荣时期,贷款标准往往会随着银行追逐市场份额而变得更加宽松。最后,如上所述，银行预期发放的贷款是有利可图的。

银行的贷款行为与其准备金头寸（持有的准备金）无关。在银行发放贷款后，由于法律要求或结算需要，它们需要借入额外的准备金。银行经理通常既不了解也不关心银行系统中的准备金总量。显然，在批准一项贷款之前，银行不会检查它的准备金头寸。银行的贷款决策受到准备金价格和预期回报的影响，而不受准备金头寸的影响。如果资产（证券或贷款）的回报率与借入准备金的成本之间的差价足够大，那么即使是准备金不足的银行也会购买该资产或发放贷款，并在**银行间拆借市场（interbank market）**借入所需的准备金。银行间拆借市场是银行间拆出或借入准备金的市场。

重要的是，当银行向企业或家庭发放贷款时，它贷出的不是准备金。银行放贷不会因准备金较多而变得更容易，也不会因准备金较少而变得更困难。货币乘数和部分准备金的叙事是虚构的，准备金不能为贷款创造提供资金来源，银行也不会等到有了存款才发放贷款。

银行与其他企业之间的主要区别在于它们创造的债务属性。银行通过购买"借款人"的债务来发放"贷款"。这产生了银行债务——通常在一开始是活期存款。它增加了借款人的资产。因此，获得贷款的银行客户同时是银行的"债权人"（因持有活期存款）和"债务人"。这些债权人可以使用新产生的活期存款购买商品、服务或资产。银行存款也被家庭和非银行企业用于开具支票和银行转账。客户还可以按平价（以一元对一元）将存款兑换成（由政府担保的）法定货币，从而以现金购买产品或支付到期款项。政府也会接受用某些类型的银行债务来缴税。

银行准备金和银行存款不同。银行准备金用于银行之间的支付（或银行间结算）以及支付给中央银行的款项。因此，当银行的"债权人"通过支出或选择持有更多现金来提取活期存款时，单个银行的准备金就会相应减少。然后，银行可以通过出售资产或增加负债（借入额外的准备金）来弥补准备金的流失。

银行间市场（美国称之为联邦基金市场）的作用是调剂银行存放在中央银行的准备金，以确保这些银行都能达到其准备金目标，准备金目标可能只是在特定时间段结束时（为了简单起见，我们可以假设是一天）达到零余额。

但是，调剂准备金只能将准备金从一家银行转移到另一家银行，准备金总量只能依靠中央银行来增加。

银行并非必须等到有了存款才创造贷款。相反，如下所述，现实中的银行是通过贷款扩张其资产负债表的。

贷款创造存款

银行先通过贷款创造存款，随后再寻求准备金。在现实操作中，银行增加贷款从而创造新的银行负债，这一过程与银行的准备金头寸无关。在追求利润的过程中，银行接受信誉良好的客户的贷款申请，并根据申请的真实性进行评估，尽管在 2008 年全球金融危机爆发之前，评估过程非常宽松。

限制银行扩大信贷规模的唯一因素是缺乏信誉良好的贷款申请人，这可能是因为银行在悲观时期提高了审核标准，也可能是因为信誉良好的客户因未来不确定性而不愿申请贷款。

注意，资产负债表的扩张会导致准备金不足，而这可能会影响贷款的预期回报。如果银行不能吸收足够的存款或者在同业市场上借到准备金，那么为了达到准备金要求，银行就要从中央银行的贴现窗口借取准备金，而中央银行的借款利率是相对较高的。但是，这绝不会妨碍银行发放贷款的能力。因此，那些认为中央银行可以通过增加准备金来使得银行增加贷款的观点是非常错误的。对此，我们将在第 23 章中进行详细地论述。

银行贷款并不"贷出"准备金

贷款创造存款理论认为银行并不贷出准备金。这就提出了一个问题：银行准备金到底有什么用？

在**支付系统**（payments system）中，银行必须在中央银行存放一定数量的准备金，用于银行间结算。现实中每天银行间会发生数百万笔交易结算。例如，从 A 银行转账到 B 银行的支票将减少 A 银行的准备金余额，增加 B 银行的准备金余额。

在成千上万的资金结算过程中，如果某家银行发现自己的准备金数量不足以完成结算，那么该银行可以首先尝试从其他银行借入准备金。当然，这样做的前提条件是其他银行有超出自身需求的准备金。但是，正如我们将在第20章和第23章中论述的，整个银行系统的准备金短缺（过剩）只能由中央银行来消除。中央银行可以在准备金短缺时向银行系统提供准备金，在准备金过剩时抽走准备金。这是中央银行进行流动性管理的职能所在，它保证了银行系统内准备金总量的稳定，使得银行间拆借市场利率与中央银行的利率目标保持一致。例如，在某日如果存在准备金过剩（超过交易结算所需的数量），并且中央银行没有为过剩的准备金提供足够高的利息，那么持有过剩准备金的银行就会抛售准备金，这会降低短期利率。因此中央银行必须及时抽走这些过剩准备金（例如，通过向银行出售政府债券），确保银行间市场利率与其利率目标一致。这些内容我们将在第23章中详细论述。

内生货币

与新古典经济学教科书中所阐述的不同，在现实世界中，中央银行无法控制货币供应量。换句话说，货币供应量是**内生的**（endogenous money），因为银行的货币供给是由客户的贷款需求和银行放贷意愿（存款的创造）这两个因素"内生"决定的。新古典经济学理论错误地认为货币供应量是外生的，认为中央银行可以控制基础货币数量，而货币乘数与基础货币共同决定货币供应量。

对银行贷款的需求取决于私人部门的支出决策（包括购买资产的决策）。这可能受到贷款利率的影响，这种影响非常间接。银行提供贷款只是因为有人愿意通过向银行借款来获得银行货币。另外，这意味着利率不是由贷款的供给和需求的均衡决定的，因为供给和需求不是相互独立的。实际上，银行是短期贷款利率的定价者，银行按照该利率进行信贷配给，也就是说，即使贷款申请人接受并能够支付当前贷款利率，某些贷款请求也可能被拒绝。

银行实行信贷配给有以下几个原因。银行可能担心一些借款人的违约风险。这是即使提高利率也无法弥补的。在这种情况下，银行更倾向于信贷配给而非变动利率。同时，银行或许比借款人更善于评估违约风险。例如，一个计划开餐馆的借款人可能不知道餐饮行业的破产率，可能过于乐观。但是，银行也无法预知未来，只能依据某些经验法则。某些信贷配给甚至是不合理的、带有歧视性的，例如，银行习惯于拒绝某些类型的贷款，或者不愿意向某些群体提供贷款。重点在于，银行的贷款供给不是简单地在某一利率水平满足所有贷款需求。

短期贷款利率被认为是以货币市场短期利率为基础加成制定的。究竟是什么决定了加价（以及它是否可变）存在着争议，但对我们这里的分析并不重要（见 Moore，1988）。

最后，货币市场利率受中央银行政策的影响。单个银行需要借助货币市场来调剂它们的准备金。有些银行的贷款多于存款，因而准备金不足；有些银行则存款多于贷款，因而准备金过剩。银行借助货币市场买入或者卖出准备金（比如，通过发行大额存单、向中央银行借款）。

如上所述，中央银行设定银行间隔夜拆借利率。这个利率进而通过市场的套利活动决定了其他短期利率（在中央银行设定的目标利率基础上加成定价）。

小结

新古典经济学认为，银行吸收存款来创造信贷，这一杠杆操作受制于部分准备金要求。中央银行被认为能够通过控制基础货币数量来控制整个货币供给。

现代货币理论更能反映现实世界的情况。首先，它认为中央银行无法控制基础货币，因为中央银行的货币政策是在控制目标利率，并为实现利率目标而适时地向银行体系提供准备金（详见第 20 章和第 23 章）。其次，银行贷款也不受其准备金头寸的限制。如果客户看起来信誉良好且这笔贷款对银行有利可图，那么银行就会贷款，然后再向其他银行或中央银行借取准备金。因此，与"存款驱动贷款"的新古典理论相反，现代货币理论的核心观点是"贷款驱动存款"。最后，广义货币供给的增长取决于贷款需求，内生货币增长迫使中央银行随之调整基础货币数量，从而维持目标利率。因此，货币供给是内生决定的，而货币的价格（短期利率）则由中央银行的利率政策外生决定。

银行信贷创造的一个例子：基于资产负债表的分析

表 10.1 是一张典型的银行资产负债表。

资产负债表中负债方的分录有支票账户（活期存款）和储蓄账户（定期存款）。请注意，它们都是银行的债务，因此显示为负债。银行承诺随时将支票账户上的存款（以及大多数储蓄账户上的存款）兑换成现金。银行资产负债表的资产方则包括客户贷款和证券（国债和其他金融资产）。

在一般情况下，银行有正的净资产，净资产即总资产和总负债之间的差额。下表左侧与右侧保持平衡，右侧包括总负债和净资产。

表 10.1　典型的银行资产负债表

资产	负债
预付（贷款）	支票账户（活期存款）
证券	储蓄账户（定期存款）
准备金	其他负债
其他资产	
	净资产

以下简化的资产负债表将说明 A 银行信贷创造的过程。让我们假设表 10.2 是 A 银行初始的资产负债表，表中记录的是存量。

表 10.2　A 银行初始的资产负债表

资产	负债
固定资产　$200	
	净资产　$200

A 银行拥有一栋大楼。目前银行 A 尚未开展任何银行业务，这时所有者权益或净资产等于他们购买的房屋的价值。

现在，一位顾客走进银行说想借 200 美元来购买汽车。银行通过查询其纳税记录、资产证明、信用记录等来审查其信誉。如果客户获得批准，那么银行的资产负债表将如表 10.3 所示。

表 10.3　贷款后 A 银行资产负债表

资产		负债	
贷款	+ $200	活期存款	+ $200
固定资产	$200		
		净资产	$200

该银行就这样创造了 200 美元的货币（存入客户的支票账户，这就是客户的活期存款，以换取客户的借据即客户承诺支付 200 美元）。银行的总资产等于负债加上净资产，现在是 400 美元。

在继续讨论客户支出其存款之前，让我们先考察一下这个资产负债表。

这些活期存款是从哪里来的呢？

- 活期存款是凭空创造出来的，也就是说，从无到有，银行只需在计算机分类账中为借款者输入一个数字（200）。虽然在历史上，银行还会发行银行券来创造货币，但现在一般只有中央银行才能这么做。

- 该银行不需要先持有存款，也不需要在金库里存有现金。事实上，在这个简化的例子中，银行在金库里没有任何现金，在中央银行中也没有任何存款。

- 银行没有贷出它拥有的任何资产，它只是在资产负债表上创造了一个货币分录（即银行存款）。

- 这些货币存款或分录是银行的负债。

- 在创造这些负债时，银行作出如下承诺：

－按需将存款兑换为现金；

－接受客户以活期存款偿还银行贷款。

活期存款只是这样一种合法承诺：银行承诺按需兑换现金，并接受以活期存款对银行进行支付。银行这时不需要任何现金。

银行业务（发放贷款，创造活期存款）的成功取决于：

- 客户偿债的能力，即他们的信誉。如果他们不能按时偿付其债务，这就会影响银行的资产价值和收入流，最终影响银行的净资产、银行的资本比率和股东的股本回报。

- 当出现如下需要银行支付的情况时，银行有能力以低成本获得支付所需的准备金：

－客户想要提取现金；

－客户支出后，银行需要通过银行间结算向其他银行偿付债务（见下文）；

－银行需要结清客户向政府缴纳的各项税款。

如果不能满足上述条件，银行就会陷入困境；它可能会出现偿付能力不足或流动性不足。偿付能力不足意味着银行的净资产降至零或低于零；流动性不足意味着它不能满足现金提取或账户结算的需求。因此，即使银行可以创造无限量的存款，但是它们不会这样做，因为这是无利可图的。

如果客户现在向汽车经销商支付 200 美元，经销商的账户开设在 B 银行，那么这时会发生什么呢？A 银行和 B 银行的资产负债表分别如表 10.4 和 10.5 所示（注意，我们现在讨论的是资产和负债的变动，而不是它们的绝对水平）。

表 10.4　购买汽车后 A 银行的资产负债表

资产变化		负债变化	
		活期存款	- $200
		欠 B 银行的准备金	+ $200

表 10.5　购买汽车后 B 银行资产负债表

资产变化		负债变化	
对 A 银行的债权	+ $200	汽车经销商的活期存款	+ $200

在购买汽车后，客户在 A 银行的存款减少了 200 美元。汽车经销商在 B 银行的账户余额增加。问题在于，A 银行现在欠 B 银行 200 美元，需要用准备金来偿还这笔债务，但 A 银行没有准备金，它从哪里获得这些准备金呢？

每个银行需要在中央银行开设准备金账户，这些账户内的准备金是中央银行的负债，商业银行的资产，作用是确保支付（或结算）系统的正常运转。经济体内每天会发生数百万笔交易，这些交易需要通过银行结算。如果没有正常运行准备金的结算系统，A 银行就会发现，当客户向汽车经销商转账时，它无法向 B 银行偿付准备金。

A 银行会选择以最低的成本获得准备金。它可能会出售资产，但在这个例子中，A 银行只有一栋大楼，卖出大楼来获得准备金的成本非常高。A 银行还可以出售债券（假如有的话），或者从（国内或国外的）其他银行或中央银行借入准备金。一种常用的方法是向中央银行借款，中央银行是准备金的垄断供应者。表 10.6 记录了此时 A 银行资产负债表变化，表 10.7 显示了中央银行资产负债表变化。

表 10.6　从中央银行贷款的 A 银行资产负债表

资产变化		负债变化	
准备金	+ $200	对中央银行的债务	+ $200

表 10.7　提供贷款后的中央银行资产负债表

资产变化		负债变化	
对 A 银行的准备金贷款	+ $200	准备金	+ $200

现在 A 银行有了准备金，它就可以向 B 银行偿还债务。两家银行资产负债表的变化如表 10.8 和表 10.9 所示。

表 10.8　A 银行清偿债务后的资产负债表变化

资产变化		负债变化	
准备金	− $200	欠 B 银行的准备金	− $200

表 10.9　B 银行显示债务结算的资产负债表变化

资产变化		负债变化	
对 A 银行的债权	− $200		
准备金	+ $200		

两家银行之间的债务已经得到结算。A 银行最终的资产负债表如图 10.10 所示。

表 10.10　A 银行最终的资产负债表

资产		负债	
贷款	$200	对中央银行的负债	$200
固定资产	$200		
		净资产	$200

只要 A 银行向客户收取的贷款利息高于它向中央银行支付的准备金利息，它就能盈利。

B 银行的资产负债表如表 10.11 所示。我们假设 B 银行在最开始没有准备金。

表 10.11　B 银行最终资产负债表

资产		负债	
准备金	$200	汽车经销商的活期存款	$200

所有交易完成后，中央银行最终的资产负债表如表 10.12 所示。

表 10.12　中央银行最终资产负债表

资产		负债	
对 A 银行的准备金贷款	$200	准备金	$200

需要注意的是，这些操作不涉及任何现金，都是在计算机网络上以数字方式进行的账簿记录。

另外，我们展示的仅仅是与案例相关的资产负债变化。商业银行和中央银行的资产负债表上还有许多其他资产、负债及其相对应的净资产。

在实践中，中央银行通常不会无担保地直接向银行借出准备金；相反，它会要求抵押品（通常是国债），提供的准备金数量会低于抵押品价值。因此，如果 A 银行持有 300 美元的债券，它可以将其质押给中央银行以借取准备金。如果贴现率为 5%，中央银行可能只借给银行 285 美元。贴现率是一种中央银行限制信贷创造的工具。

结　论

主流经济学将现代银行视为金融中介——它们首先吸收存款，然后将其中大部分放贷出去，并保留一小部分作为准备金。这种观点是错误的。实际上，商业银行首先发放贷款（接受借款者的债务），然后创造活期存款。借款者靠这些活期存款为自己的支出融资。银行用准备金完成结算，这包括与其他银行的结算、向中央银行和财政部的付款、应对客户取款。银行会通过从其他银行借入或由中央银行创造来获得所需的准备金。我们将在第 20 章中详细解释中央银行如何以及为什么要满足银行的准备金需求。

参考文献

［1］ Brunner, K. (1968) "The Role of Money and Monetary Policy", *Federal Reserve Bank of St Louis Review*, 50, 8-24.

［2］ Moore, B. (1988) Horizontalists and Verticalists: *The Macroeconomics of Credit Money*, *Cambridge*: Cambridge University Press.

第三部分
国民收入、产出与就业的决定

第11章

古典体系

本章纲要

11.1 引言

11.2 古典就业理论

11.3 古典劳动力市场中的失业问题

11.4 古典模型中的均衡产出是如何决定的?

11.5 可贷资金市场和古典利率决定理论

11.6 古典价格决定理论

11.7 对古典体系的总结

11.8 凯恩斯之前对古典体系否认非自愿失业理论的批判

结论

参考文献

学习目标

- 理解并评价支撑古典体系的假设。
- 认识到一些评论家所持续坚持的自由市场原则来源于古典模型。
- 认识到源于古典体系的新古典主义思想的回潮构成了所有现代主流

经济学各流派的理论基础。
- 认识到凯恩斯以前的经济学家，特别是马克思，在批判古典体系时所做的贡献。

11.1 引言

我们在本章将介绍就业和产出决定的"古典"体系。这种方法是 20 世纪 20 年代末英国宏观经济学的传统智慧，阿瑟·庇古（Arthur Pigou）在 1933 年出版的《失业理论》（*Theory of Unemployment*）中坚定地维护这种理论。

约翰·梅纳德·凯恩斯在 1936 年出版的《通论》一书中，对这种方法进行了抨击。我们将这种理论称为古典体系，因为凯恩斯就是这样描述这一思想体系的。然而，这完全是用词不当。凯恩斯当时在抨击英国所谓的财政部观点（Treasury View）时，这种观点采用了边际主义的理论分析。① 但是，古典经济学家（如亚当·斯密、大卫·李嘉图和卡尔·马克思）没有使用边际分析方法。因此，更准确地说，我们应该称财政部观点为新古典主义的（neo-classical）。②

在第七部分（第 27—29 章），我们将概述宏观经济理论及其政策中各种相互竞争的思想流派，从而将古典理论置于历史背景之中。我们将在本章和下一章回顾 20 世纪 30 年代的一场争论，因为其中的许多争论在今天仍然富有意义。在经济思想史上，凯恩斯的批评清楚地表明，新古典方法存在着严重缺

---

① 参见本书 12.2 部分。简单地说，英国财政部认为，无论经济形势如何，政府都应该维持财政平衡；紧缩政策不一定是坏的，因为政府支出可能会挤出私人部门支出。——校订者注

② 在这里，我们遵循当前的标准做法，这也是凯恩斯的做法，将这种理论称为"古典的"。这实际上是对这个词的错误使用。严格地说，古典理论是一条从亚当·斯密的《国富论》（包括一些在斯密以前的先驱）到马克思和恩格斯（以及他们的一些追随者）的著作的思想脉络。古典理论的一个显著特点是采用了劳动价值论。而我们在这里所说的"古典"指的是在 19 世纪 70 年代由瓦尔拉斯、门格尔和杰文斯发展起来的早期的新古典主义理论。这种方法抛弃了客观的劳动价值论，转而采用主观的效用价值论。此外，新古典主义理论的出现是对马克思的《资本论》（1867 年出版）做出的直接反应。虽然真正的古典理论，特别是马克思所开拓的古典理论，对资本主义持高度批判的态度，但是新古典主义理论的提出是为了保护资本主义不受批评。参见约翰·亨利（John Henry）1990 年出版的《新古典经济学的形成》（*The Making of Neoclassical Economics*）。

陷。然而，在 20 世纪 70 年代，当货币主义成为主流思想流派时，凯恩斯对新古典方法的批评却被忽视了（参见第 18 章）。我们认为，理解凯恩斯对新古典主义的批评很重要，因为我们从中可以更充分地认识到当前宏观经济政策存在的缺陷，以及现代货币理论（MMT）与主流理论相冲突的原因。

古典体系有四个主要的组成部分：

- 基于**报酬递减法则**的生产理论，它把劳动力市场和产品市场联系在一起。
- **古典劳动力市场理论**，它认为劳动力市场决定了实际工资和总就业量。在实际工资有弹性的情况下，市场力量的运作会实现充分就业，每个想要工作的人都能找到工作，每个想雇佣的雇主都能找到合适的劳动者。
- **储蓄和投资理论**，在其中利率会发挥平衡投资和储蓄的作用，确保不会出现总支出不足，因此也就不会出现可能引发危机的生产过剩。
- 用来解释一般价格水平的**货币数量论**。货币存量是外生的，它的大小不会影响实际经济，而只会影响名义价值。

我们将首先探讨古典理论中劳动力市场的运作和报酬递减的重要性。然后，我们会介绍古典理论如何解释失业问题和均衡产出的决定问题。最后，我们将探讨可贷资金理论（loanable funds theory）和价格水平的决定。古典经济学认为，在产出的均衡水平处会实现充分就业，可贷资金理论对于这一主张至关重要。

11.2　古典就业理论

我们首先来考虑单个厂商的生产函数。它描述的是在劳动投入、资本存量和可支配的其他资源给定的情况下厂商的产出水平。

在短期，资本存量和其他资源（如土地）的存量和质量被假定为是固定的，唯一可变的生产投入是劳动投入。

古典体系的理论基础是这样一种论断：生产活动受**报酬递减法则**（Law of Diminishing Returns, LDR）支配（另见第 14 章）。报酬递减法则的意思是，当厂商在固定的资本存量上增加更多的劳动投入时，产出最初会增加，但是产出的增加速度会越来越慢。换言之，随着雇佣的劳动力数量的增加，产出的增加量越来越小。劳动的边际物质产品——额外增加一单位的劳动力会带来的额外产出——虽然大于零，但是是递减的。

图 11.1 展示了**总生产函数**，其中纵轴为产出（Y），横轴为总就业量。①生产函数曲线的凸形是因为劳动报酬递减的假设。

假定每个厂商都追求利润最大化，并且产品市场是完全竞争的。完全竞争可以概括为：每个厂商的规模都太小了，以至于它们都无法影响产品市场中商品和服务的价格。因此，每个厂商都被认为是价格接受者，在这个价格上它可以卖出它想要卖出的任何数量的产品。

如果我们将价格水平表示为 P，劳动的边际物质产品表示为 MP，那么边际产品价值（即在特定的就业水平上，厂商可以获得的额外收入）可以表示为：

$$VMP = P \times MP \tag{11.1}$$

其中 P 是价格水平，MP 是边际产品，VMP 是边际产品价值（以货币单位表示）。

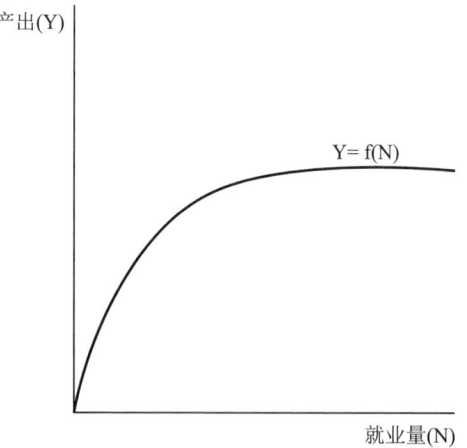

图 11.1　古典理论的生产函数

---

① 我们忽视了就业和产出总量在厂商之间配置的问题。此外，在 20 世纪 60 年代的剑桥资本论争中，一些争论的参与者质疑在理论分析中使用总生产函数的正确性。感兴趣的读者请参阅哈考特的论著（Harcourt, 1972）。

VMP曲线向下倾斜，随着就业量的增加而减少，因为我们假定了边际生产率递减。利润最大化原理决定了企业会生产多少产出，雇佣多少劳动力。

由此，厂商会让卖出最后一单位产出所获得的收入与生产该单位产出所付出的成本相等。这意味着厂商会不断增加劳动力，直到额外多雇佣一单位劳动力所增加的成本正好等于边际产品价值（VMP）。

厂商向劳动者支付的货币工资为W。由此，利润最大化意味着：

$$W = VMP = P \times MP \quad (11.2)$$

这也可以表述为：

$$W/P = MP \quad (11.2a)$$

其中，W/P是根据价格水平调整后的名义工资，也就是支付给劳动者的实际工资。也就是说，**厂商将会一直增加所雇佣的劳动力，直到实际工资等于劳动的边际产品**。

这些概念构成了古典劳动力市场理论以及古典理论有关实际工资和就业水平的基础。根据这些理论，总就业量是由劳动需求和劳动供给的相互作用决定的。在总就业量确定了之后，生产函数就会告诉我们产出供给是多少。

下面这些方程概括了古典就业和产出决定理论：

劳动需求： $\quad N_d = f(W/P) \quad f' < 0 \quad (11.3)$

劳动供给： $\quad N_s = g(W/P) \quad g' > 0 \quad (11.4)$

劳动力市场均衡： $\quad N_d = N_s \quad (11.5)$

生产函数： $\quad Y = Q(N, K^*) \quad (11.6)$

其中N是劳动投入的小时数，Y是实际产出，W是货币工资，P是价格水平，K^*是固定资本（和其他固定的生产投入）。我们设定的生产函数假定了生产技术保持不变。

f'和g'表示函数的一阶导数（参见第7章）。在这里，它们告诉我们的是各函数的斜率，也就是说，劳动需求和劳动供给是实际工资的增函数，还是减函数。劳动需求函数（11.3）的曲线向下倾斜（一阶导数为负），劳动供给曲线（11.4）的函数向上倾斜（一阶导数为正）（请见图11.2）。

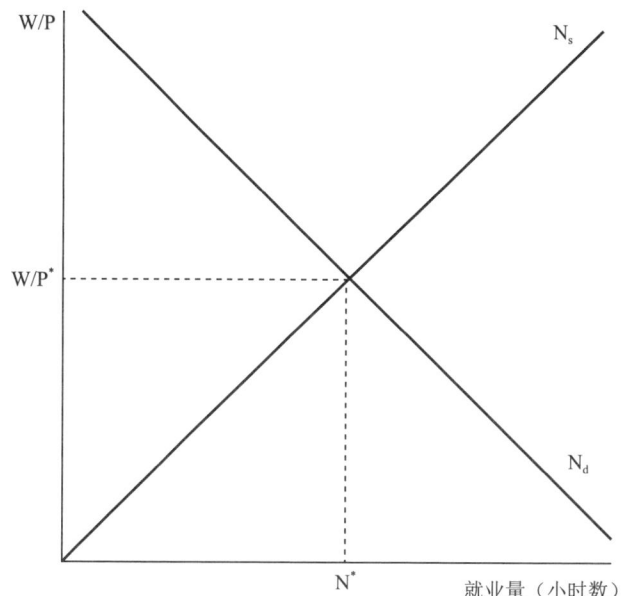

图 11.2 古典理论的劳动力市场均衡

为什么劳动需求曲线向下倾斜？

方程（11.2a）表明，利润最大化的厂商将会不断雇佣更多的劳动力直到劳动的边际产品等于实际工资。根据报酬递减法则，边际产品随着就业的增加而下降。因此，只有在厂商可以支付更低的实际工资时，它才会去雇佣更多的劳动者，原因在于，根据假设，每个新增的劳动者的劳动生产率都会低于上一个劳动者。

当实际工资等于边际产出时，厂商不再会雇佣更多的劳动者。

现有技术状态有助于解释劳动力需求曲线的位置。例如，如果厂商投资于生产效率更高的资本，那么生产函数将向上平移，每个劳动者的生产效率会得到提高。这时，劳动需求曲线会向外平移。

为什么劳动供给曲线向上倾斜？

古典劳动供给函数（N_s）的依据是，劳动者可以在工作和闲暇之间进行选择（经济学家认为工作是"坏的"，因为它降低了满足感，或者说带来了"负效用"，而闲暇是"好的"，因为它增加了满足感或者说"效用"）。按照这种说法，因为工作可以带来收入，可以使得劳动者能够购买其他"商品"，所以人们只能忍受工作。对工作和闲暇的选择受到实际工资的影响，实际工资是工作和闲暇的相对价格，它衡量了闲暇相对于工作收入的价格，也就是说，增加一小时闲暇的"成本"是劳动者在那一小时里工作所能挣得的实际工资。当闲暇的价格上升时，也就是当实际工资增加时，享受闲暇的意愿会下降。

正如厂商被假定为追求利润最大化一样，劳动者被假定为追求效用最大化。劳动者可以增加一小时的闲暇来获得满足感（效用），也可以增加一小时工作时间来获得收入，并从购买的商品和服务中获得满足感，在效用达到最大的时候，增加一小时闲暇和一小时工作时间所获得的满足感正好相等。

劳动者被假设为可以完成连续的复杂运算，从而能够计算出他们从工作中得到了多少不满，而他们从不工作（享受闲暇）中又得到了多少满足（效用）。实际工资协调了这两种相互冲突的时间使用方式，并通过分配时间来使得劳动者的满足感最大化。

古典理论试图解释，当实际工资发生变化时，劳动者的工作时长会发生什么变化。它将总变化分解为两种相互独立的效应：替代效应和收入效应。

替代效应是指实际工资变化对劳动者所提供的工作时长决策的影响。如果实际工资上涨，那么工作就会变得相对便宜（与闲暇相比）。主流理论认为，依据所谓的需求法则，当某种商品的相对价格上升时，人们对它的需求就会减少。因此，实际工资的上升会导致闲暇时间的减少（不工作而放弃的工资变得更多了）和工作时间的增加。

另一方面，当实际工资上升时，劳动者在一定的工作时间内会有更多的收入。在这里，古典理论引入了正常品（与劣等品相对）的概念。对于正常品，当收入增加时，需求也会随之增加。这就是收入效应。

古典理论认为，与劳动者可能购买的许多其他消费品一样，闲暇也是一种正常品。因此，当实际工资上升时，收入效应意味着，劳动者会对包括闲暇在内的所有正常品有更多的需求（因为他们在一定工作时间内的收入更高了）。由此，劳动者就会减少工作时间。

因此，在古典理论框架下，替代效应会导致劳动者在实际工资上升（下降）时工作更长（更短）的时间，而收入效应则会导致劳动者在实际工资上升（下降）时工作更短（更长）的时间。

既然这两种效应的作用方向是相反的，那么是什么决定了最后的结果呢？尽管古典就业理论采取了数学形式，并且自诩分析严谨，但是它并不能明确地告诉我们，这两种效应中哪一种会起主导作用。

古典理论认为，在实际工资的正常范围内，替代效应强于收入效应，这意味着劳动供给曲线向上倾斜。这种说法的依据是：如果劳动供给曲线向下倾斜，那么它可能不会与劳动需求曲线相交。

如果实际工资超过了一定水平，那么负的收入效应可能超过正的替代效应，劳动供给曲线就会在该实际工资水平之上呈现出向后弯曲的形状，这时随着实际工资的增加，劳动供给会减少。这意味着，这种劳动力市场模型不会产生一个连贯的就业决定理论。

我们现在来研究劳动力市场的均衡。

劳动力市场的均衡

方程（11.3）至（11.5）是一个劳动力市场的形式模型，该模型从劳动需求和劳动供给的均衡中得到实际工资[$(W/P)^*$]和总就业量（N^*）（参见图11.2）。古典经济学家认为，就业总量 N^* 代表充分就业水平，因为在实际工资水平$(W/P)^*$上，所有想要雇佣劳动力的厂商都能雇佣到足够的劳动者，所有想要工作的劳动者都能找到愿意雇佣他们的厂商。

他们认为，如果实际工资具有弹性，那么这将是劳动力市场趋于达到的状态。我们会在后文中看到，在大萧条之前，人们认为，只有当实际工资无法达到均衡水平时，劳动力市场才有可能偏离这种"充分就业状态"，这种偏离也许是因为工会活动，也许是因为政府管制。

向下倾斜的劳动需求函数和向上倾斜的劳动供给函数确保了任何一个均衡点都是唯一的和稳定的。在这种情况下，有弹性的实际工资将确保，在两条曲线发生移动后，劳动力市场会回到均衡状态。

因此，根据古典理论，**实际工资完全是由劳动需求和劳动供给决定的**。

我们将在第12章看到，凯恩斯证明了古典方法的这个关键性推测是完全错误的。虽然名义工资可能是在劳动力市场决定的，但是只有当价格在产品市场中确定之后，实际工资才能确定。

11.3 古典劳动力市场中的失业问题

在本节中,我们将详细介绍古典经济学家是如何解释失业的。他们认为实际工资由于制度刚性而无法达到均衡水平,这导致了对充分就业状态的偏离。

如图 11.3 所示,假设由于某种原因实际工资处在 $(W/P)_1$ 处。这偏离了当前均衡的实际工资和就业的组合 $[(W/P)^*, N^*]$。

劳动者们会被更高的实际工资所吸引,他们想工作更长的时间 (N_{s1}),这是因为闲暇的价格上升了,劳动者用工作时间替代了相对更昂贵的闲暇时间。

但是,面对更高的实际工资,厂商会减少其劳动需求 (N_{d1}),从而达到更高的劳动边际产品。

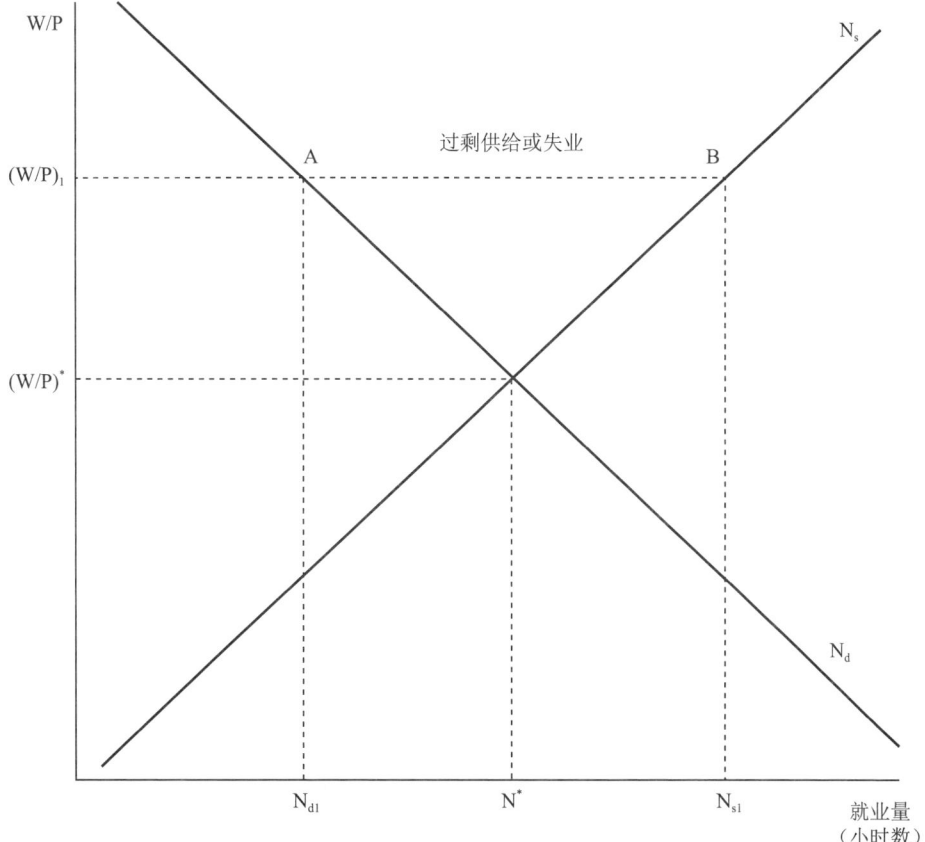

图 11.3　古典劳动力市场中的失业

> **试试看**
>
> 你可能会说,既然最低工资法不是劳动者的选择,而是政府的选择,那么古典体系中过高的最低工资所导致的失业就不是自愿的。你是如何看待这一问题的?在政府规定的最低工资高于均衡水平的情况下,古典体系中的失业是否可以被认为是自愿的呢?

一般来说,在供需不平衡的情况下,市场中"短缺的一方(short side)"会占主导地位。在这种情况下,总就业量为 A,而劳动供给数量为 B,两者的差额为(B - A),这是在实际工资为 $(W/P)_1$ 时**过剩的劳动供给**(失业)。

所以,在古典体系中,只有当实际工资高于均衡水平时才会出现失业。只要工资具有弹性,古典就业理论就认为宏观经济中不会存在非自愿失业。

古典理论家认为,如果劳动力市场可以自主调节,那么过剩的劳动供给将推动价格下降,直到劳动力市场在 $[(W/P)^*, N^*]$ 达到均衡,因此,失业(B - A)被认为是暂时的。

换句话说,根据古典就业理论,如果实际工资在供需两个方向上都具有弹性,那么实际工资可以自由调整,从而平衡供求力量,那么失业就不会持续下去。

正如我们所指出的,20世纪30年代的古典经济学家认为,制度力量可能会阻碍这种调整。例如,工会可能会阻止实际工资回落到均衡值 $(W/P)^*$。在这种情况下,失业将被认为是自愿的,因为劳动者可以选择拒绝加入工会,并将他的工资要求降到工会所坚持的最低工资水平之下。

另一个经常使用的例子是政府强制规定的最低工资标准,这可能会使得实际工资高于均衡实际工资。如果政府取消最低工资并允许均衡实际工资 $(W/P)^*$ 重新发挥作用,那么充分就业就可以实现。

而如果实际工资低于均衡水平 $(W/P)^*$,那么这会导致对劳动力的过度需求;这将迫使实际工资回升到 $(W/P)^*$,从而消除任何不均衡状态。

11.4 古典模型中的均衡产出是如何决定的？

一旦劳动力市场就业的均衡水平得以确定，那么在技术的水平（即劳动生产率）给定的情况下，产出的均衡水平（实际 GDP）也就可以确定。技术的水平决定了生产函数曲线的形状和位置。

图 11.4 将古典劳动力市场和生产函数放在了一起。图 11.4 中的箭头描述了从劳动力市场出清时的就业的水平到产品市场的产出的水平的古典因果关系。

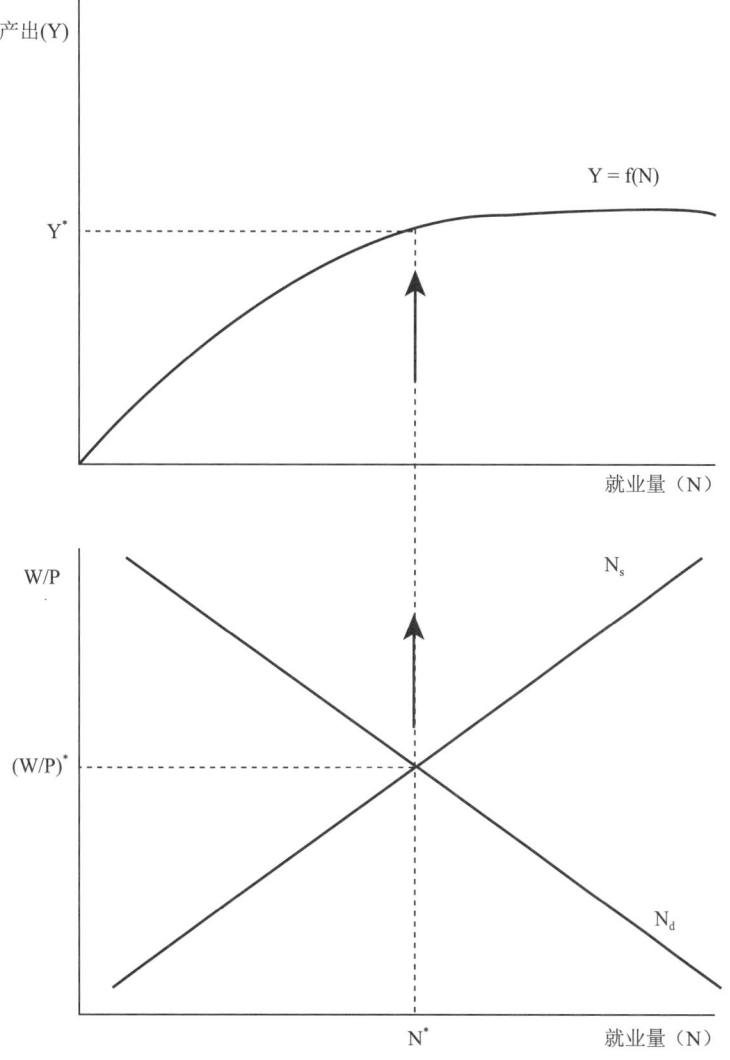

图 11.4　古典理论中均衡产出的决定

由此，均衡的就业量对应着产出水平（Y*），这就是此时经济体的**总供给**。

我们如何知道该水平的总供给是均衡水平呢？古典理论如何确保劳动力市场均衡与产品市场均衡一致？换言之，是什么机制使得在 Y* 处供给的全部产出都能够卖出去？

对此，古典方法进一步引入了两个理论，从而确保对商品和服务的总需求总是等于其总供给（Y*）。首先，古典经济学家援引了所谓的萨伊定律：供给创造自己的需求。简言之，这一定律基于这样一种认识：生产活动所产生的收入等于生产的总成本。此外，古典理论认为，既然参与生产过程的唯一目的是获得消费所需的收入，那么努力赚取不会花出去的收入将是不理性的。但问题是，人们有可能选择赚取收入，而推迟消费。古典经济学家将这一过程视为投资性生产（资本品的生产），这些资本品会被用于满足未来的消费。但是，我们如何才能确保储蓄（推迟消费）决策与投资（生产未来消费品的）决策是一致的呢？只有当两者相等时，供给（今天的生产，它产生收入）才会产生相等的需求（将所有收入用于当期消费或用于资本品，资本品用于生产未来消费的产品）。

古典经济学家提出了**可贷资金理论**，从而论证无论供给多少的产出都会有需求。更具体地说，该理论认为，利率的变动将确保储蓄和投资在 GDP（Y*）的充分就业水平上始终相等。

接下来我们将解释这个理论。凯恩斯论证了它在根本上是有缺陷的。我们希望大家理解这场争论的原因是，尽管可贷资金理论不适用于现代货币体系，但是主流经济学家仍然在坚持这一理论。

11.5　可贷资金市场和古典利率决定理论

古典利率决定理论提供了一种机制，否认计划总支出可能存在普遍不足，从而导致生产能力闲置和持续失业的可能性。

古典经济学认为，尽管消费者的偏好和厂商的产出有时可能会不吻合，个别商品和服务可能会出现生产过剩，但是，市场的快速调整会确保永远不会出现普遍过剩。这种否认普遍生产过剩可能发生的说法被称为**萨伊定律**，这一定律以法国经济学家让·巴蒂斯特·萨伊（Jean-Baptiste Say）的名字命名，他使得这种观点流行开来。

这种观点有时被概括为"供给自动创造自己的需求"。它的逻辑是，通过向市场提供商品和服务，生产者发出的信号是，他们希望用自己的产出来换取市场上供应的其他商品。

简单起见，我们假设一个没有政府部门的封闭经济体（这是对古典体系的典型描述），我们知道，均衡时，经济体中总支出流量等于实际 GDP，或者说国民收入（Y）。

总支出等于消费支出（C）与投资支出（I）的和：

$$Y = C + I \tag{11.7}$$

国民收入要么被消费（C），要么被储蓄（S），因此我们可以得到：

$$Y = C + S \tag{11.8}$$

均衡时，总收入等于总支出，那么我们有：

$$C + I = C + S \tag{11.9}$$

因此，均衡条件是 S = I，即**储蓄等于计划投资**。因此，所有的消费品都会被卖出去，剩下的国民收入等于投资。

古典体系认为，因为储蓄意味着消费者希望在未来消费，所以每个时期推迟的消费都会变成相等的投资支出。因此，厂商会投资于未来的生产能力，从而确保它们能够满足因推迟消费而产生的需求。

假设经济处于均衡状态，如果储蓄意愿上升，那么当期消费支出将下降，为了维持均衡产出水平，投资将不得不增加。

忽略了现实世界的经济如何在消费和投资品的生产之间快速转换（重新配置机器和生产过程）的物流问题，**可贷资金理论**认为，当家庭和厂商的偏好发生改变时，利率的调整会使得计划储蓄和计划投资相等，因此，持续的均衡可以通过利率的调整来实现。

可贷资金市场实际上是一种对金融体系的粗略描述。利率（r）是一种价格，它是由市场决定的，保证在任何时期计划投资都等于计划储蓄。储蓄者（贷款人）在市场中为他们的储蓄寻求回报，从而增加他们未来的消费。而想要投资的厂商则在市场中寻求贷款。

在该市场中确定的利率为家庭储蓄提供了回报，并决定了为投资目的而借入资金的成本。

图11.5展示了可贷资金市场。贷款的供给来自当前的储蓄，而当前的储蓄被认为与利率正相关，这是因为如果利率上升了，那么储蓄者放弃消费并增加储蓄，在未来就可以享受更高的消费水平。随着利率上升，储蓄回报就会增加，资金供给（储蓄）也就会随之上升（而当前消费也就会随之下降）。

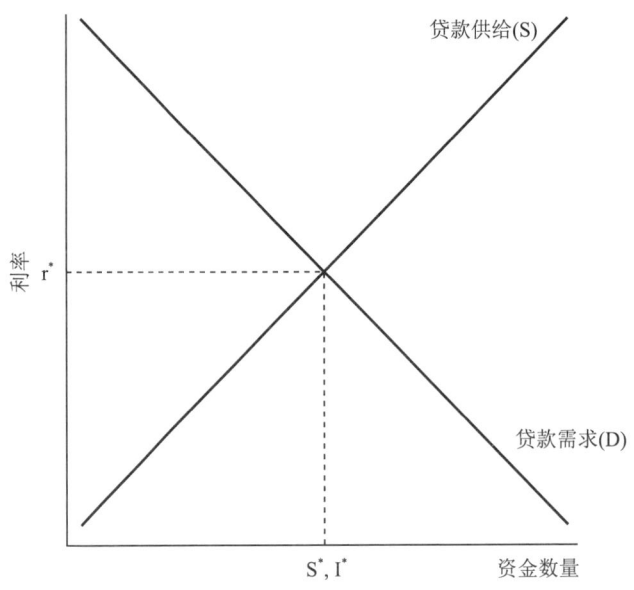

图11.5　古典利率决定理论

对资金的需求来自借款人，他们想要投资于房屋、工厂、设备和其他生产性项目。厂商会对未来不同项目的回报形成预期，并根据当前的资金成本评估这些项目的盈利能力。随着借款成本（利率）的上升，这些项目的净回报会减少，有些项目变得不能盈利，因此资金需求量就会下降。因此，贷款需求（投资）与利率是负相关的。

利率的调整会保证资金供给（储蓄）等于资金需求（投资）。在图11.5

中，均衡利率为 $r^*\%$，相应的均衡储蓄和均衡投资分别为 S^* 和 I^*。

如果利率低于均衡利率，那么潜在借款人的资金需求量会超过可贷资金的供给量，借款人之间的竞争会使得利率上升。随着利率的上升，计划储蓄会增加，计划投资会减少。在均衡利率下，供求将不再失衡，计划储蓄会等于计划投资。如果利率高于均衡水平，情况则与此相反。

图 11.6 展示了当期消费的增加对利率、储蓄和投资的均衡水平的影响。在这种情况下，贷款的供给曲线 S 会向左移动（比如，移动到 S_2）。

我们现在仍处在以前的均衡利率 r^* 处，这时对贷款的超额需求等于 AB。对稀缺资金的竞争会推动利率上升，并在 r_2^* 处建立新的均衡，与之对应的均衡储蓄和均衡投资为 S_2^* 和 I_2^*。

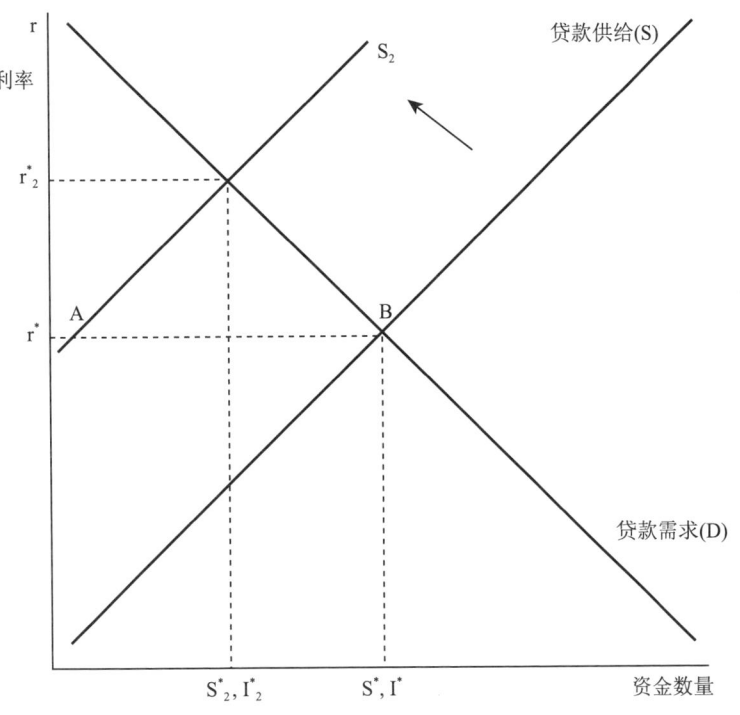

图 11.6　当期消费增加的情况

实际 GDP 水平不会变化，因为它是由劳动力市场均衡决定。在古典体系中，会发生变化的是最终支出和产出的**构成**，而不是总的流量大小。较低的储蓄会被较高的消费抵销，投资也会相应地收缩。

消费品和服务的生产所需的资本和劳动力不同于资本品生产所需的资本和劳动力。由此，你可能会想知道这样的转变如何才能迅速实现。我们稍后将讨论这一点。

最后，古典经济学认为利率是一个实际变量，它的调整会使得实际总需求与总供给相一致（通过可贷资金市场）。

因此，古典体系所解释的是一个与货币无关的简单经济的整体实际层面。一旦给定技术状况以及家庭在工作和闲暇、消费和储蓄之间的偏好，实际 GDP、国民收入、就业、实际工资和利率就都会在古典体系中确定下来。

> **试试看**
>
> 你现在应该能概述这样一个故事：从古典体系的角度来看，如果借款人想要从投资中获得的收益增加，那么这时会发生什么？（提示：可贷资金的需求会受到影响。）如果消费者变得更加谨慎，决定增加储蓄，那么这时会发生什么？（提示：可贷资金的供给会受到影响。）

正如我们将在下一节中看到的，货币在古典体系中的唯一作用就是确定总体价格水平（和通货膨胀率）。在经济学文献中，这种将实物层面和名义层面（价格水平的决定属于名义层面的问题）分离的经济分析方法被称为**古典二分法**。

11.6 古典价格决定理论

为了完善古典体系，我们需要考虑它的总需求概念，这使得总体价格水平得以确定。你可能注意到了，我们还没有讨论古典体系中的货币。古典体系认为，货币与就业、实际产出、实际工资及利率的决定无关。

一旦劳动力市场确定了实际工资和就业量，产出水平也就随之确定，并且，可贷资金理论确保了实际总需求足以吸收所有的产出。那么剩下的问题就是如何在古典体系中确定名义变量。

两个关键的名义变量是价格总水平和货币工资,并且,如果我们知道了价格水平,货币工资也就随之确定,因为实际工资就是名义工资与价格水平的比率。

古典经济学体系通过货币数量论来解释价格水平的确定。在传统的物物交换模型中,货币仅仅被视为一种克服需求双重巧合问题的交易媒介。例如,货币的存在使得一个需要电工服务的管道工不再必须碰巧找到一个同时需要管道工服务的电工。

给定名义货币存量(即美元的总和)为 M_s,在一定时期内,这些货币会随着交易在人们中间流动。在这些交易过程中,货币存量在每个时期的平均周转次数被称为交易**流通速度**(V_T)。①

因此,货币存量和交易流通速度的乘积($M_s V_T$)肯定会等于给定时期内交易的总名义价值。严格地说,交易价值不等于同一时期的名义产出价值,因为,正如在讨论国民经济核算时(第 4 章)所指出的那样,除非生产是垂直一体化的,否则就会有中间产品的交易,而这些中间产品的价值不包括在名义 GDP 的核算之内。(注意,金融交易,如销售和购买金融资产,也不包括在 GDP 之内,但包括在流通速度的计算中。)

因此,要将货币供应量与 GDP 联系起来,我们需要定义一个收入流通速度 V,它是国民产出生产过程中货币存量周转的平均次数。因此,$M_S V$ 等于总产出的名义价值(当期 GDP),后者等于实际产出(Y)和价格水平(P)的乘积。

因此,货币数量论可以表示为以下恒等式:

$$M_S V \equiv PY \tag{11.10}$$

$M_S V$ 表示货币供应量乘以每一美元平均被花掉的次数,所以它等于总支出。乘积 $M_S V$ 为名义量,它代表某一时期的名义总需求,而乘积 PY 为同一时

---

① 为了更清楚地解释流通速度的概念,我们可以想象一下,每一张美元纸币可以在一年里被多次使用。如果在一年中每一张美元纸币的使用次数增加,货币的流通速度加快,那么给定存量的货币就可以在一年中用于支付更多的款项。

期的总供给的名义价值。显然，它们是相等的，因为它们只是从交易的不同方面来考察总产出和总收入。

古典体系假设 V 是固定的，它由消费习惯和其他实践（这包括工资的支付时间和频率）决定。此外，古典体系假定经济体中实际变量的决定与货币无关，并且假定实际工资弹性会保证每一时期的产出水平会处在充分就业的水平上（这是因为劳动力市场一直处于出清状态），因此古典体系也就假定了 Y 会固定在产能得到充分利用的水平上。由方程（11.10）可知，如果 V 和 Y 是固定的，那么 M_s 的变化会引起 P 的变化。

古典体系还假定中央银行控制着流通中的名义货币存量，由此中央银行也就能够决定总支出的名义价值。因此，在实际变量由劳动力市场和生产函数所决定的情况下，中央银行（政府）能够影响的唯一变量是价格水平。

这个观点在整个经济思想史上产生了共鸣。正如我们将在下一章和第 18 章（对菲利普斯曲线的讨论）中看到的那样，这一观点导致了当前抵制使用财政政策和力主使用货币政策来稳定经济的政策取向。

从逻辑上说，假设 V 和 Y 在任何时期都是固定的，如果中央银行提高货币供应量（M_s）的增长率，那么这将导致价格水平的加速上涨，也就是通货膨胀。因此，这一理论为"通货膨胀是由宽松的货币政策引起的"这一说法提供了支持。

在后面的章节中，我们会说明，货币数量论不是对价格水平决定和通货膨胀的可靠解释，因为在现实世界中 V 是不稳定的，并且经济体显然没有一直处在产能得到充分利用的产出水平上。在第 10 章中，我们考察了货币乘数的理论基础，古典体系依赖这一理论来支持中央银行可以控制货币供给的假设。我们说明了在现实世界中，货币乘数赖以成立的假设是站不住脚的，中央银行无法控制经济体中的货币存量。

此外，正如我们在第 10 章中看到的，货币供给应该被视为是内生的：它不受中央银行控制；相反，当追求利润的私人银行满足贷款需求时，货币数量倾向于顺周期变化。

11.7 对古典体系的总结

以上这种简化的古典体系具有以下几个特点：

- 劳动需求由技术决定，技术体现在生产函数中，而劳动供给由劳动者对收入和闲暇的偏好决定。实际工资是闲暇的价格。
- 实际工资的弹性保证劳动力市场一直处于出清状态。
- 市场力量使得劳动力市场处于均衡状态，市场力量还决定了实际变量：实际工资、就业、实际 GDP 和利率。
- 名义变量——物价水平和货币工资水平——由货币存量（假定是由中央银行控制的）决定。货币存量相对于给定的实际产出越大，价格水平就越高。
- 在这个体系中不可能出现非自愿失业，因为实际工资的弹性确保了持续的充分就业状态。任何持续的失业都是由于制度刚性，制度刚性使得实际工资无法按照当前的劳动需求和供给状况进行调整。
- 政府政策应确保实际工资的弹性，从而使得劳动力市场能够出清。
- 如果中央银行提高货币供给的增长率，并且货币供给的增长率快于实际产出的增长速度，那么就会发生通货膨胀，因此，中央银行在实施货币政策时必须谨慎地决断。

11.8 凯恩斯之前对古典体系否认非自愿失业理论的批判

很多经济学家盛赞凯恩斯在 1936 年出版的《通论》对有效需求这一概念作出了明确的分析。在第 12 章中，我们将讨论凯恩斯如何批评古典学派的观点。古典学派认为，经济的实际结果是由劳动力市场通过实际工资弹性实现的充分就业均衡决定的。

然而，我们可以在卡尔·马克思的著作中，特别是在他的《剩余价值理论》(*Theories of Surplus Value*) 中找到对萨伊定律的批判和对货币型资本主义经济中非自愿失业的现代理解的基本要素。

马克思专门批判了古典经济学家大卫·李嘉图的观点。李嘉图在其主要著作《政治经济学及赋税原理》(*Principles of Political Economy and Taxation*)中，支持萨伊的观点。萨伊否认货币经济中会存在普遍生产过剩的可能性，这被称为萨伊定律。①

在《剩余价值理论》中，马克思对萨伊定律进行了批判。他一心要证明一个使用货币的资本主义经济存在着发生经济危机（我们现在称之为经济衰退）的趋势，而失业是资本主义制度的一种内在趋势。

马克思对萨伊定律以及"古典学派"否认可能发生持续失业的观点提出了质疑。他指出，李嘉图假设消费者对商品的需求是无限的，一种商品或服务的过度供给会很快地被对其他商品的需求增加所抵销。

马克思从这一命题开始他的论证：资本家的目的是通过榨取剩余价值来不断地积累财富，剩余价值是指超过劳动者的工资收入的生产价值。因此，利润的产生需要：(a) 将创造剩余价值作为生产的目标，因此资本家会努力减少向劳动者支付的工资（限制其消费能力）并提高劳动生产率；(b) 在市场上把产品卖出去。

一方面，资本家试图通过抑制工资增长和增加劳动强度来实现剩余价值最大化，但另一方面，他们只有把产品都卖掉，才能将剩余价值实现为货币利润。因此，对工资收入的抑制不利于他们实现这一目标。马克思发现了资本主义的这种内在矛盾，并认为这是危机发生的前提条件。

李嘉图（Ricardo, 1821：192 - 3）对萨伊定律做了最好的总结，他认为，生产决策由消费欲望所驱动。换言之，生产者要么将产出用于自己消费，要么

---

① 李嘉图在采用萨伊定律的同时还采用了劳动价值论，后者是真正的古典经济学理论。这可能是凯恩斯将萨伊定律称为是"古典"学派思想的原因，尽管应该更恰当地将其称为新古典主义。注意，虽然李嘉图采用了萨伊定律，但是他和真正的古典经济学家都不认为，"供给创造需求"的原理意味着经济体会处于充分就业状态。事实上，真正的古典经济学家认为，经济正常运行时伴随着大量失业。马克思称之为"产业后备军"，并认为资本主义有意地保持这些失业人口，其目的是要"规制"劳动力。因为劳动者知道资本家可以从产业后备军中雇佣劳动者来取代他们，所以劳动者就不敢要求更高的工资和更好的工作条件。新古典主义认为有弹性的工资总是能确保充分就业，这一观点与萨伊定律相结合，因此不仅"供给创造了自己的需求"，而且供求均衡时充分就业也就跟着实现了。

将生产所得的收入用来促进其他商品和服务的消费。因此，他认为，所有的产出都会找到买家，不会出现普遍的生产过剩（供大于求）。

然而，马克思指出，现实世界中因支出不足而引发的危机证明了萨伊定律是错误的。马克思认为，销售和购买是相互独立的行为，有着不同的动机。他指出，萨伊定律只适用于物物交换的经济，而这种经济并不能反映货币型资本主义的基本特征。

在物物交换中，你可能会消费自己的产品，但在资本主义制度下，"没有人会为了消费自己的产品而生产"（Marx, 1861–3: Chapter 17, Section 8）。资本家必须卖出商品，并且如果他们无法将商品卖出，或者是卖出的价格低于成本，那么经济危机就会发生。如萨伊定律所说，资本家可能确实是为了销售而生产的，但是如果销售不能实现，这又有什么用呢？

马克思很清楚，资本家的目的是出售商品，把商品转化为货币，并实现利润。消费不是资本家的目的。只有劳动者出售"商品"（劳动力）才是为了消费。

马克思关注了货币的特殊作用，并论证了货币不仅仅是一种"交换手段"。货币是一种媒介，通过这种媒介，商品交换可以分离为在空间和时间上相互分开的两种独立行为。这是理解资本主义危机的关键，也是凯恩斯和其他人后来进一步阐述的观点。

由于这种分离，从生产到销售的过程可能会出现中断。例如，在存在不同生产环节和信用的情况下，农民把纺织原料卖给纺线的劳动者，纺线的劳动者把纺好的线卖给织布的劳动者……以此类推，而商人可以赊购布料（一种常见的安排）。如果商人卖不出去布料，那么这条生产链条上的所有人就都得不到报酬。

马克思首次论证了危机表现为一种货币现象，而大规模失业（mass unemployment）并不是自愿的结果。

马克思提出了他称之为 M—C—M′ 循环。他说，现代资本主义要求企业从货币（营运资本）开始，购买生产投入。他们将这些货币（M）转化为商品（C），也就是他们想出售的商品和服务，并在实现利润（实现的剩余价值）时获得比开始时更多的货币（M′）。换言之，他们想以 M′ 来结束这个循环，其中 $M′ = M + \Delta M$ 已实现的剩余价值。由此，资本主义的发展被看作是连续的循环,在这个循环中,M 被转化为 C,而目的是实现 M'。

对于马克思来说,M—C—M'循环是资本主义积累货币财富的抱负的缩影。但是,存在着这样一种可能:人们可能会变得悲观,并因此把他们的货币收入以储蓄的形式持有。货币可以被贮藏起来,并在未来的某个时期用于消费。因此,资本家们作为一个阶级会依据销售预期来投入资源以生产商品 C,如果这种预期与实际销量不符,那么他们拥有的货币最终可能会比循环开始时少。在这种情况下,商品和服务将出现普遍的过剩。马克思认为危机的可能性是资本主义生产的一个特征。

李嘉图认为,虽然某些特定的商品或服务可能会供过于求(例如,由于消费者偏好的改变),但是普遍的供过于求是不可能出现的,因为人类的需求是无限的。

马克思在研究普遍生产过剩问题时,做了一个重要的区分,那就是生产过剩与绝对需求没有太大关系,这在当今的相关争论中仍然具有意义。争论的关键不是生产是否会超出需求。相反,马克思指出,资本主义生产"只与有支付能力的需求有关。这不是一个绝对生产过剩的问题——绝对生产过剩与绝对需求或占有商品的渴望有关"(Marx, 1861 – 3: Chapter 17, Section 9)。

这是最早的真正的对有效需求原理的阐述,它是凯恩斯著作的核心,我们将在第 13 章对此进行讨论。

李嘉图可能会说,如果一个人想要鞋子,那么他可以通过自己生产一些东西来获得购买鞋子的条件。但是,他所指的是物物交换的经济。既然如此,何不如自己生产鞋子?在资本主义中,当生产过剩时,商品会充斥市场。

因此,凯恩斯的理论试图驳斥古典学派的观点,这种观点认为实际工资和就业都是由劳动力市场决定的,而马克思的思想是凯恩斯理论的先驱。马克思和凯恩斯都认为,就业实际上是由**有效需求水平**决定的,也就是说,是在产品市场中决定的。虽然商品生产确实产生了可以用来购买商品的收入,但是获得货币收入的人不一定会把这笔钱花出去。供给不一定会创造出自己的需求。

当厂商的利润预期与消费者和厂商的支出计划相一致时,这时的产出水平就是符合有效需求的。因此,要保持盈利,私人产出的扩张是有限度的。有效需求水平构成了对劳动力市场的限制,而这时的就业量不一定会是充分就业的就业量（即所有想要工作的工人都能找到工作的就业量）。

在下一章我们会看到凯恩斯对古典体系的批判。

结　论

我们比较喜欢的教学方法是先概述正确的理论，然后再考虑由主流经济学家提出但我们认为是错误的理论。然而，在详细研究凯恩斯的理论之前，我们先介绍了有缺陷的理论，这不同于我们通常的做法。我们这样做是为了反映这些关键思想发展的历史。实际上，当前宏观经济学的主流观点反映了凯恩斯批判过的理论——而现代货币理论则吸取了凯恩斯的许多洞见，我们将在第12章中讨论这些洞见。我们反对将古典体系作为理解现代货币经济运行方式的正确途径。

大多数当代正统的宏观经济学理论的基础在很大程度上都是我们在本章所分析的古典理论，因此，这些宏观经济学理论在不同程度上都存在着同样的缺陷——其中许多缺陷已经由凯恩斯揭露出来了。

参考文献

[1] Harcourt, G. C. (1972) *Some Cambridge Controversies in the Theory of Capital*, Cambridge: Cambridge University Press.

[2] Henry, J. F. (1990) *The Making of Neoclassical Economics*, Winchester, MA, and London: Unwin Hyman.

[3] Keynes, J. M. (1936) *The General Theory of Employment, Interest, and Money*, London: Macmillan. 1957 Reprint.

[4] Marx, K. (1861-3) *Theories of Surplus Value*. Available at: https://www.marxists.org/archive/marx/works/1863/theories-surplus-value/ch17.htm, accessed 4 April 2017.

[5] Marx, K. (1867) *Capital: A Critique of Political Economy*, Volume I, Moscow: Progress Publishers. Available at: https://www.marxists.org/archive/marx/works/download/pdf/Capital-Volume-I.pdf, accessed 4 April 2017.

[6] Pigou, A. C. (1933) *The Theory of Unemployment*, London: Macmillan.

[7] Ricardo, D. (1821) *On the Principles of Political Economy and Taxation*. Available at: http://www.econlib.org/library/Ricardo/ricP5.html, accessed 3 April 2017.

[8] Smith, A. (1776) *The Wealth of Nations*, London: Methuen. Available at: http://www.econlib.org/library/Smith/smWN-Cover.html, accessed 4 April 2017.

chapter 12

第 12 章
凯恩斯先生与"古典学派"

> **本章纲要**

12.1 引言
12.2 大规模失业作为一种均衡现象
12.3 凯恩斯对古典就业理论的批判
12.4 非自愿失业
12.5 凯恩斯对萨伊定律的批判:普遍生产过剩的可能性
结论
参考文献

> **学习目标**

- 理解凯恩斯对古典就业理论的批判。
- 理解凯恩斯对古典可贷资金理论的批判,从而认识到在存在大规模的非自愿失业的情况下,均衡是如何实现的。
- 批判性地分析古典经济学家和凯恩斯对利率决定的不同解释。
- 扩展背景知识,为学习有效需求理论做准备。

12.1 引言

本章的标题来自英国经济学家 J. R. 希克斯（J. R. Hicks）1937 年发表在学术期刊《计量经济学》（*Econometrica*）上的一篇文章。从那时起，"凯恩斯和古典学派"这一术语指的是在凯恩斯与当时英国传统的宏观经济学之间的争论，前者的观点体现在发表于 1936 年的《通论》中，后者则以阿瑟·庇古（Arthur Pigou）的《失业论》（*Theory of Unemployment*）为代表。正如我们在第 11 章所讨论的，古典学派认为，大规模失业是实际工资过高的结果。

本章我们将考察凯恩斯的观点，从而说明古典学派对就业、产出和价格的解释的内在缺陷。

12.2 大规模失业作为一种均衡现象

一开始，20 世纪 30 年代凯恩斯和古典学派的辩论的焦点集中在，一个人是否会非自愿地失业。财政部观点（Treasury View）否认了**非自愿失业**的存在并强调，财政政策（政府支出和税收）无法创造就业从而促进国家的繁荣。

时任英国财政大臣温斯顿·丘吉尔（Winston Churchill）在 1929 年 4 月 25 日发表的预算演讲中（Hansard，1929），非常清楚地概括了财政部的观点：

> 正统的财政部观点——毕竟英国的财政金融一直以来被许多国家视作典范——认为：当政府从货币市场借入资金时，它就会和产业争夺资金，它会占据原本应当由私人厂商利用的资源，在这个过程中，政府提高了所有需要货币的人所需要支付的租金。

财政部观点显然与我们在上一章中论述过的可贷资金理论一致，因为根据财政部观点的假设，根本不可能出现资源闲置，尤其是劳动力闲置的情况。既然所有资源都得到了充分利用，如果政府要使用更多资源，那么它就要将已有用途的资源挪作他用。在第 21 章，我们将更为详细地考察宏观经济学在当代的辩论，你将很清楚地看到，基于所谓的**挤出效应**来反对财政政策的观点如今仍然存在，它的依据就是财政部观点。实际上，当前对增加就业的财政政策的抨击反映了 20 世纪 20 年代和 30 年代的保守派观点，我们将这种观点概括为古典就业理论。

丘吉尔还否认财政政策会带来持久的就业增长："事实上，作为一般规则，政府借债和支出只能创造非常少的就业，并且也不能永久性地增加就业。"

我们已经在第 11 章中讲过，古典方法得出的结论是，实际工资弹性可以确保充分就业。凯恩斯对这种推理表示怀疑，并提出了新的劳动力市场方法，这一方法解释了为什么无论名义工资有无弹性，大规模失业都会存在。在当时，凯恩斯的这个论点是具有革命性的，因为它挑战了在政府中占主导地位的保守派经济学家的知识霸权。

凯恩斯证明了，大规模失业的产生是由于**系统性问题**，这种问题是指经济体未能创造出足够多的工作岗位，这使得劳动者无法改善自身状况。

要理解凯恩斯是如何得到新理论的，重要的是先了解在文献中出现的两种**均衡**概念。

第一种均衡概念认为，均衡是供给和需求不受干扰时经济体所处的位置。古典经济学则持有第二种均衡概念，这种均衡既是一种静止状态，但同时也是市场出清的状态，即供给等于需求的状态。

因此，在古典就业理论中，失业是一种**失衡**现象（劳动力供给过剩），但这种失衡现象会被消除，因为实际工资弹性会使得市场出清并恢复均衡。

凯恩斯著作中的非自愿失业概念符合第一种均衡概念（均衡是一种静止状态），但不符合第二种均衡概念（均衡还带来了供给和需求的相等）。换言之，他认为，**大规模失业是一种均衡状态**，如果没有政府的干预，那么资本主义货币经济会趋向于并一直处于这种均衡状态。

因此，古典方法将失业看作暂时的失衡，并且实际工资的调整会很快地消除失衡；而凯恩斯将失业视作一种均衡状态，除非**有效需求**增加，否则这种均衡状态会一直保持下去。我们将在第 13 章详细讨论有效需求的概念。对凯恩斯来说，让工资变得更有弹性的政策不能解决失业问题，甚至会让问题变得更加糟糕。将失业看作是劳动力市场失衡的理论观点会带来错误的认识和适得其反的政策建议。在凯恩斯看来，在给定的有效需求水平上，非自愿失业同样是处在均衡状态，我们必须从这一点出发来认识失业问题。问题的关键是有效需求水平而不是工资水平。

均衡概念的不同也影响了凯恩斯对充分就业的定义。20 世纪 20 年代的古典经济学家认为，劳动力供求相等时的就业水平就是充分就业水平，无论就业水平是高是低。古典经济学家否认失业的存在，认为如果有适龄劳动人口没有工作，那么他们是自愿选择不工作的。

而凯恩斯则认为，要实现充分就业的话就需要有足够的有效需求（总支出），从而确保在当前货币工资水平下，有足够多的就业机会，与愿意提供的劳动力供给相匹配。在资本主义制度中，虽然充分就业有可能会出现（一种特殊情况），但是资本主义制度的动态变化中不存在趋向于充分就业的普遍趋势。

12.3 凯恩斯对古典就业理论的批判

在《通论》一书中，凯恩斯力图说明，古典理论未能对大规模失业的存在提供令人满意的解释。凯恩斯还反对财政部观点所主张的主要政策，即应该通过削减货币工资来解决失业问题。

凯恩斯认为，即使让实际工资变得富有弹性，经济体仍然会处在大规模失业的状态。换句话说，他想要证明的是，大规模失业与实际工资是否有弹性无关。在政策上，凯恩斯更加支持名义工资的刚性，以及维持刚性的制度，我们稍后会对此进行解释。这里我们要说的是，凯恩斯力图说明大规模失业不是这种制度结构导致的。

在《通论》的第二章，凯恩斯提出了他所谓的古典经济学的"两个基本假设前提"（财政部观点）：

1. 工资等于劳动的边际产品……

2. 当就业数量为既定时，工资的效用等于该就业数量时的边际负效用。

（Keynes，1936：5）

> **提示框**
>
> 你能把这些假设前提与第 11 章的内容联系起来吗？这里的第一个假设前提描述了古典劳动需求理论，按照这个理论，追求利润最大化的厂商会不断增加雇佣劳动者，直到雇佣的最后一个劳动者的实际工资正好等于他的边际生产率。
>
> 第二个假设前提涉及古典劳动供给理论，按照这个理论，劳动者在工作和闲暇之间进行选择：工作会提供收入，使得劳动者可以从购买的商品和服务中获得"效用"，但这同时也会带来负效用，因为它使得劳动者无法享受闲暇。
>
> 闲暇的价格是实际工资，每个劳动者提供的工作小时数是这样确定的：增加一小时闲暇（不工作）所获得的满足感（效用）正好等于增加一小时工作时间所获得的满足感（增加的收入所能购买的商品和服务带来的满足感）。

尽管凯恩斯最终表明，实际工资和总就业量并不像古典理论中的那样是由劳动力市场决定的，但是为了论述的需要，他接受了第一个假设前提。他这样做主要是为了将批判的重点放在劳动力市场的供给方面。凯恩斯认为，这是古典学派未能理解非自愿失业如何作为资本主义货币经济的正常趋势而出现的根源。

凯恩斯对古典经济学的第二个假设前提有两个批评。第一个与劳动者看待实际工资和名义工资的方式有关。他认为这个假设与现实世界中劳动者的行为不一致。另外，他还指出劳动者对实际工资下降的反应是不确定的，这取决于实际工资下降是因为名义工资的下降还是因为物价水平的上升。

凯恩斯认为，如果名义工资减少（从而实际工资减少），那么劳动者就会少工作，但是，如果物价上升使得实际工资减少相同的幅度，那么他们不会有这样的反应。换言之，在实际工资下降时劳动者**不一定会减少工作时**

间。这取决于是什么导致了实际工资的减少。凯恩斯认为古典学派未能区分这一点。

要理解凯恩斯的论点，我们需要注意到，在古典模型中，劳动供给只是实际工资的函数。然而在现实世界中，劳动者既会考虑**名义（货币）工资水平**，又会考虑实际工资的购买力。

古典经济学家对于这种批评的回应是，声称劳动者会有所谓的"货币幻觉（money illusion）"是不合理且毫无逻辑可言的，也就是说，为什么劳动者会关注他们的名义工资？既然他们提供劳动是为了获得收入从而获得商品和服务，那么难道不是实际工资才是有意义的吗？

凯恩斯的回应是有说服力的。首先，尽管一般价格上升会影响所有的劳动者，但是货币工资的削减通常只影响部分劳动者（失业者集中的地区或产业），并且这会改变这些劳动者和其他劳动者的相对收入水平。研究显示，考虑到我们会用工资水平来衡量一个人的社会地位，劳动者会受到他们在工资结构中相对位置的影响，（参见 Bracha et al., 2015）。相较于难以感知的实际工资，一个人的名义工资更容易被别人知道。在聚会和其他社交场合中，我们都会粗略地通过收入水平来评价彼此。以上这些都是古典模型所忽略的。

如果一个产业的需求萎靡，该产业的劳动者货币工资减少，那么他们的相对工资水平就会降低。并且，劳动者还会认为他的相对工资水平不会随着经济形势的转好而回升。因此，这些劳动者会抵制名义工资的下降。然而，他们不一定会抵制由于价格水平上涨导致的实际工资下降（假设下降幅度和前面一样），因为这会影响所有的劳动者，而每个人在工资结构中的相对位置不会改变，大家的处境都会恶化，但是相对水平却不会发生改变。

古典方法忽视了社会制度的复杂性。社会制度在古典学派那里被认为是一种暂时的刚性，它阻碍了竞争，但是在长期这种刚性会因为竞争而消失。然而，凯恩斯等经济学家却明白社会制度的复杂性，这使得凯恩斯能够理解，劳动者会在意他的社会地位（因此在意相对工资）。

凯恩斯同样理解，工会制度是资本主义经济中的重要制度。工会努力抵制名义工资的减少，从而保护劳动者在收入分配中的地位，但这也不是说生活成本一上升就会发生工会运动。

劳动者抵制名义工资减少的第二个原因与金融制度有关，一些金融制度涉及劳动者的日常生活。许多劳动者的主要债务负担来自买房。另外，劳动者也通过信贷来平滑他们的消费支出。这些债务一般是以名义量（也就是货币量）确定的。打个比方，假如一个劳动者有住房抵押贷款（或学业贷款），那么他每个月都必须获得一定数量的美元来履行还款义务。换句话说，该劳动者的偿付能力是一个名义概念。如果劳动者无法在每个时期获得足够多的货币收入来履行还款义务，那么他们就会有麻烦。在这种情况下，假如一般价格水平的升高使得实际工资减少，在一定时间内劳动者仍然可以通过调整自己的预算（可能是取消一些不必要的支出项目）来履行还款义务。尽管如果价格水平的变动超过了一定程度，那么这样的做法就会不再可行，但是在实际工资通常的变动范围内，家庭都可以这样做来应对实际工资的变动。

然而，如果名义工资的减少使得实际工资减少，那么劳动者可能会赚不到足够多的货币收入来还款，这时他们就不得不违约并且面临破产。显然，抵御这种不测是十分合理的行为，因此，劳动者不仅关心实际工资，也关心他们的名义工资水平。

但是，凯恩斯不认为以上这些基于制度的批判从根本上说明了古典就业理论的理论缺陷。凯恩斯的第二个批评则直指古典就业理论的核心。他认为，即使劳动者愿意接受名义工资的减少，但这也不一定会导致实际工资的减少。

古典模型表明，**实际工资**的变动使得劳动需求和供给相互协调。但是在现实中，劳动力市场中确定的是名义工资。

劳动者在找工作时，劳资双方约定了工作会提供的货币工资数量。有时劳动者还会和雇主就货币工资水平进行谈判。关键在于，劳动者和雇主签订的劳动合同规定的是定期支付的货币工资。这个工资的数目可能是每小时 15 美元，可能是每年 8 万美元，也可能是其他数目。

古典学派认为，实际工资的降低可以消除非自愿失业，这背后蕴藏的假设是，在货币工资下降时，劳动者能够自主调整从而实现实际工资的下降。古典学派认为，谈判得到的名义工资会直接决定实际工资，然而，凯恩斯对此持否定态度。凯恩斯认为，即使我们接受古典学派的逻辑，认为实际工资的降低可以增加就业，但工人还是无法自主通过他们和企业达成的货币工资合同来实现实际工资的下降。

凯恩斯的逻辑是，名义工资的减少可能导致物价的下跌，因为名义工资很大程度上决定了边际成本，边际成本因此会降低（如果我们忽略劳动积极性降低所造成的劳动生产率降低）。试想，假如名义工资减少5%，同时物价下跌5%，那么实际工资相当于没有发生改变，失业水平实际上仍会和以前一样。因此，凯恩斯批评古典就业理论的根本原因是，即使劳动者愿意在更低的名义工资水平上工作，实际工资也不一定会下降。

在我们说明这一点在凯恩斯的就业理论中有什么意义之前，我们应该注意，在《通论》一书中，凯恩斯接受边际生产率理论（古典学派的第一个假设前提），即实际工资等于劳动的边际产品，因而赞同如果要增加就业就需要减少实际工资。我们在后面将说明，凯恩斯对就业与实际工资之间因果关系的解释和古典理论并不相同。但凯恩斯在批判古典就业理论时认为，厂商总是处在它们的劳动需求曲线上，总需求的变动将使得就业水平沿着劳动需求曲线上下变动。

综合以上这些原因，凯恩斯认为，要实现实际工资的下降，最好的方法不是笨拙地改变名义工资，而是通过刺激总需求来产生通货膨胀。他认为随着对商品和服务的需求的增加，厂商就会扩大生产，这样边际成本就会上升，从而推高利润最大化的价格水平。

凯恩斯认为，即使存在名义工资刚性，即使物价上升导致了实际工资下降，这时如果厂商提供更多的工作，那么就业量就会增加。因此，失业是由于缺乏商品和服务需求，而不是由于实际工资过高。另外，在给定的名义工资水平上，如果凯恩斯所说的产出弹性小于1，那么实际工资确实可能会随着就业增加而减少，这样的话，随着需求的上升，厂商既会增加产出又会提高价格。我们将会在下一节重新谈论这个观点。

专栏 12.1　就业量和实际工资负相关吗？
对第一个假设前提的批评

虽然凯恩斯批判古典经济学的第二个假设前提（和劳动供给曲线有关），但他却接受第一个假设前提（将劳动需求和实际工资联系在一起）。我们在这里思考这样一个问题：就业量和实际工资是负相关的吗？

实际上这两大理论——"古典学派"和凯恩斯主义——都赞同就业量和实际工资是负相关的，这使得很难通过实证检验这一命题来验证这两个理论的正确性，即便在两种理论中负相关背后的因果机制完全不同。换言之，假如我们观察到实际工资的下降伴随着就业量的上升，我们很难知道哪一个理论才是正确的。

正如历史事实所表明的，到了1939年，凯恩斯已经改变了他对这种负相关关系的看法。两项独立的研究使他相信，他早期关于边际生产率理论的观点没有得到证据的支持。其中，一项研究是1938年美国经济学家约翰·邓禄普（John Dunlop）的论文，另一项研究则是一年后加拿大经济学家洛里·塔希（Lorie Tarshi）发表的论文。这两篇论文证明了在实际工资和就业之间没有明确的负相关关系，这意味着通过提高一般价格水平（在名义工资固定的情况下，这会降低实际工资）来减少失业的做法不一定可行。

在1939年发表于《经济学杂志》（*Economic Journal*）上的文章中，凯恩斯对这些研究做了回应，他说，这些研究"清楚地表明，我在'就业通论'中认同的一个普遍信念……需要被重新思考了……"（p. 34）。因此，"需求上升时，实际工资会有下降趋势"（Keynes 1939：40）的结论很有可能与现实世界的证据不符。他认为，这强化了有效需求而非实际工资才是决定就业的关键因素这一论点。

在与古典学派的经济学家们的辩论中,凯恩斯试图引入更清晰的概念,但在这样做的同时,他自己也引入了一个比较难理解的**非自愿失业**的概念。这个概念直接来自充分就业的概念。充分就业是符合劳动者工作偏好的最大就业量。如果所有有意愿且有能力工作的人都可以在当前的工资水平找到工作,那么这时就不存在非自愿失业。

在《通论》的第二章,凯恩斯(Keynes, 1936:15)说道:"如果当工资品的价格相对于货币工资作出微小上升时,为了现行的货币工资而愿意工作的劳动供给总量和在同一货币工资之下的对劳动的需求总量都大于现行的就业量,那么人们便处于非自愿失业状态。"

这意味着什么呢?按照字面意思,这是一个心理实验,在这个心理实验中,价格上升的幅度大于货币工资的上升幅度,实际工资下降,与此同时,厂商在雇佣更多的劳动力,而劳动者愿意工作更长的时间,即使实际工资比之前更低了。

从我们的讨论中可以明白,这个非自愿失业概念依据的是凯恩斯的观点——更高的就业水平上会有更低的实际工资——而他后来放弃了这一观点。然而,这一定义有助于说明如下观点:对于失业问题,货币工资水平不是问题所在。

它同样也引起了凯恩斯对古典理论的第二个假设前提的思考,第二个假设前提认为,宏观经济的劳动供给是实际工资的增函数,供求的均衡决定了就业的均衡水平。如果劳动者在实际工资下降的情况下仍会提供更多的劳动力,那么这就严重地损害了古典学派的这两个主张,极大地否定了古典就业理论。

然而,在与古典学派经济学家们的辩论中,凯恩斯把定义的关注点一直放在劳动力市场上,这就使得凯恩斯的核心观点——正确的就业理论应该依据有效需求原理(有效需求是在产品市场上决定的)——变得有些模糊不清了。

12.4 非自愿失业

凯恩斯对非自愿失业有两种定义，在第一种定义中，凯恩斯进行了一个心理实验，该实验检验的是实际工资减少对劳动力市场的影响（详情请见专栏12.1）。在这里我们将说明的是，凯恩斯以《通论》第三章为基础对非自愿失业的第二种定义。

按照凯恩斯的定义，我们可以得出结论：

在工资水平没有变动的情况下，如果产品市场上有效需求的提高导致了就业量随之增加，这就说明经济中存在着非自愿失业。

可以看到，非自愿失业的定义强调了这样一个事实：劳动需求和就业量取决于总需求。换言之，如果厂商需要更多的劳动力来满足更高的预期需求，并且如果他们可以在不提供更高工资的情况下增加就业（因为有失业的劳动者愿意按当前的工资水平工作），那么这时就存在非自愿失业。

另一方面，如果总需求的增加没能带来更多的就业岗位，那么这时经济体就处于充分就业状态。和前面一样，我们对充分就业的定义依照的是工作岗位的数量，而不是实际工资水平。古典就业理论认为，充分就业水平是由劳动力市场决定的，与此不同的是，我们的定义清楚地将充分就业的概念与对商品和服务的支出联系了起来。

为了更好地理解这个概念，我们需要重新思考宏观经济学中的劳动力市场。与非自愿失业概念相一致的劳动供给函数和古典模型所描述的完全不一样。古典学派认为，劳动者面临着由实际工资变动而调节的劳动和休闲之间的权衡，由此得出劳动供给函数是实际工资的增函数，但是凯恩斯认为，劳动者根据当前的货币工资水平（而非实际工资水平）来提供他们的劳动。

劳动者面临着相当大的价格水平的不确定性；这是他们无法控制的。价格水平不是在劳动力市场设定的，并且劳动者对当前的价格水平具有不完全信息。（在劳动合同所规定的工作期限内，价格水平的变动路径是更加不确定的。）

与这个非自愿失业概念相关的劳动供给函数可以写作：

$$N_s = f(W, P^e) \qquad 如果 \ N_s < N^* \qquad (12.1)$$

这个函数的含义是，在劳动供给 N_s 达到充分就业水平 N^* 之前，劳动供给取决于名义工资水平 W 和预期价格水平 P^e。

图 12.1 展示了凯恩斯的劳动供给函数。对比图 11.2 中古典学派的劳动力市场，这里劳动力市场决定的是名义工资 W 而不是实际工资 W/P。劳动者想要更高的实际工资，但是在劳动力市场中，劳动者和雇主协商达成的是名义工资而不是实际工资。

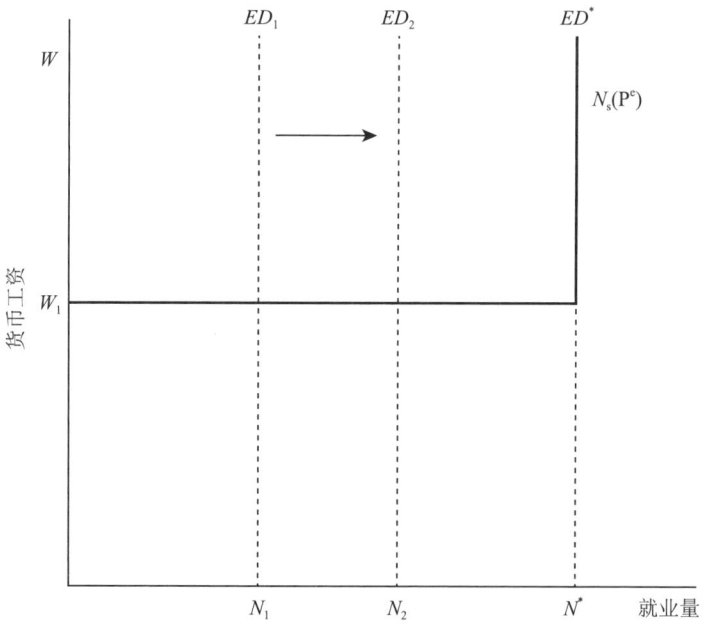

图 12.1 凯恩斯的劳动供给曲线

充分就业出现在 N^* 点，超过这个水平，我们可以假设劳动力供给不会进一步增加。在现实中，很有可能出现的一种情况是，在当前价格水平上不断上涨的货币工资会吸引更多的劳动者进入劳动力市场，而这些劳动者通常在较低的货币工资水平下不会工作。换言之，劳动供给曲线中垂直的部分可能会稍微向右倾斜，这代表由工资水平提高导致的劳动参与率的提高。

在到达点 N^* 之前，在现行的名义工资水平 W_1 上，无论需求增加多少，劳动者都愿意提供足够的劳动供给。

垂线 ED_1 和 ED_2 表示的是宏观经济层面的劳动总需求曲线，它是在商品和服务市场中（而不是在劳动力市场中）由不同程度的有效需求决定的。我们将在第 14 章里详细介绍一个规范的宏观经济层面的劳动总需求曲线。就目前而言，ED 可以理解为对劳动力市场所施加的约束，在当前的货币工资水平上，就业量随着这些约束的变动而变化，而这些约束的变动与有效需求的变动有关。

> **试试看**
>
> 假如在一个经济体中，有效需求水平为 ED_1，就业量为 N_1，那么这时会有多少非自愿失业者？

这个问题的答案是 $(N^* - N_1)$，因为假如有效需求为 ED^*，劳动供给就会增加到 N^*。为了更清楚地看到这一点，试想一下总需求增加到有效需求水平 ED_2 时的情况。在名义工资水平（或价格水平）不变的情况下，这时就业量会增加到 N_2，失业量会**减少** $N_2 - N_1$。

在这个推导中，我们可以看到，在宏观层面失业量不是由劳动力市场单独决定的，它的变化取决于有效需求的变化。

总之，古典学派的理论认为，如果实际工资有弹性，从而能够调节劳动需求和供给的失衡，那么充分就业就能够得到保证。而凯恩斯则强调，是有效需求决定了产出和就业量。

12.5 凯恩斯对萨伊定律的批判：普遍生产过剩的可能性

回忆一下：可贷资金理论

古典学派的利率理论支持萨伊定律——总需求总是可以吸收所有的供

给——后者也是古典学派的经济学家们的主张。古典学派认为，当厂商提供商品和服务时，生产会带来产出和收入。这些收入要么用于消费，要么用于储蓄。

在古典学派的理论中，利率确保了在每个时期没有用于消费的收入（储蓄）等于总投资（生产能力的创造）。这是我们在 11.5 节中讨论过的**可贷资金理论**。

该理论的依据是：利率的调整会使得计划投资（可贷资金的需求）等于计划储蓄（可贷资金的供给）。根据假设，利率变动会确保不会持续存在过剩的可贷资金需求或供给，这意味着对商品和服务的总需求会永远随着总供给的变化而变化。因此，以下这些调整机制确保了充分就业的实现：

- 实际工资会纠正劳动需求与供给的失衡；
- 利率会使得最终产出的构成（当前和未来商品）始终和总支出（消费和投资）一致。

正如我们将看到的，这里还有一个重要问题是消费的减少会发出什么样的市场信号，也就是说，提高储蓄是消费者希望提高将来消费量的信号，相应地，厂商就会生产资本品从而在将来满足这些需求。但是，在将来会需要什么样的消费品呢？这种需求又会在什么时候出现呢？这些都是古典学派的理论存在的重要问题，同时也是凯恩斯对古典学派批评的一部分。

凯恩斯对可贷资金理论的批评

凯恩斯是在大萧条时期写作的。这个时期，随着失业率上升，经济陷入危机，投资下降，国民收入减少，储蓄也随着国民收入的减少而减少。虽然所有这些变量似乎是相互关联的，但是它们在很大程度上和利率的变动无关，可贷资金理论的关键命题似乎没有根据。

凯恩斯由此否定了古典学派的信条，即家庭的储蓄决策取决于对当前消费和未来消费的偏好，而利率（消费者以当前消费交换未来消费的价格）会对此进行调节。相反，凯恩斯认为**总储蓄是国民收入的增函数**。这意味着，当国民产出和收入增加时，总储蓄也会增加。新增的每一美元可支配收入中用于储蓄的比例被称作**边际储蓄倾向**（marginal propensity to save，MPS）。如果 MPS =

0.20，那么增加 1 美元可支配收入，家庭会相应地储蓄 20 美分。这是在家庭消费了 1 美元新增可支配收入中的 80 美分后的剩余。

利率可能会对储蓄有一定的影响，但凯恩斯认为国民收入才是决定任何时期的储蓄总量的主要因素。凯恩斯还认为，投资支出是总需求的组成部分，而总需求决定了总收入。

上述这些洞见"埋葬"了古典学派的可贷资金理论。不存在相互独立的储蓄函数和投资函数因利率的调整而始终相等，这是因为，投资决定着收入，而收入又影响着储蓄。

总之，凯恩斯发现，一旦我们认识到投资函数和储蓄函数都是国民收入的函数，可贷资金理论给出的利率理论就不再成立，因为该理论无法说明在不同的国民收入水平下，投资曲线和储蓄曲线会如何移动。（专栏 12.2 为此提供了图形解释。）

专栏 12.2　用图像来说明储蓄和投资不是相互独立的

在《通论》的第十四章，凯恩斯（Keynes 1936：180）用一个图标来说明他的观点。他认为，储蓄与投资相互影响意味着，可贷资金理论是一个"荒谬的理论"。

凯恩斯写道（Keynes 1936：179－180）：

> 古典利息率理论的自变量是资本需求和不同的利息率在既定收入条件下的不同的储蓄量；而当（例如）资本需求曲线移动时，按照这一理论，新的利息率系由下列两条曲线的交点所决定：一条是新的资本需求曲线；另一条是表明利息率和定量的收入条件下的储蓄量之间的关系的曲线。古典学派的利息理论似乎在说：如果资本的需求曲线有所移动，或者，如果表明利息率和在定量收入条件下的储蓄量之间的关系的曲线有所移动，或者，两条曲线都有所移动，那么新的利息率便取决于两条曲线的新的位置的交点。然而，

这是一个荒谬的理论。其原因在于：该理论所假设的收入不变与它所假设的两条曲线能够相互独立地作出移动是矛盾的。如果二者之中的任何一个有所移动，那么一般说来，收入就会改变；其后果为：建立在既定收入这一假设条件之上的整个理论就要崩溃。……在实际的情况是：古典学派的理论并没有想到收入水平的改变所起的作用，也没有意识到收入水平在实际上是投资量的函数这一可能性。

图12.2以图形方式对此进行了解释。它和凯恩斯的图类似，但为了与图11.6一致，坐标轴被反过来了。

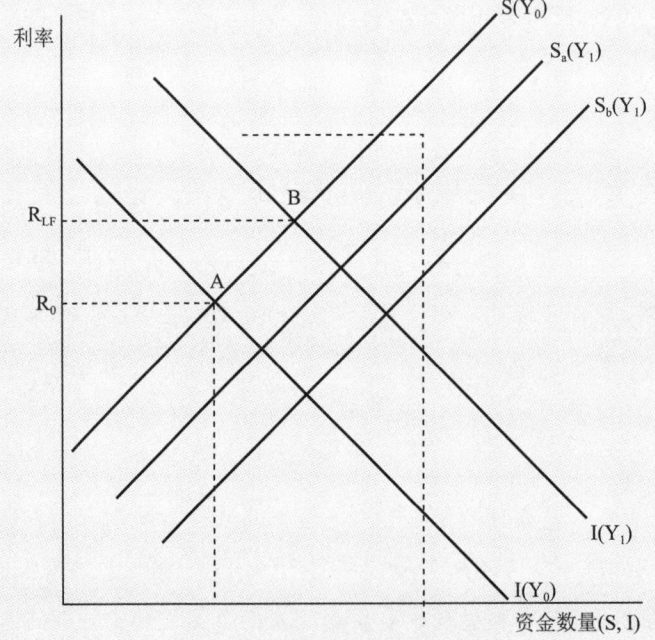

图12.2　相互影响的储蓄和投资

凯恩斯的冗长论述可以直接用图12.2表示。$S(Y_0)$、$S_a(Y_1)$和$S_b(Y_1)$这一组储蓄曲线对应着不同的利率。

投资曲线$I(Y_0)$和$I(Y_1)$显示出，投资越高，国民收入也越高。

可贷资金的均衡，例如，在 Y_0 处，是 $S(Y_0)$ 和 $I(Y_0)$ 的交点，由此可得利率为 R_0（点 A）。

可贷资金理论认为，国民收入的变化不会影响储蓄。我们假设投资从 $I(Y_0)$ 移动到 $I(Y_1)$。我们知道，投资的增加会增加国民收入，因为投资是总需求的组成部分。可贷资金理论认为，投资曲线会沿着储蓄曲线 S_0 移动，而利率会增加到 R_{LF}（点 B）。

根据可贷资金理论，要消除由于投资增加而在 R_0 处的过剩资金需求，利率的提高是必要的。

凯恩斯认为，如果储蓄是国民收入的函数，那么古典学派的方法就无法解释利率该如何调整。他说（Keynes 1936：181）："图中所包含的数据并不能告诉我们新的收入的数值为多少，从而，由于我们不知道哪一条曲线是应有的（储蓄）曲线，所以我们也就不知道新的投资曲线与应有的（储蓄）曲线在哪一点相交。"

收入的增加同时会使得储蓄曲线向右移动，尽管我们不知道会是 S_a 还是 S_b。这取决于储蓄对国民收入变化的敏感程度。

根据凯恩斯的理论，利率的变化取决于储蓄曲线和投资曲线的斜率以及他们移动的幅度。我们在图 12.2 中可以看到，当储蓄曲线移动到 $S_a(Y_1)$ 时，利率会上升，但当储蓄曲线移动到 $S_b(Y_1)$ 时，利率会下降。由此可以看到很重要的一点是，我们不知道利率会如何变化。[1]

换言之，可贷资金理论不能解释利率的变动，而我们需要一个新的理论。正是这个原因，凯恩斯提出了**流动性偏好**（liquidity preference）的概念，以此作为他的利率理论的基础。

---

[1] 按照可贷资金理论，在图 12.2 中，曲线 $I(Y_0)$ 与曲线 $S(Y_0)$ 相交于均衡点 A。若投资增加，曲线 $I(Y_0)$ 移动到曲线 $I(Y_1)$，那么曲线 $I(Y_1)$ 与曲线 $S(Y_0)$ 会相交于新的均衡点 B。相应地，均衡利率会从 R_0 上升到 R_{LF}。但是，可贷资金理论忽视了，人们的储蓄不仅取决于利率，而且取决于收入。随着总收入 Y 的增加，人们的储蓄也会相应提高，也就是说，储蓄曲线会发生平移。如果储蓄曲线移动到 $S_a(Y_1)$，那么在它与曲线 $I(Y_1)$ 相交的新均衡点处，利率上升了。但是，如果储蓄曲线移动到 $S_b(Y_1)$，那么在它与曲线 $I(Y_1)$ 相交的新均衡点处，利率则下降了。这说明，可贷资金理论存在逻辑缺陷。——校订者注

古典学派根本的理论缺陷就在于，国民收入被认为始终处在充分就业水平上。它的就业理论依据着一种不变的信念，即认为实际工资的变动会确保劳动供给和劳动需求处于均衡状态，从而一直维持着充分就业。

显然，凯恩斯认为，国民收入和就业量不是固定不变的；毫无疑问，大萧条时期的大规模失业表明，长期偏离充分就业是经济系统的一个基本特征。由于投资和储蓄都随着国民收入的变化而变化，凯恩斯得出结论：我们需要一种新的利率理论。

流动性偏好与凯恩斯的利率理论

凯恩斯以流动性偏好为基础提出了新的利息理论，并以此来取代可贷资金理论下的利息理论。他认为，利息理论必须建立在理解货币和金融市场运作方式的基础上，尤其是家庭和企业调整货币和债券等资产组合的方式。

回忆一下，古典学派的利息理论认为利率是一个真实变量而不是名义变量。储蓄者获得利息作为节制消费的奖励，因此，他们放弃了当前对实物产品和服务的消费，并将这些资源用于投资以增加未来的生产能力。

借款人为什么能够支付利息呢？对于古典学派的经济学家来说，答案很简单：通过利用家庭储蓄，厂商可以进行资本积累从而在未来提高生产力，而利息就来自经济体可以额外生产的实物产品和服务。

因此，储蓄者使得投资增加了，他们在将来可以消费更多的实物产品和服务，而利息就是由此获得的一种奖励。储蓄是一种务实层面的行为——放弃当前对实物产品和服务的消费，投资也是如此——资本品的增加将增加将来的商品和服务。

然而，对于凯恩斯来说，利率是一个**货币量**而不是一个实物量，它是影响人们资产组合配置决策的重要因素。

可贷资金理论认为，利率决定了经济体中投资和储蓄的流量，而凯恩斯则认为，有效需求水平依照边际消费倾向决定了储蓄。一旦我们得到总需求水平，这时消费水平就取决于总需求所决定的国民收入水平。

凯恩斯（Keynes 1936：166）说："消费倾向决定每个人把其收入的多大

部分用之于消费,又把其收入的多大部分以某种支配权形式加以保存,以备将来的消费之用。""对将来消费的支配权"就是我们所说的储蓄,它是消费的剩余,而消费在很大程度上由国民收入决定。利率不能决定储蓄流量。

回想一下古典学派的观点,储蓄就是延迟的消费。从本质上讲,古典学派的经济学家认为,当一个人储蓄时,他实际上是在"预订"明天消费的商品。接受这些商品"订单"的厂商会进行投资,由此他们就会有足够的生产能力在将来某个时期生产这些产品;因此有效需求并没有因为储蓄而减少。

凯恩斯的论点是,尽管个人储蓄清楚地表明了将来消费的意愿,并且减少了当前的需求,但对于生产者来说,并没有什么信息可以告诉他们,人们会在将来的什么时候消费,并且又会消费些什么。因此,当家庭储蓄时,除了家庭不消费以外,厂商不会得知任何可靠的市场信息。随着存货的不断积压,这时厂商无法确切知道,家庭部门会在将来**什么时候**支出那些储蓄,他们又会需要**什么样**的商品和服务。这就是为什么"推迟消费"会抑制需求,而不是会通过投资的增加从而填补需求缺口;相反,由于有效需求的下降,投资本身也会受到抑制。因此,凯恩斯反对古典学派的可贷资金理论,认为利率不会使得储蓄与投资实现均衡。

那么利率会产生什么影响呢?

凯恩斯认为,利息不是可贷资金理论所说的对于"等待"的报酬,而是一个人将其财富从流动性强的货币资产(现金)转变为某种流动性较弱的金融资产时所获得的一种报酬。

凯恩斯提出**流动性偏好**的概念来解释人们是如何决定自己财富组合的。以流动性最强的形式(现金)持有财富有好处,它是无风险的,但同时从中也赚不到利息,并且通货膨胀还会使其贬值。

另一种选择是将个人的部分或全部财富(举例来说)投资于可以获得利息的债券。债券的流动性差,且存在资本价值随不利市场变动而减少的风险。既然如此,人们为什么投资于债券呢?利息是对以流动性较差的形式储存财富带来的不便以及存在资本损失风险的回报。

重要的一点是,对于凯恩斯来说,利率并不决定总储蓄量,而是影响储蓄在高流动性和低流动性的金融资产之间的配置。

利率还使得流动性（货币）需求与货币供给相等。我们在第 10 章中讨论了这个问题。我们将在第 13 章中看到，利率也会影响国民收入水平，因为它会影响厂商投资于生产能力的决策。

凯恩斯批评古典学派的利率理论的重要性在于，它推翻了萨伊定律。因此，在资本主义货币经济中不存在自发的市场机制能够确保总需求与充分就业水平的总供给保持一致。

由此我们就可以理解，如果厂商对总需求的预期过于乐观，那么经济体中商品和服务可能会供给过剩，结果是厂商会有卖不出去的存货；对于低于预期的总支出，他们会进行调整，从而导致产出、收入和就业的减少。我们将在接下来的三章中对此进行详细地阐述。

结　论

约翰·梅纳德·凯恩斯批评了古典学派关于就业和产出的理论，在本章中我们论述了凯恩斯的相关论点。他的批判涉及几个步骤，我们已经对此依次进行了分析。凯恩斯反对古典学派的劳动力市场理论，后者假定劳动供给和劳动需求是相互独立的，并且与总需求无关。凯恩斯得出的结论是，在劳动力市场中不存在能够确保充分就业实现的自动调节机制。他反对古典学派的萨伊定律——"供给创造自己的需求"——因为萨伊定律预先假定了所有的收入都会被支出。最后，他还驳斥了古典理论中利率的变动会确保储蓄和投资相等的说法。

古典学派秉持经济会自动地走向充分就业状态的信条，以上这些理论错误都与该信条有关。通过揭示古典学派方法的逻辑错误，凯恩斯说明了存在这样一种可能性，即由于他所说的有效需求问题的存在，持续的非自愿失业成为可能。在第 13 章中，我们将介绍凯恩斯的有效需求理论，这是他的最重要著作《通论》的核心理论。

参考文献

[1] Bracha, A., Gneezy, U. and Loewenstein, G. (2015) "Relative Pay and Labour Supply", *Journal of Labor Economics*, 33 (2), 297–315.

[2] Dunlop, J. (1938) "The Movement of Real and Money Wage Rates", *The Economic Journal*, 48 (191), September, 413–434. Available at: http://www.jstor.org/stable/2225435?seq=1#page_scan_tab_contents, accessed 7 February 2017.

[3] Hansard (1929) HC Deb 15 April, Vol. 227, cc53–6, Winston Churchill 1929 budget speech, delivered Monday, April 25, 1929. Available at: http://hansard.millbanksystems.com/commons/1929/apr/15/disposal-of-surplus, accessed 7 February 2017.

[4] Hicks, J. R. (1937) "Mr Keynes and the 'Classics'", *Econometrica*, 5 (2), 147–159.

[5] Keynes, J. M. (1936) *The General Theory of Employment, Interest, and Money*, London: Macmillan, 1957 Reprint.

[6] Keynes, J. M. (1939) "Relative Movements of Real Wages and Output", *The Economic Journal*, 49 (193), March, 34–51.

[7] Available at: http://www.jstor.org/stable/2225182?seq=1#page_scan_tab_contents, accessed 7 February 2017.

[8] Pigou, A. (1933) *The Theory of Unemployment*, London: Macmillan.

[9] Tarshis, L. (1939) "Changes in Real and Money Wages", *The Economic Journal*, 49 (193), March, 150–4. Available at: http://www.jstor.org/stable/2225216?seq=1#page_scan_tab_contents, accessed 7 February 2017.

第 13 章

有效需求理论

本章纲要

13.1 引言

13.2 有效需求的"总需求—总供给"（D－Z）理论

13.3 总需求的两个组成部分：D1 与 D2

13.4 "总需求—总供给"框架的优点

13.5 储蓄的作用和流动性偏好

13.6 需求缺口及其政策意义

结论

参考文献

学习目标

- 理解为什么就业和产出取决于预期的有效需求。
- 区分总需求的两个组成部分，以及理解它们如何决定有效需求。
- 理解凯恩斯如何通过有效需求理论来揭示古典就业理论的缺陷。
- 了解有效需求理论的政策意义。

13.1 导言

在前两章，我们考察了主流经济学经常重复的观点：市场的力量会将经济推向均衡，在均衡处，供给等于需求。这种观点常常得到另一种常识性观点的支持：只要价格是富有弹性的，那么它们就会调整到均衡水平，在这个均衡水平上，供给恰好等于需求。这个均衡价格被称为市场出清价格。

在第12章中，我们了解到这种学说尽管仍有影响力，却存在着严重的缺陷。我们的结论是，这种基于广场周末集市和"看不见的手"的简单类比（参见第1章）不能等比例放大成宏观经济，后者是由许多相互影响的市场构成的。①

萨伊定律即供给会创造自身的需求，强化了在灵活价格下所有市场都能出清的命题。古典经济学家诉诸可贷资金理论，不承认所有收入不一定会在同一时期都被花掉。可贷资金理论假设家庭储蓄的决策向企业发出了在将来某个时候进行更高消费的意图，这证明了企业为了满足将来的需求而贷款投资是合理的。

对于处在充分就业的经济来说，当将来的消费增加时，企业必须准确知道将来的消费所发生的时间，所消费的产品和服务的种类。如果企业知道这些信息，那么资源会被从当前的消费品生产中释放出来，重新配置到资本品的生产中，用以在将来生产产品和服务。

然而，家庭会以货币和其他流动性资产的形式进行储蓄；在现实中，如果这些储蓄超出了企业的预期，只有当企业发现它们有卖不出去的存货时，它们才会意识到这些储蓄的存在。作为应对，企业可能会减少产量、解雇工人和推迟新的投资计划。随后，整个经济就会陷入萧条的状态。

作为对古典理论的回应，凯恩斯主张，对销售量的预期决定了当前的生产和收入，也就是说，资本家雇佣他们认为其生产所需数量的工人，从而保证他

---

① 主流经济学对市场经济的一般均衡模型的联立方程式表述是相当晦涩难懂的，这需要复杂的数学和非常有限制的假设（包括不存在货币的假设）。简单地说，在真实世界的经济中，这种市场经济是不存在的。

们能够按照预期销售量进行生产。对于凯恩斯来说，这是不同于古典理论的均衡定义，也是更好的对均衡的定义。

凯恩斯不认为市场力量会推动"市场出清"，而是认为市场会在企业生产它们认为可以卖出的产品并获利的均衡状态下趋于稳定。两者的区别虽然看上去有些微小，但很重要。按照凯恩斯的观点，闲置资源的存在，特别是失业的存在，不能通过价格机制来解决，因为即使失业的人愿意降低工资，如果雇主不相信销售量会增加，就业也不会增加。

由于失业时工资的下降会减少可以用于消费的收入，凯恩斯认为有弹性的工资可能只会使得事情变得更糟。这里有两个假设：首先，假设雇主对销量感到悲观时，他们会减少生产规模；其次，假设随着失业的上升，按照第11章中所概述的古典经济学所说，工资会被压低。

就业岗位的减少和工资的降低（以及没有丢掉工作的人们的工作时间的减少）带来了工资收入的减少。随着收入的减少，人们会减少消费。企业相应地就会进一步裁员，并减少工资和工作时间。工资和价格的灵活性只会加剧萧条，你可以想见这样的恶性循环会带来什么样的结果。如果需要现实证据的话，我们只需要看一看20世纪30年代大萧条时期的动态变化，在这一时期工资的下降与就业的下降密切地联系在了一起。

凯恩斯不仅依靠这些现实证据来支持他的论点，他还构建了一个宏观经济的均衡决定的替代性框架。他抛弃了大多数经济学家所采取的"供给决定需求"的学说，而是建立了一个有效需求模型，这个模型就是人们熟知的"总需求—总供给"（D–Z）理论。

有效需求理论说明了宏观经济会处于不充分就业的均衡状态。它是凯恩斯推翻古典宏观经济学模型的核心内容，在今天，它与1936年出版的《通论》一样适用。

13.2 有效需求的"总需求—总供给"（D–Z）理论

市场均衡理论的主要问题就在于，从根本上来说，它是一种"微观"基础的理论，当它应用于宏观经济就失败了。当我们画出一种"小玩意儿"

(widgets，任意的产品）的供给曲线时，我们假定了它独立于这种产品的需求曲线，并且独立于其他市场的需求曲线和供给曲线。市场双方的相互独立是主流经济学的一个基本假设，它之所以关键是因为有了这个假定，价格才会依据过剩需求或者过剩供给进行调整并出清市场。

让我们重新回到广场的集市和香蕉的买卖。假如我们分析的是一个在周日 16：59 开市和 17：00 闭市的香蕉市场，那么这些假设可能是合理的。

在这种情况下，由于只剩下一分钟来"出清"市场了，我们可以想象到供给者会压低价格，需求者会提高价格，从而市场会达到一个"需求与供给相吻合"的均衡点。毕竟，没卖出去的香蕉会很快变质，如果卖家不降低价格，这些香蕉就会积压。同时买家想要在那天晚上用香蕉作甜点，如果他们不提高价格，他们就会得不到香蕉。这些相容的目标保证了在交易日的最后一分钟里价格会向某个"市场出清"的价格收敛。

在这个例子中，我们可以毫无顾虑地忽略需求对供给曲线所有可能的影响。需求的多少不会影响市场上香蕉的数量，因为可以买到的香蕉供给量已经给定了。隔壁卖鱼的档口也是如此。当天的供给是固定的。香蕉的种植者来不及回农场去采摘更多的果实，渔民也来不及派出更多的渔船增加捕捞，或者减少捕捞。更进一步地，我们可以忽略这个市场对其他市场的影响。如果鱼的均衡价格下降从而降低了渔民的收入，这不会显著地影响他们对鱼的需求（因为他们早已留下了他们想要的鱼）。最后，香蕉的供给者来不及改变职业去做渔民，因而无法利用那个周末鱼卖得比香蕉好的时机。

但是，一般来说，如果我们讨论的是整个经济在较长时期内的运行状况，我们就不能接受这些结论。这是**合成谬误**（fallacy of composition）的一个例子。如果在一年里香蕉的供给超过需求，香蕉的价格下降会有更广泛的影响：香蕉种植者的收入会下降，从而他们的消费会减少。一些种植者转行了，这可能会压低所转入行业的工资。如果对香蕉的需求低迷使得种植者转向，比如，杧果的生产，杧果的生产部门会有更多的工作岗位和利润。而如果对香蕉的消费减少没有伴随着其他地方消费的增加，那么整个经济就要承受更低的需求和就业水平。

凯恩斯意识到，如果把经济作为一个整体来分析，我们就不能假设每个市场都是独立的，简单地把单个市场加总。此外，他明白我们不能假设总供给曲线独立于总需求曲线，因为企业只会提供他们认为有需求的产品。

正因为上述原因，凯恩斯需要一个全新的分析框架。他提出使用 D（总需求）曲线和 Z（总供给）曲线。它们不是微观经济学教科书当中常见的描述数量和价格关系的需求曲线和供给曲线，那不适用于总需求和总供给，因为后者包含了许多种类的在不同市场售卖的异质产出，我们不能简单地将种类繁多的商品和服务的数量加总起来。

不同于微观经济学里使用的变量，凯恩斯提出要使用适合于总量分析的变量。他在《通论》的第 4 章里主张，只有两种适合于总量分析的计量单位：货币单位和劳动投入的小时数。我们既可以用总的货币价值来衡量产出，也可以用生产产出所需的劳动时间来度量产出。

第一种方法很直接，它就是我们今天度量 GDP 的方法。无论我们加总的是计算机、手机、木材还是理发的产出价值，我们都可以使用各个部门最终产出的货币价值来计算。正如我们在第 4 章中所讨论过的，由于价格变动，不同时期的 GDP 的比较会很复杂，但这里我们只是计算特定时期产出的名义价值。

确实，使用劳动时间度量产出就没有那么简单了。编写计算机软件的一小时熟练劳动不同于打扫软件公司地板的一小时劳动。但是，我们可以对劳动时间进行加权，从而按照不同的工作中体现的技能和受教育水平来进行调整。尽管这并不简单，但实际上官方的统计机构确实在进行类似的计算。在任意条件下，理论上我们都可以对劳动时间进行加权，例如，一小时的熟练劳动等于两小时的低技能水平劳动，即便这在实践中存在问题。这种做法使得我们可以用加权过的劳动时间来度量 GDP。更高的 GDP 需要更多地按照技能加权的劳动时间。

凯恩斯在他的论述中，既使用了支出和产出的货币价值，也使用了投入的劳动时间。凯恩斯使用了所有企业的"预期收入（expected proceeds）"的概念，而不是价格。总收入用货币单位来度量，被表示为就业量的函数（见图 13.1）。

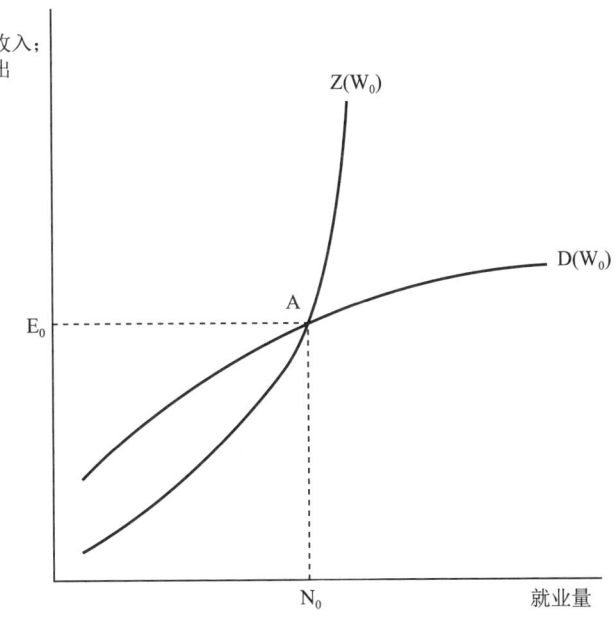

图 13.1　凯恩斯的 D – Z 理论的总框架

凯恩斯没有用产量来作图，而是用了就业量，或者说受雇佣的总劳动时长。如果我们假定劳动按照技能加权，并且每个劳动者都工作统一的劳动时长，那么我们就可以不用劳动时长，而用（按技能加权过的）劳动者数量来度量总量。

凯恩斯没有使用通常的需求曲线（联结的是价格和需求量），而是提出了联结预期收入和就业量的 D 曲线。因此，D 表示的是"雇佣 N 个人时的预期收入"（Keynes, 1936: 25）。[①]

显然，它通常有正的斜率，因为随着就业量的上升，在总量上企业预期会有更多的销售收入。即使对于一些企业可能不是如此，但是对于大部分企业来说则一般是成立的。在就业形势良好的时候，预期的销售收入会更高。

凯恩斯没有使用通常的供给曲线（联结价格和产出数量），而是用 Z 曲线取代。Z 曲线同样联结的是预期收入和就业量：Z"是企业家提供相应的就业

[①]　在这里，我们假定雇佣的工人数量可以代表对应数量的经过技能水平调整后的劳动时间。这需要用每天工作的平均小时数，经过技能水平加权之后，计算出每小时的平均生产率。

量而不致亏本的最低预期收入"（Keynes, 1936: 24）。这条曲线同样向上倾斜，因为企业需要更高的预期收入才愿意雇佣更多的工人。

我们需要记住的是，凯恩斯正在用他的"有效需求"概念取代"市场出清均衡"。企业会按照它们预期能够盈利的销售量来雇佣生产所需的劳动者。如果它们认为销售收入将会增长，它们将雇佣更多的劳动力和生产更多的产出。这使得 Z 曲线的斜率为正。Z 曲线的斜率取决于供给的状况。递增的斜率表明，随着就业量的增长，企业需要的收入的增长快于它们雇佣成本的增长。随着企业扩大产出，它们会面临资源瓶颈。

随着企业产出的增加，当产出超过某个点时，企业会发现雇佣有合适技能的劳动力会变得更加昂贵。其他重要投入的供给者也会面临瓶颈，企业可能不得不为购买这些投入而支出更多。当企业计划未来生产时，它们会考虑雇佣劳动力和买入其他生产资料的瓶颈。在就业总量较高，劳动力市场供不应求的时候，它们会要求更高的预期收入。因为随着产出增加，生产投入的供不应求会带来生产成本的上升，所以我们认为，离原点越远，Z 曲线的斜率越大。

正如我们将在本节后面所讨论的，就业量的上升会带来更多的工资收入，这会带来更多的销售收入。这种预期使得 D 曲线有正的斜率。但是，这里需要强调，D 曲线和 Z 曲线说明的是在一个时点上的企业预期状况。企业不能在做决策的时候就知道未来发生什么。企业可能会发现自己过于乐观了（利润很低或者没有利润），或者过于悲观了（如果雇佣更多工人的话，可以有更高销量，获得更多利润），或者可能恰好预测准确。相应地，预测的结果进而影响企业在未来的预期，从而影响未来的就业决策。

最后，我们需要理解，D 曲线和 Z 曲线是描述总量经济的，而不表示单个市场的需求曲线和供给曲线。事实上，我们是在加总所有企业雇佣劳动力的决策从而得出总的就业量。每个企业会考虑雇佣不同数量的劳动力所对应的预期收入和预期成本，它会据此雇佣所需的劳动力，这取决于企业对销售量的预期。在第 15 章和第 16 章，我们会详细讨论总需求和总供给。

图 13.1 描绘了 D–Z 曲线。这些曲线表示的是非线性的方程，我们后面会讨论为什么它们可能是非线性的。它们是按照给定的货币工资水平 W_0 绘制的。两条曲线的交点是点 A。这个点就是有效需求点，在这个点上，总的就业

水平与企业的预期一致。

在 A 点的左边，D 曲线位于 Z 曲线的上方。这意味着，在 A 点左侧的任何一点，雇佣相应数量的劳动力所带来的预期收入（D 曲线所示）大于企业雇佣相应数量的劳动力的成本（Z 曲线所示）。换句话说，D > Z。理性的企业会预期到雇佣更多的工人会增加收入和利润。

但是，在 A 点的右边，Z 曲线在 D 曲线上方（Z > D），雇佣更多工人会带来的预期收入少于企业盈利所需的预期收入。如果工人数量超过了企业预期销售量所需的劳动力数量，理性的企业不会雇佣更多工人。

这并不意味着在所有 A 点右侧的点上企业在未来一定会亏损。我们这里说的是，在这一点上，预期的收入要小于雇佣对应数量的劳动力时企业想要获得的收入。

均衡会在 A 点处达到：企业会雇佣特定数量的劳动力，这些劳动力所带来的预期收入会等于诱使企业去雇佣这些劳动力所需要的最低收入。我们不必称这个过程为利润最大化。A 点也不是市场出清的均衡点。这里只是就业水平的均衡——给定企业的预期销售量时企业愿意雇佣的劳动力总量。如果企业对销售量变得更加乐观，它们就会雇更多的人；如果企业变得更加悲观，它们就会减少雇佣。但在给定企业的预期的情况下，A 点是合适的水平。

凯恩斯将 A 称为**有效需求**点（the point of effective demand）。他的意思是，雇佣 N_0 个工人时（如横轴所示），对应的预期收入是 E_0（如纵轴所示）。在更高的就业水平，尽管预期收入和"需求"会更高，但是销售收入会低于企业雇佣这么多工人所需要的最低值（Z > D）。而在更低的就业水平，预期收入会高于雇佣这么多工人所需要的最低值，企业从而有动力去雇佣更多的工人。

只有在 A 点我们才有均衡水平的有效需求。在当前给定的工资水平（W_0）上，宏观经济在 N_0 处达到均衡，整个经济的就业总量由此所决定。

13.3　总需求的两个组成部分：D1 与 D2

凯恩斯将总需求 D 区分为两个组成部分：D1 和 D2。D1 随着就业量（和收入）的增加而增加。这部分通常和消费联系在一起，被看作是收入（同时也是就业量）的函数。另一方面，D2 涵盖了与就业量和收入不相关的支出，也就是说，D2 不会随着就业量和收入的变化而变化。

因此，决定 D2 的是就业量和收入以外的变量。凯恩斯将投资划到了 D2 中。原因是投资主要是预期将来利润的函数，因而它主要取决于凯恩斯所说的"长期预期的状况"。尽管这种预期在一定程度上会受到当前经济形势的影响，但是几个月、几年乃至更远将来的预期利润才是影响长期预期状况的主要因素。消费主要由当前可支配收入和收入的消费倾向所决定。通常认为收入的消费倾向大于 0 且小于 1。这意味着，如果收入增加 1 美元，消费会增加，但增加的幅度小于 1 美元。正如凯恩斯所说，"在社会上存在这样的心理规律，当实际总收入增加时，总消费量会随之增加，但增加的幅度不如收入"（Keynes，1936：27）。凯恩斯进一步主张，边际消费倾向随着收入增加而下降（他说，"一个社会群体越富有"，消费倾向就越低，他将之称为"米达斯的宿命"）（Keynes，1936：31；219）。①

我们可以假定消费随着就业量的上升而上升，因为更多的就业会产生更多的收入。如果就业量与收入之间存在着比较稳定的正相关关系，那么从收入与消费的关系就可以推导出就业量与消费的关系。这意味着，D1 曲线会是一个和图 13.1 中的 D 曲线类似的、斜率为正且斜率递减的曲线：在超过了某个点之后，斜率会下降，因为消费倾向会随着就业和收入的增加而下降。这常常被称为**需求缺口**（demand gap）：雇佣更多的工人并支付给他们工资会提高总需求，但是总需求提高的幅度会小于工人收入增加的幅度。

请注意，工人的工资收入同时也是他们雇主的成本。在总量上，如果新雇佣的工人只消费了他们工资的一部分，那么雇主是不能赚回他们新增的工资支出的。这个论断可以更广泛地适用于所有收入（无论是工资、利润还是租金），这些收入随着生产扩大而增长。如果这些收入的支出倾向小于 1 的话，那么就会出现同样的问题。换句话说，生产扩大所带来的收入增长不会都用于

---

① 米达斯（Midas），希腊神话中的佛律癸亚国王。他向神祈求得到点石成金的法术。神满足了他的愿望。结果他的手指点到之处都变成了黄金，他无法正常生活，只能祈求神收回他点石成金的能力。——校订者注

消费。

这些由工资、利润和租金构成的生产成本体现在 Z 曲线上，因为只有企业能够收回这些成本，企业才愿意雇佣工人生产对应水平的产出。如果总需求只包括消费支出（D1），那么有效需求的均衡点就不会存在，因为只要收入的消费倾向小于 1，预期的成本（它决定了企业家要有多少收入才愿意雇佣工人）总是大于雇佣工人会带来的预期收入（即通过出售产出来满足 D1 可获得的收入）。这就是**需求缺口**。

那么 D2 呢？根据之前的假设，D2 不是就业或者收入的函数，如果我们在图 13.1 中将它画出来，它会是一条水平线。D2 包括对生产资料的投资，还有政府购买和出口需求（出口取决于国外收入，而不取决于国内收入）。

我们将 D2 和 D1 加总起来得到总需求，也就是图 13.1 中的 D 曲线。只要 D2 是正值，它就可以起到填补"需求缺口"的作用。

我们在前面说明了，有效需求点在 D 曲线和 Z 曲线的相交处。在给定的预期条件下，它是唯一可能的点：资本家们雇佣他们认为生产所需的工人数量，从而生产出他们预期能够卖出并盈利的产出量。

在图 13.1 中，在点 A 处，D1 加上 D2 等于 Z。在这个有效需求点处，总的预期收入（D = D1 + D2）等于诱使企业雇佣对应的劳动力数量所需的最低收入 Z。凯恩斯将这个模型称为**就业的一般理论**（General Theory of Employment）。

我们将在第 15 章详细讨论总需求的组成，并用总收入而非就业总量来进行说明。使用总收入是今天经济学家们通常采用的方法，也和我们在第 4 章中所讲的国民经济核算方法更加一致。凯恩斯建立 D–Z 模型的目的是要说明就业的均衡水平是如何决定的，并且它不同于弹性工资能够"出清"劳动力市场的理论。凯恩斯强调，有效需求点不一定对应着充分就业。

13.4 "总需求—总供给"框架的优点

当我们研究总量经济的时候，凯恩斯建立的 D–Z 框架有若干优点。首先，雇主的生产决策依据的是对名义收入的预期。供给曲线 Z 着眼于对将来的预期。它和周日 16：59 开市的香蕉市场的供给曲线不同，香蕉市场的供给曲线反映的是过去的供给决策和当天早些时候的销售情况，Z 曲线反映的则是供给者当前对将来他进行生产的整个时期的预期。

Z 曲线显示了要使得企业去雇佣特定数量的工人至少需要多少收入。D 曲线显示了对于不同的就业量，企业对销量和收入的预期。宏观经济的真实结果会调节这些预期。如果企业低估了收入，雇佣过少的工人（生产太少的产品），那么存货很快就会耗尽。例如，零售商店会发现它们没有足够存货来满足顾客的需求，货架开始变得空荡荡了。这些商店会给供货商更多订单，供货商相应地会给制造商更多的订单。如果制造商相信高涨的需求会持续下去，他们就会雇佣更多的工人并提供更多的产出。在图 13.1 中，D 曲线会向外移动，有效需求点会变动到 A 点的右方。

另一方面，如果雇主高估了收入，库存就会积压，零售商就会减少订单。制造商会觉得他们生产了太多产品。如果制造商认为滞销会持续下去，他们就可能会减少雇佣的工人数量。在图 13.1 中的有效需求点就会向左变动。

请注意，D–Z 框架是分析在总量水平上就业是如何决定的工具。单个企业不会用这个框架来确定它雇佣的劳动力数量。除了超大的企业，单个企业雇佣劳动力的决策对就业总量和支出总量的影响可以忽略不计。尽管大企业确实有部门负责预测总需求从而规划产品生产，小企业关注的更多是它们自己的处境。

作为宏观经济的研究者，我们关心的主要是总就业和总产出的决定。单个企业雇佣劳动力的决策会影响到其他企业的销售量。

因此，如果所有企业雇佣劳动力的决策共同导致了就业总量的上升，那么随着产量的上升，总销售量将会增长。D–Z 框架使得我们可以考虑需求和供给的相互依赖，以及一个市场的生产决策对其他市场的影响。

宏观的劳动力需求

宏观的劳动力需求不同于自变量为货币工资的劳动力需求函数，D–Z 框架使得这两种概念得以区分。第 14 章会进一步说明这一点，这里我们只进行简要的概括。

货币工资对经济的供给和需求都有影响。在企业层面，货币工资的变化会改变劳动力成本，这进一步会改变这个产业的供给曲线从而改变总供给 Z。

在每一个就业水平上，货币工资的上升会推高 Z 曲线，因为企业现在需要更多的销售收入才能够维持相同的就业和产出水平从而满足它们的利润预期。

但是，更高的货币工资也意味着在每一个就业水平上，名义收入更高了，这刺激了名义总需求（首先通过增加总消费）。因此，当货币工资上升时，D 曲线会向上移动，因为企业预期会有更高的销售收入（如果货币工资减少，企业预期销售收入会减少，D 曲线会向下移动）。

因此，有效需求点对货币工资的大小是敏感的。这反过来又决定了企业将提供的就业水平以及由此产生的产出和国民收入水平。

我们可以依照不同的货币工资水平画出一组总需求和总供给曲线（以及有效需求点）。由此我们就可以将每一个货币工资水平对应到一个有效需求点及其表示的总需求和总就业量上。工资变动会使得 D 曲线和 Z 曲线都变动，这一点很重要，因为这就是为什么凯恩斯反对古典的就业理论。古典理论认为，劳动力的总需求函数决定于劳动的边际生产率函数，而与产品服务市场无关。

通过研究货币工资变动对总需求点的影响，凯恩斯及其后继者认为劳动力的总需求函数产生于产品和服务市场。因此，在考察货币工资的变动时，我们不仅要考虑它对供给端的影响，而且还要考察它对产品和服务市场需求端的影响。

这意味着我们必须拒绝"古典的"劳动力市场理论，这种理论认为总就业量由向上倾斜的劳动供给曲线和向下倾斜的劳动需求曲线所决定，而有弹性的实际工资可以确保充分就业。本书的观点和这种理论不同，劳动力市场的状况取决于企业对收入的预期，而企业的收入又取决于总就业和总消费。

13.5 储蓄的作用和流动性偏好

古典理论假定，当一个人选择不把收入用于当前消费（也就是储蓄）时，储蓄决策将与一个投资决策（这将产生用于未来消费的产出）相匹配。这就是萨伊定律成立的原因：由于储蓄决策总是可以找到投资决策与之相匹配，所以需求缺口就不复存在了。收入要么用于消费品，要么用于资本品，但总是会被全部花掉，也就是说，"供给创造自己的需求"。

凯恩斯认为，这种联系是错误的。储蓄的决策不会自动地带来投资的决策。个体的储蓄决策可能确实是推迟消费的决策。但是，个体要推迟消费，他会储蓄货币或者流动性资产，而不会去对将来某个时点的产品和服务下订单。这就是为什么储蓄通常会扩大需求缺口。

凯恩斯主张，在现实世界中存在流动性偏好，即积累流动性资产（例如，货币和金融资产）的偏好。这保留了选择的机会，因为持有货币的个体能够以后再决定何时去消费、何地去消费、去消费什么。如果一个人对将来感到不确定，那么就有必要以流动性的形式进行储蓄。

根据凯恩斯的观点，这对分析总量经济具有重要影响。D 曲线和 Z 曲线的背后都有不确定性的存在。企业会形成对自己产品需求情况的预期，企业知道即便是最好的预测也可能是错的。如果不确定性过大，企业可以选择推迟雇工和缩减生产。

更重要的是，如果企业对将来感到悲观，则会推迟对工厂和设备的投资。与家庭选择持有货币和金融资产一样，企业可以选择购买金融资产而非资本品。这会影响 D2 曲线，因为对资本品的支出将增加就业岗位和有效需求。另一方面，虽然购买金融资产可能会增加金融服务部门的就业，但这不足以抵销资本品生产部门失去的所有就业机会。

因为这些原因，推迟消费的欲望会在减少 D1 的同时不增加 D2，从而造成需求缺口。因此，在生产消费品（D1）的部门中，一部分劳动力失业了，而在生产资本品（D2）的部门中，他们仍然找不到工作。

13.6　需求缺口及其政策意义

在前面几节中，我们了解了在任意给定的就业水平上，预期的 D1 支出一般来说不足以诱使企业在该就业水平上供给产出（如 Z 曲线所示）。这个需求缺口需要由 D2 支出来填补，从而在该就业水平上得到一个有效需求点。到目前为止，我们只讨论了 D2 支出中的投资支出。

我们也注意到，由于投资支出取决于企业对新建工厂和设备会产生的未来利润的预期，所以我们不能保证投资能大到足以填补需求缺口。故此，我们可以考虑其他两种支出：政府支出和净出口。这些支出也可以缩小需求缺口。

让我们先来看看净出口。进口代表了本国经济的漏出（我们将在第 15 章详细讨论这一问题）。如果消费者把收入花在外国生产的产品和服务上，这会减少国内的需求。虽然一部分进口在某种程度上与国内收入无关，但大部分进口是国内收入的函数。这意味着，进口会影响 D1 和 D2 曲线，在图 13.1 中会使得 D 曲线下移，扩大需求缺口。随着本国收入的增长，进口需求会上升。进口倾向还会随着收入上升而上升，因为人们可能会需要进口更多的奢侈消费品。

另一方面，出口增加了国内需求，因为外国人购买的产品和服务是在国内生产的。出口需求相对独立于本国收入。因此，出口主要体现在 D2 曲线。净出口的定义是出口减去进口。如果净出口为正，那么净出口会带来 D2 的增加，从而缩小需求缺口。在其他条件不变的情况下，这意味着图 13.1 中的有效需求点会向右移动，就业水平会上升。

这就是为什么很多国家经常采取促进净出口的战略。通过出口提高总需求，有效需求水平会更高，从而创造更多的就业。

显然，不可能所有国家同时都有正的净出口。这是一个零和博弈，因为全世界的出口肯定等于进口。通过促进净出口来缩小需求缺口的战略被称为重商主义。这是一种**以邻为壑**的政策（beggar thy neighbour policy），因为一些国家这么做的代价是另一些国家的贸易赤字。正如凯恩斯所指出的，这导致了国与国之间的对立，这种对立包括贸易战甚至是战争等形式。

在此之外还有一种不会造成国与国之间冲突的战略。另一个需求来源是政府支出，或者更一般地说是财政政策。让我们先讨论税收政策，然后再讨论政府支出。

到目前为止，我们一直忽略税收，但很明显，税收将减少私营部门的支出。很多税收将随着收入的增加而增加。税收主要打击了消费者，从而降低了

D1 类型的支出。还有一些税收不直接与家庭收入有关，其中有些税收会影响经营和投资决策，这些税收可能会降低 D2 类型的支出。

政府可以通过减税的方式缩小需求缺口。但是，这是一种相当笨拙的工具，因为减税不会直接增加需求。减税要有效，它就需要增加家庭和企业购买国内产出的意愿。如果减税导致的是储蓄的增加，或者债务的清偿，或者进口的增加，减税就不会刺激国内需求。只有当减税引致了对国内产出的购买时，减税才会增加 D1 和/或 D2 从而增加需求。

增加政府支出同样可以用于填补需求缺口，并且因为政府支出可以直接增加国内需求，这是一种有力的政策工具。让我们来考虑三种政策选择。

第一种选择，政府直接从国内生产者那里购买国内产出。通过订购产品和服务，政府增加了需求，并在私人部门创造了就业。在图 13.1 中，这表示为随着 D2 曲线的上移，D 曲线和 Z 曲线相交的有效需求点向右移动，就业和产出都增加了。

第二种选择，政府增加对家庭的转移支付，例如，增加失业补助、社会福利或者社会保障。这会刺激家庭的消费，但是，和减税的情况一样，这里不能保证家庭一定会增加对国内产出的支出。对国内产出的需求有何影响取决于他们会如何使用这些转移支付。

一部分增加的转移支付会由于储蓄的增加和进口的增加（以及税收的增加）而从经济体中漏出。尽管如此，如果转移支付针对的是低收入家庭，消费很可能会增加，D1 曲线会上移，从而会产生更多的就业和更多的国内产出。

最后一种选择，政府可以直接雇佣失业者。这会直接增加就业，产生更多的家庭收入。同样的，这可能会增加家庭消费，使得 D1 曲线上移。这就是人们常说的政府支出乘数（对乘数更规范的说明参见第 15 章）。尽管由于进口、储蓄和税收，仍然会有一些漏出，但政府直接雇佣失业者的净影响将是（直接）提高就业和消费。

在结束本节之前，有一点需要格外注意。回忆一下之前的几节，D 曲线（以及它的组成部分，D1 和 D2）是通过预期来构建的：企业基于它们对销量的预期来雇佣劳动力。在本节，我们讨论了来自投资、政府和国外部门的几种注入和漏出。这些注入和漏出有助于缩小（或扩大）由于消费倾向小于 1 而造成的需求缺口。

但是，我们需要记住，有效需求点的决定取决于预期收入和预期成本的比较。如果政府宣布的减税政策或者扩大财政支出的政策能提高雇主的销售预期，那么有效需求点会进一步地向右移动，这对应着更高的就业水平。但是，我们可以设想这样一种情况：对于新宣布的政策，雇主的预期没有积极的反应；他们可能不相信新政策，也可能他们对结果的预期是负面的（通货膨胀使得成本的上升超过了预期收入的提高，或者货币政策会紧缩）。在这种情况下，他们可能不会雇佣更多的工人（有效需求点不会更进一步地右移）。

这里的重点在于，我们不能把 D 曲线和 Z 曲线视为我们可以机械地操控从而对经济进行"微调（fine tune）"的概念工具。相反，它们是帮助我们理解总就业和总产出是如何决定的分析工具。

结　论

在本章中，我们通过使用凯恩斯的 D 曲线和 Z 曲线考察了他对有效需求理论的论述。这个理论框架将就业与有效需求联系到一起。凯恩斯的理论方法考虑到了这样一个事实：就业影响收入和产出，从而影响对工人的需求。一般来说，更多的就业导致更多的销售。有效需求点越靠外，就业水平就越高，预期销售量就越大。

在古典的劳动力市场理论之外，凯恩斯的 D – Z 框架为我们提供了另一种理论选择。古典理论认为在劳动力市场中总就业水平由相互独立的劳动需求曲线和供给曲线决定。凯恩斯不同意这种理论，他认为在任意给定的时点，总就业是由有效需求点决定的。

一般的总需求曲线和总供给曲线将产出和价格总水平联系起来，相较于这种做法，D 曲线和 Z 曲线的阐述还有若干优点。首先，传统的"总需求—总供给"模型是从微观层面加总得到的，并且假定了两条曲线相互独立。尽管这种"需求—供给"分析可能对于某地周日下午的香蕉市场来说是说得过去的，但假定整个经济的供给和需求相互独立是不恰当的。

因为产出的供给会影响就业和收入，它肯定会影响需求。凯恩斯考虑到了这种相互依赖的关系，他假定有效需求点依赖于预期的销售量，并且预期的销售量是就业水平的函数。然后，企业雇佣它们需要的劳动力来生产他们认为可以销售的产量。

凯恩斯反对萨伊定律（供给创造自己的需求），因为生产过程（供给）中产生的收入不一定会被花掉（需求）。一个人可以将收入的一部分以流动性的形式——金融资产——储藏起来，而不是用于购买产出。

这使得在任意给定的就业水平都可能出现需求缺口，也就是供给大于需求。凯恩斯的理论方法使得我们了解到，在不求助于萨伊定律的情况下，总支出是如何等于总收入的（在总量水平上这肯定成立）。

在有效需求点上，在预期中生产（供给）产生的收入会等于销售量（需求），销售量是由生产时雇佣工人带来的。

但是，凯恩斯坚持认为，有效需求点不一定是充分就业的。实际上，有效需求点可以存在于任意的就业水平上。

不要忘了，凯恩斯的 D–Z 框架是建立在预期上的。有效需求点（图 13.1 中的点 A）是一个均衡点，在这个均衡点上的就业水平对应着特定的总收入水平，其中总收入水平满足两个条件：该收入是预期的就业水平会产生的收入，并且该收入是让企业雇佣一定数量的工人所需要的收入。

但是，我们不能认为有效需求点对应的就业水平（图 13.1 的点 A 及 N_0）在现实中会产生预期的销售量。换句话说，图中说明的是事前的情况，说明的是预期的情况，而不是事后的情况，不是实际销售量的情况。但它的确说明了总量上生产者会提供多少就业。销售量可能在事后高于预期（太好了！）或者低于预期（真失望！）。这个结果可能会使得企业改变它们的预期，从而在下一个时期产生一个不同的有效需求点。与新的预期一致的就业水平可能会高于或者低于原本的均衡 N_0。

因此，有效需求点（因此就业水平）可能会随着时间的推移而变化，这部分取决于预期是否实现了。预期也可以被政府的新政策改变；比如，新的支出项目或者税率的改变。海外新市场的开放、新的技术创新、新的自然资源的发现和其他诸如此类的事件都可以改变预期的状态从而改变有效需求点。

参考文献

［1］Keynes, J. M. (1936) *The General Theory of Employment, Interest, and Money*, London: Macmillan, 1957 Reprint.

chapter 14

第14章
宏观的劳动力需求

本章纲要

14.1 引言

14.2 宏观的劳动力需求曲线

14.3 就业量的决定以及非自愿失业的存在

14.4 古典经济学被挫败的反击

结论

参考文献

学习目标

- 理解如何推导出宏观的劳动力需求。
- 解释为什么失业是有效需求不足的结果。
- 了解削减货币工资不能解决持续性失业的问题。

14.1 引言

在本章中,我们将在上一章所讲的凯恩斯对有效需求点的推导的基础上,通过研究货币工资变动对总需求(D)和总供给(S)的影响,规范地推导出宏观的劳动力需求。我们将推导出联结就业与货币工资水平的曲线,以此来取代有缺陷的古典的边际生产率理论,古典理论没有认识到总供给曲线和总需求曲线是相互影响的。

之后我们将把宏观经济的需求曲线和一条描述劳动力宏观供给的曲线放到一起。

14.2 宏观的劳动力需求曲线

总供给和总需求的相互依赖

> **备忘小贴士**
>
> 回忆一下,古典的就业理论认为,在均衡水平上劳动需求等于劳动供给,失业(超过摩擦性失业的那部分)是实际工资高于均衡水平的结果。古典的理论家得出结论说,货币工资(以及实际工资)的灵活性将持续清理劳动力市场,并维持充分就业。
>
> 在古典理论中,假定追求利润最大化的企业受到劳动力的边际生产率递减趋势的限制,企业只会在实际工资下降的时候雇佣更多工人,因为多雇佣一个工人的生产力不如前一个工人。利润最大化要求实际工资(新增一个劳动力的成本)等于边际产品(最后一个劳动力的产出贡献)。
>
> 当货币工资下降时,生产的边际成本下降(假定生产率不变),企业的产出供给曲线向外移动,也就是说,随着边际成本下降,在每一个价格水平上它们都愿意提供更多的供给。

> 古典理论认为，总供给曲线是所有产业的供给曲线的加总，而产业的供给曲线是所有企业的供给曲线的加总，因此，当货币工资下降时，企业的、产业的以及总的供给曲线都会向外移动。

在古典经济学中，货币工资的削减会导致产出的扩大，因为企业在给定的价格水平上会雇佣更多的工人并生产更多的供给。这个推断的前提条件是随着货币工资的减少，当"总供给曲线"（所有企业供给曲线的加总）沿着"总需求曲线"向外移动时，"总需求曲线"是固定的，也就是说，"总需求曲线"是独立于"总供给曲线"的。凯恩斯反对这个前提假设。我们在第 13 章中依据有效需求理论批评了这一模型。凯恩斯反对这个论断的根本原因是，他认为货币工资的减少会对总支出有负面影响。

这是典型的合成谬误。对单个企业乃至单个产业适用的原理不一定适用于宏观经济。我们在第 2 章中讲解节俭悖论时解释过合成谬误。

对于单个企业来说，如果它削减工人的货币工资，产出的供给曲线会向外移动（也就是说，企业会在每个价格水平上供给更多的产出）。这时企业的预期不是货币工资的减少会影响它的产品需求，而是由于价格下降了它可以卖出更多的产品。

但是如果所有企业都削减货币工资呢？古典的就业理论只关注了货币工资的一个方面：它是生产的成本，会影响经济的供给水平。然而，凯恩斯注意到货币工资也是工人收入和国民收入的重要组成部分。

考虑到消费支出与国民收入直接相关，如果消费支出下降，投资支出也可能下降，因此，凯恩斯认为，在货币工资被削减之后，（企业的、产业的和总的）需求曲线会向内移动，在每一个价格水平上的支出会减少。

尽管企业可能会获得更低的单位成本，但是它们也面临着产品需求的萎缩，因为整个经济体的货币工资削减会导致收入的显著减少。

凯恩斯指出，产出的需求曲线和供给曲线是相互影响的。这种相互影响否定了古典经济学将加总的边际生产率曲线作为宏观的劳动力需求曲线的做法。

在古典的就业理论中，假定价格水平是固定的，或者假定价格水平下降的幅度小于货币工资削减的幅度，那么劳动需求曲线是一条固定的边际生产率曲线。但是，一旦我们意识到供给与需求是相互影响的，很明显，边际生产率曲线就不能作为劳动力的需求曲线。

在第13章中，我们概述了凯恩斯的就业模型。我们说明了名义有效需求点是总需求曲线和总供给曲线的交点。在总供给曲线（Z）的每一个点上，企业雇佣相应的就业量所需要的收入足以覆盖该就业水平对应的所有生产成本和期望收益。因此，给定的Z曲线的上移意味着企业会雇佣更多的工人，生产更多的产出，创造更多的收入。

总需求曲线（D）描述了经济体的预期需求状况，它联结了不同的就业水平和对应的收入水平。我们假设对于给定的总需求函数，货币工资是固定的。因此，随着就业水平的上升，国民总收入和预期的支出量会相应上升。

由于总需求和总供给都取决于货币工资水平，并且总需求和总供给决定了有效需求点，因此有效需求点取决于货币工资水平，货币工资水平也就决定了企业愿意提供的就业岗位数量、产出数量和预期总收入，当所有的企业都按照预期销售量雇佣了生产所需的劳动力数量时，有效需求点就达到了。

在第13章的第4小节中，我们了解到凯恩斯的就业理论认为Z曲线和D曲线是相互影响的，货币工资的变动既会影响Z曲线也会影响D曲线，从而会影响有效需求点的位置，这个结果为我们推导**宏观的劳动力需求曲线**（macroeconomic labour demand curve）提供了线索。

货币工资与有效需求的变动

图14.1展示了古典经济学家所主张的情况。图14.1（a）展示了不同的货币工资水平（W_0、W_1、W_2，其中$W_0 < W_1 < W_2$）对应的一族D曲线和Z曲线。于是，我们就可以得到不同货币工资水平对应的有效需求点。例如，对于货币工资水平W_0，总需求$D(W_0)$和总供给$Z(W_0)$一起决定了货币工资水平W_0对应的有效需求点。图14.1（b）展示了不同的货币工资及其对应的就业水平，N_0表示货币工资水平W_0所对应的宏观的劳动力需求。

如图14.1（a）所示，给定就业水平，货币工资的上升（超过W_0）会推高Z曲线，因为企业现在需要更多的销售收入才可以满足它们的利润预期，从而雇佣同样多的工人，维持同样多的产量。但是货币工资的上升也意味着，各个就业水平上的收入增加了，这会增加该就业水平的预期收入（D 曲线向外移动）。因此，D 曲线会随着货币工资的增加而上移（随着货币工资的减少而下移）。

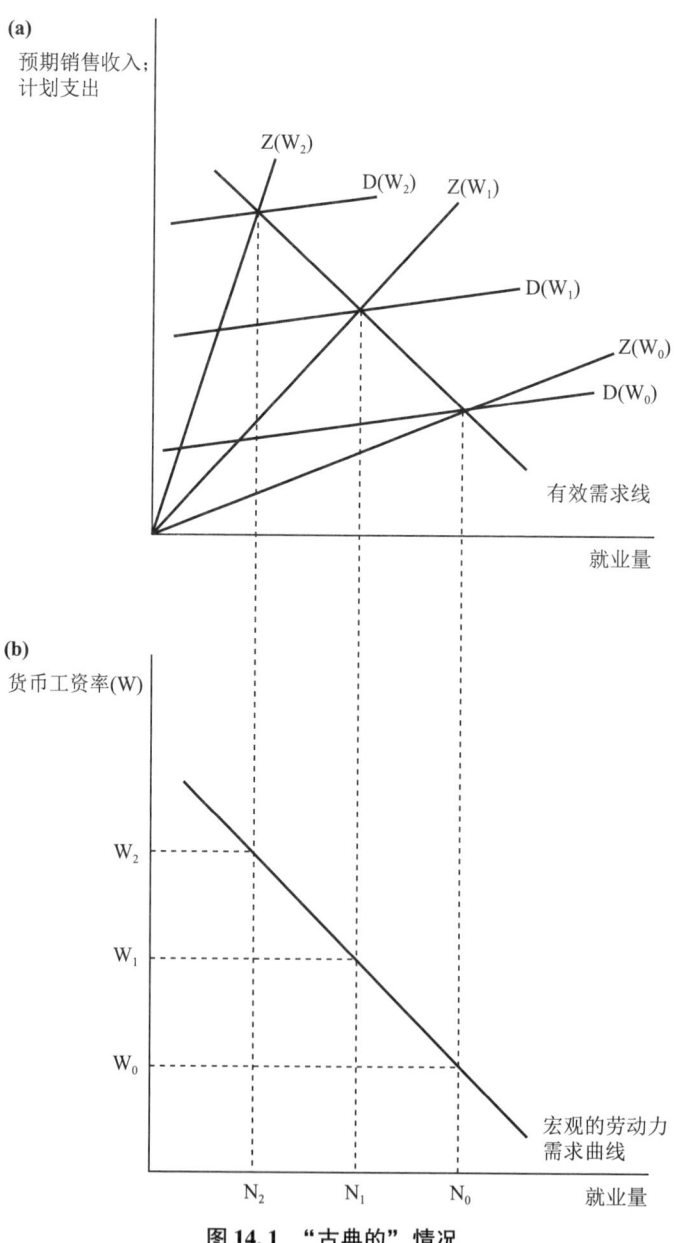

图 14.1 "古典的"情况

我们可以画出在不同货币工资水平上的一族 D 曲线和 Z 曲线（并得到对应的有效需求点）。那么我们就可以将每一个货币工资水平和对应的有效需求点及其就业量对应起来。如图 14.1（b）所示，每一个有效需求点都可以得到一个货币工资和就业量的组合，从而得到宏观劳动力需求曲线上的一个点。

在古典经济学中，宏观的劳动力需求曲线就是边际生产率曲线，与产品服务市场没有关系。不同的是，在 D-Z 框架中，我们需要知道每个货币工资水平对应的有效需求点才能确定就业量。

现在我们来思考一下工资和就业量之间有没有确定的关系。如果货币工资变动，那么会有三种不同的情形：

• 曲线的移动幅度比 Z 曲线小，这时货币工资如果上升（下降），就业量就会随之下降（上升）。

• 曲线和 Z 曲线的移动幅度一样，这时就业量不会变动。

• 曲线的移动幅度比 Z 曲线大，这时货币工资如果上升（下降），就业量就会随之上升（下降）。

美国经济学家西德尼·温特劳布（Sidney Weintraub）在 1956 年指出，第一种情形与古典经济学的观点一致。他将之称为"古典的"情况，这种情况反映了古典就业理论的观点：削减货币工资可以消除失业。

图 14.1 描绘了"古典的"情况，显示了同货币工资水平及其对应的就业水平的一组 D 曲线和 Z 曲线。

Z 曲线随着货币工资水平增加而上移的幅度大于 D 曲线上移的幅度。在这种情况下，如有效需求线所示，有效需求点对应一条向下倾斜的**宏观的劳动力需求曲线**，这条曲线表示货币工资和就业之间的关系。

凯恩斯反对古典的就业理论，因为他不相信就业量会对货币工资的变动特别敏感。在 D 曲线和 Z 曲线相对运动的三个情形中，凯恩斯所说的是第二种情形，也就是两条曲线移动幅度相同的情形。

图 14.2 展示了这种情况，温特劳布将它称为"凯恩斯的"情况。可以看到，这种情况的宏观的劳动力需求曲线是垂直的，就业量不会受到货币工资水平变动的影响。

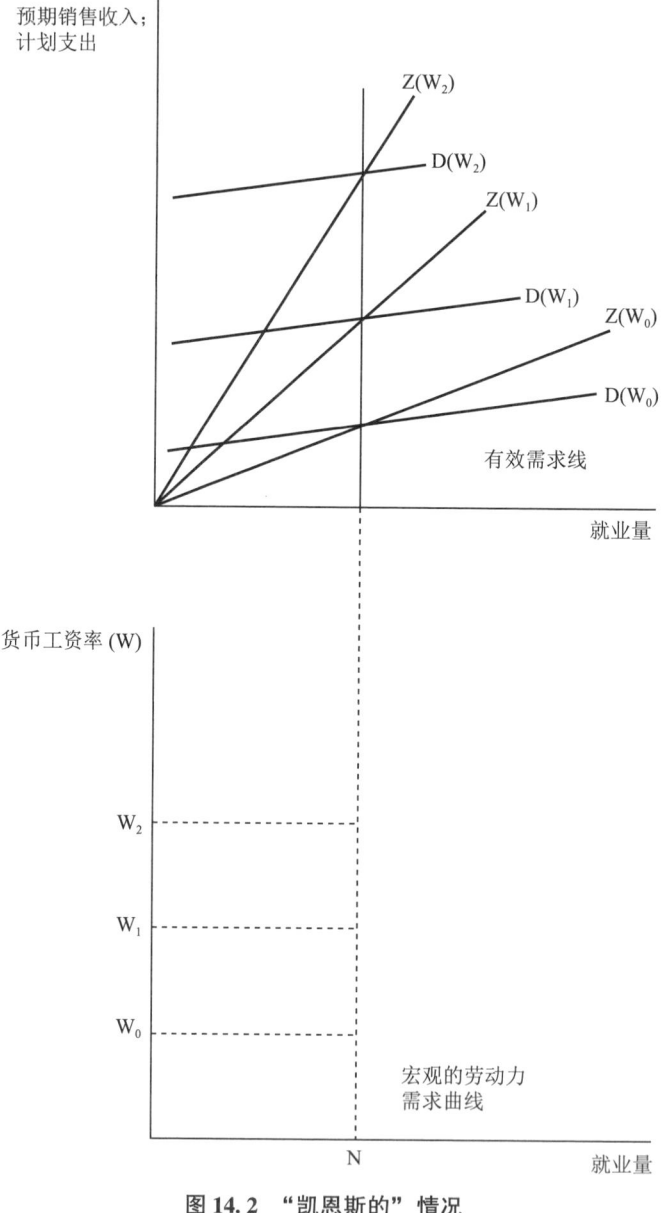

图 14.2 "凯恩斯的"情况

第三种可能——货币工资变动时 D 曲线的移动幅度大于 Z 曲线——被温特劳布称为"消费不足主义者"（underconsumptionist）的情况。一些经济学家认为，更高的工资可以刺激就业，因为消费会增加。图 14.3 描绘了"消费不足主义者"的情况。

请注意，图 14.1、14.2、14.3 使用了线性的"曲线"，这是为了简化说明。

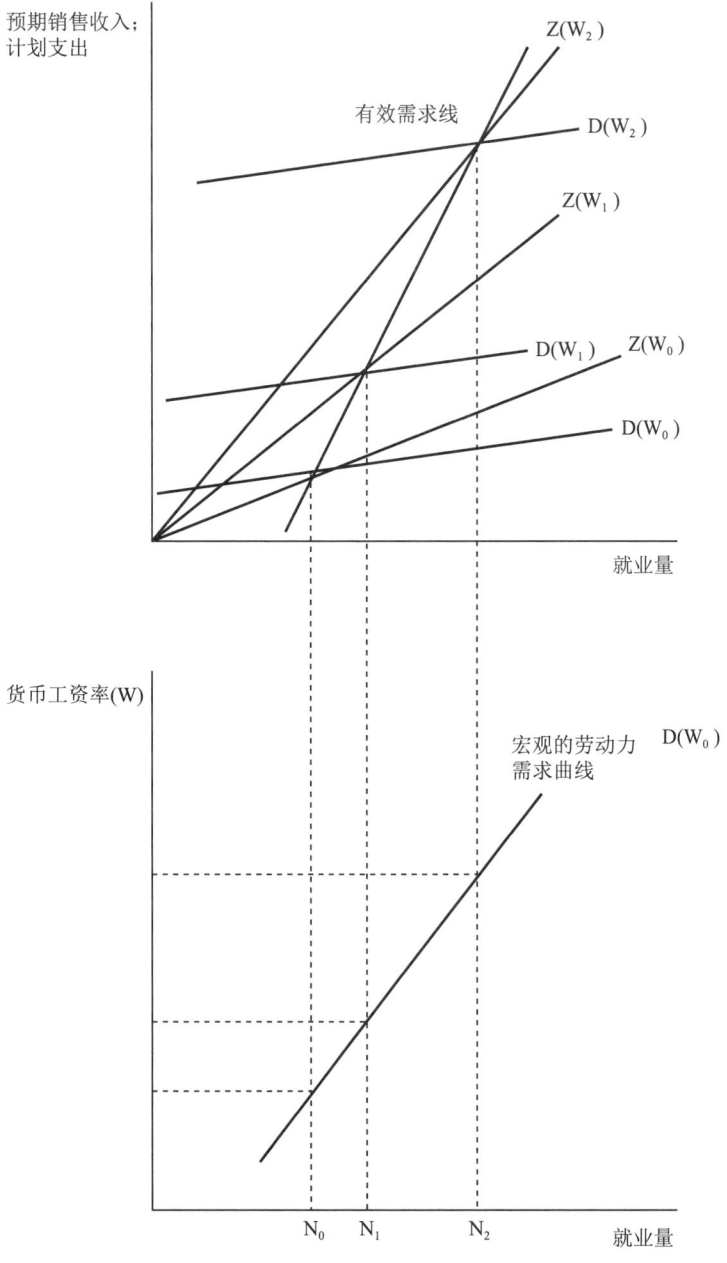

图 14.3 "消费不足主义者的"情况

温特劳布（1956：842）说，"对于经济政策的制定"，这三种情况的"政策意义区别巨大"。

例如，假如现实世界是"凯恩斯的"情况，或者"消费不足主义者的"情况，那么通过削减货币工资来减少失业就是行不通的，并且在"消费不足主义者的"情况下它对就业的影响是非常负面的。

温特劳布认为现实世界更接近于图 14.4 的情况，他将这称为一般的宏观劳动力需求曲线，这条曲线分为有差别的三段。灰色箭头表示，就业量作为有效需求的函数，是外生于劳动力市场的。

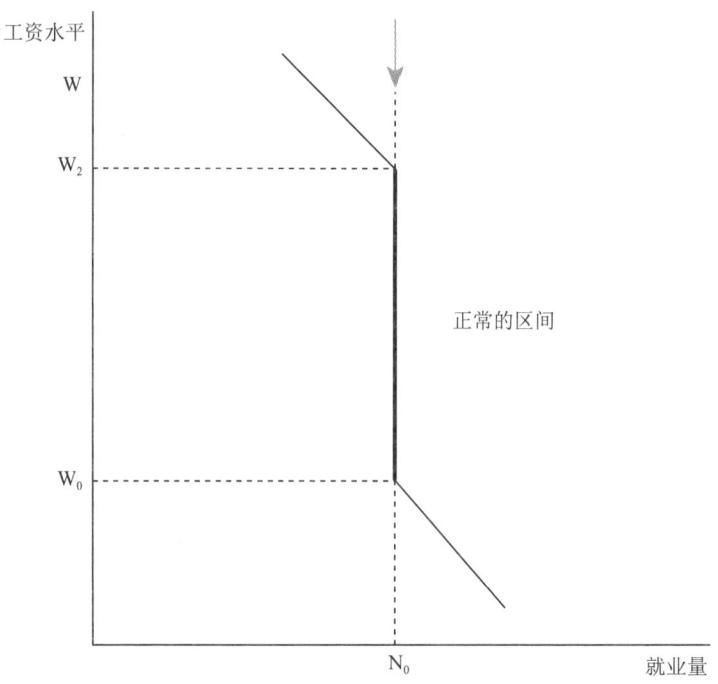

图 14.4 一般的宏观劳动力需求曲线

对于较粗的线段，它表示当货币工资超出 W_2 时，货币工资的上升会减少就业，也就是"古典的"情况。这是因为总供给曲线（Z）向上移动的幅度大于总需求曲线（D）。

我们该如何怎么解释这一点呢？更高的货币工资与更高的价格水平相关，在更高的货币工资水平上，财政政策和货币政策可能收紧从而抑制通货膨胀的螺旋上升。这对总需求造成的负面影响可能会拉低有效需求点，新的有效需求点会低于原来的就业水平 N_0，及其对应的工资水平 W_2。

另外，在开放经济体中，非常高的工资会降低国际竞争力和减少出口需求，这也会对总需求有负面影响，在图 14.4 中，这会使得有效需求点左移。

上半部的负斜率曲线很可能会超出工资通常变动的区间。因此，这部分尽管在逻辑上是有可能的，但是在现实中却很少会出现。

注意，这里"古典"的曲线形状不是由于古典经济学所描述的动态变化（沿着边际生产率曲线进行的变化调整）造成的。但是，这个曲线形状给出了一样的结果：工资增长会减少就业。

当货币工资低于 W_0 时，**庇古效应**（Pigou effect）就可能发挥作用。这个效应是以英国经济学家亚瑟·庇古（Arthur Pigou）的名字命名的，在更一般的意义上它指的是**实际余额效应**（real balance effect）或者**财富效应**（wealth effect）。

在批判古典就业理论的时候，凯恩斯注意到货币工资的降低不会带来实际工资的降低，因为假定企业的单位成本下降了，并假定货币工资的下降不会降低生产效率，市场竞争会同时降低价格水平。

古典经济学家建议削减货币工资和实际工资，从而恢复劳动力市场的均衡，但在 20 世纪 30 年代，尽管不情愿，他们被迫承认，如果货币工资下降，而价格水平随着成本减少而降低，那么实际工资可能不会下降；如果货币工资下降的幅度小于价格水平下降的幅度，实际工资甚至还可能会上升。

但是，亚瑟·庇古在他 1943 年的论文中试图解决这一问题，他提出了一种解决失业难题的方法。他主张实际的消费支出是个人拥有的实际财富存量的增函数。人们以货币和其他金融资产（例如，政府债券）的形式持有这些财富（按照名义量）。

因此，即使货币工资的下降带来了价格水平相同程度的下降从而实际工资不变，价格水平的下降还是增加了人们的**实际**财富。于是，庇古主张，因为财富持有者感到他们变得更富裕了，所以在给定收入水平上他们会增加实际的消费量。

价格水平下降带来的实际资产余额增长为古典就业理论提供了一个后门，

通过这个后门，即使实际工资没有变动，货币工资的下降还是可以增加就业。换句话说，通过实际余额效应，货币工资和就业量的反向关系被保留了下来。

但是，正如我们之前指出的，当价格水平下降时，借款者会感到他们变得更加穷困了，因为他们的债务的实际价值上升了，按照相同的逻辑，这会造成给定收入水平上的实际消费减少，某种程度上这会抵销价格下降对债主消费的刺激。

另外，如果债务以私人债务为主，那么工资下降的净效应可能较小；如果债务大部分是政府债券，那么工资下降的净效应会大一些。

因此，在货币工资水平很低的时候，温特劳布（Weintraub, 1956：844）写道："拥有的几块'零钱'的人变成了'百万富翁'——多么不幸的前景！——从而保证了充分就业。"

在现实世界中，如果价格水平降到了如此之低的水平以至于会有显著规模的实际余额效应，那么很可能整个银行体系都崩溃了。这是因为尽管银行持有的名义债务（大部分是对家庭和企业的贷款）不会变化，但是它们的实际价值会上升很大的幅度以至于大部分的借款者都会破产。大范围的违约最后会摧毁金融系统。

经验证据表明，在正常的价格变动区间里，测量到的实际余额效应和财富效应非常小，并且显然不足以抵销总需求不足。因此，尽管庇古效应提出了一种逻辑上的可能性，但是它没有给古典就业理论提供足够的支持，从而可以抵销凯恩斯尖锐的批评。

处在 W_0 和 W_2 之间的货币工资水平——图14.4中的"正常区间"——不会影响有效需求点，所以宏观的劳动力需求曲线是垂直的。**要让就业量变动，有效需求水平必须变动。**

垂直的部分也可能是向上倾斜的，如果就业量与货币工资的关系是"消费不足主义者的"情况。这是可能的，例如，在比较穷困的国家，货币工资上升所增加的需求会超过生产成本上升所造成的供给变动。结果是，在正常的工资区间里，宏观的劳动力需求曲线会像图14.3中那样是向上倾斜的。

14.3　就业量的决定以及非自愿失业的存在

现在我们可以基于劳动力的需求和供给来分析宏观经济中的劳动力市场。

图 14.5 展示了凯恩斯的劳动力供给函数，它是货币工资的函数。这个函数的意思是，在现行的货币工资水平（W_0）情况下，劳动者愿意接受工作，到了充分就业水平（N_{FULL}）以后他们将要求更高的工资（从而加班工作或者接受其他的工作要求）。对价格水平的预期的变动会导致这个曲线的移动。

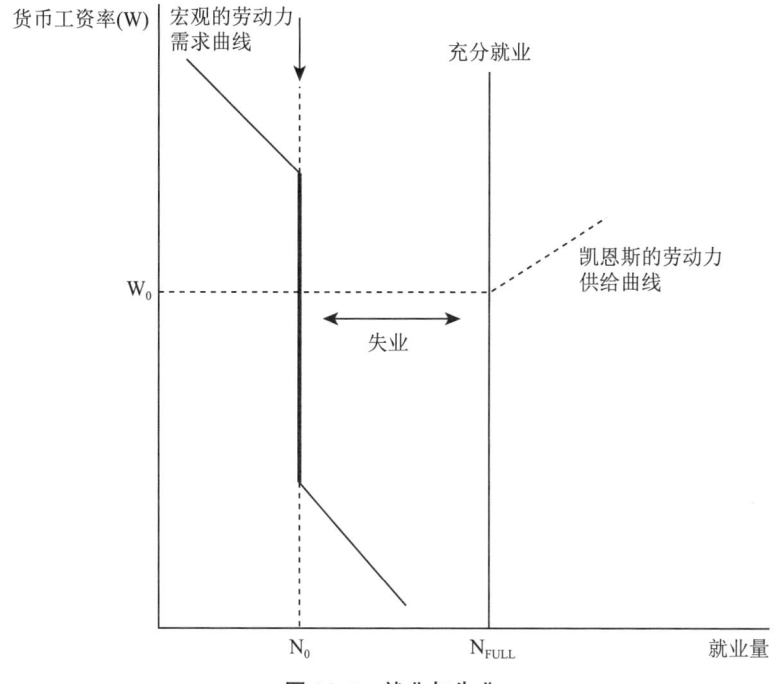

图 14.5　就业与失业

垂直的黑色线表示**充分就业**，在这个就业水平上所有想要工作的人都可以在现行工资水平（W）上找到工作。加粗直线是宏观的劳动力需求曲线，它在极端的工资水平处向后和向前弯折，在正常的工资水平上则是垂直的。

如果当前宏观的劳动力需求小于充分就业水平，那么就会出现非自愿失业。因此，大规模失业是有效需求不足造成的，而不是失业者自身禀赋造成的。失业者无力改变自己的前景，因为工作岗位的短缺是总需求（相对于总供给）的系统性问题。在图 14.5 中，在该有效需求水平上，非自愿失业量是 N_{Full} 到 N_0 的距离。

凯恩斯教会我们一个道理：如果工资水平不变，产品和服务市场上的需求增加（这会使得宏观的劳动力需求曲线向外移动，向充分就业移动）会刺激就业，而且这不需要借助货币工资（或者价格水平）的变动。古典就业理论是不承认这个机制的。

大规模失业总是由有效需求不足造成的，这一问题的解决方法很明显。给定非政府部门的支出水平（消费、投资和净出口），大规模失业是由于政府支出太少或者税收太多。在非政府部门支出太少的情况下，解决大规模失业问题的方法是扩大政府支出和/或减少税收从而扩大总需求。

专栏 4.1　100 只小狗和 95 根骨头的故事

想象一下，在一个小区里有 100 只小狗。每天早上它们会跑到空地上挖骨头。如果在空地里埋了足够多的骨头，那么所有小狗都可以成功地挖到骨头。

现在再想象一下，有一天，这 100 只小狗像往常一样去了空地，但是这回它们发现地里只埋了 95 根骨头。

一些小狗一直都能熟练地找到骨头，它们可能会挖到两根骨头，而另一些小狗会和往常一样挖到一根骨头。但是算下来，至少有 5 只小狗到了回家的时候还是挖不到骨头。

现在假如政府认为这种状况是不可持续的，并且认为问题出在没挖到骨头的小狗缺乏技能和积极性，它们不够熟练或者不够积极，于是，这个问题被建构成一个针对个体的问题，那么人们会认为针对个体的解决方案是恰当的。

结果是，可能有很多狗类心理学家和狗类驯养员会被召集起来去解决没挖到骨头的小狗的态度和技能问题。这些小狗要去参加测评，并且

> 还有专门的项目负责人。政府告诉它们，除非接受训练，否则它们就不能在找不到骨头的时候得到政府提供的晚餐。这些小狗感到很沮丧。
>
> 在找不到骨头的小狗提高了奔跑和挖骨头的技能之后，情况发生了变化。尽管培训给了一些小狗更好的机遇来找到骨头，但是，现在变成了其他小狗找不到骨头了。培训所做的只是改变了排队的次序，但总是至少有5只小狗仍找不到骨头。无论多少的培训和励志演讲都解决不了这个问题，唯一的办法是提供更多的骨头。
>
> 问题的关键在于，当经济中可供就业的岗位不足时，无论失业者多努力地去找工作，他们都无力改变岗位短缺的状况。在岗位短缺的情况下，改变的只是失业者的排队次序。
>
> 来源：基于Centre of Full Employment and Equity（CofFEE）（c.2001）的研究

这是20世纪30年代政府从凯恩斯以及其他经济学家的著作中学到的道理。古典就业理论迷惑了政策制定者，使得他们没有看到解决失业问题的基本途径是相对于总供给而言增加总需求。结果是，在大萧条的早期，政府努力推行主流的古典经济学所提倡的工资削减，导致了数百万工人失去了工作。

一直到政府扩大赤字的时候大萧条才最终结束。

14.4 古典经济学被挫败的反击

古典经济学对工资和价格调整的理论是有缺陷的，马克思（Marx，1863）在他的《剩余价值理论》（*Theories of Surplus Value*）中最早揭示了这一点。马克思讨论了存在失业时产品价值的实现问题。他是第一个理解有效需求概念的学者。他区分了产品的**名义需求**（**notional demand**，一种愿望）和**有效需求**（**effective demand**，有支付能力的需求）。

显然，失业者想要增加消费，但如果他们没有收入或者收入不足，他们就不能把自己的名义需求转变成有效需求。市场需要顾客在光顾时有钱能购买产品和服务。因此，市场无法得到失业者的需求，企业也就不能相应地提高产量。

名义需求和有效需求的区别是大萧条时期凯恩斯与古典学派争论的核心问题。它是凯恩斯批判萨伊定律（"供给创造它自己的需求"）的关键。

我们已经了解到，萨伊定律否认存在生产过剩和失业。这种理论假定，如果消费者决定增加储蓄，那么企业就会对此做出反应，它们会生产更多的资本品来吸收储蓄。它假定资源在部门之间可以完全自由地流动，工人可以简单地从制造比如 iPad 转向制造资本品。凯恩斯说明了当人们储蓄时，他们就不会支出，并且，他们不会告知企业他们会在未来的什么时候支出，以及他们在那时将购买什么，因此，这里存在着市场失灵。面对存货的增加，企业没办法对不确定性作出判断，它们会减少产出。

到了 20 世纪 50 年代，古典经济学的拥护者想要通过实际余额效应来复兴萨伊定律。但是罗伯特·克洛尔（Robert Clower，1965）和阿克塞尔·莱琼霍夫德（Axel Leijonhufvud，1968）等凯恩斯主义者在其著作中深刻阐述了凯恩斯的理论贡献，以及他对古典经济学的批判。这两位经济学家通过不同的方式说明了，新古典主义的行为最优化模型无法用于解释大规模失业等宏观经济问题。

克洛尔（Clower，1965）说明了劳动力市场的过剩供给（失业）通常不会伴随着经济中其他地方（特别是产品市场）的过剩需求。过剩需求是以货币的形式表现的。失业的人（他们有名义的或者说潜在的产品需求）如何能够告诉他们的雇主（产品市场的卖家）他们的潜在需求呢？持有金融资产的储蓄者也不会告诉企业他们的需求。

莱琼霍夫德（Leijonhufvud，1968）也注意到，非自愿失业的产生是因为失业工人无法让企业相信，如果雇佣他们的话，他们就会买更多的产品和服务。即使总收入会因为收入和需求的增加而明显提高，单个企业也不会认为如果它多雇佣工人的话它的利润就会增加。于是，市场的信息传递中断了，经济陷入了停滞。只有在新雇佣的工人保证会购买企业的新增产出的情况下，企业才可能雇佣它们，因为只有在这种情况下企业才能确信雇佣工人的成本会被新增的销售收入所弥补。①

结　论

凯恩斯彻底推翻古典就业理论的关键是，他指出了其中的合成谬误。我们在第 2 章已经讨论过这个概念。

在 20 世纪 30 年代以前，宏观经济学还不是一门独立的学科。当时的主流理论认为宏观经济是个体关系的加总，这是（英国）财政部观点（Treasury View）的理论特征。因此，人们认为整体经济就像一个家庭或一个公司，只是规模更大而已。由此，持这种观点的人认为，可能对个人或公司有利的行为或环境的变化自然也会对整个经济有利。

财政部观点坚持认为削减工资会解决 20 世纪 30 年代大萧条时期的大规模失业问题，这是典型的合成谬误的推理。

凯恩斯揭露了若干个合成谬误的错误，从而引领了对古典经济学的批判。尽管这种逻辑错误在主流经济学的思维中广泛存在，但有两个宏观经济学的合成谬误最为有名：（a）节俭悖论；（b）削减工资来解决失业问题。

我们在这一章里讨论了宏观的劳动力需求曲线，同时也揭露了古典就业理论的合成谬误。

我们在第 12 章到第 14 章讨论了凯恩斯和古典学派的辩论，因为如今人们在为同样的观点而争论。

对于过去三十多年甚至更长时间里，大部分经济体的持续性失业问题，主流经济学的应对方案是诉诸供给侧措施：工资削减、更严格的社会福利资格条件、无止境的培训项目。但是，这种强调劳动力市场的政策——特别是工资水平的政策——犯了合成谬误的错误。

政策制定者总是错将系统性失败误认为是个人失败的问题。供给侧理论存在缺陷的主要原因在于，它没有认识到，当创造的就业岗位不足以满足愿意工

---

① 即使在这种情况下，企业可能还是不会雇佣工人。多雇佣工人所带来的销售额只是弥补了工资成本，不会为企业带来利润。

作的劳动力就业需求时，就会出现失业。这需要应对系统性问题的政策，从而增加有效需求，而不是强调失业者个体状况的政策。

参考文献

［1］Clower, R. (1965) "The Keynesian Counter-Revolution: A Theoretical Appraisal," in F. H. Hahn and F. P. R. Brechling (eds), *The Theory of Interest Rates*, London: Macmillan.

［2］Centre of Full Employment and Equity (CofFEE) (c.2001) The Tale of 100 Dogs and 95 Bones. Available at: http://e1.newcastle.edu.au/coffee/education/education_view.cfm?ID=1, accessed 10 July 2018.

［3］Keynes, J. M. (1936) *The General Theory of Employment, Interest, and Money*, London: Macmillan, 1957 Reprint.

［4］Leijonhufvud, A. (1968) *On Keynesian Economics and the Economics of Keynes: A Study in Monetary Theory*, New York: Oxford University Press.

［5］Marx, K. (1863) *Theories of Surplus Value*. Available at: http://www.marxists.org/archive/marx/works/1863/theoriessurplus-value/index.htm, accessed 17 May 2017.

［6］Pigou, A. (1943) "The Classical Stationary State", *The Economic Journal*, December, LIII, 343–351.

［7］Weintraub, S. (1956) "A Macroeconomic Approach to the Theory of Wages", *The American Economic Review*, 45 (5), December, 835–856.

chapter 15

第15章

总支出模型

本章纲要

15.1 引言

15.2 一个简单的总供给图示

15.3 总需求

15.4 私人消费支出

15.5 私人投资

15.6 政府支出

15.7 净出口

15.8 总支出

15.9 总收入的均衡

15.10 支出乘数

结论

参考文献

学习目标

- 了解核算恒等式与行为方程的区别。

- 理解总需求的组成部分及其决定因素。
- 分析总需求的组成部分如何相互作用从而决定均衡的总收入。
- 理解为什么乘数效应一般大于1。

15.1 引言

在第4章中，我们概述了如何通过国民收入与产出账户（National Accounts，NIPA）的支出法来计算GDP，并介绍了宏观经济学的基本原理，即总支出决定总产出（GDP）和总就业。国民收入与产出账户的核算原则依据的是一组概念定义，由此确定了总支出等于GDP等于总收入（national income，NI）的恒等关系。

在本章中，我们将推导一个有关总产出（GDP）决定的模型，它会帮助我们理解总支出的各部分如何相互作用并决定总产出。我们先概述影响各类支出的关键变量，进而我们就可以得到行为方程。总支出的组成部分包括消费、投资、政府支出和净出口。

在第13章中，我们已经介绍了《通论》中原创性的"总供给—总需求（D-Z）框架"，以及凯恩斯由此推导的有效需求概念。回顾一下，凯恩斯将给定就业水平上产出的总供给价格定义为"企业家提供相应的就业量不致亏本的最低预期销售收入"（Keynes, 1936: 24）。

总供给价格将预期总收入和总就业量联系在一起。在总供给曲线上，销售收入足以覆盖相应就业水平上的生产成本与预期利润。

这里要注意，总供给曲线表示的是总就业量和预期总收入的关系。总供给曲线考虑的是预期收入，预期收入指的是企业预期卖出产出可以获得的货币收入（销售收入）。凯恩斯认为，企业是为了获得货币收入或者说名义利润而制定生产计划的。

尽管如第4章讨论过的，用GDP来衡量产出存在很多问题，但就目前我们关心的话题而言，一大问题是GDP会随着价格上升而增加。凯恩斯想要的是能对经济活动进行度量的稳健指标。正是这个原因，凯恩斯采用了就业量而非产出来衡量总体经济活动。

在这一章里，我们有两个任务。第一，我们要将第 13 章中推导的模型用产出量而非就业量来表达。第二，我们要考察总支出，并且将总支出曲线和简单的总供给曲线相结合。在第 16 章中，我们会推导一个更加细致的总供给曲线，从而完善这个理论框架。为了完成这些任务，我们使用经价格水平调整的（而非以当前价格水平计价的）GDP 来度量经济活动。

由此，我们不需要弱化预期在企业决策中的重要性，但我们暂且忽略价格水平的变动，并假定企业在应对总支出变化时只调整产量而不调整价格。换句话说，我们暂且假定企业按需增加产出和收入。对于这个**数量调整的**假定，我们有两点解释。

首先，企业遵循加成定价原则，它们会在单位成本的基础上加上一定比例的利润份额，从而确定价格。并且，在正常产量范围内它们的单位成本大体上是不变的。一般来说，它们会保留一定的冗余产能，因此即使不追加投资，增加产量也不是什么问题。如果它们的产能不足以满足需求，企业可能会提高价格，从而重新配给产量，这将不可避免地导致顾客流失到竞争者那里去。

其次，企业调整价格时会面临许多种成本，因此它们只会间歇性地进行这种调整。一种观点认为，企业采取"价格目录定价"（catalogue pricing）的方法，按照这种定价方法，企业首先通过广告和其他途径让它们的潜在客户知道它们的价格，然后按照那个价格出售产品和服务，无论需求情况如何（直到超出它们全部的产能）。在使用当前价格目录的时期结束时，它们才会按照对未来需求以及近期和未来的单位成本变动的预期来调整价格（参见第 16 章）。

15.2 一个简单的总供给图示

图 15.1 描述了不变**价格水平假设下**简单的**总供给曲线**。在这一章里，我们将使用这一条曲线集中考察总产出仅仅根据总需求变化在数量方面进行调整的方式。这一曲线是从原点出发的 45°线，它的横坐标表示预期的总收入，纵坐标表示总产出。

在这条 45°线上，预期收入等于总产出（总供给）。我们还以不变价格

（经过通货膨胀调整后的总需求）衡量计划支出。

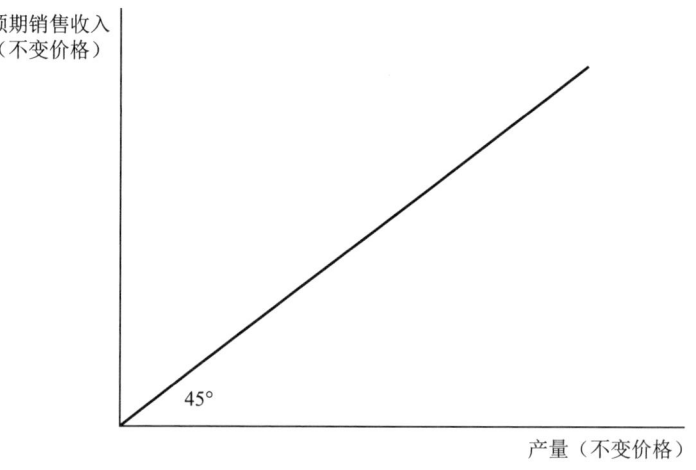

图 15.1　总供给

在第 4 章中，我们解释了衡量总体经济活动的不同方法。支出法、收入法和生产法是 GDP 核算的不同方法，它们会得出一样的结果。在任意时期内，生产的产品和服务的总价值等于总支出，也等于同一时期产生的总收入（工资、利润和租金）。

我们将在第 16 章中详细考察总供给，我们会说明，只要企业能够获得足够的收入来弥补成本并且实现利润预期，它们就会提供特定水平的产出（并产生相应的生产成本）。

请注意，纵轴表示的是通过雇佣工人和生产预期产生的销售收入。换句话说，这是对未来的展望。但是，生产会产生收入，而大部分收入会变成支出。在 45°线上的每一个点，总收入等于总支出。这显然成立，因为支出肯定会产生对应的收入。

预期销售收入是对销售总收入或者总支出的估计，它也等于总收入。从公司的角度看，它意味着企业卖出一定数量的产出会产生的预期收入。

另外需要注意的一点是，这个图不是产能完全利用的情况。当经济满负荷运转时，企业无法继续扩大产出以应对额外支出。在下一节，我们将系统地介绍总支出，同时我们会定义充分就业的产出。当经济超过充分就业的产出时，企业不再能进行数量调整。

15.3 总需求

在第 4 章,我们了解到企业会通过增加投资来增加产能,从而生产更多的产品和服务来满足需求。这里出于简化的需要,我们假定资本存量不存在折旧。一旦资本存量给定,当消费支出增加时,企业会一直增加产量,直到它们的资本、可雇佣的劳动力和其他投入所能达到的产能限制。在超过了全部产能的极限再增加支出时,企业只能提高价格。在我们分析的这个时期里,我们假定潜在产出是固定的。

假设价格不会随着需求变化而调整,因此总需求的提高将增加产出,从而会增加总收入。

注意,由于我们假定价格是固定的,所有新增的支出既增加了 GDP 也增加了不变价格的 GDP(去除通货膨胀因素后的 GDP)。

宏观经济学的基本原理是,对于现有的生产能力,总支出决定了总产出和总收入,从而决定了总就业。

在第 4 章中,我们了解到总支出可以分为以下几种支出:
- 家庭或个人的消费(C)。
- 企业的投资支出(I)。
- 政府支出(G)。
- 出口(外国人的支出,X)减去进口(本国人的支出,M),即净出口 NX =(X − M)。

按照核算原则,这些支出的总和等于 GDP。总支出等于总产出和总收入。

按照国民经济核算的原理,对本国经济的总支出(E)在任意时期都可以表示为:

$$E = C + I + G + (X - M) \tag{15.1}$$

可以看到，出口会增加对本国经济的总支出，进口则会使得支出流失，因为进口是本国居民、企业和政府对外国生产的产品和服务的支出。

总收入（Y）的均衡水平是由总需求所决定的：

$$Y = E \qquad (15.2)$$

请注意，这一时期的总支出所决定的 GDP 不一定等于充分就业的产出水平。凯恩斯等经济学家论证了市场机制不能保证充分就业。

在第 5 章和第 12 章里，我们学习了劳动力市场的相关知识，这些问题在那里有更详尽的论述。

在这一章余下的部分里，我们会更详尽地了解总支出每一部分的特点，并解释它们如何相互作用从而决定总产出（GDP）及总收入。我们还会得出一个均衡总收入的表达式。

15.4 私人消费支出

政府部门和非政府部门的相互作用会带来种种约束，要了解总需求的决定因素，我们必须关注这些约束条件下私人部门的决策。

私人消费支出是大多数经济体中总支出（GDP）的最大的组成部分。消费是家庭对非耐用品（例如，食物）、耐用品（使用期超过一年，例如，汽车以及像冰箱这样的白色家电）和服务（例如，餐馆、电影院等）的消费的加总。

表 15.1 展示了大部分 OECD 国家私人消费支出占 GDP 的比重。尽管有一些明显的例外，大部分国家都接近 OECD 国家的平均值，60.8%。这个比重在较长时期里是相对稳定的。

什么决定了私人消费支出的总量呢？

最基本的私人消费理论认为，私人消费（C）是可支配收入（Y_d）的函数，它们的函数关系是相对稳定的。可支配收入是收入流在交完税（T）后剩余的部分。

表 15.1　OECD 国家在 2010 年和 2016 年消费占 GDP 的比重（%）

	2010	2016
澳大利亚	54.8	56.8
奥地利	51.5	50.5
比利时	50.7	50.0
加拿大	55.6	56.7
捷克共和国	48.3	46.4
丹麦	46.1	46.0
爱沙尼亚	50.8	51.1
芬兰	50.5	52.6
法国	53.4	52.3
德国	54.5	51.5
希腊	67.3	67.1
匈牙利	51.0	48.1
冰岛	49.6	47.3
爱尔兰	46.5	32.2
意大利	60.5	60.3
日本	56.5	54.2
韩国	48.6	46.3
拉脱维亚	62.7	60.3
立陶宛	63.8	64.1
卢森堡	30.8	28.8
墨西哥	63.8	64.3
荷兰	43.9	43.4
新西兰	56.8	56.2
挪威	40.0	43.1
波兰	60.6	57.8
葡萄牙	63.9	63.4
斯洛伐克共和国	56.8	53.6
斯洛文尼亚	55.1	52.6
西班牙	56.2	56.6
瑞典	45.0	42.9
瑞士	52.2	51.9
英国	62.3	62.9
美国	66.3	66.9
平均 OECD	59.7	59.3

来源：作者自制。数据来自 OECD. Stat，Annual National Accounts

我们定义可支配收入为：

$$Y_d = Y - T \tag{15.3}$$

我们可以将政府的税收政策简化为对总收入按比例税率（t）征税，也就是说，对于收入 Y，税收总收入为：

$$T = tY \tag{15.4}$$

假设比例税率（t）为 0.20。这意味着，对于每 1 美元收入，政府会征收 20 美分的税。剩下的 80 美分就是可支配收入。如果总收入等于 1000 美元，那么政府的税收收入等于 200 美元。

税收是总支出的**漏出**，因为这些收入不会被私人支出从而回流到经济体中。可支配收入可以写作：

$$Y_d = Y - T = Y - tY = (1-t)Y \tag{15.5}$$

在我们的例子中，可支配收入可以写成 $Y_d = (1 - 0.2)Y = 0.8Y$。

在宏观经济学中，**总消费函数**描述的是总消费（C）和总可支配收入（Y_d）的关系。

$$C = C_0 + cY_d \tag{15.6}$$

C_0 是一个常数，是消费的基本水平，它是独立于可支配收入的自发消费。系数 c 被称为**边际消费倾向**（marginal propensity to consume，MPC），它表示每增加 1 美元可支配收入中会被消费掉的比例。

一般假定 MPC 的值在 0 和 1 之间。比如，如果 c = 0.75，那么经济体中每增加一美元的可支配收入，消费会增加 75 美分。

注意，MPC 是一个总量，它是所有家庭边际消费倾向的平均值。低收入家庭的 MPC 值倾向于接近 1，而高收入家庭的消费倾向远低于平均水平。

这是因为低收入家庭缺钱，难以维持基本生活需要，而高收入者不仅在绝对量上消费更多，而且在消费之后还有储蓄。

正如我们在这一章的后面将会了解到的，收入分配是考察总需求变动时需要考量的重要因素。例如，假设通过减税来增加可支配收入，比起增加高收入者的可支配收入，增加低收入者同样多的可支配收入会增加更多的最终消费。

将（15.5）式中的可支配收入代入消费方程（15.6），我们就可以说明税率变动对私人消费的影响：

$$C = C_0 + cY_d = C_0 + c(1-t)Y \tag{15.7}$$

图 15.2 展示了消费函数的图像。这里请注意，纵轴表示的是实际的支出[而不是像图 15.1 那样的预期的支出（或者企业的预期销售收入）]。为了简化的需要，我们假定预期销售收入和实际销售收入相等，尽管在现实世界中这不可能发生。在后面我们会再考察预期没有实现的情况。

消费函数的曲线与纵轴的交点 $C_0 > 0$。它是向上倾斜的曲线，因为我们假定了消费随着总收入的上升而增加。

在第 7 章《方法、工具和技巧》中，我们了解到如何在图中得到斜率。一条线的斜率是线上横坐标变动一单位时纵坐标的变化量。在图 15.2 中，纵坐标的变化表示消费支出的变化（ΔC），横坐标的变化表示总收入的变化（ΔY）。

由于 $\Delta C = c(1-t)\Delta Y$，那么斜率 $= \Delta C/\Delta Y = c(1-t)\Delta Y/\Delta Y = c(1-t)$。消费函数的斜率是由系数 $c(1-t)$ 给定的，它小于 MPC，因为在边际税率（t）为正的情况下，总收入增加 1 美元只会带来可支配收入小于 1 美元的增加。

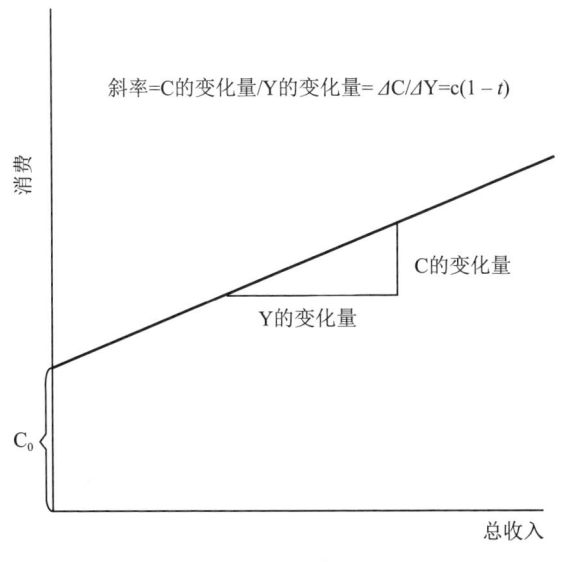

图 15.2　消费函数

你应该能够想到如果 MPC（c）增加的话会发生什么。结果是消费函数曲线的斜率增加，从而每个可支配收入水平上的总消费都会增加。

什么决定了总储蓄（S）呢？

$$S = Y_d - C = Y - T - C \tag{15.8}$$

在宏观层面，储蓄是家庭进行消费决策之后的**余值**。

给定可支配收入的 MPC 为 c，相应的，**边际储蓄倾向**（**marginal propensity to save**，MPS，用字母 s 表示）是 1 减去边际消费倾向：$s = 1 - c$。注意，因为可支配收入只能被消费或者储蓄，所以 $1 = s + c$，或者说 MPS + MPC = 1。

当总收入增加时，政府会得到更多的税收，剩下的就是可支配收入；可支配收入的增加（按照边际消费倾向）会导致消费增加，消费之后剩余的部分是储蓄。

假设 MPC 为 0.75，税率为 0.2，如果总收入增加 1000 美元，那么总税收收入将增加 200 美元，从而可支配收入增加 800 美元。按照这个可支配收入的增长，消费会增加 $0.75 \times 800 = 600$ 美元，剩下的 200 美元是储蓄。

15.5 私人投资

宏观经济学所说的"投资"指的是特定类型的支出，和人们通常说的投资不同。举个例子来说，人们可能认为投资是一个人到银行把一笔钱存成定期存款，或者去买一家公司的股票。

国民经济核算中的投资指的是能够增加经济体生产能力的所有支出，也就是资本存量的增加。这里说的资本是有生产能力的工厂和设备，或者其他设施，它们决定了经济体的潜在产出。因此，当一个企业建设新工厂或者购买新机器时，国民经济核算认为这是在投资。（如果你还是不能区分这两种投资的概念，问自己这样一个问题：这种投资需要劳动来生产吗？显然，我们需要劳动来建设厂房和生产设备，而我们不需要劳动来生产银行里的活期存款，除了在银行户头输入数字所需的微不足道的劳动。）

一般来说，投资主要由企业完成，消费和储蓄主要由家庭完成。一个重要的例外是居民的房地产投资，这被包括在投资当中。但是，这里需要重申一次，经济学家的定义和非专业人士的定义有所不同，只有**新建的**住房会被算入投资。购买现有的二手住房在 GDP 核算中不算作投资，因为这些住房不是新生产出来的。（和前面的道理一样，如果你购买现有的住房，这时不需要劳动来生产它；住房只在它被建造的时候算作投资。）

存货——也就是没卖出的产品——的存量变化也是每个时期商业投资的一部分，因为它们增加了经济体满足当前对产品和服务的总需求的潜能。我们将会说明，存货的变化提供了经济周期状况的重要信息。

表 15.2 是澳大利亚国民收入与产出账户的简略情况，它展示了到 2017 年最后一个季度为止，GDP 各个构成部分的季度增长率和年度增长率，数据是基于季度调整后支出的**环比物量**（chain volume measures）。我们在第 4 章中讨论过国民经济核算框架，这个框架在世界各地通用，表中的支出构成依据的就是这个标准框架。固定资本形成的条目下罗列了若干条目，这些条目加总形成了总投资支出。存货变化是其中一个单独条目。

经济学家区分了**总投资**和**净投资**。总投资是企业对新厂房、设备和存货的总支出。但是，在每一个时期已有的资本存量会折旧。比如，机器会磨损以及（或者）变得过时；建筑需要维护；货车队需要更换新车。在每个时期有一部分总投资用于补偿现有资本存量的折旧。

表 15.2　国民收入与产出账户中支出的环比变化
（经季节性调整后），澳大利亚 2017 年

	2017 年 9 月到 2017 年 12 月的百分比变化	2017 年 9 月到 2017 年 12 月的百分比变化	2017 年 9 月到 2017 年 12 月对 GDP 增长的百分比贡献率
最终消费支出			
政府	1.7	4.9	0.3
家庭	1.0	2.9	0.6
固定资本形成总值			
私人部门			
住房	−1.3	−5.8	−0.1

(续表)

	2017年9月到2017年12月的百分比变化	2017年9月到2017年12月的百分比变化	2017年9月到2017年12月对GDP增长的百分比贡献率
所有权转让成本	-2.1	1.5	-
非住房建设	-8.0	8.0	-0.5
机器与设施	3.3	8.7	0.1
生物资源的养护	-1.4	3.3	-
知识产权产品	0.6	4.0	-
公共部门	2.9	1.5	0.2
存货变化	NA	NA	-
国内总支出	0.6	3.0	0.6
产品和服务出口	-1.8	0.8	-0.4
产品和服务进口	0.5	6.6	-0.1
统计误差（E）	NA	NA	0.2
国内生产总值	0.4	2.4	0.4

数据来源：澳大利亚统计局（Australian Bureau of Statistics，2018）

净投资是总投资当中增加了**新的**生产能力的那部分投资，它增加了总的资本存量。所以，净投资等于总投资减去总折旧。在这一章里，我们假定不存在资本折旧，并且计划的存货量不变。换句话说，为了简化的需要我们假定总投资等于净投资。

我们暂且假定投资纯粹是一个外生的支出来源，是支出的**注入**。

15.6 政府支出

我们已经介绍了政府和非政府部门相互作用的一个因素，也就是比例税率（t），这是对现实中复杂税制的简化。

在国民经济核算中，政府支出有多种形式。

首先，各级政府会从非政府部门中购买产品和服务来实现社会经济目标。有些买的是消费品和服务（例如，外包的福利服务），另一些则是公共投资或者公共资本形成（会在很长的时期提供服务，例如，公共交通系统）。后一类支出能建造重要的公共基础设施，这些公共基础设施增进了非政府部门的福利和盈利能力。

其次，政府直接雇佣劳动者，例如，向公众提供各种服务的公务员。

最后，政府以养老金和福利津贴等形式向非政府部门提供**转移支付**（transfer payments）。在第 4 章中，我们已指出，在国民经济核算中，转移支付不是政府支出的一部分，因为转移支付不构成政府对产品和服务的最终需求。转移支付会在转移支付对象（例如，家庭）支出的时候被纳入核算中。

我们的模型和国民经济核算有相似之处，在这个模型中，税收的总流量 T 代表**税收净值**（net taxes），也就是总的税收收入减去向非政府部门的总的转移支付。

政府支出的净值（也就是政府支出减去税收净值）是由两大规则决定的：

1. 政府制定财政政策时的相机抉择（也就是对支出水平和税率的决策）。
2. 经济周期性运行的总体状况会影响税收净值，从而会影响政府支出。

例如，当经济状况不佳时，税收净值会下降，因为给定税收福利政策，税收会减少而福利支出会增加。当经济快速增长、失业减少时，情况则相反。这些影响是周期性的，它们会随着经济的周期性变化而变化。它们也被称作**自动稳定器**，因为它们自动地在两个方向上发挥稳定总支出的作用。第 8 章和第 14 章已经简要地讨论过自动稳定器的问题。

出于接下来讨论的需要，我们假定这些政府支出的周期性变化不存在，假定政府支出（G）外生于总收入。我们在第 7 章中已知晓外生变量的含义。

因此，政府支出是经济体中支出的注入，相反，税收是漏出。

15.7　净出口

出口是本国生产的产品和服务卖到世界上的其他地方。尽管出口增加了总收入，但我们认为出口是成本，因为它使得产品和服务卖到了国外，本国居民不能享用生产这些产品和服务所消耗的实际资源。

进口则是家庭、企业和政府消费其他国家生产的产品和服务。换句话说，在每个时期里，有一部分的消费支出、投资支出和政府支出没有增加本国的产出，因此这部分支出从国内支出和收入的循环中**漏出**了。

尽管进口是经济体中支出的漏出，我们还是认为它为本国经济提供了好处，因为它使得家庭、企业和政府能够获得某些产品和服务，而如果没有进口，本国就无法获得这些产品和服务，或者无法以便宜的价格和优秀的质量来获得这些产品和服务。

出口（X）和进口（M）的差额是一国的净出口（NX）。当出口大于进口时就会出现外贸盈余。当出口小于进口时就会出现外贸赤字。我们将在第24章讨论这些问题，届时我们将通过介绍汇率和国际竞争力等概念，详细地讨论净出口的决定因素。

在本章，为了简化模型，我们假定在任一年份出口（X）是给定的，它是由世界其他地区的总收入决定的，而不受本国经济的影响。

什么决定了进口支出呢？

我们假定进口支出（M）随着总收入增加而增加。因此，总收入越高，消费品、服务和资本品的进口量就会越大。

我们暂且假定对于每一美元的总收入，进口产品和服务的比例是固定的。这个比例我们称为**边际进口倾向**（**marginal propensity to import**，用字母 m 表示），它的意思和 MPC 类似。边际进口倾向是增加 1 美元总收入会带来的进口支出的增长。

例如，如果 $m=0.2$，总收入（Y）增加 1000 美元，那么进口支出就会增加 200 美元。给定总收入水平，边际进口倾向越高，进口支出的漏出就会越高。

15.8 总支出

现在我们已经考察了总支出（或者说总需求）的所有组成部分，我们可以将总需求方程（E）写作：

$$E = C + I + G + (X - M) \tag{15.10}$$

正如我们在本章一开始了解的，这是一个核算的恒等式，它是从国民经济核算体系中得到的。

我们已经发展了一些简单的行为理论来解释总支出的各个组成部分。我们假定消费和进口是随总收入递增的函数，而投资、出口和政府支出则是不随总收入变动。我们还假定了一个简单的税收规则。

我们可以扩展总需求方程来反映这些行为假设，我们由此得到均衡收入的表达式。

$$E = C_0 + c(1-t)Y + I + G + X - mY \quad (15.11)$$

可以看到，经济体的总支出部分取决于总收入，部分（I、G 和 X）则假设与总收入无关，或者说它们是在总收入之外自行决定的。

我们可以使用第 7 章中的技巧变换方程 (15.11)：

$$E = C_0 + I + G + X + [c(1-t) - m]Y \quad (15.12)$$

我们将总支出中所有外生的部分加总起来（$A = C_0 + I + G + X$），从而化简这个表达式。**总需求（函数）方程**可以写成：

$$E = A + [c(1-t) - m]Y \quad (15.13)$$

这个函数曲线的斜率是 $\Delta E/\Delta Y = [c(1-t) - m]$。边际消费倾向（c）越高，税率（$t$）和边际进口倾向（m）越低，这个曲线就会越陡峭。

试试看

试试看你能不能解释这个问题。正的边际消费倾向会导致这样的结果：总收入的增加导致**引致消费（induced consumption）**支出的增加。税率和边际进口倾向是每一美元总收入增长中漏出的部分。在下一部分考察**支出乘数（expenditure multiplier）**的时候，我们会给出完整的分析。

图 15.3 展示了总需求函数以及它的每个组成部分。

总需求函数曲线的横坐标表示国内产出（收入），纵坐标表示总需求或者说计划支出。它展示了总收入与计划支出的关系，以及两个重要的问题：

- 总支出中外生的部分，A，是纵轴上的截距；
- 曲线的斜率取决于边际消费倾向（c）、边际进口倾向（m）和税率（t）。

如果总支出中外生支出发生变化，那么总需求（计划支出）的曲线就会移动。同时，如果 c、t、m 中任意一个变化了，曲线的斜率就会变化。

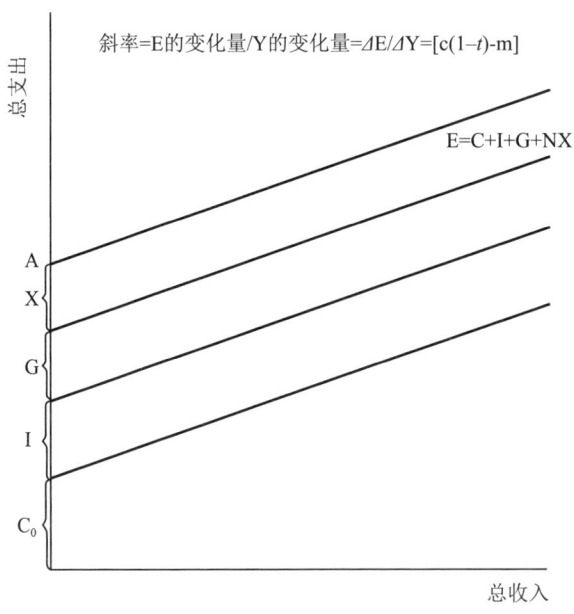

图 15.3　总需求函数

如果计划的政府支出和私人投资增加，那么总需求曲线就会上移，它在纵轴上的截距就会增加。结果是计划支出在所有收入水平上都会增加。同样，如果政府支出被削减，结果则是相反的。无论以上哪种情况，曲线斜率都没有变动。图 15.4 展示了外生支出从 A_0 增加到 A_1 的结果。

总需求曲线的斜率也可能发生变化。边际消费倾向（c）的增加，和（或）税率（t）的减少，和（或）边际进口倾向（m）的减少都会导致曲线斜率的增加。

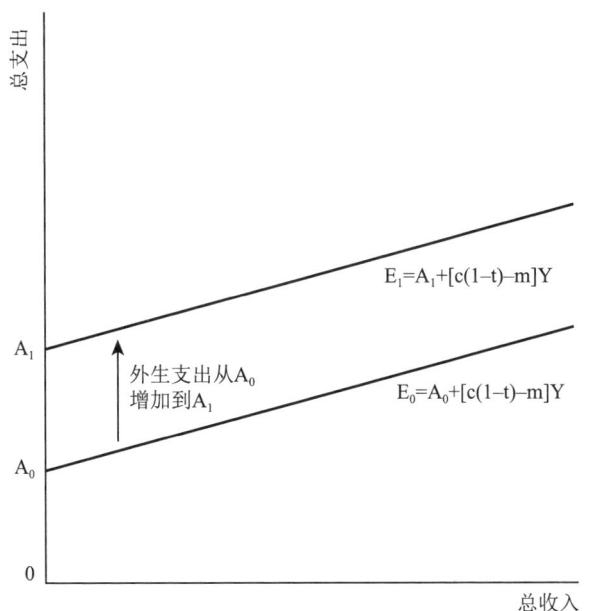

图 15.4 总需求曲线的截距随着外生支出的增加而增加

图 15.5 展示了边际消费倾向（c）上升的结果。在每一个总收入水平上，计划的总支出都增加了。

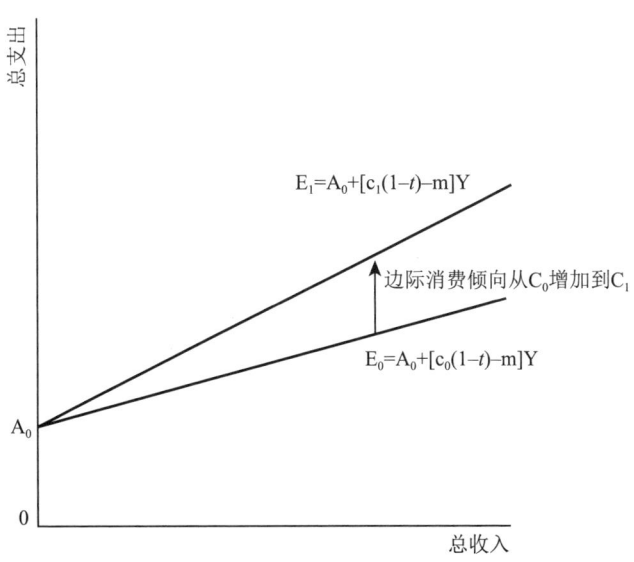

图 15.5 总需求曲线的斜率随着边际消费倾向的增加而变动

> **试试看**
>
> 试试看你能不能画出税率（t）增加、边际进口倾向（m）增加和边际消费倾向（c）减少的情况，并解释这些变化的含义。
>
> 再试试看你能不能说出在现实世界中有哪些因素会影响边际消费倾向（c）和边际进口倾向（m）。例如，具备基本金融体系的穷国可能会比那些富国有更高的边际消费倾向。

15.9 总收入的均衡

在宏观经济学中，**均衡**指的是在这种状况下没有力量会改变当前的总支出、总产出和总收入水平。在均衡点处，企业依据它们对计划支出的预期进行生产，所有产出都会被卖出。均衡意味着一种静止的状态。

千万不要把均衡和充分就业混淆在一起。即使在非自愿失业率很高的时期，宏观均衡同样存在。充分就业只是一个可能的均衡点。

当计划支出等于总收入及总产出时，均衡就达到了。

按照我们当前采用的假设，在经济体中企业进行的是产出数量调整，价格在短期内是固定的。在这些假设条件下，图15.1向我们展示的45°线是总供给曲线，因为这条曲线上总供给等于总收入。

我们其实假定企业在扩大生产时总是有闲置的资源可用。但是当产量增加到了一定水平，经济体的所有产能都被动用时，企业不能再继续扩大产出。在此之后，价格上升就不可避免了。

均衡在总需求曲线和45°线相交处达到，因为在这个点处，企业预期的总需求［它决定了企业供给决策（Y^*）］等于居民、企业、政府和国外部门的计划总支出（E^*）。

图 15.6 展示了均衡点，它对应收入 Y^* 和支出 E^*，Y^* 和 E^* 是经济中此时的有效需求。

在图 15.6 中可以注意到有两片区域处在总需求曲线和 45°线之间。在区域 A 中，计划支出大于企业对需求的预期，从而也就大于实际的产出和收入。企业提供的产出不足以满足当前市场需求。在这种情况下，存货的库存量会出现计划外的减少，这告诉了企业的预期出错了。为了应对计划外的存货减少，企业会增加产出，进而增加总收入。

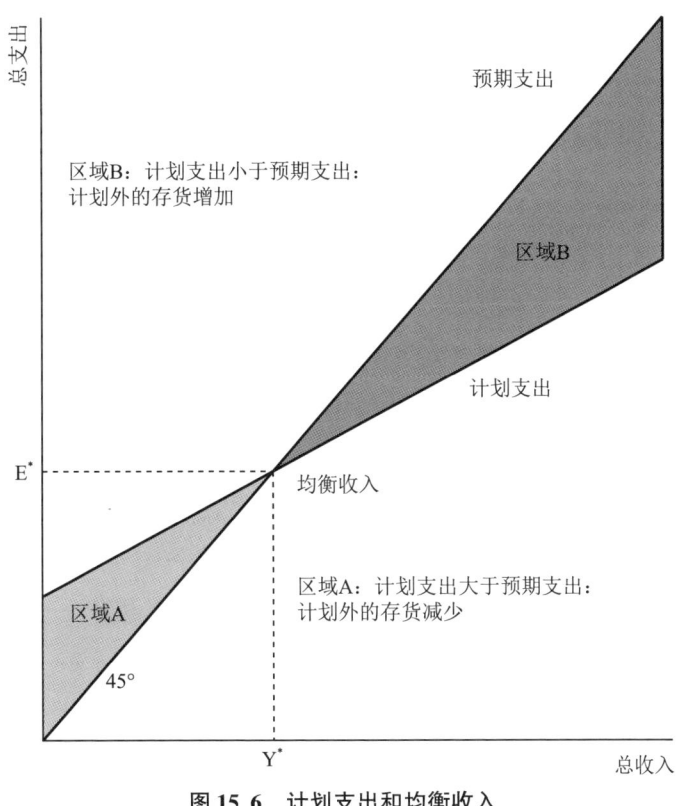

图 15.6　计划支出和均衡收入

另一方面，在区域 B 中计划的支出小于企业对需求的预期，也就是小于实际的产出和收入。企业过于乐观，生产了过多的产出，产生了过多的总收入，这些总收入超过了计划支出的实际水平。在这种情况下，存货的库存量会出现计划外的增加，这告诉了企业的预期出错了。为了应对计划外的库存增加，企业会减少产出，进而减少总收入。

存货的周期性变化是企业（假定它们只进行数量调整）进行周期性调整的重要内容，企业的周期性调整使得它们的预期及生产决策与计划支出相一致。增加产出的决策意味着更多的就业岗位，更多的总收入会带来更多计划支出。企业会增加产出、收入和工作岗位直到它们的预期和计划支出一致，直到不再有计划外的存货减少。均衡在（Y^*，E^*）处达到，也就是总需求曲线和45°的总供给曲线相交的地方。

类似的，如果企业发现自己的产量太高了，以至于出现了存货积压，企业会裁减员工并减少生产。企业会持续减少产出、收入和就业岗位直到不再有计划外的存货增加并且经济体达到（Y^*，E^*）处。在这个点上，企业只保有计划中的存货，企业的产量与计划支出一致。

专栏 15.1　存货变动与计划的投资

我们已经了解到计划外的存货数量变化会导致 GDP 和总收入的变动。企业当前的产量依据的是过去对当前总需求的预期，而计划外的存货变动告诉了企业它们之前的预期是错误的。

如果存货数量的增加超过了企业用于应对支出波动的正常水平，这告诉了企业它们对总需求过于乐观了。一旦企业确信这种变动不是偶然事件，它们就会减少产出，总收入也就随之减少。

相反，如果存货的减少超过了正常的水平，并且企业认为这不是短暂的插曲，那么企业会上调它们对总需求的预期，GDP 就会增加。结果是产出、就业和总收入的增长。

总收入的均衡在计划的总需求等于 GDP（或者说总收入）时达到。但在第 4 章中，我们了解到，在国民经济核算中总支出总是等于 GDP 等于总收入，无论总收入的均衡是否达到。

但是，总支出的核算概念不同于宏观经济学中的计划总需求。不同之处在于，计划的库存支出是企业为应付销售的正常波动而事先决定的，给定时期内存货支出的流量不一定等于计划的存货支出。

> 国民经济核算处理这种差异的方法是，将一个时期内所有的存货支出都算作资本形成总额或者说投资总额的一部分。
>
> 而在宏观经济学中，我们处理这一概念分歧的办法是区分计划内的（p）总量和计划外的（u）总量。因此，总投资 $I = I_p + I_u$，其中 I_p 和 I_u 分别是计划内的投资和计划外的投资，存货的积压和减少包括在其中。在这之中，只有计划外的投资增加（或者减少）才会导致 GDP 以及总收入的变化。因此，如果 I_u 为正（负），也就是说，销量低于（高于）预期，那么存货数量就会增加（减少），总投资就会大于（小于）计划的投资额。
>
> 因此，如果 I_u 不等于 0 的话，在一个时期的国民收入与产出账户中，它就会被算作存货投资的一部分。但在宏观经济学中，我们认为在一个时期内正的或者负的 I_u 值反映了企业预期的错误，企业因而会调整产出、GDP 和总收入。因此，均衡意味着 $I_u = 0$。

15.10 支出乘数

我们需要理解收入变动机制的一个关键特征。(15.13) 式的总需求方程（计划的总支出）包括两部分：(a) 外生的支出（$A = C_0 + I + G + X$）；以及 (b) 由总收入决定的支出，$[c(1-t) - m]Y$。

某种外生支出的变化会对 GDP（以及总收入）造成什么影响呢？我们知道 GDP 和总收入会随着计划支出的上升而上升，随着计划支出的下降而下降。我们这里要关注这样一个问题：我们知道外生支出的变动（例如，政府支出的增加）会带来计划支出的变动，那么计划支出的变动会进一步带来 GDP 和总收入多大幅度的变化呢？

经济学家提出了**支出乘数（expenditure multiplier）**这一概念来估计外生支出（A）变动对总收入（Y）的影响。

图 15.7 概括了支出的乘数效应过程。从一个最开始的均衡位置出发，外生支出的变化对总需求有一个即时的影响。如前一节所解释的那样，企业会对计划支出的增加做出反应，它们会雇佣更多的劳动力来生产更多的产出（GDP）。总收入增加了。

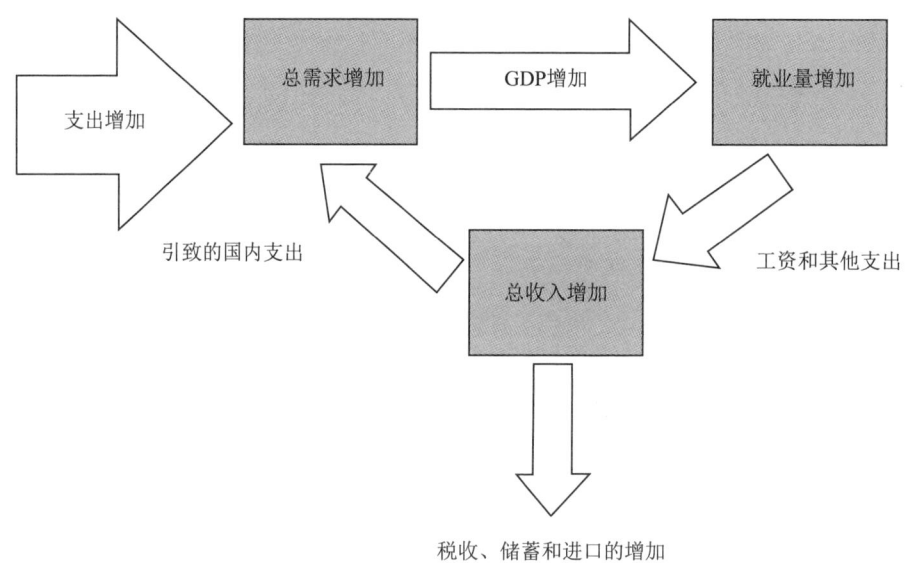

图 15.7 乘数效应的过程

总收入的增加会引致更多的消费支出，而这又会进一步增加总需求、就业量和 GDP。总收入增长的一部分会以税收、进口和储蓄的形式漏出。

这个过程会一直持续下去，直到引致的支出变得非常小，从而 GDP 不再增加。同样的，外生支出的减少会带来就业、GDP、税收、进口和储蓄的接连减少。

代数式的说明

支出乘数效应的规范表达可以直接从总收入和支出的均衡关系中推导出来。

我们之前推导了总需求函数，$E = A + [c(1-t) - m]Y$。总收入的均衡条件是：

$$Y = E \tag{15.14}$$

如果我们将均衡条件代入到总需求函数（15.14）中，我们可以得到：

$$Y = E = A + [c(1-t) - m]Y \tag{15.15a}$$

将 Y 移到左边，合并求解可得：

$$Y[1 - c(1-t) + m] = A \tag{15.15b}$$

由此可得均衡收入为：

$$Y = A / [1 - c(1-t) + m] \tag{15.15c}$$

支出乘数（α）的定义是每一单位外生支出变化所带来的总收入变化（$\Delta Y / \Delta A$），这里用微积分的知识可以知道 α 等于 A 的系数：

$$\alpha = \Delta Y / \Delta A = 1 / [1 - c(1-t) + m] \tag{15.16}$$

因此，如果 A 发生变动，那么 Y 的变化量会是 A 的变动量的 α 倍。如果 A 变动 1 美元，那么 Y 会变动 $\alpha = 1 / [1 - c(1-t) + m]$。因为 α 的分母小于 1，所以乘数大于 1。这是可以预见到的，因为在外生支出的初始增加（ΔA）之后，进一步的引致需求还会使得总收入增长，也就是说，ΔY 会超过 ΔA。

观察支出乘数的构成，你会发现它是一个比值，里面包括边际消费倾向（c）、边际税率（t）和边际进口倾向（m）。

运用你在第 7 章中学到的技巧，你可以得到如下结论：
- 其他条件不变的情况下，边际消费倾向越高，支出乘数越大。
- 其他条件不变的情况下，税率越低，支出乘数越大。
- 其他条件不变的情况下，边际进口倾向越低，支出乘数越大。
- 如果边际消费倾向下降，税率和边际进口倾向上升，情况则相反。

现在需要解释的是得出这些结论的经济行为过程。

总需求决定总产出，总产出决定总收入（通过生产时要素投入的支出），这一重要观点是我们思考的起点。据此，支出决定了一个时期的产出和收入。收入产生之后就可以用于支出。生产中对要素投入的支出会产生收入，这些收入有以下几种使用方式：

- 消费支出
- 储蓄
- 支付税款
- 购买进口品

例如，企业雇佣工人生产产品和服务，工人们将工资的一部分用于消费。他们还会缴税，可能还会把可支配收入的一部分储蓄起来。

图形的说明

图 15.4 展示了如果外生总支出发生改变，总支出函数曲线会上移或下移，移动的幅度可以用纵轴上的截距来衡量。

假设因为失业率太高了，政府增加了它的支出。在第 14 章中，我们了解到大规模失业总是相对于经济体的潜在产出而言总需求不足的结果，一个简单的解决办法是增加政府支出。

图 15.8 展示了当政府支出增加（ΔG）时均衡支出和收入的变化。点 A 是初始的均衡点，它对应了总收入（以及 GDP）Y_0^* 和总支出 E_0^*。假定总需求函数为 $E = C + I + G_0 + NX$。

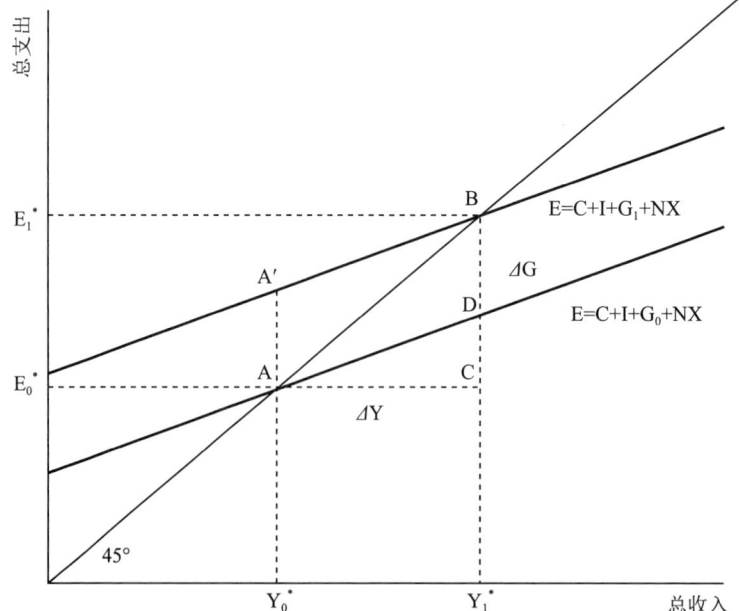

图 15.8　政府支出的变动对均衡支出和收入的影响

在这个点上不存在计划外的存货变化，企业的产出决策基于预期的总需求，而这个预期和实际结果是一致的。

现在政府支出增加了 ΔG，这会使得总需求函数曲线上移到 $E = C + I + G_1 + NX$ 的位置，使得总收入增加到 Y_1^*，这个收入水平对应的总支出是 E_1^*。新的均衡收入在点 B 的位置。

均衡总收入（以及 GDP）增加的原因和企业预期的改变有关。当政府在经济体中注入外生支出时，在当前均衡位置上，总支出会大于产出。两者之间的差距是图 15.8 中的线段 AA′。它的长度表示过剩的总需求（对于当前的 GDP 而言），此时存货数量会减少。企业会随之上调它们对总需求的预期，开始增加产量从而增加总收入。

它们会一直增加产出和收入，直到它们对总需求的预期与实际的总需求一致，也就是点 B 处的状态（此时新的总需求曲线和 45°的总供给曲线相交）。

可以注意到，均衡总收入的变化（ΔY）大于外生支出的初始变化（ΔG）。这两者之间的差由线段 CD 表示。

我们如何解释这两者之间的差呢？

支出乘数表示当外生支出变化时总收入会有多大程度的变化。对于给定的外生支出变化，乘数越大，总收入变化越大。

在图 15.8 中可以看到，由外生支出变化（在这个例子中是 ΔG）带来的总需求的总变化量（ΔE）是线段 BD 加上线段 DC，其中线段 BD 表示 ΔG，线段 DC 表示由总收入的初始增长所引致的消费支出。我们在图 15.7 中说明了这个过程。

引致的消费支出在图 15.7 中标示为"引致的国内支出"。企业会对图 15.8 中最开始 A 点处的非均衡（过剩的总需求 AA′）做出反应，它们会增加总收入，随后家庭会增加它们的消费支出。但同时，进口会增加 $m\Delta Y$，税收会增加 $t\Delta Y$，家庭会将新增可支配收入的一部分（$(1-c)\Delta Y_d$）储蓄起来。

这些漏出意味着，在后面每一轮的引致支出都会小于之前的一轮，最终引致需求会变成零。到了那个时候，经济体在图 15.8 的点 B 处达到新的均衡。

此时产出和总收入的总变化量 ΔY 等于总支出的总变化量 ΔE，而 ΔE 等于外生支出的初始变化量 ΔA 加上引致的消费量 ΔC。

支出的乘数效应的一个数值例子

在我们这个例子中，最开始支出增加了 100 美元，比如，政府要新建一座公立学校的教学楼。这新增的 100 美元政府支出会导致施工企业生产更多的产出，并带来 100 美元的新增收入（这一章里我们假定企业只进行数量调节）。100 美元的一部分由建筑工人以工资的形式获得。然后这些工人以及其他收入增加的人会将新增收入的一部分用于购买产品和服务。回顾图 15.7 来加深你对这一过程的理解。

假定边际消费倾向为 0.75，当前税率为 0.2，边际进口倾向为 0.2。这意味着新增的 100 美元收入中：

- 20 美元会变成税收，从本国经济体中抽离。
- 可支配收入会增加 80 美元，家庭消费会增加 60 美元，剩下的 20 美元会变成新增储蓄。
- 家庭消费中的 20 美元会用于进口，从本国经济体中流失。
- 原本 100 美元的新增收入产生的总漏出等于，税收（20 美元）加上储蓄（20 美元）加上进口（20 美元），也就是 60 美元，剩下的 40 美元是新增的对**本国生产的**产品和服务的消费支出。

至于第 2 轮收入增长的过程如图 15.7 所示，我们首先可以注意到，新增的对本国生产的产品和服务的支出［这被称为**引致消费（induced consumption）**］会带来 40 美元的收入增长，然后我们再考虑新的漏出。税收从收入中拿掉之后，消费者再决定他们想增加多少消费。

表 15.3 展示了增加 100 美元的政府支出之后新增的引致支出的 9 轮变化。在第 10 轮，新增的支出非常接近零，所以就不再在表格中展示了。我们特意用"轮"这种说法，从而避免让人以为这些调整变化的时间跨度是完全一样的。这些轮次的时间跨度是不确定的，彼此之间各不相同。

由于漏出的存在，每一轮引致支出增加都会少于前一次。

表 15.3 支出乘数效应的过程

	新增 GDP（1）	新增税收（2）	新增可支配收入（3）	新增消费（4）	新增储蓄（5）	新增进口（6）	新增总漏出（7）
第 1 轮	100.0	20.0	80.0	60.0	20.0	20.0	60.0
第 2 轮	40.0	8.0	32.0	24.0	8.0	8.0	24.0
第 3 轮	16.0	3.2	12.8	9.6	3.2	3.2	9.6
第 4 轮	6.4	1.3	5.1	3.8	1.3	1.3	3.8
第 5 轮	2.6	0.5	2.0	1.5	0.5	0.5	1.5
第 6 轮	1.0	0.2	0.8	0.6	0.2	0.2	0.6
第 7 轮	0.4	0.1	0.3	0.2	0.1	0.1	0.2
第 8 轮	0.2	0.0	0.1	0.1	0.0	0.0	0.1
第 9 轮	0.1	0.0	0.1	0.0	0.0	0.0	0.0
总变化量	166.6	33.3	133.3	100.0	33.3	33.3	100.0

注：数字被四舍五入到了小数点后一位

最初的支出"散开"或者说扩散到整个经济中。因此，最初的支出（初始支出）会**成倍增加**，从而增加更多的支出。

注意，在各个轮次中**漏出**变得越来越小。在表 15.3 的最后一行，我们可以看到所有轮次的 GDP 变化量的总和为 166.6 美元。税收总共增加 33.3 美元。于是，可支配收入总共增加 133.3 美元，这总共引致了 100 美元的消费和 33.3 美元的储蓄。进口总共增加了 33.3 美元。

在这个变化过程结束时，支出系统的新增漏出——税收、储蓄和进口——的总和等于 100 美元，这和最开始注入的外生支出相等。当新增漏出等于新增注入时，系统会停止变动，最开始的外生支出变化所带来的乘数效应不再继续。

回想一下我们在式（15.15c）中给出的总收入均衡，以及式（15.16）中给出的支出乘数。如果我们把这个例子中的数值代入到式子中，我们可以得到：

乘数 $= \Delta Y/\Delta G = 1/[1 - c(1-t) + m] = 1/[1 - 0.75(1-0.20) + 0.20] = 1.666$

这个乘数表示 1 美元总需求的初始增加会带来的 GDP 的总变化量，这里计算出的结果是 1.666。这意味着外生支出（例如，政府支出）增加 100 美元的话，在经济体向更高的产出和收入水平的调整结束后，GDP 的总变化量是 166.7 美元（四舍五入后），这和表 15.3 中的分析一致。

因此，我们也得出了外生支出变动后宏观经济恢复均衡的条件：**当总漏出等于总注入时经济体恢复均衡。**

支出乘数大小的变化

在式（15.16）中，支出乘数等于 $\Delta Y/\Delta A = 1/[1-c(1-t)+m]$，这意味着它的大小取决于边际消费倾向（c）、税率（t）以及边际进口倾向（m）。

至此我们可以得到如下结论：

- 边际消费倾向（c）越大（小），乘数越大（小）。
- 边际进口倾向（m）越小（大），乘数越大（小）。经济对贸易的开放程度越高，乘数就越小。
- 税率（t）越小（大），乘数越大（小）。
- 边际消费倾向越高意味着在其他条件不变的情况下，每一轮引致消费支出越大。由于边际储蓄倾向（s）等于（1-c），边际储蓄倾向越小，乘数越大。

一般来说，支出系统的漏出（税收、储蓄和进口）越少，乘数越大。这是因为每一轮的支出漏出越少，引致消费就越多。

在本章的前半部分，我们已论证总需求曲线的斜率是 $[c(1-t)-m]$（参见图 15.4），这说明对于给定的总收入变化，如果边际消费倾向（c）变大，或者税率（t）变小，或者边际进口倾向（m）变小，那么总支出变化就会变大。

我们这里思考一下边际消费倾向（c）增加的情况。图 15.9 展示了这种情况。初始的总需求函数（边际消费倾向为 MPC_0）对应总收入均衡点 A，在这个点上总支出 E_0^* 带来的产出和收入为 Y_0^*。

当边际消费倾向上升到 MPC_1 时，总需求函数绕着纵轴上横折点向上旋转。在当前的均衡收入水平 Y_0^* 上，家庭会将更大份额的可支配收入用于消费支出。总需求（E）的初始变化在图上表示为点 A 到点 A′的距离。

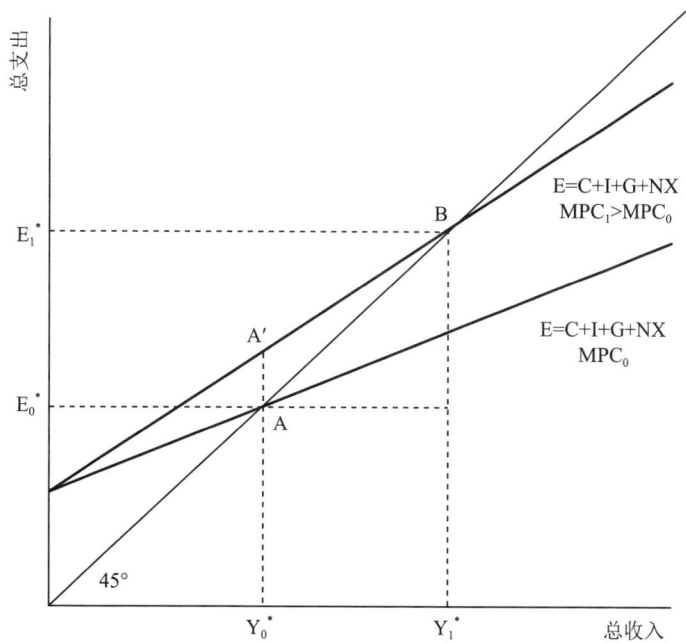

图 15.9 边际消费倾向的变化对均衡支出和收入的影响

在消费支出增加的情况下,总产出和总收入将会增加。乘数越大(MPC更高的结果),总收入就会越大,经济体会被推向新的均衡点 B。在这个点处,经济体不再变动。

这一部分我们可以得到如下结论:

- 边际消费倾向(c)越大(小),总需求曲线越陡峭(平缓)。这意味着对于给定的外生支出,如果边际消费倾向增大,总需求和总收入会变得更大,反之亦然。
- 边际进口倾向(m)越小(大),总需求曲线越陡峭(平缓)。这意味着对于给定的外生支出,如果边际进口倾向减小,总需求和总收入会变得更大,反之亦然。
- 税率(t)越小(大),总需求曲线越陡峭(平缓)。这意味着对于给定的外生支出,如果税率降低,总需求和总收入会变得更大,反之亦然。

关于乘数最后需要说明的问题

我们已经描述了乘数效应发生作用的过程,在这个过程中,外生支出的增加经过一系列的步骤增加了引致消费从而增加了收入,经济体最后达到了更高的支出和收入水平。这个均衡点意味着到了这个点以后,经济体就不再变动了,因为没有人会有动力再去改变他们的支出了。但是,我们解读这个过程时要格外小心。我们不能以为在乘数效应展开的过程中支出和收入是不相等的。回想一下第13章中我们讨论过的 D 曲线和 Z 曲线,两者的交点是有效需求点。这个点和企业的预期一致,企业雇佣他们认为生产所需的工人,从而保证能够生产出他们预期的销售量。企业事先不知道它们的预期是否正确。它们对销售量的预期决定了有效需求点的位置,有效需求点的均衡的含义和前面讲的一样:没有人有动力去改变他们的行为。

试试看

表 15.4 展示了对于给定的外生支出注入,决定乘数大小的各个参数(c、m 和 t)的变化对总收入的影响。请你模拟多个参数同时变化(例如,MPC 和税率同时增加)时的结果,从而更好地理解这些影响是如何相互作用的。

表 15.4 模拟乘数的各个组成部分的变化

边际消费倾向的变动			
边际消费倾向(c)	0.6	0.7	0.8
边际进口倾向(m)	0.2	0.2	0.2
税率	0.2	0.2	0.2
乘数	1.39	1.56	1.79
外生支出	100	100	100
总收入	139	156	179

			（续表）
边际进口倾向的变动			
边际消费倾向（c）	0.8	0.8	0.8
边际进口倾向（m）	0.1	0.2	0.3
税率	0.2	0.2	0.2
乘数	2.17	1.79	1.52
外生支出	100	100	100
总收入	217	179	152
税率变动			
边际消费倾向（c）	0.8	0.8	0.8
边际进口倾向（m）	0.2	0.2	0.2
税率	0.1	0.2	0.3
乘数	2.08	1.79	1.56
外生支出	100	100	100
总收入	208	179	156

在本章讨论的脉络中，这个月的有效需求可能会比上一个月的有效需求更高。我们可以说，企业可能变得更乐观了，所以它们增加了对厂房和设备的支出，增加了投资。这一章告诉了我们投资支出的增加会通过乘数引致更多的消费。这是因为在投资品生产部门（这个部门生产了更多的厂房和设备），更多的就业岗位产生了更多的工资收入，从而带来了工人消费的增加。在这一个月里，商店的销售量会高于预期，这是它们没有预料到的，因为它们之前对这个月的预期没有考虑到更高的就业水平。

未预期到的销量增加会扫空货架。我们将这种情况归类为存货的减少，在国民收入与产出账户中这被当作负的投资。在总量水平上，核算中的存货减少（至少在一定范围内）会抵销对厂房和设备的支出的增加。

但是，随着商店存货的减少，商店会向消费品的制造商提交订单，从而补充它们的货架。这反过来又会向生产商发出信号，表明他们需要增加产量。最开始它们会通过加班来增产。然而，由于他们预计新的、更高的销售量将持续下去，他们将雇佣更多的工人来满足对消费品的更高需求。

由此你就可以看到，乘数效应的过程如何作用于整个经济体。在前面这个例子中，它首先增加了厂房和设备的生产，然后增加了用来充实货架的特定消费品的生产，再然后增加了许多种类的消费品和服务的生产，而这些消费品和服务的产量增加又刺激了投资的增加，从而扩大产能。在我们 D－Z 框架中，随着企业提升销量预期并增加就业岗位，有效需求点持续向右移动。但是，在乘数效应过程的每一个时点上，雇佣工人的决策和有效需求点都是一致的，也就是说，和均衡水平是一致的。

当然，如果投资减少，这个过程可以反向地运作。通过乘数效应过程，企业会发现它们的预期落空了（商店的销售量减少而库存增加），它们会削减雇佣的工人数量以及产量。但是，和前面一样，雇佣工人的决策和有效需求点是一致的。

这就是有关未来预期的变化如何影响当前就业水平的问题。

结　论

在本章中，我们详细地考察了总需求和总供给。我们区分了宏观经济的核算恒等式（在国民收入与产出账户背后的恒等关系）和行为方程（我们以此来说明因果关系）。

我们探讨了宏观经济的三个重要命题：

1. 总支出决定经济体中的总产出（GDP）和总就业。
2. 没有理由认为均衡的产出水平一定会带来充分就业。
3. 外生支出的变化，例如，投资或者政府支出的变化，会导致 GDP（总收入）的乘数变化（比外生支出变化量更大的变化）。

在第 16 章中，我们会得到一个更细致的总供给理论，从而完成我们的理论图景。在这个过程中，我们会采用国民经济核算中不变价格的 GDP 而非当前价格的 GDP 来度量经济活动。

参考文献

［1］ABS（Australian Bureau of Statistics）（2017）"Expenditure Chain Volume Measures"，*Australian National Accounts：National Income，Expenditure and Product*，September（Cat. 5206.0）.

［2］Keynes，J. M.（1936）*The General Theory of Employment，Interest，and Money*，London：Macmillan，1957 Reprint.

［3］OECD（2017）"Household Final Consumption Expenditure，Percentage of GDP"，OECD National Accounts Statistics（database）. Available at：http://www.oecd-ilibrary.org/economics/data/oecd-national-accounts-statistics/national-accounts-at-a-glance_data-00369-en#，accessed on 15 April 2017.

Chapter 16

第16章

总供给

本章纲要

16.1 引言
16.2 一些重要的概念
16.3 价格的决定
16.4 总供给曲线（AS）
16.5 什么决定就业水平？
16.6 劳动生产率的影响因素
结论
参考文献

学习目标

- 理解加成定价模型及其背后的假定。
- 解释为什么加成定价模型与企业的数量调节行为一致。
- 了解劳动生产率可能是顺周期性的。

16.1 引言

在第 15 章，支出和收入的决定理论将总支出和总收入的产生联系了起来。由于我们关注的是需求如何决定收入和产出，我们抽象掉了支出对价格的影响，并假定企业只进行数量调整。对于名义支出的增加，企业增加实际产出，直到经济体达到最大产能。我们忽略了供给问题的复杂性。我们也忽略了在经济体达到最大产能之后会发生什么。

在本章，我们将探寻在名义总支出增长时总体经济会做出什么反应。我们在第 12 章中讨论的反 L 形的供给曲线对于描述现实世界来说过于简单。进一步说，每个企业有三种可能的反应：

1. 作为数量调节者，增加产量。
2. 作为价格调节者，提高产出价格。
3. 两种调节方式的混合。

在第 15 章中，我们假定在需求增加时企业的反应是增加产量（第 1 种反应，数量调节者）。但是，在现实世界中，我们同样可以观察到另外两种反应。在这一章里，我们将讨论企业做出不同反应的条件。

为了描述定价行为，我们将介绍企业广泛采用的**加成定价（mark-up pricing）** 模型，在这个模型中企业有一定的市场势力，它们设定价格从而实现基于单位成本的目标利润率。这个模型对以下说法给出了一个合理的解释：在正常的产能利用率和产出范围内，价格水平是相对不变的。这意味着，作为对现实世界的初步近似，企业在面对总支出变化时是数量调整者，这是一个合理的假设。

但是，我们知道，一旦经济达到满负荷生产能力，企业不再能增加产出，因此对于名义支出（对它们产品和服务的需求）的增加，它们会用价格来配给需求（第 2 种反应）。并且，我们也知道，经济体中不同的部门会在不同的时间达到最大产能，因此在整个经济体都达到最大的产能水平之前一部分价格可能就已经开始上升了（第 3 种反应）。

这是凯恩斯在《通论》第 20 章中的观点，这一章是关于"就业函数"

的。他认为，就业量（以及产出）对需求增长的弹性在不同产业是不同的。当需求增加时，产出和价格的共同上升会吸收增长的需求，在不同的产业两种变化的比重是不同的，这样的变化会一直持续到经济体达到充分就业水平。在达到充分就业水平之后，只有价格会上升，因为企业无法获得更多的资源来增加产量。

总供给理论需要解释在预期的总支出水平上影响企业供给决策的因素。所以，它必须把上面列出的三种反应都包括在内。这一章的理论将完善我们在第15章中发展的需求方模型，这样我们就可以得到一个解释产出水平、价格水平和总就业是如何决定的综合理论。

16.2　一些重要的概念

图像（Schedules）和函数

在这一章里，我们将探讨总供给的图像。

在经济学文献中，"图像（schedule）"和"函数（function）"这两个词是互通的。我们比较喜欢用函数来表示两个变量之间的关系，例如，支出和收入。

提示框

在第7章《方法、工具和技巧》中，我们介绍了学习宏观经济学的重要入门分析技巧。

这里提醒一下，经济模型用图像或者说曲线来描述行为，这可能是事先的（行为发生之前，反映了家庭、企业和政府等部门计划的或者想要做的行为），也可能是事后的（表示行为的实际结果）。

在最简单的支出、收入和就业模型中有一条总需求曲线和一条总供给曲线。这两条曲线描述的是事前的行为，表明在特定条件下预期的结果。

就业—产出函数

让我们先来考虑总就业量的决定，这样我们就可以理解**单位劳动成本**（unit labour costs）的影响因素。就业决定理论要解释的是在资本主义社会的货币经济条件下就业水平是如何决定的以及它是如何随着时间变化的。对此，我们需要理解就业量和产出之间的关系。这个关系之所以重要还有一个原因：单位劳动成本（总劳动成本除以总产出）通过**加成定价**决定了产出的价格。这就是为什么我们需要**就业—产出函数**（employment-output function），它表示需要多少劳动力来生产特定的产出量。

在产出量给定的情况下，就业量由劳动生产率决定。在后面我们会说明生产决策一般是在工资率及"资本—劳动比"稳定的条件下作出的。"资本—劳动比"描述了生产性资本（机器、设备及其他）和劳动的组合，定义了当前的生产技术（technology）。

例如，一个挖掘企业可能会给每个工人一个用手操作的铁铲来给新建筑挖地基。这是一种低"资本—劳动比"的生产技术。有时候这被称为劳动密集的技术（technique）。另外，企业也可以使用机械化的挖掘设备，雇佣更少的工人来生产同样的产出。在这种情况下，生产过程采取了"资本—劳动比"更高的技术，有时这被称为资本密集型的技术。

我们可以将**就业—产出函数**写成：

$$Y = \gamma N \tag{16.1}$$

这里 N 是雇佣的工人总量，γ 是劳动生产率，Y 是计划的产出量（基于对支出的预期）。

什么是劳动生产率呢？劳动生产率是单位时间里单位劳动投入的物质产出。所以，我们可以由式（16.1）得到 $\gamma = Y/N$，这是劳动生产率定义的数学表达。

劳动生产率（γ）越高，在给定的生产技术（蕴含于 γ 中）条件下，生产同一单位产出需要的工人数量就越少。

影响 γ 的因素包括：技术（是不是最佳的做法，资本密集还是劳动密集——如挖掘企业的例子所展示的那样）；工人的技能和劳动积极性；管理技巧和企业组织。在公共政策领域，有关生产率增长缓慢的讨论经常过度地聚焦于工人，有很多人主张增长缓慢的原因是工人动力不足并且技能落后，但很少有人关注管理能力（或者说失败的经营管理），尽管有证据表明糟糕的管理决策是劳动生产率增长缓慢的一个原因。例如，如专栏 16.1 所说明的，没有对最新的技术进行投资将阻碍劳动生产率的提高。

专栏 16.1　忽视创新的危害

在 20 世纪 50 年代，美国的大型钢铁公司被日本和欧洲的竞争者甩在了身后，因为这些美国的大型钢铁公司没有放弃旧式"平炉"，没有对最新式高炉进行投资。在 20 世纪 60 年代，这些美国的大型钢铁公司也没有转向连续铸造法，这种新技术带来了极高的劳动生产率。

一个最近的例子可以在航空业中找到。在 20 世纪 70 年代末，澳大利亚的航空公司澳洲航空主导了澳大利亚的国际旅行市场，占据了澳大利亚大约 42% 的国际航班份额。到了 2012 年，由于阿联酋航空公司和新加坡航空公司挤占了澳洲航空的市场份额，这个份额下降到了 18%。这一时期市场份额的下降有很多原因，一个主要原因是澳洲航空的管理层对飞机的升级作出了错误的决策，它拒绝投资于最新式的喷气式客机，这种客机有更高的燃油利用效率从而有更低的成本。

如果 γ 在短期（在当前的投资周期里）是稳定的，那么一旦企业决定它的产出水平，它就同时知道要雇佣多少工人。举个例子，如果 10 个工人每天可以生产 1000 个单位的产出，那么每天的劳动生产率就是每个工人 100 个单位。所以，如果企业希望每天增加到 1500 单位产出，它需要 15 个工人来达到新的产出水平。

图 16.1 展示了经济体中两条不同的"就业—产出曲线"。每一条的 γ 值都是固定的，但两条曲线的 γ 值不同，这两条曲线都是右上倾斜的直线。

假设一家企业预期当前生产周期内（例如，一周内）总需求是 1200 个单位，在给定的技术条件下（由 γ 表示），如果 γ = 2（低生产率），它每个星期雇佣 600 名工人；如果 γ = 3（高生产率），它每个星期雇佣 400 名工人。

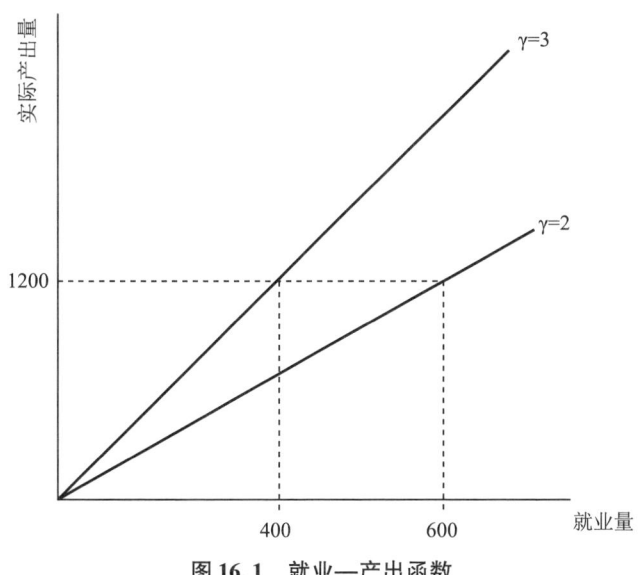

图 16.1　就业—产出函数

企业依据对总支出的预期进行生产，一旦所有部门都作出了支出决策（也就是说，一旦总需求实现了），企业就会发现它们的预期是否正确。换句话说，在支出完成之后，企业会发现它们是生产得太多、太少还是刚刚好。

货币工资

生产率是影响每单位产出的生产成本（单位成本）的重要因素。另一个单位成本的影响因素是劳动成本，而劳动成本受到现行工资率（wage rates）的影响。①

我们假定货币工资率在短期是外生的。这不等同于假定货币工资不会发生变化。这个假定只是说，作为总供给模型的参数（也就是总供给的影响因素），货币工资率假定在短期内是不变的。

---

① 工资率（wage rates）是指按时间单位（如每小时或每天）或按产量单位（如计件工作）支付给工人的基本工资金额，又可译作"工资标准"。——校订者注

在讨论这个假设的合理性之前，我们必须澄清一些容易混淆的与工资有关的概念（参见第 12 章）。

首先，让我们来区分**货币工资**（money wage）率和**实际工资**（real wage）率。

货币工资率是在劳动力市场上决定的，它是在向资本主义企业或者其他雇主（例如，政府）出卖劳动力的时候，工人每小时（或者其他时间单位）获得的收入的名义量（以当前价格计算）。在任意时点上，货币工资是雇主和工人之间谈判协商的结果，这可能是单个工人与雇主之间的谈判，也可能是在一个部门或者整个经济中的大雇主和工会之间的谈判。这些货币工资的谈判是在政府有关最低工资（生存工资）的政策条件下进行的。在一些国家，例如，澳大利亚，工资法庭有很长的历史，无论是工资还是其他劳资关系问题都有专门的司法程序，这反映了工人与资本之间的对抗关系。

在任意时点上，货币工资高度依赖于参与各方的议价能力。工资不会频繁变动，它在之后的经济时期（有时是数月，通常是数年）内限定了各方的行为。工资是通过特定的制度结构（例如，雇主和工会的谈判）设定的，并且在未来一段时期内雇主和工人之间的工资是由契约规定的，工资的这些特点说明以下假设有合理性：为了解释总供给，我们可以假设货币工资在短期是外生且固定的。

货币工资刚性的假设依据是什么呢？

首先，正如上面所说的，对货币工资的谈判一般不会频繁地进行。

其次，有很多证据表明，工人拒绝货币工资的减少，而企业一般不喜欢强求削减工资。这是因为不同职业和部门之间的工资结构显示了社会地位。工人对工资的相对差异很敏感，并且如果工资下降反映了他们社会地位的下降，那么他们会不愿意接受工资相对排名的下降。一些工人会认为，在经济萧条时期，如果他们接受更低的工资而其他工人没有接受，那么这些工人的相对工资排名就下降了，并且到了经济复苏的时候相对排名不一定会重新上升。只有在特殊情况下，在企业就要垮掉并且失业率很高的情况下，我们才能观察到工人同意减少货币工资的事例。

最后，货币工资难以下降的刚性也是雇主的偏好。即使在失业率逼近两位数的时候（在历史上这是相当高的），失业工人的绝对数量相对于在岗工人数量来说也是少的。正因为如此，雇主不愿意冒着破坏与大多数工人之间关系的风险来改善一小部分工人的就业状况。在萧条时期雇主任性的代价是工人会更愿意去别的企业（可能是这家企业的竞争对手）找工作，等到经济形势改善了，工人流失的问题可能会一直损害该企业。

我们将在第 17 章《失业与通货膨胀》详细讨论这些问题。

实际工资率是货币工资率的**购买力当量**（purchasing power equivalent，即实际的购买力），也就是工人的 1 美元货币（名义）工资能买多少产出。实际工资是用物价指数对货币工资进行调减后得到的。我们在第 4 章里了解了平减指数是如何构造的，以及如何用它来将按当前价格计价的变量转变成按不变价格计价的变量（实际量）。

平减指数的选择取决于具体的情况。从工人的角度看，实际工资表现为与货币工资等价的消费品量。因此，我们可以用货币工资除以消费品的价格水平（例如 CPI）来得到实际工资率。

从雇主的角度来看，用支付给工人的货币工资除以企业产出的具体价格来衡量实际（产品）工资更准确，这是一个比从工人的角度考虑的实际工资更狭隘的概念。

总体来说，单个企业的产出价格变化不可能和消费品价格水平的变化完全一致。我们必须把这一点考虑在内，货币工资率对单个企业的影响和对总体价格水平的影响是有区别的。工人想要他们的名义工资至少和消费品价格水平上涨得一样快，从而他们的实际工资不会下降。而很多企业则不能同步地提高它们的产出价格，这意味着如果它们同意名义工资随着消费品价格的上涨而上调的话，它们在意的实际工资——按照产品价格调整的工资——会上升。

很重要的一点是，实际工资不是由劳动力市场单独决定的，工人只能在一定程度上通过影响名义工资来影响实际工资。这是因为**实际工资是两种价格的比率**，这两种价格是货币工资（在劳动力市场中决定）和消费品价格水平（在产品和服务市场中决定，受到企业定价行为的影响）。这两种价格是由不同市场的不同力量决定的。

我们在后面会看到，价格很大程度上是由企业加成定价设定的，也就是说，在产品和服务市场中企业在成本的基础上加上自己想要的利润份额来设定价格。价格不是由工人设定的。

经济学家们及其他人士常常以古典就业理论（参见第 12 章）作为根据，主张工人们可以降低他们的实际工资来改善失业问题。但是，这个政策建议是毫无益处的。此外，这类主张也没有办法回答这些基本且关键的问题：

- 工人只能影响货币工资的决定，他们如何才能实现实际工资的削减呢？
- 货币工资的变动如何影响价格的变动？特别是，货币工资的减少会带来生产成本的下降，这可能会导致价格的下降，从而使得实际工资保持不变。

这些问题和我们之前讨论过的问题不同。我们在第 12 章讨论过，名义工资的减少可能影响有效需求，有效需求进而会影响总产出和总就业。

16.3 价格的决定

显然，企业追求的是在生产成本之上产生利润。企业要如何给产出定价才能实现它的利润目标呢？

假定企业是在**非竞争性的**环境下运营的。你可能会想到微观经济学课程中完全竞争的情况，在这种情况下企业被假定成是没有定价能力的，因为完全竞争假定市场非常大而企业非常小。在现实世界中完全竞争几乎不存在。

因此我们要引入寡头市场的基本假定，而不是像主流经济学那样将完全竞争作为标杆。寡头市场的意思是在一种产品的市场中只有小数目的卖者。因此，我们假设企业是**价格决定者，而非价格接受者**。

假定企业通过在成本基础上加成来定价。但是，经济学家们对加价的决定因素以及企业在定价决策时考虑哪些成本上存在分歧。此外，关于这种加价是否随需求状况而不变的争论仍在继续。

然而，在现实世界中，将加价作为企业行为的基本描述是很难引起争议的。在现实世界中，企业一般有自由定价的能力，并且会追求特定的资本回报率，因此它们要求在总成本之上还要获取利润。

因此，产品的单位售价必须能覆盖单位产出的（可变）生产成本，例如，劳动力成本和原材料成本，以及利润份额。利润份额要覆盖管理费用、其他固定成本和净利润。

所以，我们可以假定企业的加成定价模型为：

$$P = (1+m)[W/\gamma] \tag{16.2}$$

其中，P 是产出价格，m 是单位劳动成本的加成比例，W 是每小时的货币工资，γ 是每小时的劳动生产率。我们暂且忽略原材料成本，那么 γ 就等于每小时每单位劳动投入能生产多少单位的产出。

如果 γ 等于 0.5，那么生产 1 单位的产出就需要 2 小时的劳动。如果货币工资（W）为每小时 5 美元，那么**单位劳动成本**（也就是每单位产出的劳动成本）就是 10 美元。

如前所述，在单位劳动成本（直接成本）之上加成比例（m）的设定提供了剩余，这一剩余不仅要提供利润（股本回报），而且要涵盖固定的劳动成本（间接成本）和其他的固定成本，后者包括贷款的利息支出。这里计算的是毛利润，因为企业还要从加成份额中支付税款以及其他经营费用（会计服务、广告和法务费用）。企业期望的利润额和企业的投资计划有一定的关系，因为留存收益是企业内部融资的重要来源，内部融资可以避免外部融资可能带来的高成本风险。

在短期，企业会依据需求提供产出，这时价格会是刚性的。当货币工资、其他可变成本、加成比率（份额）或者劳动生产率的一般趋势发生变化时，价格会发生变化。这里之所以说的是劳动生产率的一般趋势，是要将它和劳动生产率的周期性波动区分开，我们将在 16.6 小节中讨论周期性波动。

加成比例（m）反映了企业的**市场势力**（market power）。市场势力越强大，加成比例就会越高。因此，竞争性更强的部门的加成比例要低于竞争性更弱的部门的加成比例。一个部门的竞争程度变化会在一段时间后导致加成份额的变化。

在我们的例子中，如果将加成比例（m）设定为 40%，那么企业对其产出的定价就是每单位 14 美元（10 美元乘以 1.40）。

这种定价方法有如下特点：

1. 很明显，价格是成本的函数。

2. 企业在行使定价权力时，会在平均可变成本之上加上一个货币的剩余。这个货币剩余能够涵盖利润。在短期内，利润受到企业的加成比例的影响。加成比例的压缩（比如降低到30%）因而会减少每单位产出的利润。

3. 利润的总额（这里不是每单位产出中的利润额）取决于加成比例（这个因素影响每单位产出中的利润额）和销售量。

4. 加成定价理论通常假定需求变化对加成比例的影响很小，从而也就对价格的影响很小。在对未来进行规划时，企业会基于预期的产出水平（它们认为能够卖出的数量）计算它们的成本和期望得到的利润。需求预期的偏差会带来产出变化，而不会带来价格变化。例如，在给价格目录做广告之后，改变价格的成本会变得很高，尽管网上购物的兴起一定程度上减少了这种形式的价格刚性。另外，企业也希望被人们视为在价格信息方面是可以信赖的供货商。

5. 加成份额直接影响工人获得的实际工资。假定（为了简化的需要）总成本只包括工资成本，总工资成本是货币工资率 W 和雇佣的工人数量 N 的乘积，即 WN。

在这种情况下，我们可以得到一个简化的加成定价模型：

$$P = (1+m)W/\gamma = (1+m)WN/Y \qquad (16.3)$$

这里所有符号的含义和前面一样，值得一提的是平均劳动生产率 $\gamma = Y/N$。WN/Y 是单位产出的工资成本，也就是我们之前定义的单位工资成本。我们可以将这个方程改写为：

$$Y/(1+m) = WN/P \qquad (16.4)$$

再转换一下，可以得到：

$$W/P = (Y/N)/(1+m) = \gamma/(1+m) \qquad (16.5)$$

这说明实际工资依赖于平均劳动生产率（Y/N）和加成比例的大小。在其他条件不变的情况下，加成比例（m）越大，实际工资越低。

16.4 总供给曲线（AS）

在我们考虑更复杂的因素（例如，生产率水平和竞争程度）前，我们需要思考一下这种价格决定规则对总供给曲线的形状意味着什么。

如果我们假设在短期内 m、W 和 γ 都是不变的，那么在横轴为实际收入、纵轴为价格的坐标系中，在到达产能全部耗尽的点（Y^*）之前，总供给曲线会是一条水平线。经济学家有时将这种水平线称为完全有弹性的。总的来说，根据上述加价规则设定的当前价格水平上，企业提供的产出（商品和服务）将与它们预期的需求一样多。

到目前为止，我们都假定劳动成本是唯一的可变成本。如果劳动生产率是不变的，并且如果每单位产出的其他直接生产成本（可变成本）——如原材料——也是不变的，那么总供给曲线也会是完全有弹性的，它是一条在特定价格上的水平线，而这个价格水平是通过对单位产出成本加成定价得到的。另外，在当前工资率上，无论是企业的还是加总的劳动需求曲线对于总需求变动来说都是完全有弹性的。

图 16.2 展示了在一个时点上所有企业设定的价格水平（P_0）是如何分配收入的。这时销售量为 Y_0。价格 P_0 是对所有可变成本加成定价确定的，加成份额覆盖了固定成本（包括间接的劳动成本）并且提供了利润。

整个经济中的总支出是 $P_0 \cdot Y_0$ 所划定的区域，这些产出被分配为收入，分配的结果是价格线以下的区域。长方形 A 是固定成本，长方形 B 是净利润。

企业按照它们的总支出预期进行生产。为了简化，我们假定产量和销售量一致，都是 Y_0。实际上，卖出的总产出可能要少于企业的预期，也就是少于它们生产的量。可变成本，也就是劳动力成本和原材料成本，在生产这些没有卖出去的产出时也会产生，这些可变成本也是要支付的。这些没有卖出去的产出会被计为存货。相反，如果销售量高于预期，那么存货量就会减少。因此，产生的净利润可能低于也可能高于企业在开始生产前想要达到的水平。企业还可能会在将来提高加成比例从而增加利润。

图 16.2 中的水平线段已经用加成定价规则和单位成本不变的假设来解释。

但是，为什么在充分就业之后它就变成垂直的呢？

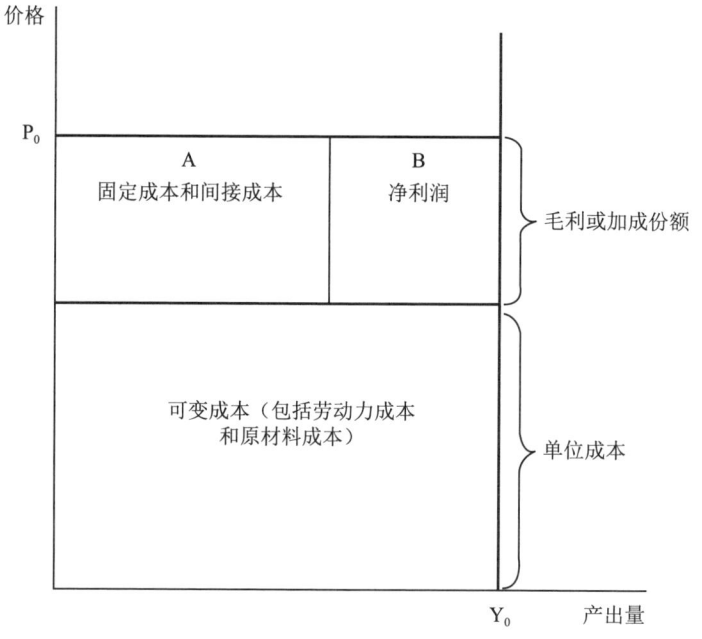

图 16.2　产出、销售量和总收入

图 16.3 和图 16.2 相似，但是图 16.3 增加了产能完全利用的实际产出水平（Y^*），从而我们可以得到**一般的总供给曲线**（AS）。我们不难明白为什么人们有时称 AS 曲线为反 L 形的。

在到达充分就业点之后，由于劳动力和资本设备的短缺，整个经济耗尽了其在短期内增加产出的能力。企业将试图在已经充分就业的劳动力资源上出价高于对方，这样做会推高货币工资。此外，高需求可能会推高原材料价格。我们将在本章后面讨论这种可能性。

在正常的情况下，经济体很少会逼近产出水平 Y^*，这意味着在正常的产能利用率范围内，成本是不变的。

因为所有的企业不可能同时达到产能完全利用的程度，所以成本可能在达到 Y^* 前就上升，但是成本会在什么时候上升目前还存在争议。**反 L 形（reverse L shape）**的曲线假定所有企业会同时达到产能的极限，从而简化了分析。某些部门可能比其他部门先达到生产瓶颈，所以成本上升的压力可能会在产能全部被利用之前就产生。由于在到达 Y^*（最大的产能利用率）之前价格就开始上升，我们可以把图 16.3 中 Y^* 附近的线段改成弯曲的来体现这一点，这样原本的直角就消失了。我们会在第 17 章中详细讨论这一问题。

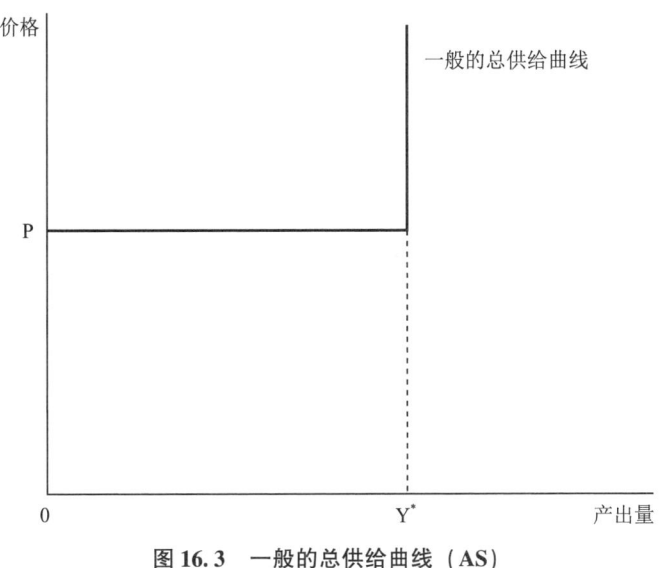

图 16.3　一般的总供给曲线（AS）

生产理论

我们这里介绍的生产理论是定价模型的基础，它依据的是现实世界中的几个典型事实（stylised facts）。

- 在生产过程中，企业将一种投入（如劳动力）替换成另一种投入（如资本）的能力是有限的。在现实世界中，一个企业通常会使用许多种机器和设备，使用这些机器和设备所需要的劳动力在一定程度上是固定的。所以当经济萧条时机器的闲置通常伴随着工人的失业。
- 经济体很少达到充分就业水平，所以现有的资本存量很少被充分利用。

这里我们不妨以清洁公司为例，假设使用拖把是这家公司主要采取的技术。它提供的服务是打扫办公大楼的每个房间。我们很难想象两个工人推动一个拖把，或者一个工人推动两个拖把的情形。企业要开始生产，它就需要将不同的生产投入按照固定的比例进行组合（在这个例子中，这个比例是 1 比 1）。

如果这家企业要为更多的办公室提供清洁服务，而这项工作超出了一名清洁工的能力范围，那么这家企业就必须为新增的一名清洁工添置一把拖把，后面继续增加清洁工的话就要继续添置拖把。所以，生产性投入是按照固定比例增加的，而这个比例是由所使用的技术决定的。

我们可以假定固定投入系数的技术（fixed input coefficients technology）来概括这个典型事实，这基本不会偏离现实。因此，第 11 章中概述的报酬递减规律不是现实生产条件的真实反映。报酬递减规律假定全部资本存量都被使用了。在资本存量固定的情况下，如果雇佣更多的劳动力来增加产出，那么边际生产率就会下降。因此，和前面所说的固定投入系数的技术不同，边际报酬递减规律意味着当雇佣的工人数量增加时，"资本—劳动比"会在短期下降，从而得到每个工人所搭配的资本会减少。

因此，新古典经济学认为，以厂房和设备等形式存在的资本在短期内是固定的（参见第 11 章），这种观点混淆了资本存量的价值量（它的货币价格）和资本存量所能带来的生产服务，后者体现在产能利用率上。

在大多数教材中盛行的新古典生产函数假定，在短期所有劳动力以外的生产性投入（资本、土地及其他）都是固定的，随着劳动时间投入的增加，产出的增加幅度会不断下降。但是，在现实世界中，劳动时间的变化和产出变化的真实关系可能不表现为报酬递减，因为其他的生产性投入可能和劳动投入按照相同的比例变化。

新古典生产函数假定边际成本随着产出的增加而递增（也就是说，成本的增加要快于产出的增加）。这就导致了劳动需求和实际工资之间的反向关系。在给定的价格和货币工资下，企业生产以及雇佣劳动的目的是实现利润最大化，由此报酬递减的前提假定得出了劳动需求和实际工资之间的反向关系。

"边际报酬递减规律"的正确性一直以来备受争议。它本质上是一种理论虚构；是一种没有得到证明的论断。没有确凿的经验证据证明这一"定律"是现代货币经济中生产关系的合理概括。

相反，对企业的实证研究得到了大量经验证据支持以下观点：在有经济意义的或者说正常的产出范围内，生产成本是固定的，边际报酬递减规律是失效的。

总供给曲线的一些性质

总供给方程实际就是式（16.2）的价格决定模型，它说明在短期内，总供给取决于加成比例（m）、货币工资率（W）、劳动生产率（γ）以及单位产出的原材料成本。我们这里主要关注 m、W 和 γ 的变化。我们可以得到如下结论：

- 在其他条件不变的情况下，如果货币工资上升，那么单位生产成本就会上升，企业就会将货币工资的上升及时传导到价格上，从而保持原来的加成比例。

- 如果劳动生产率（γ）上升，比如，工人昂扬的劳动积极性、技能水平提高、更好的管理等因素提高了劳动生产率，那么单位成本（W/γ）就会下降。这意味着企业可以在更低的价格水平上得到原来的利润。AS 曲线会依据单位成本的下降而向下移动。

- 加成比例（m）的变化会导致价格水平的变化。产业集中程度的提高、广告的增加以及其他因素会导致企业有能力增加并维持总的利润份额。产品和服务市场紧缩的时候，销售量的下滑可能会导致企业争夺市场份额，从而企业可能会降低加成比例。加成比例的降低也可能是因为强大的工会成功提高了货币工资。为了避免市场份额的减少，企业可能不提高价格，而自己承受一部分的成本上升，这意味着加成份额被挤压了。

- 如果就业量低于充分就业水平，那么产出的真实水平就会低于 Y^*，这意味着存在**产出缺口**。如果企业认为总需求（支出）的增加是永久性的，那么这会导致产出扩张的同时价格不会上升。如果企业不确定需求扩张是否会一直持续，它们可能不会雇佣更多工人，而是增加加班时间。换句话说，为了应对总需求的增加，它们最开始选择的是增加工作时间，而不是增加工人数量。因为企业想要维持它们总体的市场份额，支付加班费造成的成本上升可能会由利润份额的减少来负担。

总供给曲线可用于研究由不同群体之间收入分配的斗争所导致的通货膨胀过程。我们将有关的分析留到第 17 章。

16.5 什么决定就业水平？

企业雇佣工人依据的是对产出需求的预期，工资变化对它的劳动需求影响有限。然而，企业对其长期运营能力的判断在一定程度上依据其工资成本。但在日常的运营中，如果在当前的工资率上企业是有盈利的，那么它就会基于预期的销售量来增加或者减少它的劳动需求。

换句话说，**有效需求决定劳动需求**。按照企业的预期销售量，企业雇佣生产所需的劳动力。

如果存在长期的萧条，那么我们就会看到闲置的资本与劳动力（失业）。即使失业工人想要在当前工资率上工作，但是因为有效需求不足，市场上不存在对这些劳动力的需求。

假定货币工资在短期不变并且劳动生产率不变，固定的要素投入比例意味着在正常的产出范围内企业的单位成本是固定的。

如果企业得到更多的订单，那么它会增加产出从而保住它的市场份额。假定单位成本不变，企业会将闲置的资本用于生产，并且雇佣更多的工人。企业不会涨价，因为单位成本没有上涨的压力。随着产出的增加，劳动需求将增加而货币工资率保持不变。这意味着，AS 曲线表示的是价格水平的函数，它在正常的产出范围内是一条非常平缓的曲线。增加的名义需求是通过产出（收入）增加来满足的。

企业可能不愿意提高价格（即便成本暂时性地增加了，我们在下面会解释），可能不愿意在总需求减少时降低价格，在这背后有若干原因。

- 在很多产业，少数企业主导这些产业。
- 消费者会忠实于一些企业的产品，这使得他们不会对同类产品的降价做出反应。
- 如果降价没有吸引来数量可观的消费者，没有使得他们改换选用的品牌，那么降价就会降低企业收入。并且，竞争者可能会同时降价来留住它们的顾客。
- 改变价格会带来一大笔成本。企业需要改变价格标签和价格目录。

16.6 劳动生产率的影响因素

什么因素决定了劳动生产率呢？在长期，很多的影响因素在发挥作用。这包括技术的改进、教育水平和身体素质提高所带来的劳动力素质提升、组织管理技巧的提升，这些都会带来劳动生产率的提高。

我们认为以上这些影响因素会在很长时间里缓慢地发挥作用，所以为了理解短期就业量和产出量是如何决定的，我们可以暂且忽略它们。

在现实世界中可以观察到，单位时间的产出量和经济周期之间有着很强的正向关系。我们将这种现象称为劳动生产率的**顺周期变动**，意思是单位劳动投入的产出量随着产出水平和就业量的增加而增加。劳动生产率（单位时间的产出）的顺周期特征意味着单位成本会随着就业量的上升而降低，会随着产能利用率的上升而降低，但生产的总成本是上升的。

图 16.4 展示了 30 年里美国制造业的人均实际产出。阴影的区域是美国国家经济研究局（NBER）确定的衰退时期。劳动生产率的变化显然是顺周期的。

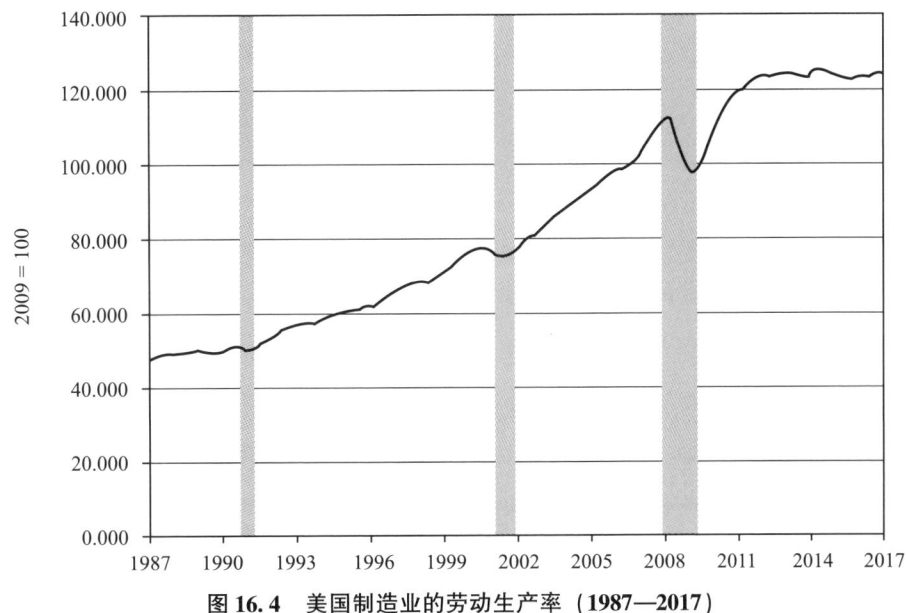

图 16.4　美国制造业的劳动生产率（1987—2017）

来源：作者自制。数据来自 U. S. Bureau of Labor Statistics, Manufacturing Sector: Real Output Per Person [PRS30006163]，下载自 FRED, Federal Reserve Bank of St. Louis; https://fred.stlouisfed.org/series/PRS30006163, August6, 2018.

注：阴影部分表示美国的萧条期

在萧条时期，在产出减少的时候，劳动生产率下降。这和边际生产率递减规律截然相反。单位劳动时间的实际产出的变化普遍是顺周期的。在制造业的劳动生产率的顺周期变化这一点上，美国和其他发达经济体的情况是相似的。

生产技术的选择

新古典生产理论认为，企业可以随意地将劳动和资本相互替代。因此，如果劳动的相对价格上升，那么企业就会很快地减少劳动的使用而增加资本的使用。

我们已经说明了企业不可能很快地用一种投入替代另一种投入，并且要增加资本的使用并减少劳动的使用一般需要彻底改变技术。需要非常大幅度的实际工资上涨才能使得企业废弃现有的技术。

在这里，我们来思考一下固定投入比例的假设下企业的行为。基于可采用的技术以及对未来劳动和资本的相对成本的预测，企业通常会选择成本最低的技术。由此就确定了资本—劳动的投入比，这个投入比是这个企业在接下来的生产周期中所面临的约束。给定使用的技术与相应的投入比例，企业做完这个决策的同时，它的劳动需求曲线也就形成了。

资本品一旦安装好就变成了经济学家所说的"免费物品"。相对于它的购买成本和安装成本而言，资本品运营的可变成本通常很低。经济学家将购买安装资本设备的主要成本称为沉没成本，意思是说，无论企业是否使用这些资本品，这些成本都已经产生了。

因此，在生产时，企业会尽量多使用资本。当需求下降时，企业就会闲置一部分的资本（产能未充分利用）。

但是，在这么做的同时，企业也解雇了工人，并且（或者）减少了工作时间，因为与固定的雇佣成本以及相关成本比较，劳动投入的可变成本是相对较高的。

实际工资在这里发挥了什么作用呢？即使实际工资下降到零，如果总需求不足的话，企业也不会雇佣更多的工人。如果企业认为销售前景不乐观，企业就不会增加产出（除了生产少量存货，这些存货是用来缓冲订单数量波动的）。

劳动生产率的顺周期变化

如前所述，在企业认为市场需求低迷的时候，企业会将机器闲置。当市场需求上升的时候，企业首先会尽量利用现有的人员和资本。于是，企业会激励工人工作得更快和（或）时间更长，从而提高每个工人的生产率。所以，在短期，由于加班津贴的支出，成本可能会上升，同时企业会判断这时需求的增加是持续性的还是暂时性的。如果高涨的需求会维持下去，那么企业就会雇佣更多工人，并且在必要的情况下会增加对资本设备的投资。一旦雇佣新的工人并且减少加班，单位劳动成本就会下降。另一方面，在经济萧条时，企业不能解雇掉全部闲置的劳动力，因为它们不希望损失经验丰富的工人。

由此带来的结果是，就业量的波动幅度一般小于产出的波动幅度，因为企业在萧条时期会一定程度地贮存劳动力而在景气时期则会更高强度地利用劳动力。因此劳动生产率是顺周期的，这和图16.4的经验证据相吻合。

此外，如果我们回到清洁公司的例子，当它得到更多清洁服务的订单时，它会首先要求现有的劳动力每天清扫更多的办公室，这可能是通过提高效率办到的。劳动生产率由此上升。到了某个点时，企业必须多雇佣一个工人（以及添置一把拖把）。测量到的劳动生产率可能会暂时下降，直到企业得到了更多订单从而能够充分利用更大数量的劳动力。

因为这些原因，劳动生产率是周期性变动的，这和新古典生产理论所主张的边际生产率递减规律不同。

同时，如果经济总体的劳动生产率变化是供给方因素造成的，例如，技术变革或者劳动力的教育和培训的进步，那么在短期，劳动生产率的变化可能不显著，在长期，这些因素才会对劳动生产率产生显著影响。

我们之前说过，需求的波动会造成制造业中劳动生产率的顺周期波动。下面这些因素也会造成劳动生产率的显著变动。

首先，总产出的构成很重要，因为劳动生产率在不同企业和产业中是不同的。例如，生产高科技电子产品的制造业会有比理发业高得多的劳动生产率。

即使在单个企业的层面报酬递减在起作用（这只是假设，不是事实），在总量层面也不可能看到逆周期的劳动生产率增长。

随着总产出的增加，不同产业的产出比例会发生变化。这种变化会使得报酬递减的产业占总产出的比重下降。所以劳动生产率会随着总产出的增长而增长。

其次，我们可以观察到大多数企业想要和它们的雇员保持长期的关系。这一点在实践中很重要，为的是节约雇佣工人的固定成本（招聘、筛选、培训等成本以及裁员的法律成本与赔偿）并保持工人的士气。

效率在很大程度上取决于工人对工作稳定性等问题的感受。企业也因为害怕失去熟练工人而不愿意解雇他们。同样的，如果价格保持不变，尽管削减工资可能会增加利润，但是削减工资也会伤害企业与在职工人的关系，他们可能会在有其他工作机会时辞职。普遍的工资削减还会减少总需求，因为工人没那么多收入可以消费了。

在长期，如果需求持续上升，那么企业就会投资于技术最新的厂房和设备，这一般会提高劳动生产率（只需要更少的劳动时间来生产相同的产出量），同时也会增加产能。企业也会进行提高劳动生产率的其他活动，例如，重新布置工作场所和改进时间管理。这样劳动生产率也会提高。另外，工资上涨也会驱使企业在长期通过以上这些做法来提高劳动生产率。因此，工资上涨会刺激研发活动从而推动科技创新。

主流经济学将劳动生产率的短期趋势和长期趋势都归因于供给方因素，却忽视了总需求的重要影响。这在理论上是站不住脚的，而且这也无法解释劳动生产率长期变化的经验数据。

结　论

在本章，我们开发一个加成定价模型，我们认为这个模型代表了现代货币型经济中许多企业的定价行为。我们不否认一些产品的定价，例如，水果和蔬菜，是市场驱动的，从而短缺或者过剩会反映在当前价格中。

这一章也深入讲解了市场状况发生改变时企业的行为变化。一个关键点在于，有充足的理由认为，企业一般不会按照劳动力市场状况去改变它们的货币工资。这与古典经济学不同，古典经济学将价格和工资的弹性视为实现充分就业的关键。尽管这种观点是一种合成谬误，但是在今天，这种观点仍在主流经济学家中产生了共鸣。

参考文献

[1] Langbraaten, N., Nordbø, E. W. and Wulfsberg, F. (2008) "Price-setting Behaviour of Norwegian Firms-Results of a Survey," *Norges Bank Economic Bulletin* 79 (2), 13 – 34.

第四部分

失业与通货膨胀：理论和政策

chapter 17

第17章

失业与通货膨胀

本章纲要

17.1 引言

17.2 什么是通货膨胀？

17.3 通货膨胀是一个冲突的过程

17.4 货币数量论

17.5 收入政策

结论

参考文献

学习目标

- 理解通货膨胀的定义和持续通货膨胀的充分条件。
- 理解通货膨胀的本质：通货膨胀源于国民收入分配的冲突。
- 理解货币数量论的基本内容和缺陷。
- 了解为什么有些国家会用收入政策来控制通货膨胀的螺旋式上升。

17.1 引言

在本章，我们将详细讨论通货膨胀的概念，并讨论各种解释通货膨胀的理论。我们将提出一个一般性的理论框架来理解通货膨胀过程，这个理论框架认为，通货膨胀是实际 GDP 和国民收入中的不同收入群体竭力维护自身所得的过程。在这个意义上，我们将通货膨胀归因于资本主义经济中普遍的内生性分配斗争和冲突，这个过程的典型特征是，劳动者想要维持或提高其工资水平，而企业则想要维持或提高其利润率。

我们将通货膨胀过程的初始原因分为**成本推动的（cost push）** 和**需求拉动的（demand pull）**。第一类被称为成本推动型通货膨胀，因为此类通货膨胀源于生产成本提高所导致的价格水平上涨。第二类被称为需求拉动型通货膨胀，因为在通货膨胀的初始阶段名义需求的增加（相对于生产能力）导致了价格水平上涨。

在这之后，我们将详细地考察古典经济学的货币数量论。该理论认为，货币供给的增加与通货膨胀之间存在直接的联系，因此，通货膨胀的原因一直都是中央银行允许货币数量增长过快。货币数量论是货币主义的核心要素，因此，我们在本章还将谈及货币主义（Monetarism）。我们将说明货币数量论的基础是一个核算恒等式。然而，货币主义所主张的因果关系是站不住脚的。

在第 18 章中，我们将运用本章的内容来审视宏观经济学中有关通货膨胀的重要理论和政策辩论。

17.2 什么是通货膨胀？

通货膨胀是什么呢？人们对这个概念存在着误解。物价上涨是通货膨胀的必要条件而非充分条件，因此，劳动者在谈判中要求提高工资，企业为了增加利润而提高价格，货币贬值导致进口商品的国内价格上升，这些可能会也可能不会引发通货膨胀。

通货膨胀是物价水平的持续上升，也就是说，物价水平要在一段时间内持

续上升，而一次性的价格上涨不是通货膨胀。

例如，如果价格水平每月上涨10%，那么这就是通货膨胀。在这个例子中，通货膨胀率是稳定的，每月的价格水平都以相同的速度上涨。

如果物价水平在第一个月上涨10%，第二个月上涨11%，第三个月上涨12%，以此类推，那么我们可以说通货膨胀率是**加速的**（accelerating）。加速的通货膨胀的极端情况被称为**恶性通货膨胀**（hyperinflation）。虽然在有文字记载的历史上，恶性通货膨胀的案例很少，但是，20世纪20年代的魏玛共和国[①]和21世纪初的津巴布韦作为恶性通货膨胀的案例非常著名。这些案例的典型特点是，在恶性通货膨胀发生之前，经济体的潜在供给能力已经急剧收缩（详见第21章）。

相反，如果价格水平在第一个月上涨10%，在第二个月上涨9%，以此类推，那么通货膨胀率是下降的或**减速的**（decelerating）。如果价格水平开始下降，那么价格水平增长率就是负的，这种情况就是**通货紧缩**（deflationary）。

提示框

请回忆一下消费者价格指数（CPI）的测量和通货膨胀率的计算。回顾一下第4章的第4.8节。

我们可以将正常的价格水平定义为：企业在正常产能下运营并且其利润率能够满足其战略目标时企业的要价（参见第16章中关于加成定价的讨论）。然而，经济周期会围绕着正常的产能利用率波动，企业不仅会通过调整产量来应对总需求的波动和不确定性，而且在某些情况下还会调整价格，特别是在经济衰退时期。

在经济低迷时期，企业可能会通过打折来增加销售量，并提高产能利用率。因此，当总需求下降时，企业会暂时压低利润率，从而提高它的市场份额。随着需求条件逐渐完善，企业会取消打折，价格会回到正常的水平，也就

---

① 指1918年至1933年期间采用共和政体的德国。——校订者注

是在正常产能利用率上可以提供企业想要的利润率的价格水平。我们不认为这种周期性的价格调整是通货膨胀。

17.3 通货膨胀是一个冲突的过程

冲突理论（conflict theory） 认为通货膨胀的本质是劳动者与资本之间的权力关系（阶级冲突），而在资本主义制度中，政府会调控这种权力关系。冲突理论综合了社会、政治和经济等因素，构成了通货膨胀的一般性理论。在不同历史时期中，政府采取了不同的政策，而在最近的一段历史时期，它偏向于牺牲劳动者的实际工资，并以此来保护资本尤其是金融资本的利益。

冲突理论与由成本推动引发的通货膨胀过程密切相关。但很重要的一点是，按照通货膨胀的定义，无论是成本推动型，还是需求拉动型，通货膨胀都需要"双方携手共舞（two to tango）"，这样才会使得价格不断上涨。否则，工资或价格水平的变化只会是一次性的事件。对于理解通货膨胀过程来说，理解劳动者与资本之间权力关系的本质至关重要。

在产品市场上，企业具有定价权，它通过对成本加成进行定价。企业力图实现使其股东或利益相关者满意的目标利润率，这体现在企业对单位成本的加成比例上。单位成本主要取决于工资成本、生产率的变化和原材料价格。这些决定因素中任何一个的变动都可能导致成本增加，而具有定价权的企业则可能会通过提高价格来转嫁成本。

另一方面，劳动者的议价能力取决于劳动者群体有效动员自身的能力，这通常是通过工会来实现的。向非标准就业形式［例如，英国等国的零工时制（zero-hours contracts）］的转变以及许多发达经济体工会力量的下降降低了工会讨价还价的能力。在许多情况下，抑制工会的法律条款强化了这种趋势。①

相较于与代表所有劳动者的工会组织进行谈判，当雇主和劳动者单独谈判时，雇主会在谈判中占有更大的优势。

---

① 零工时制又可译作零工时合同，它是指雇主可自由改变雇员工作时间甚至无须保证有任何工作时间的合同。——校订者注

如此，企业和工会都具有一定程度的市场势力（也就是说，它们可以影响价格和工资）。我们假设它们都以（在国民收入中所占）**收入份额**为目标，并通过运用它们影响**名义价格和工资**的能力来获取目标收入份额。

在每一个时期，经济体中都会产生一定数量的产出（实际GDP），这些产出会在拥有分配索取权的各个群体之间以工资、利润、租金、利息、税收等形式进行分配。在接下来初步的讨论中，我们将假设不存在其他类型的收入群体，从而集中讨论工资和利润的分配；我们将假设原材料价格上涨这种外部冲击引起了分配情况的变化。

如果劳动者和企业想要获得的产出份额与它们实际获得的产出量一致，那么双方的目标就能够相容，通货膨胀的压力也就不会产生。在每一时期，名义工资和利润水平会按照每个收入群体的意愿来设定，实际产出会按照名义收入和利润水平在这些收入群体中间进行分配。但是，如果不同收入群体对收入的要求相互冲突，那么不满的群体会通过增加工资（劳动力）和/或提高价格（企业）来实现它们对收入份额的要求。我们将在下节进一步对此进行分析。

成本推动型通货膨胀

包括马克思主义者**米哈尔·卡莱斯基**（Michal Kalecki）在内的众多学者都认为，通货膨胀是对可得的实际收入进行**分配斗争**的结果。

驱动成本推动型通货膨胀的是经济活动背后的社会关系。冲突理论认为，劳动力市场的供需双方的目标可能会相互冲突，他们会试图通过向另一方转嫁成本来实现他们的目标。

劳动者实现名义工资目标的能力是顺周期的，也就是说，当经济体在**高压**（高产能利用率）下运行时，劳动者更有能力实现名义工资的增长。如果他们能组织起团结的工会，从而能对抗雇主的权力，那么情况更是如此。

例如，在经济体接近充分就业状态时，马克思所说的**产业后备军**减少，劳动者会有更大的议价能力。这时工会就更可能要求更高的货币工资。企业会害怕发生持续的罢工，因为在利润高企时，罢工会损害企业的利益。

在这种情况下，为了保护其市场份额，企业就更有可能作出让步来满足劳动者的要求，企业还可以利用其定价权，通过提高物价（即恢复以前的加成比例）来维护自己的利润。这可以被称为**加价大战**。这时国民收入在工资和利润之间的分配没有发生变化，并且如果只是货币工资和物价的一次性上涨，那么在这个时间点上还没有发生通货膨胀。

如果分配索取权的总和（名义的货币工资和利润的总和）超过了以当前价格衡量的可得的产出，并且谈判双方都不愿意放弃他们的分配索取权，那么这就会引发通货膨胀并使得通货膨胀持续下去。"**工资—价格或价格—工资**"机制都可能会引发通货膨胀。

这就涉及为了维持实际工资和实际利润率而采取的对抗行为。"工资—价格螺旋"始于劳动者要求更高的实际工资，而"价格—工资螺旋"则始于企业要求更高的实际利润率而在谈判中引发了对抗。

在经济处于高压状态时，企业可能会想要提高利润率，这也可能会引发通货膨胀。劳动者可能会试图维持以前的实际工资，他们会要求增加名义工资从而应对物价水平的提高。如果劳动者的议价能力很强（从企业的角度来看，这取决于劳工运动可能会带来多大的产出和利润损失），那么他们很可能会成功。否则，他们就不得不接受物价水平提高所导致的实际工资减少，这意味着他们的名义工资能够购买的商品和服务的减少。

但是，如果企业不愿意接受货币工资的上涨和利润的缩减，那么企业会再次提高价格，由此"工资—价格螺旋"式上升就会开始。如果这一过程持续下去，那么结果就是成本推动型通货膨胀。

如果在一部分劳动者提高名义工资的要求得到满足后，另一部分劳动力试图维持他们与加薪的劳动者之间的相对工资水平，那么"工资—价格螺旋"可能会演变为"**工资—工资—价格螺旋**"。

在通货膨胀过程中，政府的作用也很重要。虽然是分配冲突引发了通货膨胀的螺旋，但是，只有在政策能够容许通货膨胀存在的情况下，通货膨胀才能持续下去。

在实现销售收入之前，企业通常会通过信贷（如透支）为其运营资本提供**融资**。在通货膨胀螺旋中，如果劳动者要求更高的名义工资，那么企业就需要作出判断：是劳工运动所带来的产出和销售损失更大，还是增加贷款从而支付更高工资的成本更大？通常后一种成本更低。

如果信贷条件趋紧，从而贷款变得更加昂贵，那么企业将无力支付劳动者所要求的更高的货币工资。这时，更高的利率可能会导致实际工资的减少，从而对消费支出产生负面影响。由于资金成本变高，企业也不太愿意投资新项目。

因此，如果货币政策趋紧，那么在某些时候产出增长率会下降，而议价能力较弱的劳动者就会被解雇。失业率的上升最终将使得劳动者不再要求提高工资，随着时间的推移，通货膨胀将受到遏制。

由此，通货膨胀的成本推动理论认为通货膨胀和失业之间存在权衡取舍关系。

另一种政策方针是，中央银行通过保持其原有的货币政策（利率）来应对通货膨胀，同时，财政当局维持现有税率和支出增长率。

商业银行会继续发放贷款，在企业的账户中创造存款。中央银行会确保银行系统中有足够的准备金，从而保证支付系统的稳定性。因此，"名义工资—价格螺旋"会刺激更多的贷款需求，而在金融系统中这些贷款需求不会受到约束。

通货膨胀的成本推动理论与海曼·明斯基的金融不稳定性概念之间也存在着很强的一致性（请参阅第 26 章）。这两种理论研究的都是行为在经济周期中的动态变化。当经济活动活跃时，银行会更愿意向那些以前被认为是边缘借款人（marginal borrower）的客户提供信贷，因为现在经济状况改善，这类客户的信用评级提高了。同样，企业会更愿意满足名义工资要求，因为搜寻劳动力变得更加困难，并且相较于销售和利润损失，劳资纠纷的成本很高。由于形势大好，劳动者也就具有了更强的议价能力。

在经济活动低迷时，销售量的下降和失业率的上升不利于实现利润增长和工资需求。此外，贷款拖欠率往往会变高，银行在贷款时会变得更加保守。

成本推动型通货膨胀的另一个例子是大量进口的原材料（例如，石油）的价格上涨。我们将在下一小节中对此进行研究。

凯恩斯也曾指出，通货膨胀可能会由**成本推动**［也称为卖方通货膨胀（sellers' inflation）］所导致。在凯恩斯主义传统中，阿巴·勒纳（Abba Lerner）的《就业经济学》（*Economics of Employment*，Lerner，1951）逻辑清晰地讨论了在劳资双方都努力捍卫自身收入时，分配斗争如何导致了工资—价格的螺旋上升和通货膨胀。

勒纳认为，"工资—价格螺旋"上升的起因也可能是企业提高定价中的加成比例从而扩大其收入份额。只有在劳动者愿意接受价格上涨所带来的实际收入减少时，企业才能得偿所愿。当企业认为劳动者的议价能力很弱，也就是在失业率较高时，企业更有可能这样做。由此，勒纳认识到高通货膨胀率和高失业率可以并存，由此辨明了后来人们所熟知的**滞胀（stagflation）**现象。

原材料价格上涨

到目前为止，我们将劳动者和企业视为通货膨胀的主要驱动者，其中劳动者可能会通过要求名义工资的增长来实现实际工资的增长，而企业则可能会通过提高利润率从而获取更大的利润份额。

但是，**原材料价格冲击**也可能会引发成本推动型通货膨胀。成本冲击可能来自进口（例如，如果国际石油价格上涨，那么依赖石油进口的国家就可能会面临更高的能源价格），也可能来自国内（例如，假如一个国家遭受干旱，那么这会提高粮食作物的价格，并对所有食品加工业造成影响）。

> **试试看**
>
> 让我们来思考一种重要的进口资源价格上涨的例子。进口资源价格的冲击会导致该国实际收入的损失。因此，分配给国内收入群体的实际收入会减少。
>
> 问题是，谁来承担实际收入的减少呢？由于国内可供分配的实际收入减少，对于进口成本上升的具体影响，不同收入群体的反应至关重要。损失必须由某些收入群体来承担或忍受。你认为不同的收入群体可以采取哪些策略？你认为哪个最有效？

为了应对利润率（加成比例）的下降，如果国内企业通过涨价来转嫁上升的原材料成本，那么劳动者将要承受实际工资的下降。

如果劳动者抵制实际工资的减少，并要求增加名义工资，企业要么接受其利润率的缩减，要么为维持利润率而继续涨价。

对此，政府可以采用多种政策。它可以维持当前的名义需求增长率，但这很可能会加剧通货膨胀的螺旋上升。

或者，政府还可以采取政策的组合来约束通货膨胀，这种政策组合包括收紧财政和货币政策从而增加失业［非加速通货膨胀失业率（NAIRU）政策］，制定基于协商的收入政策和/或实施（未经协商的）工资价格指导政策（见下文）。

到最后，如果某个收入群体仍然试图将原材料价格的上涨转嫁给别的收入群体，那么政府很有可能会出台紧缩性政策，失业率将会上升。

对此，更好的政策是改变生产过程从而减少对昂贵的进口资源的使用，或者寻找国内替代品。

通货膨胀的冲突理论与通货膨胀偏向

1974年，《今日马克思主义》（*Marxism Today*）杂志上的一系列文章阐明了如下主张：通货膨胀是劳动者和资本之间分配冲突的结果。这些文章是针对20世纪70年代初的情况撰写的，当时许多西方经济体的通货膨胀率都在上升。

帕特·迪瓦恩（Pat Devine）在文章中指出，通货膨胀过程是嵌入到资本劳动内在冲突中的一种结构性产物。他认为，在20世纪70年代初期，劳动者议价能力的增强（伴随着"二战"后长期的充分就业）以及生产率的下降导致了一种产生通货膨胀的结构性倾向；这一点在20世纪70年代中期的通货膨胀大爆发中显现出来了，这场通货膨胀"终结了黄金时代"。

他进一步主张，货币工资的持续增长"在资本主义历史上是前所未有的"（Devine，1974：80）。资本家提高价格以维持利润率，从而抵销了劳动者提高实际工资的努力。

拥有定价权的大型寡头企业从事非价格竞争（例如，产品质量的竞争）。但无论如何，这些企业都是相互影响的，因为它们的市场份额对它们的定价策略是敏感的。在政府保持足以维持充分就业的有效需求的情况下，当某个企业面临名义工资提高的要求时，其管理层知道它的竞争对手面临着类似的压力，而且它们的市场地位并非取决于绝对价格水平。如果一家企业提高价格而其他企业保持较低的价格，那么这家企业可能会失去市场份额。结果是，企业几乎没有动力来抵制劳动者的工资需求，并且也没有强烈的动力通过加价来转嫁工资的上升从而维持其自身利润。

这种结构性的理论认为，通货膨胀是嵌入到资产阶级和工人阶级的动态变化当中的（双方都通过提高定价能力来捍卫自身的实际收入份额），这体现出具有凯恩斯主义特点的充分就业理论。

这种结构理论还涉及国际方面。这一理论认为，布雷顿森林体系（参见第9章）对那些当时内需强劲增长的经济体施加了通货紧缩的压力。随着国民收入的增长和进口的增加，中央银行不得不收紧货币政策从而维持汇率稳定，而这种对货币增长的约束抑制了不同收入群体的分配斗争。

然而，到了1971年，当布雷顿森林体系的货币可兑换性和固定汇率制度崩溃时，通货膨胀的结构性偏向随着汇率的浮动而逐渐凸显。

迪瓦恩（Devine，1974：86）指出：

"浮动汇率已成为新的政策武器。在国内通货膨胀时，浮动汇率为应对外部支付头寸所带来的压力提供了一定程度的灵活性。但是，如果要让浮动汇率能够有效解决国际收支的失衡，那么这可能需要降低国内的实际收入。如果实际工资（或其增长率）的减少在国内不能达成共识，那么这将产生提高货币工资的压力，如果这一压力无法得到控制，那么通货膨胀率就会上升，并且本国货币会进一步贬值。"

结构主义者还指出，20世纪70年代中期的危机标志着凯恩斯主义时代的结束，这一危机不仅有通货膨胀加剧的特征，而且有利润持续缩减的特征，后者是由生产率增长率的下降和各国对市场份额竞争加剧所导致的。利润的缩减导致企业投资的增长率降低（导致总需求增长的减缓），这一点再加上货币和财政政策的严厉紧缩造成了20世纪70年代后期困扰全球的滞胀问题。

经济学家们提出的解决**结构性偏向**的方案取决于他们的意识形态立场。一方面，那些自称凯恩斯主义者的学者主张采取收入政策（稍后将在本章详细讨论）来调解分配斗争，并使得名义收入与可获得的产出相匹配。

另一方面，新兴的货币主义则认为通货膨胀是工会滥用市场势力的结果，因此，政策制定者应该通过立法降低劳动者的议价能力。资本不抵制失业率的上升，因为它被视为削弱工会的议价能力的手段。

自20世纪70年代中期以来，持续的高失业率以及在许多发达国家打击工会的政策抑制了通货膨胀的螺旋上升，劳动者不再能够实现实际工资的增长，生产率增长率超过了实际工资的增长率。结果是，在这一时期，有很大一部分收入被重新分配给了利润。

英国的撒切尔主义和美国的里根经济学的兴起表明，在20世纪80年代，货币主义日益占据主导地位。

需求拉动型通货膨胀

尽管经济学家区分了成本推动型和需求拉动型通货膨胀，但这两种通货膨胀之间的界限却不像人们想象得那么清晰。

需求拉动型通货膨胀是指由于名义总需求的增长超过了经济体扩大实际产出的能力，价格开始持续上升的情况。

我们从国民经济核算中了解到，总需求总是等于GDP，也就是一个时期内生产的最终产品和服务的市场价值。我们可以将其表示为实际总产出（Y）和一般价格水平（P）的乘积，即PY。显然，如果产出（Y）的增加无法满足名义总支出（即GDP）的增长，那么一般价格水平（P）就必须上升。

在20世纪60年代，对通货膨胀的主流看法依据的是凯恩斯的通货膨胀缺口（inflation gap）的概念，凯恩斯在1940年发行的小册子《如何为战争融资：一个向财政大臣提出的激进计划》(*How to Pay for the War: A Radical Plan for the Chancellor of the Exchequer*) 中介绍了这一概念。

在《通论》（Keynes, 1936）中，凯恩斯提出了有效需求的概念，从而说明在货币经济中不充分就业的均衡是如何产生的。在1940年的小册子中，他想说明的是在战时如何实现充分就业。

在第二次世界大战爆发后，大规模的支出计划是战时动员的重要内容。凯恩斯认为，随着就业量的增加，家庭收入的增加将带动消费支出，即使货币工资水平不变，这也会加剧通货膨胀。

凯恩斯的计划是在"二战"的背景下制定的，当时英国面临着供给不足的问题（扩大产出的能力有限）。尽管如此，通货膨胀缺口的概念仍可以用于描述一般性的需求过剩的情况，在这种情况下，总需求的增长速度超过总供给能够扩大的程度。

凯恩斯将通货膨胀缺口定义为：在通货膨胀发生前的价格水平或基准价格下，计划支出超过供给能力的差额。通货膨胀发生前的基准产出是产能得到充分利用时的产出。因此，如果一个经济体能够通过迅速扩大供给来满足预期的名义需求增长，那么通货膨胀缺口就不会出现。

这一思想被总结成了**通货膨胀的需求拉动理论**。一旦经济体达到充分就业，超出现有水平的名义需求增长就会导致通货膨胀。

因此，当失业率下降时，通货膨胀率往往会趋于上升（参阅第 18 章关于菲利普斯曲线的分析）。该理论认为，在名义需求的增长将失业率推向无法再降低的水平（摩擦性失业）的过程中，工资和物价将开始上升。换句话说，总需求过剩会造成通货膨胀缺口。

在现实世界中，一些因素会削弱需求对通货膨胀的影响。

第一，企业变更价格时会面临巨额的成本。由于这些成本的存在，企业会采取"价格目录"（或"菜单"）定价法，依照这种方法，企业会预测将来某个时期的预期成本，并根据预期回报来设定价格。随后，他们会在目录中标明这些价格，向消费者广而告之，并随时以该价格提供消费者所需的任何商品和服务（直至生产能力耗尽）。换句话说，他们不会根据不断变化的需求来频繁地改变价格，企业通常只会定期地修订其价格目录。

第二，信任和可靠性在经济交易中非常重要。例如，企业寻求与客户建立稳定的关系，从而形成产品忠诚度。在这种情况下，企业不希望在与消费者建立关系之后改变价格。

第三，在需求下降时，企业也不会降价，因为它们希望避免所谓的逆向选择问题，这会导致企业被人当作便宜货供应商，名声因而变坏。企业重视"重复销售"，因此希望增加消费者的好感。

当产能接近充分利用时，情况会有所改变。这时，相较于产出增长，价格上涨更有可能出现（这取决于特定生产领域的瓶颈）。满负荷生产时，GDP 只能通过通货膨胀来增长（也就是说，只会增加名义价值）。此时，通货膨胀缺口就被打开了。

在 20 世纪 60 年代美国政府发动越南战争时，通货膨胀率开始上升。在 20 世纪 60 年代末和 70 年代初，战争支出的增加带来了需求拉动的价格上涨的压力，而石油输出国组织卡特尔的形成导致了石油价格的急剧上涨，这是导致 20 世纪 70 年代通货膨胀的两个主要因素。1973 年，石油输出国组织的石油价格翻了两番，这对依赖石油的经济体（例如，美国和日本）造成了巨大的成本冲击。

成本推动型和需求拉动型通货膨胀：小结

成本推动型通货膨胀要在特定的总需求条件下才能维持下去。由此看来，很难区分由供给方引发的通货膨胀和由需求方引发的通货膨胀。

例如，进口原材料的冲击意味着可分配给国内收入群体的实际收入降低。除非国内收入群体（劳动者和资本）相互转嫁损失从而引发持续的分配冲突，否则，通货膨胀就不会发生。

但是，在螺旋式通货膨胀上升势头强劲的部门，持续的分配冲突需要持续的经济活动作为"氧气"。从这个意义上讲，引发加速通货膨胀的条件——高水平经济活动——也将维持由需求方引发的螺旋式通货膨胀。

17.4 货币数量论

正如第 11 章所阐述的，古典经济学的就业理论依据的是如下观点：经济中的实际变量（产出、生产率、实际工资和就业量）是由劳动力市场的均衡结果决定的。

总的来说，实际工资完全是由劳动需求和劳动供给决定的，由此也决定了任何时间点经济活动的实际水平。

遵循可贷资金理论的**"萨伊定律"**（参见第 11 章）被用来在理论上回避总需求与总供给匹配的问题。根据这一理论，利率是相对于未来消费的当前消费为之付出的代价，储蓄和投资总是可以通过利率的调整来达到平衡。由此，两种相对价格（劳动力市场中的实际工资和可贷资金市场中的实际利率）确保了充分就业（非自愿失业为零）。

将对实际变量的理论解释与对名义变量（一般价格水平）的理论解释相分离的做法被称为**古典二分法**（classical dichotomy）。晚期的古典经济学家认为，假如货币数量增加一倍，那么这不会对实际的经济变量产生影响，而只会使得价格水平翻倍。

19 世纪出现的古典二分法与更久以前由大卫·休谟（David Hume）等经济学家提出的观点相矛盾，后者认为，（从政策角度看）中央银行可以通过改变货币供给来对失业和通货膨胀进行权衡取舍（Hume, 1752）。

古典经济学的就业理论的结论在一定程度上依赖于古典二分法，这一点并不令人惊讶。古典经济学的就业理论依据的是一种物物交换的模型，在该模型中不存在货币，人们交易的是实物。显然，这种经济理论不适用于我们所处的货币型经济。

古典经济学的货币理论仅仅用于解释一般价格水平及其变化。古典经济学家主要关注的是如何解释产出的供给和生产性资本的积累（以及由此产生的经济增长）。

从古典二分法当中引申出来的价格理论被称为**货币数量论**（Quantity Theory of Money），对此，我们在第 11 章已有所论述。该理论最初源于 16 世纪的法国经济学家们，尤其是让·博丹（Jean Bodin）。

我们为什么会对 16 世纪法国经济学家的思想感兴趣？这是因为，正如古典经济学的就业理论的主要观点仍然回响在当代的政策辩论之中（例如，否认大规模失业是总需求不足的结果），基于货币数量论的通货膨胀理论仍然很有影响力。实际上，它构成了 20 世纪 70 年代**货币主义**理论的核心。

我们已经在本书中了解到，经济学是一门充满争论的学科，不同的学派提出了相互冲突的政策框架。货币主义及其更现代的理论形式构成了宏观经济学中的一种思想流派，其通货膨胀理论的基础就是货币数量论。

我们还将看到，基于货币数量论的通货膨胀理论很符合直觉，并且结论和外行人的直觉一致：货币数量的增加会导致货币价值的下降（也就是通货膨胀）。

货币数量论在19世纪非常有影响力。该理论始于所谓的**交易方程**（equation of exchange），这是一个会计恒等式。我们可以将其写成：

$$M_s V \equiv PY \tag{17.1}$$

我们已经熟悉了右侧的各项。P是价格水平，Y是实际产出，PY是总产出的名义价值（也就是国民经济核算中的名义GDP）。

M_s是流通中的货币数量（即货币供给，例如，第10章中介绍的M2），它是一个存量（例如，某一时点的美元数量）。V为收入流通速度，它表示在总收入的产生过程中货币总量的平均周转次数。

方程（17.1）本身没有任何理论意义，因为它是一个恒等式。因此，我们需要引入对行为的假定，从而将方程（17.1）转变成解释一般价格水平的理论。

专栏17.1　流通速度的例子

为了理解流通速度，我们可以考虑下面这个虚构的简单例子。假设经济体中只有两个人，货币总量为100美元。在一个时期（例如，一年），A用100美元从B处购买商品和服务。然后，B又用100美元从A处购买商品和服务。

在这个例子中总交易额为200美元，但经济中只有100美元的货币存量。因此，平均每一美元在一年中被使用了两次，该经济体的货币流通速度为2。

流通速度将货币存量转换为货币支出流量，并使方程（17.1）的左侧与右侧相等。

由此看来，很重要的一点是，货币数量论和萨伊定律是古典经济学中两块相互支撑的木板。萨伊定律是为了证明充分就业水平的产出可以被持续地供给和售出，而这又意味着按照货币数量论所说的，货币存量的变化只会影响价格

水平。

正如凯恩斯所观察到的，价格水平的变化不一定与货币供给的变化有关，凯恩斯因而反对货币数量论。换句话说，货币的流通速度不是固定的，实际产出也不一定会趋于充分就业水平。

价格水平的变化可能和货币供应量的变化无关，凯恩斯对这一点的认识是由他对萨伊定律的批评引出的。凯恩斯认识到就业总量是由有效需求决定的，并且资本主义货币经济可能会出现有效需求不足。

但是，古典经济学家认为，至少在完全竞争且不存在人为造成的实际工资刚性的情况下，实际工资的弹性（灵活性）将保证充分就业的实现。因此，他们认为 Y 始终位于**充分就业的产出水平**上。

另外，他们认为 V 是恒定的，因为它是由习俗和支付习惯决定的。例如，人们每周或每两周领一次薪水，又例如，人们每周逛一次商店来满足需求。

方程（17.2）描述了这种因果关系，货币数量论由此才成为一种对一般价格水平的理论解释。V 和 Y 上方的横线表示它们是恒定的。因此，M_s 的变化将直接影响且只影响 P。

$$M_s \bar{V} \equiv P \bar{Y} \quad (17.2)$$

$$\therefore M_s \to P$$

为了更深入地理解这一理论，很重要的一点是，古典经济学家认为货币的作用仅限于充当交换媒介，从而使得人们摆脱物物交换体系的专横，这种专横指的是只有在双方需求彼此吻合的情况下交易才能进行。换句话说，货币可以为农民解决这样的问题：农民需要修理管道的服务，他可以提供一些胡萝卜，但是他找不到一名想要胡萝卜的水管工。

因此，货币被视为便利商品和服务交易的手段。按照这个狭隘的货币概念，人们不会因为其他原因持有货币。

这背后蕴含的观点是，如果一个人发现他有了更多的货币，那么他就会努力把它花掉。从逻辑上讲，这就是说货币存量的增加会带来总需求的增长。

方程（17.2）表示，货币的增加（按照假定，支出会随之增加）会直接导致价格的上涨，因为我们已经假定了，经济体的产能得到充分利用，并且决定货币流通速度的习惯是稳定的。

现在你应该注意到两个事实。首先，资本主义经济很少处在充分就业状态。经济体中的产能常常闲置，失业率经常处于高位，因此我们很难认同这样的观点——当名义总需求增加时，企业无法再增加实际产出。

因此，如果信贷条件放松，借款人通过贷款来购买商品和服务，那么有剩余产能的企业就可能会提高实际产出而不会提高价格，从而维持它们的市场份额。

其次，现实中的流通速度数据表明，流通速度保持恒定的假设是不正确的。图17.1展示了流通速度的变化，这里使用了美国联邦储备银行圣路易斯分行提供的数据，其中流通速度是名义GDP与货币供应量M2的比值。

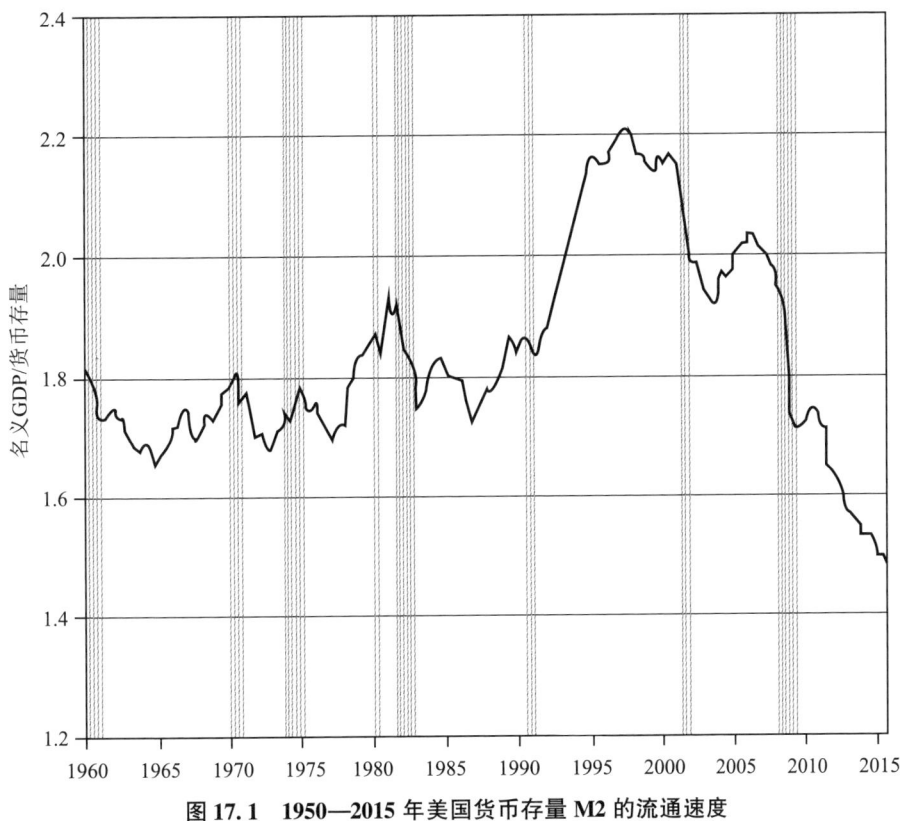

图17.1　1950—2015年美国货币存量M2的流通速度

来源：作者的计算。数据由美国财政部统计，引用自US Federal Reserve Bank of St Louis。竖线部分表示美国处于经济衰退时期

美国联邦储备银行圣路易斯分行对该指标的定义为"货币供给的周转率，即 1 美元用于购买 GDP 中的最终产品和服务的次数"（US Federal Reserve Bank of St. Louis，2016）。

这个经验证据不支持货币数量论的理论观点。货币供应量的增加和一般价格水平的提高之间不存在简单的比例关系。

17.5 收入政策

政府在面对工资—价格的螺旋上涨时，如果不愿意实行严厉的紧缩政策，那么可能会想到使用所谓的**收入政策**，这种政策有可能限制分配斗争。

一般来说，收入政策是在经济走向或处于充分就业状态时用于控制工资和价格上涨速度的手段。进步派经济学家经常主张使用收入政策来抑制成本压力，避免采取减少总支出的政策。减少总支出的政策会导致更高的非自愿失业率。

许多国家在不同时期采用了不同形式的收入政策，从而减轻供给方的成本压力并使得就业可以保持在较高水平。例如，在 1962 年，美国政府出台了工资价格准则，规定名义工资的平均增长率要等于经济总体的年平均生产率增长率。这意味着单位产出的劳动力成本保持不变。其他名义收入，例如，利润也受到该准则的约束。

总之，该准则被认为可以稳定名义收入的增长率（直接将实际收入增长率和生产率增长率挂钩），从而减轻与充分就业有关的通货膨胀压力。该准则依此在不同收入群体中间分配产出，并缓解可能会引发工资—价格上升的分配冲突。但是，该准则存在一个问题：在劳动生产率高于平均水平的部门，劳动者的报酬过低，而在劳动生产率低于平均水平的部门，劳动者的报酬过高。而且，在企业的利润份额增加时，劳动者无法要求提高货币工资。

在一段时间里，这项准则似乎行之有效。但是，由于越南战争的爆发，美国政府的支出增加，失业率下降到了 4% 以下，工资的增长超过了平均生产率的增长。到了 1966 年，该准则不再能够约束美国名义收入的增长。显然，美国政府无法强迫雇主在工资谈判中遵守这项准则。

尽管工资价格指导准则失败了，但是在1971年，尼克松领导下的共和党政府重新实行了收入政策。最初，这项政策对工资和其他名义收入实行了90天的冻结。后来，政府为工资和价格规定了增长率的强制性准则。

1973年，美国政府又实行了一次价格冻结；后来政府采取了冻结利润率的做法，因为成本的上升带来了各个部门的价格上涨，劳动者面临着石油和食品价格的上涨压力。这项政策实验于1974年4月结束。该实验性政策在实施时被认为是成功的，尽管来自需求方的工资和价格压力得到了缓解，但是在该政策被取消后，价格和工资又开始了上涨。

问题是来自成本（供给）方面的压力，特别是能源和食品（主要是谷物）价格的压力，导致了更高的通货膨胀率。货币工资增长无法赶上物价上涨，这导致了实际工资增长和劳动生产率增长之间的差距。

而在20世纪60年代末和70年代初，英国和澳大利亚的制度结构使得经济体更容易受到分配冲突的影响，这也导致收入政策更难奏效。在高度集中的产业中，大企业有很强的定价权，它们与强大的工会相互斗争。这些企业处于很强势的地位，可以通过提高价格来转嫁加薪的要求，而政府不愿意或者宪法不允许它们在正常时期实施严格的工资价格控制。

但是，收入政策在一些欧洲国家（例如，奥地利和斯堪的纳维亚国家）发挥了更有效的作用。这些国家有着很长的劳资双方集体谈判的历史，并且与英语国家相比，他们更有意愿进行劳动者、企业和政府三方谈判。

到了20世纪70年代后期，由于货币主义越来越居于主导地位，在大多数国家，收入政策不再受到青睐。货币主义回避了针对分配冲突的政策，而采用了依靠更高失业率的市场化方法。

在许多发达国家，货币主义政策通过持续的高失业率来降低劳动者的议价能力。这种政策降低了通货膨胀压力，因为劳动者难以实现实际工资的增长，从而导致生产率的增长超过了实际工资的增长。结果是，在这一时期，有很大一部分收入被重新分配给了利润。英国的撒切尔主义和美国的里根经济学的兴起表明，货币主义在20世纪80年代日益占据主导地位。

在第19章，我们将介绍宏观经济中的就业和失业的**缓冲储备（buffer stocks）**这一概念，并分析如何通过政策来调控缓冲储备从而实现价格稳定。

结　论

本章旨在介绍通货膨胀的概念，本章的重点是，通货膨胀源于资本主义制度的内在冲突，通货膨胀持续的前提是冲突的主要参与者（企业和劳动者）持续地追求名义收入的增长。通货膨胀在开始时可能是成本推动的，也可能是需求拉动的，但在通货膨胀持续时，这两种类型的通货膨胀很难被区分开。

我们回顾了基于会计恒等式的货币数量论。在引入行为假设后，货币数量论意味着货币供应量的增加与一般价格水平的增加之间存在着简单的比例关系。但是，这样的关系至今没有得到经验的证实，即便我们假设货币供应量能够被控制（这不符合现实），货币供应量也不会对通货膨胀产生系统性影响。

本章考察了收入政策。收入政策如今已经基本淡出了我们的视野，各国更倾向于将失业作为缓冲储备，即依靠较高的失业率来解决被认为过高的通货膨胀率，而不管通货膨胀过程的最初驱动因素是什么。

参考文献

［1］Devine, P. (1974) "Inflation and Marxist Theory", *Marxism Today*, March, 79–92.

［2］Hume, D. (1752) "Of Money", in D. Hume (ed.), *Political Discourses*, Edinburgh: Fleming.

［3］Keynes, J. M. (1936) *The General Theory of Employment, Interest, and Money*, London: Macmillan, 1957 Reprint.

［4］Keynes, J. M. (1940) *How to Pay for the War: A Radical Plan for the Chancellor of the Exchequer*, London: Macmillan.

［5］Lerner, A. (1951) *Economics of Employment*, New York: McGraw-Hill.

［6］US Federal Reserve Bank of St. Louis (2016) *Money Velocity*. Available at: https://research.stlouisfed.org/fred2/catego-ries/32242, accessed 20 February 2016.

chapter 18

第18章
菲利普斯曲线及其发展

本章纲要

18.1 引言

18.2 菲利普斯曲线

18.3 加速主义假说和附加预期的菲利普斯曲线

18.4 回滞和菲利普斯曲线的权衡

18.5 不充分就业和菲利普斯曲线

结论

参考文献

学习目标

- 了解早期关于菲利普斯曲线的争论。
- 知道四十余年来附加预期的菲利普斯曲线深刻影响了发达国家的宏观经济政策。
- 熟悉20世纪80年代以来菲利普斯曲线的研究进展,这包括回滞问题以及不充分就业的增加对通货膨胀的影响。

18.1 引言

在本章，我们将在先前对通货膨胀的分析（第17章）的基础上，对菲利普斯曲线（Phillips Curve）进行介绍。在第二次世界大战之后的凯恩斯主义时代，充分就业被定义为有足够的岗位能够满足所有劳动力对工作的偏好，也就是说，在充分就业的时候，任何想工作的劳动者都不会非自愿地失业。

在后来的三十多年里，这种战后形成的共识逐渐地在消失。到了20世纪70年代初期和中期，主流宏观经济学又退回到了凯恩斯主义之前的自愿失业概念，放弃了真正的充分就业概念。

实际上，放弃充分就业的过程始于20世纪50年代，在当时，人们将失业和通货膨胀视为一对孪生恶魔。正是在这时，**菲利普斯曲线**的相关研究出现了，相关的文献认为失业和通货膨胀之间在统计上存在可靠的反向关系，也就是说，**失业与通货膨胀之间存在权衡取舍关系**。

后来，新自由主义的"自由市场"派思想站到了舞台的中心，进一步使得经济学脱离了原先的充分就业概念。货币主义和新古典主义经济学重新诠释了这种权衡取舍关系，这种理论变成了主流。古典经济学（凯恩斯之前的经济学）的自然失业率（natural rate of unemployment，这被认为是充分就业时的失业率）概念复兴了，结果是需求管理政策放弃了将失业降低到摩擦性失业的水平。

在本章中，我们将详细分析菲利普斯曲线，我们还将介绍附加预期的（the expectations augmented）菲利普斯曲线和所谓的**自然失业率**，我们会看到在失业和通货膨胀之间进行权衡取舍的政策观点是如何改变的。

自20世纪70年代初以来，一些学者反对政府干预并认为不加限制的市场能够创造充分就业，在意识形态辩论中这些学者占据了主导地位。在全世界持续存在的大规模失业证明了他们是错误的。

在本章的最后，我们将依据现实经验，建立一种通货膨胀模型，这个模型利用回滞来证明通货膨胀率和劳动力不充分利用（对失业更加全面的认识）之间存在权衡取舍关系。

这个模型支持 MMT 和后凯恩斯主义的观点，即政府能够在保持低失业率上发挥重要作用。

18.2　菲利普斯曲线

在第 16 章中，我们介绍了总供给函数（图 16.3），它是反 L 型的。水平部分依据的假设是，价格是通过加成定价规则设定的，并且在一定产出范围内单位成本保持不变。换句话说，这里假定在总体上企业在不变价格水平下按照需求来提供实际产出（商品和服务），直到现有的生产能力达到极限。

在充分就业时，总供给函数曲线是垂直的，因为超过了充分就业水平，由于劳动力和资本设备的短缺，经济体已耗尽了增加短期产出的能力。在这种情况下，企业将对已充分利用的劳动力资源进行竞价，从而导致货币工资提高。在正常情况下，经济体很少会接近充分就业的产出水平（Y^*），这意味着经济体通常面临着不变的成本。

但是，我们在第 16 章中指出了，由于不可能所有企业或部门的产能都同时达到充分利用的水平，因此在生产能力全部得到充分利用之前成本上升的压力就会开始出现，结果是在较低的总产出水平上也**可能**会出现成本的上升。因此，反 L 形的总供给曲线只是一种分析上的简化。

在过去，人们相信通货膨胀率和失业率之间存在反向关系（失业率代表着经济的总体健康状况）。虽然有更早的研究者研究过这种关系，但是一直到了 1958 年，新西兰经济学家**比尔·菲利普斯**（Bill Phillips）才在一项经验研究中说明了 1861 年至 1957 年间英国的失业率和货币工资变化率（增长率）之间存在着这样的关系。

菲利普斯认为，由于货币工资成本在总成本中占了很高的比例，因此货币工资率的变化将推动价格总水平的变化。后来的经济学家将这种关系解释为通货膨胀率和失业率之间的关系。

在菲利普斯曲线中，失业率代表着经济活动水平，由此该模型把经济活动水平与价格水平的变化联系在一起。当失业率高于可能的最低水平时，随着失业率的增加，经济体会陷入衰退，工资上升压力会降低。相反，随着失业率向最低水平移动，经济体逐渐接近产能得到充分利用和充分就业的水平，工资上升压力就会增加。图 18.1 展示了典型的菲利普斯曲线。

菲利普斯（Phillips，1958：283）通过劳动力的供求关系来解释这种经验上的关系：

> 当对劳动力的需求很高，失业人数很少时，我们可以想见雇主在竞价中迅速提高工资水平……另一方面，当劳动需求较低且失业率较高时，劳动者似乎不愿意接受低于现行水平的工资，因此工资率下降得十分缓慢。因此，失业率与工资率变化之间的关系可能是高度非线性的。

他还认识到，工资谈判中不仅会考虑经济活动水平，还会考虑经济活动水平的变化趋势。因此，给定失业率水平，相对于需求下降，在需求增加时，工资水平会有更大变化。

我们可以注意到，图 18.1 假设在失业率很高的情况下，货币工资会负增长。在正常的经济条件下，货币工资的下降存在刚性，此时菲利普斯曲线中的货币工资增长率总是正的或（接近）零的。但在全球金融危机期间，许多欧元区国家的货币工资下降了。

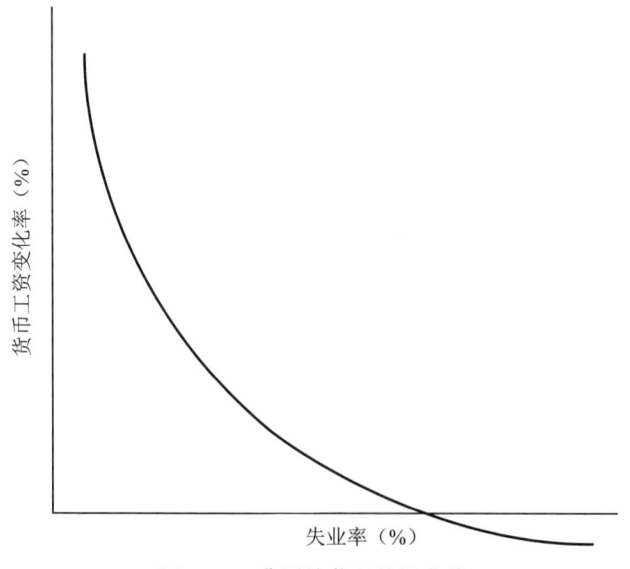

图 18.1　典型的菲利普斯曲线

菲利普斯的研究成果发表后不久，美国经济学家保罗·萨缪尔森（Paul Samuelson）和罗伯特·索洛（Robert Solow）将菲利普斯曲线视为政府可以用来缓解失业问题的政策工具（Samuelson and Solow，1960）。他们认为菲利普斯曲线提供了一个**选项单（menu of choices）**，决策者可以从中选择一个通货膨胀和失业的组合，这对应着他们估测出的菲利普斯曲线上的一个符合他们偏好的点。由此就产生了在失业与通货膨胀之间进行**权衡取舍的政策**理念（见图18.2）。如果政府想维持较低的失业率，那么相应的代价是更高的通货膨胀率。

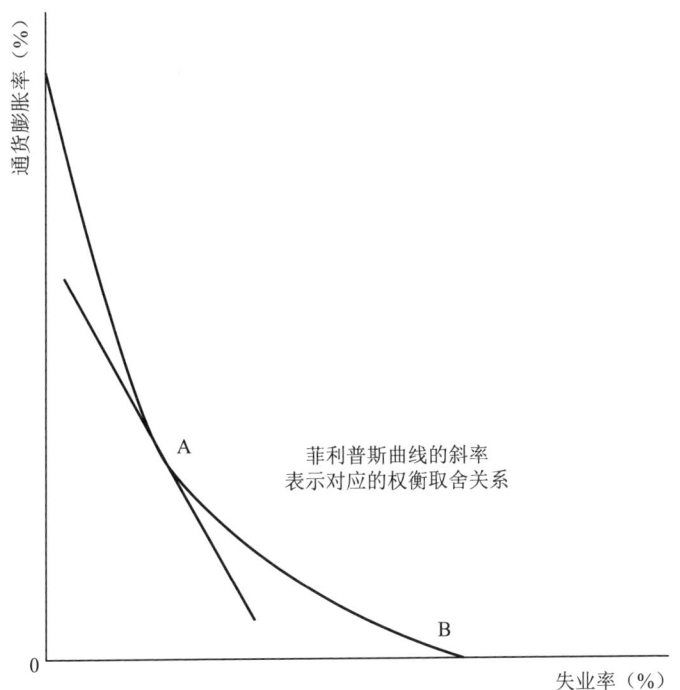

图18.2 失业和通货膨胀的选择组合

最佳政策选择是什么呢？这是一个政治问题，政府会尽力评测人们会接受的通货膨胀与失业的组合。根据选民的意识形态偏好，一些国家可能会选择图18.2中的B点，此处通货膨胀率较低但失业率较高，而另一些国家则更喜欢A点，在该点处通货膨胀率较高但失业率较低。菲利普斯曲线上每一点处的斜率都代表了某种可能的权衡取舍关系。

如果人们偏好的通货膨胀与失业的组合的点无法达到，那么政府的政策就存在问题,因为这时政府政策达到的点位于曲线下方,而不是在菲利普斯曲线上。

菲利普斯曲线的代数形式

菲利普斯曲线代表货币工资增长率与失业率之间的关系,其最简单的非线性形式可以表示为:

$$\dot{W}_t = \alpha_0 + \beta U_t^{-1} \qquad \beta > 0 \qquad (18.1)$$

其中,$\dot{W}_t$ 是货币工资增长率(W 上方的点表示变化率),α_0 是一个常数,β 是一个系数,表示工资增长率对需求变化 U_t^{-1} 的反应程度,U_t^{-1} 的下标 t 表示当前时期。

βU_t^{-1} 项衡量了劳动力市场状况对货币工资增长率的影响,因此,随着失业率的上升,货币工资增长率会下降。U_t^{-1} 是失业率的倒数,它体现了菲利普斯曲线是非线性的,正如菲利普斯以及后来的萨缪尔森和索洛所设想的那样。随着失业率增加,货币工资的增长率将逐渐趋近于 α_0。

我们在第 15 章《总支出模型》中曾提到过,在习惯上我们一般假设系数为正,并在它的前面标明正负号,例如,边际进口倾向(m)为正,我们在方程中的 m 前加上负号,从而表示进口对总支出的影响为负。另一方面,常数项(截距项)前的符号为正,但常数项本身既可以是正的,也可以为负。在这个非线性的表达式中,U_t^{-1} 前的符号为正,并且按照惯例,参数 β 为正。

我们在第 17 章中指出,当货币工资与劳动生产率同步增长时,劳动力市场不会造成通货膨胀压力。换句话说,价格增长率(假定其他成本因素不变)等于货币工资的增长率减去劳动生产率的增长率($\dot{\gamma}$)。那么价格水平的变化率方程可以写成:

$$\dot{P}_t = \dot{W}_t - \dot{\gamma} = \alpha_0 + \beta U_t^{-1} - \dot{\gamma} = \alpha + \beta U_t^{-1} \qquad (18.2)$$

其中,$\alpha = \alpha_0 - \dot{\gamma} < 0$。

如果我们采取更为简单的线性形式,那么货币工资的菲利普斯曲线可以写作:

$$\dot{W}_t = \alpha_0 + \beta U_t \quad \beta > 0 \tag{18.3}$$

β表示货币工资增长率对失业率变化的敏感程度。

由此,价格的菲利普斯曲线的表达式可以写成:

$$\dot{P}_t = \alpha - \beta U_t \tag{18.4}$$

其中,$\alpha = \alpha_0 - \dot{\gamma} < 0$,$\alpha > 0$。

这也表明,如果失业率越低或者生产率增长率越低,那么通货膨胀率就会越高。方程(18.2)和(18.4)都包括一个与失业率有关的需求变动项和一个常数项。

菲利普斯曲线的不稳定性

图18.3显示了1948年至2015年美国的失业率和通货膨胀率。我们在三个时期(1948—1969年、1970—1980年和1981—2015年)分别对通货膨胀率和失业率进行对数回归,并在图中画出回归的直线。

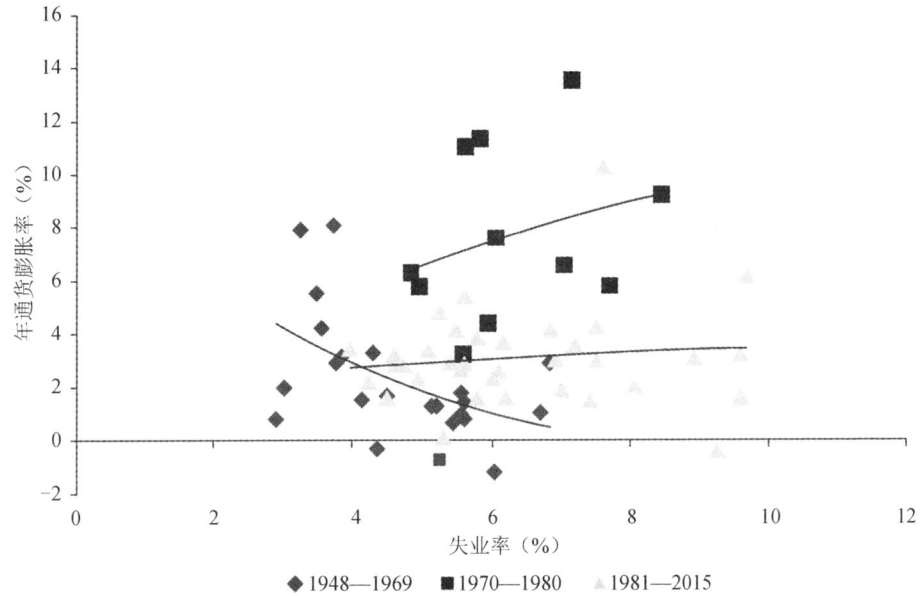

图18.3　1948—2015年美国菲利普斯曲线的移动

来源:作者的计算。数据来自美国劳工统计局。此处的通货膨胀率指的是CPI的年增长率

1948—1969 年的回归直线与数据十分吻合，这体现了图 18.2 中简单的菲利普斯曲线所表示的权衡取舍关系。

但是，1970—1980 年的观测结果显然说明菲利普斯曲线不是稳定的，并且似乎体现出一种正相关关系。人们认为，这种明显的**菲利普斯曲线的移动**说明了上文所说的权衡取舍关系的崩溃，学者们由此指出凯恩斯主义的菲利普斯曲线存在缺陷。

等到了 20 世纪 80 年代，在通货膨胀放缓后，美国的通货膨胀率和失业率之间的关系变得很难确定。

过去人们认为菲利普斯曲线是一种稳定的关系，决策者可以根据他们对通货膨胀和失业的偏好有把握地利用这一关系；而经验证据标明，到了这一时期这种观点变得问题重重。

以这种方式将数据制成图表时，我们必须非常小心。首先，对时间段的划分很重要。其次，1970 年至 1980 年之间的观测结果实际上可能反映的是菲利普斯曲线的上移，而回归直线可能只是反映了曲线的上移，而不是曲线内在的关系。但是，要在经验上明确权衡取舍关系，我们就需要对连续的年度观测值进行计量估计，而这首先需要确定菲利普斯曲线是否发生了移动。

勒纳在 20 世纪 50 年代初提出的滞胀概念（参阅第 17 章）也有助于理解菲利普斯曲线在经验上的不稳定性，这种不稳定性在 20 世纪 60 年代末开始显现，并导致了宏观经济学的重大转变。

计量研究的设定错误

在 20 世纪 60 年代后期，菲利普斯曲线变得不稳定（来回移动），很容易出现通货膨胀突然地和/或大幅地增加的情况。20 世纪 60 年代流行的大型宏观经济政策模型通过计量经济学来估计消费函数，由此得到的消费函数在 70 年代也变得不稳定。一些经济学家成功地证明了，在 70 年代初，政府和中央银行建立的大型计量经济学模型无法预测储蓄和消费等变量的原因在于对消费函数形式的错误设定。这些模型大多都忽略了通货膨胀率上升可能对消费造成的影响（例如，如果消费者预期到价格在未来会迅速上涨，他们可能会提前进行消费）。

菲利普斯曲线在 20 世纪 60 年代末的崩溃还表明了另一个"计量经济学的"函数设定错误，那就是忽略了因为劳动者和企业都会试图维持其实际收入，所以通货膨胀可能会自我实现。这意味着估测的函数中应该包含**通货膨胀预期**（inflationary expectations）。

确实，20 世纪 60 年代主流的凯恩斯主义理论忽略掉了源于工资和价格的决定制度的潜在不稳定性。相反，决策者奉行着这样一种有吸引力的理念，即假定非政府部门的储蓄和净出口带来的需求漏出（demand leakages）是固定的，政府只要确保充足的有效需求，就可以一直维持低失业率。

另一个忽略不稳定性的原因是，菲利普斯曲线的"教科书"模型因其简洁明了而非常有吸引力。出于教学的目的，教科书一般会介绍简单模型而避免复杂的叙述。在本书中，我们会努力克制这种倾向。我们认为，宏观经济学的学习中应该重视制度和历史。

18.3　加速主义假说和附加预期的菲利普斯曲线

引言

凯恩斯与古典经济学之间早期辩论的影响一直持续到了 20 世纪 50 年代和 60 年代。新古典主义经济学不愿意接受凯恩斯的基本观点，即有效需求决定产出和国民收入，并且在资本主义货币体系中容易发生生产过剩的危机和出现失业问题。

财政政策和货币政策是否能够有效稳定经济这一问题一直存在争论。在 20 世纪 60 年代末，这种争论在对菲利普斯曲线的讨论中又一次上演了。以芝加哥大学为中心的一些经济学家反对政府的充分就业政策。他们的论点在很大程度上反映了这样的理念：自由市场会自发调节从而带来最优的结果。因此，他们是新古典主义经济学的拥护者，这种经济学认为大多数政府干预都是有问题的（参阅第 1 章对主流的新古典主义经济学的讨论）。

在这场争论的微观层面，这些经济学家要求广泛地放松对产品、劳动力和金融市场的管制并且大幅缩减政府的规模。

在宏观层面，菲利普斯曲线是争论的主战场。在菲利普斯曲线"稳定"的时期，政策制定者认为他们可以钉住低失业率，同时实现一个温和的通货膨胀率。通货膨胀率上升的程度由菲利普斯曲线的斜率决定，而菲利普斯曲线被认为是相对平坦的。

后来，反对政府干预的芝加哥学派的货币主义者对这一观点提出了质疑，并断言通货膨胀率和失业率之间不存在永久（长期）的权衡取舍关系。他们主张，市场最终能够保证失业率稳定在所谓的**自然失业率**上，而如果政策试图将失业率推低至自然失业率以下，那么通货膨胀就会加速。

芝加哥学派的经济学家米尔顿·弗里德曼（Milton Friedman）是最有影响力的货币主义者，他在1968年的一篇著名的文章中论述了所谓的**加速主义假说（accelerationist hypothesis）**。

通货膨胀预期

> **专栏18.1　通货膨胀预期：对一段思想史的脚注**
>
> 英国经济学家亚瑟·约瑟夫·布朗（Arthur Joseph Brown）在1955年出版了《大通货膨胀》（*The Great Inflation*）一书，这本书比菲利普斯的论文早了三年。布朗不仅预见了"工资—失业"关系的不稳定，而且认识到"工资—价格螺旋"的持续取决于"该国争夺实际收入的双方的目标，以及他们能在多大程度上实现这些目标"（Brown, 1955: 105）。
>
> 这让人想起了第17章的内容：通货膨胀是劳动者和企业对名义总收入的要求不相容所导致的。
>
> 布朗在提出这些主张时也觉察到了，劳动者和企业在对抗的同时也会对未来的价格走势形成预期。例如，劳动者想要维持其实际工资，因此他们会依照对价格走势的预期来提出工资要求。

弗里德曼在1968年提出了附加预期的菲利普斯曲线（expectations augmented Phillips curve），他认为通货膨胀预期会对工资的调整有重要影响，但正如专栏 18.1 所说明的，这并不是一个突然的新发现。相反，该模型的出现和推广可以看作是弗里德曼和其他学者长期学术活动的高潮，他们的活动旨在复兴货币数量论，并将它的地位恢复到凯恩斯革命之前。

将预期引入到菲利普斯曲线中并重视菲利普斯曲线的不稳定性这一贡献被错误地归功于弗里德曼和埃德蒙·菲尔普斯（Edmund Phelps，他在 1968 年也撰写了重要论文，将预期纳入菲利普斯曲线中）。而正是失业和通货膨胀的关系在经验上的不稳定性使得货币主义在宏观经济学中取得了支配地位。

货币主义者通过引入通货膨胀预期来重新解释通货膨胀和失业的关系，并以此恢复了古典经济学的（凯恩斯之前的）自然失业率概念（自然失业率被认为等同于充分就业状态）。这一观点的毁灭性后果是使得政府放弃了通过需求管理政策来将失业降低到只有摩擦性失业存在的水平。

凯恩斯主义者在此之前接受了菲利普斯曲线代表的宏观经济关系，但是他们很少进行微观经济学研究来为此提供支持。他们认为菲利普斯曲线是一种竞争性的调整过程，也就是说，如果劳动需求不断增长，货币工资就会随着失业率的下降而上升。

但货币主义者主张，劳动者关心的是实际工资，而非名义工资，因为实际工资代表着劳动者购买商品和服务的能力。因此，原本的菲利普斯曲线是有缺陷的，因为它只关注货币工资增长率和失业率之间的关系，而忽略了物价水平变化对通货膨胀预期的影响。

加速主义假说由米尔顿·弗里德曼在 1968 年提出，这时通货膨胀率和失业率之间的经验关系还没有破裂（这要等到 20 世纪 70 年代初）。因此，尽管加速主义假说能够借助货币主义的菲利普斯曲线来批评主流凯恩斯主义，但是要等到 20 世纪 70 年代的石油价格冲击，由此带来的经验上的冲击才真正为这一理论提供了说服力（下文会说明这一理论是有缺陷的）。

早期的菲利普斯曲线错误地忽略了通货膨胀预期。虽然在低通货膨胀时这一点并不明显，但是在 20 世纪 70 年代初，随着油价的大幅上升，通货膨胀率在世界范围内飙升，菲利普斯曲线破裂了。结果是，货币主义的自然失业率理论好像得到了验证，同时通过财政政策进行总需求管理的做法遭到了否决。

弗里德曼在攻击菲利普斯曲线时提出了两项基本主张。首先，他主张**自然**

失业率（natural rate of unemployment）取决于劳动力市场的结构、投资增长率和劳动生产率的增长率。他认为，即使政府运用积极的财政政策和货币政策来减少失业，经济体总是趋向于回到自然失业率水平。

他指出，尽管自然失业率并不是"一成不变"的，但它对货币（总需求）因素不敏感（Friedman，1968：9）。换句话说，他认为名义总需求的增加不会降低自然失业率。

他还认为，"自然"失业率既是"人为的，也是政策决定的"（Friedman，1968：9）。例如，货币主义者认为，最低工资和失业救济的做法会提高自然失业率。

弗里德曼提出的自然失业率概念遵循了古典经济学的劳动力市场理论。在这里，我们仅对弗里德曼的论点做一个简要的概括，而关于古典理论的详细讨论参见第11章。货币主义旨在恢复凯恩斯在20世纪30年代所摧毁的思想的合理性。弗里德曼主张，企业和劳动者关注的是实际工资而不是货币工资。劳动者根据闲暇的机会成本来提供劳动，所谓闲暇的机会成本指的是增加一小时的闲暇所要放弃的收入，即一小时的实际工资；同时，企业雇佣劳动力以使利润最大化，因此对劳动需求也是实际工资的函数。

货币主义者认为，实际工资的调整能确保劳动力市场出清（即劳动需求等于劳动供给），从而实现自然失业率。尽管失业率可能会暂时偏离该水平（相关的原因我们会在后面讨论），但经济体总会趋向于回到自然失业率水平。

由此，自然失业率就被构想成劳动力市场中的摩擦造成的失业率。弗里德曼认为，这些摩擦包括前面提到的政策所引起的扭曲。自然失业率不受总需求水平的影响，因此它没有周期性。

弗里德曼的第二个主张是，菲利普斯曲线充其量是一种短期关系：只有在劳动者将货币工资上涨误认为是实际工资上涨，也就是存在"货币幻觉"的情况下，总需求扩张政策才有可能按照这种短期关系起作用。换句话说，任一短期菲利普斯曲线的有效性都取决于劳动者对当前通货膨胀率稳定性的看法。

但是，弗里德曼和其他学者主张，随着总需求的增加，价格的上涨会超过货币工资的增长，劳动者最终会意识到他们的实际工资正在减少。因此，他们会形成更高的通货膨胀预期；他们的货币工资目标不仅会反映劳动力市场的状况（需求和供给的相对大小），还会反映他们的通货膨胀预期。

货币主义者主张，如果政府将失业率降低到自然失业率以下，那么随着通货膨胀率的上升，劳动者将要求更高的货币工资增长率从而实现实际工资目标。最终，这将导致通货膨胀率的上升。

图 18.4 展示了**加速主义**假说。短期菲利普斯曲线假定了劳动者的通货膨胀预期不变。上标 e 代表**预期的通货膨胀**。"预期实现"指的是预期的通货膨胀与实际的通货膨胀相符的状态。

我们从 A 点开始看，此处的通货膨胀率是 $\dot{P}_1$，失业率处在所谓的"自然失业率"水平 U^*。此时，劳动者的通货膨胀率预期（$\dot{P}_1^e$）与实际通货膨胀率（$\dot{P}_1$）相等。按照弗里德曼的说法，只要在通货膨胀预期实现的情况下，劳动力市场就会处在自然失业率水平。

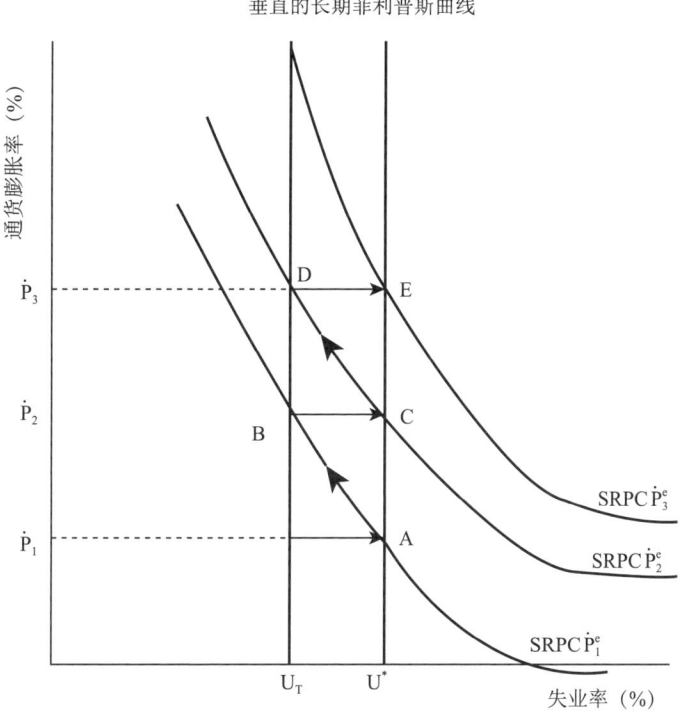

图 18.4　附加预期的长期菲利普斯曲线

为了理解加速主义假说，我们假设政府由于政治原因认为失业率 U^* 是过高的。政府认为它可以采取扩张性的财政政策和货币政策将失业率降低到 U_T。它还认为，它可以利用菲利普斯曲线的权衡取舍关系，将经济体移动到 B 点，此时失业率较低，但代价是更高的通货膨胀率（$\dot{P}_2$）。结果是，政府刺激名义总需求从而将经济体推向 B 点。劳动需求的增加推高了通货膨胀率（至 $\dot{P}_2$），劳动力市场中货币工资增长率会上升。加速主义假说假设价格水平会比货币工资更快地上升，结果是实际工资的下降。

货币主义者复兴了古典经济学的劳动力市场理论，并以此为中心批评凯恩斯主义。依照货币主义者的理论，企业此时会提供更多的岗位，因为实际工资下降了，并且劳动需求随实际工资的下降而上升。

如果实际工资下降了，那么劳动者为什么会愿意提供更多的劳动呢？按照古典经济学的劳动力市场理论，劳动供给会随着实际工资的增加而增加，因此，如果实际工资下降，劳动者将减少劳动。

对于这一问题，货币主义者的理论的回答是劳动者和企业有不同的预期。货币主义理论假定企业总是拥有价格和工资的完全信息，因此它们在任何时候都知道实际工资水平。货币主义理论假定劳动者以滞后的或适应性的方式来收集有关通货膨胀率的信息，因此当实际工资下降时，他们可能会误以为自己的实际工资在上升（因为他们的货币工资在上升）。这就是所谓的信息不对称。如果我们假定劳动者最初没有注意到通货膨胀率的上升，也就是说，他们的通货膨胀预期没有立即根据实际的通货膨胀率进行调整，那么他们会将名义工资的增长误认为是实际工资的增长，并愿意提供更多的劳动，即使实际工资其实是在下降。

古典经济学的劳动力市场理论的核心命题是，劳动者关心的是实际工资，而不是货币工资。加速主义假说进行了补充，它认为劳动者会形成**对通货膨胀的适应性预期**（adaptive expectations of inflation），这意味着他们需要花费一些时间来区分货币工资的变动和实际工资的变动。

货币主义者认为，图 18.4 的 B 点是不稳定的，并且只有在劳动者误将他们的货币工资增长等同于实际工资增长时，B 点才能维持下去。

但是，一段时间之后，通货膨胀预期会适应上升了的实际通货膨胀率。一旦劳动者将通货膨胀预期提高到 $\dot{P}_2$，那么**短期菲利普斯曲线**（short run Phillips curve，SRPC）就会向外移动，因为他们提高了通货膨胀率预期。然后，劳动力市场将停留在 C 点，这与新的（更高的）预期通货膨胀率一致。

通货膨胀预期会调整到实际的通货膨胀率，SRPC 会向外移动（即当预期的通货膨胀率变为 $\dot{P}_3$ 时，例如，从 B 点外移到 C 点，从 D 点外移到 E 点），在这个过程中，劳动力市场具体会采取什么样的路径是一个经验问题。但是对于货币主义者而言，一旦通货膨胀预期完全调整到当前的通货膨胀率（例如，在 C 点和 E 点），经济体就会回到自然失业率水平（U^*）。

对于弗里德曼而言，劳动力市场的短期变化取决于政府"欺骗"劳动者的能力，政府要让劳动者相信通货膨胀率低于实际的通货膨胀率。只要劳动者低估了实际的通货膨胀率，政府就可以将失业率保持在自然失业率以下，并伴随着通货膨胀率上升的代价。

这个理论通过相同的方式来解释大规模失业。当失业率处在图 18.4 中 U^* 的右边时，大规模失业就会发生。弗里德曼的解释是，当劳动者认为实际工资太低时，大规模失业就会出现，因为劳动者所认为的通货膨胀率要高于实际水平。如果经济体沿着短期菲利普斯曲线向右移动，失业率会上升到高于自然失业率的水平，预期通货膨胀率会高于实际通货膨胀率，那么这时劳动者会认为实际工资水平太低了，以至于难以接受。结果是，他们会辞去工作和/或拒绝接受新的工作机会，并认为更好的选择是寻找实际工资更高的职位。一旦他们意识到自己所认为的通货膨胀率要高于实际水平是错误的，那么他们便会开始接受当前货币工资水平下的工作机会，由此，劳动供给增加了，短期菲利普斯曲线向自然失业率 U^* 移动。

由此，弗里德曼强硬地用对实际通货膨胀率的错觉所导致的劳动供给波动来解释失业的变化。在经验层面上，按照这一理论，随着就业的增加，劳动力市场的离职率应该会下降。

如果离职率确实是**逆周期的**，那么由此产生的劳动供给变化就会与弗里德曼的理论一致。但是，经验证据表明，离职率是**顺周期性的**，这意味着当劳动力市场景气，劳动者对（辞职后）获得新工作充满信心时，离职率会上升；而当劳动力市场疲软，劳动者担心会持续失业时，离职率会下降。这与弗里德曼的理论所预测的状况恰好相反。

美国经济学家莱斯特·图罗（Lester Thurow）简明扼要地对此进行了总结："为什么繁荣时期离职率增加，而衰退时期离职率下降？如果衰退的原因是错误的信息，那么离职率应该会在衰退时上升而在繁荣时下降，而这与现实恰恰相反。"（Thurow，1983：185）

当我们在菲利普斯曲线中引入通货膨胀预期的作用时，我们开始关注预期是如何形成的这一问题。有哪些解释预期的理论呢？经济学家们提出的理论主要有两种：(a) 适应性预期（adaptive expectation），(b) 理性预期（rational expectation）。两种理论都认为预期的形成是内生于经济系统的，也就是说，系统内的变化决定了劳动者（和企业）对未来通货膨胀的预期。

附加预期的菲利普斯曲线的代数形式

在这里，我们会介绍弗里德曼的理论的数学版本。最初的菲利普斯曲线将货币工资增长率和失业率联系在一起。弗里德曼主张，简单形式的菲利普斯曲线，无论是货币工资的形式还是价格的形式，都忽略了这样一个事实，即劳动者关心的是实际工资的增长。换句话说，货币工资的增长率会受到预期的通货膨胀率的影响，无论劳动力市场的状况如何。

这一设想使得弗里德曼在工资形式的菲利普斯曲线中加入了一项来反映通货膨胀预期对工资议价过程的影响：

$$\dot{W}_t = \alpha - \beta U_t + \varphi \dot{P}_t^e \quad 0 \leq \varphi \leq 1 \tag{18.5}$$

新加入的 $\dot{P}_t^e$ 表示劳动者的通货膨胀预期，这会影响工资的设定。假设系数 φ 在 0 和 1 之间。如果 $\varphi = 0$，那么工资的变动将仅取决于劳动力市场状态，后者取决于需求状况（βU_t）。如果 $\varphi = 1$，那么通货膨胀预期（$\dot{P}_t^e$）的任何变化都会完全转嫁到工资增长中。

假设劳动者在第 t 期对通货膨胀的预期是基于前一期（$t-1$）的价格信息。他们根据由此形成的通货膨胀预期来对第 t 期的工资增长进行谈判。

附加预期的菲利普斯曲线（expectations augmented Phillips curve，EAPC）可以写作：

$$\dot{P}_t = \alpha_0 - \beta U_t + \varphi \dot{P}_t^e \tag{18.6}$$

其中常数项 $\alpha = \alpha_0 + \dot{\gamma}$。

在图18.4中，等式（18.6）右侧的通货膨胀预期项（$\varphi \dot{P}_t^e$）会使得**短期菲利普斯曲线** $\dot{P}_t = \alpha_0 - \beta U_t$ 发生移动。

如果劳动者的通货膨胀预期提高，那么短期菲利普斯曲线就会外移，如果下降，情况则相反。

在 EAPC 取代简单的菲利普斯曲线，并成为研究通货膨胀率和失业率之间关系的主要理论框架后，经济学家开始聚焦于 φ 值，并进行了大量计量经济学研究来对它进行估计。

为什么 φ 值很重要呢？

弗里德曼将长期稳态（稳定）的通货膨胀率定义为劳动者的预期通货膨胀率等于实际通货膨胀率时的通货膨胀率。弗里德曼认为，在此处经济体处在自然失业率水平。

在这种情况下，EAPC 将退化成所谓的长期稳态菲利普斯曲线。在方程（18.6）中，我们用 $\dot{P}_t$ 替换 $\dot{P}_t^e$，简化后可得：

$$\dot{P}_t(1-\varphi) = \alpha - \beta U_t \tag{18.7a}$$

$$\dot{P}_t = \alpha/(1-\varphi) - \beta U_t/(1-\varphi) \tag{18.7b}$$

这一关系式似乎与短期菲利普斯曲线（方程18.4）类似，只是系数项现在除以了 $(1-\varphi)$，我们应当仔细考察这一关系式。长期菲利普斯曲线[斜率为 $-\beta/(1-\varphi)$]比短期菲利普斯曲线（斜率为 $-\beta$）更陡。φ 越接近1，长期菲利普斯曲线就越倾斜。一旦 φ 等于1，长期菲利普斯曲线就变为垂直的，并且通货膨胀与失业之间不再存在任何关系。换句话说，权衡取舍关系消失了。

图18.5描述了这两种情况。图中有一组短期菲利普斯曲线（SRPC，只显示其中两条）。在 $0 < \varphi < 1$ 的情况下，长期菲利普斯曲线比短期曲线更陡峭但非垂直。这意味着在长期，通货膨胀率和失业率之间仍然存在权衡取舍关系，

但这要比短期（通货膨胀预期调整到新的通货膨胀率之前）的权衡取舍关系变动得更加剧烈。

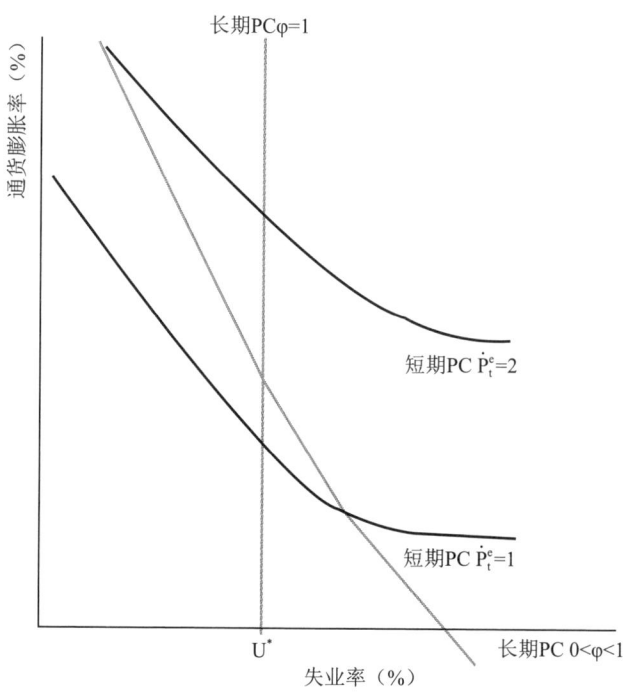

图 18.5　短期和长期菲利普斯曲线

注释：$\dot{P}_t^e$ 是第 t 期的预期的通货膨胀率。预期的通货膨胀率越高，短期菲利普斯曲线和长期菲利普斯曲线的交点就越高。

在 $\varphi=1$ 时，长期菲利普斯曲线是垂直的。这意味着在长期通货膨胀率和失业率之间不存权衡取舍关系。在这些假设下，一旦通货膨胀预期调整为实际通货膨胀率，经济体总是会趋于自然失业率 U^*（见下文）。

现在你就可以明白为什么接受这个有缺陷的理论框架的经济学家会对 φ 值感兴趣。对于凯恩斯主义者来说，小于 1 的 φ 值支持他们的政策立场，即政府如果认为当前的失业率过高，那么就可以使用扩张性财政和货币政策来降低失业率。

对货币主义者来说，$\varphi=1$ 支持其主张，即凯恩斯主义的总需求管理框架存在缺陷，并且如果政府试图将失业率降到自然失业率以下（这时通货膨胀预期等于实际的通货膨胀率），那么这会导致通货膨胀率上升。

为了得到自然失业率，我们可以求解长期失业率方程（18.7）从而得到长期失业率。经过相关的代数运算，我们可以得到：

$$U^* = \alpha/\beta - \dot{P}_t(1-\varphi)/\beta \qquad (18.8)$$

这表明，在长期，只要 $\varphi \neq 1$，失业和通货膨胀之间就仍然存在权衡取舍关系。一旦 $\varphi = 1$，长期失业率就变成弗里德曼的自然失业率，相应的方程为：

$$U^* = \alpha/\beta \qquad (18.9)$$

这意味着，在**弗里德曼的自然率假说**中，只有两个因素会影响长期的或自然的失业率：（a）α 项反映的劳动生产率增长率；（b）工资增长率在短期对失业率变化的反应程度（β）。注意，给定 β 为正，那么（α/β）也为正。

因此，在其他条件不变的情况下，生产率增长得越快，自然失业率就越低。货币主义者认为劳动生产率的增长率是一个结构问题，不受总需求政策的影响。

显然，在附加预期的菲利普斯曲线中，只有在政府可以一直使得预期通货膨胀率和实际通货膨胀率不相等的情况下，政府才可以暂时地降低失业率，使其低于自然失业率。一旦劳动者调整其通货膨胀预期，那么这种权衡取舍关系就消失了，经济体将恢复到自然失业率水平，尽管通货膨胀率变得更高了。货币主义者认为，不断地试图将失业率降低到自然失业率之下的做法只会加剧通货膨胀。

对通货膨胀预期的说明

适应性预期假说

货币主义者认为，试图降低失业率的政策只会导致通货膨胀的加剧，而经济体总会趋向于自然失业率。适应性预期假说为这一理论提供了支持。

如果要运用总需求刺激政策来使得失业率一直低于自然失业率，那么唯一的途径是让通货膨胀率持续高于货币工资增长率，并且让劳动者一直误判实际的通货膨胀率。

适应性预期依据的是过去的通货膨胀率，这个假说认为劳动者会从过去的错误预测中学习，并由此调整其通货膨胀预期。

以下的模型表达了这一假说：

$$\dot{P}^e_{t+1} = \dot{P}^e_t + \lambda(\dot{P}_t - \dot{P}^e_t) \tag{18.10}$$

方程（18.10）的左侧是第（$t+1$）期的预期通货膨胀率，它基于在第 t 期时劳动者的所见所闻。

方程（18.10）的右侧包括两部分。

- $\dot{P}^e_t$ 是当期的预期通货膨胀率。在预测下一期的通货膨胀率时，劳动者将其作为他们预测的基准。

- $\lambda(\dot{P}_t - \dot{P}^e_t)$ 反映了当期的**预测误差**（forecast error）。$\dot{P}^e_t$ 是劳动者根据第 $t-1$ 期的通货膨胀率形成的对第 t 期通货膨胀率的预期。预期通货膨胀率和实际通货膨胀率之间的差距就是其预测误差的大小。系数 λ 表示对误差的调整幅度。λ 越高，劳动者就会依据实际通货膨胀率作更大幅度的调整。如果 $\lambda = 1$，那么第 $t+1$ 期的预期通货膨胀率就等于第 t 期的实际通货膨胀率。

可以看到，即使预期迅速依据预测误差来进行调整（$\lambda = 1$），如果通货膨胀率上升，劳动者仍会年复一年地在预测中犯错。正如我们将看到的，这使得一些经济学家反对弗里德曼主张的适应性预期假说。

理性预期假说

新古典宏观经济学（new classical economics） 是一种极端形式的货币主义，这一学派认为政府的任何政策干预都不会成功，因为经济主体（例如，家庭和企业）会以理性的方式形成预期。这种在20世纪70年代末兴起的学说认为，总需求政策（例如，财政政策）不仅不能改变实际变量，而且还会推高通货膨胀率。

该理论认为，由于经济主体会理性地形成预期，他们能够预见政府的所有政策和政策目标，并据此改变他们的行为，而这种行为改变反过来会使得政策无法达成目标。

例如，家庭在考虑政府支出增加对将来的影响时，会预测到在将来政府会提高税率从而弥补赤字。因此，家庭会减少支出增加储蓄从而为将来更高的税款做准备。这一行为将削弱公共支出增加对经济的刺激作用。①

在这种情况下,米尔顿·弗里德曼等货币主义者主张,如果政府可以让劳动者误以为其实际工资已经上涨,而事实上他们的货币工资增长率要落后于通货膨胀率,那么扩张性政策就可以暂时地利用短期菲利普斯曲线的权衡取舍关系。未预期到的通货膨胀使得劳动者提供比自然失业率水平更多的劳动。

回想一下,在适应性预期下,经济主体一直在追赶;劳动者对通货膨胀的预期需要一段时间才能赶上实际的通货膨胀率。一旦劳动者将预期调整到实际的通货膨胀率,并意识到他们的实际工资其实下降了,他们就会减少劳动供给,经济体就会回到自然的产出水平。

通过适应性预期来描述劳动者对外界变化的反应的做法遭到了批评,因为这意味着难以置信的非理性。在物价持续上升的时期,劳动者的预期永远赶不上物价的上涨。在犯了几次错之后,他们为什么无法意识到自己系统性地低估了通货膨胀,并且无法提高通货膨胀预期从而弥补这个错误呢?

理性预期假说发展起来的一个部分就是因为这种反对意见。这个假说认为,在形成预期时,经济主体是理性的,这与主流微观经济学的理性经济人假设相一致。② 理性预期假说认为,经济主体在形成对未来的看法时会利用当时所有可用的相关信息。

他们掌握了什么信息呢?理性预期(rational expectations,RATEX)假说认为,个体完全了解决定着经济活动结果的真实经济模型,并且可以对经济活动结果作出准确的预测。任何预测误差都是随机的。RATEX 的支持者认为,理性预期平均而言是准确的。

这些支持者假设所有人都了解决策者制定政策所采用的经济模型。按照假设,即使教育程度很低的人也能很好地掌握财政部和中央银行用于决策的复杂经济模型。

更进一步地,按照假定,公众能够利用这些深奥的知识完美地预测决策者

---

① 这就是所谓的"李嘉图等价"(Ricardian equivalence)原理:政府支出的增加会被私人支出的减少所抵销,因为人们会增加储蓄从而支付今天或将来的税款,这些税款用于"支付"政府的开支。

② 经济人假设通常是主流微观经济学理论的主要内容,这种理论认为,经济主体既是理性的又是自利的。他们通常会为了追求主观目标而作出最优决策。

对过去政策的预测误差的反应（在方向上和范围上）。根据 RATEX 假说，人们能够预见政策变化及其影响。

因此，任何"事先宣布"的扩张或收缩政策都不会对实际变量产生影响。例如，如果政府宣布将扩大赤字并增加基础货币，我们会立即想到这会带来通货膨胀，由此这不会改变我们的实际需求或供给（因此实际变量保持不变）。我们的应对措施只是增加所有名义的合约价值，由此我们的预期本身造成了我们所预期的通货膨胀。

并且，由于理性主体了解决策者使用的经济模型，即使政府没有公布政策，他们也可以预测政策。理性主体不会对可预测的政策感到惊讶，并且理性主体会预见到决策者基于现有数据和模型制定的所有政策。

唯一的例外是，决策者以一种不可预测的方式，即不基于数据和模型来制定政策。因为理性人掌握着决策者使用的数据和模型，所以为了使政策不可预测，政策就必须以随机的方式来制定。例如，货币政策制定者可以使用随机数生成器来确定货币供给增长率目标或利率目标。财政政策制定者可以使用随机数生成器来确定下一年的政府支出。只有在这种情况下，政府才能"欺骗"理性主体，但这样的政策是愚蠢的。

因此，只要政策是可预测的，政府就无法欺骗私人部门。在理论争论中引入的理性预期比货币主义者更进了一步。货币主义者在引入适应性预期时还承认政府可以使经济体偏离"自然水平"。在理性预期的情况下，连这种欺骗都做不到了。

新古典宏观经济学家彻底否认政府可以改变实际变量。换句话说，通货膨胀率和失业率之间甚至不存在短期的权衡取舍关系。劳动者总是知道未来的通货膨胀率，并将其完全纳入每一轮货币工资谈判中。经济体因此将永远处在长期菲利普斯曲线上。

尽管对理性预期假说有一些非常复杂的理论批评［例如，索南夏因－曼特尔－德布鲁定理（Sonnenschein-Mantel-Debreu theorem）］，这些批评利用了合成谬误的概念，但是只需简单地思考，我们就可以看到，个体充分掌握信息这一理性预期假说赖以成立的前提条件超出了个体的能力范围。

行为经济学，一个新兴的研究领域，研究了人们如何作出决策和形成对未来的看法。行为经济学研究的出发点是个体具有所谓的认知偏见（cognitive biases，如第 8 章所述），这限制了他们作出理性决策的能力。

全球金融危机表明了理性预期模型根本无法预测重大事件，但这并非理性预期模型第一次暴露出问题。在过去的几十年间，基于理性预期的模型甚至无法解释最基本的宏观经济变量。他们完全无法预测金融、货币和商品市场的走势。理性预期将个体决策描述成一种依据现有信息的机械式预测，而实际上，这些个体所处的环境遍布着不确定性，在这样的环境中未来是不可预知的。

正如我们将在后面的章节中阐述的，普遍的不确定性是资本主义货币经济中所有决策者都面临的一个主要问题。经济事件的不确定性，例如，资产价格或工作的变动，会使得个体持有货币，这是流动性最高的资产，是一种价值贮藏手段。

当然，在现实世界中，人们不完全知道预测所需的信息，更不知道他们的选择（基于不完全的信息）会如何影响未来。面对不断变化的环境，我们不知道该如何应对，直到我们被迫要做出选择。普遍的不确定性的本质是，在未来的某个时点，我们不可能知道摆在面前的所有选择项。

18.4 回滞和菲利普斯曲线的权衡

尽管经济学家们关注的是个人预期对通货膨胀率上升的反应速度，以及通货膨胀预期在工资和价格形成中的作用，但是在这一领域也涌现出了一系列的新文献，它们挑战了货币主义观点，后者认为在通货膨胀与失业之间不存在长期的权衡取舍关系。

在实证层面，经济学家通过计量经济学模型对不能直接观测到的自然失业率（有时称为**非加速通货膨胀的失业率，non-accelerating inflation rate of unemployment，NAIRU**）进行估计，结果发现，自然失业率的估计值似乎追随着实际失业率的变化。

20 世纪 70 年代初期和中期的油价大幅上涨导致了通货膨胀的加速，这时货币主义深刻影响着经济决策，试图缓解通货膨胀的政策造成了失业率的上升。我们后面会单独对这一时期进行考察。这一时期自然失业率的估计值似乎也在升高，但是对此没有符合原有理论的解释。

例如，图 18.6 显示了从 1960 年到 2015 年，澳大利亚财政部和经济合作与发展组织对 NAIRU 的估计以及相应的澳大利亚的失业率。财政部的估计在 2011 年结束，而经济合作与发展组织的估计开始于 1978 年。

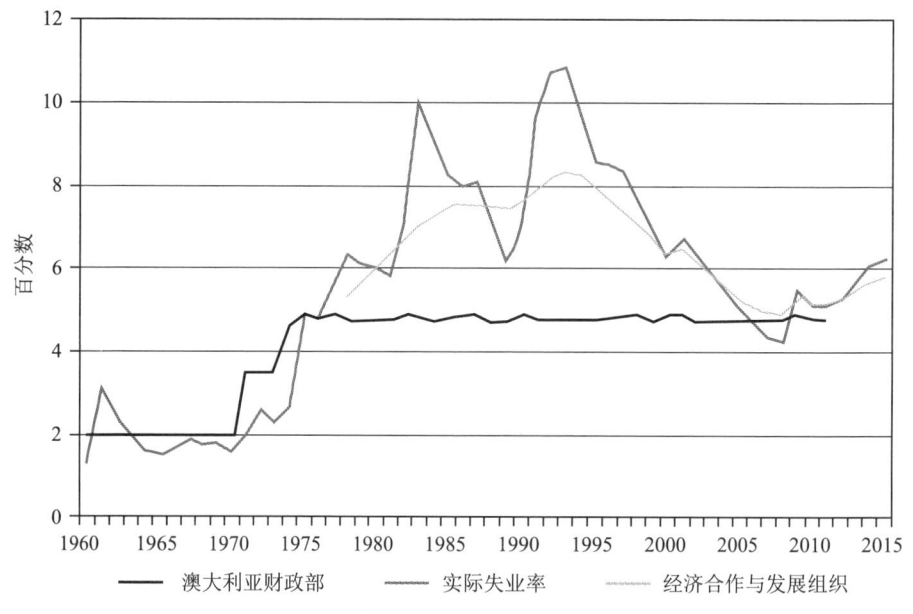

图 18.6　1960 年至 2015 年澳大利亚的年失业率，澳大利亚财政部和经济合作与发展组织对 NAIRU 估计

来源：作者的计算。数据来自澳大利亚统计局

首先，为什么财政部对 NAIRU 的估算值（其目的是反映 1974 年的"结构性"因素）会与实际失业率差不多同时地剧烈上升？这一时期非常动荡（发生了石油危机），标志着战后充分就业时代的结束；在前一时期，失业率通常低于 2%。可以清楚地看到，NAIRU 的估计值随实际失业率上升而上升。对于这种跳跃变化没有合理的解释。结构性因素的影响往往是缓慢而渐进的。

其次，为什么在 1974 年之后财政部的估计值变化较小？这不同于经济合作与发展组织的估计值，后者追随着实际失业率的变动。

最后，从 1993 年到 2007 年，除了 2001 年，经济合作与发展组织对 NAIRU 的估计值在逐步下降。20 世纪 90 年代初之后的十几年间，经济合作与发展组织对英国和美国的 NAIRU 的估计值同样也在持续下降。

这些发现使得经济学家们质疑**周期性不变**的自然失业率的存在。对自然失业率（这与稳态的通货膨胀相一致）的最佳估计似乎是高度周期性的，因为它们会随着实际失业率的变化而变化，而实际失业率反映着经济周期。

尽管有各种各样的理由来解释 20 世纪 90 年代自然失业率的下降（例如，青年劳动力比重的下降所引发的劳动力市场的人口结构变化），但一种合理的解释是，这些估计量之间是相互联系的。自然失业率只是以某种滞后的方式来反映失业率的动态变化，这就是**回滞假说（hysteresis hypothesis）**。

这是解释均衡失业率与实际失业率之间明显的周期性关系的一种新理论。早期研究表明，NAIRU 的估计值（基于计量经济学模型）的增加反映的是 10 年或更长时间的高实际失业率以及紧缩的财政和货币政策，不是这些劳动力市场的结构性问题：人口结构的变化可能导致年轻的非熟练劳动力涌入劳动力市场；最低工资提高；福利保障对市场的扭曲，例如，更丰厚的失业救济金。

回滞效应（hysteresis effect） 描述了实际失业率与均衡失业率之间的相互作用。回滞的意义在于，均衡失业率和物价稳定有关，我们不应该出于通货膨胀的考虑将均衡失业率视为对扩张性宏观经济政策的刚性约束。均衡失业率可以通过降低实际失业率的政策来降低。

回滞的重要性在于，政府在长期仍可以在通货膨胀率与失业率之间进行权衡取舍，这将推翻货币主义的主要论点。

解释回滞现象的一种方法是关注劳动力市场在经济周期性中调整的方式。经济衰退会导致失业率上升，并且由于衰退的长期性，短期失业会变成难以改变的长期失业。失业率在经济周期中呈非对称变化，这意味着失业率上升迅速，但要花很长时间才能下降。

很多证据表明，在经济疲软时期，劳动力市场的调整会导致回滞效应。入门级的工作岗位会提供培训机会，因此，随着工作机会的减少，劳动力的（平均）技能水平也会下降。

劳动力市场中找不到工作的新人无法获得相关的技能（以及稳定的工作带来的社交圈子），失业劳动者则面临着技能过时的问题。这两类群体都需要得到工作从而获得和（或）更新相关技能。技能（经验）的提升也会通过岗位间的流动来实现，但在经济低迷时期，这种流动存在困难。

在衰退中，由于劳动力市场的常见的周期性调整，结构性失衡会加剧；当需求水平较高时，结构性失衡则会随着反向的周期性调整而减轻。这里的结构性失衡是指失业者的素质达不到雇主的要求，因而这些失业者不能成为真正的过剩劳动供给。失业持续时间越长，他们就越难让潜在的雇主相信他们具备必要的技能和端正的职业态度。

回滞假说的代数形式

本节将要说明，如果劳动力市场上存在回滞现象，那么即使附加预期的菲利普斯曲线的系数（φ）等于 1，在通货膨胀率和失业率之间仍然存在长期的权衡取舍关系。米切尔（Mitchell，1987）证明了这一结果。

在任何时候都可能存在一个使得工资稳定的均衡失业率，因为它暂时限制了就业人员的工资需求，并且平息了不同收入群体在产出分配中的竞争。我们可以将这个失业率称为**宏观均衡失业率**（macroequilibrium rate of unemployment，MRU）。如果我们把通货膨胀的其他原因（例如，资源和其他生产投入的成本上升，以及企业提高加成定价的比例来增加利润）暂且忽略掉，那么 MRU 将对应着价格的稳定。

实际失业率和均衡失业率之间的相互作用被称为回滞效应。回滞（如果存在的话）的意义在于，均衡失业率和物价稳定有关，我们不应该出于通货膨胀的考虑将均衡失业率视为对扩张性宏观经济政策的刚性约束。

均衡失业率可以通过降低实际失业率的政策来降低。因此，我们将 MRU 作为非通货膨胀的失业率（不同于货币主义的 NAIRU 概念），从而强调由经济周期驱动的回滞机制。

在衰退中，由于劳动力市场的常见的周期性调整，结构性失衡会加剧；当需求水平较高时，结构性失衡则会随着反向的周期性调整而减轻。这里结构性失衡是指失业者的素质达不到雇主的要求，因而这些失业者不能成为真正的过剩劳动供给。

为了说明回滞会如何改变菲利普斯曲线，我们从标准的工资变化方程入手：

$$\dot{W}_t = \alpha - \beta(U_t - U_t^*) + \varphi \dot{P}_t^e \qquad (18.11)$$

在这个方程中，第 t 期的货币工资增长率 $\dot{W}_t$ 等于常数（α）减去失业率和其稳态值的差值。差值（$U_t - U_t^*$）只是反映劳动力市场中新增需求的不同方式。如果差值为正，那么实际失业率高于 MRU，在其他条件不变的情况下，货币工资需求面临下行压力。如果差值为负，那么实际失业率低于 MRU，在其他条件不变的情况下，货币工资需求面临上行压力。最后一项，正如我们在推导附加预期的菲利普斯曲线时所说的，反映了通货膨胀预期。

回滞效应——均衡失业率追随实际失业率——可以用多种方式表示。在本例中，我们遵循米切尔（Mitchell，1987）的做法，他将 U^* 表示为实际失业率和上一期的均衡失业率的加权平均值。

以下方程表明，MRU 会根据实际失业率进行滞后调整：

$$(U_t^* - U_{t-1}^*) = \mu(U_{t-1} - U_{t-1}^*) \qquad 0 < \mu \leq 1 \qquad (18.12)$$

在这个方程中，当期 MRU 中的 U_t^* 等于上一期的均衡失业率 U_{t-1}^* 加上实际的 MRU 与上一期的 MRU 的一部分差值。

μ 值表示 MRU 对当前经济活动状态的敏感程度。如果 $\mu = 0$，则 $U_t^* = U_{t-1}^*$，MRU 不会对实际失业率的波动做出反应。这时，MRU 等于 NAIRU。如果 $\mu = 1$，那么 $U_t^* = U_{t-1}$，这时，MRU 等于上一期的实际失业率。

在方程（18.13）中，我们通过替换方程（18.11）的括号内的失业项，可以得到以下工资方程（Mitchell，1987）：

$$\dot{W}_t = \alpha - (\frac{\beta}{\mu})(U_{t+1}^* - U_t^*) + \varphi \dot{P}_t^e \qquad (18.13)$$

如果在经济周期中实际失业率下降，那么这将导致 MRU 下降，并且随着时间推移，连续的两期 MRU 之间的差值（$U_{t+1}^* - U_t^*$）将收敛到零［见方程（18.12）］。在 EAPC 中，失业率持续低于 NAIRU 的话，这将导致通货膨胀的压力不断增加（即通货膨胀不断加速）；和 EAPC 的情况相反，在 MRU 模型中，失业率的降低在一开始带来的通货膨胀冲击将随着 MRU 与更低的失业率水平趋同而消失。由此，更低的失业率会对应更高但稳定的通货膨胀率。权衡取舍关系是存在的，其他条件不变的情况下，μ 越高，代表权衡取舍关系的曲线就越平坦。

18.5　不充分就业和菲利普斯曲线

正如我们在第 5 章中看到的，在过去二十年间，不充分就业日益成为许多国家劳动力资源得不到充分利用的重要原因。在澳大利亚等国家，不充分就业量的上升已经超过了官方失业量的下降。国家统计机构通过更有规律地发布不充分就业的最新情况来应对这样的趋势。他们还构建了新的数据序列，以提供更全面的劳动力浪费的衡量标准〔例如，澳大利亚统计局每季度发布一次广义劳动力利用不足序列（the Australia Bureau of Statistics Broad Labour Underutilisation series）〕。

在 20 世纪 90 年代初，困扰众多国家的大衰退过后，随着经济恢复增长，失业率下降了。同时，通货膨胀也处在缓和状态，这种形势导致经济学家越来越怀疑周期性不变的自然失业率（或 NAIRU）概念在政策上的实用性，而不只是在理论层面上提出质疑。

许多机构都对自然失业率进行了估算，它们都发现随着失业率的下降，在整个 20 世纪 90 年代自然失业率都在稳定下降（参见图 18.7），这使得质疑的声音不断增强。当失业率低于相应的自然失业率估计值（且通货膨胀率持续下降）时，研究机构就会估算新的自然失业率，新的估计值表明自然失业率进一步下降了。这进一步证明了我们的结论，即 NAIRU 估计值无法用于对失业率和通货膨胀率之间的关系进行预测。

随之而来的问题是，为什么在 20 世纪 90 年代许多国家的失业率和通货膨胀率都下降了？另外，这对于菲利普斯曲线来说意味着什么？

为了更全面地理解这一点，经济学家开始关注过剩劳动供给的概念，这是菲利普斯曲线框架中制约工资和价格变化的关键变量。

在标准的菲利普斯曲线中，官方失业率（代表超额需求）前的系数在统计上应该是显著为负的。但是，在回滞模型中，这依赖于失业的持续时间，如果失业的持续时间超过了一定时长，那么长期失业的劳动者无法再给当前有工作的劳动者构成任何威胁。

因此，他们无法限制就业者的工资要求，也不能影响通货膨胀。隐蔽性失业者会比他们更难影响工资的设定。因此，我们可以想见，在通货膨胀率的函数中，短期失业比总失业（包括长期失业）更能代表超额需求。

虽然短期失业者可能更能影响工资的设定，从而更能影响价格变动，但还有一个更重要的影响工资谈判的劳动力来源：不充分就业者。

不充分就业代表的是闲置的工作时间，如果雇主愿意对这些工作时间加以利用的话，那么在几乎不会增加成本的情况下，原有的工作只需要更少的劳动者就可以完成。

因此，有理由假设，不充分就业者会对全职工作者（他们设定了工资标准）构成威胁。这一观点与一些现有的研究一致：一些研究表明工资决定是由内部员工（即就业人员）主导的，他们会设置障碍以使自己免受失业威胁。对菲利普斯曲线的一些研究发现，在工资设定过程中，代表企业内部的新增劳动需求的变量（例如，产能利用率或加班率）比代表企业外部的新增需求（如失业率）的变量更为重要。

尽管短期失业者比长期失业者更能充当有效的劳动供给从而影响工资水平，但不充分就业的劳动者也可以被视为有效的剩余劳动力。在这种情况下，我们可以想见，这两类剩余劳动力的来源都会对价格水平带来下行的压力。

例如，图18.7显示了从1978年至2015年澳大利亚的失业率和通货膨胀之间的关系。该样本分为三个时期。第一个时期是1978年3月至1983年9月。1978年3月是最新编制的采取了统一的统计规则的劳动力数据序列的起点，而1983年9月则是1982年经济衰退发生后最高的失业率出现的时间。

第二个时期是从1983年12月至1993年9月。这一时期包括20世纪80年代的复苏时期以及随后1991年的经济衰退，直到失业率达到顶点。

最后一个时期是从1993年12月到2015年9月。图中的实线是简单线性回归的趋势线。

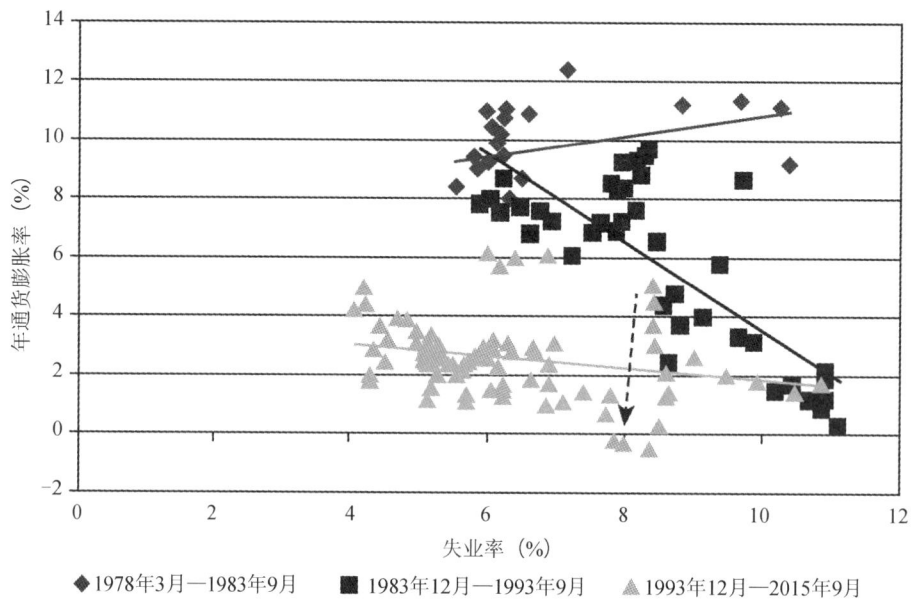

图 18.7　1978 年至 2015 年澳大利亚的通货膨胀和失业率（季度）

来源：作者的计算。数据来自澳大利亚统计局，消费者价格指数与劳动力

年通货膨胀率和失业率之间的关系在 1991 年的经济衰退后发生了明显变化。我们不妨沿着虚线箭头看（从 1995 年 9 月至 1997 年 9 月），这一时期的菲利普斯曲线开始趋于平坦并向内移动。在这些年里，因为总需求增长不足，失业率长期居高不下，但通货膨胀率却在下降。部分原因是通货膨胀预期的下降。1991 年的经济衰退尤为严重，这导致年通货膨胀率的急剧下降，以及调查到的通货膨胀预期的下降。

1991 年经济衰退期间出现的另一个劳动力市场的主要变化是不充分就业急剧上升并维持在高位。企业减少了全职工作岗位，并且在经济复苏时期，将这些已经裁撤的全职工作岗位替换为兼职工作岗位。即使在 20 世纪 90 年代后期就业量增长加快，澳大利亚新增的大部分工作岗位都是兼职工作。此外，兼职工作越来越具有临时性。

图 18.8 显示了 1978 年至 2015 年澳大利亚失业率和通货膨胀率之间的关系。它还显示了澳大利亚统计局提供的不充分就业的估计值和同期通货膨胀率之间的关系。图中显示的方程式是简单的线性回归方程，它在图中用实线表

示。该图表明，通货膨胀率与不充分就业率之间的负相关性要强于通货膨胀率与失业率之间的关系。更细致的计量经济学分析也证实了这种情况。

在菲利普斯曲线中纳入不充分就业，这有助于解释为什么在全球金融危机之前的时期里低失业率没有导致通货膨胀。这表明，劳动力市场的运行方式发生了变化，兼职工作和不充分就业变得更多了，这种变化对于解释劳动力市场对工资和物价的影响具有重要意义。

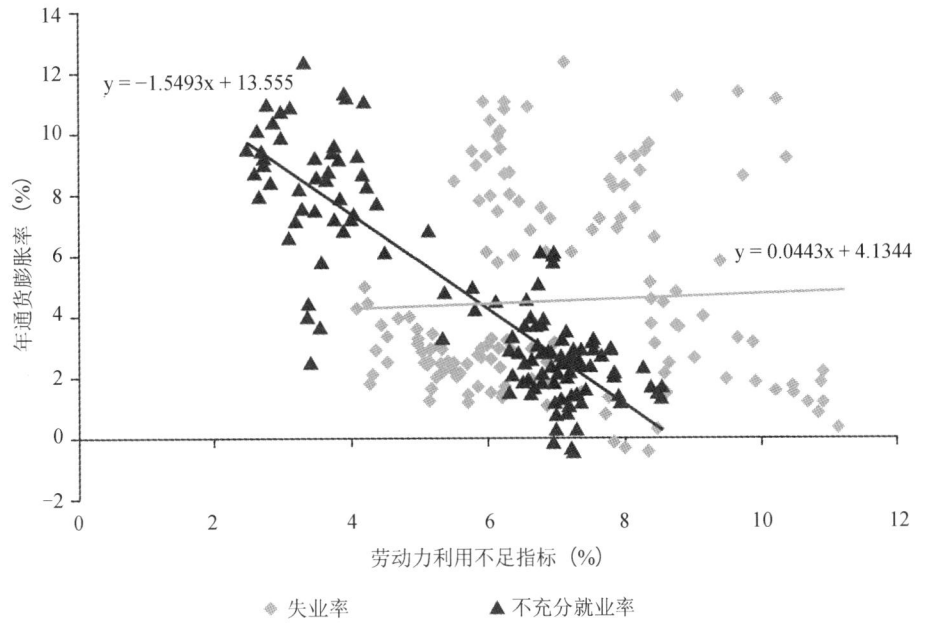

图18.8　1978年至2015年澳大利亚的通货膨胀率、失业率和不充分就业率（季度）

来源：作者的计算。数据来自澳大利亚统计局，消费者价格指数与劳动力

结　论

本章回顾了三种通货膨胀率的决定理论，即简单形式的菲利普斯曲线，附加预期的菲利普斯曲线和纳入回滞的菲利普斯曲线。我们说明了，按照货币主义假设，在预期的通货膨胀率的系数为1的情况下，附加预期的菲利普斯曲线认为凯恩斯主义的总需求管理无法保持低失业率。

经验证据对周期性不变的 NAIRU 概念提出了质疑，后者是货币主义的政策主张的基础。此外，对 NAIRU 的估计值与前几期的失业率有关，而这与经济的结构特征无关，尽管有学者认为这些特征会影响到可持续的失业率（NAIRU）。另一方面，通货膨胀的回滞模型表明，总失业率不足以代表通货膨胀模型中的过度需求。研究人员需要区分短期和长期失业，还需要将不充分就业纳入衡量过度需求的指标中。经济周期中失业构成的变化解释了为什么宏观均衡失业率（MRU）具有周期性，这引发了所谓的回滞现象。菲利普斯曲线和回滞模型都认同刺激性政策能减少失业，尽管代价是通货膨胀率的上升。

参考文献

［1］Brown, A. J. (1955) *The Great Inflation* 1939 – 1951, Oxford: Oxford University Press.

［2］Friedman, M. (1968) "The Role of Monetary Policy", *The American Economic Review*, 58 (10), March, 1 – 17.

［3］Mitchell, W. F. (1987) "NAIRU, Structural Imbalance and the Macroequilibrium Unemployment Rate", *Australian Economic Papers*, 26 (48), June, 101 – 118.

［4］Phelps, E. S. (1968) "Money-Wage Dynamics and Labor-Market Equilibrium", *Journal of Political Economy*, 76: 678 – 711.

［5］Phillips, A. W. (1958) "The Relation between Unemployment and the Rate of Change of Money Wage Rates in the United Kingdom, 1861 – 1957", *Economica*, 25 (100), 283 – 299.

［6］Samuelson, P. A. and Solow, R. M. (1960) "Analytical Aspects of Anti-Inflation Policy", *American Economic Review*, 50 (2), Papers and Proceedings of the Seventy Second Annual Meeting of the American Economic Association, May, 177 – 194.

［7］Thurow, L. C. (1983) *Dangerous Currents: The State of Economics*, New York: Random House.

chapter 19

第 19 章

充分就业政策

本章纲要

19.1 引言
19.2 充分就业作为政策目标
19.3 促进就业的各种政策
19.4 失业缓冲储备与价格稳定
19.5 就业缓冲储备与价格稳定
19.6 关于菲利普斯曲线的影响
结论
参考文献

学习目标

- 认识到充分就业应是一个社会追求国际公认的人权和社会正义的首要宏观经济政策目标。
- 评估促进就业的各种政策。
- 了解大多数发达经济体当前的宏观经济政策制定都是以（控制）通货膨胀率作为主要政策目标，并认为失业缓冲储备可以解决这一问题。
- 分析就业缓冲储备（就业保障）的经济后果。

19.1 引言

在第 17 章中，我们讨论了在每一时期，如果相互竞争的名义索取权（工资、利润）超过该时期名义收入的实际金额，实际收入的**要求者**之间的分配**冲突**如何引发通货膨胀，考察了这种冲突是如何引起的，例如，工人渴望工资上升，价格制定者（企业）期望利润率上升，以及由于原材料进口价格上涨导致的对可用国民收入的外部挤压。

资本主义制度的基本动力是由企业设定的目标利润率驱动的。在这种情况下，如果工人成功地获得了很高的工资，并因此损害了企业实现目标利润率的能力，那么他们的行为可能会导致更高的失业率。这是因为，如果企业因利润率的下降而减少投资支出，那么就会导致有效需求不足；或者，企业可以提高价格以维持利润，这就有可能导致物价—工资的螺旋式上涨。这种螺旋式通货膨胀，无论是需求拉动还是成本推动，如果要继续下去，就必须以维持一定的总需求为条件。正如我们在第 17 章中所阐述的，这意味着，尽管造成通货膨胀的动力有所不同，但供给推动的通货膨胀与需求拉动的通货膨胀之间的概念界限就已变得模糊不清。

本章的重点是分析两种旨在实现持续的低而稳定通货膨胀的理论（防止通胀）。我们通过比较两种类型的**缓冲储备**展开讨论，这两种**缓冲储备**都是由政府政策构建的，目的就在于避免有可能引发通货膨胀螺旋式上升的总需求压力。

这两种缓冲储备为：

• **失业缓冲储备**（Unemployment buffer stocks）：在自然失业率（NRU）[也称非加速通货膨胀失业率（NAIRU）] 的宏观经济管理制度下，通过紧缩的货币和财政政策控制通货膨胀，由此导致失业缓冲储备。对于试图实现价格稳定的决策者来说，这是一种代价昂贵且不可靠的机制。

• **就业缓冲储备**（Employment buffer stocks）：中央政府利用法定货币发行制度所赋予的财政权，以就业缓冲储备为基础实现充分就业，就业保障（**Job Guarantee**，以下简称 **JG**）模式是此类政策方法的一个示例。

这两种用于控制通货膨胀的缓冲储备都引入了所谓的**通货膨胀锚**（**inflation anchors**）。在非加速通货膨胀失业率的情况下，锚是失业，用于约束劳动力市场，并防止追求通货膨胀性的工资要求。而对于 JG 来说，通货膨胀锚是由政府以无条件的、固定工资形式的就业保障提供的。

在本章中，我们首先阐述为什么充分就业应该是关键性的宏观经济政策目标。其次，我们简要地考察过去为解决长期失业问题所采取的不同方法。最后，我们概述和比较旨在控制通胀的两种缓冲储备方案。这些分析旨在说明，只有 JG 提供的就业缓冲储备才能同时达到充分就业与价格稳定的双重宏观经济政策目标。

19.2　充分就业作为政策目标

在第 1 章关于公共目的的讨论中，我们说明了在现代资本主义经济中，为什么就业机会是充分参与社会的必要条件。就业，特别是正式部门的就业，不仅使个体融入与工作场所相关的网络，而且更广泛地融入社会和政治环境。

另一方面，有大量的文献已经证明，持续的失业会造成巨大的经济、个人和社会成本，其中包括：

- 当前国民产出和收入的损失。
- 社会排斥和自由的丧失。
- 技能损失。
- 心理伤害。
- 健康不良，预期寿命缩短。
- 失去生活的动力。
- 破坏人际关系和家庭生活。
- 种族和性别不平等。
- 丧失社会价值观和责任感。

因此，利用失业促进宏观稳定的宏观经济政策，不仅迫使已经处于不利地位的人承担大部分失业成本，而且破坏了社会凝聚力。失业通常也集中在弱势群体中：少数族裔、移民、年轻人和老年人、妇女（尤其是有子女的女户主)、残疾人和教育程度较低的人。贫困和社会孤立与缺乏就业密切相关。

《联合国世界人权宣言》包括工作权,这不仅因为工作权本身很重要,还因为如果缺乏有报酬的工作,许多其他被宣称为人权的经济和社会权利就无法得到保障。此外,**充分的、生产性的和体面的就业**也是联合国**千年发展目标**(Millennium Development goals)之一。阿玛蒂亚·森(Amartya Sen,1997)支持工作权,因为失业的经济和社会成本是惊人的,其深远影响超出了单一维度的收入损失(有关这些问题的详细讨论,参见第1章)。

市场未必擅长确保在《世界人权宣言》中被宣布为人权的经济和社会权利。这就是为什么需要市场之外的政策(在严格地与市场有关或由市场驱动的政策之外的政策)来保障各种人权。在新古典理论中,失业和贫困通常是维持宏观经济稳定,尤其是价格和汇率稳定的必要成本。这就提出了许多重要的问题,如一个国家是否应该通过使一部分人口失业和贫困来应对通货膨胀?还有其他工具可以达到这些目的吗?尤其是,决策者是否应该接受一定程度的通货膨胀和货币贬值以消除失业和贫困?因此,至少需要采取保障措施来保护少数群体,他们由于一项导致整个社会受益于较低通货膨胀的政策而承受以失业形式出现的大量集中成本。

人们在道德层面上强烈反对将贫困和失业作为实现价格和汇率稳定的主要政策工具,尤其是考虑到如前所述,贫困和失业的成本并非平等分担。而且,即使价格和货币稳定是众望所归并对所有人都有利,但也很难证明它们与工作权一样是一项人权。

失业作为一种稳定工具,不仅侵犯了包括就业权在内的各种人权,而且还造成人力资源的浪费从而损害经济效益。确实,除了一些明显的例外,那些劳动力资源利用不足比率最高的国家往往是贫困率最高的国家。

只有政府才能保证就业的权利,因为在没有直接大规模创造就业的情况下,市场没有、也不可能始终在接近真实的充分就业的基础上运行。因为政府具有发行和支出主权货币的能力,无须考虑狭隘的市场效率问题,因此,只有政府才可以通过雇佣所有无法找到工作的人来创造无限弹性的劳动力需求。私人企业只雇佣预期以盈利价格出售的产出水平所需的劳动力数量。政府可以从更广阔的视野出发,促进包括工作权在内的公众利益。由此,政府必须提供就业机会以实现社会公平。JG 计划可以确保工作权，且对工资、价格、政府的财政政策、货币价值的负面影响最小。

福斯塔德（Forstater, 2006）认为，很难想象有什么政策目标能比实现充分就业更广泛地保障社会和经济权利。他提出的"政治经济学基本福利定理"指出："没有任何一项政策，比真正的充分就业或为任何准备好并有意愿工作的人提供有保障的工作，能够带来更多的潜在利益。"（Forstater, 2006：Slide 2）

除收入外，就业也可以产生有益的产出，并因为做出有价值的贡献而得到认可。尽管经济学家们通常只关注经济乘数，但也存在与创造就业机会有关的**社会乘数（social multipliers）**。这些好处包括：减少犯罪和吸毒；增强家庭和社区的凝聚力；改善经济安全、教育和医疗保健；保护弱势群体；保护环境；改善地方和州政府预算；更平等地分配消费、收入、财富和权力；引导对贫困社区的投资；促进社会和政治稳定。

尽管经济增长与发展是民心所向的，但它们并不能确保**充分或体面的就业**。下一节将探讨促进充分和体面就业的不同战略。确实，有必要采用各种方案和政策来解决失业、不充分就业和薪酬不足的问题，它应该包括私人和公共部门的举措。然而，即使政府通过大力支持以促进私营部门创造就业机会，私人部门也无法为所有人提供全面的、高效的和体面的就业。只有通过引入 JG，建立安全网，才能保障就业权。

19.3　促进就业的各种政策

行为主义、结构主义和凯恩斯主义的不同方法

各个学派已经采取了一系列战略来解决失业问题，其中最重要的是行为主义（处理与失业的个体有关的问题）、结构主义（例如，技能错配）和凯恩斯主义（工作岗位短缺，the job shortage）。

法德尔·卡布布（Fadhel Kaboub, 2008）提供了经济学家们对失业者态度的历史概述，从配第（William Petty, 1662：160）（失业者"不应该饿死，不应该被绞死，也不应该被抛弃"，因为他们代表一种可用于公共就业给国家

带来财富的资源),到希望实现充分就业的贝弗里奇(William Beveridge, 1945:10),其充分就业定义为"总是拥有比失业者更多的空缺岗位",以及一些鲜为人知的 JG 式方案的倡导者,如皮尔森(Pierson, 1980)和韦纳特(Wernette, 1945)。他还调查了历史上已采用的充分就业战略,例如,美国大萧条时期的"新政"(1933—1939),瑞典战后模式(1950—1975),印度的就业创造计划(2006 年至今),阿根廷(2002 年至今),以及近期法国为下岗工人创造就业机会的试点计划。

公众的态度和政府的政策通常都强调行为和结构问题,这导致了试图激励和培训失业者的政策,以及促进更大灵活性(如工资灵活性)的政策,以减少劳动力市场的摩擦。在这种情况下,失业主要被看作是由行为缺陷引起的个人问题,而不是系统性的宏观经济问题。

但是,如果问题是就业短缺,那么这些政策所能做的只是在不幸的失业群体中重新分配失业人群,这些人本身被看作是自己失业的原因。在扩张时期,一些未被雇佣的求职者确实具有行为主义和结构主义所阐述的特征(因为雇主首先雇佣具有最理想特征的人),因此掩盖了真正的问题:长期的就业短缺。

尽管海曼·明斯基(Hyman Minsky)因其在金融脆弱性方面的研究而闻名,但他也指出,任何偏向于教育和培训而不是创造就业机会的公共政策,都是本末倒置的,而且不太可能成功[例如,Minsky(1986)]。

首先,它将责任归咎于失业者,这使人受挫,并且似乎证实了公众对所谓弱势群体中普遍存在的不良特征的看法。它所要传达的信息是,穷人必须改变他们的特征,包括其行为,他们才有资格工作。但是,那些失业者则认为这种改变是不可取的,甚至是不可能的。

其次,教育和培训需要很长时间,才能见效。发展中国家的工人培育期至少为 16 年,而高度发达的国家则至少为 25 年或更长。此外,正如结构主义者所认识到的,充满活力的经济体总是会抛弃旧技能,并采纳新技能。在任何时候,即使有许多人能够及时地退出失业大军,还是会存在一个长期的、数量可观的和具有不适当技能和教育的失业队伍。

再次,如前所述,再培训人员有可能面临工作岗位短缺的风险,因此充其量他们只能简单地取代将加入失业者行列的先前被雇佣的工人。

由于这些原因，必须提供能容纳工人的工作，不论他们的技能、教育程度或个人特征如何。提高工人的素质是第二步的事情，因为大部分必要的培训都是在工作中进行的。失业者需要工作，而不仅仅是为那些成功"改革"自己的人提供工作。

还应注意的是，如果提供福利（包括失业补偿）代替工作机会，这会对自尊、公众对失业者的看法以及因缺乏使用而恶化的人力资本（技能和经验）产生负面影响。因此，为想要工作的人提供福利而非就业机会不仅是承认失败（接受劳动力市场无法提供足够的岗位），而且浪费了资源并产生了社会成本。

第二次世界大战后，**凯恩斯主义的政策**可以将总需求保持在足够高的水平以促进强劲增长的观念主导了西方的经济思想。此外，人们认为，高增长将使失业率保持在较低水平上，从而降低贫困率。西方国家（尤其是美国）通过国防和公共基础设施投资，以及对私人投资的优惠待遇来维持总需求。行为主义和结构主义的劳动力市场政策以及福利政策则构成了这种高增长战略的补充，而福利政策本身实际上是劳动力市场政策，在某种意义上，为有子女的家庭提供福利和为老年人提供退休收入的目标之一就是为了缩小劳动力的规模。之所以认为这是必要的，是因为经济增长使弱势群体陷入困境，随之贫困更加集中在某些区域和种族身上。

战后初期，经济增长维持在高于平均增长率的水平，失业率和贫困率似乎有所下降。这显然证实了凯恩斯主义的理论。

但是，这些政策无法消除失业和贫困，因为它们没有优先考虑就业机会创造。充其量，这些政策重新分配了失业。此外，高增长战略实际上更有利于经济中的较发达部门，即那些具有高技能和高薪工人的部门，从而加剧了收入不平等。最后，支持高投资的政策将被证明是不可持续的，因为它导致了宏观经济的不稳定，通货膨胀、货币贬值和金融脆弱性证明了这一点。

由于这些原因，为了恢复有利于宏观稳定的环境，政策引发的衰退就成为必然。这导致了**"走走停停"**的政策模式：在经济低迷时，使用财政刺激措施；而在即将达到经济周期高峰时，实施紧缩的财政政策。其结果是，在创造足够的就业机会以实现充分就业和消除贫困之前，扩张就已停止了。

在20世纪70年代的**滞胀时期**，凯恩斯主义政策被人们所抛弃。1973年3

月，主要货币在固定汇率（布雷顿森林体系）崩溃后采取了浮动汇率。战后初期采用的社会安全网被取消或资金遭到削减，新自由主义（在美国被称为新保守主义）在美国、英国和澳大利亚等发达经济体中发挥着越来越大的作用。

最后，在1970年之后经济衰退和金融危机卷土重来，当时人们认为高增长和低失业率与物价稳定不可能同时出现的观点主导了政策制定。金融脆弱性随着时间的推移而增加，越来越频繁和严重的国内外金融危机就是证明。

政策制定者已不再使用财政政策来促进增长，而主要依靠货币政策。相应地，除了间接地承认低通胀会促进经济的强劲增长外，货币政策制定者通常会否认维持高就业和经济增长的责任。低通胀优先于实现高就业水平，表明政策偏向于采取失业缓冲储备理论（见第19.4节）。

所有这些问题都引起了巨大的争论，但是，人们普遍认为，通过操纵总需求的凯恩斯主义来微调经济的努力在很大程度上是不成功的。即使取得成功，今天也几乎没有政治意愿回归这些政策。但是，被选中的替代者——新自由主义，也没有成功。

此外，还有两项促进就业的政策：通过刺激私人部门间接地创造就业机会，以及政府直接创造就业。这两种战略许多经济体都有所尝试。

刺激私人部门创造就业机会

私人部门的就业补贴有几个弊端。

第一，政府需要确保企业使用补贴创造就业机会，而不是减少现有就业的私人成本。在一个不断创造和毁灭就业机会的动态经济中，这是很难监管的，因为追逐利润的企业希望利用政府资金来补贴既有的工作，从而导致增加公共支出却没有创造任何新增就业机会。

第二，由于失业集中在弱势群体，政策应鼓励企业雇佣原本不会雇佣的工人。同样，这也很难监控，因为企业希望雇佣那些在计划规定内最理想的求职者，而不是那些具有中等（或更低）特征的求职者。此外，存在这样的危险，即企业将雇佣合格的工人，从而取代具有相似特征但在某种程度上处于边缘地位的工人。

第三，对于就业资格的时间跨度问题存在疑问。计划的目标之一应该是雇佣缺乏经验或技能的工人，并使他们为无补贴的就业做好准备。但是，如果仅允许工人停留在该计划的特定时期内，那么雇主会有强烈的动机在其资格期满后用新的合格且有补贴的工人替换这些工人，而非保留原来的根据就业创造计划聘用的、不再提供补贴的工人。被迫离开该计划的工人可能找不到没有补贴的工作。

第四，工资补贴的设定并非易事。诱使企业聘用新员工所需的补贴是变化的，根据员工就业能力相对于企业通常招聘的工人数量的缺口而有所不同。浮动补贴可能是最有效的，但可能难以确定适当的补贴率。所需的补贴也将根据企业对新员工的需求而变化。在经济繁荣时期，少量补贴可能足以诱使雇主雇佣比原本所需更多的工人。在严重的经济衰退时期，即使100%的工资补贴也可能不会诱使企业再多雇佣一名工人。

最后，工资补贴的支付必然导致某种程度的市场扭曲。一些企业利用该计划，而另一些企业则不能。一些现有员工将不得不与补贴劳工竞争，而另一些则不需要。有些生产线将因增加工人而增加产量，而另一些则不会等。

即使综合来看，这些潜在问题也不一定意味着不应尝试执行工资补贴计划，但这些潜在问题似乎可以得出这样的结论：该计划本身无法解决失业并确保工作权的问题。

当然，如果没有充分发展的私人部门为相当一部分人口提供就业机会，私人部门的补贴就无法发挥作用。在某些发展中国家，特别是在农村地区，这种政策的应用潜力有限。只有政府以最低生活工资直接创造就业机会，才能提供足够的非农业工作来减少失业。

政府直接创造就业

我们得出的结论是，增加总需求，提高人力资本以及强化对私人雇主的激励措施，不足以确保工作权。虽然每项政策都可能有效果，但必须辅之以政府直接创造就业。大多数政府为了缓解失业而进行某种形式的就业创造。可以说，在战后时期实现接近充分就业的国家都采用了各种计划来降低失业率，他们都以这样或那样的形式创造了针对最不熟练的工人的就业缓冲，否则这类工人很可能失业。

对政府创造就业计划的主要批评是，与 JG（就业保障）不同，它们提供的通常不是正常工作条件下的持续就业，而且其覆盖范围仅限于特定群体，如农村工人（印度 Mahatma Gandhi 国家农村就业保障计划），户主计划（阿根廷的 Jefes 计划）和青年计划（欧盟国家的青年就业保障计划）。

在接下来的两节中，我们将研究旨在促进价格稳定的两种缓冲储备制度。首先，第一种与追求充分就业并不一致。实际上，通过设计，它使用失业来稳定价格。第二种是在追求充分就业的同时实现价格稳定。

正如我们阐述的，JG 是现代货币理论的核心。它既不是一项应急管理的政策，也不能替代私人就业，而是私人部门就业的永久补充。直接就业创造计划可以为那些无法找到工作的人提供基本工资水平的就业机会，没有其他计划可以保证失业者获得体面工资的工作。此外，JG 的优势在于，它同时解决了对充分就业的主要反对意见：维持充分就业会导致不可持续的通货膨胀率这一观点。

19.4　失业缓冲储备与价格稳定

近 40 年来，宏观经济学有两大惊人的发展。首先，发生了一场重大的理论革命，在此期间，凯恩斯主义被货币主义所取代，随后被更现代的变种——新自由主义——所取代。其次，在 20 世纪 70 年代早期，凯恩斯主义的消亡伴随着失业率的持续上升，而在全球金融危机期间，失业率上升的更高。此外，在新自由主义时期，平均的经济增长率下降了。

正如第 11 章和第 12 章中所阐述的，在凯恩斯的《通论》发表之前，许多正统经济学家将总体失业水平视为由于劳动力市场摩擦或其他市场破坏所导致的暂时偏离均衡。凯恩斯否定了这一看法，将总体失业水平归咎于总需求不足。在战后时期，人们相信凯恩斯主义的需求管理政策是正确的对策。在此期间，许多国家的失业率通常低于 2%，尽管美国的失业率略高，尤其是在少数族裔群体中更高。

然而，在 20 世纪 70 年代初，随着各国滞胀的发生，菲利普斯曲线的权衡似乎失效了。随着时间的推移，大多数主流经济学家放弃了需求管理，而回到了凯恩斯主义之前的旧观念，即总体失业水平在某种程度上是：（a）暂时的，并且是由于冲击造成的；（b）因为是自愿的，所以它是最佳的；以及或者是（c）提高宏观经济稳定性所付出的必要成本。因此，随着**自然失业率假说**（**natural rate of unemployment hypothesis**）的引入，充分就业这一真正的政策目标作为一种观念被抛弃，自然失业率假说俨然成为当前主流思想的核心。

该假说认为，只有这种"自然"失业率才与稳定的通货膨胀相一致。因此，总需求管理没有自由裁量（斟酌处置，discretionary）的空间，只有微观经济的变化才能降低自然失业率。由此导致的结果是，在紧缩的货币和财政制度环境下，政策辩论越来越集中在放松管制、私有化和缩小福利国家规模上。

在通货膨胀目标制（inflation-targeting）（或以防止通胀为先）的货币制度下，中央银行已经改变了政策重点。他们现在的货币政策优先满足通货膨胀的目标水平，[①] 可以说放弃了承担实现和维持充分就业的政策环境的全部责任。在 NAIRU 这种意识形态的压倒性信念的支持下，几乎唯一的重点是保持价格稳定，这标志着完全放弃了早期的充分就业政策。

自 20 世纪 70 年代中期以来，许多经济体的失业率一直居高不下。另外，面对雇主对工时的需求持续不足，出现了低质量、临时性的工作。因此，不充分就业在一定程度上取代了失业。

正如我们在第 17 章中看到的，就业不足与失业类似，是对工人的工资愿望和要求的约束力量，削弱了工人确保名义工资增长的能力。因此，短期失业和就业不足会通过规范工人愿望，暂时平衡劳动和资本需求的冲突，使其与资本的盈利需求相适应。同样，市场需求低迷，类似于工人收入下降时的高失业率，抑制了企业提高价格以保护实际利润的能力。

因此，通过在经济中引入劳动力闲置（labour slack），倾向于以紧缩的消极财政政策为支撑的通货膨胀目标制，创造了卡尔·马克思所谓的**失业后备军**（**reserve army of the unemployed**），减少了工资谈判过程中出现通货膨胀螺旋上升的机会。

[①] 严格地说，美国的中央银行即美联储没有将通货膨胀作为政策目标，因为这与它的双重职责是不一致的。但是，由于美联储将低通胀看作是稳健的 GDP 和就业增长的条件，所以，它实际上给予了相对稳定的价格相当大的侧重。

因此，实现价格稳定的 MAIRU 理论是以政府支出受**数量规则**（quantity rule）支配为基础的，这意味着政府计划以现行市场价格支出一定数量的本币，以执行其社会经济计划。为了实现财政目标，通常会削减超支支出。

20 世纪 80 年代中期以来，我们已经看到国民收入分配向利润倾斜的重大转变，因为实际工资增长落后于生产率的增长。国民收入的这种分配方式实际上已经推翻了先前工人阶级斗争的成果，在那时，强大的工会与雇主组织以更平等的条件谈判，确定双方都可接受的国民收入分配方案。

但是，由于行业构成向服务业转移、公共部门规模缩小以及反工会立法的增多，导致了工会力量的削弱，因此，近年来的工资增长放缓和低通胀已经引发了人们对发达经济体通货紧缩的担忧。如果以通货膨胀的结果来衡量，那么根据经济合作与发展组织自 20 世纪 90 年代以来的经验，利用失业作为抑制价格压力的工具已经取得了成功。

经验证据也清楚地表明，自 20 世纪 70 年代中期以来，大多数经济合作与发展组织的经济体没有提供足够的工作岗位，而货币政策的实施是造成这种劳动力市场萎靡不振的原因之一。世界各地的中央银行都迫使失业者进行非自愿的反通货膨胀行动，而在许多情况下，财政当局采取了紧缩措施，使情况进一步恶化。

这些成本非常大，并具有长期后果。就宏观经济政策的目标而言，它们也存在着重大冲突。众所周知，不论微观经济学还是宏观经济学，经济学的中心思想都是效率，即充分利用现有资源。我们已经讨论了经济学家们在定义这种概念时遇到的困难及其意识形态方面的问题。

但是，经济学家们可以抛开分歧，在宏观经济层面上根据充分就业来定义效率边界。我们在第 17 章中讨论过的主要辩论涉及如何界定充分就业。事实上，充分就业应成为宏观经济理论和政策的中心问题。

当然，大规模失业导致成千上万甚至数百万工人无法产生任何产出或国民收入，违反了所有关于宏观经济效率的合理定义。

此外，持续的高失业率不仅损害了失业者的当前福利，而且使经济增长率低于其潜力。它也降低了经济的中长期发展能力，因为随之而来的技能侵蚀和对新能力的投资不足，意味着未来的生产率增长可能会低于经济保持在较高活动的水平。

使用NAIRU稳定物价的方法通常辅之以一些政策，如要求失业者承担义务，以换取他们的福利。失业者通常必须证明自己从事的活动可以提高其获得工作的可能性，其中包括参加培训的计划，每月申请的最低工作数量。同样，在就业受限的经济中，这些政策充其量只会在这个弱势群体中重新分配失业。

对于主张用失业缓冲储备方法来控制通胀的人来说，关键问题在于，一旦经济通过限制性总需求管理被紧缩，它是否还能安然地重启。如果通货膨胀的根本原因得不到解决，需求扩大只会重新引发工薪阶层和利润获得者之间收入分配的冲突关系，并且很有可能爆发工资—价格的螺旋式上升。

因此，作为经济政策的基础，使用NAIRU作为稳定物价的方法具有很大的局限性，因为它解决了通货膨胀的症状而不是原因，所以不可能为持续的充分就业和价格稳定提供坚实的基础。

简言之，这种稳定物价的方法将持续的高失业率作为通货膨胀锚。

失业的约束力量在于失业者持续地对仍在工作的人构成威胁，以使就业者能够降低其工资要求。但是，随着时间的推移，失业者承受着技能损失，同时失业时间延长，企业开始采用新技术和新工艺，失业人员对就业者的这种威胁作用开始减弱。这被称为滞后（参见第18章）。在这种情况下，如果要维持同等程度的威胁，就必须通过紧缩的财政和货币政策不断推高所谓的NAIRU。[①]

无论如何，这种维持价格稳定的方法都代价高昂，最终在现代经济中不可行。持续的高失业率破坏了一个国家的社会和政治稳定，会造成难以想象的代价，远远超出了上面列出的成本。

评估失业缓冲储备的成本

在通货膨胀目标制的货币政策体制下，各国中央银行利用持续的失业人口（以及其他形式的劳动力利用不足，如不充分就业）作为缓冲储备，以实现理

---

① 鉴于不充分就业对抑制工资通胀的重要性，有必要重新定义所谓的NAIRU。

想的通货膨胀结果。如果他们认为通货膨胀超过了目标通胀率，他们将通过提高利率来诱发更高的失业率，直到实现其满意的通货膨胀目标（参见第23章）。

尽管一些极端的自由市场经济学家仍然认为理性预期是合理假设，否认任何实际产出效应，但大多数经济学家承认，这种控制通货膨胀的方法引起的通货紧缩将伴随着一段时期的产出减少和失业增加（及其相关的社会成本），因为经济增长需要一段（暂时的）疲软期才能打破通货膨胀的预期。

那么真正的问题是，这种政府操纵的反通货膨胀措施造成的产出损失是多少？大量证据表明，这种战略的实际累积成本是巨大的。

既有的研究具体测量了实施失业缓冲储备政策的**牺牲率**（sacrifice ratio），其定义为反通货膨胀期间的累积产出损失比率，即初始产出除以通货膨胀率下降的百分比。例如，如果牺牲比率为2，则意味着趋势通货膨胀率每降低1个百分点，就会导致GDP累计损失相当于初始产出的2%。

图19.1是牺牲率概念的简单图形描述。阴影区域表示实际产出低于潜在产出而产生的总产出损失。我们刻意展示了反通货膨胀结束时（定义为通胀高峰与通胀低谷之间的时期）其潜在（长期）产出水平。这是经验研究中采用的正常假设。

另一方面，**持续性**（persistence）概念意味着反通货膨胀结束后，实际产出仍低于其潜在水平。这一产出缺口存在的时间越长，持续时间就越长。

在这种情况下，**滞后**（hysteresis）是指反通货膨胀政策导致的潜在产出的永久性损失。因此，由于企业信心不足的间接损失是投资减少，因此潜在产出的增长将永久性地处于较低水平。反过来，这限制了实际产出的长期增长。

重要的是，为了准确地估计牺牲率，研究者不仅要考虑短期损失，还必须考虑由于持续性和滞后性而产生的长期损失。

图19.2展现了采用反通货膨胀政策引起的持续性和滞后性的影响。从通货膨胀高峰开始，实际产出立即下降。但是，一段时间之后，经济活动水平下降削弱了消费者和企业的信心。消费者担心更高的失业率而限制消费支出，而企业通过削减投资计划来应对销售不足的情况。

结果产生了两大影响：（a）潜在的实际产出路径下降（在图19.2谷底+x季度之后），从而降低了经济的增长能力；（b）实际产出偏离其潜在路径的时间比原本更长。

实际的产出损失远远大于图 19.1 所展示的。最终，实际的和潜在的产出路径可能会收敛趋同，在这时产出和国民收入将减少，几乎可以肯定的是，失业率将持续上升。

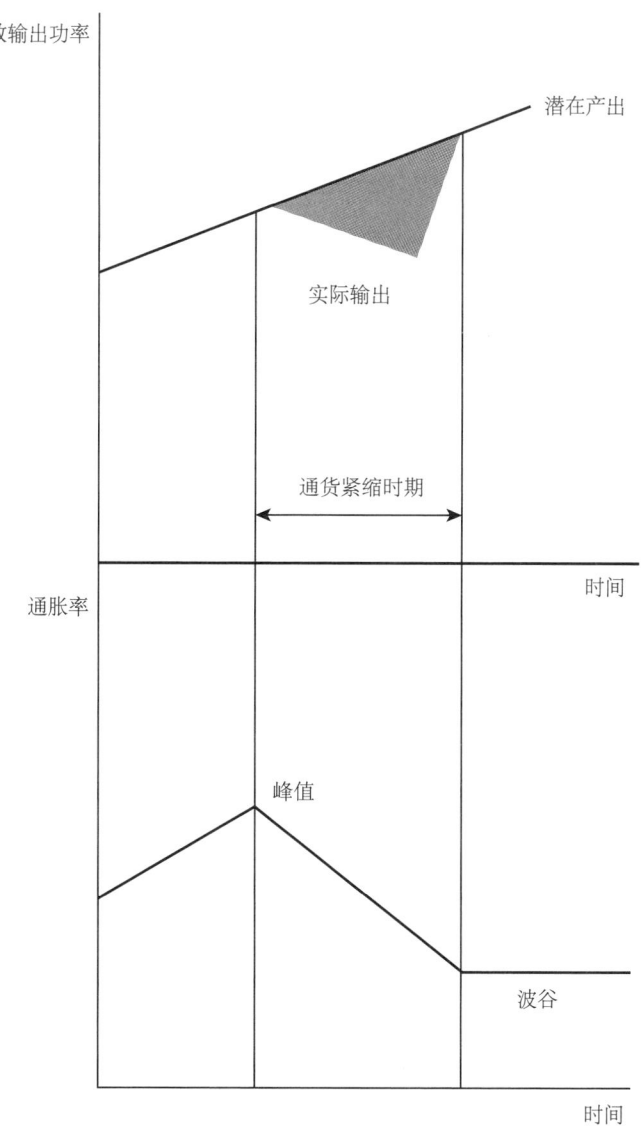

图 19.1　牺牲率和反通货膨胀时期

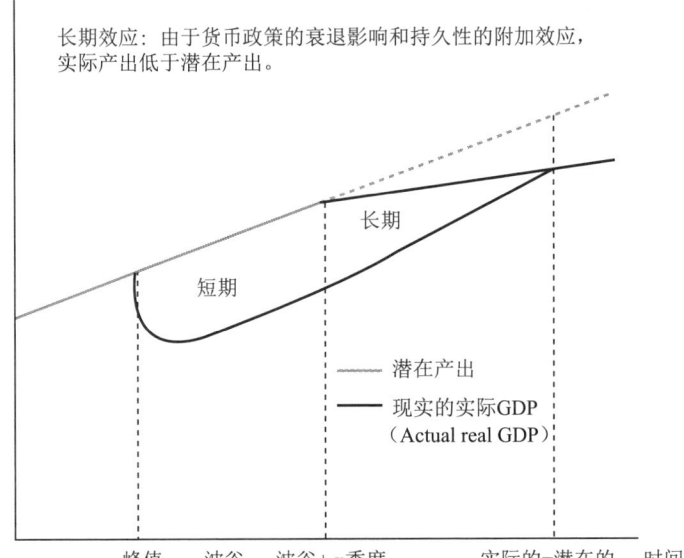

图 19.2 具有持续性和滞后性的牺牲率

大规模失业最初是由于政府紧缩性的政策立场而有意地削减总需求引起的,但由于投资的吸引力疲弱,潜在产出水平增长缓慢甚至下降,造成随后的产出扩张受到产能约束。

全球金融危机期间,政府奉行的财政紧缩政策也产生了这种影响。那么恢复强劲的增长变得更加困难,因为在不引发通胀的情况下,需要更长时间来确保还有潜在能力促进增长。

米切尔和姆斯根(Mitchell and Muysken, 2008)进行了广泛的文献分析和实证研究,得出以下结论:

- 正式的计量经济学分析并不支持这样一种观点,即通货膨胀目标制在反通货膨胀成本方面能够带来更好的经济结果。无论是否采取通货膨胀目标制,都会有不同的结果,并且没有可靠证据表明,以通胀、产出或利率的表现来衡量,通货膨胀目标制改善了宏观经济绩效。

- 没有可靠的证据表明,中央银行的独立性以及由此带来的所谓信誉红利(credibility bonus)会导致通货膨胀预期相对于政策公布调整得更快。没有证据表明通货膨胀目标制对通货膨胀行为有不同的影响。

- 牺牲率的估计已证实，反通货膨胀并非没有代价。值得注意的是，国内生产总值牺牲率的平均值随时间增加，从 20 世纪 70 年代的 0.6 增至 80 年代的 1.9 以及 90 年代的 3.4，也就是说，在 20 世纪 90 年代，平均而言，趋势通货膨胀率平均降低一个百分点，实际国内生产总值累计损失 3.4%。

- 在 20 世纪 90 年代，澳大利亚、加拿大和英国正式宣布采用通货膨胀目标制的政策，但与没有宣布此类政策的七国集团国家相比，这些国家的牺牲率并未显著降低。在实施通货膨胀目标制期间，澳大利亚的平均牺牲率似乎确实比 20 世纪 80 年代低。但是，该数字并未低于之前所有阶段的平均值。加拿大在 20 世纪 90 年代的牺牲率更高，为 3.6。英国在实施通货膨胀目标制期间的牺牲率显著较高，为 2.5（相对于先前时期的较低牺牲率）。意大利、德国、日本和美国的平均值分别为 0.6、2.3、2.9 和 5.8。

有显著证据表明，设定通货膨胀目标制的国家在产出增长、通胀波动性和产出波动性方面未能取得优异的宏观经济效果。此外，没有证据表明实施通货膨胀目标制能够降低通胀的持续性。

在降低通货膨胀方面，其他因素比通货膨胀目标制本身更为重要。20 世纪 90 年代，大多数政府采取了财政紧缩措施，但错误地认为财政盈余是审慎的经济管理的典范，并为货币政策提供了支持性环境。财政削减对失业产生了不利影响，并造成了劳动力市场进一步的疲软。在这些国家中，劳动力利用不足（更广泛的定义包括不充分就业）有所加剧。

此外，其他因素也有助于减轻工资压力，这包括：全面转向积极的劳动力市场计划，从福利改变为因工作而有福利的改革（welfare-to-work reform），工会的解体，公共企业的私有化。

从各国中央银行的声明（除了他们正式的责任）中可以清楚地看出，NAIRU 文献中所体现的通货膨胀与就业之间不存在长期权衡的观点，没有为他们追求以失业为代价的通货膨胀目标优先战略提供证据。

无论是否设定通胀目标，反通胀并非没有成本。20 世纪 90 年代，平均牺牲率为 3.5，意味着任何将通货膨胀率降低 1 个百分点的努力，将导致平均 3.5% 的 GDP 累积损失。

随着时间的推移，牺牲率的上升意味着，由于给定的通货膨胀率下降所需要的失业率增加，菲利普斯曲线变得更加平坦。因此，通货膨胀目标制的后果是反通货膨胀的成本增加。

弗兰科·莫迪利安尼（Franco Modigliani，2000：3）是创造非加速通货膨胀失业率一词的经济学家之一，对此他进行了反思：

> 失业主要是由于总需求不足。这主要是错误的宏观经济政策的结果……（中央银行的决定）是由对通胀的过度恐惧所激发的，……加上对失业的善意疏忽……已导致系统性的过度紧缩的货币政策决定，显然是基于令人反感的所谓的非加速通货膨胀失业率理论的不当使用。这些政策的紧缩效应被普遍的、非常严格的财政政策所强化。

将通货膨胀目标制作为政策范式的一个主要问题是：它伴随着这样一种观点，即财政政策必须是消极的，并且不能损害通货膨胀目标。其结果是，尽管实现了低通货膨胀率，但经济不得不忍受着持续的和居高不下的劳动力利用率不足。

正如本章在前面所指出的，持续的失业不仅导致实际产出和国民收入的巨大损失，而且国家还承受了其他实际成本，包括人力资本贬值、家庭破裂、犯罪增加和医疗费用增加。

这些额外成本，尤其是人力资本的贬值也意味着，失业缓冲储备作为价格锚的有效性随着时间的推移而恶化，这就需要越来越多的新失业者或未充分就业者来充当稳定工资的价格锚。

考虑到这些成本的规模，利用持续性的失业或临时性的不充分就业不可能成为实现价格稳定的最有效方法。

19.5　就业缓冲储备与价格稳定

考虑到就业机会对于那些需要工作的适龄工人的重要性，只要确保价格稳定不受影响，那么可以替代失业缓冲储备以实现价格稳定的更好方法是运用就业缓冲储备。

失业群体处于实体部门活动的底部，因此，在本节中，我们概述了针对失业群体的就业计划，这种计划既可以将一般价格水平固定在由当前失业群体所构成的就业缓冲储备的劳动力工资水平上，又可以产生具有供给方积极效应的有效产出。

> **提示栏**
>
> 回想一下，现代货币理论认为，发行货币的政府征收税收产生了对货币的需求。货币的价值是由获得它必须付出的劳动的数量所决定。货币价值等于其可购买的边际劳动量，即 JG 计划中支付的工资。JG 计划中的一揽子工资和福利待遇为获得以货币计价的收入必须付出的劳动量设定了标准。

可以肯定的是，这个锚点并不牢固。有些人从私人部门或政府那里获得一定水平的收入，这与其努力水平不成比例。如果每个人都能在无所事事的情况下获得收入（如果货币长在树上！），那么货币的价值将接近于零。但是，在现实世界中，政府的货币不是长在树上的，大多数人都必须做些事情，才能获得它。因此，货币在边际上是有价值的。

从 1945 年至 20 世纪 70 年代中期，西方国家的政府意识到利用赤字支出补充私人需求，可以确保所有想要工作的工人都能找到工作。尽管在此期间私人就业增长相对强劲，但政府本身就是重要的雇主，并且为最不熟练的工人提供了就业缓冲。例如，主要的公用事业，如铁路、当地公共服务、军队和政府的主要基础设施部门都有工作机会。通过吸收私人投资减少时的失业工人，政府起到了经济安全阀的作用。

英国经济学家保罗·奥默罗德（Paul Ormerod，1994：203）指出，20 世纪 70 年代避免了高失业率的经济体，保持着一个"有效地充当最后雇主角色的经济部门，吸收不时发生的冲击，并在更普遍的情况下为低技能、低质量的劳动力提供就业机会"。他总结说，具有高度凝聚力的社会（例如，奥地利、日本和挪威）更愿意确保每个人都能获得有偿就业机会。

就业缓冲储备（employment buffer stock）理论在文献中通常被称为"就业保障"（JG），它定义了一个政策框架，其中政府通过运作就业缓冲储备，以吸收无法在私人部门找到工作的工人。

它类似于中央银行的最后贷款人功能，JG作为一个缓冲器，雇佣所有没有以社会可接受的最低工资在正规的公共或私人部门就业的求职者。从这个意义上说，政府是最后的雇主，而这些工作是按需提供的。

尽管可以轻易地将JG定义为纯粹的公共部门创造就业机会的战略，但重要的是要意识到，它实际上是一个宏观经济政策框架，旨在基于缓冲储备的原则提供充分就业和价格稳定。

在JG制度之下，政府以固定的工资向任何想要工作的人提供无条件的、无限制的就业机会。当总需求低于维持充分就业所需的水平时，工人不会失业，而是进入JG的劳动大军。

这一理论代表了从基于NAIRU理论的**数量规则（quantity rule）**支出向基于**价格规则（price rule）**支出的转变。市场力量决定了政府支出的总量，在JG制度之下，政府以固定工资满足失业者对公共部门工作的需求。

因此，当私人部门活动减少（扩张）时，JG的蓄水池就会扩大（缩小），它所发挥的作用是：当总需求波动时，JG发挥着减少冲击的功能，将与经济活动波动相关的成本最小化。如果总需求下降，根据我们在第16章中的就业需求函数，对非JG工人的总需求将下降。在这时，失业工人将有一个选择：接受JG的职位，或者等待非JG经济（即私人经济）的好转。

这些工人的决定将受到几个因素的影响。首先，政府为工人提供的JG工资和失业救济金之间的选择，后者则要低一些。其次，某些工人，特别是那些具有较高技能的工人，可能会获得裁员（失业补偿）金，并利用这些资金维持生活以度过失业，经济学家们称之为"等待性失业（wait unemployment）"。这类工人可能会觉得，接受低技能的JG岗位不利于其职业生涯，因此等待经济环境的改善。（我们在这里假设，JG政策不提供失业救济，并且大多数流离失所的工人将优先选择JG职位而不是等待失业，这些假设有助于简化分析；放宽条件并不会改变系统的基本动态。）

当私人经济活动回升时，雇主会竞购 JG 池中的工人，而缓冲储备的就业岗位将会收缩。政府在该计划上的支出将逆周期波动，从而有助于稳定总体就业、需求、收入和生产。

JG 计划还有助于稳定总工资，因为任何工人的工资都不能低于 JG 工资。对于大多数劳动人口来说，工资通常是最重要的收入来源。稳定的总工资反过来有助于稳定消费。因此，这种有针对性的维持充分就业的方法是稳定总需求、产出和价格的强大力量。特别是，在缓冲储备就业模式下，非 JG 支出的波动将较小，① 这意味着尽管受经济周期的影响，但 JG 的就业人员数量仍可保持在相对较低的水平。

JG 工资

缓冲储备工人将获得最低生活工资，这将确定全职工人所能享受到的适当的社会和物质生活所必需的收入水平。

在就业缓冲储备制度下，一国的劳动力将始终保持充分就业的状态，并随着对私人部门的支出决定做出反应，私人部门和公共部门之间的雇佣组合会发生变动。由于 JG 工资向所有人开放，因此它将有效地成为全国最低工资，因为私人雇主必须满足该最低工资才能留住工人（在特殊情况下除外）。

虽然在引入 JG 时最好避免干扰私人部门的工资结构，但如果认为经济中的生产率太低，则可以将 JG 工资水平提高到高于现有私人最低工资水平的情况，这在发展中经济体尤为重要。在发展中经济体，许多市场岗位所支付的工资低于贫困线，并且不会激励雇主投资于更高的生产性资本或向人力资本进行投资。政府将通过广泛的社会工资支出（包括适当水平的公共教育、医疗、儿童保育和法律援助）补充 JG 的收入。

最低工资不应取决于私人部门的支付能力。它应该是期望的社会可接受的最低生活水平。任何无力支付最低工资的私营企业都应该退出经济。

此外，JG 的政策不能代替财政政策在实现社会和经济效益上的作用。通

---

① 这里的"非 JG 支出的波动将较小"是指私人支出的波动将较小，从而在经济处于下行时，下行的程度有限，私人部门解雇工人的数量将因此而减少，这就使得"JG 的就业人员数量仍可保持在相对较低水平"。——校订者注

常，JG 伴随着更高水平的公共部门在公共物品和基础设施上的支出，这些支出将是该计划的补充，但对于其有效运行而言并非必不可少。

就业保障作为一种自动稳定器

因此，JG 工资定义了经济的工资下限，并且充当自动稳定器，是对税收系统的补充。

回想一下，自动稳定功能是指政府财政支出和收入的组成，随着经济周期的波动而变化，而政府支出或税收设置没有任何明显变化。经济低迷时期，总需求下降之后提供下限，并在经济增长时为总需求提供上限，以此稳定经济周期。在充分就业时，总需求的自动稳定器作用为零。因此，当经济不景气时，税收减少，福利支出增加，这自动扩大了政府的财政赤字。JG 的出台将具有相同的逆周期效应。当经济不景气时，与 JG 有关的支出将增加，反之亦然。

在这方面，与失业福利体系（失业缓冲储备）相比，JG 具有更好的（更强大的）自动稳定器作用，因为总需求下降幅度较小，因此对实际产出的积极影响要优于政府仅支付失业救济金的情况。JG 的运作进一步维持了充分就业，前面已经讨论了充分就业的个人和社会效益。

在私人活动波动时，自动稳定器具有立即提供逆周期支出注资（或撤资）的理想特性，避免了所谓的政策滞后。政策滞后与政府操作的时间延迟有关：（i）确认私人需求已发生重大变化；（ii）针对这一变化制定应对措施；（iii）提供适当的立法以支持干预措施；（iv）执行。

在某些情况下，这些延迟可能会导致大部分新的政策干预措施为时过晚，从而无法稳定周期。例如，当政府设计并实施新的可自由支配的支出注入时，私人部门可能已经恢复了正常的支出增长，因此政府支出有可能导致经济过热。JG 不会发生这种经济动荡。在总需求下降之后，失业的工人可以很容易地向相应的政府机构表明自己的身份，并获得一份 JG 工作。

JG 政策的固定工资还可以稳定经济中货币工资的增长率，从而提供反通货膨胀的名义锚。

从设计上讲，JG 计划是对私人部门就业和其他积极的劳动力市场政策的补充，也是对旨在微调总支出的财政政策、福利制度或其他社会安全网的补充。一项通用的 JG 计划（雇佣任何准备好并且愿意工作的工人）是能够确保充分就业的人权得到持续实现的唯一类型的计划。如果计划工资是最低生活工资，那么它也有助于通过提供足够的收入来确保其他的人权得到满足。设计适当的计划不仅会产生对社会有用的产品和服务，而且还会提升计划参与者的自我价值感和成就感。最后，JG 在对市场干扰最小化的情况下，创造了充分就业和宏观经济稳定。

JG 的概念由来已久，尽管很多是小规模的或临时性的，但在整个历史上和全球都有许多此类计划的例子。

通胀控制和 JG

在将公共部门创造就业的能力引入经济的同时，JG 更应该被看作是一个宏观经济政策框架，旨在确保在私人部门的经济周期中保持充分就业和价格稳定。

JG 下的通货膨胀控制机制是什么？在第 17 章中，我们审查了对可用实际收入的不相容要求这一主张，因为要求者（劳动和资本）试图捍卫其收入份额，可能导致工资价格压力升级为通货膨胀事件。

在失业缓冲储备制度中，失业被用来约束工人的工资需求，并通过产品市场的需求不足来防止企业提高利润率，以此来抑制工资—价格压力并维持稳定的通货膨胀。

我们将缓冲就业率（buffer employment ratio，以下简称 BER）定义为：

$$BER = JCE/E \tag{19.1}$$

其中，JGE 是就业保障缓冲储备池中的总就业，E 是经济中的总就业。**当 JG 池扩张时，BER 上升，而当 JG 池收缩时，BER 下降。**

JG 的方法与 NAIRU 的做法形成鲜明对比，因为当"工资—价格压力"形成时，政府不是通过制造失业来操纵就业率，而是操纵 BER。

当私营部门的活动水平和分配冲突达到一定程度时，"工资—价格压力"就会成为通货膨胀事件的前兆，在这时，政府就可以通过操纵财政和货币政策

（最好是财政政策）来降低私人部门的需求水平。

然后，劳动力就从膨胀的私人部门转移到**固定工资的 JG 部门**，BER 上升，这最终将缓解由工资—价格冲突引起的通货膨胀压力。

政府向其他雇主不想雇佣的劳动力提供固定工资的政策，不会产生直接的通胀压力，因为 JG 是政府从**底层雇佣劳动力**（buying labour off the bottom），而最低工资水平上的就业不会对市场部门的工资结构施加压力。根据定义，失业者没有市场价格，因为他们的服务没有市场需求。

通过不与私人市场竞争，JG 可以避免传统凯恩斯主义政策的通货膨胀趋势，该政策试图通过"从顶层雇佣"（即以市场价格进行购买，并与其他支出来源竞争资源）来维持产能的充分利用。实际上，这些政策通常将支出集中在最先进的部门，例如，国防部门雇佣高技能（通常为工会化）的工人。

在职工人会利用失业威胁的降低来追求更高的工资要求吗？这是不可能的。首先，JG 降低了企业的招聘成本，因为 JG 工人没有经历失业的脱位，并且保留了大部分（如果不是全部的）一般和特定的技能。其次，对于高薪工人来说，失业和 JG 工作之间可能没有什么区别，这意味着他们在提出工资要求时仍会保持谨慎。

BER 决定了工资要求的总体比率。当 BER 较高时，由于产品需求疲软，实际工资需求将相应降低，企业提高利润率的能力也会降低。

因此，与通过失业缓冲储备制度来约束分配斗争不同，JG 政策是通过 JG 池中就业的移进和移出实现这一目标的。JG 政策将一般价格水平锚定在劳动力缓冲储备的价格水平上，并且可以产生具有积极供给效应的有用产出。

重要的是，JG 还可以应对供给冲击（例如，非劳动的关键原材料价格的上涨），这种冲击对国民收入产生了不可调和的要求，最终导致通货膨胀。

非加速通货膨胀失业率（NAIRU）规定了与稳定的通货膨胀相关的失业缓冲储备。在 JG 背景中，我们将**非加速通货膨胀缓冲就业率**（NAIBER）定义为在工人从膨胀的私人部门重新分配到固定价格的 JG 部门之后所实现稳定通胀的缓冲就业率（BER）。

NAIBER 是充分就业的稳态 JG 水平，它取决于一系列因素，包括经济经历的历史路径。

政府的目标是最大限度地降低 NAIBER，从而在稳定通货膨胀的同时维持更高水平的非 JG 就业。降低 NAIBER 值的举措包括：进行公共教育以刺激技能开发并实现高生产率增长；制度化工资设定过程，从而使所有收入要求者公平地分享生产率的增长；以及对反竞争的、推动利润率上升的卡特尔进行限制。

但是，尽管中央银行和财政部在尝试估算 NAIRU 上投入了大量资源，但我们认为尝试估算或以特定 NAIBER 为目标并不值得。关键是政策的目的是在维持价格稳定的同时充分雇佣劳动力。

开放经济的影响

JG 要想发挥作用，就需要灵活的汇率，该政策执行后，进口支出可能会一次性增加，因为 JG 工人的可支配收入将比以前更高。

在大多数国家，影响不会太大。如第 24 章所述，我们预期，汇率贬值都会通过提高进口价格对价格水平产生较低的汇率传递效应，并对净出口和当地就业产生适度的推动作用。

NAIBER 是否会高于 NAIRU？

我们已经知道，NAIRU 定义了与稳定的通货膨胀相关的失业缓冲储备，而在采用就业缓冲储备实现价格稳定的理论中，NAIBER 是通过工人从膨胀的私人部门重新分配到固定价格的 JG 部门而导致稳定通货膨胀的 BER。

JG 缓冲储备计划的原理很简单。它以零竞标价买断了底端的劳动力，这意味着工人没有其他雇主竞标他们的服务，并且不能对高于这个底价的工资施加压力。最低工资（JG 工资）的选择可能对价格水平产生一次性影响，但不会导致工资或物价持续上涨。

需要探讨的一个有趣问题是，关于 NAIBER 与 NAIRU 的相对大小。可以使用两个论点来论证，对于同等数量的通货膨胀控制，NAIBER 必须大于 NAIRU。

第一个论点是直观的但有些不精确的观点，即由于 JG 工人的收入将更高（比他们失业时的收入高），因此，转向该政策总是会导致需求水平高于 NAIRU 下的需求水平。

从逻辑上讲，如果 NAIRU 能够达到与价格稳定相称的产出水平，那么在其他条件相同的情况下，通过 NAIBER 维持的更高需求水平将产生通货膨胀的冲动。因此，根据这种观点，与 NAIRU 相关的失业水平与通货膨胀趋于稳定的唯一的（unique）需求水平具有内在的关联。

值得注意的是，虽然 JG 的工人在 JG 下比在 NAIRU 政策下享有更高的购买力，但总需求随着 JG 的引入而上升并不是不可避免的。实际上，政府可以采取有限的紧缩政策来降低总需求（削减非 JG 支出和提高税率），这将降低总需求，但不会增加失业，因为非政府部门流失的工人会在 JG 找到工作。虽然政府没有必要，也可能甚至不希望这样做，但如果政府担心 JG 计划会过多地增加总需求，那么这是一个可行的政策选择。

但是，假设引入 JG 后的总需求高于 NAIRU 经济中的总需求，我们可能好奇，为什么用（更高收入的 JG）就业取代失业时，更高的通货膨胀并非不可避免的呢？一些人担心 JG 将使预算赤字更大，但这并不一定会引发通货膨胀的压力，因为按照定义，如果出现赤字，赤字将满足国内私人部门的净储蓄需求（作为对政府的金融债权净额而不断积累），也就是说，政府在 JG 计划上的额外支出将导致财政赤字，而这种赤字与非政府部门的净储蓄（表现为对政府的金融债权净额的积累）相对应。

此外，在需求受限的经济体中，企业可能会提高产能利用率来满足更高的销量，而不是冒着价格上涨失去市场份额的风险，因此，不会有明显迫使企业提高价格的成本压力。

进一步地，要使经济回到 JG 条件下所谓的宽松充分就业所需要的总需求刺激，比 NAIRU 经济所需要的总需求刺激要少，因为在 NAIRU 经济中，政府必须支付市场价格以使闲置资源恢复生产性使用。在这种情况下，很明显，如果存在需求拉动的通货膨胀，在 JG 计划下价格将更低。因此，希望雇佣劳动力以满足更高销售水平的雇主不会面临新的问题。

最后，任何最初的需求增长将刺激私人部门的就业增长，同时减少 JG 的就业和支出。

在有关 NAIBER 与 NAIRU 相对大小上的第二个论点与第一点（JG 工人的收入比其失业时的收入要高）有关，认为 JG 的引入减少了有助于约束工资设定过程的失业的威胁。按照 NAIRU 的逻辑，工人认为 JG 是比失业更好的选择，因为它减少了失业的恐惧。在没有失业威胁的情况下，尽管在技术熟练的劳动力市场中"等待性失业"可能起到约束作用，而讨价还价的工人可能没有动力来降低其工资要求。但是，引入 JG 对价格水平的影响将部分地取决于 JG 相对于 NAIRU 失业缓冲的质量。

缓冲储备的功能和有效性对其作为价格锚的运作至关重要。在一个使用失业缓冲储备来控制通货膨胀过程的经济中，有大量证据表明，在经济没有达到充分就业的情况下，长期失业所产生的成本远远超过人们可以看得见的产出损失。

显然，失业者中可立即就业的人越多，失业价格锚的作用就越好。在长期低迷之后，失业缓冲储备将由相当大比例的长期失业者组成，他们无法有效地充当失业后备军。

与被迫屈服于长期失业的工人相比，JG 工人更可能拥有更高水平的相关技能。因此，我们有理由认为，与失业和/或隐蔽性失业工人相比，雇主会认为已经表现出工作意愿的 JG 工人具有更好的培训前景。

因此，JG 政策将减少长期失业所体现的滞后惰性，并使私人部门的扩张更为顺利。因此，与长期失业者相比，JG 工人对当前私人部门雇员的威胁更大。

当工资上升的压力增加时，如果雇主知道他们可以从固定价格的 JG 池中雇佣工人，那么他们更有可能对在职工人增加工资的要求产生抵触情绪，这极大地改变了讨价还价的环境，因为企业现在降低了招聘成本。以前，在劳动力市场供给紧张时，这些企业会降低招聘标准，并提供在职培训和仿真培训（例如，在生产区域之外进行受控技能开发）。[1]

因此，NAIBER 将加强具有成本控制的长期计划。从这个意义上讲，通过 NAIBER 战略施加的抑制通货膨胀的措施可能比使用 NAIRU 战略更有效。

---

[1] 仿真培训（vestibule training）是指模仿真实的工作条件建设专门的培训试验室或人工环境，使用与工作场地相同的设备与技术，严格按照真实的情境来学习和训练如何处理工作中的实际问题。通过仿真培训，可以缩短工人的技术培训时间，提高在岗职工技术素质和处理事故的应变能力。——据 MBA 智库·百科，校订者注

总之，与 NAIRU 下的失业缓冲储备相比，JG 的就业缓冲储备可能是一个质量上更好的抗通胀的缓冲储备。从这个意义上讲，NAIBER 将低于 NAIRU，这意味着在出现通货膨胀的危险之前，私人部门的就业率可能会更高。

另一个相关因素涉及熟练工人和专业人员的职业市场的行为。在这些市场中，尽管"等待性失业"将约束工资需求，但需求压力最终可能会耗尽该储备，而"工资—价格压力"可能会出现。

与失业缓冲储备相比，由于拥有强大且反应迅速的高等教育机构，再加上强大的企业培训过程，JG 缓冲储备可以更容易地避免技能瓶颈。由于 JG 工人在被私人部门雇佣走之前，他们可以长期逗留在 JG 缓冲储备之中，因此，JG 工人可以持续地保持其一般技能。而在失业缓冲储备制度之下，随着失业时间的增加，失业人员的素质不断恶化，这使他们重返劳动力队伍变得更加困难。因此，长期失业工人对工资增长的下行压力很小，因为他们对现职工人是不可信的替代品。

就业缓冲储备和负责任的财政设计

在开放经济中，由国内私人部门的支出（消费加投资）和国外净支出（出口减去进口）所决定的经济活动（产出）水平可能不足以创造充分就业。此外，如果支出中其中一个或多个组成部分下降，那么经济活动水平将下降。

我们已将**支出缺口（spending gap）**定义为在当前生产率水平下，创造足够的以达到目标产出水平所需的支出，在这一目标水平上可以为所有想要工作的工人提供足够的工作岗位（以工作时间衡量）。

充分就业时，支出缺口为零。在这种情况下，我们假设不存在生产能力约束的失业，即不存在资本存量水平无法支持足够的岗位来满足现有生产率水平下的可用劳动力供给。

在第 22 章，我们将引入**充分就业的财政赤字条件（full employment fiscal deficit condition）**，即发行主权货币的政府应确保不存在导致经济脱离充分就业的支出缺口。

我们表明，由于作为一种逆周期操作以实现经济稳定的政策工具（a counter-stabilisation policy tool），货币政策的变化是相对无效的，因此，如果私人支出从给定的充分就业目标下降，那么弥补支出缺口的唯一途径是财政刺激措施，直接通过政府支出和/或间接通过减税，这将增加私人可支配收入并刺激随后的私人支出。

政府实现充分就业所必须满足的基本财政规则是，**斟酌处置的财政状况（赤字或盈余）必须填补实现充分就业时由储蓄减去投资、再减去进出口差额所产生的缺口**（参见第 22 章）。如果财政赤字不足，那么国民收入将下降，无法实现充分就业。如果政府试图将财政赤字扩大到超过充分就业的上限，那么名义支出将超过经济以增加产出作为应对举措的能力，在这种情况下，虽然名义收入增加了，但这是价格效应的结果，也就是说，这将导致通货膨胀。从这个意义上讲，现代货币理论规定了严格的财政政策约束。如果目标是充分就业和价格稳定，那么就必须满足充分就业的财政状况的条件。

随之而来的问题就出现了：就业缓冲储备与财政状况的条件有何关系？

我们使用了与 JG 有关的"**宽松的充分就业**"（loose full employment）这个术语，因为它所创造的就业机会是处于最低工资水平上的。政府通过从劳动力市场**底层的购买**来扩大 JG 池。在这种情况下，与 JG 相关的自动稳定器的响应代表着最小的财政转移，这种财政转移是在私人需求下降时将就业率保持在先前水平所需的。但是，通过提高 BER 可以维持就业水平，也就是说，随着 JG 池的扩大，越来越多的工人将按照该计划的低于市场工资的水平工作。

如果政府认为它还具有非通货膨胀的空间，那么它可以通过在公共部门的公职部门（the career section of the public sector）直接创造就业机会，或者通过旨在增加私人部门就业的普遍性财政刺激措施，来扩大非 JG 就业机会。在这种情况下，满足充分就业财政赤字条件的实际赤字支出，将根据与 JG 就业相关的赤字比例而变化。

合理的调整路径

要想说明 JG 经济动态与 NAIRU 有何不同，一个可行的做法是从两个劳动力子市场的经济开始：部门 A（主要的）和部门 B（次要的），这大致上与劳动经济学文献中二元劳动力市场相对应。稳定的、高薪的主要工作与低薪的、不稳定的次要工作是有区别的。同样，假定企业根据每一部门的单位成本加价来定价。

部门 A 的工资设定是契约性的，以一种相反的和滞后的方式对部门工资率（部门 A/部门 B）以及"等待性失业"的程度做出反应。所谓"等待性失业"是由 A 部门的下岗工人所组成，这些工人认为他们很快就会被 A 部门重新雇佣。

因此，当部门 A 工资与部门 B 工资之比下降时，部门 A 工人最终将寻求恢复过去的相对性，这反映了他们在工资结构中的价值意识和作为熟练工人的议价能力。越来越多的工人在部门 A 等待就业，而非从事部门 B 的工作（等待性失业），这也抑制了部门 A 的工资增长。

考虑一个精心设计的政府刺激方案，该方案可以立即增加 NAIRU 经济中这两大部门的产出和就业。部门 B 的工资是相对灵活上升的，并立即做出反应。一段时间之后，部门 A 相对于部门 B 的工资差距的缩小刺激了部门 A 的工资增长。等待性失业率下降的原因是部门 A 的就业需求增加，但由于在部门 A 获得工作的可能性增加，等待性失业率也会上升，也就是说，先前不情愿从事部门 B 工作或被归类为劳动力以外的工人，可能会离开部门 B 岗位或重新进入劳动力市场，以期获得一份薪资更高的、与其技能水平更为相符的部门 A 的工作。这两种行动的净效果在概念层面上尚不清楚。在吸收参与效应后，总失业率下降。两个部门的工资增长都可能迫使企业提高价格，尽管随着利用率的提高，生产率的提高将使价格有所下降。

软产品市场（soft product market）中的"工资—工资机制"和"工资—价格机制"（wage-wage and wage-price mechanisms）的结合，会推动通货膨胀。这是菲利普斯曲线经济中描述的调整类型。

为了阻止通货膨胀，政府必须抑制需求。高失业率使得工人和企业的实际收入预期与所能提供的实际收入保持一致，因此，通胀也就稳定下来。这是一个典型的 NAIRU 故事。

现在考虑一下 JG 经济的不同之处。在经济不景气的情况下引入 JG 政策会给 B 部门的雇主带来压力，迫使他们调整工作结构以维持劳动力就业。

对于给定的生产率水平，JG 工资构成了经济成本结构的下限。这种经济的动态发生了重大变化。

除了 A 部门等待性失业和摩擦性失业之外的所有失业的消除并没有扭曲相对的工资结构，因此，由于部门 A/部门 B 的工资差距所引起的"工资—工资上升压力"，在此之前很突出，但现在受到削弱。

鉴于政府通常在失业和其他社会福利方面已提供支持，JG 工人的工资（及其支出）只是名义需求的适度增长。总需求的上升也可能会使产品市场供不应求，并且部门 A 对劳动力的需求会上升。

但是，在这种情况下，那些希望雇佣劳动力来满足更高销售水平的雇主不会面临新的问题。他们首选的雇佣对象仍是适当熟练程度的 JG 工人，并支付现行工资率。如果企业能够通过提高产能利用率来实现更高的销量，那么总需求的上升本身就不会引发通胀压力。

至于部门 B 工人的行为，人们可能会认为 JG 岗位的提供将导致工人从私人部门中不良企业中退出。很明显，有了 JG，部门 B 的工资议价就摆脱了普遍的失业威胁。但是，目前尚不清楚这是否会导致更高的工资要求。在专业的职业市场上，一些等待性失业的现象仍将继续存在。被解雇的熟练工人可能会得到补偿，这使得他们不急于得到工作。他们不愿立即接受一份薪水低、可能使其感到耻辱的 JG 工作。等待性失业的情况会约束部门 A 的工资需求。但是，需求压力最终可能会耗尽其储备，并且可能会形成工资—价格压力。

如前所述，关键的一点是，JG 的政府支出不是以市场价格计价的支出。传统凯恩斯主义政府刺激经济的特征是政府依赖于市场价格的支出，并利用支出乘数来实现充分就业。从这个意义上说，传统的凯恩斯主义补救措施无法提供一个完整的充分就业价格锚。

19.6　关于菲利普斯曲线的影响

现在，我们将研究引入 JG 对传统的菲利普斯曲线权衡的影响。

参见图 19.3，在菲利普斯曲线的世界里，假设失业率为 UR_A，通胀率为 I_A。充分就业的失业率为 UR_{FULL}，它代表摩擦性失业。

政府承受着减少过度失业的压力。如果增加总需求，"工资—工资"和"工资—价格压力"将使通货膨胀率上升到 I_B（沿着菲利普斯曲线从 A 点到 B

点的移动），并实现充分就业。

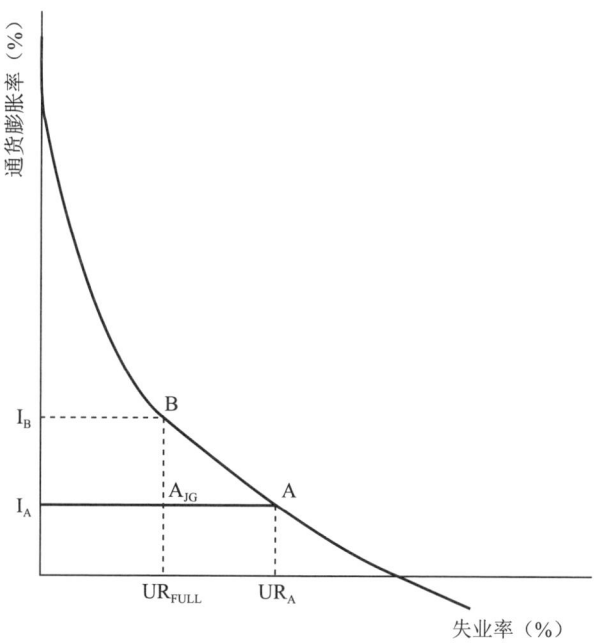

图 19.3　JG 和菲利普斯曲线

但是，不能保证通胀率将保持稳定在 I_B。当然，NAIRU 模型可以预测，讨价还价的代理人会将新的更高的通货膨胀率纳入他们的预期，而菲利普斯曲线将开始外移。这在现实中是否会发生在这里并不相关（我们在第 18 章中考虑了这些问题）。

如果政府最初通过引入 JG 来应对 A 点的过度失业，它可以吸收与 UR_A 和 UR_{FULL} 之间的缺口相当的工作岗位上的工人，尽管事实上随着更多岗位的产生，来自劳动力以外的工人（隐蔽失业者）也将优先选择 JG 工作，而非选择保持无收入状态。

但是，不管最初将在 JG 池中吸收多少工人，经济都会从 A 转移到 A_{JG}，而不是从 A 点转移到 B 点。

换句话说，JG 的引入消除了菲利普斯曲线。政府面临的宏观经济机会并非由失业和通货膨胀之间这种不稳定的（如在 NAIRU 的世界中）权衡所决定。

相反，充分就业和价格稳定是可以同时实现的。

本杰明·格雷厄姆（Benjamin Graham）在20世纪30年代曾写过一篇文章，阐述了通过剩余储备来稳定价格和生活水平的观点。他阐述了政府如何处理经济中的过剩生产："（国家）可以通过以下四种方式之一处理实际的或可能出现的过剩：(a) 防止过剩；(b) 销毁过剩；(c) 倾泻过剩；或 (d) 保存过剩。"（Graham, 1937：18）。在劳动力供给过剩的情况下，政府现在倾向于通过失业缓冲储备（NAIRU）的方法选择倾泻战略。但是，使用保存过剩的方法可减少浪费，这在JG框架中得到了体现。JG的方法还通过维持可变的就业缓冲储备，以适应私人需求的波动。但是，农产品缓冲储备的弱点不适合于JG。

首先，如果存在低于现行市场价格的价格保证（JG工资），以及以JG工资来吸收过剩劳动力的就业时间的缓冲储备，那么在不调整价格结构的情况下，就可以创造某种形式的充分就业。

其次，在保持劳动力缓冲储备的过程中，不存在商品缓冲储备制度中过度生产的诱因，因为没有人会担心就业工人将会比失业工人生育更多的子女。

专栏 19.1　农业缓冲储备

JG与农业价格支持缓冲储备计划有很多相似之处（但也有显著的不同），政府经常使用后者稳定农业部门的价格和收入。

例如，1970年11月，澳大利亚政府在听取了澳大利亚羊毛委员会和澳大利亚羊毛公司（the Australian Wool Corporation）的意见后，推出了羊毛最低价格计划。政府为羊毛设定了最低价格。

这种制度的目的是稳定农场收入，引导向羊毛供应商支付商定的羊毛价格。因此，在需求低迷时，政府利用澳大利亚羊毛公司在拍卖市场上购入库存羊毛，并在需求高涨时出售羊毛，以此将价格稳定在有保证的水平上。

通过在需求低迷时保持羊毛缓冲储备，并在需求高涨时期进行转售，政府能够在稳定价格的基础上保证农民的收入。

> 因此，该计划稳定了羊毛价格和农民收入，并帮助稳定了这些农民的消费。通过所有这些方式，缓冲储备计划是稳定的。
>
> 请注意，最低价格不是通货膨胀性的，因为它只是保证羊毛价格不会跌破下限。
>
> 最终导致该制度终结的一种观点认为，在需求下降时，政府的保障价格是否会导致合理的产出水平。很明显，农民们知道政府将以最低价格购买任何拍卖市场上不需要的多余羊毛，因此他们有过度生产羊毛的动机。

结　论

本章对比了旨在实现充分就业和价格稳定的失业和就业缓冲储备政策相关的宏观经济结果。事实证明，只有就业缓冲储备政策才能实现这些宏观经济目标。

有许多微观经济因素与全面理解 JG 在实践中的运作方式有关。这些问题包括：工作类型，政府参与提供资金和运营的程度，与现有收入保障体系的关系，培训途径整合政策，工会的作用，工人部分就业的选择，政府解雇工人的能力，等等。

尽管这些问题都是重要的因素，并已经在文献中讨论过，但它们不在我们这本宏观经济学图书的讨论范围之内。更多的信息和分析可以在下面的参考资料中找到。

参考文献

[1] Beveridge, W. (1945) "Full Employment in a Free Society: A Summary", *New Statesman and Nation and Reynolds News*, London. Available at: http://lib-161.lse.ac.uk/archives/beveridge/9A_79_Full_employment_in_a_free_society.pdf, accessed 25 February 2016.

［2］Forstater, M. (2006) "Working for a Better World: The Social and Economic Benefits of Employment Guarantee Schemes", Center for Full Employment and Price Stability, University of Missouri-Kansas City and the Levy Economics Institute of Bard College, available at: http://www.economistsforfullemployment.org/knowledge/presentations/Session1_Forstater.pdf, accessed 2 May 2017.

［3］Graham, B. (1937) Storage and Stability, New York: McGraw Hill.

［4］Kaboub (2008) "Employer of Last Resort Schemes" in P. A. O'Hara (ed.), International Encyclopedia of Public Policy: Governance in a Global Age, Perth: GPERU.

［5］Minsky, H. (1986) Stabilizing an Unstable Economy, New Haven, CT: Yale University Press.

［6］Mitchell, W. F. and Muysken, J. (2008) Full Employment Abandoned, Cheltenham and Northampton, MA: Edward Elgar.

［7］Modigliani, F. (2000) "Europe's Economic Problems", Carpe Oeconomiam Papers in Economics, 3rd Monetary and Finance Lecture, Freiburg, 6 April.

［8］Ormerod, P. (1994) The Death of Economics, London: Faber & Faber.

［9］Petty, W. (1662) "A Treatise of Taxes and Contributions", in Murphy, A. E. (ed.) (1997) Monetary Theory 1601–1758, Vol. 2, London and New York: Routledge.

［10］Pierson, John H. G. (1980) Full Employment without Inflation: Essays on the Economic Performance Insurance (EPI) Proposal. Montclair, NJ: Allanheld, Osmun & Co.

［11］Sen, A. (1997) "Inequality, Unemployment and Contemporary Europe." International Labour Review, 136 (2), 155–172. Wernette, J. P. (1945) *Financing Full Employment*. Cambridge, MA: Harvard University Press.

第五部分

开放经济中的经济政策

chapter 20

第 20 章

货币和财政政策导论

本章纲要

20.1 引言

20.2 中央银行

20.3 财政部

20.4 货币政策和财政政策的操作协调

20.5 税收与国家财政支出

20.6 货币主权与政策独立性

结论

参考文献

附录：进阶内容

学习目标

- 理解财政部和中央银行的作用。
- 知道中央银行的流动性管理为何以及如何伴随着财政政策的操作。
- 知道税收制度的设计应该出于公平和行为目标，而不是为了获得财政收入。
- 理解货币主权是一国宏观经济政策独立的必要条件。

20.1 引言

在本章，我们将讨论三个主要议题：

1. 财政政策是如何实施的？
2. 货币政策是如何实施的？
3. 中央银行和财政部如何协调它们的操作，从而使得财政支出顺利进行？

在本章中，我们将首先介绍，在主权货币浮动汇率制度下中央银行和财政部的作用。我们再次强调，尽管家庭、企业和中央银行都进行财务核算，但是货币使用者和货币发行者的资产负债表变化却存在着根本的不同。

本章的核心是操作实践。多年来，经济学教科书对不同国家财政政策的分析，与各国制度安排之间一直都是脱节的。比如，美国、英国和澳大利亚，这些国家虽然遵循类似的原则，但它们财政政策的实际实施却有所不同。本章将为财政政策的实施提供一个一般化的和简化的描述。

我们还将解释，为什么禁止中央银行在一级市场直接购买国债的约束不会影响操作结果（参见 Lavoie, 2013 和 Tymoigne and Wray, 2013）。

接着，我们将重新探讨现代货币体系中税收的作用。本章最后将讨论浮动汇率制度对于主权货币政策独立性的重要性。在附录中，我们将对中央银行操作的分析扩展至开放经济。

20.2 中央银行

现代政府都设有中央银行。在一些国家，中央银行是独立于财政部的，尽管政府有权任命中央银行的高级管理人（董事会），并且能够否决中央银行的货币政策决策。抛开这些政治控制，在大部分情况下中央银行管理者（比如，美国的联邦储备委员会和英国的货币政策委员会）独立于议员和政府官员。

中央银行被赋予设定隔夜或银行间目标利率的权力，这是现今货币政策执行的主要工具。有观点认为，由一个独立的且（据说）不受政治影响的机构制定的货币政策是更明智的。

由于各种原因，在实践中，中央银行没有那么独立。比如，在美国，联邦储备银行（美联储）是"国会的创造物"，受制于国会颁布的法律。实际上，美联储是由国会法案（1913年的《联邦储备法案》）设立的，并且国会定期地强制改变美联储的运作。类似的，在英国和澳大利亚，英格兰银行和澳大利亚储备银行也都受制于它们议会通过的法律。在澳大利亚，政府任命澳大利亚储备银行行长和管理委员会，财政部部长有权拒绝澳大利亚储备银行管理委员会改变利率的决策。

还有一个更为重要的质疑中央银行独立性的理由：中央银行的利率（流动性）管理操作在很大程度上是适应性的，因为它不仅会适应私人银行的需要，而且还会适应财政部的操作，后者使得中央银行与财政部不得不紧密协作。在这一部分，我们将简要介绍中央银行的操作。到第23章，我们将讨论中央银行对商业银行的管理、对目标利率的设置、作为最后贷款人提供准备金的操作等问题。

大多数中央银行实行所谓的**通货膨胀目标制（inflation targeting）**，因为很多经济学家声称这能创造稳定的低通货膨胀环境，且能为私人部门的支出决策提供更大的确定性。因此，英格兰银行遵循每年2%的CPI通货膨胀目标；在澳大利亚，自1993年以来，CPI通货膨胀目标一直被设定在每年2%到3%之间。美联储没有设定一个具体的通货膨胀目标，但是联邦公开市场委员会（FOMC, 2016）声称2%的CPI通货膨胀目标"在更长的时期内，与美联储的法定职责最为一致"①。

然而，没有可靠的证据支持通货膨胀目标制改善了经济运行。实行通货膨胀目标制的国家（特别是那些实施"优先反通货膨胀"货币政策的国家，比如，美国）与未实行通货膨胀目标制国家的政策结果没有本质区别（参见Ball and Sheridan, 2003）。

由此引发的主要问题是，向通货膨胀目标制（正式或非正式）的转变，使货币政策优先成为主要的宏观经济政策工具。结果是，政府现在把财政政策

---

① 美国国会在《联邦储备法案》赋予中央银行"法定授权"，经过1977年的修订后表述为："保持货币和信贷总量的增长与经济的长期潜在产出一致，从而有效地增加就业、稳定价格并维持适度的长期利率。"前两项被称为"双重职能"，第三项则被视为实现这些职能的工具。

视为一种消极的政策工具，并倾向于实行过度紧缩的财政政策，以避免与货币政策相冲突。这导致了很多国家平均的实际 GDP 增长缓慢和失业率上升。

支付系统、准备金和银行间市场

大多数中央银行通过宣布隔夜（银行间）目标利率来执行货币政策。在实践中，中央银行通常将隔夜利率维持在利率目标上下很小的范围内。中央银行使用以下利率来实现这一目标：

银行间利率（interbank rate）［在美国称为**联邦基金利率（Fed funds rate）**］是商业银行之间隔夜拆借准备金的利率。

贴现率（discount rate） 是中央银行向商业银行贷出准备金时收取的利率。

存款利率（deposit rate） 是向存放在中央银行的准备金支付的利率。

一般来说，中央银行的主要目标是银行间利率。它不直接设定这一利率，而是使用贴现率和准备金存款利率把银行间利率推向或拉向目标利率。我们在第 23 章中将更为详细地解释，存款利率为银行间利率设定了下限。这是因为，商业银行总是能赚取准备金存款利率，故而不会以更低的利率向其他银行贷出准备金。贴现率为银行间利率设定了上限，因为商业银行总是能按此利率从中央银行借入准备金，从而不会以更高的利率从其他商业银行拆借。因此，银行间利率会在下限（存款利率）和上限（贴现率）之间波动。通过收窄这一区间，中央银行就能减少银行间利率的波动幅度。

如第 10 章所述，私人银行在中央银行存放的准备金保证了支付系统的稳定运行。客户通过银行进行支付，这既涉及买卖双方银行存款账户的调整，也涉及银行之间准备金的转移。在支付系统中，有些银行会出现准备金短缺，另一些银行则会出现准备金过剩。赤字的银行会在银行间市场上从盈余的银行那里借入准备金，并支付当前的银行间利率。

重要的是要理解，银行不会向客户贷出准备金，这不同于主流货币理论。准备金只用于确保商业银行和中央银行之间支付系统的稳定运行。

如果整个银行系统中准备金过剩，市场力量就会使得银行间利率趋向于零，因为银行将降低它们贷出准备金的价格。在这种情况下，中央银行就会通过消除过剩的准备金来缓解利率的下行压力。类似的，在整个系统的准备金短缺的情况下，银行间利率趋向于中央银行利率目标水平的上限。这时，中央银行就会通过供应更多的准备金来缓解利率的上行压力。

中央银行的**贴现窗口贷款**（discount window loans）（以"贴现率"提供）①和中央银行对政府债券、黄金、外汇、私人部门金融资产的购买会使银行系统的准备金增加。换言之，在银行系统的准备金短缺时，商业银行要获得准备金的话，要么通过中央银行的贴现窗口借贷，要么通过向中央银行卖出资产。无论哪种情况，中央银行都会增加商业银行在央行的准备金存款，这就解决了准备金短缺的问题。

在银行系统的准备金过剩的情况下，也就是说，当商业银行拥有的准备金超过它们愿意持有（或被要求持有）的准备金时，中央银行就会逆转这些操作。持有过剩准备金的商业银行可以在贴现窗口偿还贷款，也可以从中央银行购买资产（通常是国债，也有可能是外币或私人资产）。中央银行随即减少它们的存款准备金。

中央银行必须每天都预测准备金的供给与需求。幸运的是，判定银行系统是否面临准备金过剩或短缺很容易。一旦出现这种情况，隔夜利率就会偏离目标，继而中央银行会自动地抵消准备金的过剩或短缺。②

在正常时期，中央银行会顺应私人银行的准备金需求，从而控制隔夜利率。从中央银行的视角来看，准备金的数量不是相机抉择的，利率目标才是它自由决定的。在危机中，对中央银行准备金的需求会突然上升，因为银行之间

---

① "贴现窗口"是中央银行的贷款工具。该术语来自历史实践，即商业银行向中央银行的"窗口"提交符合条件的短期金融资产来换取准备金。如果该资产的"面值"是 100 美元，在 90 天后偿付，中央银行可能提供 98 美元的准备金，2 美元的"折扣"是 90 天贴现的利息。现如今，中央银行向符合条件的抵押品以"贴现率"进行贷款。

② 我们将在第 23 章描述这些操作。请注意，如果中央银行为准备金支付等于目标利率的利息，那么过剩的准备金就不会把隔夜利率压低到中央银行支付的利率之下。通常，中央银行会消除过剩的准备金。然而，在全球金融危机后，一些中央银行向银行系统注入了巨额的过剩准备金（将隔夜利率保持在利率走廊的下限，甚至略低于这一下限），这在实践中被为"量化宽松"。

不愿意互相提供贷款。在这种情况下，中央银行必须介入以供给额外的准备金。

中央银行需要和财政部有良好的沟通，以确保准备金数量和金融系统不会被财政盈余或赤字所扰乱。在本章第三节和第四节，我们将分析财政政策的操作及其对准备金的影响。

最后，我们需要认识到，中央银行还履行其他职责，包括充当最后贷款人。比如，陷入财务问题的银行可能无法在银行间贷款市场借到准备金，即使银行系统中存在过剩的准备金。这是因为，私人银行不想贷款给问题银行，它们担心贷款无法偿还。这时中央银行会贷款给问题银行，介入银行的经营，在必要情况下可能将其关闭。

中央银行还会监管私人银行和其他金融机构。比如，中央银行可能会禁止商业银行开展特定类型的贷款（即信贷管制）或者禁止其发行特定类型的存款。在很多国家，中央银行具有确保商业银行和整个金融系统的"安全和稳健"的职能。其他机构也具有这种职能：财政部门、地方政府、独立的金融监管部门。此外，很多国家还会执行金融监管的国际准则，比如，巴塞尔协议，以确保金融稳定。

对银行监管的详细考察超出了宏观经济学教科书的范围。我们将在本书后面章节讨论金融不稳定和全球金融危机时，简要讨论这些问题。

20.3 财政部

财政部（the treasury）是政府的财政机构，它通过政府支出和税收来执行财政政策。请注意，在一些国家，国库职能是由财政部（the Ministry of Finance）执行的。我们将使用通用术语"财政部"，这在盎格鲁国家很常见。

在遥远的过去，财政部会直接通过发行以货币计价的借据来支出，无论这些借据是符木、金属硬币还是纸币。政府分支机构会按照预算花费由财政部发行的货币。

财政部也负责征税，税收通常包括财政部支出时发行的以记账货币计价的借据（IOUs）。除此之外，财政部有时也接受其他借据，包括其他国家发行的货币（currency）、其他类型的国内政府借据，以及以国内货币计价的某些私人借据。现代财政部只接受本国政府的债务，大多数情况是中央银行发行的准备金和纸币，有时也包括财政部发行的硬币或纸币。

政府财政核算与私人财务会计

尽管有些会计原则是通用的，但政府财政管理却从未遵循，而且也不应该遵循家庭或企业采用的财务程序。我们曾在第 2 章讨论了这一论断，这里对此加以总结和补充。

首先，政府的目标应当是追求公共目的，即公共福利。这一目标与实现财政盈余或赤字，抑或更高或更低的负债率之间没有必然联系。

其次，政府具有主权。政府具有家庭和企业没有的权力，那就是征税和发行货币的权力。征税权意味着政府不需要像企业或家庭一样出售产品或以其他方式"征取"收入。货币发行权意味着政府可以通过发行自己的借据来进行购买。简言之，**发行货币的政府，比如，英国、美国、日本和澳大利亚的政府，绝不会花光货币**。这些政府可以用它们发行的货币购买商品或服务。它们必须考虑如何最好地利用实际资源；但是，对于一个发行货币的政府来说，"财务"约束对它来说是不存在的。

尽管人们通常将政府"税收收入"视作一种"收入"，但是，"税收收入"不同于企业或家庭收入。政府可以选择加征新税或提高税率。一国政府不使用税收或借款来进行支出。财政部签发借据（发行货币）来进行支出，并在征税中销毁货币。它不需要这些税收收据来支出。因此，将一国政府的税收收入等同于家庭或企业的收入的观点是错误的。

同样，财政盈余（税收收入大于政府支出），不能让政府有更强的支出能力，财政赤字（税收收入小于政府支出）也不会侵蚀这一能力。

实际上，没有任何证据和理论能证明一国政府支出在任何时期（无论是短期还是长期）必须与一国税收相匹配。一定时期内的赤字仅仅意味着在此期间税收和支出之间存在差额。它不意味着政府"花光货币"或"入不敷出"。赤字的大小不表明政府"支出太多"或"征税太少"。巨额赤字可能与"支出太少"抑或"征税太多"并存。

征税和支出是相对独立的财政政策操作。

相比之下，私人企业是受收入约束的，因为它们无法迫使买者购买它们的产品或债务。即使拥有市场势力的企业也会发现，如果提价太多，消费者就会寻求替代品，并且贷款人可能切断贷款。同样，家庭也无法迫使任何人给予它们更多收入，或者给它们更多贷款。它们的支出受到收入、储蓄和借贷能力的约束。

政府的情况则完全不同。税收创造对公共支出的需求，因为公共支出提供了用于纳税的货币。没有任何私人企业能够这样创造对其产出的需求。无论是企业，还是家庭都不能累积债务而无限地超出它们的财务能力。它们最终必须减少支出来偿还债务。因此，企业、家庭还有地方政府都需要收入、储蓄或借款来支出。

这些说法是无可争辩的事实。当然，它们不意味着政府应该大幅征税或无限支出。但它们确实意味着一国政府的财政收支不同于私人预算，后者有必要量入为出。

MMT认为，家庭预算管理的经验无法为一国政府财政管理提供指导。然而，媒体和政治家每天却宣称同样的原则也适用于一国政府。

部门收支分析

微观和宏观经济核算之间存在差别。每个家庭或企业都有一个资产负债表。家庭或企业的支出会受到其收入和资产负债表的约束，即销售资产或以此借贷的能力的约束。家庭或企业要想支出超过收入，就必须获得银行的贷款（除非它有金融资产①或实物资产可供出售），而银行贷款不是无止境的。

另一方面，当我们从总体上考虑由所有家庭和企业组成的私人部门时，情况就会有所不同。国内私人部门赤字支出（即支出超过收入）的能力，取决

---

① 在这里，我们把银行存款、纸币和硬币都包括在金融资产内。

于其他部门（政府及国外部门）保持盈余的意愿。**一个部门出现赤字，必然有另一个部门有盈余**。（如本书已经强调的，参见第 6 章）这一盈余就是储蓄，它构成对赤字部门的债权（claims）。如果有一个部门实现盈余，那么至少有另一个部门保持赤字。

在现实世界中，大多数国家的政府（包括美国、英国和澳大利亚）倾向于持续赤字。相应地，非政府部门（包括国内私人部门和国外部门）则整体上处于净储蓄（支出少于收入）状态。非政府部门积累对政府的净债权；在给定时期内，**非政府部门的净储蓄（根据恒等式）等于政府部门的赤字**。

同时，非政府部门的金融资产净积累（或**净金融财富**），恰好等于政府债务总额。对于作为整体的私人部门来说，私人部门内部发行的债务会相互抵销，而政府部门和非政府部门之间的债务仍然存在，非政府部门的净金融财富由政府的净债务构成。

当我们引入国外部门时，这一恒等式不会发生改变。国外部门不过是非政府部门的一部分（我们把非政府部门划分为两个组成部分：国内私人部门和国外部门）。由于美国、英国和澳大利亚等国家最近几十年持续的经常项目赤字，国外部门①积累起以这些国家发行的货币计价的净金融债权。对外盈余的国家通常最初以现金或准备金的形式持有这些债权，随后会把这些资产转换为各国国债以获得利息。

按照部门收支分析的恒等关系，政府赤字等于非政府盈余，并且政府债务等于非政府部门的净金融财富。然而，正如第 6 章指出的，如果我们聚焦于单个企业或家庭，这些宏观经济关系常常会被忽略。

20.4 货币政策和财政政策的操作协调

在大多数国家成立之初，财政部和中央银行都是政府部门的一部分。即便是今天，仍有很多国家的中央银行和财政部之间缺乏明确的责任分工。因此，

---

① 在国外部门中，有一些国家有经常账户赤字，而另一些则有经常账户盈余。后者包括德国、中国、日本和其他东亚国家。

在分析中假定财政部和中央银行共同构成政府部门是有理论意义的。

MMT 的文献通常**将中央银行和财政部合并为政府部门**，并以此作为分析的起点，但接下来我们将考察中央银行和财政部之间的职责分工。

中央银行的职责

- 在很多国家，中央银行负责发行纸币，并在少数情况下发行硬币。
- 发行准备金（通过贴现窗口或通过二级市场的公开市场操作购入政府债券）。
- 设定隔夜利率目标，维护银行间支付结算、银行与财政部之间结算的正常运行。
- 从事与外汇和黄金相关的其他交易。

中央银行和财政部之间的职责划分赋予了中央银行一个新职能，即充当私人银行与财政部之间的支付中介。之所以如此，是因为私人银行的准备金账户开设在中央银行，而不是在财政部。因此，将财政部与中央银行合并起来简化分析影响不大。

财政部的职责

- 向非政府部门支付。
- 从非政府部门征税。
- 发行新的政府债券（通常由专门的公债管理机构来进行）。
- 发行硬币（在美国是这样的）。

请注意，在如今大多数国家中，财政部是通过它在中央银行的账户收付款的，就像你通过你的银行账户收付款那样。

很多国家通常遵循以下两大**自愿性**和**操作性**的规则：

1. 在进行支出时，财政部会开出支票，从其中央银行账户上付款。根据所采用的操作规则，财政部在开支票之前必须在该账户上有足够的存款。

2. 财政部不能在一级市场向中央银行销售新发行的债券，它必须将国债卖给私人银行或其他投资者。但是，中央银行可以在二级市场向私人银行或其他投资者购买这些债券。

因此,通过立法或其他规则,财政部通常被禁止向自己的银行(即中央银行,财政部使用在该行的账户进行支出)销售债券,但是它可以直接向私人银行销售债券。重要的是要理解,这些限制不是天然存在的,而是政府自愿施加给自己的约束。

采取这些限制更多是出于满足限制政府支出的意识形态偏好,而不具有经济的、金融的或健全财政的实质性作用。在紧急情况下,这些限制通常很快被放松,从而为政府运用其货币发行能力来应对危机挑战提供便利(比如,在全球金融危机期间)。

财政支出把货币(currency,通常是以中央银行准备金的形式)注入经济中。私人银行增记商品和服务销售者(或者获得转移支付的人)在私人银行的存款账户余额。同时,中央银行增记私人银行的准备金账户余额。这意味着银行在中央银行开设有准备金账户。

财政部在征税时,通常只接受中央银行准备金形式的货币。这意味着,在缴纳税收时,纳税人的商业银行账户余额减少,而中央银行则相应减少纳税人开户银行的准备金余额。

赤字支出意味着净货币投放;财政盈余则意味着非政府部门的净货币存量(即银行准备金、纸币和硬币)的减少。

有观点认为,中央银行可以印刷货币("印钞")来为财政赤字融资,这种观点是有缺陷的。 如果政府出现赤字,这不可避免地会导致商业银行的准备金净增加。假设其他条件不变,财政赤字将在银行系统产生过剩的准备金。如我们之前所讨论的,这给隔夜利率造成了下行压力。

然而,如果中央银行的利率目标为正,那么它要么为准备金支付利息,要么有其他用来设定利率下限的付息债务工具,以阻止隔夜利率降至目标利率以下。典型的情况是,当政府支出创造了过剩的准备金时,中央银行就会销售债券,通常是国债。国债作为准备金的替代品是有吸引力的,因为国债会支付利息。国债可以用来消除过剩的准备金。这被称为公开市场操作(open market operations,OMO)。

购买国债的银行会不断地调整其资产组合,并考虑法定准备金要求和结算所需的准备金数量。如果有过剩的准备金，它们就会寻求购买生息资产，而国债提供的利率比准备金更高，因而是富有吸引力的。银行通常不想持有多余的准备金，并且公开市场操作确保它们不必持有过剩的准备金。注意，中央银行这些操作的目的是确保它可以实现隔夜利率目标。

中央银行的这些活动是与财政部协调配合的。财政部会或多或少地与赤字支出同步发行债券。这是因为在吸收过剩准备金时，中央银行可能会用光债券。重要之处在于，这样的中央银行操作的目的不是迎合预算赤字"融资"，而是实现中央银行的利率目标。"流动性"（准备金）的数量不是中央银行可以自由决定的，因为过剩的准备金会把隔夜利率压低到目标利率之下（并有可能一路下降到零），除非中央银行向准备金支付等于利率目标的利息。在正常情况下，中央银行会通过公开市场操作来消除过剩的准备金。①

资产负债表的数值实例

我们现在给出一个简化的分析。其中，财政部净支出100美元。我们假设中央银行向私人银行持有的准备金支付零利率，银行间利率目标为正。财政部在中央银行开设有账户，它要在该账户有足够存款的时候才能进行支出。

为简单起见，假设政府部门囊括了财政部和中央银行，并且中央银行可以在一级市场购买国债。表20.1展示了100美元财政净支出的资产负债表变化。在第一阶段，通过向中央银行销售100美元国债，财政部增加了它在中央银行的存款。因此，我们假设前文所说的自愿施加的约束不存在，由此揭示现代货币系统的内在特征。用马克思的话来说，我们是在剥离"意识形态的面纱"。

在第二阶段，财政部进行支出，非政府部门的银行存款将增加100美元，这是政府购买商品和服务所支付的款项。同时，私人银行在中央银行持有的准备金增加100美元，这是私人银行的资产和中央银行的负债。

随着非政府部门的存款增加，私人银行负债的增加等于它在中央银行持有的准备金的增加。因此，中央银行和私人银行的净头寸没有改变。财政部在中

---

① 正如之前指出的，在全球金融危机之后，各国中央银行实施了非常规的"量化宽松"政策，该政策在银行系统中保留了大量的过剩准备金，认为（在很大程度上是受到了误导）这将刺激私人部门的贷款和支出。

央银行的存款回落至初始水平。

私人银行在中央银行存放的准备金增加了 100 美元。尽管经济活动扩张了，私人银行可能不愿意持有新增的 100 美元准备金。

假设私人银行的准备金率为 10%，这意味着它们只愿意持有这 100 美元准备金中的 10 美元。私人银行会努力把这 90 美元超额准备金贷给其他私人银行。由于**系统性的准备金过剩**，也就是说，整个银行系统的准备金供给过剩，在中央银行不介入的情况下，银行间利率会被压低到目标利率之下。

表 20.1　与政府净支出相关的资产负债表（$）

阶段	中央银行 资产	中央银行 负债	私人银行 资产	私人银行 负债
1	国债 +100	财政部存款 +100		
2		财政部存款 -100		非政府部门存款 +100
		私人银行准备金 +100	私人银行准备金 +100	
3	国债 -90	私人银行准备金 -90	私人银行准备金 -90	
			国债 +90	
存量总变化	国债 +10	私人银行准备金 +10	私人银行准备金 +10	
			国债 +90	

注：正负号表示资产负债表项目的变化方向。注意，资产负债表在每一步和全过程都保持平衡。
来源：修改自 Lavoie (2013: 11)，为了内容更明晰，新增了第一列

在第三阶段，中央银行为私人银行提供 90 美元的国债。国债利率大于目标的银行间利率。持有 90 美元超额准备金的银行因而有动力购买国债。中央银行由此消除银行间利率的下行压力，从而设定银行间目标利率。资产负债表的总变化显示在表 20.1 的最后一行。

因此，这项财政赤字支出需要中央银行和财政部的协调配合。①

在我们的例子中，**基础货币（monetary base）**是商业银行持有的准备金，加上非政府部门（银行、非银行企业和家庭）持有的通货（currency）。在我

---

① 我们可以进一步假设私人部门想要多持有 10 美元钞票。这会减少私人部门的银行存款，并减少银行选择（需要）持有的准备金数量。

们这个例子中，非政府部门持有的纸币和硬币数量不变，基础货币总共增加了 10 美元。①

非政府部门持有的**净金融资产**包括国债和基础货币。净金融资产现在增加了 100 美元，其中 90 美元由银行以国债形式持有，另外 10 美元则由银行以准备金的形式持有。

因此，国内经济中财政净支出的 100 美元**纵向交易**，为非政府部门增加了等量的净金融资产（参见第 6 章中横向和纵向交易的区别）。

我们现在对表 20.1 中财政部的净支出进行数学分析。支出总额由（G + iB）来表示，其中 G 是政府支出，i 指名义利率，iB 代表对现有国债支付的利息。超过税收收入（T）的政府净支出为（G + iB − T）。总的存量变化（Δ 存量）由基础货币的变动（ΔMh）和非政府部门持有的国债存量变动（ΔB）构成。由此，我们可以写出如下恒等式：

$$G + iB - T \equiv \Delta B + \Delta Mh \qquad (20.1)$$

财政赤字（等式左边 >0）等于非政府部门的盈余，后者以基础货币和国债的形式由非政府部门持有。

我们在下一章将会看到，这一恒等式也被称为"政府预算约束"，主流经济学家认为这是政府财政面临的事前财务约束。事实上，它仅仅是一个**核算恒等式**。它告诉我们，事后来看，金融总量的变化是政府决策和经济状况共同作用的结果。一个发行货币的政府不像主流教科书所认为的那样面临财务约束。

对国债是否有足够的需求？

在大多数发达经济体中，由于政府施加的自愿约束和核算惯例，如果财政部在中央银行没有足够的存款，它就必须出售债券从而完成支付。重要的问题在于，银行（和其他有资格参与一级市场拍卖的交易商）对国债是否会有足够的需求。

---

① 请注意，在某些教科书中，基础货币等同于高能货币。我们不愿使用这一术语，因为高能货币与货币乘数概念相关。货币乘数理论是错误的，它认为，基础货币通过私人银行的贷款创造被乘数放大为成倍的货币供给（进一步的讨论可以参见第 10 章）。

当财政部在一级市场拍卖国债时，商业银行在中央银行的准备金减少。如果一个银行想要购买债券，却没有足够的准备金，它要么到银行间市场上借入准备金，要么从中央银行的贴现窗口借入准备金（参见第23章）。

我们知道，如果银行系统的准备金不足，隔夜利率就会产生上升压力，中央银行会采取相应的货币政策操作。它要么会在贴现窗口贷出准备金，要么会进行公开市场操作，从非政府部门买入债券来创造准备金。

为了实现利率目标，中央银行的操作是适应性的。因此，银行总是能够获得购买国债所需的准备金。相较于准备金，银行更想要债券，因为债券的利率更高。

在大多数国家，专业化的金融机构随时准备买入国债。比如，在美国有21家一级交易商有义务在国债拍卖中竞价。类似的，在英国，参与一级市场的金融机构会代表投资者竞标英国国债。这些金融机构也参与二级市场。关键的是，这些交易商随时准备购买新发行的国债，随后把它们卖到二级市场，并在中央银行进行公开市场操作买入国债时，把国债卖给中央银行。

在现实中，一级市场交易商通常会超额认购国债。换句话说，对新发行国债的需求是富有弹性的。中央银行的利率目标制确保了私人银行有足够的准备金来购买国债。

20.5 税收与国家财政支出

我们之前已经解释了，税收驱动货币创造了对主权货币的需求。我们也看到，主权政府不需要这种本国货币的收入来支出。将税收称作"收入"——例如，私人企业支出所需要的收入——在某种程度上是一种概念误用。① 税收不是国家政府支出的内在必要条件。

这听起来令人震惊，因为我们已经习惯于认为，是税收为政府支出买单。

---

① "revenue"这个术语来自拉丁语和法语，意思是"收回"。"收回"什么呢？政府自己的货币。当然，除非货币已经花出去了，否则它不可能被"收回"，这反映了在支付税款前，必须先支出货币的逻辑。在逻辑上，税收不是通常意义上的"收入"来源，不能作为支出的先决条件。尽管收入是家庭和企业支出的先决条件，但这不适用于主权货币发行者。

这一观点对于不发行货币的地方政府是正确的，对于那些使用外国货币，或者将本国货币钉住黄金或外国货币的国家，也是大抵上正确的。

当一个国家实行钉住汇率制时，它需要大量储备黄金或外币，并承诺根据需求将其货币兑换成黄金或外币。征税从流通中回笼本国货币，这使得可兑换黄金或外币的本币数量减少。因此，对于这一类国家，谨慎的做法是把政府支出限制在税收收入水平。

但是对于那些发行自己主权货币，并且没有承诺兑换黄金或外币（即政府采取浮动汇率制）的国家，我们就需要以完全不同的方式思考税收的作用，因为在这种情况下，政府不需要税收来支出。

并且，逻辑是逆转过来的：在纳税人能够以本国货币纳税之前，政府必须先通过支出（或贷款）将货币注入经济中。

逻辑顺序是先支出，后征税。

第一次听到这一观点的人可能会想到一个问题："既然如此，为什么不干脆取消所有税收呢？"有如下几个原因。

首先，税收驱动了货币。如果我们取消税收，人们可能不会立即放弃使用货币，但是，使用货币的主要推动力就会消失。

其次，征税（一旦货币被创造并广泛使用）的第二个原因在于减少总需求。税收创造政府调动**实际资源的空间**，政府从而可以通过支出调动足够的实际资源，实现社会经济目标。税收减少非政府部门的购买力，从而减少它们能使用的实际资源，为政府留下可使用的实际资源。

考虑这样一种情形，一国政府支出大约占GDP的30%，而税收收入略少，比如，只占27%。政府支出的净注入因而占GDP的3%。如果我们取消税收（其他一切保持不变），净注入就会上升到GDP的30%。那将会是总需求的一个巨大增加，并且可能会导致通货膨胀。

因此，税收释放出了经济中的实际资源（劳动和资本）供政府使用，否则它们就会被非政府部门用于私人目的。如此一来，税收就使政府得以在不引发通货膨胀的情况下进行支出，因为一旦所有资源都得到充分利用，支出就会引发通货膨胀。

在理想情况下，税收收入最好是逆周期变动，在经济扩张中增加，而在经济衰退中减少。这使得财政净支出逆周期性变化，从而有助于稳定总需求。在这种情况下，财政结果充当着自动稳定器的作用。

所有这些都被比尔兹利·拉姆尔（Beardsley Ruml）认识到了，他在20世纪40年代担任美联储主席。他也写了两篇关于税收作用的重要论文：《为收入征税已过时》（Taxes for Revenue are Obsolete）和《走向繁荣的税收政策》（Tax Policies for Prosperity）（Ruml, 1946a and 1946b）。

让我们首先考察他对主权政府不需要为收入而征税的有力论证，然后转向他关于税收作用的观点。拉姆尔强调："我们必须认识到，国家财政政策的目标首先是维持稳健的货币和有效率的金融机构；但与该基本目标相一致，财政政策应当并且能够在实现高水平生产性就业和经济繁荣中大有作为。"（1946b：82-83）这一观点与本书提出的观点类似。

拉姆尔也谈到，由于两个重大的改变，美国政府在"二战"后获得了追求这些目标的能力："第一个改变，是在管理中央银行中获得了大量新的经验。第二个改变在于，为了国内的目的，取消了货币对黄金或其他任何商品的可兑换性。"（1950：91）有了这两个条件，"我们的联邦政府在满足它的财政需要时终于摆脱了货币市场……国家不再需要税收来获得必要的资金来完成支出"（Ruml, 1946b：84）。这些洞见适用于所有发行货币的政府。

那么为什么一国政府（如美国）还需要税收呢？拉姆尔给出了四点理由（1946b：84）：

1. 作为财政政策工具来帮助稳定美元的购买力；
2. 作为公共政策重新分配财富和收入，如累进所得税和财产税的情况；
3. 作为公共政策补助或惩罚各种产业和经济群体；
4. 隔离和直接评估某些国家福利的成本，比如，高速公路和社会保障。

第一个目的和我们以上讨论的通货膨胀问题有关。第二个目的是利用税收来改变收入和财富分配。比如，累进的税收会减少最高群体的收入和财富，而对穷人征收最少的税收。第三个目的是抑制不良行为：空气和水污染、抽烟喝酒、通过关税使进口商品更为昂贵（提高进口成本，从而鼓励购买国内产品）。第四个目的是由受益人承担特定公共计划的成本。例如，常见的汽油税使得高速公路的使用者负担公路建设成本（另一种方法是收取通行费）。

请注意，尽管很多人将这些税收看作是政府支出的前提条件，但拉姆尔（1946a）却在他的文章标题《为收入征税已过时》中强烈地否认了这一观点。政府不需要征收汽油税来支付高速公路的费用。汽油税的目的是让想使用高速公路的人们仔细考虑是否支持修建公路。政府不需要从烟草税中获得收入，实际上，它是想提高抽烟成本来抑制这一行为，从而改善公共健康。

征收这些税收的目的并不在于产生收入。政府总是可以找到钱来支付医院的建设和运营。资源被浪费在为抽烟者提供医疗服务，而税收则是为了减少这类实际资源浪费。理想的烟草税是让人们戒烟，而不是最大化政府收入。拉姆尔（1946b：84）谈道："税收计划打着增加政府收入的幌子，但实际的公共目的不应该因此被掩盖。"

拉姆尔在他1946年的两篇文章结尾中指出，一旦我们理解了税收的用途，我们就可以进一步确保适当的税收收入水平。他总结到（1946b：85）：

> 简要地说，我们税收政策背后的思想应该是这样的：我们的税收应该足够高，以维持货币稳定，但不应该更高……现在，按照这一原则，我们的税率能够而且应该被降低到这样的水平，在这一税率水平上，联邦预算将会实现令人满意的高就业率。

这一原则也是本书所支持的，但有一点需要注意。拉姆尔讨论的是可以忽略国外部门的情况（这在战后初期的美国并非不合理）。在当今世界，许多国家有非常高的经常项目盈余，同时其他国家有非常高的经常项目赤字，因此我们必须修正这一原则。

我们将这一原则重新表述如下：**税率应该被设置在政府的财政结果（无论是赤字、平衡，还是盈余）与充分就业相一致的水平。**

在充分就业水平上，外贸赤字的国家（比如，澳大利亚、美国和英国）往往会出现财政赤字（等于经常项目赤字和国内私人部门盈余之和）。

像日本这样的国家（在充分就业时存在经常项目盈余），在充分就业水平上的财政赤字会比较小（等于国内私人部门盈余减去经常项目盈余）。在充分就业时，有更大的经常项目盈余的国家，比如，挪威，通常会有财政盈余，以避免助长通货膨胀。

20.6 货币主权与政策独立性

美国、英国、澳大利亚、日本、土耳其、放弃货币局制度后的阿根廷、加入欧元区之前的意大利等国家都发行了**国内使用的通货（a currency for domestic use）**。政府（包括财政部和中央银行）发行、支出和贷出基础货币，包括硬币、纸币和银行准备金的基础货币是其负债。

这些政府不承诺按任何固定的汇率将它们的货币兑换为外币、黄金或任何商品。**浮动汇率是保持财政和货币政策独立的关键**——我们将其称为货币主权，当然，国家主权还有其他维度。

相反，正如我们在前面已指出的，如果一个国家钉住其汇率，它就必须持有足够的外国货币储备来维持这一汇率，这意味着该国必须牺牲国内政策独立性来获取外汇储备。因此，为了外部平衡，它放弃了货币主权，从而放弃了国内政策的独立性。这就是为什么浮动汇率是政策独立性的必要条件。

对于采取浮动汇率制度的国家，主权政府通过签发支票，或直接通过私人银行转账来进行支出（购买商品、服务、资产或进行转移支付）。然而，在任何一种情况下，中央银行都是通过增加私人银行（以发行货币计价）的准备金余额，从而创造货币。

类似的，当政府收到税款时，纳税人的银行存款就会减少，并且他们开户银行在中央银行的准备金也会减少。

尽管人们通常认为这一操作程序是反过来的，即政府需要先收到税收收入，然后才能进行支出；但是，在没有任何自愿性的自我施加的约束的情况下，任何主权政府都不需要照此行事。

如果政府通过贷记银行账户（发行自己的借据或发行货币）来支出，通过借记银行账户（销毁自己的借据或发行的货币）来征税，那么它就不是在支出税收收入。在浮动汇率制下，发行本国货币的主权政府的支付能力不受收入约束，因为它通过自己的借据来支出。

请注意，国债销售不应被视为借贷操作，尽管人们经常如此认为。正如前面所讨论的，政府债券的销售（无论是财政部发行新债券，还是中央银行在公开市场操作中销售债券）是为了抽走主要由财政部赤字支出创造的过剩准备金。如果中央银行没有通过销售债券抽走银行系统中过剩的准备金，也没有向准备金支付利率，那么隔夜利率就会下降到零。

财政部和中央银行会合作来确保（由货币政策设定的）隔夜利率目标。它们通过买卖国债来实现这一目的，以便在必要时回笼或增加准备金，从而使货币当局可以管理流动性（准备金），并在合意的目标利率上平衡准备金的供求。

当家庭或非主权政府借款时，它需要向银行等金融机构申请贷款。相比之下，主权政府在它支出自己的货币之前，不需要先获得银行存款。它可以通过直接发行货币进行支出。国债拍卖不是为了支出融资，而是为了减少非政府部门持有的货币存量，用付息的债务来替换无息或低息的债务（例如，中央银行准备金）。

这实际上是一种利率管理的操作，它减少了银行准备金，以消除过剩准备金。否则，这些过剩准备金会使隔夜利率下行。因此，**国债拍卖实际上是货币政策的一部分，而不是财政政策的必要内容**。

对于主权政府的国债发行，还需要说明的是，国债利率不决定于市场力量。主权政府总是可以选择使银行系统留有过剩的准备金，在这种情况下，隔夜利率就会下降到零（或者下降到存款准备金利率，也就是中央银行向准备金支付的利率）。

当隔夜利率为零时，财政部总是可以按比零利率高几个基点的利率卖出短期国债，因为这些国债提供了更高的收益（持有准备金的收益为零）。这说明，实行浮动汇率制的主权国家总是可以按任何它想要的利率发行债券，该利率通常比它设定的隔夜目标利率高几个基点。

此外，通过在二级市场上买卖国债，中央银行能够把国债收益率设定在任意水平。我们将在第23章中再讨论这一点。

将隔夜利率保持在零以上（这意味着国债利率也会大于零）可能有一些经济或政治原因。但是，认为主权政府赤字规模会影响国债利率的观点却是错误的。

由于不理解这一点，财政部有时会按收益率曲线行事，在利率比较低时发行长期国债，在收益率曲线陡峭时发行短期国债。

尽管市场供求力量的确有可能影响期限利差，但如果财政部理解发行国债的目的是吸收过剩准备金，以便中央银行能够实现隔夜利率目标，那么它们就根本不会发行长期国债了。实际上，支付准备金利息足以替代国债发行，因为隔夜利率不会下降到准备金利率之下。

结　论

本章介绍了发行主权货币的政府的货币政策和财政政策。中央银行负责管理支付系统，确保银行拥有结算所需的准备金。财政部按照政府预算为政府进行支付。在现代国家，财政收支都是通过中央银行来进行的，这意味着财政部和中央银行必须协调它们的活动。尽管经常有观点声称中央银行（比如，美联储）"独立于"财政部，并且必须"独立于"财政部，但为了确保财政部的支票总是能够兑现，这一独立性在实践中相当有限。中央银行独立性在很大程度上仅限于设定隔夜利率目标；实现该利率目标也限制了中央银行的独立性。因为政府支出和征税都会影响准备金数量，而中央银行需要抵销不合意的准备金数量变化，所以中央银行和财政部的操作有必要协调一致。

本章强化了前几章的结论：**主权政府不会用光货币**。尽管财政部和中央银行可能会面临一些操作规则，但实际操作程序还是确保了财政支出的顺利进行。财政部的支票永远不会因为资金不足而被"退回"。出于这些原因，我们可以把财政部和中央银行的资产负债表合并起来，从而分析财政收支（以及因此而产生的财政赤字）对非政府部门的影响。最后，我们讨论了为什么浮动汇率为政策独立性保留了更大的空间。我们将进一步讨论这一问题。

参考文献

[1] Ball, L. and Sheridan, N.（2003）"Does Inflation Targeting Matter?" NBER Working Paper No. 9577, March.

[2] FOMC (Federal Open Market Committee) (2016) "Statement on Longer-Run Goals and Monetary Policy Strategy" available at: http://www.federalreserve.gov/monetarypolicy/files/FOMCLongerRunGoals-20160126.pdf, accessed 19 February 2016.

[3] Lavoie, M. (2013). "The Monetary and Fiscal Nexus of Neo-Chartalism: A Friendly Critique." *Journal of Economic Issues*, 47 (1), 1 – 31.

[4] Ruml, B. (1946a) "Taxes for Revenue are Obsolete", *American Affairs*, Winter Number, VIII (1). Available at: http://www.constitution.org/tax/us-ic/cmt/ruml_obsolete.pdf, accessed 2 May 2017.

[5] Ruml, B. (1946b) "Tax Policies for Prosperity", *The Journal of Finance*, 1 (1), 81 – 90.

[6] Ruml, B. (1950) "The New Economic Insight", *American Affairs*, XII (2), 90 – 93.

[7] Tymoigne, E. and Wray, L. R. (2013) "Modern Monetary Theory 101: A Reply to Critics." Levy Economics Institute of Bard College, Working Paper no. 778, November.

附录：进阶内容

开放经济的货币政策、资本流动的原因和结果

在这里，我们将在开放经济中分析中央银行操作。在我们之前对货币政策的讨论中，在大多数情况下，我们所说的非政府部门等价于国内私人部门。但实际上，我们必须考虑国际收支及其对准备金数量的影响。尽管这会使分析更复杂，但结果不会显著改变。

对资本流动的冲销操作

首先要探讨的问题是中央银行对**资本流动的冲销操作**。它的基本思想是，国际资本流动会影响准备金数量。那么中央银行是否应该抵销这些影响？如果这些资本流动增加了准备金，中央银行是否应该回笼准备金？如果资本流动减少了准备金，中央银行是否应该补充准备金？

在主流经济学文献中，这是一种政策选择。主流经济学认为，如果资本流动增加了准备金数量，并且中央银行没有抽走多余的准备金，那么私人银行就会增加国内贷款，货币数量的增加就有可能引发通货膨胀。因此，主流经济学

家建议中央银行中和资本流动的影响。

然而，银行贷款并不把准备金贷给客户。并且，我们对主流经济学的批评是，**冲销操作或多或少是自动的**。这是因为，设定隔夜利率目标的中央银行必须满足准备金需求，否则，它就无法达成目标。接下来让我们具体加以论证。

如果国际资本流动（或者国内财政活动）使银行系统准备金过剩，那么中央银行别无选择，只能回笼过剩的准备金，除非它想要隔夜利率下降到零，或者希望下降到中央银行向准备金支付的利率。如我们所了解的，中央银行通过公开市场债券出售、解除（unwinding）贴现窗口贷款或卖出外汇储备来抽走准备金。

另一方面，如果国际资本流动（或国内财政活动）使得银行系统准备金不足，隔夜利率就会超过利率目标，中央银行将进行相反的干预操作。

因此，冲销操作不是相机抉择的。比如，日本现在（2018年）对美国有很大的贸易盈余。假如日本人想把以美元计价的收入兑换为日元，日本中央银行会买入美元并创造日元准备金。

如果这导致日本的银行系统准备金过剩，日本中央银行就会吸收过剩的准备金，比如，卖出日本政府债务。日本中央银行无法放任银行系统留有过剩的准备金，除非它任由隔夜利率下降到零，或者下降到中央银行的准备金利率。如果日本中央银行不愿意任由隔夜利率下降，那么为了维持利率目标，日本中央银行对日元准备金的冲销操作是自动进行的。

政府财政赤字与资本流入

人们有时声称，财政赤字和贸易赤字会受到储蓄者投资组合偏好的约束。例如，很多人相信政府面临财政约束，根据这一约束，政府支出必须由税收、国债收入或货币创造来融资。财政赤字的融资方式被认为取决于储蓄者的投资组合偏好。

根据这种观点，如果家庭和企业不想要更多的货币，那么政府要想卖出国债，国债利率就要足够高，从而吸引它们购买国债。而且，这被设想为对于国家政府财政赤字的外部约束而言，情况尤其如此。比如，人们经常错误地认为，国外部门（尤其是中国）通过借给美国政府美元来为美国的财政赤字融资。

有人担心，一旦其他国家不再愿意持有美国国债，那么除非利率不断上升，否则，美国政府将无法为其赤字融资。

最后，这种观点还认为，其他国家甚至可能会反对美元，拒绝持有美元或美国国债，进而导致美国的财政危机。其他具有外部赤字的国家也有类似的担忧。

这种看法存在几种误解。第一，它把储蓄流量（收入减去消费）和资产组合决策（持有财富存量的形式）混淆了。第二，它不恰当地把货币发行者（主权政府）的状况等同于货币使用者（国内家庭和企业，以及国外部门）的状况。第三，它把可能适用于实施固定汇率制度的国家的分析运用到了实施浮动汇率制度的国家身上。

实施浮动汇率制度的主权政府通过创造货币来支出，政府的财政约束因而仅仅是一个事后的核算恒等式（参见第21章）。如果出现了赤字，为了维持目标利率，政府会出售债券从而抽走过剩的准备金。政府可以选择为准备金支付利息，而不出售国债，如果是这样的话，付息的准备金发挥着与付息国债同样的作用。

随着过剩的准备金将隔夜利率压低到利率目标之下，非政府部门会买入国债，直到所有不合意的准备金被吸收。对准备金的需求是利率高度非弹性的。但即便它有一定的弹性，政府仍然可以通过提供银行系统所需的准备金来实现它的利率目标。

另外要注意，在任一时期，财政决算结果不是政府可以控制的。它是由政府的相机抉择与非政府部门的支出决策共同决定的内生结果。

在政府增加支出后，事后的财政决算是否会出现赤字很大程度上取决于其他部门的反应。换言之，政府能够决定增加多少支出，在此之后，税收会增加，私人部门持有的国债会增加，基础货币会增加（银行持有的准备金和非银行部门持有的现金）。

税收增加的程度取决于税收对总支出和总收入的反应。非政府部门持有的国债和基础货币的增加量（根据恒等关系）等于财政赤字，两者的占比则取决于中央银行设定的隔夜利率和非政府部门资产组合偏好。

国内私人部门和国外部门的储蓄倾向将决定三个部门——国内私人部门、国外部门和政府部门——的部门收支余额。

从整体上看，国内私人部门的储蓄增加意味着国内收入的漏出，相应地，政府赤字会增加或者经常项目赤字会缩小。如果国外部门储蓄增加，那么政府赤字会增加或者经常项目赤字会扩大（假设国内私人部门收支余额不变）。

我们无法直接观察到储蓄或进口倾向，三部门恒等式也无法告诉我们恒等关系背后的因果关系。然而我们应该明白，对于一个发行货币的政府来说，**财政决算结果在很大程度上是一个余量（a residual，或译作"一种残余"）**，它在国内私人部门和国外部门的需求萎缩时上升，在需求扩张时下降。同样的道理，一个国家的经常项目赤字在很大程度上是由其他国家的支出意愿决定的。

不幸的是，大多数分析师错误地解释了其中的因果关系。他们采用了可贷资金理论，根据这一理论，储蓄为投资、财政赤字和经常项目赤字"提供融资"。实际上，因果关系通常是相反的：经过（主权）货币（currency）的创造过程，投资支出、政府支出和出口支出创造了国内私人部门和国外部门的储蓄。

支出增长会导致收入增长，从而导致储蓄增长。

稍加思考一下银行的资产负债表，就可以发现这是正确的。储蓄者无法要求银行增加他们的存款，但是投资者却可以向银行寻求贷款。在这种情况下，投资者的存款账户余额会增加，相应地银行持有的贷款数量也会增加。当投资者购买厂房和设备时，他的存款账户余额就会减少，而储蓄者的账户余额则会增加。投资**创造储蓄**。

类似的，本国进口商购买国外产出（或购买国外资产，包括直接投资）时，外国人才能储蓄更多的本国货币（例如，美元）。同样，正是进口商愿意贷款来为进口融资，外国储蓄者账户中的本国货币才会增加。因此，一国从国外（比如，美国从中国）借入本国货币（比如，美元）来为财政赤字和贸易赤字融资，这种看法是错误的。实际上，一国的财政赤字和经常项目赤字为世界其他国家用该国货币储蓄（它等于经常项目赤字）提供了融资。

储蓄决策是"不支出"的决策。例如，当日本国内私人部门生产的产品超出了国内需求时，如果它能够找到外国购买者，那么它就可以储蓄金融资产。否则，它就只能储蓄存货，而这可能会抑制未来的生产、就业和收入。

假设日本把过剩的产品卖给了美国人，在这种情况下，最初的储蓄是美元。日本的储蓄者接下来会决定如何持有这些储蓄，也就是进行资产组合决策。大多数美元会被兑换为日元，并被用来购买日元资产（金融资产和实物资产）。当日本的商业银行向日本中央银行提出将美元存款兑换为日元准备金时，日本中央银行通常会满足这一需求。如上所述，一旦产生了过剩的日元准备金，如果日本中央银行要维持正的目标利率，那么它就会抽走准备金。实际上，日本央行目前（2018年）的利率目标是零利率，因此很乐意在银行系统中留下一些超额准备金。

在这种情况下，外国投资者的资产组合决策（包括其他国家中央银行的决策）不会给美国的隔夜利率造成直接的压力。然而，这会影响美元的汇率。人们普遍认为，出现贸易赤字的国家的货币最终一定会贬值，尽管众所周知，至今尚未有理论能系统解释汇率的影响因素。

总之，这是另一个问题了，与本国中央银行的利率设定无关，与外部赤字和财政赤字的"融资"问题无关。实施浮动汇率制度的主权货币国家可以将其政策利率设定在它想要的水平并维持财政赤字，而不用担心外国储蓄倾向或资产组合偏好对"融资"的影响。国家可以根据实际的或假定的汇率压力调整利率或财政政策，但这又是一个与"融资"无关的问题。

我们的结论是，**开放经济的影响没有改变前述的本章结论**，原因如下：

- 中央银行会冲销银行系统的准备金变化，以实现隔夜利率目标。或者，他们可以简单地为超额准备金提供一个支持利率，并将其留在银行系统中。
- 国外资产组合偏好会影响外贸状况。如果其他国家想要美元资产和澳元资产，它们就会向美国和澳大利亚出口。在这种情况下，美国和澳大利亚可能会出现经常项目赤字，两国的货币就会流向国外。在硬币的另一面，随着美元和澳元的流入，其他国家将会产生资本项目盈余。

Chapter 21

第 21 章

主权国家的财政政策

本章纲要

21.1 引言

21.2 功能财政与健全财政

21.3 财政政策的争论：挤出效应和（恶性）通货膨胀

结论

参考文献

学习目标

- 理解看待财政政策的不同观点（鹰派、鸽派和猫头鹰派）。
- 了解有关财政政策导致所谓挤出效应和（恶性）通货膨胀的争论。

21.1 引言

在第 20 章中，我们详细说明了财政政策操作，以及中央银行买卖国债在利率（或流动性）管理中的作用。

在本章，我们继续分析发行主权货币的国家的财政政策。我们首先比较现代货币理论的观点和主流经济学家的思想：前者认为财政政策的实施应该遵循阿巴·勒纳（Abba Lerner）的功能财政（functional finance）的原则，而后者坚持健全财政（sound finance）的原则。我们将会看到，主流经济学家之所以要求限制政府支出，是因为他们不恰当地将家庭预算的约束运用于主权政府。

我们的分析将得出一个重要的政策建议，即政府的财政收支应该以实现和保持充分就业与价格稳定为目标。

随后，我们转向有关财政政策作用的两个重要争论：

- 挤出效应——我们简要探讨扩张性财政政策通过提高利率"挤出"私人部门支出的观点。

- 通货膨胀——主流宏观经济学家非常担忧充分就业会造成通货膨胀，甚至会恶化为恶性通货膨胀。MMT不同意这种观点。在第19章中，我们详细讨论了实现充分就业和价格稳定的就业保障计划。主流经济学家经常使用20世纪20年代魏玛共和国，以及20世纪90年代末和21世纪初津巴布韦的例子，来支持他们对通货膨胀的担忧。我们认为，如果缺乏适当监督，政府可能会支出过多，从而导致通货膨胀不断上升。然而，我们发现，这两个恶性通货膨胀的例子——魏玛共和国和津巴布韦——是总供给约束而非财政赤字的结果。

21.2 功能财政与健全财政

财政约束与赤字鹰派、鸽派和猫头鹰派的观点

在全球金融危机后，非政府部门支出下降，由于自动稳定器和财政刺激方案的作用，很多发达国家的财政赤字率（财政赤字与GDP的比率）上升了。

这些财政赤字转变为了不断上升的债务率（国债与GDP的比率）。自2009年以来，经济合作与发展组织（OECD）和国际货币基金组织（IMF）等国际机构号召财政紧缩政策，宣扬健全财政原则。在平衡财政的错误信念的指导下，政府被要求削减政府开支和（或）提高税收从而减少财政赤字。

这是典型的主流财政政策理论，政府财政约束被等同于家庭预算约束。对

所谓政府净支出约束的解释是基于这样一个前提，即政府的支出有三个融资来源，如下恒等式右边所示：

$$G + iB \equiv T + \Delta B + \Delta M_h \tag{21.1}$$

其中，G 代表政府支出；iB 代表对现存国债的利息支付；T 是税收收入，ΔB 是新增国债，ΔM_h 是新创造的基础货币。我们在第 20 章曾介绍过这一恒等式关系，在一个封闭经济中，它把封闭经济中国内私人部门净金融资产变化与政府部门的收支余额联系到一起。

根据主流经济学对政府财政约束的解释，如果政府出现财政赤字（支出大于它的税收收入），那么它将不得不通过销售公债（ΔB）来借款，和（或）创造基础货币（ΔM_h）。如此一来，政府财政约束被认为是对政府支出的事前约束。换句话说，如果我们知道财政收支状况，那么等式（21.1）说明了政府支出的融资形式。

很少有经济学家认为政府必须或者应该一直维持财政平衡，尽管偶尔有一些政治家和其他极端分子想要通过立法来实现这一要求。

对于什么是恰当的财政政策，我们可以区分以下三种派别：（a）赤字鹰派；（b）赤字鸽派，以及（c）赤字猫头鹰派。（c）类是由美国密苏里大学堪萨斯城分校的现代货币理论经济学家斯蒂芬妮·凯尔顿（Stephanie Kelton）提出的。

赤字鹰派主张，政府应该努力实现财政平衡或盈余，尽管他们中的大多数认识到，很难每年都实现收支平衡。尽管会暂时偏离财政平衡，但是，政府应该不断对财政失衡进行调整。因此，如果某一年出现了赤字，接下来的一年，政府就应该削减支出或提高税收，从而实现盈余来抵销赤字。

赤字鸽派认为，政府的目标应该是在一个经济周期内实现财政平衡，在衰退时财政赤字，在扩张时财政盈余。因此，政府应该将财政政策作为一种逆周期调节的政策工具来抵销私人部门支出的波动。例如，在全球金融危机期间，赤字鸽派就主张运用财政赤字来刺激西方国家衰退的经济。在他们看来，只有在强劲的复苏已经到来，并且税收收入已经开始增加时，政府才应该实现财政平衡。

赤字猫头鹰派基于功能财政原则，持有完全不同的立场。对他们来说，主权政府的财政决算结果不是一个有意义的政策目标。它不应该用于指导财政政策。相反，财政政策应该针对重要的经济目标，例如，充分就业、价格稳定、减少贫困、降低收入不平等程度、维持金融稳定、增进环境可持续性和提高整体生活水平。

为什么赤字猫头鹰派是唯一与 MMT 相一致的观点？

如我们在前面章节中所了解的，主权政府通过发行货币来支出，如今这主要通过电子银行支付来完成。税收导致货币的销毁。在逻辑上，支出必须先于税收，这是因为在销毁之前，货币必须先被创造出来。

MMT 将政府财政决算结果视为一个事后的恒等式。如等式（21.1）所示，在一年结束的时候，政府全年的支出必然等于税收收入加上净债券发行和净基础货币创造。在这个意义上，该等式是一个核算恒等式，按照核算原理必然成立，但它不能用于指导政策。

同样重要的是，MMT 不认为税收收入（T）、基础货币创造（ΔM_h）和销售国债（ΔB）作为政府融资的不同方法。相反，MMT 认为它们是财政政策的不同部分，我们在第 20 章中已经说明了这一点，并给出了一个数值例子。

政府支出始自中央银行创造准备金。税收支付则是银行准备金的消失。如此一来，如果政府支出大于税收，私人银行在中央银行的准备金数量就会出现净增长（$\Delta M_h > 0$）。

在通常情况下，无论是否存在法定准备金要求，新增的准备金都会超出银行的准备金需求。有超额准备金的银行会努力在银行间隔夜拆借市场上贷出准备金。然而，如果整个银行体系的准备金过剩，那么对新增准备金的需求就不会存在。没有单个银行可以解决系统性的准备金过剩问题。这就需要一个系统性的解决方案。

我们在前面的章节中了解到，如果中央银行不向准备金提供利息，那么准备金过剩将会导致隔夜利率下降到零。这时，中央银行就会通过卖国债（公开市场操作）抽走过多的准备金。然而，在正常时期，中央银行只持有数量有限的国债；它只能卖出它持有的国债。

因此，在出现财政赤字的情况下，中央银行就需要财政部在一级市场上拍卖更多的国债。中央银行和财政部会协调它们的操作，以降低财政政策对银行准备金的影响。这些过剩的准备金通常是由财政支出大于税收收入产生的，因此，为了避免准备金过剩，债券的发行将或多或少要与财政赤字同步操作。

到了年底，政府支出减去税收会等于基础货币变化量加上非政府部门持有的国债变化量。如前所述，在正常时期，银行体系愿意持有和（或）必须持有的准备金数量变化很小。

非政府部门持有的货币数量增长相当小，并且或多或少与总收入增长密切相关。因此，赤字通常大致等于国债增量（ΔB）。

另一方面，假设主权政府在支出后，选择将过剩准备金留在银行系统中（也就是说，它不销售债券）。如果政府采用了零利率目标，这种情况就会出现。其结果是，过剩的准备金将会使得银行间隔夜利率趋近于零，而政府无须采取进一步的行动。如此一来，我们就会看到 $G + iB - T = \Delta M_h$。尽管这种情况和上面讨论的更为通常的情况（其中，$G - T$ 大致等于国债的增量 ΔB）之间存在差异，但这不是政府"融资"方式的差异。

在这两种情况中，政府都通过创造货币来支出。两者的结果不同，这取决于政府是否回笼过剩的准备金，取决于政府是否想要隔夜利率为零。①

大多数经济学家将这种选择视为货币政策决策，而不是财政政策决策。在全球金融危机之后，很多发达经济体的银行准备金都显著地增加了，包括日本、美国和英国。在这些国家，银行更加害怕风险，而中央银行希望通过量化宽松政策（我们将在第23章中详细讨论这一点）来维持低水平隔夜利率，并压平收益率曲线（降低长期利率）。

我们的结论是，政府财政约束既不是一种约束，也没有说明政府融资的不同方式。相反，它只是一种事后的核算恒等式，其结果取决于家庭、企业、金融机构、中央银行和外国投资者的决策。

- 家庭、企业和外国投资者决定它们想要持有多少现金。银行决定它们持

---

① 即使不拍卖国债，政府还可以通过为准备金支付利息，从而将隔夜利率保持在准备金利率的水平。

有的准备金水平，在美国，中央银行也通过法定存款准备金率决定银行持有的准备金水平。

- 中央银行决定隔夜利率目标是否高于零。

所有这些决策共同决定 ΔB 和 ΔM_h 的比例关系。

这不取决于财政部是借款还是印钞的事前决策。事实上，财政部无法在事前决定财政结果会是怎样（财政平衡、赤字或盈余），因为这取决于下一年税收收入、不确定的计划外支出和自动稳定器的影响。

因此，等式（21.1）对于事先计划而言是无用的，并且也不能解释等式右边的构成情况。

功能财政

在20世纪40年代，美国经济学家阿巴·勒纳撰写了两篇重要的文章，它们至今仍有重要意义。其中一篇主张"货币是国家的创造物"（Lerner，1947：313）。显然，它与本书和现代货币理论观点一致：国家选择记账货币，发行以该单位计价的货币，以该货币单位征税，并接受以该货币纳税。勒纳当时已经理解了所有这些内容。

在关于功能财政的文章中，他把功能财政称为新的财政理论。他指出，就像任何新理论一样，它看起来极为简单，正是这种简单让人们有所怀疑。勒纳（1943：39）写道："核心思想在于，政府的财政政策——支出和征税，借款和还款，货币的发行和回收——都应该着眼于这些活动对经济的影响，而不取决于关于什么是健全的、什么是不健全的传统学说。"

他接着概述了功能财政的两大原则：

1."政府（因为没有其他人能够承担这一责任）的首要财政责任在于，保持一国对商品和服务的总支出率既不高于也不低于在当前价格水平上购买当前能够生产的所有商品和服务的支出水平"（Lerner，1943：39）。当支出太高时，政府就应该减少支出并提高税收；当支出太低时，政府则应该增加开支并降低税收。

2."一个有趣的推论在于，税收绝不能因为政府需要进行货币支付而征收……因此，征税只是为了减少纳税人拥有的货币数量"（Lerner，1943：40）。

如果政府不使用税收"进行货币支付",那么这些支付是如何做出的呢?勒纳认为,政府不应该为了支出而借款,这是因为:"功能财政第二原则在于,只有在让公众拥有更少的货币和更多的债券时,政府才应该借入货币"(Lerner,1943:40)。

换言之,税收和国债的作用不是为支出融资,它们服务于不同的目的(税收消除过多的私人收入,而债券提供替代货币的生息资产)。实际上,按照功能财政的第一和第二原则,政府支出既不需要征收税收,也不需要发行债券,政府应该通过"印发新钞"来满足财政需要(Lerner,1943:41),也就是说,如前所述,是保留基础货币(大多数是准备金),还是通过国债销售回笼货币,取决于我们通常所说的货币政策决策(利率政策)。总之,勒纳认为(1943:41):

> 功能财政彻底反对"健全财政"的传统学说,以及试图在某年或任意给定时期平衡预算的原则。取而代之的是,它规定:第一,调整总支出(所有人的支出,包括政府在内)以消除失业和通货膨胀,在总支出过低时进行财政支出,在总支出过高时征税;第二,通过政府借款或偿还债务来调整公众持有的货币和国债,以调控利率从而实现合意的投资水平;第三,印发、贮藏和毁灭货币是为了执行前两项政策。

他总结到,功能财政"适用于任何将货币作为重要经济机制的社会"(Lerner,1943:50)。

本书将功能财政的适用范围缩小至主权政府,这与勒纳在另一篇重要文章中提出的观点一致,这篇文章发表于1947年。在该文中,勒纳认为:"无论黄金有着怎样的历史,在当代运转正常的经济体中,货币都是国家的创造物。其普遍接受性——作为货币最重要的属性——取决于国家对货币的接受。"(1947:313)

国家如何接受货币呢?对勒纳来说:

> 现代国家可以将它选择的任何东西确定为货币,并使之具有普遍的可

接受性……的确,即便是以最令人信服的代表国家绝对主权的宪法作为佐证,简单声明某种东西作为货币是行不通的。但是,如果国家愿意接受它所提议的货币来支付税收和对它的其他债务,这就可以达到目的。每个对国家负有债务的人,都会愿意接受他可以用于履行债务的纸片,而其他人也都会愿意接受这些纸片,因为他们知道纳税人以及其他负有债务的人会接受这些纸片。(Lerner, 1947:313)

这是对现代货币理论原理的清晰阐述,即税收驱动货币。即便情况并非总是如此,但现在可以肯定的是:国家在以记账货币征税时,选择和强制推行记账货币;在决定税务局接受什么时,确定什么可以充当货币。货币之所以被广泛接受,不仅是因为主权,不是因为法定货币法,也不是因为它可能有(或曾经有)黄金支持,而是因为国家有权力征税,并且它有权决定纳税需要缴纳什么。

毫无疑问,所有现代国家都具有这些权利。如勒纳所说的,"只有在货币经济陷入混乱状态时,'香烟货币'和外国货币才会被广泛使用"(Lerner, 1947:313)。

我们也注意到,当国家陷入危机、失去合法性和丧失征税的权力时,货币就会陷入"混乱状态",这将导致国内私人交易使用外国货币。但在其他情况下,人们使用的是本国货币,国家在征税时接受的也是本国货币。

21.3　财政政策的争论:挤出效应和(恶性)通货膨胀

挤出效应存在吗?

很多专家错误地认为,中央政府的国债发行会挤出私人借款,并因此挤出私人支出。[①] 其基本假设是,政府部门和私人部门在竞争有限的私人储蓄供给。如果政府试图通过发行国债借入更多的款项,那么对资金的竞争就会抬高

---

① 主流经济学借助第 28 章中展示的"IS—LM 模型"来说明挤出效应。

利率。随着利率的上升,某些私人企业就会决定不去贷款,投资就会降低。同样的,家庭的耐久品消费也会下降,因为它也是需要借款融资的。

然而,该模型是错误的。正如我们在本章和前面章节中所了解的,政府财政赤字产生了非政府部门的盈余(流量),累积为非政府部门的净金融资产(存量)。考虑到储蓄(总收入增加的结果)和金融财富的增长,以下说法是错误的:金融资产总量是固定的,政府部门与私人部门在竞争有限的储蓄供给(流量),私人部门将政府债券纳入规模固定的财富投资组合之中。事实上,随着政府赤字支出,储蓄和金融资产都在增加。

而且,正如我们在第10章中所了解的,商业银行贷款是不受准备金约束的。贷款创造存款,无论政府是否执行财政政策,有信誉的借款人都能获得贷款。同样,当经济增长停滞时,投资支出很容易受到影响(参见第25章)。因此,在经济下行期,财政赤字会产生"挤入效应",因为财政赤字能够减轻衰退压力,并鼓励投资的复苏。

此外,如我们所看到的,中央银行会设定隔夜利率。无论政府赤字有多大,它都能保持低利率。这就是为什么自从20世纪90年代经济崩溃以来,日本可以一直保持接近于零的隔夜利率(以及长期国债的低利率),同时能够保持大规模的财政赤字。(参见第2章中对日本的赤字、债务和利率的讨论。)类似的,美国中央银行在国际金融危机后将美国的利率保持在很低的水平,尽管财政赤字已经上升到了GDP的10%。又例如,在整个"二战"期间,美联储也把利率保持在接近于零的水平,那时财政赤字已经上升到了GDP的25%。

这一切意味着,没有理由认为财政赤字会抬高利率,因为利率(至少对于短期利率)是由政策决定的。

因此,基于挤出效应反对财政赤字的观点是站不住脚的,得不到现实操作和经验数据的支持。国债不是在竞争有限的私人储蓄。并且,当政府出现赤字时,市场自然会产生相应的国债需求。

实际上,交易商可以在二级回购市场以国债作为抵押来获得融资,然后在一级市场买入国债,新发行的国债进一步充当起了金融市场信贷扩张的抵押品。① 国债促进了私人信贷创造，而非挤出了信贷创造。

自愿约束

在第 20 章中，我们假设财政部能够在一级市场上向中央银行卖出国债，以确保它在中央银行的账户中有充足的余额，从而完成财政支出。我们剥离了意识形态的面纱，说明在现代货币经济中，不受自愿约束影响的政府（包括财政部和中央银行），总是能够实现财政支出。

然而，当我们考察英国、美国和澳大利亚等国家的财政政策操作时，我们需要审慎地考察这些国家具体的制度实践。关键的问题是，这些自愿约束是否会限制财政支出，从而限制财政政策实现充分就业。

在英国、美国和澳大利亚，中央银行不会在一级市场大量购买公债。换句话说，中央银行通常不会直接从财政部买入国债，而是在二级市场上，从银行和其他国债持有人那里购买国债。

财政部定期拍卖短期国债和长期国债，从而使得国债发行量与预期的财政赤字（即 $G - T + iB$）相一致。

有时相关文献会使用"借款需求"（borrowing requirement）一词。现存的自愿操作程序将相关操作称为"借款"。但请记住，政府必须先支出（或贷出）它的货币，然后才能在税收和销售债券中收回它。政府并不真的需要"借入"它自己的货币，因为它总是在通过创造货币的方式进行支出。此外，如我们上面所讨论的，直到一个时期结束时，我们才能知道政府是否会有财政赤字。然而，在很多国家的操作程序中，政府可以在支出前先销售国债。

债务销售一般是通过拍卖制度进行的，财政部在拍卖前决定新增国债数量（和预计的财政赤字相一致），而市场决定这些资产的利率。

这里有一个重要的问题，即市场风险是否会导致政府要支付更高的利率？或者在极端情况下，是否会导致市场直接拒绝购买政府债务，从而导致在这些自愿安排下，政府无钱可用？

---

① 回购（Repo）是"回购协议（repurchase agreement）"的缩写。回购指的是国债持有人将国债出售给贷方，并同意在未来约定的日期以约定的价格买回债券。

国债是以本国货币计价的无风险资产，因此，它是私人资产组合中的一个重要构成部分。非政府部门将无风险政府债务作为资产组合的基准。因此，国债发行通常会被超额认购，因此它们的利率相对较低，尽管高于同时期银行间利率。①

中央银行有能力调控国债长期收益率，而不仅仅是设定（隔夜）银行间目标利率。中央银行有能力在二级市场上购入无限量的政府债务，这会抬高国债价格并压低收益率。这进而会影响一级市场拍卖的收益率。

表21.1展现了一个典型的交易过程，它适用于大多数国家，在这些国家，财政部向私人银行发行债务。当私人银行购买国债时，中央银行减少它们的准备金，并增加财政部在中央银行的存款。在某些国家（比如，美国），财政部还会在私人银行有存款，到了支出前再把存款转移到中央银行账户，但我们暂且不考虑这类制度安排。

我们假设在一开始中央银行和私人银行没有资产和负债。这一假设仅仅是为了让后面的交易更容易理解，但不会改变分析的准确性。我们还假设，自愿性约束要求财政部在支出前，必须先向私人银行卖出债券。

假设政府首先在一级市场上向私人银行发行100美元国债（表21.1，阶段1）。这时中央银行减少私人银行准备金，增加财政部存款余额。在中央银行的资产负债表中，这笔交易记为100美元负债（财政部存款）增加和100美元的负债（银行准备金）减少。在私人银行的资产负债表上，新增100美元国债资产，减少100美元准备金资产。在这个阶段，银行系统出现了准备金不足。

准备金不足要怎样解决呢？中央银行可以在二级市场买入国债来提供准备金（阶段2）。银行减持100美元国债，准备金数量恢复为0。在第二阶段，政府尚未进行支出，100美元的存款仍保留在它的中央银行账户上。

在第三阶段，政府支出了100美元。我们观察到，财政部存款减少并回落为零，而且银行的准备金增加了100美元。由于政府购买了商品和服务，非政

---

① 在通常情况下，长期债券会支付更高的利率，收益率曲线向上倾斜。一个重要原因是这样一种资本风险：如果中央银行在国债到期之前提高目标利率，长期国债的市场价格就会下降。

府部门的银行存款增加了 100 美元。我们假设没有税收支付发生，因此政府产生了 100 美元的赤字。

作为财政赤字支出的结果，银行系统现在有 100 美元的过剩准备金。私人银行试图摆脱这些过剩的准备金。为了避免目标利率下降到零，中央银行会向私人银行（这里假设它们只愿意持有 10 美元的准备金）卖出 90 美元的国债（阶段 4）。

表 21.1 自愿约束下的赤字支出流程

阶段	中央银行		负债		私人银行		负债	
	资产		负债		资产		负债	
1			财政部存款	100	国债	100		
			私人银行准备金	−100	私人银行准备金	−100		
2	国债	100	财政部存款	100	国债	0		
			私人银行准备金	0	私人银行准备金	0		
3	国债	100	财政部存款	0	国债	0	非政府部门存款	100
			私人银行准备金	100	私人银行准备金	100		
4	国债	10	财政部存款	0	国债	90	非政府部门存款	100
			私人银行准备金	10	私人银行准备金	10		

来源：修改自 Lavoie（2013：11），为了内容更明晰，新增了第一列

这些交易流程使得中央银行能够实现利率目标（假设它不为零）。这里中央银行通过公开市场操作（阶段 4）吸收掉阶段 3 中的过剩准备金。它也可以选择保留过剩准备金，并向准备金存款支付利息，并将目标利率钉在准备金利率处，这些做法没有实质区别。无论以哪种方式，银行都获得了同样数量的生息资产。

在第 20 章中（表 20.1），我们曾分析了财政部直接向中央银行销售债务的影响，结果是财政部如愿增加了账户余额，从而顺利进行了支出。在表 21.1 中，我们进行了小改动，财政部首先向私人银行销售国债。然而，比较这两个流程（表 20.1 和表 21.1），资产负债表最终的结果是一样的，尽管在第二种情况下，财政部需要首先向非政府部门销售国债，中央银行在二

级市场上从私人银行买入国债,而不是在一级市场上直接从财政部买入国债。

通货膨胀与主权财政政策

> **提示框**
>
> 在过去五十年产生了相互竞争的通货膨胀理论,形成了当前宏观经济政策重大争论的理论基础。在第17章中,我们概述了货币数量论。在第18章中,我们分析了菲利普斯曲线,介绍了由弗里德曼和菲尔普斯发展的附加预期的菲利普斯曲线。该章以基于回滞效应的通货膨胀理论作为结尾,重新论证了通货膨胀与失业之间的权衡取舍关系。
>
> 在第19章中,我们认为,存在两种价格稳定机制。一种是借助于失业,另一种是借助于就业缓冲储备,后者是**就业保障计划**的基础。我们认为,充分就业是首要的政策目标,并且在比较了其他充分就业政策之后,我们认为就业保障计划更加值得采用。

很多经济学家敌视积极财政政策,敌视现代货币理论。现代货币理论认为,财政部通过创造货币进行支出,财政政策不存在融资约束,因为通过敲击键盘,财政部支出法定通货(fiat currency),根据定义,这种货币没有任何有价值的商品支持。

很多人认为,**法定货币(fiat money)** 的使用导致了通货膨胀。如果一国货币背后有真实价值(比如,黄金)的支撑,那么这就能保持货币价值,避免物价上涨。

MMT 则认为,货币的价值不是由黄金等商品决定的,历史上也不曾是如此。实际上,货币是债权债务的记账单位。我们可以把货币视为资产负债表上的科目。MMT 的批评者对此充满了恐惧,因为他们认为这种观点造成的恶果即便不是恶性通货膨胀,也会是通货膨胀。让我们来消除这些恐惧。

> **提示框**
>
> 回顾一下，在本书第 17 章中，**通货膨胀被定义为价格水平持续的和普遍的上涨**。在 20 世纪 70 年代早期，地缘政治因素引发了**能源冲击**，进而在全球引发了通货膨胀。石油价格在很短的时间内翻了两番，因为石油被用于生产和（或）运输大多数的商品与服务，因此，大多数商品价格也迅速随之攀升。
>
> 在大多数发达国家，强大的工会试图维持工会成员的实际工资，因此，通货膨胀过程开始了。随之而来的紧缩性宏观经济政策最终带来了滞胀局面（失业和通货膨胀的并存）。

如凯恩斯所说，工资和价格需要一定程度的"黏性"，否则，人们可能会放弃货币，正如恶性通货膨胀中发生的情况。在这种情况下，货币的购买力迅速下降，以至于人们努力地寻找价值稳定的替代物。

然而，恶性通货膨胀只是罕见的情况，这使得各国货币能够持续地充当记账货币。即使通货膨胀率偶尔上升到两位数，人们也愿意持有本国货币。当通货膨胀率低于 40% 时，经济学家很难发现通货膨胀的严重负面影响。但显而易见，人们不喜欢两位数的通货膨胀率，因为这会导致实际收入损失，并且随之而来的紧缩性政策会导致失业率的上升。

问题在于，紧缩政策是不是正确的反通胀工具。如果经济超出充分就业，那么根据勒纳的功能财政第一原则，政府需要通过减少支出或提高税收来抑制总需求。在过去半个世纪，有些国家出现过这样的情况，需求可能超出了充分就业水平。大规模战争通常是需求拉动型通货膨胀的导火索。但是，自"二战"以来，在大多数发达经济体，总需求一直不足以产生通货膨胀的压力。

MMT 认为，政府在支出中创造货币，在逻辑上政府是先支出后征税，并且对于主权政府来说，偿付能力绝非问题。很多批评者认为，MMT 的这些观点是在提出政策建议而不是在描述现代货币经济。这种看法是错误的，MMT 的这些观点是对发行货币的现代中央政府的客观描述。

在 20 世纪 70 年代早期，主要经济体都脱离了金本位。MMT 关于使用政府政策来追求充分就业的建议只是遵循了勒纳的功能财政原则的建议，即如果就业和收入过低，就增加支出；如果银行缺乏准备金以致隔夜利率偏离目标时，中央银行就必须提供更多的准备金。

当观察到有找不到工作的失业者时，很容易推断出支出不足和就业不足。有效需求不足需要政府削减税收或增加支出。发行自己货币的主权政府总是能够对此进行支付。问题在于，如何最好地刺激需求。

弗里德曼将这一过程比作政府驾着直升机撒钱，这个著名比喻意在解释通货膨胀（Friedman，1969）。这种做法实际上是一种**转移支付**，作为一种财政政策，它将社会福利随意分配（任何人获得钱，都可以花掉它）（参见第 22 章）。

教科书上的凯恩斯主义财政政策就是这样进行的，并且通常与**政府注资刺激经济（pump priming）**的政策联系在一起。它试图不加选择地提高政府支出，从而提高私人收入以鼓励消费。

在经济萧条中，这种政策是有作用的，因为很可能所有的经济部门都面临需求不足。这使得即使在所有部门都增加就业和生产，也不会对价格上涨或工资上涨造成压力。

然而，这通常不是扩张性财政政策实现充分就业的最佳形式。问题在于，除了最严重的萧条外，在正常情况下，有些部门需求不足，而另一些部门则产能相对紧张。

这一点在劳动力市场上表现尤为突出，相对于对那些缺乏经验、没有受到良好教育和训练的工人的需求来说，劳动力市场对受到良好教育和具备熟练技能的工人的需求往往更为紧俏。失业不会公平地影响每一个人，而最弱势的工人普遍面临着更高的失业率。

同样，产业的区域位置也不会均匀地分布，因此，不加选择的经济刺激政策绝不是实现区域均衡发展的适当办法。米切尔和朱尼珀（Mitchell and Juniper，2007）引入了"空间凯恩斯主义（spatial Keynesianism）"的概念来描述一种财政政策的思路，即向处境艰难的高失业地区注入更多刺激。

无差别地总需求**刺激**很可能会造成某些部门的瓶颈效应，从而更高的工资要求会进一步推高其他部门的价格，即便其他部门仍然需求不足。这意味着在实现产能充分利用和充分就业之前，通货膨胀就可能发生了。

随着通货膨胀的上升，政府可能会失去决心，在实现充分就业之前就放弃刺激政策。事实上，鉴于弗里德曼所强调的实施财政政策的滞后性，通过财政刺激来实现充分就业可能不会成功，因为这种政策不能做到逆周期调节，反而会破坏宏观经济稳定。

弗里德曼（Friedman，1953）认为，由于以下几种时滞，相机抉择的财政政策可能会破坏经济稳定：（a）认识到并决定执行相机抉择的财政政策的时滞；（b）设计和执行相应政策的时滞；（c）经济对所采取的政策措施做出反应的时滞。换句话说，在财政刺激触及经济之前，经济状况可能就已经好转了，非政府部门的支出恢复，财政刺激转而变成顺周期性的，由此会产生通货膨胀风险。

这就是为什么凯恩斯主义者认为要提前制订计划，在萧条时立即将准备好的项目投入运营。

此外，由于刺激政策需要支付**市场工资**，① 在实现充分就业时，政策制定者只有有限的反通货膨胀的政策空间。这导致了**走走停停**的政策制定模式，政府增加支出以刺激需求，但随着通货膨胀率的上升又削减支出。

真正需要的是一种有针对性的政策，它可以将新增需求导向最需要的地方。这并没有像听起来那么困难。政府无须对经济的每一个部门都了如指掌来微调它的刺激。

正如我们在本书中所讨论的，充分就业是最重要的经济政策目标，特别是在《联合国人权法案》（参见第 1 章）中。在第 19 章中，我们解释了**就业保障**政策，并指出，政府可以向任何需要工作的人提供工作，从而将其支出导向最为需要的地方——直接给失业者。由于政府支出只有在需要时才会自动增加（也就是说，当求职者数量增加时），而在不需要时（当工人离开该计划从事其他工作或离开劳动力队伍时），政府支出才会自动减少，因此该政策是逆周

---

① 政府需要针对所有部门和技能水平支付市场工资，直接或间接地雇佣工人进入经济刺激政策的项目。

期运作的，只提供了所需的刺激量。

的确，仍然会有一些厂商和零售商面临产能过剩或不足。然而，这些企业将根据市场信号做出反应，必要时削减产能或增加产能。

尽管在市场经济中总会有成功者和失败者，但是在一个实施就业保障计划并实现充分就业的经济中，私人部门整体都过得更好。

"法定货币"缺乏黄金等真实商品支持，因而天然地会诱发通货膨胀吗？这种担忧反映了这样的误解：如果政府有能力进行支付，它就会买下所有东西。

然而，有充分的证据表明，政府的支出和税收是有约束的。立法机构会就政府支出数量和内容进行激烈的争论，并且政府支出决策面临广泛的媒体舆论监督。

如我们在前文所讨论的，政府对自己施加了各种自愿性约束，它们约束了政府的财政自由度。

此外，由于**自动稳定器**的作用，最终从政治过程中产生的支出和税收立法并不能决定事后的财政决算结果，因为后者取决于非政府部门的支出。在经济衰退中，当税收收入下降时，增加的支出被用在了失业补贴上；在经济扩张中，会发生相反的情况，财政收入有可能会超乎预期。

如果政府不停地增加支出，并愿意提高它的买价时，那么这毫无疑问地会造成高通货膨胀。善治无可替代。无论是政治流程，还是金本位，都无法约束一个不负责任政府的财政政策。但是，重要的是要理解这种通货膨胀过程的原因。

货币主义者对创造基础货币进行支出的观点充满了敌意，因为他们认为，根据货币数量论，这样做会导致通货膨胀。MMT 的支持者首先会强调制度实践，即财政部的净支出最初必然会导致基础货币的等量增加。

其次，现代货币理论反对货币数量论，如果财政赤字导致了需求拉动型通货膨胀，那么等式（21.1）中 $\Delta B + \Delta M_h$ 的事后构成就是无关紧要的。因为通货膨胀的推动者是总支出，而不是净金融资产中债券和基础货币的构成比例。

恶性通货膨胀（hyperinflation）

现在，让我们来考察比发达国家通常遭遇的更严重的通货膨胀。这种通货膨胀非常严重，以至于对经济造成了明显的损害。我们将看到，极端的通货膨胀是不常见的。此外，似乎没有理由认为，缓慢的通货膨胀（这很常见）会逐渐上升为恶性通货膨胀（这是极为罕见的）。

尽管如此，MMT 的批评者仍然紧抓着一些特定例子不放：要么是"二战"前的魏玛共和国，要么是离现在更近的津巴布韦，批评者认为这些政府没有限制地进行支出，摧毁了货币价值。

恶性通货膨胀的替代性解释

近年来，一些经济学家提倡使用**公开货币融资**（overt monetary financing）来配合财政政策。这种政策要求中央银行使用其货币发行能力，直接为财政部的银行账户增加余额以实现财政支出，而不需要向非政府部门相应地发行国债（Mitchell，2015）。

这种政策方法通常被称为**印钞**，但这是一种错误的描述，因为政府支出基本是通过电子银行记账，而不是印刷纸币来完成的。

有很多人担忧，如果政府真的使用公开货币融资，它会使整个国家走向毁灭性的恶性通货膨胀。人们经常使用魏玛共和国或津巴布韦的恶性通货膨胀经历，来说明为什么财政赤字是危险的。

人们推测，这些经济崩溃是由政府为赤字"印钞"导致的，它们迅速地增加了货币供给，从而导致了通货膨胀率高企。

在 1956 年的经典研究中，菲利普·卡甘（Phillip Cagan）将恶性通货膨胀定义为每月 50% 或更高的通货膨胀率。对恶性通货膨胀最为流行的解释是货币主义的货币数量论：政府创造了过多的货币，从而造成了物价上升。随着物价上升，货币流通速度会加快，因为随着货币迅速贬值，没有人愿意长时间持有货币。人们每天都要求增加工资，因为明天同样的货币工资就只能购买比今天少得多的商品和服务。尽管货币供给增加和政府印钞同样快速，但它们还是跟不上物价上涨的速度。物价上升越快，货币流通速度就越快，直到最后，工人们开始要求按小时支付工资，并在午饭时间飞奔到店铺中，因为到晚餐时间价格将会更高。

卡甘实际上是在解释为什么货币数量论与实际数据不一致。如果物价比货币供给上升得更快，那么恶性通货膨胀就不是由"过多的货币追逐过少的商品"造成的。为了迎合事实，货币数量论被修正，转而假设在高通货膨胀环境中，货币流通速度不再稳定（在原本的货币数量论中，这一假设保证了货币和物价之间的稳定联系）。

修正后的货币数量论认为，恶性通货膨胀的原因仍是货币过多，尽管货币流通速度不再稳定。货币主义者认为货币供给由政府控制，因此，恶性通货膨胀必须归罪于政府政策。

此外，在恶性通货膨胀期间，货币供给会迅速上升（有时，纸币上会加上许许多多的零）。最终，政府的税收收入也无法赶上飞速上升的物价，政府的赤字可能会不断扩大。因此，人们认为这会使政府疯狂地印钞来弥补赤字，这加剧了**太多的货币去追逐太少的商品**的情况，并产生了加速的通货膨胀。

因此，对倾向于公开货币融资的 MMT 提出批评的经济学家们认为恶性通货膨胀就是因为政府通过印钞来为赤字融资的。有趣的是，当日本的房地产市场在 20 世纪 90 年代崩溃时，日本政府就是这样做的，它通过两项政策来刺激经济。日本中央银行进行了大规模的**量化宽松**（扩张银行准备金以换取国债），而财政部扩大了赤字（我们将在第 23 章中考察量化宽松）。

在全球金融危机期间，大规模财政赤字（和量化宽松）导致银行持有的准备金数量大幅增加。在美国、英国和日本，人们认为，银行准备金的大量增加将会导致放贷狂潮，从而会产生加速的通货膨胀。然而，历史告诉我们，在以上这些例子中都没有出现明显的通货膨胀。

为什么货币数量论无法解释这些事实呢？现代货币理论如何看待恶性通货膨胀呢？我们有三个论点：

- 如上所述，政府通过**敲击键盘**创造货币进行支出，这是对现实的客观描述，而不是一种政策主张。如果批评者是正确的，如果通过**印钞**来支出必然会导致高通货膨胀甚至恶性通货膨胀，那么大多数发达国家即便没有恶性通货膨胀，也至少会有高通货膨胀，因为它们总是通过创造货币来支出的。在逻辑上，所有发行自己货币的政府，必须在征税（或债券销售）前把货币花出去，因为没有其他人可以创造本国货币。这些政府总是这样进行支出的。即使它们承诺固定汇率，它们仍然是通过创造货币进行支出的。然而，在过去20年中，没有发达经济体出现过严重的通货膨胀。这说明，**印钞**和恶性通货膨胀之间不存在因果关系。

- 我们需要仔细审视魏玛共和国或津巴布韦等案例的特殊情况。尽管恶性通货膨胀的国家及其货币制度（monetary regimes）有一些共同的特征，但是恶性通货膨胀是由一些特殊历史条件造成的。虽然原因复杂多样，但货币主义肯定不能解释这些历史。

- 尽管自全球金融危机以来，美国、英国和日本都有了更高的赤字率和更高的银行准备金存量，后者是中央银行的量化宽松和利率政策的结果，但是，这些国家并没有遭遇恶性通货膨胀，甚至没有高通货膨胀。

大多数对MMT和法定货币提出批评的人都好像非常迷恋过去，那时候货币被严格地与商品——比如黄金——挂钩，它约束了政府和银行凭空创造货币的能力。最好的例子是贵金属硬币，人们认为它给予政府货币以真实的价值，并迫使政府必须获得黄金来支出。严格的金本位，即为纸币提供百分之百的黄金准备，具有同样的作用。

这些批评者也提倡对财政政策约束的制度化，这包括平衡预算修正案、债务限额，而赤字鸽派则会承诺一旦复苏到来就削减赤字支出。这些制度性约束在美国已经存在。2015年，英国国会通过了一项法案，要求英国财政部在不存在支出冲击的情况下，在2019—2020年后当GDP增长率超过1%时实现财政盈余。2016年底，由于英国脱欧对私人支出和财政收支的负面影响，这项法案以此为借口得到了修正。

如前所述，浮动汇率制度能为发行主权货币的政府提供最大的财政政策空间，从而追求国内政策目标。除了"一战"的战败国（加上波兰和俄罗斯，它们是战胜者，但离开了资本主义世界），在过去的一个世纪，没有任何西方资本主义国家经历过恶性通货膨胀。而且，如果我们考察采取浮动汇率制的国家，那么这类国家都没有发生过汇率危机（参见第24章）。

只有采取固定汇率制的国家经历过恶性通货膨胀和汇率危机。这通常是因为货币数量的增长超出了它们获得外汇或黄金的能力。尽管看起来好像固定汇率能确保行为审慎，但在实践中这并没有实现。固定汇率引入了汇率危机和非自愿违约的可能性，它不能确保政府足够审慎。

当主权政府承诺交付外国货币时，它实际上就把整个国家暴露在恶性通货膨胀的风险中了。如果它们的银行不够审慎，那么它们将面临更复杂的风险。

恶性通货膨胀的现实案例

在现实中，高通货膨胀和恶性通货膨胀都很罕见。在这一部分，我们来看看历史上恶性通货膨胀的例子。**印钞**为过度财政赤字融资的简单解释，几乎无法解释这些事件。

最著名的恶性通货膨胀案例发生在魏玛共和国和近期的津巴布韦。（虽然不那么有名，但是更为壮观的恶性通货膨胀发生在1946年的匈牙利。）米切尔（Mitchell，2010；2011）给出了富有洞见的分析。我们不多复述他的研究，仅讨论这些案例的几个关键点，从而说明这些恶性通货膨胀不是印钞为财政赤字融资的结果。

人们通常这样讲述魏玛德国的故事：政府过度发行缺乏黄金支撑的法定货币，最终造成了恶性通货膨胀的后果。然而，现实是更为复杂的。在20世纪早期，大多数政府都通过发行债务来支出，尽管有很多国家承诺将本币兑换为英镑或黄金。在"一战"中战败后，德国必须以黄金支付战争赔款，但它却只有有限的黄金储备，无力偿还赔款。更糟的是，德国的生产能力已经被破坏或掠夺了。人们认为德国可以通过出口来赚取黄金，从而支付战争赔款。凯恩斯（Keynes，1920）在他的成名作《和约的经济后果》中指出，德国不可能支付得起以黄金计价的外部债务。

因此，在1923年的恶性通货膨胀出现之前的几年，魏玛共和国就已经问题重重了。《凡尔赛和约》要求的赔偿金严重压榨了德国政府，以至于它最终不得不违约。德国违约后，法国和比利时军队进行了报复，占领了德国采矿和制造业的重镇鲁尔区。作为回应，德国人消极怠工，生产陷入停顿。尽管产量有限，德国人仍旧以本国货币支付工人工资。

那时，整个国家的生产能力都不足以满足国内需求，因此，德国无法出口商品赚取黄金来支付巨额赔偿。德国政府认为，在政治上不可能进一步提高税收，从而增加出口以支付赔偿。相反，它的支出超过了税收。这意味着，政府在和国内需求竞争有限的产出供给，因而推升了物价。

同时，德国的国内生产者不得不从国外（以外币）借款，来购买他们所需的进口品。不断上升的物价加上对外借款造成了国内货币的贬值，这随后又增加了借款的需要（因为根据本国货币计算的进口品成本上升了），同时也增加了以本国货币计算的赔偿成本。

在出口陷入停滞之际，德国政府唯一能够继续支付赔款的方式就是扩大财政赤字。在这样的历史环境中，随后的恶性通货膨胀就是不可避免的。

人们通常认为，直接从财政部购买国债的魏玛中央银行助涨了通货膨胀，但实际上，它的运作方式与今天的中央银行非常相似：它向银行出售政府债券，为银行提供更高收益的资产，从而回笼准备金。面对高通货膨胀以及随后的恶性通货膨胀，财政赤字迅速增长，因为税收收入跟不上不断上升的物价。

最终，德国在1924年采用了新货币，并且，尽管它不是法定货币，但它被指定为可接受的纳税货币。恶性通货膨胀结束了。显而易见，"一战"结束后的供给短缺，以及巨额赔偿义务，才是魏玛共和国出现恶性通货膨胀的关键因素。

接下来让我们来看看津巴布韦，人们认为这一案例说明了，持续和不断上升的政府赤字将导致恶性通货膨胀。但是这个案例不能使我们反对依靠财政政策来实现充分就业。

在非洲殖民地，白人殖民者的统治在白人和黑人之间形成了非常不公平的土地分配，津巴布韦（当时称罗得西亚）也不例外。仅仅占总人口百分之一的白人，拥有罗得西亚70%甚至更多的生产性土地。

在经历了20世纪70年代的内战并于1980年获得独立后，罗得西亚成为津巴布韦，在罗伯特·穆加贝政府治下，津巴布韦最初实现了经济增长和价格稳定。除了1992—1993年的干旱时期（短暂的通货膨胀），实际GDP一直保持增长。

问题发生在2000年后，穆加贝政府进行了土地改革，以加速减少不平等的进程。革命战士可以获得过去白人殖民者的农场，这些农场生产了大量粮食，提供了大量就业机会。尽管改革的动机很好，但是问题在于，新的农场主缺乏运营商业农业的经验。这导致了粮食减产。潜在的产出水平急剧收缩，粮食产能缩小了大约45%。失业率上升到80%以上，不充分就业普遍存在。尽管当时需要收缩需求，但是不断上升的失业使得在政治上不可能这么做。

独立政府还在其公共基础设施的管理中出现了失误，以至于整个供应链捉襟见肘。比如，津巴布韦的国家铁路系统已经退化，其运输和出口矿产的能力大大下降。在2007年，它的矿物出口量下降了57%。

制造业部门也受到影响。2005年制造业产出下降了29%，2006年下降了18%，2007年下降了28%。2007年，津巴布韦的工业产能只有18.9%得到了利用。这反映了一系列问题，包括原材料的短缺。但总的来说，制造商指责中央银行堵塞了他们进口原材料的外汇渠道。实际上，津巴布韦的中央银行把外汇储备用于进口粮食，以解决农业产量减少的问题。

津巴布韦的供给崩溃导致了随后的通货膨胀。为了避免恶性通货膨胀，由于供给萎缩，津巴布韦政府不得不大幅削减实际支出，以适应较低产能水平。但如果政府实施更大程度的紧缩，津巴布韦就会出现饿殍遍野的惨状。

尽管在这种环境下恶性通货膨胀几乎是不可避免的，但是对于发行本国货币，产能不断增长的政府而言，我们不能以此案例反对政府通过财政支出实现充分就业。

实际上，私人投资也可能会造成通货膨胀，也会引发反通货膨胀的政治讨论。一般来说，在总供给萎缩的情况下，任何持续的总支出扩张都可能引发恶性通货膨胀。

在这种情况下，由于政治和经济原因，政府难以提高税收。再次强调，货币主义无法解释津巴布韦的通货膨胀，它是由社会动荡、农业崩溃和由此所造成的供给短缺，以及由此而来的沉重外债导致的。

对恶性通货膨胀的总结

在以上两个案例中，政府支出的约束（或增加税收的能力）有可能阻止恶性通货膨胀。然而，在我们研究了这些恶性通货膨胀的案例后，可以看出，它们不能简单地解释为政府滥发货币进行支出的结果。恶性通货膨胀有其特殊性，但也存在着共同的原因：社会和政治动荡、内战、战争对生产能力的破坏、羸弱的政府和以外币或黄金计价的外债。在这种情况下，我们确实看到财政赤字不断上升，未偿还的政府债务也在不断增加。但我们也发现，银行通过创造货币为私人支出提供资金，与政府争夺实际资源，也推高了物价。

因此，财政紧缩的政策有助于减少通货膨胀压力。但是考虑到供给短缺的痛苦，总的痛苦水平可能不会减少太多。并且，问题的解决不需要采纳金本位。为了解决通货膨胀问题，政策制定者应该设法避免工资和转移支付的指数增长，稳定生产，紧缩需求，平息社会动荡。如果高通货膨胀已经持续了一段时间，发行新货币并对外债违约也是有帮助的。

因此，高（或恶性）通货膨胀、财政赤字和货币供给之间存在着联系，但这不是货币主义所描述的简单联系。政府总是通过贷记账户的**按键来支出**，而通过借记账户的反向按键来收税（或出售债券）。如上所述，在高通货膨胀或恶性通货膨胀时期，税收增长慢于财政支出增长，因此会出现赤字，这意味着政府债务（基础货币加上国债）会增加。

如果中央银行实施高利率政策，问题就会更为糟糕。这是因为，政府通常会在赤字增加时增发国债，而利息支付增加了政府的支出。如果中央银行不断提高利率，这会进一步增加赤字。利息支出的增加会刺激总需求，但利率的上升会阻碍投资，从而抑制总需求。

结　论

MMT 解释了主权货币制度在实践中是如何运行的，相关理论是描述性的。政府通过敲击键盘创造货币来进行支出，主权货币的发行者不可能用光货币，以上这些说法只是对事实的描述。

主权政府不能借入自己发行的货币，这同样也是对事实的描述。国债销售是货币政策的一部分，是中央银行实现利率目标的工具，这也是对事实的描述。最后，浮动汇率提供了最大的国内政策空间，这也是对事实的描述。

功能财政原理提供了一个规范性的政策框架。主权政府应该运用财政政策和货币政策来实现充分就业。在勒纳看来，这可以通过把财政净支出设定在正确的水平来实现。当存在失业时，政府应该更多地支出和更少地征税，并把利率设定在正确的水平。这并不是很激进的，在"二战"后，这种政策得到了凯恩斯主义者的普遍支持，甚至米尔顿·弗里德曼也支持这种政策（尽管他有自己版本的功能财政）。

然而，勒纳的政策主张最初是在低通货膨胀环境下提出的。事实上，那时候人们在担心通货紧缩的再次袭来，像 20 世纪 30 年代那样。后来，在 20 世纪 60 年代，当通货膨胀问题恶化，勒纳变得非常担心物价的稳定。他提出了一个管制工资和物价的政策提议。然而，自 20 世纪 70 年代末以来，大部分国家总是依赖于紧缩的财政和货币政策来抑制通货膨胀。

问题在于，由此政府放弃了对充分就业的追求。实际上，失业成为实现价格稳定的工具。自 20 世纪 70 年代以来，主流观点一直是中央银行应该只追求价格稳定，而财政政策的作用被忽视了。勒纳的"掌控宏观经济方向盘"的政策主张被遗弃了。结果是普遍高失业和低增长。在美国，贫困和不平等问题恶化了。在全球范围内，不断增长的失业一直是个问题，即使是在经济扩张期也是这样。

在本书第 19 章中，我们研究了在不引发通货膨胀的情况下，创造就业岗位的政策——就业保障计划。就业保障计划直接以失业者为目标，使他们摆脱贫穷。减少税收和增加财政支出等刺激性政策并不能把工作机会精准地导向失业和贫困人口。

主权货币需要一个锚，通过在就业保障计划中设定基本工资，该计划就设定了一个锚。只要就业保障计划的工资保持稳定，并且只要就业保障计划雇有劳动者，私人雇主总是可以以稍微高一点的工资从该计划中招募员工。

通过就业保障计划实现充分就业和价格稳定，这不仅可以稳定消费支出和家庭收入，而且还有助于稳定工资和物价。

参考文献

[1] Cagan, P. (1956) "The Monetary Dynamics of Hyperinflation", in M. Friedman (ed.), *Studies in the Quantity Theory of Money*, Chicago: University of Chicago Press.

[2] Friedman, M. (1953) *Essays in Positive Economics*, Chicago: University of Chicago Press.

[3] Friedman, M. (1969) "The Optimum Quantity of Money", in The *Optimum Quantity of Money and Other Essays*, Chicago: Aldine Publishing Company.

[4] Keynes, J. M. (1920) *The Economic Consequences of the Peace*, New York: Harcourt Brace.

[5] Lavoie, M. (2013) "The Monetary and Fiscal Nexus of Neo-Chartalism: A Friendly Critique", Journal of Economic Issues, 47 (1), 1–32.

[6] Lerner, A. (1943) "Functional Finance and the Federal Debt", *Social Research*, 10 (1), 38–51.

[7] Lerner, A. P. (1947) "Money as a Creature of the State" *The American Economic Review, Papers and Proceedings*, 37 (2), 312–321.

[8] Mitchell, W. F. (2010) *Modern Monetary* Theory and Inflation-Part 1. Available at: http://bilbo.economicoutlook.net/blog/?p=10554, accessed 1 March 2017.

[9] Mitchell, W. F. (2011) *Modern Monetary* Theory and Inflation-Part 2. Available at: http://bilbo.economicoutlook.net/blog/?p=13035, accessed 1 March 2017.

[10] Mitchell, W. F. (2015) *Eurozone Dystopia: Groupthink and Denial on a Grand Scale*, Cheltenham: Edward Elgar.

[11] Mitchell, W. F. and Juniper, J. (2007), "Towards a Spatial Keynesian macroeconomics", in P. Arestis and G. Zezza (eds), *Advances in Monetary Policy and Macroeconomics*, Basingstoke: Palgrave Macmillan, 192–211.

chapter 22

第22章
财政空间和财政可持续性

本章纲要

22.1 引言
22.2 充分就业的财政赤字条件
22.3 财政空间和财政可持续性
22.4 债务可持续性的争论
结论
参考文献

学习目标

- 理解财政空间概念。
- 理解财政可持续性的概念。
- 说明为什么浮动汇率能最大化财政空间。
- 说明为什么采用浮动汇率的主权货币发行政府可以采用功能财政的预算编制方法。
- 认识到发行主权货币的政府永远不会遭受公共债务可持续性的危机。

22.1 引言

在本章中，我们将结合第20章和第21章的内容，说明现代货币理论的**财政可持续性**概念。我们将比较财政可持续性和**财政空间**的概念，后者是国际货币基金组织（IMF）等国际机构使用的概念框架，它们断言货币发行政府的财政赤字受到融资能力的限制。

我们将说明，我们应该基于实际资源的可获得性来理解财政空间和财政可持续性。

媒体几乎每天都会谈论财政可持续性、财政整顿、财政紧缩和预算修复。要设计好财政政策，政府需要理解财政赤字的限制到底是什么。

财政责任的主流观点错误地假设发行货币的政府财政资源有限，因此，它必须保持安抚债券市场贷款人的政策立场，否则就有"花光钱"的风险。

我们将在本章说明，这一逻辑不适用于主权政府。现代货币理论认为，政府应该实现**充分就业的财政赤字条件**——无论它要求更大的赤字，更小的赤字，还是盈余，这些都不应该是主权政府担心的问题。

现代货币理论的财政可持续性要求政府使用财政能力来维持充分就业和价格稳定，而不是根据某种名义公共债务与GDP之比或赤字率设定财政政策目标。

最后，我们将采用更技术性的方法反驳以下观点：依赖财政政策维持充分就业很可能导致国家债务与GDP之比上升，最终变得不可持续。

22.2 充分就业的财政赤字条件

我们首先从这样一种观察开始，即在一个开放的经济中，如果没有政府支出或税收，那么总产出取决于国内私人支出（消费加投资）和净国外支出（出口减去进口）的决定。如果这些支出下降，那么经济活动或总产出就会下降。

如果总支出低于支持产出水平所需的支出，就会出现**支出缺口**。在当前的生产率水平下，产出水平将为所有渴望工作的工人提供足够的工作（以工作时间衡量）。换句话说，在充分就业的情况下，不存在支出缺口。因此，从功能财政的观点来看，政府财政政策的作用是确保不存在支出缺口。

显而易见（且无可争辩）的是，如果非政府支出小于充分就业所需的支出水平，那么就会出现支出缺口，消除这一缺口的唯一方法是通过干预增加净支出（通过直接的政府支出及减税来鼓励非政府支出）。根据第 15 章概述对总支出的分析，我们知道增加总需求的支出流的来源是：

家庭消费（C）
私人投资（I）
政府支出（G）
出口（X）

请注意，我们在本节中暂且忽略经常账户的其他内容，例如，收入和利润的跨国转移。

这些支出流产生的收入（支付给资源所有者的报酬）可以以如下方式使用：

扣除转移支付后的税收（T）
家庭消费（C）
家庭储蓄（S）
进口支出（M）

显然，收入的来源必须与其用途相等，这是作为国民核算基础的惯例。因此，我们可以写出如下等式：

$$C + I + G + X = C + S + T + M \qquad (22.1)$$

两边减去 C，我们有：

$$I + G + X = S + T + M \qquad (22.2)$$

等式（22.2）的左边是支出流的外生**注入**（injections），等式右边是收入流的漏出。支出的注入增加了总产出和总收入，而**漏出**（leakages）则是总收入变化的结果，它减少了总支出。

总收入的调整（由支出变动引起的总产出和总收入变动）实现了等式（22.2）的平衡。

例如，如果 I 增加（G 和 X 保持不变），总支出的增加会刺激企业增加产出来满足新订单。在此过程中，企业会雇佣更多劳动者，收入的增加引发了第 15 章中解释的支出乘数过程。

除了增加消费，新的收入还会被用于增加储蓄（S），支付更多的税款（T）（即使税率保持不变），并购买更多的进口品（M）。

一旦投资变动（注入，假定 G 和 X 不变）等于 S、T 和 M（漏出）的变动量，经济就会停止扩张。因此，当总注入等于总漏出时，经济体恢复均衡（收入停止扩张）。只要均衡被支出的增加打破，总收入就会调整，直到等式（22.2）右侧总收入的漏出量等于左侧的注入量。在均衡点处，整个系统恢复均衡。

有三点值得注意。

首先，均衡并不一定处于充分就业状态。即使失业率居高不下，在更低的注入水平上经济也可以达到均衡。凯恩斯（以及在他之前的马克思）论证了如果政府不采取干预措施（财政政策刺激），经济就可能处于高失业水平的均衡状态。

其次，失业是有效需求不足的结果。在高失业的均衡处，经济体存在需求缺口。在非政府支出不足的情况下，政府支出（G）带来的注入增加，必须超过 T（税收收入减去转移支付）的漏出增加，也就是说，在非政府支出不足的情况下，财政赤字是必需的。

再次，这不意味着财政赤字总是必要的。我们需要确定必要的财政赤字规模。如果非政府部门的决策（家庭的消费和储蓄决策，生产企业的投资决策，以及国外部门的决策）总体上表现为"净储蓄"，也就是说，$I + X < S + M$，那么保证当前经济活动水平可持续的唯一条件是 $G > T$，也就是说，如果要维持当前总收入水平，就需要维持财政赤字。

在这种情况下,财政赤字维持了有效需求和总收入,非政府部门由此获得了相应水平的储蓄,并且,财政赤字为非政府部门的储蓄提供了"融资"。

功能财政原理认为,财政政策应该满足两个条件。

其一,财政赤字或盈余必须填补储蓄与投资之间、出口与进口之间的缺口。因此,

$$(G-T)=(S-I)-(X-M) \tag{22.3}$$

为了使国民收入处于均衡状态,财政赤字$(G-T)$等于储蓄与投资的差额(这吸收了国内需求)减去出口与进口的差额(这增加了需求)。

如果等式右侧非政府部门总体处于盈余状态,即$(S-I)-(X-M)>0$,那么在国民收入处于均衡状态时,财政赤字必然等于非政府部门的盈余。注意,这里所说的净储蓄不只包括家庭储蓄。

等式(22.3)右侧的盈余可能是因为$(S-I)>(X-M)$,即国内私人部门净储蓄大于净出口,也可能是因为$(I-S)<(M-X)$,国内私人部门赤字小于净出口赤字(减少需求,增加外国储蓄)。

其二,我们已经注意到,国民收入的均衡水平不一定会带来充分就业。我们可以把充分就业水平的国民收入定义为,根据工人和其他生产资源所有者的偏好,所有资源都得到充分利用的国民收入。

鉴于S、T和M都与国民收入水平呈正相关,在充分就业条件下,这些流量中的每一个都有一个独特的水平。行为的变化(例如,每挣1美元,想存钱的愿望就会增加)将改变这种"独特"的水平,但对于给定的行为偏好和参数,我们就可以确定每个变量在充分就业水平的值。

我们把$S(Yf)$和$M(Yf)$定义为国民收入处于充分就业水平(Yf)时的储蓄和进口流量。我们也认为,投资将随国民收入的变动而变化(我们将在第25章讨论投资的加速数原理),因此给定技术水平,产出的增加会诱致更多的投资。因此,$I(Yf)$是充分就业的投资流量。出口支出则由世界其他地区的收入水平决定。

最后,税收减去转移支付后的(T)会随经济周期变动而变动(财政政策的自动稳定器)。因此,我们可以把$T(Yf)$定义为,给定当前税率和转移支付政

策，当经济处于充分就业时，政府获得的净税收水平。

因此，维持充分就业的均衡国民收入的条件是：

$$[G - T(Yf)] = S(Yf) + M(Yf) - I(Yf) - X \tag{22.4}$$

我们可以将等式（22.4）称为**充分就业的财政条件**（**full employment fiscal condition**）。

$S(Yf)$ 和 $M(Yf)$ 的总和是当经济处于充分就业时的总需求漏出，$I(Yf)$ 和 X 的总和是充分就业水平时的总需求注入。

如果等式（22.4）右侧的漏出 $[S(Yf) + M(Yf)]$ 大于等式右侧的注入 $[I(Yf) + X]$，那么在财政赤字 $[G - T(Yf)]$ 足以抵销非政府支出缺口时，充分就业才能实现。如果财政赤字不足，充分就业就无法实现。

另一方面，如果总支出超过充分就业产出值，存货就会减少，价格将趋于上升。如果政府预期总需求将持续超过产能（并因此造成价格水平的持续上升），它就有可能决定削减政府支出以减少通货膨胀的压力。

在这个意义上，MMT 为财政政策设定了严格的纪律。如果目标是充分就业和价格稳定，政府就应该满足充分就业的财政赤字条件。

22.3　财政空间和财政可持续性

前一节的讨论使我们能够理解财政可持续性的含义。经济学文献已经对财政可持续性和财政空间等概念有了很多讨论。问题在于，总的来说，它们是基于一种有缺陷的理解，即主权政府在其无法控制的财政约束下运作。

国际货币基金组织（IMF，2005）将财政空间定义为：

"在政府预算中为政府目标提供财政资源，而不会危及财政可持续性或经济稳定的空间。如果要提供有价值的财政支出，政府必须具备财政空间或者创造财政空间。政府可以通过提高税收，获得外部赠款，削减优先级较低的支出，（从本国居民或国外贷款人那里）借款，或者从银行借款（从而扩大货币供给）来创造财政空间。但是它不可以损害宏观经济稳定和财政可持续性——以确保它在短期和长期能够为其支出计划和债务偿还进行融资。"

IMF 的这种定义和各类变种已经被政府机构和其他多边机构广泛用于限制财政政策。

该定义既狭隘又含糊，因为它认为财政可持续性可以通过不精确的财政指标的阈值来衡量，比如，赤字占 GDP 的比重和国债占 GDP 的比重，却不认为财政结果与宏观经济状况有关。然而，现有研究没有产生一致性结论，没有找到某个债务率阈值，一旦超过这个阈值，政府就会解体。

最为重要的是，该定义假设发行货币的政府面临着与企业或家庭一样的融资约束，并且，政府的支出和偿债能力取决于金融市场是否愿意以可负担的利率贷给它资金。

如我们所了解的，在一个法定货币制度之下，这种财政空间概念忽视了两个要点：

- 主权政府不受收入约束，这意味着财政空间无法以金融术语来定义。
- 主权政府调动资源的能力仅仅取决于国家可以获得的**实际**资源（劳动力、自然资源、生产能力和专门知识）。

鉴于主权政府不会面临用光货币的危险，总是有偿付能力（除非它因为政治原因不履行承诺），因此，财政可持续性（和财政空间）无法以标准的财务比率（比如，公共债务率）来衡量，而国际货币基金组织等机构却很关注这些比率。

从 MMT 的视角来看，主权政府的首要责任是通过财政可持续性来追求公共目的和福利，而财政可持续性的概念必须围绕充分就业和价格稳定来构建。在这一方面，充分就业的财政赤字条件值得政策制定者关注。

因此，在我们的财政可持续性概念中，有几个考虑因素变得很重要。

促进公共目的

一旦非政府部门基于对未来的预期作出了支出（和储蓄）决策，政府就必须使得这些私人决策和充分就业目标相一致。

非政府部门通常希望在经济周期中获得净储蓄（以发行的货币积累金融资产），这意味在同一周期中，平均会有一个只能由国家政府填补的支出缺口。非政府部门盈余（净储蓄）的愿望只有在政府出现财政赤字时才能实现。

因此，国家政府应该寻求满足充分就业的财政赤字条件。我们可以将这些赤字称之为"有益的"，因为它们能够满足非政府储蓄倾向，并为所有想要工作的人提供就业岗位。

也有政府的目标是维持经济疲软（持续的失业），这意味着政府赤字的减少，甚至是盈余。但是，这一政策会拖累经济，最终会造成产出和收入的减少。并且随着税收的减少和福利支出的增加（自动稳定器），财政赤字会重新出现。换句话说，试图减少赤字的政策可能会适得其反，它实际上有可能会减缓经济，并造成更大的赤字。

一方面，财政政策的自动稳定器会缩小支出缺口，另一方面，总收入的减少也会缩小漏出和注入的差额，最终，部门收支余额恒等式仍会保持平衡。但是，经济将有更低的就业水平和更高的失业。我们将这样的财政赤字称为"有害的"赤字，因为它伴随着不断下滑的经济和不断上升的失业。

因此，MMT 的财政可持续性要求财政赤字是与充分就业一致的"有益的"赤字。如果财政赤字与充分就业不一致，那样的财政政策是不可持续的。

请注意，我们假设"正常"情况是整个非政府部门都希望获得盈余，因此政府通常有赤字。然而，少数国家拥有足够大的经常账户盈余，以至于它们"正常"的政府部门余额和国内私人部门余额都处于盈余状态之中。

理解货币环境

任何财政可持续性的概念都必须与政府运作于其中的货币制度的内在本质有关。在法定货币制度中，以金本位制度的逻辑来评价政府行为是没有意义的。在金本位制度中，货币可以兑换为具有内在价值的另一种商品，并且汇率是固定的。

固定汇率（金本位）制度会对财政活动施加约束，因为财政和货币政策需要维持汇率稳定，但这并**不适用于**法定货币制度的国家政府。

在法定货币制度之下运作的政府可能会采取自愿限制措施，仍按金本位制度的财政约束行事。这些约束包括：使赤字与公债发行相匹配；设定赤字规模上限；在一定时期内限制政府支出的增长；并对未偿还的国债设定上限。

所有这些财政约束都不适用于在法定货币制度之下运作的主权政府。一般来说，这些约束是由于某些意识形态要求，它们要求降低政府在经济中的重要性。

因此，在主权政府的情况下，财政可持续性的概念并不包括对这些自愿限制的合法性的任何承认。这些约束本质上意味着，国家政府追求充分就业的责任受制于无意义的财政约束。对于发行主权货币的国家的财政可持续来说，这些自愿约束都是不合理的。这些约束实质上阻碍了国家政府追求充分就业。

请注意，放弃浮动汇率的主权货币制度并采用金本位或固定汇率制度，这种决定本身就是一种自愿施加的约束。

理解何为主权政府

如我们所了解的，主权政府只要想支出，总是能够支出，不需要依靠从非政府部门借取资金。这与作为货币使用者的非政府部门形成了鲜明的对比。非政府实体只有在获得收入、储蓄、借款后才能支出。它们的赤字无法持续。在法定货币制度中，这些约束不适用于主权政府。

主流经济学的财政可持续性追求财政盈余，却忽视了如下事实：如果政府有盈余，非政府部门就一定处于赤字状态。反过来说，如果非政府部门有盈余，政府就一定处于赤字状态。

对于外贸赤字的国家，财政盈余意味着国内私人部门赤字。这是无法持续的，因为私人部门（它面临融资约束）不能持续处于赤字状态（并积累不断增加的债务）。随着私人部门增加储蓄以减少债务风险，财政盈余最终将迫使经济进入衰退。

因此，财政可持续性的概念涉及一个没有财政限制的政府的概念化，它具有任何非政府实体都无法获得的一系列可能性。此外，如果非政府部门要有净储蓄，**主权政府**就**必须**保持赤字。赤字的大小将取决于充分就业的财政赤字条件。

理解政府为什么征税

如我们在第 20 章和第 21 章中所了解的，税收的作用是推动非政府部门向政府部门销售商品和服务，以换取用于完成法律强制的纳税义务所需的货币。

征税会造成非政府部门的失业。我们可以将税收看作是（通过减少非政府部门的购买力）为政府部门创造实际的资源空间。这些商品和服务通过财政支出从非政府部门转移到政府部门，从而实现政府的经济和社会计划。

我们可以把征税的效果看作是创造未充分利用的资源（包括劳动力）。政府支出则把这些资源用于公共领域。征税的目的不是创造失业，而是从私人部门释放资源，并把它们用于公共目的。

用于支付税收的资金是由政府支出提供给私人部门的。因此，政府支出创造了就业岗位，消除了税收引起的失业。如果 G < T，非政府部门的流动性就会减少，财富存量也会减少。衰退会随之而来。

给定其他条件不变，如果非政府部门想要增加货币储蓄，那么失业就会上升。结果是非自愿存货的积累，以及随之而来的总产出和总就业的下降。

显而易见的结论是，当政府净支出太低，无法满足非政府部门纳税和储蓄部分总收入的愿望时，就会出现失业。

并且，财政可持续性的概念不接受这样的观念，即以发行货币满足非政府净储蓄愿望而产生的财政赤字将不得不在未来通过征收更高的税收来"偿还"。

理解政府为什么发行债务

我们也知道，主权政府在支出前，并不需要向非政府部门发行债务。在第 20 章和 21 章中，我们解释了国债的作用是调控利率。

事实上，主权政府可以不发行国债。财政赤字为银行系统创造了过剩的准备金，中央银行只需要为这些准备金向商业银行支付利息，同样可以维持非零的政策利率。

换句话说，将财政赤字与向非政府部门发债相匹配的做法并不是必要的，它反映了过去的习惯和现代关于限制政府支出的意识形态观点。人们认为，如果政府在制度安排的强迫下，每一项支出选择都要发行债券，那么公众对公共债务积累的监督将会抑制支出。这就是为什么公共辩论的焦点是公共债务比率，而事实上，它们在确定政府是否履行其推进公共目标的责任方面并不重要。

因此，财政可持续性的概念永远不应将债务发行与政府净支出联系起来。随着赤字的增加，债务也不一定会增加。在法定货币制度之下，政府自愿以此约束自己是没有道理的。

设定财政目标

对政府来说，设定财政目标是一项误入歧途的工作，因为最终的财政结果一方面取决于政府支出和税收决策，另一方面取决于非政府部门的支出决策。

政府不应该用一些硬性的公共债务门槛、赤字限制甚至支出限制来定义财政可持续性，而应该把重点放在将净公共支出维持在总需求维持在充分就业水平的水平上。如果它实现了真正的目标（充分就业），那么相应的财政收支就是可持续的。

外部风险

人们通常认为，如果外国人购买一国政府发行的债务，那么这会构成该国的信用风险。这实际上是杞人忧天。

在第24章中，我们将说明，一个国家要想积累其他国家的金融资产，就必须让其出口大于进口。比如，中国对美国有贸易盈余，因为它希望建立一个以美元计价的金融资产的财富组合。这是一个国家以另一个国家的货币积累净财富的唯一途径。

比如，外国财富持有者可能会选择以美国政府债券的形式持有其中的一部分财富。但是，这并不意味着美国政府的支出取决于这些外国债券持有人的偏好。无论外国债券持有人是否选择以政府债务的形式持有其贸易顺差，主权政府都可以支出。财政可持续性——购买并转移实际商品和服务的能力——不会因外国购买一个国家的公共债务而受到损害，也不会因拒绝购买赤字国家的公共债务而受到损害。

理解什么是成本

国际货币基金组织的财政空间概念反映了对经济成本的误解。当政府宣称将在新项目中支出1000亿美元时，这1000亿的数字并不反映成本。

任何项目的实际成本是为完成它所需要的额外实际资源。比如，如果政府宣布引入就业保障，该项目的实际成本就是失业工人可以享受的额外消费和工人在生产中所要使用的额外资本设备。换句话说，政府项目必须根据它们如何使用实际资源来评估，而不是根据所涉及的名义货币价值来评估。

因此，财政可持续性的概念应该与实际资源的利用率相关，它把我们带回到了追求公共目的的出发点：正确的财政收支应该与充分就业相一致。

22.4 债务可持续性的争论

人们对政府赤字和债务的讨论经常会转向赤字支出的可持续性，持续的赤字支出增加了债务，也可能增加了债务与GDP的比率。在本节中，我们将研究这些问题。然而，基于两个原因，我们也会指出，对发行货币的主权政府来说，债务可持续性这一概念是误导性的。

首先，对主权政府来说，**负担能力（affordability）本身是**不成问题的。无论债务规模多大，政府总是能够在债务到期时进行支付，因此，可持续性是不成问题的（参见第21章）。然而，如果债务率持续上升，并且债务利息的增长快于国民收入增长时，尽管负担能力不是个问题，但它却会**挤出**其他更重要的政府支出，这确实是个问题。

其次，同样重要的是，相关的讨论过度简化了经济增长过程，因为它忽视了经济行为发生变化的可能性，而这种变化将改变赤字与债务率之间的动态关系。

让我们先介绍一个通常被用于评价赤字支出可持续性的典型模型。请注意，主流经济学家们将**政府财政约束**视为一个事前的计划工具，并认为发行基础货币为赤字融资会导致通货膨胀。在第21.3节中，MMT批驳了这些观点。然而，我们暂且采用相关文献的假设，在以下模型中，所有的赤字都会导致国债增发。

我们测量两个时期之间债务占 GDP 的比率（债务率）的变化。对于两个时点之间的债务率变动，第 0 期结束时的债务率是 $d_0 = D_0/Y_0$，其中，D_0 和 Y_0 分别代表债务和 GDP。

假设其他条件不变，并假设利率不变，第 0 期产生的债务将在第 1 期以利率 r 增长［也就是说，增长到 $D_0(1+r)$］。同时，在第 1 期，政府的财政盈余（赤字）(FS_1) 将会减少（增加）债务。因此，第 1 期结束时的债务为 $D_1 = D_0(1+r) - FS_1$。

类似的，第 0 期的 GDP 水平 (Y_0) 在第 1 期会增长到 (Y_1)。g 表示 GDP 增长率，暂时假设 g 不变。在第 1 期，GDP 增长到 $Y_0(1+g)$，它可以抵销债务水平的上升，从而保持债务占 GDP 的比重不变或者下降。这些关键性的变量，即债务、GDP 水平和财政盈余，通常都是经通胀调整后的。（但这种调整不重要，因为这会使得所有名义变量变动相同的幅度，从而基本结论不变。）这一时期的债务率变动，Δd 等于 $D_1/Y_1 - D_0/Y_0$。经过运算最终可得第 0 期结束时到第 1 期结束时债务率变化的表达式：

$$\begin{aligned}\Delta d &= D_1/Y_1 - D_0/Y_0 = [D_0(1+r) - FS_1]/[Y_0(1+g)] - D_0/Y_0 \\ &= [D_0(r-g)/[Y_0(1+g)] - FS_1/[Y_0(1+g)]] \\ &= (D_0/Y_0)(r-g)/(1+g) - FS_1/Y_1 \\ &= d_0(r-g)/(1+g) - fs_1\end{aligned}$$

(22.5)

其中，fs 表示财政盈余与 GDP 的比率。

根据这一分析，有两个因素会影响债务率的变化：
- 债务的实际利率（r）和实际 GDP 增长率（g）的相对大小；
- 政府在第 1 期是否实现财政盈余，也就是说，$FS_1 > 0$。

这两个因素有四种可能的组合：

1. $r > g$ 且财政赤字；
2. $r > g$ 且财政盈余；
3. $r < g$ 且财政赤字；

4. $r < g$ 且财政盈余。

我们可以说，如果 $r > g$，那么如果财政平衡或者赤字（情形1），债务率就会持续上升。

在情形2中，如果政府的财政盈余与 GDP 之比保持恒定，用 fs^* 表示，那么负债率就存在一个临界值，记作 d^*，在这个临界值上，只要 r、g 和 fs^* 保持不变，那么负债率就会保持不变。d^* 可以写成：

$$d^* = fs^*(1+g)/(r-g) \tag{22.6}$$

但是债务率 d^* 是不稳定的。如果盈余占 GDP 的比例（fs^*）发生改变，那么债务率 d^* 也会改变。但是，即使后来 fs 恢复到原先水平，d^* 也不会回到原来的水平。

如果财政保持赤字，实际增长率超过实际利率，$g > r$（情形3），那么等式（22.6）中分子和分母都为负数，从而 $d^* > 0$。可以进一步证明，该债务率是稳定的。相反，如果财政盈余且 $g > r$（情形4），债务率就会逐渐下降。

主流经济学家基于等式（22.5）构建模型。他们通常假设关键系数（g、r 和 fs）保持不变。然而，他们没有意识到，在存在**支出乘数效应**的情况下，GDP 增长率（g）和财政盈余与 GDP 的比率（fs）是相互依赖的。

此外，尽管中央银行一般控制的是短期利率，从而为收益率曲线提供基准利率，但是，中央银行也有能力通过买卖长期国债影响长期国债利率 r，从而压平收益率曲线。美国、英国、日本和欧元区国家（通过欧洲中央银行）都在努力通过量化宽松降低长期利率，以刺激私人部门支出。

然而，g、r 和 fs 的水平并不是预先确定的。这将对赤字与债务比率之间的动态关系产生重大影响。我们现在研究几种情景，它们挑战了人们普遍持有的观点，即旨在实现持续充分就业的财政政策可能导致不可持续的债务比率。

- 温和的通货膨胀往往会通过累进税制增加税收收入，税收收入会比财政支出增加得更快，从而减少赤字。很多人认为这可能会带来"负"的实际利率，实际增长率因而很容易就能超过实际利率。换言之，增长率将超过利率，从而稳定债务率。

- 政府可以通过财政政策（减税和扩大支出）来刺激宏观经济。如果支出乘数和初始债务率处于正常水平，由于 GDP 增长快于债务增长，债务率将会下降。通过推行低利率政策，中央银行可以推动债务率下降，从而稳定债务率。

- 随着财政政策的调整，私人部门可能会调整它的支出和储蓄。如果财政赤字持续，私人部门的财富会增加；政府的利息支付将增加私人部门的收入。由于**财富效应**，财富的增加可能会增加私人部门支出，减少私人部门的储蓄率。因此，私人部门的边际消费倾向将会上升。很可能的结果是，税收收入和消费上升，私人部门盈余下降，且政府赤字下降。政府债务不会爆炸性增长，这种不合理的情况建立在如下假设基础上：随着财政赤字为私人部门创造出更多的净金融财富，非政府部门的行为不会有丝毫改变。

- 最后要讨论的是最有争议的问题。假设刚才所讨论的所有机制都不发挥作用，政府的债务率会趋于上升。主权政府会被迫停止支付利息吗？美联储前主席伯南克解释过，国际金融危机期间，中央银行为救助崩溃的华尔街而进行支出和贷款，所需的资金都是通过敲击键盘电子记账创造的。这么做不存在任何操作上或技术上的限制。

我们可以得出结论，私人部门持续的赤字和主权政府部门持续的赤字之间的根本不同在于，前者不可持续，而后者是可持续的。

我们已经指出，持续的财政赤字会导致私人财富的不断增加，并有可能提高国债与 GDP 的比率（Watts and Sharpe, 2013）。然而，无论债务率变得多高，发行主权货币的政府总是能够在到期时继续支付所有款项。支付这些款项的行为有可能导致通货膨胀，有可能导致政策变化，比如，降低利率目标。它还有可能导致非政府部门的行为改变，从而可能导致增长率、赤字和债务比率的变化。因此，不断上升的国债负债率不太可能永远持续下去。

正如勒纳所主张的那样（参见第 21 章），我们需要对财政政策采取一种功能性的指导思想。我们不必担心赤字和债务，而应该关注真正重要的事情：就业、增长、通货膨胀、汇率、环境保护、不平等和其他有关生活质量的社会经济指标。

结　论

在本章中，我们认为财政政策应该遵循**充分就业的财政赤字条件**。满足此条件可以使得总支出足以维持充分就业。

从这个意义上说，主权政府可以利用其财政能力来支持（资助）非政府部门的储蓄欲望，并确保经济中没有支出缺口，从而避免失业和衰退。

MMT 的财政可持续性要求政府利用其财政能力来维持充分就业和价格稳定，而不是按照某些债务率或赤字率指标行事。

最后，在追求持续的充分就业的过程中，主权政府不会受到赤字和债务变化的约束，因为它不会受到融资约束。

参考文献

[1] IMF（2005）"Back to Basics-Fiscal Space：What It Is and How to Get It"，*Finance and Development*，42（2）.

[2] Watts, M. J. and Sharpe, T.（2013）"The Immutable Laws of Debt Dynamics"，*Journal of Post Keynesian Economics*，36（1），59-84.

chapter 23

第 23 章

主权国家的货币政策

本章纲要

23.1　引言

23.2　现代银行业务

23.3　利率目标与货币数量目标

23.4　流动性管理

23.5　货币政策的实施

23.6　非常规货币政策

23.7　实践中的货币政策

23.8　货币政策的利与弊

23.9　中央银行独立性的问题

23.10　水平主义和垂直主义：一种整合

结 论

参考文献

学习目标

- 评论中央银行是以利率为目标而非以货币数量为目标的观点。

- 弄清在不同的利率设定安排下流动性管理的本质。
- 理解货币政策是如何传导的以及货币政策对宏观经济的影响。
- 认识到中央银行的独立性在某种程度上是有局限的。

23.1 引言

在第 20 章中，我们讨论了货币与财政政策的操作过程。中央银行负责处理财政部的税收、债券销售收到的款项和财政部的付款，这些财政政策操作必然会对银行系统的准备金产生影响。因此，中央银行需要与财政部密切合作，适应性地降低银行准备金的波动程度，从而确保利率目标的实现。通过研究这两者是如何合作的，MMT 的一个重要贡献是帮助我们理解这些实际的操作。

在第 21 章中，我们探讨了对财政部实施相机抉择的财政政策的利弊的争论。一种观点认为，通过货币扩张来"融资"的扩张性财政政策会导致通货膨胀，而通过债务融资的扩张性财政政策则会挤出私人部门支出，MMT 反对这种观点。此外，MMT 反对财政部与私人部门一样会受到债务和赤字的不利影响的观点，第 22 章提到了这背后的许多原因，其中一个原因是主权货币的发行者总是能偿付以本国货币（currency）计价的债务。

本章是第四个有关宏观经济政策的章节，在本章中，我们的首要目标是简要地总结之前有关现代银行业务的讨论。然后，我们将分析许多中央银行从货币数量目标到利率目标的转变。再然后，通过探讨不同的制度设定下中央银行是如何实现利率目标的，本章将巩固我们对流动性管理的理解。我们将研究主权政府的货币政策，自从 20 世纪 70 年代以来，这一直是发达国家宏观经济政策的重点。最后，我们将分析和评论当中央银行无法进一步实施（常规的）货币政策时所采用的非常规货币政策。

我们还会简要分析在 1993 年中期引入通货膨胀目标时澳大利亚的失业率和通货膨胀，然后评价采用货币政策作为首要的宏观经济政策工具的优缺点。

我们将分析中央银行独立性的本质，并综合垂直主义和水平主义的观点。

23.2 现代银行业务

私人借据（IOU，也就是欠款）是以本币（the domestic currency）计价的。同样，私人借据的发行者也承诺接受自己发行的债务。例如，如果一个家庭在银行有贷款，那么它随时可以开支票，用其在银行账户上的存款来支付贷款的本金和利息。在这种情况下，银行接受用它自己发行的借据来进行支付，就像政府在征税时会接受用自己发行的债务（即货币或称通货，currency）来支付欠政府的债务一样。

现代银行系统还建立了支票清算系统，因而银行愿意接受该国其他银行开出的支票。这就使得该国任一银行的债务人都可以使用在该国其他银行开出的支票来偿还债务。支票清算系统会对银行间账户进行结算。银行使用政府的借据来结算，为此他们会在金库中储备一些通货，并且更重要的是，他们会在中央银行储备存款准备金。

正如我们在第 10 章中提到的，所有现代金融系统都建立了支付系统（支票清算系统是其中的一部分），从而确保银行可以从其他银行获得所需的通货和准备金（这被称为银行间隔夜市场）或者从中央银行借取所需的通货（现金）和准备金。这种获取资金的渠道使得银行之间的结算以及银行与储户之间的结算能够完成。

此外，银行试图尽量减少其金库中的通货（现金），这不仅仅是出于安全考虑，更重要的是因为他们更愿意持有像贷款这样的资产，因为他们可以从借款人那里收取利息。因此，它们会对准备金加杠杆，只以准备金的形式持有其中一小部分资产。只要在一天里仅仅是一小部分储户将存款提现，这就不会出问题。但是，在银行挤兑的情况下（即大量的储户试图在同一天取款），银行就不得不从中央银行借取通货（现金）。

当银行面临挤兑的时候，中央银行就需要履行**最后贷款人**的职能。这时，中央银行用它的借据换取银行的借据，银行从中央银行那里得到了准备金（这是银行的资产），而中央银行则得到了银行的借据（这是中央银行的资产）。当储户从银行提取现金时，银行持有的准备金减少，储户的账户余额同时减少。最后，储户持有现金，这些现金是中央银行发行的债务，它的数额等于银行对中央银行的负债。

23.3 利率目标与货币数量目标

在 20 世纪 60 年代之后的很长一段时间里，货币主义深刻影响着政策制定，它认为中央银行具有控制货币供给的能力。主流经济学家曾主张中央银行可以通过数量限制来控制私人的货币创造（信用创造）。许多国家的中央银行，包括美国、英国、加拿大、德国和澳大利亚等国，在 20 世纪 70 年代末和 80 年代初，都将货币总量（某个特定的**货币供应量**指标）作为政策目标。他们这么做是因为根据货币数量论，在长期，货币供应量的增长率决定了通货膨胀率。但是，到了 20 世纪 80 年代中期，它们都发现自己无法控制货币供应量，于是放弃了货币主义的这个重要主张。

现在，中央银行很少关注货币总量的增长率，它们明白了它们实际上只能设定利率（通常是隔夜利率），并且这只会对准备金数量和私人创造的货币数量，从而对货币供应量产生某种间接的影响。

> **提示框**
>
> 回顾第 10 章关于信用创造过程和**货币供给内生性**的争论。

尽管中央银行不再以货币总量作为目标，而以利率作为目标，但是货币政策目前仍然是主要的宏观经济政策工具，并且货币政策仍然将控制通货膨胀作为主要的政策目标。尽管如此，但仍有一个问题没有得到合理的解释，那就是货币政策的相机抉择变化是如何通过银行间目标利率的变化来影响通货膨胀率的。我们最多可以想到，利率变化可能会导致支出变化，这可能会影响通货膨胀。

货币政策优于财政政策的观点反映了附加预期的菲利普斯曲线，这一理论是 20 世纪 70 年代早期占主导地位的通货膨胀理论。由于经济学家们认为财政支出将导致通货膨胀，因此，政府拒绝将财政政策作为降低失业率的手段。稳定的低通货膨胀率取代充分就业成为宏观经济政策的主要目标，这反映出这样一种信念：稳定的低通货膨胀率的经济环境最有利于增加私人部门的支出和就业，因为未预期到的通货膨胀率变化的影响只是暂时的，经济体最终会回到自然失业率水平上。此外，还有一种观点认为，独立的货币政策决策机构能够作出更好的决策。

一些中央银行正式施行了**通货膨胀目标制**。例如，英格兰银行在2018年制定了每年2%的通货膨胀率目标。澳大利亚储备银行则采用了通货膨胀目标区间，它将澳大利亚的目标通货膨胀率设定在每年2%至3%之间。美联储没有设定官方的通货膨胀目标，但在2016年有关货币政策长期目标和策略的声明中，联邦公开市场委员会表示，2%的CPI增长率目标与"美联储法定职责的长期目标最为一致"。（FOMC，2016）

除了控制通货膨胀，中央银行还可能有其他政策目标。例如，在美国，联邦公开市场委员会"坚定地履行国会所规定的职责，即最大限度地促进就业、稳定价格和保持适度的长期利率"，联邦公开市场委员会指出，"联邦公开市场委员会的成员对长期正常失业率的估计值的中位数为4.9%"（FOMC，2016）。而英格兰银行则还必须"支持政府的经济目标，包括经济增长和就业的目标"（Bank of England，2016）。在澳大利亚，澳大利亚储备银行必须协助"维持澳大利亚的充分就业"以及更一般意义上实现"澳大利亚人民的经济繁荣和福祉"（Reserve Bank Act，1959）。

有时人们还会提到另一种政策目标是适度的资产价格增长，但这没有被正式承认过。实际上，由于这不是它们的法定职责，美联储与其他中央银行一样避免公开谈论资产价格问题。并且，如果中央银行限制资产价格上涨，这可能会引发政治争端，特别是在那些能够从资产价格上涨中得利的人当中。

许多发达经济体的中央银行会每月设定一次银行间利率目标，其水平由独立委员会根据当前政策目标的优先级决定。由于银行对准备金的需求相对缺乏弹性，在宣布目标利率改变之后，隔夜利率会迅速移动至目标水平，这通常不需要中央银行进行相应的操作。

最后贷款者和金融稳定

在危机中，中央银行的重要职责是充当**最后贷款者**（lender of last resort），按照需求为金融机构提供准备金。最初，这是为了阻止银行挤兑。受全球金融危机的影响，在债务到期时债权人要求立即还款，银行无法为其头寸进行再融资，这使得各国中央银行不得不介入其中，提供再融资以避免金融系统的崩溃。代表政府的中央银行能够无限量地为金融系统提供货币。在全球金融危机期间，澳大利亚政府为银行客户提供了存款保证，让储户确信他们的存款是安全的。由于美元是主要的国际储备货币，在全球金融危机中美联储向外国银行和中央银行提供了数十万亿美元的贷款，实际上充当了全球的最后贷款人，从而防止美国境外的银行发行的以美元计价债务发生挤兑（见 Felkerson, 2012）。

23.4 流动性管理

引言

本节内容建立在前面的章节对流动性管理（由中央银行负责，为的是实现银行间利率目标）的分析的基础上，在此我们会考虑不同的制度安排。

MMT 认同中央银行无法控制货币供应量和银行准备金数量的观点。实际上，中央银行必须满足准备金需求。因此，在中央银行的目标利率处，准备金的供给曲线是水平的。这是**内生货币理论中水平主义的准备金理论**，这一理论是由莫尔（Moore）和其他后凯恩斯主义者在 20 世纪 70 年代和 80 年代发展起来的（参见 Lavoie, 1984; Moore, 1988）。大多数经济学家，不论他们属于哪一种思想流派，现在都认可这种对中央银行操作的解释。

但是，这种中央银行水平地提供准备金的观点没有考虑以下几点：

- 财政政策的操作；
- 中央银行隔夜利率目标接近零的情况，或者说等于银行的准备金账户利率（这被称为支持利率）的情况。

当政府支出时，在一开始银行准备金会增加，因为政府向商品和服务的供应商进行支付时，政府的账户余额会减少，相应地银行的准备金会增加。当中央银行向银行支付的准备金利率低于作为目标的银行间利率时，中央银行需要出售政府债券从而吸走多余的超额准备金。否则，银行间利率会由于市场的作用低于利率目标。在财政盈余的情况下，税收超过政府支出，银行的准备金会净减少，这时中央银行可能需要通过公开市场操作来增加银行的准备金。在第20章中，我们概述了在实施财政政策时中央银行的流动性管理。即使将财政政策的因素考虑在内，中央银行仍然是盯住目标利率，适应性地满足商业银行的准备金需求。

按照**主流教科书的货币乘数模型**，中央银行可以通过公开市场操作来注入准备金从而增加货币供应量。这样的话，银行贷款会增加，前提是新创造出的存款满足存款准备金要求。然而，这种主流理论没有意识到，超出银行需求的准备金会马上使得银行间利率降至零，或者降至非零的支持利率水平，这是因为法定存款准备金需求在下一个计算时期到来之前是不会改变的。在目标利率不等于支持利率的情况下，要实现利率目标，中央银行就必须通过出售证券来吸走新增的超额准备金。

另一方面，主流观点认为，中央银行可以通过从银行系统中吸走准备金来减少货币供应量。但是如果不存在多余的准备金，一旦中央银行吸走了准备金，银行系统将出现准备金不足的问题。这时中央银行别无选择，只能重新向银行体系中注入准备金从而使得银行间利率保持在目标水平。

无论在以上哪种情况，银行准备金数量和货币供应量都会保持不变。因此，中央银行无法自行改变准备金数量来控制货币供应量，后者只能是一个流于表面的政策目标。相反，银行的信贷创造会导致货币供给增加，而由于银行会调整其准备金数量从而实现其合意的（或者法定的）准备金/存款比率，货币供给的变化会导致基础货币数量发生变化。其中的因果关系不是准备金数量（基础货币数量）的变化决定信用创造，而是信用创造会导致合意的（或者法定的）准备金持有量发生变化，中央银行需要满足相应的准备金需求。

不同的利率设定安排

在全球金融危机后,美国和日本将利率目标降至接近于零的水平(见表23.1),它们在银行系统中保留了过剩的超额准备金。在美国,直到2015年12月,隔夜利率目标是在0和25个基点(0.25%)之间。在这种情况下,无论银行持有多少超额准备金,市场利率都会保持在该范围内。美国在2015年12月将目标利率提高了25个基点至0.25%—0.5%,随后在2016年12月再次将目标利率增加25个基点。为了维持利率目标区间的上界,美联储会向准备金贷款收取利率,而为了维持利率目标区间的下界,美联储开始向准备金支付利息。这确保了即使美联储在银行系统中保留过多的准备金,联邦基金利率(市场隔夜利率)也会保持在目标范围内。英格兰银行在2009年将银行利率(目标利率)和支持利率都设定为0.5%,这使得在银行系统中可以保留有过剩的超额准备金,因为没有银行会以低于0.5%的利率向另一个银行提供准备金。这个利率在2016年8月被下调至0.25%。

因此,在目标利率等于支持利率的情况下,或者目标利率接近于零的情况下,中央银行都可以在银行系统中保留过剩的超额准备金,而不需要吸走过剩的超额准备金,这时它们就不必去迎合银行的准备金需求。但是,准备金的不足会使得市场利率高于利率目标,这时中央银行需要作出回应。换句话说,向准备金支付利息(或采取零利率政策)的做法会产生一种不对称性:中央银行可以在银行系统中保留过剩的准备金,但它不能让银行出现准备金短缺。

表23.1 发达经济体的银行间目标利率

国家	利率(2016年12月)	之前的利率
英国	从2016年8月起为0.25%	从2009年3月起为0.5%
美国	从2016年12月起为0.50%至0.75%	从2015年12月起为0.25%至0.5%
日本	从2016年2月起为-0.10%至0.00%	从2010年4月起为0.00%至0.10%
澳大利亚	从2016年8月起为1.50%	2016年5月起为1.75%
欧盟	从2016年3月起为0.00%	从2014年9月起为0.05%

既然中央银行可以在银行系统中保留过剩的超额准备金,那么中央银行可以使用数量方法来实施货币政策吗?换句话说,一些人认为,也许中央银行可

以通过向银行系统中注入超额准备金来重新控制货币供应量，起码是能够增加货币数量。这可能可以辅助货币政策的利率传导机制。鉴于全球金融危机后利率已处于较低水平，中央银行是否可以通过提供超额准备金来实行刺激性政策？

关键在于，既然中央银行由此可以在流动性管理中掌握某种自由决定权，那么这是否意味着准备金决定存款，而存款决定货币供应量呢？答案是否定的，因为贷款是否能够获利取决于是否存在信誉良好的借款人，以及银行贷款利率和借款利率之间是否存在适度的利差。过剩的准备金在这方面的影响是微小的。

英格兰银行已经否认了对银行在金融系统中作用的传统认识，这种认识认为银行是以存款为基础进行信用创造的（McLeay et al., 2014）。但是，一些中央银行似乎仍然认为基础货币，即银行的准备金加上非政府部门持有的现金——会影响银行的信用创造（这就是所谓的量化宽松政策。详见第23.6节）。

23.5　货币政策的实施

传导机制

在本节中，我们将研究货币政策的变化将如何通过传导机制来影响宏观经济。一般来说，由于货币政策和利率的不确定性，收益率曲线是向上倾斜的（参见第10章）。收益率曲线表示的是**无风险利率的期限结构**，横轴是不同政府债券的期限，纵轴是相对应的收益率（参见图10.1）。这里我们假设中央银行降低了银行间目标利率。

在银行间目标利率下降之后，由于套利活动的存在，国债的中长期无风险利率也会下降，因此收益率曲线一般会向下移动。套利活动还会影响到私人部门资产的利率，也就是说，目标利率的变化可能会影响到私人部门的短期利率（例如，银行存款利率）以及商业贷款和消费贷款等长期利率。在澳大利亚，这些利率通常会随着目标利率的上升而上升，反之亦然，但是与目标利率上升时相比，在目标利率下降时，这些利率下降的幅度没那么大。然而，如果市场普遍预期到了目标利率的变化，目标利率下降的影响可能早已显现，那么在货币政策正式实施之后，收益率曲线的移动可能就不会太明显。

投资是总支出的一个组成部分，一般认为，投资会对利率敏感。新增的实物资本投资通常需要借入资金。只有在预期的净利润率超过借入资金的利率的情况下，这些项目才会进行。因此，投资支出与长期利率相关，因为重大投资项目的建设周期即使不是数年，也会是数月，并且项目收入只有在生产和销售开始之后才会产生。在其他条件相同的条件下，利率下降之后会有更多能够盈利的项目，由此就会产生更多的投资。预期利润依据的是对不确定的未来的长期预期，这种预期反映的是信心并且相当不稳定。因此，我们无法确定借款利率降低 25 或 50 个基点是否会带来投资支出的增加。此外，比如，2019 年的投资水平是几个月以前细致规划的结果，它们不太可能会对短期温和的利率变化做出较大的反应。

耐用消费品支出（例如，汽车、房屋和家用电器）经常会用到贷款，因为借贷成本会影响到还款能力，所以利率会影响到相关决策。在存在不确定性的经济环境下，另一个重要的考量因素是未来多年工作的稳定程度。抵押贷款利率的下降会减少抵押贷款的还款额，这会带来更多的支出和（或）储蓄，后者可以用来更快地还清抵押贷款。

目标利率的下降会降低国内的利率水平，并改变该国与其他国家之间的利差。一般认为，国际资本流动（外国与本国买卖金融资产）会对利差作出回应。随着国内利率的下降，资本流入可能会减少，由此本国货币可能会贬值。这意味着以本币计价的进口商品价格会上升，人们的购买意愿会降低；而以外币计价的出口商品价格会下降，因此净出口可能会增加，这会进一步增加与投资和耐用消费品支出有关的总支出增加。

虽然长期利率的微小变化（在目标利率发生变化之后）可能会对支出影响不大，但是越来越高的长期利率最终还是会减少受利率影响的国内支出。

因此，依靠货币政策影响总支出从而间接影响通货膨胀的做法是非常有问题的。在 23.7 节中我们将简要地回顾澳大利亚储备银行在调节通货膨胀和失业率中的表现。

23.6 非常规货币政策

引言

在受到全球金融危机负面冲击的发达国家（其中包括美国、英国、日本和欧元区国家），在 2008 年的前几个月，官方利率被连续下调至历史最低水平。美国在 2015 年 12 月将联邦基金利率从 0.25% 提高到 0.5%，在 2016 年 12 月在此基础上又将利率提高了 25 个基点。而在其他国家，历史性的低利率一直维持到了 2016 年底。

全球金融危机爆发以来，各国政府采取的政策显示出，货币政策仍被作为主要的宏观经济政策。自全球金融危机以来，发达经济体的通货膨胀率一直很低，人们经常讨论的实际上是通货紧缩，特别是在欧元区国家。亚太经合组织（APEC）和国际货币基金组织支持采用财政刺激政策，但附带的条件是赤字或债务不能出问题。一些国家（如澳大利亚、英国和美国）在 2009 年采取了刺激性财政政策，但这些政策在 2010 年就都停止了。因此，这些国家主要依赖于货币政策。但是，在主要发达经济体的利率接近于零的情况下，官方进一步削减利率的空间非常有限。因此，这些经济体采用了非常规形式的货币政策。

量化宽松（Quantitative easing，QE）

在日本、英国和美国，因为它们的银行间目标利率已经如此之低以至于无法再进一步降低收益率曲线，所以这些国家的中央银行都试图通过所谓的量化宽松来压平收益率曲线。简单来说，这意味着这些国家的中央银行制定计划购买长期国债，并且在某些情况下，购买私人银行部门和私人非银行部门的金融资产。这些政策的目标是增加对这些金融资产的需求，提高其市场价格并降低其收益率，从而使收益率曲线趋于平缓。此外，私人部门向中央银行出售金融资产的结果是其持有的准备金增加，这导致了这些国家的准备金全面增长。

如本章前面所述，在英国、日本、美国和欧盟，全球金融危机后的利率设定安排使得量化宽松政策得以实施。在利率接近于零，并且在后来还开始向超额准备金支付利息的情况下，中央银行能够采取不对称的政策：虽然它们不能让银行处于准备金不足的状态，但是他们能够让银行系统中留存有大量的超额准备金，并且这不会带来不良的影响。在没有这种利率设定安排的情况下，过剩的准备金会使得中央银行被迫通过出售债券来维持目标利率，债券的卖出会抵销之前公开市场操作中债券的买入，这会使得政策的作用被抵销掉。

英格兰银行认为量化宽松能够促进支出的增加。首先，购买金融资产降低了短期和长期利率，并提升了信心。这被称为信号渠道。其次，如果中央银行购买长期债券，那么持有这一类资产的家庭的资本收入会增加，而他们可能会将这些收入中的一部分消费掉。这被称为投资组合（再）平衡渠道。最后，如果中央银行购买非银行机构的资产，那么这些机构持有的银行存款和准备金就会增加，它们会更容易获得银行信贷，银行可能更会愿意贷款（Joyce et al.，2012）。这被称为银行的融资/贷款渠道。

比起之前降低官方利率来间接降低长期利率的做法，通过量化宽松直接降低长期利率的做法是否更能刺激经济呢？MMT 对此表示怀疑。首先，许多发达经济体的主要问题是增长缓慢，以及随之而来的信誉良好且有借贷需求的企业的缺乏。其次，财富效应可能使得支出略有增加，但退休人员的利息收入同样依赖于利率，这部分收入会随着利率的下降而下降。最后，MMT 不认同银行融资/贷款渠道的存在，因为它的前提是准备金驱动贷款和存款，也就是货币乘数机制。

负利率

"非常规"货币政策的第二种形式是负的银行间目标利率，瑞典和日本的中央银行在 2015 年 2 月和 2016 年 1 月下旬分别采取了这一政策。

日本将基准利率下调至 -0.1%，但是，为了减少对金融机构收益的影响，金融机构持有的准备金分为三层，它们分别具有正利率、零利率和负利率。此外，日本银行还承诺继续其量化宽松计划，每年购买约 80 万亿日元的日本国债。这两项措施被认为将降低收益率曲线并"使得整个收益率曲线上的所有利率都降低"（Bank of Japan，2016）。该政策的目标是"实现价格稳定并尽早达到 2% 的通货膨胀目标"。

如果政策目标是实现更高的通货膨胀率，那么再去对私人部门征收新税的做法就显得很奇怪，但欧洲中央银行（它的目标利率是 −0.3%）对所有准备金征收 0.3% 的税的做法就是这样让人感到奇怪。银行将有更大的动力来减少其持有的准备金，但这并不意味着银行会更有动力去创造信贷。

博里奥和迪亚塔特（Borio and Disyatat，2009：19）指出：

> 最近一个引人注目的案例是日本中央银行在 2001 年至 2006 年的"量化宽松"政策期间的经历，这一案例说明了超额准备金与银行贷款之间的联系是脆弱的。在零利率政策期间，尽管超额准备金余额和基础货币数量都显著地增加了，但日本银行系统的贷款数量却没有显著增长。

他们接着指出，当时信贷增长放缓的原因是日本企业具有足够的存量资本来满足非常弱的消费需求，因此不需要再去贷款。自 2010 年以来，投资占 GDP 的比率有所回升，但该比率仍然远低于 20 世纪 90 年代初普遍的水平。

小结

自全球金融危机以来，政府继续将货币政策作为主要的宏观经济政策工具，这种做法与新自由主义思想相一致。这种政策基本上未能解决发达经济体的高失业问题。在传统货币政策进一步扩张的能力有限的情况下，中央银行转向了非常规的货币政策。从 MMT 的角度来看，这些措施是无效的。迄今为止的证据也支持这一观点。

23.7 实践中的货币政策

图 23.1 展示了澳大利亚储备银行在控制通货膨胀率和失业率方面的表现。在 1993 年年中，澳大利亚中央银行引入了通货膨胀目标制，并将目标设置为 2% 至 3%。1991 年的经济衰退之后，通货膨胀和失业之间的关系发生了根本性的变化，第 18 章对此进行了分析。从 2000 年开始到 2008 年左右，通货膨胀率呈下降趋势，与之相伴随的是失业率的下降。从 2010 年底开始，尽管官

方利率（澳大利亚的现金利率）被连续下调，并于 2016 年 8 月从 1.75% 降至 1.5% 的最低点（见表 23.1），但失业率仍在波动中稳步上升。

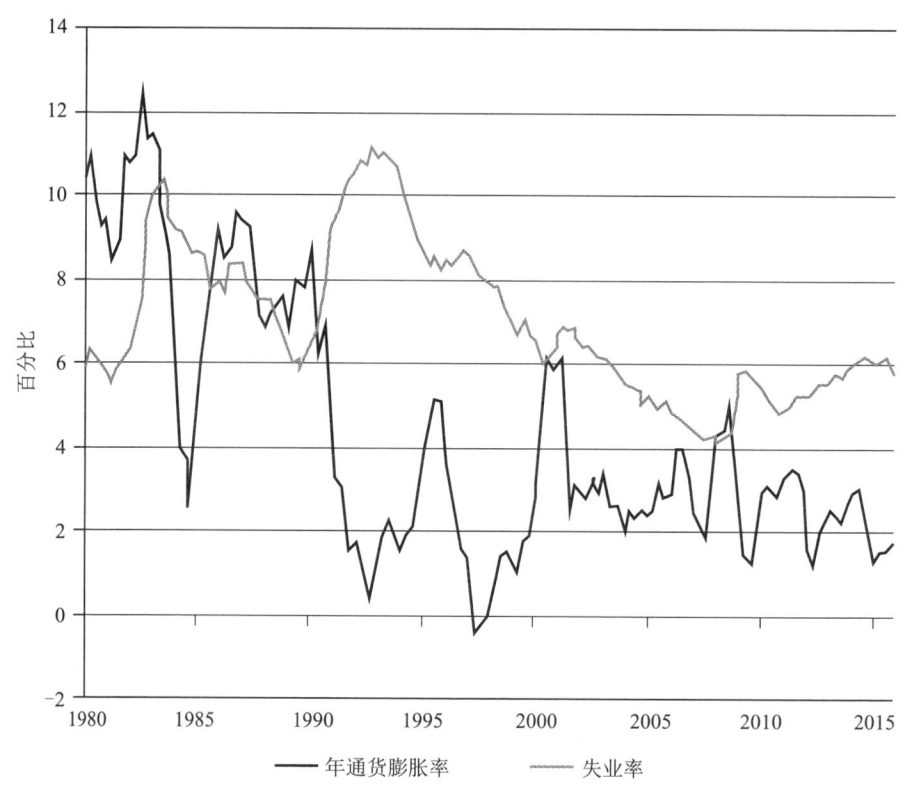

图 23.1 1980 年至 2015 年澳大利亚的失业率和通货膨胀率（%）

来源：作者的计算，数据来自 RBA Statistics，其中通货膨胀率为按季度统计的年化 CPI 数据，失业率为失业人数占劳动力人数的百分比

在通货膨胀率低于 2% 而失业率上升的情况下，这时刺激性政策是有必要的，而削减现金利率的政策是无效的，这与 MMT 的观点一致。这个问题在希腊、西班牙、葡萄牙和爱尔兰等欧元区的外围国家中表现得更加明显。尽管处在持续低通货膨胀甚至通货紧缩（负的价格增长）的时期，并且欧洲中央银行设定了很低的银行间利率目标（在 2018 年为 0.00%），这些国家在 2018 年仍深陷于高失业率之中，例如，爱尔兰的失业率为 5.9%，西班牙为 15.1%，希腊为 19.5%（Eurostat，2018 年）。

23.8 货币政策的利与弊

总的来说，货币主义者和主流经济学家们更倾向于将设定利率的货币政策作为主要的宏观经济政策，因为它：

- 易于实施（可以每月调整）并且灵活；
- 较少受到政治干预；
- 能更清楚地被金融市场所理解。

此外，如果中央银行实行通货膨胀目标制，比如，将目标设置在2%这一点上，或者是在2%至3%的范围内，那么它就为消费者和企业的通货膨胀预期提供了锚点。

货币政策的缺点有以下几点：

- 它是一种生硬的、不具有针对性的政策，无论是扩张性的还是紧缩性的，货币政策都无法保证能及时发挥作用。
- 货币政策不是应对成本推动型通货膨胀的恰当政策，例如，由国外油价冲击（来自中东的政治不确定性）或者大范围的严重干旱引发的通货膨胀。
- 在某些情况下，单一的货币政策工具试图影响三个可能存在冲突的政策目标（通货膨胀、GDP增长和资产价格增长）。丁伯根（Tinbergen，1952）指出，政策工具的数量必须等于政策目标的数量，这样才能保持经济政策的一致性。
- 不具有地区差异性。大城市房地产市场的过热可能需要利率目标的提高，这时抵押贷款的偿还压力上升起到了抑制房价上涨的作用，但同时农村地区房屋价格可能在下降，就业机会可能在减少，农村地区可能需要的是利率目标的降低。
- 在将低通货膨胀率（或低通货膨胀率的范围）作为政策目标时，货币政策经常会过于紧缩，这可能会造成失业率的上升，由此会带来经济成本和社会成本，而这些成本常常被低估。

23.9 中央银行独立性的问题

引言

对于货币政策和财政政策有一个重要的争论：在现代货币经济中，独立的中央银行是不是恰当的制度安排？如果是的话，独立性的本质应该是什么？我们已经表明，除非在目标利率和支持利率相等的情况下或者在存在接近零的目标利率的情况下，否则，中央银行必须适应性地满足准备金需求，但是，它能够在一定程度上自行决定银行间目标利率，而这受限于法律规定的政策目标。

独立性的理由

一些主权国家，如澳大利亚、新西兰、加拿大和英国，没有法律限制中央银行参与政府债务的一级市场。但在实践中，除了加拿大，这些国家的中央银行在一级市场的参与度都很有限。自1913年美国联邦储备银行成立以来，这个禁令就被写入了美国法律，但也有例外，比如，在第二次世界大战期间，当时财政赤字达到了国内生产总值的25%。

当然，主流经济学界和政策制定者有这样的共识：应该禁止中央银行通过在一级市场上购买国债来为财政赤字融资。英国财政部的融资全部通过发行债务来实现；这一工作主要由债务管理办公室（Debt Management Office）来完成；财政部会为此事先制定计划，并可能会在年内修改这一计划。它的观点代表了支持中央银行独立性原则的论点：

> 政府相信，坚持透明性和可预测性的原则最好的办法是全额融资（full funding）；并避免让人们产生公共部门的金融交易可能会影响货币状况的预期，这就需要货币政策和债务管理政策之间的制度分离（HM Treasury, 2012: 8）。

这里的第一点意味着政府会依据支出超过税收收入的部分（即赤字）来

发行和出售债务。① 国债拍卖系统会拍卖不同期限的债务，其收益率由市场确定，全额融资由此得以实现。第二点意味着，出售债务将抵销财政赤字对准备金的影响。这可以被看作是中央银行不必通过出售债务来吸收超额准备金从而实现其货币政策目标，这样就保持了货币政策与债务管理政策之间的制度分离。但是，如果财政支出使得经济活动水平上升，那么银行可能希望持有更多的准备金，非银行私人部门可能希望持有更多的现金。这时，全额融资的做法就不能使得私人部门的准备金需求完全得到满足，中央银行就需求参与其中，这样一来货币政策和债务管理政策的制度分离也就不能保持了。

另一个案例是欧元区，欧洲中央银行被禁止购买成员国的政府债务。按照设计，欧元区国家的政府会受到市场的约束，因而会将赤字和债务保持在马斯特里赫特条约规定的标准之内，即赤字占国内生产总值的比重低于3%，债务占国内生产总值的比重低于60%。正如我们之前所了解的那样，这些计划都没能实现。欧洲中央银行在二级市场购买了欧元区成员国的大量政府债务，它的资产负债表规模甚至比美国联邦储备银行还要大。

大多数发达经济体的中央银行有义务回应议会的问询，并提供有关货币政策和财政政策的详细信息。正如我们在本章前面提到的，大多数议会规定了指导中央银行政策的宏观经济目标，这些目标通常包括低通货膨胀、高就业率（或充分就业）、合意的经济增长率和金融稳定。议会可能不会规定用于实现这些目标的工具，例如，是否使用公开市场操作或贴现窗口。

人们普遍认为，许多中央银行享有的"独立性"可以使它们能够避免特殊利益集团的政治压力，尽管负责设定利率的委员会通常是由执政党任命的。因此，人们认为独立的中央银行能够作出可能不受欢迎但具有长期经济效益的决策。最后，尽管一些主流经济学家认为中央银行应该在某种程度上直接控制财政部的税收和财政支出，但这在实践中并未发生。中央银行不会拒绝为财政部完成支付，因为它们专注于确保支付系统的顺畅运行。如果中央银行真因为"资金不足"拒绝兑现财政部的支票，中央银行的领导会遭到议会代表的问询。主权政府的支出受到它承诺的财政政策目标的约束，而不受到中央银行的

---

① 赤字可能是"坏的"，这种情况的出现是自动稳定器的结果。

约束。①

23.10 水平主义和垂直主义：一种整合

在某种意义上，垂直主义者（verticalist）②和水平主义者（horizontalist）各自抓住了货币供应过程的某些要素。人们可以想象到货币供给过程中垂直的部分，它是政府供给法定货币的过程；通过政府购买商品和服务或者中央银行购买资产（如黄金、外币和债券等，以及贴现银行持有的资产），货币垂直地从政府注入私人部门。

图23.2描绘了货币供应过程的垂直部分和水平部分，后者则描绘了私人信贷市场（例如，银行）扩张和收缩货币供给的过程。

回想一下本章和前几章的讨论，私人部门之所以愿意接受政府的法定货币，是因为政府以法定货币向私人部门征税。

政府部门（财政部和中央银行）向经济体注入"通货"（现金和准备金）。财政部"支出"通货，中央银行主要"借出"通货。征税（收回政府的债务）会减少法定货币，这可以被视为从私人部门到政府的垂直运动（由此，货币"进入垃圾桶"，货币从中央银行的资产负债表的负债方中被抹去）。这些垂直流量之间的净差异（赤字支出）导致了贮藏在"铁皮仓库"的法定货币（在公众手中的通货和银行的准备金）的增加，其中大部分由私人机构持有，并

---

① 然而，美国的"债务上限"作为一种限制有时差不多要迫使政府停止计划内的财政支付。当未偿还的联邦政府债务总额接近债务上限时，国会必须提高限额，这是常规操作。但是，当一大群议员拒绝为提高限额投票时（通常他们要求从财政政策中删除他们不喜欢的项目），政治操弄可能会导致僵局。发生这种情况时，财政部必须设法推迟发行债务（有时它会通过推迟付款来做到这一点），并准备冻结政府开支。这样的后果是很严重的，其中包括对未偿还债务的利息支付的违约。这不是联邦储备银行施加的约束。国会可以修改法律，取消债务上限。另外，国会可以修改关于财政部如何进行付款的条例来减少国债的发行（有关美国的操作程序，请参阅第20章）。在2011年和2013年，提高债务上限的政治僵局导致了危机。2018年2月上旬，总统特朗普签署了一项法令，暂停债务上限直至2019年3月1日。

② "垂直主义者"通用于描述那些认为在货币数量为横轴和利率为纵轴的二维空间中货币供给曲线为垂直的主流经济学家。这种观点认为，中央银行外生地决定货币供给（通过货币乘数）；请参阅第10章。但是，此处所说的"垂直主义者"是另外一层含义。

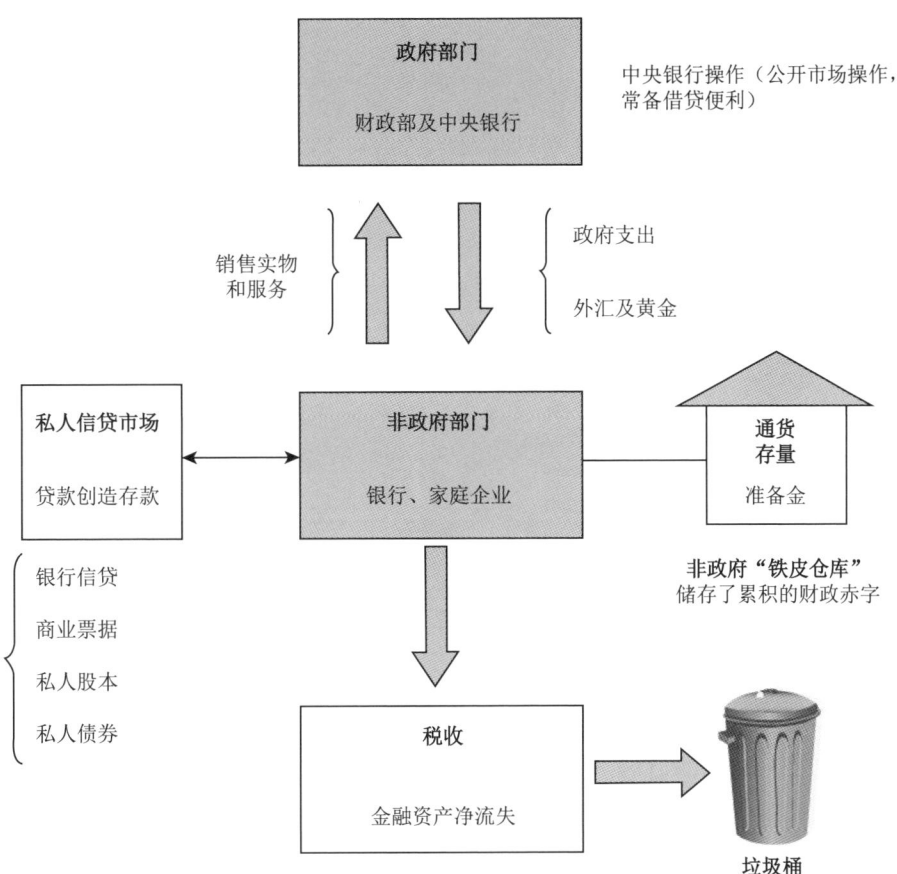

图 23.2 宏观经济中货币供应的垂直和水平过程

对应着它们发行的债务。① 政府还可以用有利息的债券换取没有利息的现金和准备金。这些债券在一级债券市场销售，或者由中央银行在二级市场销售，这也会减少通货。剩下的通货由家庭和企业以现金存款的形式持有，或由银行以准备金的形式持有。

另一方面，我们可以认为**银行货币的供给过程是水平的**；它可以被视为对垂直供应的法定货币"加杠杆"。显然，银行资金只是对法定货币"加杠杆"的一种方式。其他加杠杆的方式还包括商业票据、私人债券、所有类型的银行

---

① 例如，银行持有准备金，相应的，银行会产生相应的债务，比如，储户的存款。——校订者注

负债以及实际上所有的以法定货币计价的债务。所有这些私人债务都有三个特征：它们都以法定货币计价，它们都包括多头（拥有金融资产）和空头（承诺在未来提供当前还没持有的金融资产），它们都是"内部"债务，也就是说，多头和空头相加的净值为零。银行存款可以被认为是银行持有的法定货币的多头头寸，而银行的借款人则持有空头头寸，借款人押注于以后他们能够获得还款。

减少政府支出可能会使得非政府部门的货币短缺，从而导致还贷者无法获得足够的货币来偿还贷款。这有时被称为轧空（short squeeze）。借款人可能是劳动者，如果政府支出削减，失业增加，那么他们会失去收入；借款人也可能是企业，如果销售额下降，收入下降，那么它们可能会不再能借到所需资金（货币水平供给的增加）。如果"储蓄者"——那些银行存款余额为正的人——愿意增加自己的支出或者其他人愿意持有新的空头头寸（贷款给那些被轧空的人），那么政府支出削减所带来的轧空可以被减轻。在这种情况下，非政府部门的资金短缺可以通过水平主义的货币供给来缓解。但当经济活动放缓，非政府部门对支出和贷款采取谨慎态度时，这不太可能发生。

缓解轧空唯一的可靠方式是政府（通过垂直主义的货币供应过程）作为**货币净供给者**的能力。如果政府不对轧空做出反应，那么银行的借款人就会被迫出售资产、推迟债务偿还或设法申请新的贷款。这会导致资产价格的下降，并且有可能会恶化成普遍的债务通缩。如果轧空持续存在，那么债务违约发生的频率也会上升。另一方面，如果中央银行充当最后贷款人（贴现资产或购买私人部门持有的资产），或者财政部增加赤字，那么这种情况就有可能避免。

如果事情变得非常糟糕，那么银行就会变得资不抵债（资产价值低于负债价值），借款人未能偿还贷款，开始纷纷违约。如果多头的储户要"提现"（需要的是法定货币而不是银行存款），那么银行被迫要在中央银行的贴现窗口借入准备金。如果事情恶化到一定程度，银行的资产负债表恶化以至于它们没有足够的资本（净资产）来从中央银行的贴现窗口借款，这时就需要存款保险公司的介入来"解救"银行。随着价格的下降，借款人的违约和银行的倒闭，私人部门几乎肯定会遭受经济衰退（甚至更糟）；同时，政府税收会减少，政府支出会增加（由于自动稳定器的作用），这将增加政府赤字（和私人部门的净储蓄)。①

结　论

在本章中,我们研究了 MMT 有关货币政策的观点。我们解释了为什么中央银行的行长们意识到了他们无法控制货币总量,并明确地采用了隔夜利率目标这种替代性的政策工具。此外,我们还讨论了中央银行作为政府的银行所起的作用,并揭露了人们普遍相信的中央银行"独立于"财政部的观点是一种谬论。中央银行必须与财政部密切合作从而保障支付系统的顺畅运行。

我们还研究了中央银行在金融危机后采取的"非常规"货币政策。我们解释了为什么这些政策基本上无法实现它们的既定目标。基于 MMT 对货币政策的理解,我们提出了更有效的政策建议。我们提倡的政策将遵循功能财政:财政部应该进行足够的支出来维持充分就业。中央银行应该在充分就业水平上提供银行、家庭和企业所需的由通货(现金和准备金)和政府债券所构成的资产组合。在未实现充分就业的情况下,政府没有理由去追求"轧空",尽管这是"健全财政"所追求的。不幸的是,在最近几十年,政策制定者更偏爱健全财政而非功能财政。

参考文献

[1] Bank of England (2016) *Monetary Policy Framework*. Available at: http://www.bankofengland.co.uk/monetarypolicy/pages/framework/framework.aspx, accessed 13 February 2016.

[2] Bank of Japan (2016) *Introduction of Quantitative and Qualitative Monetary Easing with a Negative Interest Rate*. Available at: https://www.boj.or.jp/en/announcements/release_2016/k160129a.pdf, accessed 21 February 2016.

[3] Borio, C. and Disyatat, P. (2009) "Unconventional Monetary Policies: An Appraisal", Bank for International Settlements Working Paper no. 292.

---

① 在这种情况下出现的政府财政赤字就是本章前文中提到的"坏赤字"。——校订者注

[4] Eurostat (2018) *Unemployment Statistics*. Available at: https://ec.europa.eu/eurostat/statistics-explained/index.php/Unemployment_statistics accessed 22 September 2018.

[5] Felkerson, J. A. (2012) "A Detailed Look at the Fed's Crisis Response by Funding Facility and Recipient", *Public Policy Brief No.* 123, Levy Economics Institute. Available at: http://www.levyinstitute.org/pubs/ppb_123.pdf, accessed 8 May 2016.

[6] FOMC (Federal Open Market Committee) (2016) *Statement on Longer-Run Goals and Monetary Policy Strategy*. Adopted effective 24 January 2012; as amended effective 26 January 2016.

[7] HM Treasury (2012) *Debt and Reserves Management Report* 2012 – 2013, March 2012. Available at: https://www.dmo.gov.uk/media/2061/drmr1213.pdf, accessed 17 September 2018.

[8] Joyce, M., Miles, D., Scott, A. and Vayanos, D. (2012) "Quantitative Easing and Unconventional Monetary Policy-An Introduction" *The Economic Journal*, 122, F271 – 288.

[9] Lavoie, M. (1984) "The Endogenous Flow of Credit and the Post Keynesian Theory of Money", *Journal of Economic Issues*, 18 (3), 771 – 797.

[10] McLeay, M., Radia, A. and Thomas, R. (2014) "Money Creation in the Modern Economy" *Bank of England Quarterly Bulletin*, 54 (1), 14 – 27.

[11] Moore, B. (1988) *Horizontalists and Verticalists: The Macroeconomics of Credit Money*, Cambridge: Cambridge University Press.

[12] Reserve Bank Act (1959) Commonwealth of Australia. Available at: https://www.legislation.gov.au/Series/C1959A00004, accessed 8 May 2017.

[13] Tinbergen, J. (1952) *On the Theory of Economic Policy*, Amsterdam: North Holland.

第24章
开放经济中的政策：汇率、国际收支和竞争力

本章纲要

24.1 引言

24.2 国际收支平衡表

24.3 基本概念

24.4 再论总需求和国外部门

24.5 货物和服务贸易、产品市场均衡和贸易平衡

24.6 资本管制

结论

参考文献

学习目标

- 了解国际收支的组成部分及其相互关系。
- 认识名义汇率和实际汇率之间的区别。
- 分析贸易在国民收入的均衡决定中的作用。

24.1 引言

在第 15 章中，我们将国际贸易引入了国民收入决定模型。我们对进出口赋予了一些简单的假设。我们假设出口是由世界其他地区普遍的收入水平决定的（也就是说，它们是外生于本国经济的），而进口则在本国国民收入中仅占一个简单的比例，这个比例被称为**边际进口倾向**（marginal propensity to import）。

在本章中，我们将加深我们对开放经济条件下经济运行方式的理解。我们将继续假设价格水平是固定的，这意味着我们假设在总需求增加时，企业的反应是增加实际产出。在本章靠后的内容我们将考虑开放经济背景下价格水平的变动。

我们将讨论汇率的概念，并研究汇率变动对国家之间进出口贸易和金融交易的影响。

对于经济整体来说，进口是商品和服务从国外进入本国，这对居民来说是实际的收益。相反，出口是商品和服务销售到国外市场。

出口对本国居民来说是实际的成本，因为它们代表了居民无法将这些资源（劳动力、资本和其他产品投入）用于生产供自己使用的商品和服务。很明显，国家从事出口并且承受由此产生的成本的唯一动机，是为了获得外币，这使得该国能够购买那些自己不生产的商品和服务。

如果进口超过出口，那么一个国家消费的商品和服务超过了它为国外所生产的商品和服务，这个国家因而可以享受更高标准的物质生活。我们将讨论这种贸易观[①]与浮动汇率之间的关系。

国际贸易涉及商品、服务和金融流量。金融交易代表进出一个国家的货币流量，它对于汇率和其他宏观经济变量（例如，利率、通货膨胀率和实际 GDP）的变动具有重大影响。

一个国家与世界其他国家的所有交易都记录在国际收支平衡表中。我们在

[①] 在当代世界，这种贸易观是 MMT 所特有的，很难被大多数人所理解。——校订者注

一开始会考察统计部门是如何通过国际收支平衡表来核算外部经济的,这是一个与国民收入和产出账户联系密切的统计框架。

24.2 国际收支平衡表

每个国家(家庭、企业和政府)都与其他国家进行经济交易,所有这些交易都记录在每个国家的国际账户中。国际账户由若干分账户组成:

- 国际投资头寸表:"显示在某个时间点,以下资产和负债的价值:经济体中居民持有的金融资产,这些资产是非本国居民发行的债务或者作为储备资产持有的黄金;以及经济体中居民对非居民的负债"(IMF,2011:7)。[①]

- 国际收支平衡表:"总结一段时期内居民和非居民之间交易的统计报表。它包括商品和服务账户、初次收入账户、二次收入账户、资本账户和金融账户"(IMF,2011:7)。

- 各种"金融资产和负债账户的其他变化"(例如,估值变化)(IMF,2011:7)。

国际收支平衡表和相关的账户由国家统计机构编制(如英国国家统计局,澳大利亚统计局,美国经济分析局),它们遵循国际货币基金组织的《国际收支和国际投资头寸手册》(*Balance of Payments and International Investment Position Manual*)所制定的国际标准(IMF,2011),并通过国民收入和产出账户体系加以补充(United Nations Statistical Commission,2009)。虽然不同国家使用的术语有所不同,但基本原则是相同的。

国际货币基金组织的手册是"一种经济体与世界其他地区之间交易和头寸的标准统计框架"(IMF,2011:1)。不同国家统计方法的区别与"该国提供和接收的经济资源的性质"有关(IMF,2011:9)。

与其他核算框架一样,国际收支平衡表依据的是复式记账法。记录的每笔交易都有两个相等且相互抵销的分录,每个分录对应于资金的流入和流出。在

---

① 这里所说的居民指的是在本国长期从事生产和消费的自然人或法人,而除此之外的自然人和法人就是非居民,例如,外国人。——校订者注

这里我们只显示净流量。

贷记分录涵盖外国居民向本国居民进行支付的交易，例如，商品和服务的出口、海外投资的收入、外国资产的减少、对外负债的增加。

借记分录涵盖本国居民必须向外国居民进行支付的交易，例如，商品和服务的进口、外国居民的收入、外国资产的增加、对外负债的减少。

国际收支平衡表示例

示例1：商品和服务的出口

澳大利亚居民向美国居民出售价值1000澳元的商品。

澳大利亚国际收支平衡表将这样记录：

贷记：出口1000澳元

借记：货币1000澳元，金融资产增加

示例2：澳大利亚居民从美国银行借款

澳大利亚居民从美国银行获得1000澳元的贷款。

澳大利亚国际收支平衡表将这样记录：

贷记：贷款1000澳元，负债增加

借记：货币1000澳元，金融资产增加

表24.1显示了澳大利亚统计局如何记录澳大利亚和美国的国际收支数据。请观察首列的结构：经常账户及资本和金融账户是国际收支平衡表主要的子账户。然后在每个子账户内有几个斜体的子标题，它们记录了澳大利亚与世界其他地区之间交易的各个项目。

我们现在将根据表24.1简要讨论经常账户以及资本和金融账户。

表24.1 澳大利亚和美国的国际收支平衡表，当期价格

		2016—2017年（百万澳元）	2017年（百万美元）
1	经常账户	−29 469	−449 141
2	商品和服务	12 165	−552 277
3	商品	13 819	−807 495
4	服务	−1 654	255 219

(续表)

		2016—2017年 (百万澳元)	2017年 (百万美元)
5	初次收入	-39 811	221 732
6	二次收入	-1 823	-118 596
7	资本和金融账户	24 611	356 605
8	资本账户	-762	24 746
9	收购/非生产、非金融资产的处置	-182	
10	资本转移	-580	24 746
11	金融账户	25 373	331 859
12	直接投资	70 827	-24 393
13	证券投资	-1 945	212 487
14	金融衍生品	-711	-23 074
15	其他投资	-23 168	165 149
16	储备资产	-19 629	1 690
17	净误差和遗漏	4 858	92 536

资料来源：澳大利亚统计局（2017）；美国经济分析局（2017）

商品和服务（国际贸易差额）记录了"生产性活动成果的交易"（IMF，2011：149），并且是本国与世界其他地区的交易（第2行）。这些数据通常来自一国海关从出口商和进口商那里收集到的信息。

货物的出口和进口对应的是可移动的或有形的产出（第3行），而服务则是其他无形的产出（第4行）。服务包括银行、保险、交通和教育等项目。虽然游客在度假期间购买的物品可能是有形的，但是按照IMF的核算惯例，所有这类支出都被记录为服务。

初次收入"表示机构单位的收入，这些收入来自对生产过程做出的贡献，或提供的金融资产，或向其他机构单位出租的自然资源"（IMF，2011：183）。

有两类初次收入（第5行）：

- 与生产过程相关的收入，例如，支付的工资、税收和对生产的补贴。如果居民获得非居民支付的劳动报酬，那么他就获得了初次收入。

- 与金融资产所有权相关的收入，例如，股息和利息。

这些流量如果是当期发生的，那么就会在初次账户中进行核算。可以想见，它们会影响到国民收入账户对国民收入的衡量。

二次收入账户（第6行）涉及居民与非居民之间的经常性转移。这些转移不增加国民收入，而是收入在国家之间的再分配。二次收入的转移不增加经济价值。典型的二次收入账户交易包括个人转账（海外汇款）、慈善捐款、社会福利（例如，支付到国外或从国外支付到国内的养老金）以及当期收入税和财产税。

经济学家们经常关注经常账户，因为它记录的交易直接与国民收入的决定有关。我们之前对部门收支以及收入/支出决定的讨论都与经常账户有关。

出口（注入）和进口（漏出）是总需求的关键组成部分。

资本账户和金融账户

一个国家的经常账户侧重于该国与其他国家的交易，这对于衡量国民产出和收入有重要意义，而资本账户（第8行）则用于描绘这些交易的金融方面。

如果一个国家的出口超过进口会发生什么呢？如果我们暂且忽略一次账户和二次账户，那么货物和服务的净流出将伴随着对其他国家金融债权的积累。这是因为，为满足出口所需的支付，对该国货币的需求超过了为促进进口支出而向外汇市场提供的货币供应。

这种不平衡将如何解决呢？有几种可能的途径。一个最明显的解决方案是外国人向国内居民发行债务。这将导致由本国居民持有的外国负债（本国居民的资产）的净增加。这会借记资本账户，它使得非居民能够买到更多的本国产品。

另一种解决方案是非居民提取在本国银行的账户余额，这意味着非居民的净资产减少。

从表24.1中的第8行到第10行中可以看出，资本账户记录了非生产性的非金融资产交易以及居民和非居民之间的资本转移。

金融账户（第11至16行）是一个平衡性账户，记录了"金融资产和负债的净增加和减少"（IMF，2011：10）。

24.3 基本概念

在我们考虑包含汇率的更复杂的收入决定模型之前，我们需要先理解基本的术语。

开放经济的宏观经济学会用到以下基本概念：

- 名义汇率。
- 外汇市场。
- 汇率决定机制：固定汇率和浮动汇率。
- 实际汇率或有效汇率、单位劳动力成本和竞争力。

我们将在本章的后面部分中讨论汇率制度的历史。

名义汇率（e）

名义汇率（e）是购买一单位某种货币所需的另一种货币的数量。我们可以用两种不同的方式来表示汇率。这里以澳元（$A）和美元（$US）的关系为例。

假如我们要了解购买1单位美国货币（1美元）所需的澳元。在这种情况下，美元就是我们所说的被报价货币（reference currency），① 其他货币的价格用购买1单位被报价货币所需的该种货币数量来表示。例如，1.25 澳元＝1 美元，这表示购买1美元需要花费1.25澳元。

另一种表示方法是将 e 表示为购买1单位澳大利亚的货币（1澳元）所需的美元数。在这种情况下，澳元是被报价货币，因此，在前面的例子里，那就是0.8 美元＝1 澳元。如果购买1美元需要花费1.25 澳元，那么0.8 美元就需要花费1澳元。

第一种以美元为被报价货币的表示方式与第二种表示方式相反。要了解汇率报价，你就必须知道哪种货币是被报价货币。

在本章中，我们约定：e 是购买1单位本国货币所需的外国货币数量。

---

① 又称基准货币，或参考货币，指的是数量固定不变、作为比较基准的货币。——校订者注

我们假定本国为澳大利亚，那么 e 是购买 1 单位本国货币（澳元）所需的美元数额。

名义汇率的变化、升值和贬值

想象一下，一个澳大利亚居民希望从美国供应商那里购买产品，该产品当前美元价格为 36 美元，而 e 目前为 0.8。那么相应的澳元价格为 45 澳元（外国价格除以名义汇率）。表 24.2 的第 1 行展示了这种状况。

如果名义汇率下降到 0.6（如表 24.2 第 2 行所示）会发生什么呢？这意味着购买 1 澳元需要的不再是 80 美分，而是 60 美分。

汇率的下降意味着澳元贬值了，1 澳元（被报价货币）只值更少的外币。在表 24.2 中，这意味着现在来自美国的产品价格为 60 澳元（36 美元除以 0.6）。因此，即使产品的美元价格保持不变，当名义汇率下降时，产品的本国价格会变得更高。

表 24.2　国际价格的比较

e（美元/1 澳元）	国外价格（美元）	等值的本国价格（澳元）	与初始值相比澳元的变化
0.8	36	45	
0.6	36	60	贬值
1	36	36	升值

这个例子说明澳元贬值会有这样的结果：

- 以澳元计价的外国商品会变得更贵，在其他条件相同的情况下，这一般会导致**进口需求的下降**。
- 在给定澳元的价格下，外国人为澳大利亚产品支付的价格变低。在其他条件不变的情况下，这将导致**出口需求的上升**。

现在，假设美元与澳元的比价从 0.8 升至 1。这意味着我们现在购买 1 澳元需要 1 美元。根据我们对汇率的定义，**e 的增加意味着澳元升值**。

在表 24.2 所示的例子中，这意味着美国产品的价格现在等于 36 澳元（36 美元除以 1）。**这个例子表明，澳元的升值将导致**：

- 以澳元计价的外国商品更便宜，在其他条件相同的情况下，这将导致**进**

口需求的上升。

- 在既定的澳元价格下，外国人必须为澳大利亚产品支付更高的价格。在其他条件相同的情况下，这将导致出口需求的下降。

是什么决定了汇率？

货币的供求与国际贸易和资本流动有关，也与国家之间的相对利率以及对利率变化的预期有关。汇率的决定极其复杂，而且汇率变化是不可能完全预测的。到目前为止，尚未有汇率理论或模型可以预测汇率变动。究竟是国际货物和服务贸易主导了国际金融资产交易，抑或相反的情况，经济学家们对此存在分歧。

人们认为汇率受外汇市场上的货币供求的影响，外汇市场可能是本国银行的外汇柜台，也可能某个城市的火车站服务区，不同国家的旅客在那里会面。但是，供求关系影响汇率这一点实际上没有告诉我们太多现实世界中汇率是如何决定的。

经济学家们经常会举出一种非常简单的汇率决定模型，该模型基于常见的供需曲线。横轴显示货币数量，纵轴显示"价格"，即汇率。但是，这是一个高度简化的汇率决定模型。

在图 24.1 中，我们采取主流方法来分析外汇市场上澳元和美元的关系。大多数国家的货币都在外汇市场上交易，但我们只选择了其中两种。在分析澳元的供求时，我们将只考虑出口和进口。

一方面，考虑外汇市场的澳元供给。当澳大利亚居民购买外国商品（进口），购买外国资产或从国外借入款项时，他们需要购买交易的计价外币。为了购买他们想要的货币，他们会提供澳元作为交换。对于进口而言，这里的假设是，随着汇率（e）的上升，澳元的供给也会增加，因此澳元的供给曲线是向上倾斜的。假设以外币计价的进口价格固定，那么以澳元计价的进口价格就会下降，这增加了进口商品需求量。当汇率升值时，进口商品的总价值（以澳元计价）会增加多少取决于经济学家所说的**需求的价格弹性（price elasticity of demand）**。需求的价格弹性是需求对价格变化的反应程度的百分比。

- 当需求上升的百分比小于价格下降的百分比时，我们认为商品的需求是缺乏弹性的。总收入（或支出）将下降。
- 当需求上升的百分比大于价格下跌的百分比时，商品的需求是富有弹性的。总收入（或支出）将增加。
- 当价格和数量按相同比例变化时，商品的需求价格弹性等于1。总收入（或支出）将不变。

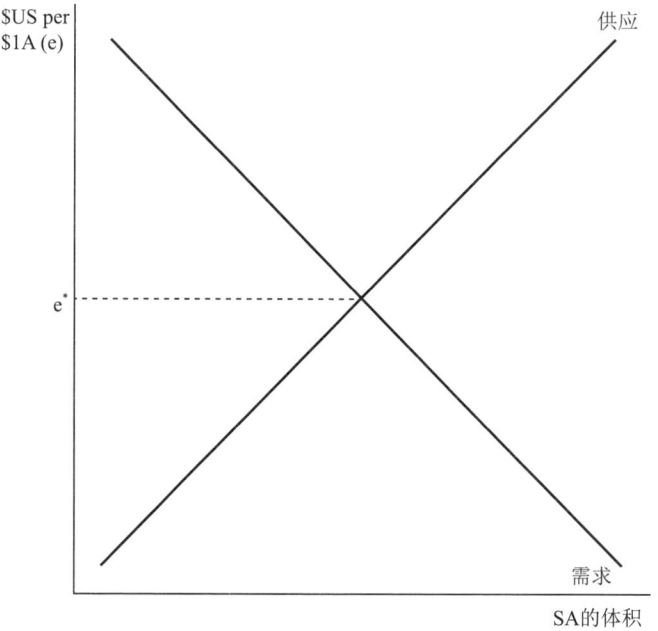

图 24.1　简单的双边外汇市场

在图 24.1 中，澳元的供给曲线向上倾斜是因为对美国商品的进口需求富有弹性，从而进口美国商品的澳元价格降低会使得人们花费更多的澳元。

另一方面，在需求方，当外国人要购买澳大利亚的商品和服务（出口）或者澳大利亚的金融资产时，他们就需要澳元。他们在外汇市场上用本国货币来换取澳元。我们这里只考虑出口。澳元的需求曲线向下倾斜是因为美国对澳大利亚出口品的需求富有弹性。

- 在主流的汇率决定理论中，当供给等于需求时，名义汇率 e 处于均衡状态。
- 如果对澳元的需求过多（即需求超过供给），那么澳元会有相对于其他货币升值的压力。如前所述,升值意味着每单位被报价货币(澳元)可以购买更多的美元,即名义汇率 e 上升。

- 如果澳元的供给过多(即供给超过需求),那么澳元会贬值,每单位被报价货币(澳元)可以购买的美元减少,即名义汇率 e 下降。

名义汇率 e 的这些变化消除了供需的失衡(见图 24.1)。澳元贬值的情况下,澳大利亚出口商品的外币价格现在更低了(购买以澳元定价的商品所需的美元减少了),假定出口需求富有弹性并且与价格反相关,那么出口需求就会上升。这意味着对澳元的需求会增加。另一方面,如果进口需求富有弹性,澳元的供给会随着澳元对美元的贬值而下降。

由此可见,如果进口需求和出口需求都富有弹性,那么贬值会改善贸易失衡。但是,这些条件是很难达到的(这是充分非必要条件)。①

贬值后贸易失衡状况改善的必要条件被称为**马歇尔-勒纳条件(Marshall-Lerner Condition)**。它的意思是,只要出口的价格弹性和进口的价格弹性之和超过 1,净出口就会在贬值后得到改善。你不必了解这背后的证明过程。

总之,如果满足**马歇尔-勒纳条件**,那么:

- 外汇市场中澳元的供给过剩会导致贬值(汇率下降)和净出口增加。这会减少外汇市场中澳元的过剩供给。

- 外汇市场中澳元的需求过剩会导致升值(汇率上升)和净出口下降。这会减少外汇市场中澳元的过剩需求。

经常账户的另一个组成部分是外国持有的国内资产以及相反的情况所产生的净收入。资产的跨国持有产生了股息和利息支付的净流量。如果净流量为正,那么在其他条件相同的情况下,国民收入就会增加。如果净流量为负,那么在其他条件相同的情况下,国民收入就会下降。

澳大利亚经常账户中的这类净收入流量为负。在这种情况下,如果支付的利息或股息以外币计价,那么澳元的贬值可以增加净收入。贬值不仅会增加贸易余额从而增加国民收入,而且贬值会增加由金融资产带来的净收入从而进一

---

① 出口富有弹性这一条件是过于苛刻的,因为即使假定澳大利亚出口的需求价格弹性为 1 并且美国人的支出水平(以美元计价)保持不变,但是由于澳元的贬值,对澳元的需求还是会增加。相反,当考虑贬值对澳大利亚进口支出的影响时,贬值仅通过澳元的价格变化和支出变化对进口产生影响。

步增加国民收入。

为简单起见，我们将忽略这部分净收入的影响，并假设满足马歇尔-勒纳条件，在这种情况下，本币贬值不仅可以改善贸易收支状况，而且也可以改善整个经常账户的收支状况。

我们可以这样定义三种国际贸易收支状况：
- 贸易逆差是出口的本币价值小于其进口的本币价值。
- 贸易顺差是出口的本币价值大于其进口的本币价值。
- 贸易平衡是出口的本币价值等于其进口的本币价值。

以澳大利亚为例。贸易逆差意味着非澳大利亚居民手中积累了越来越多的澳元。相应地，非澳大利亚居民向澳大利亚居民提供了商品和服务（的进口）。

显然，外国人之所以允许澳大利亚的贸易逆差持续是因为他们想要积累以澳元计价的金融资产。不然的话，他们可以选择购买澳大利亚的商品和服务（即从澳大利亚进口）从而花掉他们从出口中获得的澳元。

如果外国人将全部的出口收入（以澳元计价）都用于购买来自澳大利亚的商品和服务，那么就会出现贸易平衡。

因此，贸易逆差意味着外国人在增加他们的名义储蓄（在这个例子中，这表现为以澳元计价的金融资产）。

最后，虽然大多数货币彼此之间自由浮动，但有时一国中央银行会进入外汇市场买入或卖出本国货币，这是一种影响外汇市场中汇率的手段。这被称为**官方干预**（official intervention）。

必须记住的一点是，本节中介绍的简单的供求理论并不能解释现实中的汇率决定。这种理论最大的缺陷是它只关注国际货物和服务贸易。实际上，至少对于世界上的主要货币而言，金融交易的规模要高出好几个数量级。

金融市场的规模解释了为什么美国等国家的贸易逆差可以持续，为什么日本等国家的贸易顺差可以持续，并且不会对它们的本币汇率造成持续的压力。上文的供求分析充其量仅对所谓的"现货市场"有用，例如，在一周的最后一个交易日结束时农贸市场中的香蕉。外汇市场的交易要复杂得多，并且会受对远期汇率和利率的预期的影响。

对一国金融资产的需求对汇率的决定很重要。例如，对澳元的大部分需求不是为了货币本身,而是为了以澳元计价的金融资产和有形资产。同样,全球对美元的大部分需求不是为了购买美国商品和服务,而是为了以美元计价的金融资产,这些资产可以作为多元化投资组合的一部分。

很重要的一点是,资产的市场价格会受到利率的影响。在外汇市场,参与者会考虑相对利率(即本国利率与外国利率的对比)和远期汇率。因此,持有美元资产的决策会受到当前美国利率与外国利率的相对水平的影响,也会受到对美元相对于其他货币升值或贬值的预期的影响。

这就引出了两种相互竞争的汇率决定理论。主流的观点重点关注商品和服务贸易,主张购买力平价定理(purchasing power parity theorem)。根据这种观点,汇率的变动会使得汇率调整后的价格趋于相等。换句话说,无论麦当劳的巨无霸汉堡是在美国还是在澳大利亚买的,在汇率调整后,汉堡的价格是相等的。如果在美国汉堡的价格为 4 美元,汇率为每澳元兑 0.8 美元,那么澳大利亚的汉堡价格应为 5 澳元。[①]此时,两种货币的购买力相等(即平价)。显然,如果存在运输成本等交易成本的差异,价格将偏离平价水平。重要的是,购买力平价定理认为,是商品和服务的交易决定了汇率。

另一种替代性的理论则继承了凯恩斯的理论,这一理论重视资产市场。它被称为利率平价定理(interest rate parity theorem)。它认为,当资产的预期收益无论依据哪种货币的汇率调整后都相等时,汇率处于均衡状态。[②]换句话说,如果投资者在澳大利亚国债和美国国债中进行资产配置,那么汇率会趋向于使得不同资产的总预期收益相等。该总收益不仅取决于对利率的预期,而且取决于对汇率的相对变动的预期。举个例子来说,假如澳大利亚国债的收益率为 5%,而美国国债的收益率仅为 3%。为什么会有人持有美国国债?只有在相信美元会相对于澳元升值的情况下,他们才会这样做。在这种情况下,美国国

---

① 英国的《经济学人》(*The Economist*)杂志发布了"巨无霸"汉堡的指数,该指数被用于对购买力平价的非正式验证。实际上,汇率调整后的巨无霸汉堡的价格在全球范围内相差很大。请注意,购买力平价指的是一篮子商品和服务,而不是单个商品。"一价定律(law of one price)"比购买力平价还要苛刻,因为它假定单个商品(例如,巨无霸汉堡)经汇率调整后的价格会在不同国家趋于均等。另外请注意,购买力平价假定了商品和服务在国际上是自由流动的。

② 更准确地说,两种货币之间的利差等于即期汇率和远期汇率之间的差额。请注意,利率平价假定了国际资本的自由流动。

债的预期收益就可能会等于澳大利亚国债的预期收益，其中包括美国国债持有人因澳元相对于美元贬值而将美元兑换为澳元时所遭受的损失。重要的是，这一理论聚焦于金融资产的交易，而不是商品和服务贸易。

就我们的目的而言，要记住的是，虽然图 24.1 中展示的简单的供需理论有助于理解主流经济学家对汇率决定的解释，但这一理论并不完善。实际上，它在解释现实中的汇率上效果不佳。相比之下，利率平价定理能更好地解释各种货币的汇率。

国际竞争力

在上一节中，我们了解到一国货币的升值（贬值）会导致以本地货币计价的外国商品变得更便宜（更昂贵），在其他条件不变的情况下，这将导致对进口商品的需求增加（减少）。

此外，一国货币的升值（贬值）意味着外国人对本国生产的商品必须支付更高（更低）的本币价格，在其他条件不变的情况下，这将导致出口需求的下降（上升）。

但是，这些结论只关注到了国际贸易中一国商品和服务竞争力的一个要素，即名义汇率 e。

但是，要真正回答相对于国外生产的商品和服务而言，本国商品和服务是否更具有价格竞争力，我们必须放宽"其他条件相同"的假设，考虑国内外的通货膨胀率。

我们由此需要定义一个新的概念——实际汇率。它取决于两个因素：
- 名义汇率 e 的变动；
- 国内和国外通货膨胀率的相对水平。

竞争力也有非价格的维度，这包括产品的质量和供应的稳定性。我们暂且假设这些因素保持不变。

我们将国内价格水平（P）与世界其他地区价格水平（P_w）的比率记为 P_w/P。我们称之为相对价格，因为它表示与国内价格水平相比，国外价格的相对水平。在上一节中分析名义汇率变动时，我们假设 P_w/P 是固定的。

如果名义汇率（e）是固定的，那么我们可以得出以下结论：
- 如果 P_w 的增速快于 P，那么相对于外国商品，本国商品会变得更便宜；
- 如果 P_w 的增速慢于 P，那么相对于外国商品，本国商品会变得更昂贵。

相对价格比率的倒数（P/P_w）衡量的是出口价格与进口价格的比率，这被称为**贸易条件**（the terms of trade）。

实际汇率

名义汇率和（或）相对价格水平的变动显示了国际贸易竞争力的相对变化。实际汇率衡量了这两个因素的综合影响，我们用实际汇率来衡量一个国家在国际贸易中的竞争力，因为它按相对价格水平对名义汇率进行了调整。

实际汇率（R）可以表示为：

$$R = (P_w/e)/P = (P_w/P_e) \tag{24.1}$$

其中 P 是以本国货币计价的国内价格水平（例如，澳元），P_w 是以外国货币计价的国外价格水平（例如，美元）。

实际汇率是以澳元计价的国外商品价格（P_w/e）与本国商品的澳元价格（P）的比值。P_w/e 表示将用外币表示的国外商品价格按当前汇率转化为等值的澳元价格。这样 P_w/e 和 P 就有了相同的单位，它们就可以直接进行比较了，实际汇率（R）的变动情况也就没有疑义了。

为了更好地了解实际汇率的作用，我们不妨举个例子。假设 P = 12 澳元，P_w = 10 美元，e = 0.8。回忆一下，e = 0.8 意味着需要 0.8 美元来购买 1 单位澳大利亚货币（即 1 澳元）。将数值代入到等式（24.1）中的 P、P_w 和 e 中，实际汇率 R =（10/0.8）/12 = 1.042。因此，美国生产的商品价格是澳大利亚生产的商品价格的 1.042 倍，也就是高出 4.2%。

在下列情况下，实际汇率会上升：
- 名义汇率 e 下降；
- 在其他条件相同的情况下，P_w 的上升幅度大于 P。

我们认为实际汇率上升表明一个国家的国际贸易竞争力提高了，这将导致本国出口增加和本国进口减少。

在下列情况下，实际汇率会下降：
- 名义汇率 e 上升；
- 在其他条件相同的情况下，P_w 的上升幅度小于 P。

我们认为实际汇率下降表明一个国家的国际贸易竞争力下降了，这将导致本国出口减少和本国进口增加。

在第 16 章中，我们研究了可能影响一个国家价格水平的因素。如果价格是依据单位劳动力成本设定的，那么降低相对价格水平的方法就是比其他国家都快地减少单位劳动力成本，或者是压缩利润率（加成比例）。

如果名义工资的增长快于劳动生产率的增长，那么单位劳动力成本就会上升，反之情况则相反。正如我们在第 16 章中所看到的，实际工资由名义工资和价格水平决定，前者是劳动力市场中劳资双方讨价还价的结果，后者则是在产品和服务市场由企业决定的。

问题是，如果为了提高其国际竞争力，一个国家试图通过削减名义工资来降低实际工资，进而降低单位劳动力成本，那么这不仅会抑制总需求，而且可能损害其劳动生产率。

例如，如果名义工资的降低导致了员工士气的下降，那么怠工和缺勤现象很可能会增加，这会损害劳动生产率。

此外，在持续的经济衰退和工资削减的时期，总投资可能会减少，这会降低劳动生产率的增长率。因此，这种策略无法保证能够降低单位劳动力成本；即使能够成功，这还可能会对总需求带来负面影响。

有充足的研究证据支持以下观点：通过支付高薪并为劳动者提供稳定的工作，企业可以从更高的生产率中受益，而生产率的提高会增强一国的国际竞争力。

24.4 再论总需求和国外部门

在第 15 章中，我们介绍了国民收入决定模型，并解释了影响实际 GDP（或实际国民收入）的因素。该章使用的是以不变价格衡量的国内生产总值，而不是以当前价格衡量的国内生产总值。

在第 15 章的收入/支出框架中，任一时期的总支出流量来源于以下支出的总和：

- 家庭或个人的消费（C）
- 企业的投资支出（I）
- 政府支出（G）
- 外国人的出口支出（X）减去国内居民的进口支出（M），我们将其表示为净出口 NX =（X – M）。

从第 15 章中我们可以知道，实际国民收入的均衡水平（Y）由总需求决定（在价格水平保持不变的情况下）：

$$Y = E = C + I + G + (X - M) \qquad (24.2)$$

在本节中，我们会详细考察净出口（X – M），考虑上一节中讨论的实际汇率和国际竞争力的影响。

在第 15 章中，我们有意简化了对净出口的决定因素的分析。我们假设出口在一个时期内是给定的，并由世界其他地区的国民收入决定，而这不受本国经济的影响。我们还假设进口占国民收入的比例是固定的，我们称该比例为**边际进口倾向（m）**（marginal propensity to import），它的定义是每增加 1 美元国民收入会带来的新增进口支出。

在上一节中，我们了解到实际汇率是国际竞争力的概括性指标，它的变动会影响净出口。我们证明了，实际汇率越高，本国生产的商品和服务对于外国购买者来说就越便宜，这意味着外国人将增加购买量。换句话说，当实际汇率上升时，出口增加。

此外，实际汇率越高，外国生产的商品和服务对于本国购买者来说就越贵，这意味着他们将减少购买。换句话说，当实际汇率上升时，进口下降。

现实世界中决定一个国家的出口需求和进口需求的因素有很多，我们暂且忽略掉其中不重要的因素，只关注其中最重要的决定因素。

我们还抽象掉了调整过程，这种过程在国际贸易中是常见的。实际汇率的上升只有在现有的出口合同到期之后才会影响到出口，这往往需要很多年。在下面的分析中，我们采取了简化的假设，我们假定实际汇率变动对进出口支出流量的影响会在当期显现。

让我们先考虑出口。我们现在假设任一时期的出口水平由实际汇率（R）和世界收入（Y_w）决定，我们将其表示为：

$$X = \lambda Y_w + \theta_x R \qquad (24.3)$$

乍看之下，这可能令人望而生畏，但如果你应用我们在第7章中学到的内容，你会很容易理解该方程的含义。

在方程（24.3）中，世界收入（Y_w）和实际汇率（R）旁边的希腊字母表示的是出口支出对这两个变量的反应程度。系数 λ 衡量的是一个国家的出口收入会随着世界收入增加而增加的程度。如果我们站在其他国家的角度，那么 λ 是这些国家的边际进口倾向。

同样，系数 θ_x 衡量的是出口对实际汇率变化的反应程度。请记住，我们采取了简化的假设，我们假设这些反应都在当期完成。

在理论上，我们猜想随着世界收入和（或）实际汇率的上升，出口将增加。因此，我们设定 λ 和 θ_x 为正。

对于进口，我们假设一个国家的进口取决于实际国民收入（Y）和实际汇率（R）。因此：

$$M = mY - \theta_M R \qquad (24.4)$$

系数 m 是进口的边际倾向，我们知道它的值在 0 和 1 之间。我们推想实际汇率的影响是负的。这意味着当实际汇率上升时，该国会变得更具竞争力，以本国货币计价的外国商品会变得更加昂贵，因此进口支出会下降。假设系数 θ_M 为正，那么进口对实际汇率变化的反应就要表示为 $-\theta_M R$ 的形式。

如果我们假设国内外价格水平都是固定的，那么实际汇率 R 的变动只取决于名义汇率（e）的变化。名义汇率提高（降低）将导致实际汇率的降低（提高）。

因此，净出口（NX）取决于本国的实际 GDP、世界的实际 GDP 和实际汇率（参见公式 24.8），其中实际汇率会同时影响进口和出口。

24.5 货物和服务贸易、产品市场均衡和贸易平衡

存在国际贸易的国民收入均衡

在本节中，我们继续假设 P_w/P 是固定的，这意味着国内外的企业会通过增加实际产出而不是提高价格来应对实际总需求的增加。

对国内商品的支出决定了实际产出和收入。对国内生产的商品和服务的总支出等于国内居民的总支出减去他们的进口支出再加上外国对本国出口的支出。

回顾第 15 章，我们有以下行为方程，它们构成了我们的总需求理论：

消费函数 $\quad\quad\quad C = C_0 + cY^d = C_0 + c(1-t)Y \quad\quad (24.5)$

投资函数 $\quad\quad\quad I = I_0 - bi \quad\quad (24.6)$

政府支出 $\quad\quad\quad G \quad\quad (24.7)$

净出口 $\quad\quad\quad NX = \lambda Y_w - mY + \theta R \quad\quad (24.8)$

其中 $\theta = \theta_X + \theta_M$。请注意，$\theta$ 是实际汇率变动的净影响，因为我们假设 P_w/P 是固定的，所以这里它也表示名义汇率变动的净影响。

我们可以将行为方程式都代入到均衡收入方程式（24.2），从而得到：

$$Y = E = C_0 + c(1-t)Y + I_0 - bi + G + \lambda Y_w - mY + \theta R \quad\quad (24.9)$$

借助简化方程（15.15a）从而得到方程（15.15c）的方法，我们可以将其写成：

$$Y = 1/[1 - c(1-t) + m] \times [C_0 + I_0 - bi + G + \lambda Y_w + \theta R] \quad\quad (24.10)$$

这个均衡国民收入的表达式告诉我们，实际 GDP（Y）是所有支出项的总和 $[C_0 + I_0 - bi + G + \lambda Y_w + \theta R]$ 乘以 $1/[1 - c(1-t) + m]$，其中每个支出项都不直接取决于国民收入。

我们可以使用方程（24.10）来研究当括号中的一项发生变化时国民收入会发生什么变化。

净出口函数

公式（24.8）表示净出口（NX）是世界收入（Y_w）、本国国民收入（Y）和实际汇率（R）的函数。实际汇率变化对总支出的净影响包括它对出口和进口的两方面影响。

图 24.2 展示了以国民收入表示的净出口函数，我们假设变量（Y_w 和 R）是固定的。在国民收入较低的情况下存在贸易顺差，因为由国内收入（mY）决定的进口较低，而实际汇率 R 通过 θR 对净出口的影响为正。

随着国民收入的增加，贸易差额将从顺差变为逆差。这是因为随着国内收入的增加，进口按照边际进口倾向（m）增加。因此净出口函数的斜率为负。在 Y_0 点，净出口是平衡的（出口等于进口）。

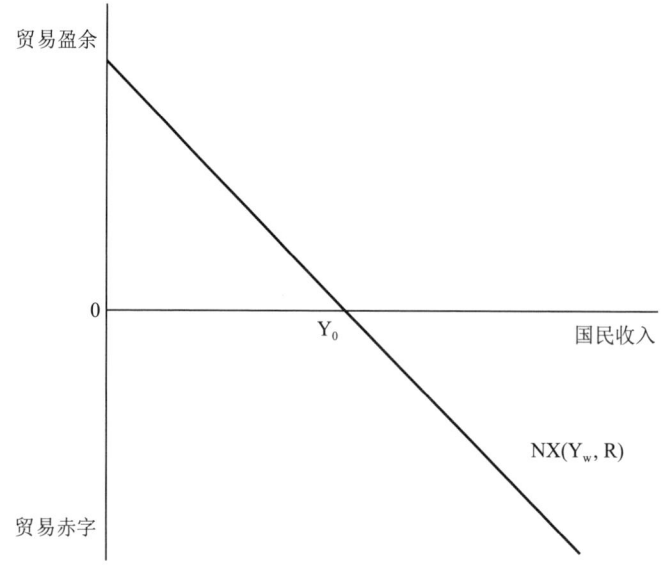

图 24.2　净出口是实际国民收入的函数

总结一下，在 Y_0（NX = 0）左侧，贸易差额为顺差，因为对于给定的出口水平，更低的收入水平导致进口支出的减少。在 Y_0 的右边，贸易差额为逆差，因为收入水平越高，相对于固定的出口水平而言，进口支出越多。

如前所述，净出口是国民收入以及方程（24.8）中其他变量的函数，

其中 Y_w 和 R 被假定为是固定的。如果 Y_w 或 R 发生变化，那么 NX 曲线就会移动。

我们假设 λ>0，因此世界收入水平的提高会促进我们的出口，从而增加净出口（在其他条件不变的情况下）。此外，在我们的讨论中，我们假设实际汇率对净出口的影响（θ）为正。这意味着本国货币的贬值，即 R 的上升，会改善贸易平衡。

我们可以得出以下结论：

- 如果世界收入增加（减少），那么由于截距的变化，净出口曲线将向外（向里）移动，而其斜率保持不变。
- 如果实际汇率上升（下降），那么由于截距的变化，净出口曲线将向外（向里）移动，而其斜率保持不变。

净出口函数曲线的斜率由边际进口倾向 m 决定。边际进口倾向越大，曲线越陡，因为每增加一美元国民收入中的漏出越大，随着收入的增加贸易差额向赤字转变得就越快。

我们可以使用净出口函数和均衡国民收入的表达式（方程 24.10）来研究世界收入和（或）实际汇率变化对国民收入的影响。

世界收入变化对国民收入和净出口的影响

从方程 24.10 中我们可以看到，国民收入（和实际 GDP）的均衡水平取决于国内自主支出水平（$C_0 + I_0 + G$）；投资对利率的反应（bi）；世界收入水平（Y_w）；和实际汇率。

如果世界收入水平或实际汇率发生变化，那国民收入将如何变化？在接下来的分析中我们假设中央银行按照固定的贴现率提供基础货币，因此商业银行收取的利率可以视为是固定的。

在图 24.2 中，NX=0 为贸易平衡线。在其他决定因素（世界收入和实际汇率）不变的情况下，我们注意到在一个国民收入水平上，贸易账户可以保持平衡（进口等于出口）。在图 24.2 中这个国民收入水平记为 Y_0。

> **提示框**
>
> 我们再次引入了第 15 章中介绍过的总需求函数（见图 24.3）。在图 15.4 中，自主支出的增加会导致总需求曲线向上平移（截距的变化量为自主支出的变化量）。
>
> 我们可以将这一原理运用到当前的情景中，方程（24.8）中右边自主支出项的变化会起到一样的效果。

我们可以将这些知识运用到图 24.3 中，我们可以画出 $NX_0 = 0$ 线，对应的国民收入水平为 Y_0。所有低于 Y_0 的国民收入水平将导致贸易顺差，因为在其他条件相同的情况下，进口将小于出口。所有高于 Y_0 的国民收入水平将导致贸易逆差，因为在其他条件相同的情况下，进口将大于出口。

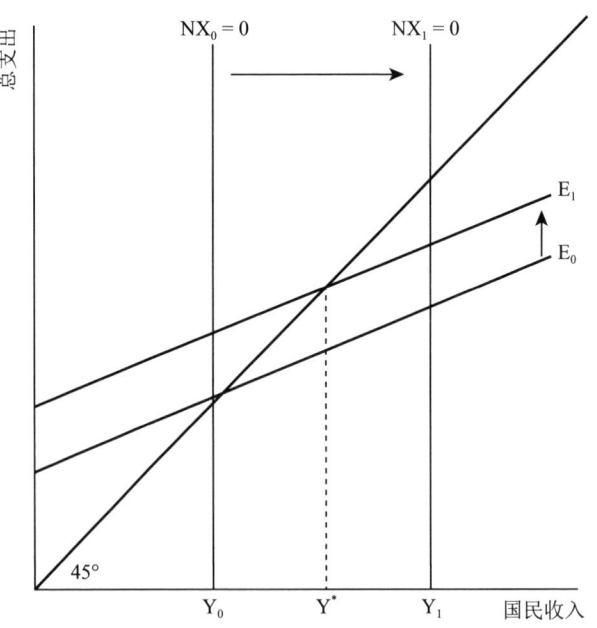

图 24.3　世界收入变化时的均衡国民收入

在我们的讨论中，我们还看到，如果世界收入增加，NX 线将向上移动；如果世界收入下降，NX 线将向下移动。这意味着在图 24.3 中，如果世界收入增加，NX = 0 线会向右移动；如果世界收入下降，NX = 0 线则会向左移动。

原因很简单。假设最初国民收入水平为 Y_0，该水平最初与 $NX_0 = 0$ 的贸易差额一致。如果世界收入增加，那么在国民收入水平 Y_0 处，出口会比以前更高，因此贸易账户会有盈余。要恢复贸易平衡需要增加进口，这需要增加国民收入。我们将与新的贸易平衡 $NX_1 = 0$ 相符的国民收入水平记为 Y_1。

但是我们也知道，世界收入的增长会导致其他国家进口更多的商品和服务，这意味着出口的增加。正如我们在第 15 章中了解到的那样，如果任一类型的支出增加，那么总需求函数曲线就会向上移动。

图 24.3 中的起始点为 Y_0，总需求为 E_0。最初贸易是否平衡不影响我们的结论。出口的增加会推动总需求曲线向上移动到 E_1，新的国民收入均衡出现在 Y^*。

在这点上，实际国内生产总值（国民收入）提高了，并且一旦我们之前研究过的劳动供给的周期性调整完成了，就业量就会增加，失业量就会减少。还可以注意到，目前经济体位于 $NX_1 = 0$ 线的左侧，经济体有贸易盈余。

世界收入的增加会导致净出口的增加

我们现在来考察世界收入增加对净出口的影响。

在世界收入增加之前，实际 GDP 水平 Y_0 与贸易平衡一致，NX = 0。

$$X_0 = M_0 + mY_0 \tag{24.11}$$

其中 M_0 是按当前固定汇率计算的固定的进口量。

如果我们将世界收入增加导致的出口增加写作 $\Delta X = \lambda \Delta Y_w$，那么净出口为零时的国民收入 Y_1 满足：

$$X_0 + \Delta X = M_0 + mY_1 \tag{24.12}$$

如果用方程（24.12）减去方程（24.11），我们可以得到：

$$\Delta X = mY_1 - mY_0 = m\Delta Y' \tag{24.13}$$

因此，如果净出口为零，那么这时的实际 GDP 水平的变化为：

$$\Delta Y' = \Delta X/m \tag{24.14}$$

另一方面，出口的自主增长（由世界收入的增长所决定）将导致均衡的实际 GDP（国民收入）的增加，由方程 24.10 可以得到：

$$\Delta Y = 1/[1 - c(1 - t) + m] * \Delta X \tag{24.15}$$

这个变化幅度小于 $\Delta X/m$，因为 $[1 - c(1 - t) + m] > m$。因此，在新的均衡收入水平 Y^* 处，净出口为正数，也就是说，本国经济体处于贸易顺差状态。

概括地说，世界收入的增加会导致外国增加对本国出口品的购买。其中的道理和本国收入的增加会刺激本国进口需求一样。

这会带来三种变化：

- 出口（ΔX）的增加会带来初始总需求的增加，这会使得总需求曲线（E_0）向上移动，从而使得国民收入提高到新的水平 Y^*。在给定利率的情况下，均衡国民收入的增加量为 $1/[1 - c(1 - t) + m] \times \Delta X$。我们知道，总需求曲线会随自主支出的变化而变化，这里就是这样的一种情况。
- $NX = 0$ 向右移动，从 $NX_0 = 0$ 移至 $NX_1 = 0$。
- 进口也会增加，因为总需求线的移动（至 E_1）意味着收入水平的提高。但 $NX = 0$ 线的移动幅度要大于均衡收入的增加幅度。因此，净出口上升，但上升量要小于出口的增加量。即使国内利率上升，这个结果仍然成立。

如果世界经济衰退并且世界收入水平下降，这时会发生什么呢？在这种情况下，因为出口会低于以前的水平，本国经济的总需求会减少，因此国民收入会下降。

在这种情况下，$NX = 0$ 线也会向左移动；并且为了简单起见，假设经济体最初处于贸易平衡状态，那么新的均衡收入水平会伴随着贸易赤字（出口下降大于进口的下降）。

24.6　资本管制

金融危机的历史表明，如果政府试图将其货币与另一种货币挂钩，或者存在大量以外币计价的债务（私人的或公共的），那么大规模的金融投机活动可能会快速地破坏一个国家的实体经济。

尽管国际社会可能也将某些形式的投机活动视为非法的，但是受攻击的国家要靠自己捍卫自己的经济繁荣。一种政策建议是通过资本管制来限制国际金融资本流动的规模和灵活性。

资本管制是限制资本自由流动的政策，无论是流入还是流出。资本管制大致分为两种：

- 行政上的管制或直接的管制，限制或禁止资本流动。
- 基于市场的管制，增加资本流动的成本从而减少资本跨国流动的激励。

例如，政府可能会对外汇交易、国际银行交易或银行提款进行限制。对黄金等贵金属流动的限制也可能会被考虑在内。

资本管制的目的是限制投机性流动（流入或流出）的规模，从而调控汇率并保护中央银行的外汇储备。

资本管制使得中央银行能够执行自主的货币政策，使得财政部能够使用财政政策从而为了国民利益来管理国内需求。

在以下两种情况下，使用资本管制的情况最为普遍：希望对汇率进行管理的国家和实行经济发展战略的国家。正如我们所看到的，那些没有采取浮动汇率的国家的汇率是投机攻击的目标。虽然浮动汇率保留了最大的国内政策空间，并且这同时也打消了对货币进行投机的动机，但是一些国家仍然坚持固定汇率或有管理的汇率（有时会限制在狭窄的范围内）。中国就是这样的汇率制度的例子。在这种情况下，国家可以通过实施资本管制来让外汇交易变得困难，从而防范投机攻击。对此，中国历来严格地管理资本流动。

在浮动汇率的情况下，奉行发展战略的国家可能会面临货币大幅升值的问题。意识到在该国有获利机会的外国人可能会急于通过短线投资策略来赚快钱。但是，汇率的上升可能不利于发展战略，因为该国产出的外币价格会相对于世界价格上涨。发展中国家可能会通过限制短期资本流动来阻止投机者过度推高本国货币，从而保护其新兴产业。

在 1998 年 9 月，在亚洲债务危机期间，马来西亚政府在货币大幅升值后采取了资本管制措施，同时中央银行将利率推高至 18%，利率的提高破坏了许多当地企业的生存能力。

通常，浮动汇率的富裕发达国家较少使用资本管制。但是，在缺乏有效的国际金融监管的情况下，即使是这些发达国家可能也需要保护自己免受外国金融机构的肆虐。

结　论

本章探讨了开放经济中的宏观经济政策。我们介绍了国际收支平衡表，定义并讨论了一些基本概念，例如，汇率、货币升值和贬值、实际汇率和国际竞争力。我们研究了贸易差额并讨论了一些影响贸易平衡和国际收支平衡的因素。我们介绍了马歇尔-勒纳条件，这有助于弄清货币贬值（升值）是否会增加（减少）贸易顺差。我们还讨论了总需求对贸易差额的影响。最后，我们还引入了资本管制的话题，区分了基于行政的管制和基于市场的管制。

参考文献

[1] ABS (Australian Bureau of Statistics) (2017) *Balance of Payments and International Investment Position*, June, 2016, Cat No. 5302, Canberra.

[2] IMF (International Monetary Fund) (2011) *Balance of Payments and International Investment Position Manual* (*BPM*6), Washington. Available at: http://www.imf.org/external/pubs/ft/bop/2007/pdf/bpm6.pdf, accessed 18 September 2018.

[3] United Nations Statistical Commission (2009) *System of National Accounts* 2008, New York: European Communities, IMF, OECD, UN and World Bank.

[4] US Bureau of Economic Analysis (2017) *International Data*, Table 1.1. U.S. International Transactions.

第六部分

经济不稳定性

第 25 章

投资对利润的影响

本章纲要

25.1 资本主义货币经济中的投资

25.2 投资的加速数模型

25.3 灵活的加速数模型

25.4 预期和利率对投资需求的影响

25.5 现金流折现与现值

25.6 凯恩斯与投资的边际效率

25.7 明斯基的投资决策模型

25.8 投资与利润

25.9 经济周期：经济活动的波动

结论

参考文献

学习目标

- 认识到私人部门的投资具有内在的不稳定性。
- 理解投资行为的基础理论。

- 理解投资和利润之间的宏观经济关系，特别是因果关系。
- 理解投资波动对经济周期运行的影响。

25.1 资本主义货币经济中的投资

在第 4 章中，我们了解到，投资支出——或固定资本投资总额——是总需求的主要组成部分。在第 6 章中，我们注意到，投资和利润是交易矩阵的两行项目。在本章中，我们将企业活动的这两个方面联系在一起。

在资本主义经济中，利润与投资支出是内在相连的，我们在第 2 章已描述了这一点。在本章中，我们将考察私人投资的支出行为，并从宏观经济的角度解释利润的来源。

我们优先考虑研究投资，主要有以下三个原因。

- 投资波动是经济周期（即经济活动）的关键性驱动因素，因此也是就业的关键性驱动因素。总需求的其他主要组成部分则是相对稳定的。
- 投资支出是经济中总利润的重要决定因素。
- 政府政策可以显著地改变投资支出，这意味着政策可以通过影响私人投资在一定程度上"管理"经济周期。

经济学家使用的"投资"概念不同于人们通常的用法，人们通常所说的投资是指购买金融资产、房地产和其他投机性工具。

例如，在财经报纸和报告中，你会经常读到或听到，对债券价格或其他金融资产，"投资者变得更加悲观"。在这种语境下的"投资"与宏观经济学中的投资截然不同。

在宏观经济学中，投资的定义是**一种用于增加或维持生产资本存量的支出流量**。

资本存量包括厂房、机器、办公室和其他在生产过程中用到的耐用品，还有存货和住宅。

投资的波动

表 25.1 显示了一些国家自 2000 年以来总投资占 GDP 的比重，以及 20 世

纪80年代、90年代和21世纪10年代该比率的平均水平。变异系数指的是标准差与平均值的比率，它是一种衡量偏离平均值程度的指标，使我们能够比较平均值不同的样本的离差。

德国、日本和英国的投资比率一直在下降，其他国家则在上升。自20世纪80年代以来，德国、日本和美国的投资比率变得更加不稳定。

表25.1 不同国家总投资占GDP的比重

年份	澳大利亚	法国	德国	日本	英国	美国
2000	25	22.4	23.9	25.1	18.8	23.6
2001	23.5	22.1	22.3	24.3	18.3	22.1
2002	25.2	21.2	19.9	22.5	18.2	21.6
2003	26.8	21.1	19.7	22.4	17.7	21.7
2004	27.2	21.8	19.1	22.5	17.5	22.5
2005	27.9	22.4	18.8	22.5	17.6	23.2
2006	27.3	23.2	19.8	22.7	18	23.3
2007	28.7	24.1	25.8	22.9	18.5	22.4
2008	28.9	24.1	25.9	23	17.4	25.8
2009	27.7	21.3	18.1	19.7	14.6	17.5
2010	27.1	21.9	19.6	19.8	16	18.4
2011	27.5	23.2	21.1	25.2	15.8	18.5
2012	29.1	22.6	19.3	25.9	16	19.4
2013	27.6	22.3	19.5	21.2	16.4	19.8
2014	26.8	22.5	19.8	21.8	17.3	25
2015	26.1	22.4	19.2	22	17.2	25.3
平均值						
1980s	26.8	25.9	24.5	29.6	18.5	25.5
1990s	24.6	18.9	22.6	28.8	17.4	18.7
2000s	27	22.4	20.7	22.7	17.2	21.9
变异系数						
1980s	7.3	6.4	6	5.9	10.5	4.9
1990s	5.7	10.2	6.1	8.5	7	6.5
2000s	5.3	3.9	6.9	6.5	6.5	8.7

来源：数据来自IMF世界经济展望数据库，2016年10月。

注：投资和GDP都以本国货币计算。投资额包括资本形成总额、存货变化和资产净处置

总投资与净投资

总投资的定义是现有资本存量的总增加。① 但是，在任何给定的时期，部分资本存量会被磨损而不得不被置换。这部分支出被称为折旧。总投资减去折旧便为净投资。

因此，净投资是指每期资本存量的增加。净投资可以为负。如果企业认为对于它的预期销售额来说资本存量过多了，它们的投资就会低于维持现有资本存量所需的投资。如此一来，折旧将大于总投资。

什么决定了企业是否投资呢？企业需要资本来生产产出。在此情况下，它们必须考虑生产决策的两大方面：

1. 现有资本存量的规模和构成是否能使企业按某一生产成本生产，从而实现预期的目标利润率？
2. 资本存量是否足以在未来一段时期生产出预期产出？

企业对这些问题进行分析，从而决定它们的投资决策。

企业通过对未来的产出预期来确定合意的资本存量。投资旨在弥合当前资本存量与合意资本存量之间的差距。在当前资本存量不足以满足预期需求时，投资会增加。相反，在当前资本存量超过预期需求时，投资则会减少。

鉴于资本品可以使用很多年，相对于当前的总收入（GDP）和投资（I），资本存量通常会很大。表 25.2 比较了 2010 年各国所估算的资本存量和 GDP。OECD（经济合作与发展组织）国家 2010 年的平均资本存量与 GDP 之比（资本产出比）为 2.4。

表 25.2　不同国家的资本存量和 GDP，以本国货币计算

国家	资本存量	2010 年实际 GDP	资本产出比
澳大利亚	2 855 502 562 904	1 298 899 000 000	2.2
奥地利	683 016 438 587	263 318 242 440	2.6
比利时	807 852 718 331	348 087 000 000	2.3

---

① 注意，投资还包括新建住宅，尽管一般认为民用住宅不是资本。在本章中，我们重点关注企业用于生产产出的资本投资。

(续表)

国家	资本存量	2010 年实际 GDP	资本产出比
加拿大	3 226 833 382 833	1 325 037 816 083	2.4
丹麦	4 568 552 398 093	1 547 770 000 000	3.0
芬兰	362 653 166 133	159 013 000 000	2.3
法国	4 230 468 965 067	1 774 518 000 000	2.4
德国	5 737 703 431 790	2 364 092 420 000	2.4
希腊	448 075 712 790	195 587 624 964	2.3
匈牙利	35 266 718 116 574	21 807 370 000 000	1.6
爱尔兰	253 296 673 200	159 914 943 107	1.6
意大利	3 964 191 046 721	1 422 432 146 849	2.8
日本	2 050 900 350 854 080	540 409 600 000 000	3.8
荷兰	1 305 843 961 586	550 919 934 367	2.4
新西兰	352 514 299 624	140 600 000 000	2.5
葡萄牙	275 424 755 465	162 192 800 000	1.7
西班牙	3 387 205 933 615	1 046 329 000 000	3.2
瑞士	6 427 754 866 460	3 300 858 000 000	1.9
瑞典	1 440 785 679 206	497 771 589 898	2.9
英国	2 322 823 133 929	1 395 312 000 000	1.7
美国	27 187 279 574 163	13 087 975 000 000	2.1

来源：OECD 经济展望数据库，2011 年 12 月（https：//stats.oecd.org/Index.aspx? DataSetCode = EO90_INTERNET#）

如果企业维持这些比率，那么预期国内生产总值的较小变化就会导致所需资本品存量相当大的变化。因此，投资经常出现大幅波动。这一事实是投资加速数模型的基础。

25.2　投资的加速数模型

简单的加速数模型

GDP 的增长会导致合意资本存量的增加，即在当前和预期经济条件下，企业希望拥有的资本量的增加。投资的加速数模型便是依据这一事实。GDP 的预期增长会导致在实际资本存量与合意资本存量水平之间产生缺口。

企业意在通过投资消除这一缺口。之所以称之为加速数是因为，GDP 的微小变化将推动投资需求（支出）的较大变化。

我们可以用以下两个方程来表示简单的加速数模型：

$$K^* = vY^e \tag{25.1}$$

其中 K^* 表示合意资本存量，Y^e 表示预期的未来 GDP 水平，固定倍数 v 表示合意的资本产出比（K/Y）。例如，如果资本产出比为 3，产出预计将增加 100 亿美元，那么企业将把合意资本存量增加至 300 亿美元，以确保它们有足够的生产能力来满足预期需求增长。

第二个方程是：

$$I_t = [K_t^* - K_{t-1}^*] + I_R \tag{25.2}$$

其中，下标 t 是当前时期，t－1 是上一时期（这可以是上个月、季度、年度或其他时间段）。I_R 是重置投资（折旧）。因此，（25.2）式表明，当前的投资支出流量（I_t）等于合意资本存量的变化加上折旧。我们假设，上一期的资本存量处于合意的水平，即 $K_{t-1} = K_{t-1}^*$。

通过将（25.1）式中的 K^* 代入（25.2）式，我们得到了如下简单的加速数模型：

$$I_t = [K_t^* - K_{t-1}^*] + I_R = v[Y_t - Y_{t-1}] + I_R = v[\Delta Y_t] + I_R \tag{25.3}$$

这告诉我们，假设对 GDP 的预期得以实现，投资需求（支出）流量将会等于重置投资（折旧）加上合意资本产出比（v）乘以 GDP 的变化。记住 v 是加速数系数。

虽然这一投资模型过于简单（因而我们将在本章稍后部分使其更加复杂），但它确实为描述大多数经济体的投资行为提供了一些重要而有用的见解。这些见解包括：

- 投资需求要比 GDP 变化更大，因为投资（增加资本存量以保持合意的资本产出比）是收入（GDP）变化的倍数，而且倍数通常大于 1。

- 在现实经济中，投资在经济步入衰退之前就开始下降。换言之，我们可以利用投资支出流量的转折点来预测经济周期的走向。显而易见，当 GDP 在复苏初期不断上升时，收入上升，投资也会上升。但随着 GDP 的增长逐渐放缓，收入增长放缓，这意味着投资会开始下降，即使 GDP 可能仍在上升。

试试看

为了便于理解这个模型，让我们来看一个数值例子。假设加速数系数（v）等于3，每一时期的折旧固定为 400 美元，尽管资本存量会随着净资本投资变化。假设初始资本存量为 12000 美元。表 25.3 展示了简单的投资加速数模型在 8 个时期的运行变化。收入从 4000 美元最高增长到 4140 美元，随后回落到 4000 美元。

表 25.3　简单的加速数模型

时期 (t)	预期GDP水平 ($)	预期GDP增长 ($)	净投资 (vΔY)	I_R	总投资	K_{t-1}^*	K_t^* (= vY)	差额
(1)	(2)	(3)	(4)	(5)	(6) = (4)+(5)	(7)	(8)	(9) = (8) - (7)
1	4 000	0	0	400	400	12 000	12 000	0
2	4 040	40	120	400	520	12 000	12 120	120
3	4 120	80	240	400	640	12 120	12 360	240
4	4 140	20	60	400	460	12 360	12 420	60
5	4 120	−20	−60	400	340	12 420	12 360	−60
6	4 080	−40	−120	400	280	12 360	12 240	−120
7	4 000	−80	−240	400	160	12 240	12 000	−240
8	4 000	0	0	400	400	12 000	12 000	0

你可以建立一个复制表 25.3 的电子表格，然后改变关键变量（预期总需求，资本产出比），从而考察投资的变化。

表 25.4 简单加速数模型中投资的变化

时期	GDP 增长率（%）	总投资增长率（%）
1		
2	1.0	30.0
3	2.0	23.1
4	0.5	-28.1
5	-0.5	-26.1
6	-1.0	-17.6
7	-2.0	-42.9

表 25.4 显示了表 25.3 中所描述的投资支出变化。你可以观察到，GDP 的波动推动了投资支出的更大波动。图 25.1 反映了 GDP 的变化与总投资之间的关系。显然，给定 GDP 的变化，投资会有更加剧烈的变化。

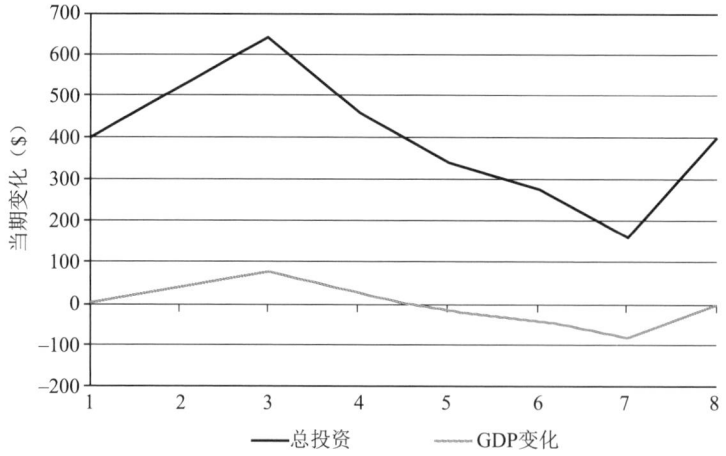

图 25.1 简单加速数模型中 GDP 变化与总投资的关系

简单加速数模型的局限性

虽然简单加速数模型是一个有用的指南，但它过于简单化，原因如下：

- 合意资本存量 K^* 不太可能与 GDP 保持固定比例，也就是说，加速数系数 v 在现实世界中可能是可变的。
- 在 GDP 发生变化之后，企业不会试图立即消除其实际资本存量与合意资本存量之间的缺口,也就是说,和现实世界中的大多数调整过程一样,调整需要时间来完成。

这些观察结果促使经济学家们构建了灵活的加速数模型,从而解释投资的某种复杂性。

25.3 灵活的加速数模型

灵活的加速数模型假定,在一段时间内,即使现有的资本存量不等于企业合意的资本存量,企业仍会照常运营。企业可能希望逐步调整资本存量至其合意水平,这主要出于以下原因:

- 调整资本存量的成本非常高,特别是如果要求提前交货的话,资本品供应商会涨价。
- 存在内在的时间滞后。项目需要时间来确定资本类型、供应商、融资安排、交货细节,安装和培训使用新设备同样需要时间。

由于这些原因,虽然净投资能够消除实际资本存量与合意资本存量之间的缺口（$K^* - K$）,但短期内资本存量的调整是不完全的。

企业可以通过某些方法在资本存量少于合意水平的情况下维持生产,例如,实施轮班制度（即在现有资本存量下,通过提供加班来动用更多的劳动力资源）。

灵活的加速数模型认为,企业通过雇佣更多的劳动力和增加投资来提高产量。随着时间的推移,它们将达到合意的资本存量 K^*,尽管随着经济不断增长,这个调整可能总是无法完全实现。

灵活的加速数模型中的调整率

那么调整的速度是多少（我们可以用 d 表示）?

调整率 $(d)(0 < d \leqslant 1)$ 是每一时期的投资流量消除的资本缺口（$K^* - K$）的比例。如果这个缺口大部分被消除了（也就是说,企业很快就接近其合意资本存量）,那么 d 会接近于 1。如果调整速度慢,缺口就会持续很长一段时间。

调整的速度取决于什么呢？

- 调整成本：融资成本（例如，利率的大小）。
- 时间因素：新资本设备的评估、设计、订购、生产、交付和安装需要的时间。
- 经济状况：市场利率、生产的预期收益、动物精神［企业情绪（business sentiment）］。

例如，利率越高，购买资本设备的融资成本就越高（在其他条件保持不变的情况下），因此调整将会越慢（见下文）。

此外，市场的悲观情绪将减缓调整的速度。我们将在本章稍后研究投资需求的非对称性时再讨论这个问题。

不完全调整的含义

与简单的加速数模型相比，如果在每个时期的调整速度小于1，那么 K^* 和 K 之间会一直有缺口，也就是说，实际资本存量不等于合意资本存量。

在灵活的加速数模型中，投资需求（支出）流量不仅取决于 K^* 和 K 之间的缺口，而且还依赖于调整的速度 d。以下方程描述了这一点：

$$I_t = d[vY_t - K_{t-1}] + I_R \tag{25.4}$$

因此，当 $K^* = vY_t$ 时，在重置投资（折旧）之外，合意资本存量与实际资本存量之间的缺口缩小的程度决定了投资流量。

对于投资的变化，系数 d 越大，灵活的加速数模型与简单的加速数模型的结果就越接近。

我们可以将简单的加速数模型称为投资需求的爆炸/收缩模式，这显然是不现实的。灵活的加速数模型则是更为平滑的投资路径，因为调整程度是可变的且不充分的。即使产出增长率下降，净投资也可能持续。

考虑一下经济不断增长的情况。因为实际资本存量低于合意资本存量（K^*），投资支出将为正值。企业利用投资来实现其合意资本存量。

表25.5 使用了表25.3 的数值（参见表25.3），从而比较简单和灵活的加速数模型，其中参数 $d=0.3$，它意味着企业每期消除合意资本存量和实际资

本存量之间缺口的30%。显然，灵活的加速数模型表现出更大的稳定性。

表 25.5　简单的和灵活的加速数模型中的净投资变化（$d=0.3$，$v=3$，折旧$=400$）

时期	GDP 的变化（$）	净投资（$）	
		简单的加速数模型	灵活的加速数模型
1	0	0	0
2	40	120	36
3	80	240	97
4	20	60	86
5	−20	−60	42
6	−40	−120	−6
7	−80	−240	−77
8	0	0	−54

25.4　预期和利率对投资需求的影响

我们在讨论灵活的加速数模型时可以看到，经济状况会影响合意的资本存量。有两个因素被认为是重要的：

- 对未来经济状况的预期；
- 利率。

企业会对未来产出进行预期。企业必须在生产和销售之前投入资源（营运资本、劳动力等）。生产决策反映的是企业在一个高度不确定的世界中所作出的猜测。

企业管理者不知道当期产出变化是否会持续。当期观察到的产出变化可能是暂时的，也可能是持久性的。企业想知道，需求（产出）如果在今天上升，那么在明天是否会下降。

灵活的投资加速数模型被称为部分调整模型。向合意资本存量的不完全调整一定程度地反映了未来总需求变化的不确定性。

当需求和产出异常高时，企业可能会认为需求即将减少，因而它们接受更多的资本折旧（即净投资为负）。

当它们认为需求和产出水平过低时，企业会认为需求将上升，因而企业可能在短期加大投资，以确保他们有足够的资本来满足他们预期的未来需求。换言之，他们创造的生产能力，超出了他们的即期需要。

预期的作用同样有助于我们理解投资支出在整个经济周期的不对称性。资本支出通常是巨额且不可逆转的。资本不是可以随意改造配置的（变成不同类型的机器和设备）。一旦企业对一项新技术进行了大规模投资，这些资本就会固定一段时间。

在一个普遍存在不确定性的环境中，企业在悲观时期变得谨慎，在投资时要求更大的安全边际。因此，它们将比较当前的产能利用率与正常使用率，从而形成对未来盈利能力的预期。只有当产能利用率超过正常水平时，它们才会进行投资。其结果是，随着产能利用率接近其上下限，投资支出会发生变化。因此，在大多数国家，不对称投资行为导致了产能增长的不对称，因为只有在产能不足的情况下，生产能力才会增长。

这一见解有助于我们理解经济复苏，以及为什么需要财政政策来应对深度衰退。我们在第 21 章《主权国家的财政政策》中讨论了这些问题。

那么利率对投资需求有哪些影响呢？正如我们在第 13 章至第 15 章中所学到的，企业家的投资是总需求和总收入的重要组成部分，从而会影响总产出和总就业。

企业一直在不断地猜测未来的情况——对它们产品的总体需求状况如何；如果它们的销售符合这些预期，它们的收入有多少；以及生产所需耗费的成本有多少。

企业还会决定生产什么样的产品以及如何生产这些产品（即技术的选择）。企业受盈利欲望的驱使，因而会在不同类型的生产设备之间做出选择，在此基础上，结合一系列其他考虑因素（其中许多是主观的），从而争取最大的利润。例如，一家希望在社区中保持良好声誉的企业，可能会避免使用对当地环境有害的设备，即使其使用是合法的，并且可以获得更多的利润。

无论企业是利用留存利润为未来投资提供资金，还是从市场上寻求资金，购买新资本都要付出成本。企业或许有留存收益可投资。它可以选择投资于新的厂房和设备，抑或购买有收益的金融资产（例如，债券）。企业通常会捍卫自己的市场份额，这意味着企业会利用现有资金去购买最佳的资本设施。有的时候，它也可能会推迟其生产资本的升级。

因此，投资决策取决于所购买的生产性资产能否带来高于成本的正回报。对此，我们需要理解现值这一概念，但我们首先需要了解如何计算现值。

25.5 现金流折现与现值

企业会形成对未来收入流和成本流的预期，并由此猜测未来的利润。这会影响它们的投资和生产决策。不同的投资选择会有不同的收入和成本的时间分布。例如，一台设备在近期可能会有更高的支出，但在之后的一段时期会带来更高的回报。相比之下，另一台提供相同生产服务的设备却在近期会更便宜，但在未来会带来更高的成本。

在本节中，我们将介绍一些基础性概念，这些概念使我们能够比较未来的成本流和收入流。其目的在于找到一种方法，可以用我们所称的现值来表示所有未来的货币流，从而比较具有不同未来收入和成本的投资项目。

让我们从10%的利率（获得资金的成本）开始。如果你现在有100美元，并且贷出1年，那么在第1年年底，你将有本金100美元加上利息10美元，它们由以下公式得出：

$$\$100 + 0.10 \times \$100 = \$100(1+0.10) = \$110 \quad (25.5)$$

此算法推广得到以下单利模型：

$$P_{t+1} = P_t(1+i) \quad (25.6)$$

其中，P_{t+1} 是如果你在 t 期贷出金额 P_t 的情况下，在 $t+1$ 期收到的金额，而 i 是名义利率。

我们现在将此模型扩展为**复利**的情况。如果你在第二年再投资 P_{t+1} 会怎么样呢？根据以下公式，你预计将收到金额 P_{t+2}：

$$P_{t+2} = P_{t+1}(1+i) \quad (25.7)$$

从（25.6）式我们知道 $P_{t+1} = P_t(1+i)$，所以（25.7）式可以改写为：

$$P_{t+2} = P_t(1+i)(1+i) = P_t(1+i)^2 \tag{25.8}$$

我们可以把这个等式推广到一笔期限为 n 年的借款：

$$P_{t+n} = P_t(1+i)^n \tag{25.9}$$

等式（25.9）是复利公式，并假定利息在每年年底进入本金，从而产生复利。如果一年内有多个复利期，则公式会变得更加复杂。我们这里不考虑这些复杂因素。

你会从复利的概念中领会到，现在以正利率投资的一笔钱，将来会增长到一个更大的名义金额。我们可以反向运用这个概念，来计算你预期在未来某一天将收到的现金总额在今天的价值。你可以看到，当现金回报（或支出）是在未来收到（或发生）的时，现值这类信息对于企业投资决策至关重要。

你明年将收到的现金 P_{t+1} 在今天值多少钱？从（25.6）式中我们可以看出：

$$P_t = P_{t+1}/(1+i) \tag{25.10}$$

考虑我们最初的例子，P_{t+1} 是 110 美元，而利率 i 是 10%。（25.10）式告诉我们，如果当年利率为 10%，那么年底收到的 110 美元现在就值 100 美元。

你可以这样想。如果你现在需要现金，并且知道你将在今年年底收到 110 美元，而当前的利率是 10%，那么你能以多少钱出售一个权利，这个权利可以在年底向你索取 110 美元？答案是 100 美元，假设年底的收入没有风险。

如果利率是 10% 的话，没有人会愿意现在给你 105 美元来换取年底的 110 美元，因为他们这样做会赔钱。反过来说，如果你出售的资产（收入流）能为买家带来 110 美元的收益，且利率为 10%，那么你现在会收到的报价不会超过 100 美元。

我们还知道，未来现金流的现值会随利率变化。设想一下年利率降至 5%，那么 110 美元的未来现金流的现值为 104.76 美元，即 110/（1+0.05）。你可以验证一下，如果你现在以 5% 的利率贷出 104.76 美元，那么在第 1 年年底，你将有 110 美元。如果利率提高，那么未来的现金流现在就不那么值钱了。

未来现金流的现行价值称为现值（present value，PV）。

就像由（25.5）式推广到（25.9）式一样，我们可以将（25.10）式推广到（25.11）式。在 $t+n$ 期末收到的现金流的现值（t 期）为：

$$PV_t = P_{t+n}/(1+i)^n \tag{25.11}$$

如果预期现金流分布在几个不同的时期，那么会怎么样呢？在这种情况下，t 期的收入为 P_t，那么未来现金流的现值可以写成：

$$PV_t = P_{t+1}/(1+i) + P_{t+2}/(1+i)^2 + P_{t+3}/(1+i)^3 + \ldots + P_{t+n}/(1+i)^n \tag{25.12}$$

省略号表示我们没有写出来的从 $t+3$ 期到 $t+n$ 期的各项。

将跨期的未来现金流转换为现值，这就是现金流折现分析。

25.6 凯恩斯与投资的边际效率

在《通论》第 11 章中，凯恩斯基于资本边际效率概念提出了他的投资理论。

凯恩斯认为资本边际效率：

> 等于一种贴现率，根据这种贴现率，资本资产在其寿命期间所提供的预期收益的一系列年金的现值恰好等于其供给价格。这是某一具体种类的资本资产的边际效率。各种不同的资本资产的边际效率的最大值即可被视作一般的资本边际效率。（Keynes，1936：135 – 136）

他的定义很难理解，并且引发了一些争议。

很明显，凯恩斯考虑的是投资决策的两个方面：

（a）投资的"预期收益"，即"一系列年金 Q_1，Q_2，$\cdots$，Q_n"。这些是与投资相关的未来现金流，企业家"预期通过出售其产出来获得"。你可以将这些现金流与前面关于复利的讨论联系起来。

(b) 资产的供给价格，即"能诱使制造商新生产出相同数量的资本资产的价格"，或者更简单地说，"重置成本"（Keynes, 1936：135）。

凯恩斯的"贴现率"也被称为项目的"内部收益率"。正如我们在上一节所看到的，我们可以计算任何未来现金流的现值。**净现值等于项目收入的现值减去项目成本的现值。**

给定当前利率，项目的正净现值意味着该项目会获得正回报率，而负现值则意味着该项目会亏损。

内部收益率是这样一种利率，按照该利率贴现未来收入和成本支出将使净现值为零。

表 25.6　一个投资项目的简单现金流

年份	现金流（$）
0	-10 000
1	2 500
2	3 200
3	3 500
4	3 300
5	2 500

表 25.6 提供了某个投资项目的情况。在本年度，企业花费 10000 美元来购买设备。在随后的几年中，它收到如表所示的现金流。我们可以假设该设备在第 5 年后报废，并且没有残存价值。这个项目的内部收益率是多少呢？

这些成本的现值为 10000 美元，因为它们都是在第 0 年（现在）发生的。现金回报为 15000 美元，但正如我们在上一节中所看到的，由于复利的影响，这些美元金额无法跨时间进行比较。

收入流的现值由等式（25.12）得到。使用表 25.6 中的数据，我们可以得到：

$$PV = \$2500/(1+i) + \$3200/(1+i)^2 + \$3500/(1+i)^3 + \$3300/(1+i)^4 + \$2500/(1+i)^5 \quad (25.13)$$

内部收益率是满足以下等式的贴现率（i）：

$$NPV = -\$10000 + \$2500/(1+i) + \$3200/(1+i)^2 + \$3500/(1+i)^3 +$$
$$\$3300/(1+i)^4 + \$2500/(1+i)^5 = 0 \qquad (25.14)$$

求解该贴现率 i 需要的数学方法超出了本书的范围。（对于感兴趣的读者，请思考如何求解方程 25.14 的根。）但是，我们可以使用电子表格软件求解，得出 $i=0.151$。换言之，内部收益率为 15.1%。

因此，如果为项目提供资金的借款成本（即市场利率）低于内部收益率，那么表 25.6 中的项目就是有利可图的。

> **试试看**
>
> 你可以将这些数据输入电子表格，按照 15.1% 的贴现率和 (25.13) 式计算现值。你会发现现值恰好等于 10000 美元。由于四舍五入的影响，计算的结果会有微小的偏差。

我们可以将凯恩斯的资本边际效率概念理解为企业通过投资于新的资本设备而预期获得的边际收益。它并非现有资产的市场回报。在考虑投资时，资本边际效率等于内部收益率。

图 25.2 显示了三个投资项目 A、B 和 C，它们按其各自的资本边际效率排序。项目 A 的资本边际效率为 10%，项目 B 的资本边际效率为 8%，项目 C 的资本边际效率为 5%。

企业必须考虑下一年增加多少资本支出。如果市场利率目前为 9%，那么该公司只对投资项目 A 感兴趣，这意味着它在明年的资本支出将仅限于项目 A。

如果市场利率降至 8% 以下，那么借入资金（或使用留存收益）投资于项目 A 和项目 B 将是有利可图的。因而总投资将会上升。如果市场利率降至 5% 以下，该企业进而会对项目 C 进行投资。

图 25.2 中向下倾斜的资本边际效率曲线反映了市场利率变化时的投资变化，尽管对于单个企业来说投资是离散变化的支出（分成整块的支出）而不是连续变化的支出。

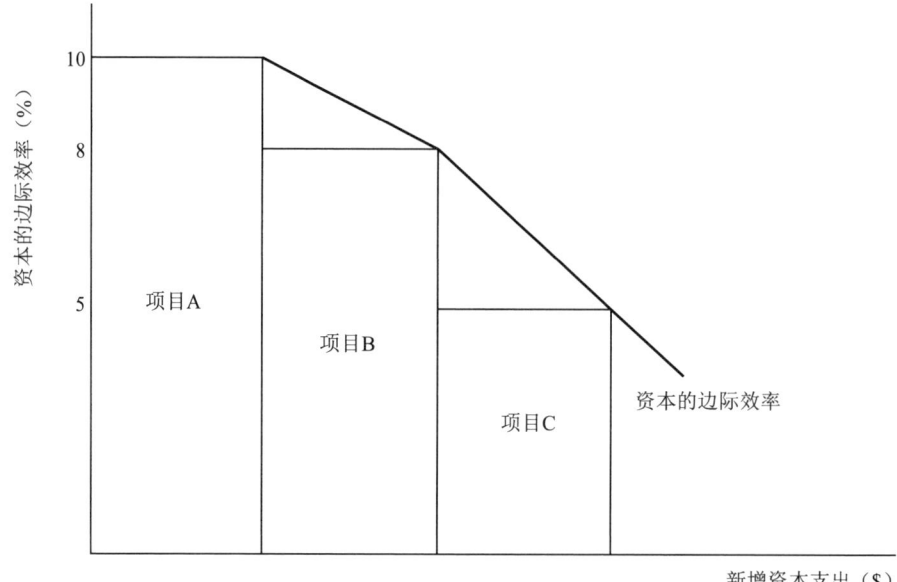

图 25.2 资本投资的边际效率

因此，我们可以得出一个简单的投资模型，根据该模型，总投资是市场利率的减函数，如方程（25.15）所示：

$$I = I_0 - bi \tag{25.15}$$

其中 I 是总投资，I_0 是独立于市场利率的某种投资，b 是投资对市场利率 i 的敏感度。

在考虑（25.15）式时，请从资本边际效率的角度思考其背后的原理。

简单的投资模型假设其他因素保持不变，反映市场利率上升会导致总投资下降。但正如我们所看到的，资本边际效率依据的是需求方（预期收入）与供给方（重置成本）的比较。

在经济繁荣时期，一方面，中央银行可能会提高目标利率从而带来市场利率整体上升。另一方面总需求可能还在不断增加，总需求的增加将改善收入现金流，提高每个项目的资本边际效率。换言之，即使市场利率上升，投资不一定会下降，因为每个项目的内部收益率也可能上升。

因此，我们需要避免对资本边际效率的机械理解。事实上，凯恩斯不认为随着市场利率的变化，投资会发生明显变化，特别是在经济处于衰退或繁荣时期。企业家的预期是形成资本边际效率的基础。对凯恩斯来说，投资的决定性影响因素是预期收入流，而不是市场利率。

当经济衰退时，企业家会变得悲观，这将使得对项目未来回报的评估变得消极。此外，由于生产能力严重过剩，即便随着中央银行降低市场利率，新的投资项目会变得更加便宜，企业也不太可能扩大资本存量。

当经济繁荣时，极端乐观情绪也会降低投资对市场利率变化的敏感性。由于预期回报率高，企业愿意支付更高的借贷成本。我们可以通过图 25.2 中的资本边际效率线的外移来表达乐观情绪的上扬，在给定的市场利率下这将使得企业愿意投资更多的项目。如果企业家变得过于悲观，那么资本边际效率线将会向内移动。即使设备的技术没有任何变化，在给定市场利率下，有利可图的项目也会变得更少。

对凯恩斯来说，投资是一种非常主观的行为，会受到企业对经济的看法的影响。尽管方程（25.15）看起来很简单，但支撑该方程背后的思想却绝非简单！

资本边际效率的概念后来被勒纳等经济学家改进，他们更青睐投资的边际效率这一术语（Lerner，1953）。

25.7 明斯基的投资决策模型

在第 26 章《稳定不稳定的经济》中，我们将讨论海曼·明斯基的金融不稳定性理论。本节将介绍，明斯基通过纳入金融扩展了凯恩斯的投资理论。这是明斯基金融不稳定性假说的关键组成部分。他以凯恩斯的"双重价格体系"为基础，增加了投资的外部融资，并考虑了随周期变化的预期和行为。在本节中，我们将简要介绍他的模型。

双重价格体系

- 当前产出价格：当前产出价格衡量当前生产的商品和服务（GDP）。这些价格是通过成本加成确定的（见第 16 章），其加成部分覆盖管理费用、税收、利息和净利润。这些产出用于满足消费、投资、政府和出口等需求。然而，就其投资模型而言，明斯基把重点放在了投资品上，其当前产出价格是资本品供应商提供新的资本资产（厂房和设备）的最低价格。我们可以称之为"资本的供给价格"——类似于"重置成本"的概念。

- 资产价格：资产价格体系既包括股票和债券等金融资产，也包括厂房和设备等实物资产。除了现金资产，这些资产预期将产生收入流，并可能产生资本利得。在这里，明斯基遵循凯恩斯在《通论》第 17 章中的阐述。重点在于，对于这些资产而言，未来的收入流无法确知。给定预期回报，存在一个人们愿意为拥有特定资产而支付的"需求价格"。这个价格不仅与预期收益有关，而且也与资产的流动性有关，即资产出售变现的容易程度。

请注意，投资品（厂房和设备）的不同寻常之处在于，它们出现在以上两种价格体系当中：它们既是当前产出的一部分，也是可以产生跨期收入流的资产。这一点很重要。

投资的决定

明斯基使用图 25.3 来展示投资决策。P_k 曲线显示了需求价格，它是人们基于对资本品收入流的预期愿意支付的价格。正如在上一节所讨论的，这产生自资产价格体系。注意，它一开始是水平的，到达点 I_i 之后向下倾斜，我们稍后再讨论其中的原因。P_s 曲线代表资本的供给价格，即生产者提供新的资本品的价格。它在达到点 I_i 之前也是水平的。

点 I_i 是企业可以利用"内部"资金——即来自当前生产的净收入——能够从事的最大投资额。超过该点之后，它必须借入"外部"资金，也就是说，它必须通过债务融资。在这一点之后，资本供给价格向上倾斜。这是因为我们必须包括融资成本。更具体地说，融资成本是要覆盖贷款人的"贷款人风险"，即补偿无法按时还款的可能性。这些融资成本既包括市场利率，也可能会包括其他费用和成本。

超过 I_i 点之后，P_k 曲线向下倾斜，以刻画背负债务的借款人的风险。如果一家企业使用自己的内部资金融资，它就会承担项目无法产生预期回报的风

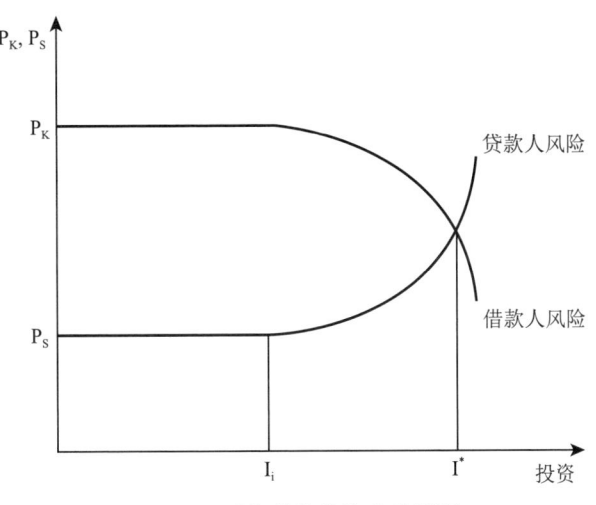

图 25.3 明斯基的投资决策模型

险。在一个充满不确定性的世界里，企业永远无法预知投资决策是否正确，企业的管理层肯定会后悔做了不好的投资。然而，如果企业使用自己的资金，就不会因为糟糕的投资决策而被迫破产。它将损失一些资金，管理层可能会受到处罚，甚至被解雇，但企业可以继续存活。当企业借款为失败的项目融资时，它会面临债务违约和破产的风险。借款越多，威胁公司持续经营的"借款人风险"就越大。

P_k 和 P_s 曲线的交点决定了将要进行的投资额。请注意，如果只使用内部资金，我们所需要的只是需求价格在垂直轴上大于供给价格。而当使用外部资金，投资额则取决于贷款人风险和借款人风险，这些风险决定了每条曲线的斜率。如果 P_s 曲线高于 P_k 曲线，则不进行投资。

明斯基的投资决策模型是动态的。这些曲线在经济周期过程当中会随着预期的变化而发生变动。当扩张开始时，对风险的看法可能趋于乐观，如果借贷双方都对前景更加乐观，那么就会使这两条曲线都变平坦。此外，由于对资本投资的预期回报更加乐观，整个 P_k 曲线可能会向上移动。这些预期变化鼓励了更多的投资。然而，在经济繁荣过后，当借贷双方都开始担心过度负债时，或当担心特定市场的过度饱和（即对特定行业投资过多）时，抑或当爆出某些企业收入不及预期的新闻时，预期可能会降低。当这种情况发生时，贷款人风险和借款人风险都会上升（这会使曲线变陡峭），并且 P_k 曲线可能会向下移动。投资随之下降。正如我们将在下一节中看到的，这种转变将减少利润。较低的投资意味着较低的总利润（在其他条件保持不变的情况下）。悲观的预期会自我实现。

25.8　投资与利润

投资与利润之间的关系是什么呢？自从资本主义取代封建主义生产方式以来，利润的来源就一直是经济学家们争论不休的话题。在这一部分中，我们将讨论波兰经济学家卡莱斯基（Michał Kalecki）提出的利润理论，他是从宏观经济角度理解利润来源的先驱。

卡莱斯基的理论有两个版本：一个是基于基本利润方程的简化版本，另一个是基于广义利润方程的更为现实的扩展版本。

卡莱斯基接受的是马克思主义理论的训练，因而对于剩余价值的生产如何先于利润并影响利润的实现，他有着深刻的理解。主流观点认为，利润是在"交换"过程（商品和服务买卖）中产生的，这反映了资本的边际贡献。马克思主义驳斥了这两种假定，认为利润是在生产过程中由剩余劳动创造的，并被资本家无偿占有。例如，工人在 4 小时内生产的价值足以维持自身劳动力的再生产，另外工作的 4 小时则为资本家生产剩余价值。这就是利润的来源，大家可以参见第 27 章《经济思想史概览》。

马克思在其利润观中没有说明，在一定时期内，货币经济中的利润总量是如何决定的。这就是卡莱斯基试图回答的问题。当我们第一次从宏观经济的角度思考利润的决定问题时，我们可能会一时难以摆脱企业层面的利润会计。正如我们在前几章中所了解到的，如果我们把微观层面的观察应用到宏观经济，我们可能会陷入合成谬误。在这种情况下，如果我们基于单个企业的利润逻辑来理解宏观层面的利润生成，我们就会误入歧途。

想想下面这个例子。在企业层面，工资成本构成总成本很大一部分。如果一家企业大幅降低其工资成本，那么它可能会享受到更多的利润。

如果所有企业都这么做，你预计会发生什么？工资是工人的收入，工人的收入决定支出，因此企业的总收入将下降，总利润不会上升。此外，投资也可能随着总支出的下降而下降，这将进一步减少企业收入。

因此，我们需要首先确定总利润的主要决定因素。

卡莱斯基的简化模型

在简化模型中，卡莱斯基假定经济体由两大群体构成：

- 挣取工资而不储蓄的工人；
- 生产产出并赚取利润的资本家。

他还假设经济是封闭的，没有政府部门。

在这些高度简化的假设下，卡莱斯基得出结论，"工人花费他们所得到的"而"资本家得到他们所花费的"。这意味着资本家的利润是由资本家的投资和消费倾向决定的，这与人们通常认为的因果关系相反，也就是说，在总体水平上，**利润是由投资决定的**，而不是反过来。

虽然卡莱斯基清楚地知道工人也储蓄，但相关的假设不影响基本的结论，并且使得结论更容易理解。

为了得出这一结论，卡莱斯基从我们在第 4 章中说明的国民经济核算恒等式出发。在他的简化模型中，基本的总需求方程可以写为：

$$GNP = C + I \tag{25.16}$$

其中，GNP 是国民生产总值或总收入，C 是私人（家庭）消费总额，I 是每个时期私人投资支出总额。这些总量都是支出（因而也是收入）流量。私人投资等于新增资本支出（产出）加上存货变化。

注意，他使用的是国民生产总值（GNP）而不是国内生产总值（GDP），因为他假设经济是封闭的。如果你需要回忆一下这两个总量之间的差异，请参阅第 4 章《国民收入和产出账户体系》。

在分析总收入的分配时，卡莱斯基假设工人和资本家这两个阶级分享总收入，从而使工资总额（W）加上利润总额（Π）等于国民生产总值，因此有：

$$GNP = W + \Pi \tag{25.17}$$

其中 Π 为总利润，包括折旧、留存利润、股息、对非公司制企业的提款、租金和利息。

式（25.16）从支出（需求）方面描述了 GNP，而式（25.17）则从分配方面描述了 GNP。

如果我们将两个方程放到一起，我们会得到：

$$W + \Pi = C + I \tag{25.18}$$

或者，

$$\Pi = C + I - W \tag{25.19}$$

请注意，(C − W) 是资本家的消费（工人的消费等于 W，也就是说，他们"花费他们所得到的"）。在（25.19）式中，总利润（Π）等于资本家的消费（C − W）加上总投资。

显然，简化的——却是基本的——利润方程，是从国民经济核算原理中推导出来的，因而是一种核算恒等关系。通过解释总利润中的因果关系，卡莱斯基扩展了他的分析，从而将基本方程的两端联系起来。重要的问题在于因果关系的方向：

- 从左到右：利润决定资本家的消费和投资吗？这是一种直观的思维方式；还是
- 从右到左：资本家的消费和投资决定利润吗？

卡莱斯基清楚地认识到后一种因果关系，即资本家"得到他们所花费的"是理解利润的正确方式。他写到（Kalecki，1965：45 − 46）：

> 这个问题的答案取决于哪些项目直接取决于资本家的决定。很明显，资本家可以决定在某个特定时期比过去消费和投资更多，但他们无法决定赚取更多的利润。因此，是他们的投资和消费决策决定了利润，而不是反过来。

他认识到在支出与利润之间包含着时滞。正是对这一时滞的认识，使得卡莱斯基得以推导出他的经济周期模型，我们将在本章后面再讨论这个模型。

其基本观点在于，投资支出取决于之前某一时期对未来总需求的预期。这些支出决策进而决定总利润,因而利润也是之前某一时期投资的函数。

事实上,卡莱斯基预见到了一种加速数式的过程。在本章后面,我们将考虑加速数如何与第15章的支出乘数相互作用,从而解释经济周期。在简化的利润模型中,资本家的总储蓄等于总投资。卡莱斯基(和凯恩斯一样)证明,储蓄和投资的相等与利率无关,利率是由货币市场决定的。注意,简化模型假设只有两个部门:家庭和企业。

新古典经济学假定,利率的调整使得(实际的)储蓄和投资实现均衡,从而确保总需求始终等于总供给,不可能出现总需求不足。这是萨伊定律(以及后来的瓦尔拉斯定律)的理论基础。

然而,凯恩斯和卡莱斯基清楚地认识到,储蓄与投资是通过总收入变化达成均衡的,而总收入是由总需求决定的。这种观点从根本上推翻了新古典经济学,后者在大萧条开始时主导了经济理论和政策,造成了大萧条的恶化。

因此,在卡莱斯基的模型中,支出决定产出和收入,从而确保需求漏出(储蓄)与支出注入(投资)相等。这也是支出乘数的基础原理。因此,投资支出的增加刺激了总需求,企业通过增加产量来应对。这又会导致工资的增加,引致消费增加,从而反馈到支出流中,促进产出和收入的进一步增加。

从微观的角度来看,人们可能会认为利润方程很奇怪——毕竟,如果资本家消费更多,那么剩下的资金量应该会更少。这正是一种合成谬误。

卡莱斯基问道:"如果资本家在不减少消费的同时为投资活动释放资金,那么投资的资金源自何处呢?"(Kalecki, 1965:46)。他的回答是(Kalecki, 1965:46):"这或许听起来有些荒谬,但根据以上说法,投资是'自我融资的'。"

虽然这对于单个企业来说可能不是事实,但对于整个经济体来说却是事实。这是因为一个资本家的消费是另一个资本家的利润来源。这种见解使我们能够理解,为什么资本主义的投资会带来其自身的储蓄。

与凯恩斯(和明斯基)一样,卡莱斯基也明白"储蓄"不是"资金的来源",储蓄行为并不能提供总投资所需的资金。相反,除非支出产生了可以储蓄的收入,否则"储蓄"无法发生。我们必须到别处寻找投资的资金来源。[①]

卡莱斯基的一般化模型

随后，卡莱斯基提出了一个更为一般化的模型，包括国外部门、政府部门，并考虑到工人储蓄。他认为这个理论适用于现实世界。他研究了财政赤字、对外部门和工人储蓄对总利润的影响。

在第 15 章中，我们介绍了有关总收入决定的实际支出模型，推导出总需求方程为：

$$Y = C + I + G + NX \qquad (25.20)$$

其中 Y 是总收入（总支出），G 是政府支出，NX 是净出口（出口总额减去进口总额）。

在卡莱斯基的模型中，工人与占有利润的资本家被区别开来，C 现在包括资本家消费（C_p）和工人消费。工人消费等于工人税后收入（W_n）减去工人储蓄（S_w）。为了区分总消费的不同来源，方程式（25.20）可以写成：

$$Y = C_p + (W_n - S_w) + I + G + NX \qquad (25.21)$$

请注意，$W_n - S_w$ 等于工人消费。总收入（Y）为：

$$Y = \Pi_n + W_n + T \qquad (25.22)$$

其中，与前面一样，Π 和 W 分别是利润和工资总额，下标 n 表示这些流量是已缴税款的净额，T 是总税收。

因此，将总支出等于总收入，我们可以得到：

$$C_p + (W_n - S_w) + I + G + NX = \Pi_n + W_n + T$$

我们可以求解税后总利润（Π_n）得到：

$$\Pi_n = I + (G - T) + NX + C_p + W_n - S_w - W_n \qquad (25.24)$$

[①] 请读者参考本书第十章：贷款创造存款，而银行吸收的存款作为在中央银行的准备金用于结算。——校订者注

因此：

$$\prod_n = I + (G - T) + NX + C_p - S_w \tag{25.25}$$

这意味着税后总利润（$\prod_n$）等于总投资（I），加上财政赤字（$G-T$），加上出口盈余（NX），加上资本家消费（C_p）减去工人储蓄（S_w）。

由此可见，投资总额（I）越高，财政赤字（$G-T$）越大，资本家消费（C_p）越高，工人储蓄（S_w）越低，税后总利润就会越高。这里我们不考虑影响 C_p 和 S_w 的行为变化。

卡莱斯基发现了这个模型的一些有趣特征。例如，当净出口和（或）财政赤字为正值时，税后总利润（$\prod_n$）将升至高于总投资和资本家消费对应的水平（如简化模型所示）。

因此，如果国内资本家能够增加净出口，他们将能够"牺牲外国竞争对手的利益"（Kalecki，1965：51）而获得额外利润。卡莱斯基写到资本家"正是从这个角度来看待争夺国外市场的"。

第 24 章《开放经济中的政策》进一步分析了国外部门。

卡莱斯基关于总利润决定的一般模型表明，财政赤字通过对总收入的正向影响增加了资本家的利润。财政赤字导致私人部门从政府支出中获得的美元流量大于通过税收返还给政府的美元流量。因此，赤字提升了资本家实现生产计划和销售产出的能力，因为它们扩大了经济的总需求。

卡莱斯基认为，财政赤字使资本家能够获取的利润（假定净出口保持不变）超过他们自己的支出将产生的利润。政府支出不仅直接刺激了总需求，而且通过乘数效应增加了家庭收入，它们反过来又从企业购买商品和服务。

如果政府有财政盈余，情况则相反。如果政府支出低于税收收入，总利润会减少。两种途径会导致这种情况发生。一方面，财政支出和总支出下降，从而降低了企业获得的收入。另一方面，如果税收增加，那么企业的税后利润就会减少。

在公共（政策的）争论中，财政赤字的挤出问题是一个反复出现的主题，我们在第 21 章《主权国家的财政政策》中已经讨论了挤出效应，我们将在第 31 章《最近的政策争论》继续对此进行深入讨论。

许多经济学家认为，政府支出与私人投资在争夺有限的储蓄池，而这种竞争必须通过提高利率来解决，这会损害私人投资。因此，据说财政赤字会"挤出"私人支出。这些经济学家通常还会进一步论证财政赤字是有害的。他们声称，与私人支出相比，公共支出通常是浪费的，因为私人支出据称受到市场的"约束"。这是因为他们相信，自我调节的市场导致了资源的最有效配置，因为价格和供求力量会消除资源的低效利用。

我们可以借助卡莱斯基的模型反驳挤出效应。挤出效应假设储蓄是有限的，借款人（包括企业和政府）必须为获得有限的资金而彼此竞争。

在卡莱斯基的模型中，工人储蓄的增加（消费倾向降低）和/或政府赤字的下降会对利润产生负面影响。这种影响是通过总收入的下降实现的。随着商品和服务市场状况的恶化，当企业的利润减少时，它们很可能减少投资。另一方面，私人投资通过增加总收入来增加私人利润并产生储蓄。按照同样的方式，财政赤字也会增加私人利润。

总之，这些观点都是现代货币理论有关资本主义经济的基本见解，卡莱斯基在他关于利润决定和资本主义经济动态的著作中对这些见解具有很好的理解。

25.9　经济周期：经济活动的波动

在上一节中，我们考察了卡莱斯基的总利润决定理论。我们理解了，随着资本家消费和投资、工人储蓄、财政收支以及对外收支的变化，总收入会发生波动，进而会带来利润变化。这些经济活动的波动产生了经济周期。

术语与模式

经济学家在谈论经济变量时经常以经济周期为参照。

对此大致有以下三种关系：

- **逆周期性**：这种变量在经济活动水平下降（上升）时上升（下降），也就是说，我们会观察到这种变量的大小与经济活动水平之间呈负相关。

- **顺周期性**：这种变量在经济活动水平上升（下降）时上升（下降），也就是说，我们会观察到这种变量的大小与经济活动水平之间呈正相关。

- **非周期性**：这种变量与经济活动之间没有关系，也就是说，两者之间的相关性为零。

典型的顺周期性变量有家庭消费、企业投资、进口和就业。典型的逆周期性变量有失业、不充分就业和财政收支——我们在第 21 章讨论财政政策时解释了这一点。

经济学家还依据经济周期的时序来研究宏观经济变量。周期从扩张到收缩（峰顶）或从收缩到扩张（谷底）的时间点，被称为转折点。在第 26 章《稳定不稳定的经济》中，我们会考虑经济周期的复杂性质。

在产出发生转折前表现出周期性行为的变量，被称为领先指标，因为它的变化早于周期方向的变化。众所周知的领先指标包括新建房屋开工量、新增企业厂房和设备的支出（订单）以及家庭耐用消费品的购买。

相反，在产出发生转折后表现出周期性行为的变量，被称为滞后指标，因为它的变化滞后于周期方向的变化。众所周知的滞后指标包括通货膨胀率、就业量和工资水平变化。

图 25.4 描绘了一个典型的经济周期。在复苏或增长阶段，实际 GDP 持续增长，在一段时间之后达到峰顶，实际 GDP 达到其局部最大值。然后，当实际 GDP 总体下降时，经济就会陷入下行阶段，有时是轻微下降，有时则是严重下挫。如果该阶段持续两个或两个以上季度，那么经济就被称为陷入衰退。在某个时刻，经济达到谷底，这是在特定周期内实际 GDP 达到的最低点。实际 GDP 增长趋势描绘的是忽略周期性波动的实际 GDP 的基本方向。还要注意的是，实际 GDP 增长的趋势既可能上升，也可能下降。在后一种情况下，它仍然可以保持正值。

图 25.5 显示了 1960 年至 2015 年澳大利亚实际国内生产总值年增长率的演变。根据季度数据计算年增长率的公式如下：

$$年增长率 = 100 \times (\text{Real GDP}_t - \text{Real GDP}_{t-4}) / \text{Real GDP}_{t-4}$$

其中 t 下标指的是我们所讨论的季度。如果 t 是 2015 年 3 月，那么 $t-4$ 是

2014 年 3 月，以此类推。

图 25.5 描绘了几个不同强度的经济周期。澳大利亚在发达经济体的经济发展模式中有代表性。

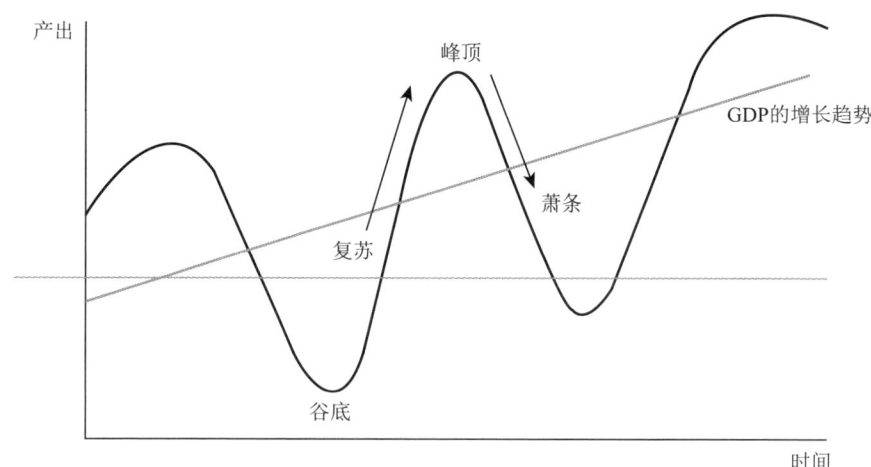

图 25.4 一个典型的经济周期

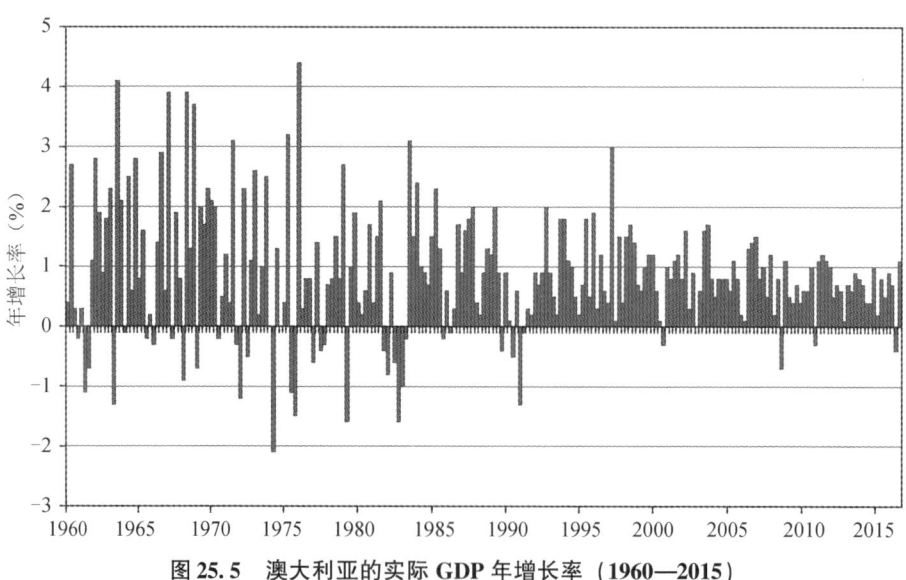

图 25.5 澳大利亚的实际 GDP 年增长率（1960—2015）

来源：作者的计算。数据来自澳大利亚统计局

经济波动不是规律性的，峰谷之间的时间跨度和周期的深度（幅度）各不相同。虽然图 25.4 描绘的峰顶随着时间推移而增高，但还可能存在降低的峰顶。需要理解的一点在于，随着时间的推移，经济活动以波浪式变化，随着总需求的波动在峰顶和谷底之间波动。我们把单个经济周期称为两个峰顶之间的时期，因为这段时间包含着一段完整的上升和下降。

还有其他与经济周期相关的术语。例如，经济学家有时根据实际 GDP 与其趋势的关系来区分复苏和繁荣。如果实际 GDP 超过当前的趋势值，那么（从低谷走出的）经济复苏就会演变为经济繁荣。此外，经济下行是指实际 GDP 从高峰到趋势线之间的下降，而一旦实际 GDP 低于当前的趋势水平，经济可能会被认为处于衰退之中。

一场非常严重、旷日持久的衰退，有时被称为萧条。幸运的是，各国政府现在有一系列财政政策工具可供使用，以确保我们很少遇到严重到萧条程度的衰退。不过，正如全球金融危机所表明的，一些政府不愿意使用这些工具，因为它们在意识形态上囿于错误的自由市场思想。

支出乘数与投资加速数的相互作用

在第 16 章中，我们介绍了支出乘数的概念，该概念表明，如果存在过剩产能，注入的支出会增加收入，而随着收入被再次支出，总支出和总收入会成倍增加。在本章中，我们介绍了投资支出的加速数模型，即企业通过投资支出来增加其资本存量，以便有足够的资本来生产产品和满足预期需求。

在本节中，我们将这两个概念结合在一起来展示经济周期的演变。接下来的内容较为高深，依据的是美国经济学家保罗·萨缪尔森（Paul Samuelson）的研究。然而，其基本思想可以用相对简单的方式来描述。投资支出的加速数理论认为，净投资依据的是对产出需求的预期。企业因而寻求安装最新的资本设备，这些设备将足以生产出满足预期需求的产出。

乘数概念表明，当总支出受到外生刺激（例如，政府支出、投资及出口）时，最初的支出增长通过支出系统成倍放大，因为消费者的消费会不断地随着收入增长而增长。

因此，这两个概念可以相互作用。成倍的支出增长和产出增长，反过来又会通过加速数原理增加投资。鉴于投资是总支出的一个组成部分，净投资的增加反过来会对总支出和产出产生乘数效应，因而经济步入经济周期的上升阶段。但是，一旦经济达到实际 GDP 的峰顶，加速数就会对净投资产生负面影响，然后通过乘数引发总支出的下降。**因此，投资一方面是乘数过程中的外生驱动器，另一方面是加速数过程中诱导性支出的反应装置，它们之间存在着相互作用。**

这是支撑哈罗德–多马经济周期（和增长）模型的基本观点，并支持凯恩斯的劳动力市场理论，后者认为经济体中不存在所谓的自然的充分就业水平。我们在第 12 章中讨论了这些观点，在那里我们了解到，这是因为资本主义经济一般处于低于充分就业的均衡状态。

回顾方程（25.3）中的简单加速数模型：

$$I_t = [K_t^* - K_{t-1}^*] + I_R = v[Y_t - Y_{t-1}] + I_R = v \triangle Y_t + I_R \qquad (25.26)$$

这告诉我们，假定对国内生产总值的预期得以实现，投资需求（支出）流量将等于重置投资（折旧）加上合意资本产出比（v）乘以国内生产总值的变化。记住 v 是加速数系数。如果我们仅考虑净投资，我们可以忽略重置投资（I_R），因为它可能变化缓慢，不是经济周期的重要决定因素。我们忽略存货投资来简化模型。

更复杂的加速数模型会考虑企业的存货投资，它们会考虑存货成本，并使得存货数量能够满足意外的需求变化。

为了给模型增加一个现实因素，我们假设，在作出净投资决策时，企业会对上一期的产出变化（$Y_{t-1} - Y_{t-2}$）做出反应，而不是依据对本期产出变化的预期。此外，在现实世界中，家庭调整其消费具有时滞，因此在下面的模型中，我们使用上一期的可支配收入作为家庭当前消费的决定因素。

将投资加速数理论与这些假设结合起来，我们可以将总支出模型写成：

$$Y_t = C_t + I_t + G + NX = cY_{t-1} + v(Y_{t-1} - Y_{t-2}) + G + NX \qquad (25.27)$$

其中，cY_{t-1} 是家庭消费，Y_{t-1} 是上一期的收入，c 是边际消费倾向，I_t 是净私人投资，G 是政府支出，NX 是净出口。在他 1939 年的文章中，萨缪尔森进一步简化了这个模型。他采用了这样的加速数模型，假设当前投资支出等于 v

$(C_t - C_{t-1})$，即投资支出与当前时期消费支出的变化成正比。因此，企业确保有足够的生产能力来满足消费的增长。

他还假设每个时期的 $c=0.5$，$v=1$，$G=1$，$NX=0$。因此，产出方程为：

$$Y_t = C_t + I_t + G_t \tag{25.28}$$

根据假定的行为和参数，

$$Y_t = cY_{t-1} + v(cY_{t-1} - cY_{t-2}) + G_t \tag{25.29}$$

由于 $C_t = cY_{t-1}$，

如果我们考虑的是第 0 期，因为产出还没有变化，所以投资为零。所以：

$$Y_0 = cY_0 + G_0 \tag{25.30}$$

我们可以从（25.29）式中减去（25.30）式，由此可以得到，在外生支出冲击之后，第 t 期与第 0 期总产出的差别：

$$Y_t - Y_0 = (cY_{t-1} - cY_0) + v(cY_{t-1} - cY_{t-2}) + 1 \tag{25.31}$$

这些变量的时间序列会随参数值变化而变化。萨缪尔森 1939 年的例子假设 $c=0.5, v=1, G_t - G_0 = 1(t=1,2,\cdots,)$。

表 25.7 记录了当政府支出增长 1 单位后，总产出及其组成部分的变化。这显示了萨缪尔森假设下的产出调整路径。由于假定消费取决于上一期的 GDP，在第 1 期，1 单位政府支出增加只会使 GDP 增加相同的数额。加速数过程也处于休眠状态，因为消费保持不变。

第 1 期 1 个单位的 GDP 增长会导致第 2 期 50 美分消费的增加，从而触发加速数机制，使投资增加 50 美分。由于这两个变化和政府支出的增加，第 2 期的 GDP 要比第 0 期高出 2 个单位。

表 25.7 长期较高的政府支出水平导致产出及其构成部分的变化

时期	政府支出 $(G_t - G_0)$	消费支出 $(C_t - C_0)$	投资支出 $(I_t - I_0)$	总的 GDP $(Y_t - Y_0)$
1	1	0	0	1
2	1	0.5	0.5	2
3	1	1	0.5	2.5

(续表)

时期	政府支出 ($G_t - G_0$)	消费支出 ($C_t - C_0$)	投资支出 ($I_t - I_0$)	总的 GDP ($Y_t - Y_0$)
4	1	1.25	0.25	2.5
5	1	1.25	0	2.25
6	1	1.125	-0.125	2
7	1	1	-0.125	1.875
8	1	0.938	-0.063	1.875
9	1	0.938	0	1.938
10	1	0.969	0.031	2
11	1	1	0.031	2.031
12	1	1.016	0.016	2.031
13	1	1.016	0	2.016
14	1	1.008	-0.008	2
……	……	……	……	……

如果没有加速数机制，在政府支出（G）的初始增长之后，引致消费会随着时间的推移而逐渐下降，GDP 将停留在一个由支出乘数决定的更高水平。

然而，在加速数存在的情况下，GDP 在第 3 期之后达到峰顶，随后在第 7 期达到低谷，在第 11 个时期达到另一个峰顶。

因此，乘数和加速数之间的相互作用生成了经济周期。不同的周期有不同的 c 值和 v 值。你可以试着用电子表格来建立这个简单的模型，然后改变 c 值和 v 值来查看不同的经济周期。

总之，在模型中，加速数和支出乘数的交互作用会产生周期性变化。

结果表明，某些参数值可以导致相当稳定的经济周期，另一些参数值则会导致波动剧烈的经济周期。关键在于，当我们引入关于投资行为的合理假设（投资是消费的函数）时，没有理由相信经济会走向均衡。相反，即使在相当合理的假设下，加速数也可能导致周期性不稳定。海曼·明斯基吸取了这一模型的结果，提出了经济不稳定性理论，我们将在第 27 章《经济思想史概述》中对此进行讨论。

结　论

在凯恩斯看来，投资是经济的推进器。正如我们在第 16 章中所了解到的，投资（以及其他外生支出）对总需求具有乘数效应。反过来，投资也会容易出现大幅度波动，因为它取决于对不确定未来的预期。在本章中，我们发现，如果投资受到当前支出和收入流的影响，那么它也会起到加速器的作用。这一观点使投资的影响复杂化：如果预期是乐观的（悲观的），那么投资就会上升（下降），这会通过乘数效应导致收入上升（下降）（因为收入的变化会导致消费的变化），并刺激更多（更少）的投资，这也会产生乘数效应。

此外，我们考察了明斯基的投资理论，该理论将金融因素引入投资决策。这进一步考察了投资的不稳定性。例如，如果投资增加，促进经济增长，这会产生更加乐观的预期，从而鼓励更多的投资。部分投资是通过借贷获得外部融资的。随着经济增长的加快，借贷双方都会低估债务的风险，从而使投资得以增加。然而，随着债务的增加，出现金融问题的可能性会增加。

我们还介绍了卡莱斯基对投资与利润之间关系的研究。我们考察了卡莱斯基方程，该方程表明在其他条件保持不变的情况下，投资或财政赤字的增加将创造更多的利润。这也会鼓励更多的投资，并带来情绪高涨的繁荣。

然而，如果预期出现逆转，一切都会朝相反的方向发展：投资下降，利润下降，企业难以偿还在繁荣期间增加的债务。金融危机的可能性越来越大。

我们根据这一分析所得出的结论是，资本主义的经济增长不太可能沿着一条稳定的道路前进。经济周期几乎是不可避免的，这使得政府有必要通过政策来减弱极端的周期性波动。

参考文献

［1］International Monetary Fund（IMF）（2016）World Economic Outlook Database，October.

［2］Kalecki, M.（1965）*Teory of Economic Dynamics: An Essay on Cyclical and Long-run Changes in Capitalist Economy*，2nd edn，London：George Allen & Unwin.

[3] Keynes, J. M. (1936) *Te General Theory of Employment, Interest, and Money*, London: Macmillan, 1957 Reprint.

[4] Lerner, A. P. (1953) "On the Marginal Product of Capital and the Marginal Efficiency of Investment", *Journal of Political Economy*, 61 (1), 1–14.

[5] Organisation for Economic Co-operation and Development (OECD) (2011) Economic Outlook, Volume 2011, Issue 2, No. 90.

[6] Samuelson, P. A. (1939) "Interactions Between the Multiplier Analysis and the Principle of Acceleration", *Review of Economic Statistics*, 21 (2), 75–78.

chapter 26

第 26 章
稳定不稳定的经济

本章纲要

26.1 引言
26.2 经济周期与危机
26.3 马克思主义的危机理论
26.4 凯恩斯与后凯恩斯主义的危机理论
26.5 明斯基的金融不稳定性假说
结论
参考文献

学习目标

- 理解主要的非正统经济周期理论。
- 学会运用第 25 章学到的萨缪尔森的乘数加速数模型。
- 理解为什么假定市场过程趋于均衡的新古典主义理论不适用于现实世界的资本主义经济。
- 能够批评全球金融危机之前主流经济学的"大缓和"论调。
- 理解为什么决策者依赖"看不见的手"来实现经济和金融稳定是

错误的。

- 能够解释为什么"稳定孕育着不稳定"。

26.1 引言

21 世纪初,追随正统宏观经济学的主流经济学家和政策制定者们为自己开创了他们认定的经济稳定新时代。

本·伯南克(Ben Bernanke)(后来很快成为美联储主席)甚至在 2004 年写了一篇论文,将这个时期称为"大缓和"(great moderation)时代。主流经济学将这种稳定归功于对自由市场的更大依赖、对金融部门的放松管制、降低风险的复杂金融创新、投资组合的多样化和全球化、更严格的财政约束,以及中央银行的新货币共识(New Monetary Consensus)政策。但仅仅三年之后,世界金融市场就崩溃了,全球金融危机爆发了。

相比之下,海曼·明斯基(Hyman P. Minsky)在 1982 年出版了一部题为《"它"还会发生吗?》的著作。他所说的"它",指的是另一场金融危机和大萧条,就像 20 世纪 30 年代的那次全球性危机那样。在一开始,他得出结论说,鉴于美国新政(以及其他国家的类似政策)带来的制度约束,"它"不太可能会发生。

然而,在明斯基著作出版后的几十年里,新政的约束慢慢被消除,致使金融体系得以自由地从事引发大萧条的冒险行为。明斯基开始担心"它"可能会再次发生。虽然他在 2007 年危机十年前的 1996 年去世,但他的分析却已经洞察到了"它"再次发生的原因。

在本章中,我们将考察经济不稳定的原因,重点关注金融不稳定。在第 31 章和第 32 章中,我们将详细讨论全球金融危机及其对经济理论和政策的影响。

26.2 经济周期与危机

经济学家们长期以来一直关注经济周期，所谓经济周期是指具有某种程度的规律性（regularly）的经济波动（Sherman，1991；Wolfson，1994）。在第25章中，我们已经简要地介绍了经济周期的概念。现在让我们概览一下经济周期的类型和相关理论。

经济学家们已经确定了几种不同的周期。从基钦周期（与库存波动相关，平均持续39个月）到朱格拉周期（持续七八年，与厂房和设备投资相关），再到持续二十年的库兹涅茨周期（与人口变化相关），最后到康德拉季耶夫长波周期（归因于电气化和汽车等重大创新）（Kindleberger，1989）。我们将较短的周期（基钦周期和朱格拉周期）称作经济周期，而把较长的周期（库兹涅茨周期和康德拉季耶夫周期）称为长波周期。金融因素在某些长期波动中可能只起到较小的作用。

一般来说，研究金融不稳定的经济学家倾向于关注较短的经济周期，以及周期峰顶发生的金融危机，尽管金融危机（尤其是近年来）可能发生于经济周期的其他阶段。

此外，一个经济体可能在金融上不稳定，但有可能设法避免金融危机。最好将金融不稳定视为一种趋势，而不是一个具体事件，尽管典型的金融危机是在经济周期扩张中产生的金融不稳定过程的结果。

在本章中，我们将主要关注源自金融因素的经济不稳定，而较少关注与金融无关的经济波动，以及不会波及整个经济的金融危机。

人们对金融不稳定的原因提出了各种解释。一个可能的原因在于投机性"狂热"，以至于大量投资者对利润产生了不切实际的预期。他们大量借贷，为购买资产提供资金，并推高资产价格。最终，狂热结束，价格暴跌，破产接踵而至（Kindleberger，1989）。1634年的郁金香狂热、1719年的南海泡沫、20世纪90年代末的互联网繁荣，都可以作为投机狂热的例子。这些繁荣往往伴随着欺诈的发展。欺诈在金融危机中扮演着重要角色，这样的例子包括阿尔巴尼亚国家养老保险制度的崩溃（20世纪90年代）、美国储蓄和贷款银行的大规模破产（20世纪80年代）和21世纪头十年美国次级抵押贷款的兴衰。

其他解释大多是主流经济学的，它们主要集中于货币或信贷供应的突然中断，这会导致借贷受阻，迫使支出下降，从而引发周期性下降。

货币主义将金融不稳定和危机归咎于中央银行的政策失误。根据他们的理论，当中央银行提供过多的准备金时，货币供应量就会迅速扩张，从而刺激消费热潮。如果中央银行对通货膨胀反应过度，认为它必将到来，就会减少货币供应量，从而导致支出崩溃。

另一些人则提出了"信贷紧缩"的论断，根据该论断，贷款人突然减少对借款人的贷款供应，要么是因为贷款人受到某种制度约束，要么是因为中央银行采取了限制性的货币政策（就像货币主义者的故事一样）。

最后，还可以加上汇率波动和外债等不稳定的诱因，尤其对于布雷顿森林体系解体后的发展中国家来说更是如此。如果一个国家欠下的债务以外国货币计价，那么当其汇率贬值时，该国的债务负担就会增加（因为债务国必须提供更多的本国货币来兑换偿还债务所需的外国货币），从而导致违约和危机（见第31章《最近的政策争论》中的三个例子）。

托尔斯坦·凡勃伦（Thorstein Veblen，1904）提出了一种与他的"企业理论"相一致的经济周期理论。在扩张中，信贷是以抵押品为基础扩张的，抵押品是企业资产的资本化价值，近似于公司股票的市值。随着股票市场的繁荣，一家公司的市值会不断上升，由此增加了其获得信贷的机会。

公司的市场价值包括"商誉"。这是一个会计术语，适用于"无形"资产，如品牌的价值。随着在扩张过程中利润的增长，利润预期也会增长，企业的价值由此增加，获得信贷的能力也会进一步增强。凡勃伦还认为，该公司的管理层可以通过各种各样的程序操纵股价，例如，今天仍然常见的公司股票回购。然而，随着扩张的进行，成本开始上升。

一般来说，总需求落后于企业扩张，这主要是因为工人收入受到了约束，从而限制了消费增长。利润达不到预期，导致公司市值下跌。

一些企业可能不得不清算资产以履行债务承诺，获得信贷变得更加困难，股票价格也暴跌。危机于是接踵而至。企业的反应可能会使情况变得更糟：企业在试图维持价格的同时裁员并缩减生产，这对宏观经济来说是适得其反的，因为这会抑制需求，从而使产出难以以合意的价格出售。

凡勃伦的追随者韦斯利·米切尔（Wesley C. Mitchell）因对经济周期的研究而受到赞誉。他是1920年美国国民经济研究局的创始人之一，在1945年前一直担任其研究室主任。米切尔根据他的经验研究概括了典型的经济周期。

随着经济开始从萧条中复苏，利润开始增加，因为成本只是缓慢地开始上升。然而，超过某一点之后，成本上升得更快。此外，长期利率开始上升，这促使企业转向短期贷款。较高的成本和利率挤压了利润。企业缩减开支以保持偿付能力；借贷也会减少，除了那些借新还旧的企业。

陷入困境的企业被迫出售资产。这将导致资产价值暴跌，并有可能演变成金融恐慌。随着危机和经济衰退的降临，违约会减少债务。在萧条的情况下，工资和其他成本会下降。边缘企业被淘汰。存货被出售，少有投资会发生，废弃折旧的资本不会被更换。

最终迎来了经济复苏阶段，经济周期将重新开始。虽然米切尔承认，每一个经济周期都有其独有的特征，但他认为，总的来说，它们遵从这些要点。虽然他不以构建经济周期理论而闻名，但许多经济学家都追随他的方法，利用经验证据来支持他们的理论，并在他们对经济周期的解释中经常使用"典型事实（stylised facts）"。

后面三节将讨论替代性的非正统危机理论，我们首先介绍马克思主义的危机理论。马克思认为，由于资本主义制度固有的内在矛盾，危机是不可避免的。事实上，他相信这些危机会变得越来越严重，直到工人们奋起革命推翻资本主义，以社会主义取而代之。

接下来我们将讨论凯恩斯的危机理论（我们在第12章和第13章中详细介绍了凯恩斯的观点）。虽然凯恩斯对资本主义的批评不如马克思，但他也认为危机的倾向是资本主义固有的。他的追随者们特别关注《通论》中的第12、17和24章，这些章节关注资本主义的根本缺陷——失业和不平等的倾向——而这些与根本的不确定性和流动性偏好有关。

倒数第二节将详细考察海曼·明斯基的研究。明斯基拓展了凯恩斯的方法，构建了金融不稳定性假说。该假说在全球金融危机之后引起了极大的关注。最后一节将总结非正统与正统经济周期和危机理论之间的不同。

26.3　马克思主义的危机理论

一些理论通过考察资本主义的内在运动过程来解释危机的发生。换言之，这些方法不将危机归因于非理性的狂热或货币当局的"外部冲击"，而是归因于内部或内生因素。

卡尔·马克思在《资本论》中声称，"生产无政府状态"是非计划经济的必然特征，决策都是由追求利润的无数个体作出的。资本主义制度是这样一种制度，它容易遭受生产的"比例失调"，因此一些产品只能低价抛售，无法实现预期利润。

他的核心观点在于，生产总是从货币开始的，其中有些是借来的。它们被用来购买劳动力和生产资料，以便生产商品出售。但是，如果某些商品无法以足够高的价格出售，贷款就无法偿还，就会发生破产。

当债务人违约时，债权人也可能被迫破产，因为债权人自己也会有未偿债务无法偿还。这样，违约就会在整个经济中滚雪球般蔓延。当金融资产的持有者开始担心他们投资的稳健性时，恐慌便会发生。

金融资产的持有者不会等着债务人违约，而会试图"清算"（出售）资产以获得现金和其他更安全的资产。这种对"流动性"（现金和其他预期能保持名义价值的可变现资产）的高需求导致流动性较差的资产价格暴跌，同时也导致人们在试图囤积资金时不愿消费。因此，金融危机是伴随着总需求崩溃而发生的（Sherman，1991；Marx，1990；1991；1992）。

马克思认为，货币是经济周期的先决条件，因为它使得买卖分离。他批评李嘉图对供给过剩的否认。李嘉图的错误在于将资本主义生产类同于物物交换的生产。在物物交换中，没有人会在不需要某物的情况下提供某种东西用于交换："供给创造需求"。但是，如果人们可以出售某种东西换取货币，那么销售就不一定会创造需求。李嘉图的理论不适用于资本主义经济，资本主义生产是为了赚钱而出售其商品的。

马克思认为，即使在"简单商品生产"（C—M—C′）的情况下，危机也有可能发生：一个人生产一种商品并出售换取货币（C—M），以便购买另一种商品，但他可能会持有该货币而推迟下一次购买（M—C′）。这里 C 代表生产的商品，M 是生产的商品所换取的货币，C′是生产者用货币所购买的（不同的）商品。在这个序列中，货币只是一种中介，一种交易媒介，因为生产的目的是获得交换的商品（C′）。一个人可以暂时持有货币作为价值贮藏手段，直到找到自己所需的商品（C′）。尽管这仍然不是资本主义的理论，但即使是简单的商品生产也会经历危机。

正如我们在第 3 章和第 11 章中所看到的，在资本主义经济中，生产是从货币（M）开始的，并且目的只是为了以后获得更多的货币（M′）。在这种情况下，很多事情都可能出现问题。生产商可能不相信生产会有利可图，所以根本就不进行生产。或者，由于资本家错误地高估了商品需求，生产出来的商品无法出售。又或者，即使产品被出售，利润也可能低于预期。

马克思将资本主义的生产和流通过程定义为 M—C—P—C′—M′的过程。其中 P 是生产过程，这一过程将商品投入（C）转化为最终商品（C′），以供出售并实现利润从而获得更多的货币（M′）。请注意，C 表示商品投入，C′表示最终商品。资本主义生产者没有不出售的选择，资本家必须出售才能收回当初他们投入的货币 M。他们不是生产商品供自己使用，生产只是为了出售而获取利润。

还要注意的是，马克思对利润的"骗子"理论不感兴趣，这种理论基于"低买高卖"来解释利润。在马克思之前，这是对利润来源的一种常见解释，即认为利润是在买卖中创造的。然而，马克思希望从生产过程本身来解释利润的来源。换言之，他试图回答的问题是：所有资本家都能实现货币增值（M′）吗？他得出的结论是，只有当总需求足够高并得到适当分配时，这才有可能。否则任何问题都可能引发危机，这包括生产过剩或利润率的突然下降。这些问题构成了"现实性理论"——囊括现实中各种可能的理论。但我们在这里不需要考虑所有现实可能性，而只需专注于有效需求理论，这种理论依据的是生产的货币理论。

马克思认为，资本主义将面临日益严重的危机。简言之，这是由于一种用"死劳动"（由劳动生产的资本设备）取代"活劳动"（人类劳动）的趋势。在马克思的理论中，只有活劳动才能生产剩余价值（"死劳动"只能再生产资本设备所需的劳动），因此随着死劳动取代活劳动，剩余价值量会趋向于下降。剩余劳动价值是利润的来源，随着剩余价值下降，利润也随之下降。虽然马克思列举了可以改善和推迟这种情况的抵销性趋势，但他相信利润率将随着时间的推移而倾向于下降。随着利润的下降，资本家生产的动力将下降，由此需求不足将导致经济衰退。经济衰退致使实现利润和偿付债务变得困难，这可能会增加偿还债务的信贷需求。对信贷的需求可能伴随着资产的大量出售，从而加剧资产价格的下跌。经济下行因而可能会演变成严重的金融危机。马克思认为，资本主义最终注定是要灭亡的，因为面对这些日益严重的危机，最终工人会奋起反抗，推翻资本主义，代之以社会主义。

巴兰和斯威齐（Baran and Sweezy, 1966）使用剩余上升趋势的概念替代了马克思的利润率下降趋势的概念。在资本家压榨工人、提高剥削程度（减少工资或在相同工资的情况下要求更多的工作时间）时这种趋势就会出现。剩余必须通过以下方式吸收：（a）增加消费；（b）投资；（c）浪费。但随着资本家利润的上升，他们的消费占利润的比例会下降；随着投资的增加，生产产能会过剩，因而投资也会下降。因此，浪费是唯一的解决办法，通过广告推销、军事冒险和金融部门的超规模增长这些形式来吸收过剩的剩余。

类似的，约瑟夫·吉尔曼（Joseph Gillman, 1957）同样认为现代资本主义产生了无法投资的剩余。从某种意义上说，问题在于资本主义太成功了：它的生产能力超过了寻找新的投资领域的能力。节约资本的技术进步减少了对剩余的需要，而劳动生产率的提高则增加了剩余。一些剩余可以被浪费性支出（私人的或公共的）吸收，比如，广告和战争。然而，这是有限的，因为这种浪费性开支耗尽了公共财政，创造了与民主社会不相容的社会、道德和政治问题。因此，尽管增加需求的政策可以暂时发挥作用，为无法投资的剩余创造用途，但从长远来看，它却无法奏效。它需要一个不断增长的公共部门来吸收剩余，但资本家不会任由经济变得社会主义化。

沿着类似的思路，卡莱斯基（Kalecki，1954）也认为，成熟的资本主义表现出产能过剩的趋势，从而导致经济停滞。对消费品的需求受到工资总额（投资品和消费品部门所支付的工资）的制约。对投资品的需求是已实现利润的函数。资本的快速积累要求资本需求的增长速度快于工资总额的增长速度，但过剩的生产能力限制了对新资本设备的需求。因此，资本主义需要其他的"自发"需求来源，比如，吸收资本的技术创新，或者政府支出的不断增长。垄断加剧了这一问题，因为抑制产出和过剩产能（从而抵制竞争）维持着垄断企业设定价格的能力。这抑制了需求，随着经济停滞，这只会使问题恶化。

斯坦德尔（Steindl，1952）认为，经济停滞的趋势意味着资本和利润的增长率下降，从而降低了资本家的收入份额。垄断资本试图在需求低迷时通过削减生产来维持价格，这导致产能更加过剩；停滞的结果是失业高企和工资增长停滞，保持高利润率的策略只会适得其反。

在一篇著名的论文中，卡莱斯基（Kalecki，1943）认为，考虑到资本家将失业视为抑制工人工资需求的一种手段，减少失业的"凯恩斯主义"总需求政策会受到资本家的抵制。然而，卡莱斯基没有预见到社会民主政府的政治力量。尽管资本家们仍在不断抵抗，但这些政府在"二战"后仍能推行充分就业政策。

对于这些受马克思启发的学派，最重要的是，危机倾向是资本主义制度的内在固有趋势。危机不是由非理性繁荣、政策失误或不确定性造成的。

26.4 凯恩斯与后凯恩斯主义的危机理论

欧文·费雪（Irving Fisher，1933）解释大萧条的"债务通缩"理论，和约翰·梅纳德·凯恩斯（John Maynard Keynes，1936）的《通论》，也得出了一些与马克思相同的结论。费雪设想的是一种市场非均衡的特殊情况，但在凯恩斯的理论中，这些却是货币经济运行的一般情况。

简言之，费雪将"大萧条"归因于资产价格的暴跌和随之而来的违约狂潮及其带来的金融危机（Fisher，1933；另见 Galbraith，1972）。随着产出和收入的下降，债务偿付变得困难，这迫使人们出售资产来筹集偿还债务所需的资金。然而，随着所有人都试图通过"甩卖"来贱卖资产，价格会出现暴跌。价格的下降迫使人们出售更多的资产来偿还债务。债务人陷入"资不抵债"（其债务的名义价值超过其资产的价值）的境地，最终走向破产。正是这种"债务通缩"（资产价值下降）和严重的经济衰退使得"大萧条"变得如此可怕。

凯恩斯采用了一种类似于马克思的 M—C—M′ 模型的研究思路，认为资本主义的商品生产从货币（M）开始，目的是期望以后获得更多的货币（M′）。他构建了一种均衡产出和就业决定的一般性理论，将预期因素纳入其中（参见第 13 章）。他得出结论：在资本主义经济中，没有任何自动的、自我矫正的力量能够推动经济走向充分就业。

事实上，他描述了乐观主义和悲观主义带来的破坏稳定的"旋风"，这与斯密的"看不见的手"形成了鲜明对比，这只"手"被认为能够引导市场走向稳定的均衡。此外，与马克思一样，凯恩斯将对流动性（或货币）的"迷恋"视为一种不稳定力量，它阻碍了充分就业的实现。流动性偏好的增加降低了对资本资产的需求，导致投资下降，进而通过乘数效应降低收入和就业。在《通论》的第 12 章中，凯恩斯将繁荣和萧条之间的波动归因于这些旋风对投资的影响。

提示框

回顾下本书第 12 章和第 13 章，在凯恩斯看来，投资是资本设备将产生的预期收益的函数。这些收益是不确定的，因为它们在未来产生。投资者将预期收益（形式化为资本边际效率）与利率权衡比较。如果资本边际效率大于利率，那么他们就会进行投资。这将对产出和就业产生乘数效应。

在主流经济学对凯恩斯理论的阐释中，是利率的波动导致了投资的变化，进而整个经济出现波动。这在一定程度上解释了为什么他们认为货币政策是宏观经济的主要稳定工具。然而，实际上，凯恩斯认为，是资本边际效率的波动主导了周期变化——对资本边际效率的估计在乐观时期高，在悲观时期低甚至为负。

为什么资本边际效率容易出现大规模且不稳定的变化呢？因为我们无法预知未来，而且我们知道，由于我们对投资前景的不确定，我们的任何预期都建立在脆弱的基础之上。在《通论》的第12章中，凯恩斯区分了决定预期收益的两类预期（Keynes，1936：147-148）：

（a）取决于现有事实的预期，这些事实可以或多或少被获知；这些又取决于现有资产存量的类型和当前消费需求的强度。这些是短期预期。根据短期预期，企业家估计如果他在今天用现有的厂房和设备开始生产的话，他能获得多少利润。

（b）取决于未来事件的预期，这些事件无法得知，只能凭着信心去预测。这些是长期预期。它们取决于"最可能的预测"，并随我们对预测的信心而变化。长期预期面临未来各种不确定性，包括未来资产存量的类型和数量的变化、消费者偏好的变化、在资产寿命期间有效需求以及工资成本的变化。

短期预期适用于现有厂房和设备的使用，而长期预期则支配新厂房和设备的投资决策。就其本质而言，投资决策取决于易于发生变化的长期预期：

> 突出的事实在于，我们对未来收益进行估计时所依据的知识是极端靠不住的。我们通常对决定投资项目在几年后的收益的各种因素了解很少，并且往往根本缺乏了解。（Keynes，1936：149）

投资者是如何应对这种高度的不确定性的呢？在正常情况下，他们求助于惯例（convention），例如，假定当前的状况将持续到未来；换言之，他们依赖于"既有事实"，并假设它们不会发生大的改变。如果每个人都这样做，即使他们也知道这种信念没有根据，那么这种惯例也会有助于稳定投资行为，从而有助于稳定经济。问题是，由于我们知道我们的预测是靠不住的，所以稍有不利的消息——比如，糟糕的宏观经济数据——人们就会抛弃原有的预测。

凯恩斯认为，股市会使得投资决策更容易受到乐观和悲观情绪的影响。随着上市公司的兴起，企业的所有权与经营权日益分离。所有权广泛散布在成千上万的股票持有人的手中，他们中的大多数人对企业业务知之甚少，因此在买卖股票时，人们依赖于新闻甚至传闻。

凯恩斯（Keynes，1936：154）引述了制冰公司的例子。它的股价在夏季上升，冬季下降，这说明短期盈利能力会对股价产生"过度甚至荒谬的影响"。今天，一家网络公司的谣言或一家大型制药公司的开发新药的新闻都可能对股市产生过度的影响。

问题在于，为什么专业的投资经理不会介入来稳定股市呢？（例如，在冬季买入制冰公司的股票，在夏季卖出，从而占那些不了解制冰行业季节性的无知大众的便宜）。原因在于，专业人士专注于在斗智中胜过公众："在现实中，当今最高明的投资者的目标却是，如美国人所说的，'起跑在枪响之前'，从而在斗智中胜过群众，从而把坏的或被磨损的钱币脱手给他人"（Keynes，1936：155）。

他接着将现代股市比作一种特殊的选美比赛：

> 专业投资者的情况可以和报纸上的选美竞赛相比拟。在竞赛中，参与者要从100张照片中选出最漂亮的6张。选出的6张照片最接近于全部参与者一起所选出的6张照片的人就是得奖者。由此可见，每一个参与者所要挑选的并不是他自己认为是最漂亮的人，而是他设想的其他参与者所要挑选的人。全部参与者都以与此相同办法看待这个问题。这里的挑选并不是根据个人判断力来选出最漂亮的人，甚至也不是根据真正的平均的判断力来选出的最漂亮的人，而是运用智力来推测一般人所推测的一般人的意见为何。在这里，我们已经达到了第三个推测的层次；我相信，有人还会进行第四、第五和更多层次的推测。（Keynes，1936：156）

凯恩斯将这种推测定义为"投机"（试图推测一般人的意见），而不是"经营企业"（试图计算实际的商业前景），并认为：

> 如果投机者像在企业的洪流中漂浮着的泡沫一样，他未必会造成祸害。但是，当企业成为投机的漩涡中的泡沫时，形势就是严重的。当一国资本的积累变成赌博场中的副产品时，积累工作多半是干不好的。如果我们把华尔街的社会功能当作引导新投资按照未来收益流入最有利的渠道，那么华尔街的成功程度不能被认为是自由放任的资本主义的典范——这并不值得奇怪，如果我下面所说的是对的话：华尔街最好的头脑却在事实上被引导到一个与其社会功能不同的目标。（Keynes，1936：159）

这些投机漩涡影响了对厂房和设备的投资。乐观的预期会提高公司的估值，从而更容易为新的投资筹集资金；悲观情绪则不仅使筹集资金的成本变得高昂，而且导致相比于投资新厂房和设备，收购竞争对手会更便宜。基于这些原因，股市投机会影响投资，进而影响就业和产出。

凯恩斯提供了经济周期的一种投资理论，其中投资本身取决于长期预期。凯恩斯并不认为，股价和投资总是处于剧烈波动状态。在正常情况下，他认为我们可以安心地依靠成规。但是，不稳定的可能性却总是潜藏在背后，因为我们知道，过于坚决地遵从这些成规是不安全的。凯恩斯对"自由市场"——无论是在自由放任的基础上，还是在逆周期货币政策的指导下——能否使投资保持稳定增长持怀疑态度。相反，他说他希望：

> 看到能够从长远的角度和一般社会利益的基础上计算资本边际效率的国家，在直接组织投资方面承担越来越大的责任；因为，根据我在上面加以论述的原则来计算出的各种资本边际效率的市场估计值似乎很可能具有过分大的波动，以至于利率的任何实际变化都不足以抵销这种波动。（Keynes，1936：164）

凯恩斯的追随者详细阐述了信贷体系与经济波动之间的联系，而不局限于股市。例如，艾伯特·乌泽卢尔（Albert Wojnilower, 1980）（曾在金融市场工作）提出了经济周期的"信贷紧缩"理论。在他看来，信贷需求对利率高度缺乏弹性；换言之，随着利率的上升，需求量几乎不下降。特别是在经济周期的高峰期，信贷需求是无法满足的。信贷通常在整个周期扩张，但到了峰顶，信贷数量却可能会变得供应紧张，面临着贪得无厌的需求。

因此，金融状况对经济周期具有强大的支配性影响：如果供给能够扩大，它就能够满足需求，并促使就业和产出增长。但如果突然对供给方施加限制，需求就无法得到满足。乌泽卢尔认为，"信贷紧缩"对于经济下滑是必要的——借贷和支出的下滑是因为贷款人拒绝放贷（而不是因为借款人决定减少借贷）。在过去，信贷紧缩要么是由于制度约束（如存款利率限制），要么是因为一些借款人违约（这促使贷款人变得谨小慎微）。

詹姆斯·克罗蒂（James Crotty, 1986）认为，一旦我们将货币视为一种支付手段，那么随着私人的、合法的和可强制执行的合同的产生，信贷也就出现了，它是延期支付的承诺。这延长了在商品生产中通常存在的时间分离：第一步不再是 C—M（出售商品换取货币），而是 C—D（基于信用出售商品，D 表示买方的债务），然后是 C—M（买方必须销售商品以获得货币），最后是 M—D（买方偿付对卖方的贷款）。这就开启了危机的可能性，因为如果买方无法偿还贷款，卖方将不得不折价出售债务，这可能会导致减价出售、债务违约，以及债务/信贷耗尽和货币挤兑。

因此，克罗蒂（Crotty, 1986）认为，信贷是积累的主要加速器和不稳定因素：在经济上行时，信贷促进了积累，提升了利润预期，并增加了债务杠杆，从而可能迎来失控的繁荣。在经济繁荣的过程中，利率开始上升，流动性差的资产随着杠杆操作增加。然后，如果信贷突然面临限制，或者如果利润低于预期，债务支付链条便会断裂（如果我的债务人无法偿付我，我也无法偿付我的债权人），从而导致整个链条体系破裂。危机接踵而至，表现为对流动性的挤兑，即追逐如国债、受保银行存款和现金等最安全的资产。

正如前文所述的马克思主义经济周期理论，所有这些后凯恩斯主义学者都强调信贷是一种潜在的去稳定性力量。

26.5　明斯基的金融不稳定性假说

　　海曼·明斯基（Hyman Minsky）基于他的"投资的金融理论与经济周期的投资理论"，拓展了凯恩斯的分析（Minsky，1975；1986），试图将强调金融因素与强调实物因素的两类周期理论综合起来，将两者在企业资产负债表上结合到一起（Papadimitriou and Wray，1998）。

　　正如凯恩斯理论所揭示的，投资波动驱动着经济周期。但是，明斯基明确考察了现代资本主义经济中的投资融资。他认为，每个经济单位都会通过发行债务而持有资产头寸（包括但不限于有形的实物资产），这些资产预计会为该单位产生收入流，这些债务则会使该单位承担还本付息的支付流。

　　由于未来收入流无法确知（但要偿还的债务却是基本确定的），每个经济单位会设下安全边际。如果未来情况比预期的更糟的话，人们就可以利用抵押品、净资产和其他流动性强的安全资产来应对。安全边际依据习惯、经验和粗略的经验法则来确定。如果预期基本正确，那么在回顾过去时，人们会认为安全边际太多了，于是就会修正其操作规则。因此，如果收入流足以满足合同规定的支付承诺，"一连串好行情"出现了，那么安全边际就会降低。

　　明斯基提出了一种资产负债表头寸的分类法，按照安全边际递减的顺序划分为以下三类：

- 对冲型（预期收入流足以支付本金和利息）。明斯基在这里使用的"对冲"一词与"对冲基金"无关，后者指的是一种财富管理基金。
- 投机型（近期预期收入流仅足以支付利息）。
- 庞氏型（预期收入流甚至不足以支付利息，因此需要借款来支付）。

　　由此引出了明斯基最著名的理论贡献：**金融不稳定性假说**。随着时间的推移，经济自然而然地会从一个以对冲型头寸为主的"稳健"金融结构，演变为一个以投机型头寸甚至庞氏型头寸为主的"脆弱"金融结构。这种转变是在扩张过程中发生的，因为蓬勃发展的经济证实了越来越高的风险头寸的合理性，这使得人们削减多余的安全边际，并采用风险更高的头寸。最终，融资成本的上升，或者不及预期的收入最终导致支付承诺的违约。正如马克思-费雪分析的那样，破产会滚雪球般地在经济中蔓延。这会减少开支，提高计划的安全边际。经济衰退会一直持续，直到通过违约和保守的财务做法，降低债务杠杆率，以"简化"资产负债表。

明斯基认为，"大银行"（中央银行）和"大政府"（政府支出占 GDP 的很大比重）的发展有助于缓和周期性波动。中央银行作为最后贷款人，有助于减少违约和破产；逆周期性的预算赤字和盈余，有助于稳定收入流。

虽然主流经济学家们认为，中央银行能够控制货币供给或调整利率，从而调控经济，但在明斯基看来，中央银行最重要的职能在于阻止银行挤兑，防止资产"低价抛售"。如果中央银行在最后贷款人操作中时刻准备按需放贷准备金，它就可以阻止银行挤兑。此外，通过向金融机构放贷使它们能够购买金融资产，或通过自己直接购买资产，中央银行还可以为资产价格设定下限。这可以防止 20 世纪 30 年代大萧条那样破坏性的费雪式债务通缩过程。

同时，"大政府"的财政政策（净支出）可以为总需求设定下限，从而使得衰退不会演变成另一场"大萧条"。明斯基发现，在经济衰退时期，政府财政赤字或更大财政赤字的逆周期性运动具有以下三大效应：

- 收入和就业效应：随着衰退期间政府支出的增加和税收的下降，"大政府"有助于保持私人部门的收入和就业。这就是"凯恩斯主义"的乘数效应。然而，明斯基更强调的是自动稳定器，而不是相机抉择的"财政刺激"支出。自动稳定器包括在私人部门裁员时会自动上升的转移支付（社保福利、失业救济金）。随着私人部门收入的下降，税收收入会自动下降。如果税收制度是高度累进性的，那么这种影响就会更明显。最后，这还包括政府（由于赤字）不断增加的国债利息支出，这为私人部门的债券持有人提供了收入。

- 现金流效应：在经济衰退时期，政府对私人部门的支付有助于提供"现金"，从而完成债务偿还等付款。在后来的研究中，明斯基援引了卡莱斯基利润方程（参见第 25 章）：政府赤字增加了利润，维持了企业还债所需的现金流。

- **资产组合效应**：经济衰退时期的政府赤字为私人部门提供了高流动性的安全资产。正如我们在第14章中了解到的，财政赤字在私人部门中创造了最安全的净金融财富（现金、准备金和国债）。

因此，"大政府"的财政政策可以成为强有力的稳定工具，这种稳定主要是自动进行的。如果自动稳定器不足以抵销非政府部门支出减少的影响，那么政府还可以减少税收或增加支出，通过相机抉择的财政刺激来予以补充。

在明斯基看来，问题在于，通过大银行和大政府所实现的稳定会产生道德风险问题，因为人们预期到会有政府干预防止另一场大萧条的发生。如此一来，冒险行为会被鼓励，系统脆弱性会随着时间的推移而恶化。即使避免了萧条，金融危机的频率和严重程度还是会上升。尽管可能没有最终的解决方案，但明斯基认为，对金融市场的知情和与时俱进的金融监管是对"大银行"和"大政府"的必要补充。换言之，政府如果要在经济不景气时为私人部门"提供后盾"，就必须对金融市场进行监管，以防止在经济景气时出现过度的冒险。

结　论

本章详细考察了经济周期，提到了不同类型的周期，讨论了几种不同的非正统经济周期理论，这包括马克思主义、凯恩斯主义、后凯恩斯主义以及明斯基的金融不稳定性假说。我们还解释了为什么主流经济学无法解释经济危机，因为它们认为看不见的手将引导经济走向市场均衡。

当全球金融危机冲击主要经济体时，学术界和政策界的许多观察家转向了明斯基的理论，试图理解出了什么问题。像凯恩斯一样，明斯基驳斥了那种相信看不见的手能消除金融不稳定的看法。事实上，他相信，一个不受监管的小政府的资本主义经济很容易发生大萧条，发生费雪所描述的债务通缩过程。虽然一个"大政府"的资本主义经济体可以减弱经济衰退，但是会使经济容易出现爆炸性繁荣，进而不可避免地走向衰退。并且，繁荣越兴盛，应对衰退就越困难。

明斯基特别有先见之明。他认为，如果政府在每次金融危机后成功地运用财政和货币政策拯救经济，人们的行为就会发生改变，以至于金融系统变得更加脆弱。这是"二战"以后出现的"大政府"（支出占经济总量的20%以上）和"大银行"（中央银行作为最后贷款人的操作）体制的负面影响。这就是为什么"大政府/大银行"需要辅之以严格的金融监管。不幸的是，明斯基的智慧在全球金融危机爆发前被人们忽视，主流经济学家错误地支持放松银行监管。这是我们将在第31章和第32章讨论的主题。

参考文献

[1] Baran, P. A. and Sweezy, P. M. (1966) *Monopoly Capital: An Essay on the American Economic and Social Order*, New York: Monthly Review Press.

[2] Bernanke, B. S. (2004) "The Great Moderation", Board of Governors of the US Federal Reserve System, at the meetings of the Eastern Economic Association, Washington DC, 20 February.

[3] Crotty, J. R. (1986) "Marx, Keynes and Minsky of the Instability of the Capitalist Growth Process and the Nature of Government Economic Policy", in D. Bramhall and S. Helburn (eds), *Marx, Keynes and Schumpeter: A Centenary Celebration of Dissent*, Armonk, NY: M. E. Sharpe, pp 297–326.

[4] Fisher, I. (1933) "The Debt-Deflation Theory of Great Depressions", *Econometrica*, 1 October, 337–357.

[5] Galbraith, J. K. (1972) *The Great Crash*, Boston, MA: Houghton-Mifflin.

[6] Gillman, J. M. (1957) *The Falling Rate of Profit, Marx's Law, and its Significance to Twentieth Century Capitalism*, London: Dennis Dobson.

[7] Kalecki, M. (1943) "Political Aspects of Full Employment", *Political Quarterly*, October, 14 (4), 322–330.

[8] Kalecki, M. (1954) *Theory of Economic Dynamics: An Essay on Cyclical and Long-Run Changes in Capitalist Economy*, New York: Rinehart.

[9] Keynes, J. M. (1936) *The General Theory of Employment, Interest, and Money*, New York and London: Harcourt Brace Jovanovich, 1957 Reprint.

[10] Kindleberger, C. (1989) *Manias, Panics, and Crashes: A History of Financial Crises*, New York: Basic Books.

[11] Marx, K. (1990) *Capital: Volume 1*, Penguin Classics: London.

[12] Marx, K. (1991) *Capital: Volume 2*, Penguin Classics: London.

[13] Marx, K. (1992) *Capital: Volume 3*, Penguin Classics: London.

[14] Minsky, H. (1975) *John Maynard Keynes*, New York: Columbia University Press.

[15] Minsky, H. P. (1982) *Can "It" Happen Again: Essays on Instability and Finance*, New York: M. E. Sharpe.

[16] Minsky, H. (1986) *Stabilising an Unstable Economy*, New Haven, CT and London: Yale University Press.

[17] Papadimitriou, D. and Wray, L. R. (1998) "The Economic Contributions of Hyman Minsky: Varieties of Capitalism and Institutional Reform", *Review of Political Economy*, 10, 199 – 225.

[18] Sherman, H. (1991) *The Business Cycle, Growth and Crisis under Capitalism*, Princeton, NJ: Princeton University Press.

[19] Steindl, J. (1952) *Maturity and Stagnation in American Capitalism*, New York and London: Monthly Review Press.

[20] Veblen, T. (1904) *The Theory of the Business Enterprise*, New Brunswick, NJ: Transaction Books.

[21] Wojnilower, A. (1980) "The Central Role of Credit Crunches in Recent Financial History", *Brookings Papers on Economic Activity*, 277 – 326.

[22] Wolfson, M. (1994) *Financial Crises: Understanding the Postwar U. S. Experience*, Armonk, NY and London: M. E. Sharpe.

第七部分

宏观经济思想史

第 27 章

经济思想史概述

本章纲要

27.1 引言
27.2 新古典经济学的历史
27.3 非正统经济学思想史
27.4 制度经济学
27.5 现代正统经济学流派
27.6 战后的经济史和经济思想史
结论
参考文献

学习目标

- 了解不同经济思想流派的独特特征。
- 认识到占主导的经济学流派对政策制定的重要性。

27.1 引言

在本书中详细地介绍经济思想史既没有必要，也是不可能的——这是另一门经济学课程的主题。然而，为了理解现代经济思想流派的起源，让读者对经济思想史有一个大致的了解还是有用的，正如第1章所讨论的，我们将经济思想的不同流派归类为经济学研究的两大传统：新古典经济学或非正统经济学）。我们将追溯经济思想从"经济学之父"亚当·斯密到目前的演变过程。[①]

27.2 新古典经济学的历史

我们已经提到过斯密"看不见的手"的概念，它引导着自利的市场参与者为自己的利益并兼顾整个社会的利益而行动。随着时间的推移，这一概念就发展成了这种命题：如果经济"行为者"——包括家庭和公司在内的市场参与者——把价格作为信号，那么市场就可以产生一组均衡价格来出清所有的市场。

事实说明这是一件很难证明的事情。19世纪70年代初，威廉·杰文斯、里昂·瓦尔拉斯和卡尔·门格尔首次做出了这种重大尝试。虽然杰文斯在证明资本主义对所有人都是最好的方面是最为清楚易懂的，但瓦尔拉斯的证明是最严谨的。J. B. 克拉克（写于19世纪90年代）扩大了任务范围，不仅要证明"自由市场资本主义"是"最有效的"，还试图证明它是"公平的"。为了完成这一任务，他提出了边际生产率理论，该理论可以概括为：资源配置是公平的，因为每个人根据自己对于生产过程的贡献都得到了相应的回报。

到1890年，这种新古典主义理论框架已经确立，尽管它在完成其主要任务上并没有取得完全的成功。

[①] 将亚当·斯密称作"经济学之父"是不恰当的，"科学的"经济学或政治经济学开始于晚期重商主义，请参看贾根良、张志《重商主义经济学革命：意义、贡献与现实价值》，《教学与研究》2016年第11期。——校订者注

这种努力一直持续到20世纪50年代末,当时人们为了达到研究的目的,开发了以新的数学工具为基础的严谨模型。阿罗(Arrow)、哈恩(Hahn)和德布鲁(Debreu)做出了最重要的贡献,他们仔细确定了证明"一般均衡"存在的必要条件("一般均衡"是指所有市场出清时的相对价格向量,这是新古典主义关于均衡的严格定义)。不幸的是,在随后的几年里,有人指出,虽然在非常严格的条件下可以证明一般均衡的存在,但使得市场出清的相对价格向量却不是唯一的,也不是稳定的。这意味着(用非常简单的术语来说)我们不能说一种均衡是否优于另一种均衡,也不能断言,如果系统不处于均衡状态,自由市场的"看不见的手"将推动经济走向均衡。

虽然这可能并不明显,但这两个负面结果都是毁灭性的。从本质上来看,第一个负面结果是说存在着很多、也许是无穷多个的可能的均衡。如果不引入一些额外的标准,我们就无法判断一种均衡是否优于另一种均衡。

资源的初始分配影响均衡结果,因此我们可以重新分配初始禀赋,从而得到不同的一般均衡,但作为决策者,我们不能说一种分配优于其他任何一种。我们可以从一个平等的分配开始,或者从一个人拥有几乎所有的资源开始,每一种情况下都存在着不同的一般均衡,其中任何一种都不能说比另一种好。

第二个负面结果是市场体系不会发出使经济走向均衡的信号,这打破了关于"看不见的手"发挥作用的假设。如果经济失衡,由此产生的价格信号可能会使其产生进一步的偏离。终究,我们或许需要政府的"看得见的手"来推动经济走向均衡。

我们必须以卡尔·马克思1867年出版的杰作《资本论》为背景来看待这些为证明市场体系优越性所做的大量的不成功的努力。[作为其影响力的一个指标,杰文斯明确地表示,他的小册子(Jevons,1911年)是对马克思著作的回应。] 马克思的著作有两个主要观点。首先,资本主义是建立在剥削基础之上的。劳动创造一切价值,但资本家能够把剩余劳动据为己有。在某种重要意义上来说,这是不公平的;这并不是说劳动者应该获得它所创造的全部价值,而是说剩余劳动应该由社会作为一个整体来支配,而不是被少数人为了自己的利益而占有。

其次,马克思解释说,历史是受阶级斗争驱动的,是由那些试图减少上层阶级剥削的人推动的：奴隶反对奴隶主；农民反对封建领主；工人反对资本家。资本主义通过把工人阶级聚集在工厂里实际上加强了工人阶级的力量，在工厂里工人们可以组织抗争运动。对上层阶级的反抗（尤其是对资本家的反抗）将会愈演愈烈，直到工人们最终推翻了压迫者，建立起一种新型的社会，在这种社会中，工人处于统治地位，而资本家和其他上层阶级的成员则受到压迫。这种社会被称为社会主义，最终它将演变成共产主义，这是一种消灭了阶级的新社会。在共产主义社会里，任何人都是工人，都乐于为整个社会的利益做出贡献。

在这里我们不需要评价马克思的分析的准确性。重要的是要认识到，主流经济学家需要回应马克思，并且新古典经济学就是为了回应马克思的观点而发展起来的。让我们快速地回顾一下19世纪70年代以后新古典经济学的演变。我们在这里不会花太多时间讨论现代新古典经济学的思想流派，因为我们将在第29章对现代宏观经济学主要流派进行讨论时再对其进行处理。

图27.1显示了从斯密到目前为止宏观经济学发展的年表。① 从右手边开始看，奥地利学派是在门格尔和瓦尔拉斯的工作基础之上发展起来的，其方法的主要特征是假定自由市场的"看不见的手"能够使市场实现均衡。然而，值得注意的是，奥地利学派接受了在历史时间中和在不确定条件下决策的重要性。与只考虑"逻辑时间"和"风险"的最严格的新古典经济理论相反，奥地利学派（像非正统经济学家一样）承认，我们对不可知的未来的预期有可能是错误的。我们的错误扰乱了经济系统朝着均衡方向的发展，并导致了经济周期的出现。不过，在奥地利学派看来，市场仍是"最了解情况"的，因此政府不应出手干预市场并试图抵销经济周期带来的影响。事实上，政府干预有可能让事情变得更糟。哈耶克等奥地利学派人士认为，在经济出现衰退和萧条时最好顺其自然，因为它们消除了整个系统的失衡。

---

① 请注意，正如作者所声明的，这个图示展现的只是宏观经济学从亚当·斯密到现代的发展，不代表比较完整的西方经济思想史的演变过程，作为参考，读者可以参看贾根良《"新经济思想史"刍议》（《社会科学战线》2010年第1期）中的图1。即使是从宏观经济学角度来看，这个图示也是不全面的，在亚当·斯密之前，重商主义经济学和重农主义经济学都具有丰富的宏观经济学先驱思想。本书所涉及的经济思想史和现代经济学流派（如第29章）只是集中在了与宏观经济学有关的方面。——校订者注

第 27 章 经济思想史概述 | 663

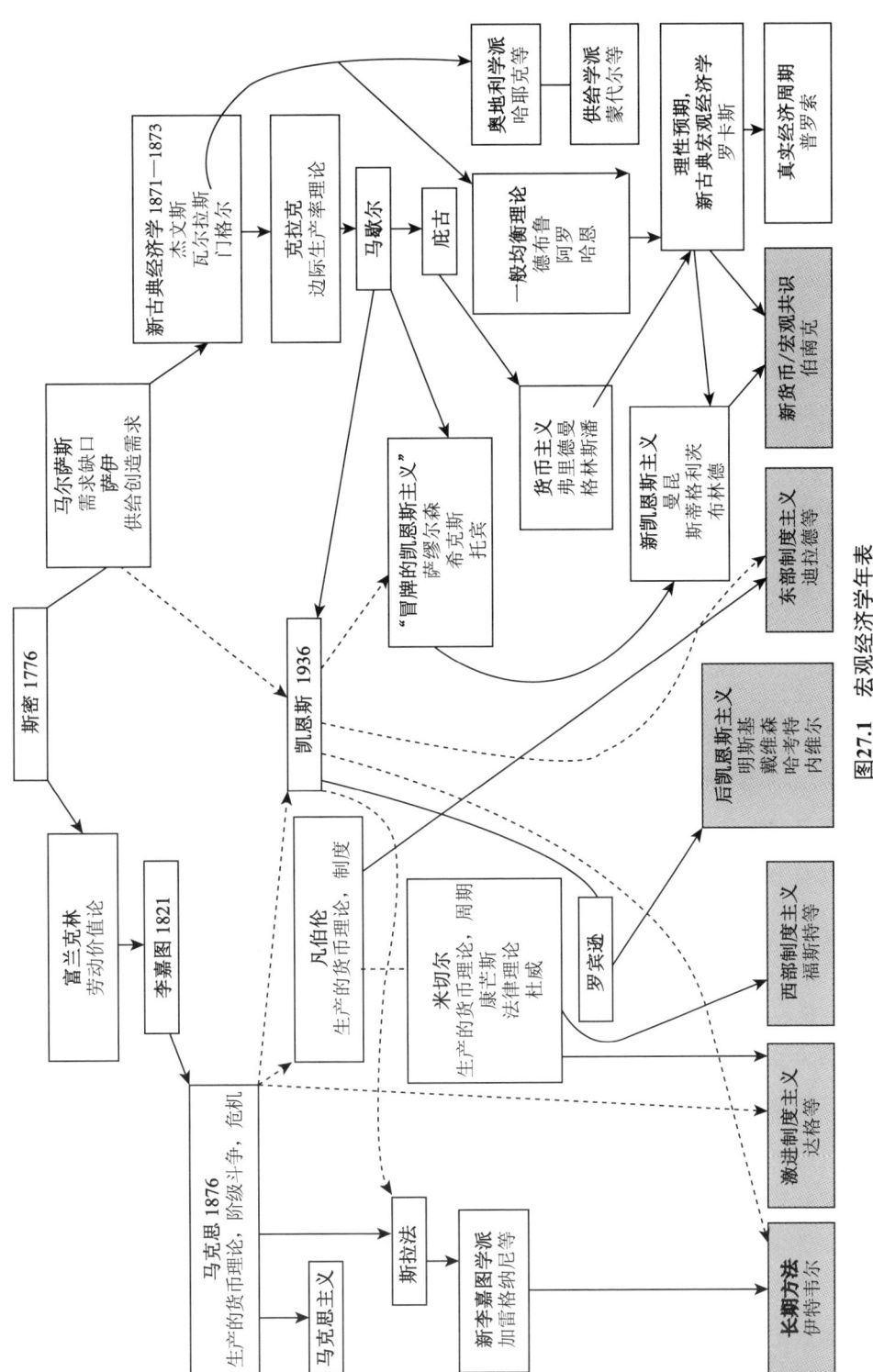

图27.1 宏观经济学年表

继续沿着图 27.1 的右侧往下看，供给学派与奥地利学派一样不信任政府。供给学派在 20 世纪 70 年代初首次崭露头角，并在里根总统和撒切尔首相执政期间逐渐流行起来。他们坚持认为，让经济走出低迷状态的最佳途径是对富人减税并消除政府监管。这些举措将鼓励"供给侧"（富人）增加储蓄并增加更多的投资。供给学派最著名的观点有两个："涓滴效应"和"拉弗曲线"。第一个观点认为，有利于富人的政策（如减税）实际上会帮助穷人，因为工作机会能够"涓滴"到穷人身上。第二个观点是拉弗提出的，他认为政府的预算赤字可以通过降低税率来减少，尤其是对富人来说，因为减税能够激发企业家精神，使得经济增长如此之快，以至于税收收入将增长到足以能够平衡预算。这两项政策在里根总统任职期间均被落实。现在有一个广泛的共识，即两者都没有奏效：预算赤字在减税之后反而不断增长，同时收入不平等在全球金融危机之前和金融危机期间都以更快的速度加剧了。

在我们图示性的年表中，在奥地利学派的左边，有一个分支通向现代新古典经济学（neoclassical economics）各流派：一般均衡理论、货币主义、新古典宏观经济学（new classical macroeconomics）和真实经济周期理论。我们在前面简要讨论了一般均衡的方法，它的现代典型形式被称为动态随机一般均衡（DSGE）。DSGE 模型结合现代新古典宏观经济学和新凯恩斯主义经济学的一些要素，形成一个高度数字化的框架，因为讨论这个框架需要比较高深的数学，因此在这本初级性的书中没有必要讲授。货币主义者的方法源于马歇尔（凯恩斯的老师）、庇古（Pigou）和罗伯逊（Robertson）（后两者是凯恩斯的辩论陪练），并且是基于新古典经济理论的。

货币主义与米尔顿·弗里德曼的著作（Friedman，1968a：98）联系最为密切。弗里德曼声称，"通货膨胀无论何时何地都是一种货币现象"，他将大萧条归咎于美联储犯下的错误。他认为，当中央银行发行过多货币时，我们就会出现通货膨胀。当它创造的货币太少时，我们就会陷入衰退或萧条。因此，对中央银行而言，最好的做法是将货币供应量的增长目标稳定在一个恒定的水平（比如，每年 4%）。否则，政府几乎起不到什么作用。与大多数新古典经济学家一样，货币主义者希望将政府的作用限制在几个基本领域，比如，军事防御，或许还有司法体系。我们在第 18 章已经详细讨论过货币主义。

新古典宏观经济学（最著名的代表人物是卢卡斯）给货币主义增加了一个命题，即所有经济行为者的行为都是"理性预期"的，市场会立即出清。我们将在稍后详细讨论这些概念，但目前，只要理解新古典宏观经济学版本的货币主义只不过是新古典主义经济学的一个更极端的版本就足够了，它本质上是把新古典主义带到了其逻辑上的极端（尽管这样说有些荒谬）。它的观点是，由于市场总会出清，所以实际上并不存在失业。唯一的例外是，当中央银行采取与人们的预期不同的行动来"欺骗"（或"愚弄"）工人和雇主时，才会出现失业。但由于经济行为者的理性预期，这种"欺骗"只会随机和暂时地发生，市场很快就会进行自我调整并恢复正常。因此，在20世纪30年代长达10年的"大萧条"期间，的确不存在失业问题。相反，没有工作的人是自愿休假，这是他们的效用最大化行为所使然。因此，按实际工资计算，他们更喜欢休闲而不是工作。

真实经济周期理论假定货币总是中性的，因此不会发生暂时的"欺骗"行为。所谓的"经济周期"根本不是一个周期，而是由于经济受到随机冲击后表现出的"随机游走"的现象。其中最重要的是对生产率的冲击，这种冲击很可能是由于大规模随机技术冲击造成的劳动生产率的增加或减少所引起。当经济受到负面冲击时，实际工资会随着劳动生产率的下降而下降；效用最大化的工人将会离开他们的工作岗位，因为休闲提供的效用高于较低的真实工资能够提供的效用。正面的冲击会提高生产率和实际工资，促使个人尽可能地实现就业的最大化。因此，并不存在所谓的"非自愿失业"，因为每个人都在不断地优化自己的选择，经济也总是处于均衡状态。这并不是说那些不工作的人不会因为更高的工资和工作而更快乐，而是考虑到他们的劳动生产率和他们可以从工作中获得的实际工资，相较之下他们更喜欢休闲，因为休闲能够带来更大的效用。

最后的正统学派包括"冒牌的"凯恩斯主义①和新凯恩斯主义。在2008年全球金融危机爆发的前夕，主流正统学派坚持真实经济周期理论和新凯恩斯

---

① 新剑桥学派代表人物之一琼·罗宾逊夫人将以萨缪尔逊为代表的"新古典综合派"称作"杂种"或"冒牌的"凯恩斯主义。——校订者注

主义理论。然而，在讨论这些模型之前，我们需要先了解非正统经济学的替代性理论。

27.3 非正统经济学思想史

从图27.1的左边往下看，从斯密到李嘉图、再到马克思的思想学派被称为古典学派。① 阶级分析方法和劳动价值论是这一学派的两个主要特征。如前所述，资本主义制度下的两大阶级是为分配产出而斗争的资本家和工人。工人不拥有生产资料（工具、机器、工厂），所以一般必须为资本家工作。资本家更愿意维持一支"失业后备大军"来压低工资。如果他们的工人要求更高的工资，资本家就会威胁从失业人员的队伍中招聘新的工人来取代他们。不存在趋于充分就业均衡的趋势，相反，经济会受到周期性危机的影响，而这些危机可能会越来越严重。

根据劳动价值论，劳动创造一切价值，但只获得它所创造价值的一部分。剩余部分作为利润（并从工人创造的剩余价值中扣除掉归其他阶级如地主、政府官员和宗教权威作为租金、税收和什一税等收入后）流入资本家的腰包。均衡的定义不是达到市场出清时的一种状态，而是资本利润率趋于相等的一种趋势。② 今天的马克思主义者继承了这一传统。

在图27.1的当中位置是约翰·梅纳德·凯恩斯。可以说，他和卡尔·马克思是现代宏观经济学发展的两位关键性人物。凯恩斯受到托马斯·马尔萨斯（他是李嘉图的同时代人，也是古典主义方法的激烈批评者）和他自己的老师阿尔弗雷德·马歇尔的影响。值得注意的是，这两位学者（的思想）都被包括在新古典主义传统中。

---

① 古典学派不应与新古典主义传统相混淆，后者是主要的正统方法。不幸的是，凯恩斯和其他许多人经常把被凯恩斯攻击的新古典主义传统称为古典主义方法。此外，20世纪70年代早期发展起来的正统新古典主义方法以与马克思理论作为顶点的古典主义方法没有任何共同之处。不幸的是，没有简单的方法可以绕过这个令人困惑的术语。然而，在本章中，当我们使用"古典"一词时，我们只指从斯密到马克思的传统。

② 美国学生可能想了解本杰明·富兰克林对劳动价值论的发展做出的贡献，他是美国最有影响力的开国元勋之一。

凯恩斯从马尔萨斯那里接受了总需求不足的理论。简言之，这是这样一种认识，即尽管生产产生的总收入肯定足以购买总产出（这是新古典主义的萨伊定律的基础："供给创造自己的需求"），但那些获得收入的人可能不会消费它所获得的收入。这是经济学文献中最大的争论之一——李嘉图和马尔萨斯之间的争论——的基础，李嘉图坚持萨伊定律，但马尔萨斯却认为，我们需要一个"非生产性"的阶级，他们只消费而不生产，以填补"需求缺口"。

当然，马克思也有一个关于"有效需求"的理论，凯恩斯很可能也受到了马克思理论的影响。事实上，马克思的需求理论比马尔萨斯的观点更加条理清晰，并与凯恩斯的理论非常相似，因为马克思认识到有两种不同类型的支出（消费和投资），而李嘉图-马尔萨斯的辩论仅仅是关于消费的。

凯恩斯认为萨伊定律被打破了，因为人们往往只把收入的一小部分用于消费，这就产生了一个"需求缺口"，这种缺口必须用另一种支出即投资来填补。当投资过低时，我们就会面临"有效需求"的问题，因此就会出现包括劳动力在内的资源闲置。在凯恩斯看来，这是一种常态，因此一般而言，萨伊定律并不成立。

从马歇尔那里，凯恩斯学会了对包括制度在内的细节方面的关注。与李嘉图一样，凯恩斯也密切参与了金融市场。他在股票市场、大宗商品市场和外汇市场上经历了挣得财富、损失和再获得财富的过程。他同时也是英国财政部的高级顾问，在他的《通论》（1936）出版之前，他就已经因为撰写了许多著作而出名。他开创了"凯恩斯理论"，并创立了与微观经济学相独立的现代宏观经济学。（因为凯恩斯的宏观经济学现在与微观经济学完全融合在一起了，所以，如果他地下有知，对此是不会感到高兴的。）

凯恩斯是一位多产的作家，他的作品主题丰富并且许多著作都很有影响力。他写过一篇关于印度通货的论文和一篇关于概率论的论文。他关于第一次世界大战后强加给德国的赔款（《和约的经济后果》，1920年）的批判性小册子广受好评，他正确地预测到这一负担（赔款）对于德国来说过重，是难以承受的并且将会在未来被证明。过重的赔款负担导致了魏玛时期的恶性通货膨胀和随后的冲突，为希特勒掌权铺平了道路。他还撰写了关于货币和货币政策的著作。

凯恩斯在1926年出版了一本有趣的小册子《自由放任主义的终结》，他在书中对自由主义者所谓"看不见的手"的概念提出了强有力的驳斥。在某种程度上，这篇文章为他创作《通论》奠定了基础。在当时，尽管他知道新古典经济学的问题所在，但他并没有提出一种能够替代新古典主义的经济理论。1930年，他在《货币论》中试图用两章的篇幅提出一种替代新古典经济学的理论，但该书一出版，他就写信给朋友说他已经对其感到不满了。他还没有"摆脱掉"新古典理论。最后，在1936年，他系统地提出了一套替代新古典主义的理论，该理论在许多方面仍然是我们在这本书中提出的宏观经济学方法的基础。

"大萧条"表明，凯恩斯在1926年的直觉是正确的。"看不见的手"不仅没有让经济回到充分就业的均衡状态，甚至实际上还让情况变得更糟。由于销售下降，公司解雇了工人。当工人失去工作和收入时，他们就会减少购买。销售下降导致更多的裁员，并导致工资和商品价格的大幅下降。由于无法支付成本，公司纷纷倒闭，导致更多的人失业。

工资和价格的下降非但没有带来更多的就业和销售，甚至带来了恰恰相反的结果。由于对其放任不管，"看不见的手"在20世纪30年代推高了失业率。在这种情况下，政府不得不进行干预，以阻止经济陷入进一步的萧条。

凯恩斯的《通论》为在大萧条时期我们应该做什么和这样做将如何阻止经济继续螺旋式下行提供了理论框架。诚然，《通论》提供的不仅仅是政府进行干预的理由，但是大萧条的证据让凯恩斯书中的理论更有说服力。凯恩斯的《通论》很快成为经典著作。

剑桥大学有一小群（年轻的）经济学家和凯恩斯一起工作，他们被称为"马戏团"的圈子，平时的工作是阅读和评论凯恩斯的文稿。1946年凯恩斯去世后，他们继承了凯恩斯的传统，主要分布在英国、欧洲（尤其是意大利）和澳大利亚。"凯恩斯主义"也由阿尔文·汉森和保罗·萨缪尔森传播到了美国。然而在美国，凯恩斯的宏观经济学思想被新古典主义理论"综合"起来，产生了萨缪尔森所谓的"新古典综合"派。J. R. 希克斯在1937年建立了"IS—LM模型"（见第28章），这是美国凯恩斯主义的基础。

被称作"马戏团"的凯恩斯的追随者，尤其是琼·罗宾逊，拒绝接受美国版的凯恩斯主义，转而以一种他们认为更接近《通论》中展现的凯恩斯主义的真正精神的方式对该理论进行了发展和扩展，这就是后来的后凯恩斯主义经济学。早期最著名的后凯恩斯主义者是保罗·戴维森和海曼·P. 明斯基（美国）、约翰·内维尔和杰弗里·哈考特（澳大利亚）、托马斯·赖姆斯（加拿大），以及皮耶安杰罗·加雷格纳尼，路易吉·帕西内蒂和保罗·赛洛斯－拉比尼（意大利）。

随着时间的推移，后凯恩斯主义经济理论的几个不同的分支也发展起来了，这包括新李嘉图学派（创始人是皮耶罗·斯拉法，他曾与凯恩斯一起工作并编辑了李嘉图全集）、剩余或长时段方法（将斯拉法和凯恩斯的经济学结合在一起）、法国—意大利的循环主义方法（奥古斯托·格拉齐亚尼是其中最著名的一位）、戴维森的"原教旨主义的凯恩斯主义"方法，以及明斯基的"金融凯恩斯主义"的方法。

还有一些后凯恩斯主义者，他们专注于发展一种与凯恩斯主义宏观经济学相一致的、对新古典主义微观经济学进行替代的理论。他们中的许多人受到波兰经济学家米哈尔·卡莱斯基理论的启发，米哈尔曾在剑桥大学与凯恩斯一起开展研究。卡莱斯基还有一些其他方面的贡献，他提出了定价的"加成"原则，以及"卡莱斯基的利润恒等式"（在第 25 章中讨论过），并探索了经济周期的动态理论。

27.4　制度经济学

我们需要讨论的最后一个主要的非正统人物是美国社会科学家索尔斯坦·凡伯伦，他提出了许多我们至今仍在使用的专业术语，如"有闲阶级""歧视性识别""炫耀性消费"和"金钱竞赛"（在一些国家也被称为"和别人攀比"）。他是制度主义经济学研究范式的创始人，该方法强调文化、行为规范和制度的作用。凡伯伦所指的制度远不止金融制度或宗教制度。他所指的制度包括各种行为模式（例如，在圣诞节赠送礼物），甚至思维模式（金钱竞赛）。他提出了"工业技术"（生产商品和服务）和"（商业）企业"（business enterprise，赚取货币利润）的二分法。

与凯恩斯一样，凡伯伦拒绝接受新古典主义的观点，即市场这只"看不见的手"将引导每一个人为公众利益服务。事实上，他在1919年写了一本名为《论蓄意破坏的性质和用途》（*On the Nature and Uses of Sabotage*）的小册子，认为"工业巨头"（资本家）创建卡特尔是为了破坏（合谋减少）产量，以保持价格上涨。他预测这将导致一场严重的经济萧条，事实证明他的预测是非常正确的。在许多方面，凡伯伦对经济周期的分析与凯恩斯的理论相似。

凡伯伦对资本主义最重要的分析是《企业理论》（*The Theory of Business Enterprise*，1904）和《缺席所有权与近代企业：以美国为例》（1923）。然而，他最受欢迎的书是《有闲阶级论》（1899）。凯恩斯在很多方面都是"圈内人"，在学术界和政策制定领域拥有重要的地位，而凡伯伦则是最终的"圈外人"，他抨击了自己的职业（参见《学与商的博弈：论美国高等教育》①，1918年），抨击了所谓的"上流社会"。

凡伯伦的追随者包括约翰·R. 康芒斯（John R. Commons）（他发展了法与经济学理论）和韦斯利·米切尔（Wesley Mitchell，经济周期理论之父），以及后来的约翰·肯尼斯·加尔布雷斯（John Kenneth Galbraith，他或许是最著名的美国经济学家）。制度经济学的几个分支出现了，如图27.1所示。早期的一些制度经济学家对凯恩斯经济学持谨慎态度，而后期的大多数制度主义者则把凯恩斯和凡伯伦的方法融合在一起进行研究。

激进的制度主义者也大量借鉴马克思的思想。然而，与马克思不同的一点是，许多制度主义者追随查尔斯·皮尔斯（Charles Peirce）、约翰·杜威（John Dewey）和克拉伦斯·艾尔斯（Clarence Ayres），采用了"工具价值理论"和"实用主义"，而不是马克思的劳动价值论。虽然这些术语都是复杂的哲学概念，但制度主义者强调，理论（实际上是思想）本质上是一种通过行动来解决问题的工具。重要的是选择达到目的的工具。人的思想和行动是有目的的，应该根据其达到目的的能力来判断应选择哪一种工具或手段。

最后需要指出的一点是，大多数非正统的思想流派在采用"生产的货币理论"（Veblen，1904）时，都遵循了马克思、凡伯伦和凯恩斯这三位主要人

---

① 该书中文译本2009年已由上海人民出版社出版。——校订者注

物的思想，或者是凡伯伦所说的"企业理论"。在资本主义经济中，生产的目的，至少是资本家所从事的生产的目的，是为了盈利。从事生产通常需要用货币来购买或租用生产过程中所需要的投入。产出的成品在市场上出售并且获得收入。当然，资本家的希望是最终能获得利润，这就要求产品的售价高于生产成本。就像马克思所说的，我们可以把这个过程看成是 M—C—P—C′—M′，我们从一定量的货币（M）开始购买商品投入（C）；P 是将 C 转化为最终商品（C′）以出售变现（M′，包括利润）的生产过程。只要 M′大于 M，就产生了利润（M′ − M = 利润）（见第 26 章）。

27.5　现代正统经济学流派

需要注意的是，我们在图 27.1 中画了一条虚线，虚线连接着从凯恩斯到现代的"冒牌的凯恩斯主义者"，凯恩斯的版本主要是由美国的"凯恩斯主义者"，如萨缪尔森、詹姆斯·托宾和罗伯特·索洛发展起来的。"冒牌"一词的使用来自罗宾逊，她宣称，尽管我们知道谁是这种方法的"母亲"（即新古典经济学），但我们真的不知道谁是其"父亲"，在她看来，凯恩斯不是。

尽管如此，这些新古典综合派的凯恩斯主义者（萨缪尔森就这样称呼他们自己）宣称效忠于凯恩斯，并接受有效需求理论。尽管他们相信，市场力量最终将推动经济走向市场出清的均衡，但他们认为这个过程可能耗时过长，给失业者带来不必要的痛苦。

因此，他们主张使用货币和财政政策对经济进行"微调"，加快经济走向均衡的步伐（本质上是通过明智地使用政府干预的手段，帮助有时疲弱的市场这只"看不见的手"）。他们声称这是在进行一种权衡，因为试图降低失业率将加剧通货膨胀（我们在第 18 章中讨论的菲利普斯曲线的权衡）。

20 世纪 80 年代，新古典综合派凯恩斯主义的一个后裔逐渐成形，这就是"新凯恩斯主义"。它采用了卢卡斯有关新古典（New Classical）宏观经济学的大部分框架，包括理性预期。然而，这种理论的拥护者给市场增加了各种各样的"摩擦"，这些"摩擦"阻止市场迅速走向均衡。

其中的一个摩擦已经众所周知，那就是最低工资法，该法律被指控阻止工资下降到足以出清劳动力市场的程度。新凯恩斯主义者在其模型中还增加了许多其他的摩擦，这些摩擦阻碍了工资、价格和利率的快速大幅变动，从而无法使市场恢复均衡。这些摩擦聚集在一起导致了"黏性工资和价格"。渐渐地，工资和价格具有黏性（刚性）的概念变得流行起来，现在的许多主流模型在模型设定时明确采用这一假设，并声称这种刚性（不灵活性）阻碍了经济向市场出清的均衡状态的调整过程。

现在占主导地位的主流方法是新货币共识，该理论涵盖了许多最近才出现的新古典经济学派的特性：黏性工资和物价，理性预期，菲利普斯曲线的失业与通货膨胀之间的权衡，总需求方程（类似于我们在第28章中将介绍的"IS—LM模型"中的投资储蓄曲线），货币政策的作用（替代"IS—LM模型"中的"货币需求—货币供给"曲线）。货币政策往往是基于约翰·泰勒在1993年提出来的"泰勒规则"。中央银行设定利率目标是为了应对"产出缺口"，但同时也是为了将通货膨胀保持在目标水平。

这就是本书对经济思想史的一个非常简短的介绍。我们将在第28章和第29章详细讨论这些现代经济学流派。这里提供的背景知识只是为了将这些现代学派置于历史背景之中，以便我们能够看到它们与自亚当·斯密以来一些最伟大的经济学家之间的联系。它不能取代对经济思想史的严谨的研究，后者只能由专门讨论这一主题的课程来提供。当我们详细讨论某个学派的思想时，读者们可能需要参考图27.1中的经济思想史年表。

27.6 战后的经济史和经济思想史

让我们用战后经济史和这一时期经济思想发展之间的联系来结束这一章。最后，我们将总结全球金融危机对主流经济理论的影响，并讨论回归凯恩斯经济学的可能性。

当1929年9月之后大萧条开始时，经济理论的流派还没有得到明确的界定。最常用的教科书是马歇尔的《经济学原理》（1890），它用图表介绍了供求关系、边际主义的方法和效用理论。在其教科书中，马歇尔提供了制度和历史的细节来阐明他的论点。马歇尔是以新古典理论为基础的英国"政治经济学"崛起的最重要的贡献者。

马歇尔的学生约翰·梅纳德·凯恩斯年轻时就成为英国顶级学术期刊《经济学杂志》的编辑。然而，当1936年凯恩斯在他的《通论》中批评新古典理论时，他不得不将一些仍然不具有连贯性的方法系统化。他利用马歇尔的另一名学生亚瑟·塞西尔·庇古的研究作为例证，说明庇古为了论证工资下降是解决失业问题的途径，庇古必须相信某些既定的命题。（具体参见凯恩斯的《通论》的第二章。）

在第二次世界大战前夕，理论与政策建议之间的联系还不密切。换句话说，当时还不存在像萨缪尔森（1958）的战后教科书《经济学：导论性的分析》那样的论著为之提供系统的"原理"。

此外，"古典的"英国政治经济学在美国并没有被广泛接受。[①] 事实上，美国排名第一的期刊《美国经济评论》是由美国制度主义者为了反对新古典经济学而创设。奉行制度主义传统的经济学家在经济政策制定方面发挥了重要作用，他们着手进行政策实验，尤其是针对美国联邦层次的政策进行研究，这些研究在20世纪30年代被证明是有用的。美国的经济政策是务实的，因此当大萧条来袭时，即使是保守的胡佛总统也开始实施"新政"式的政策。政策制定者不是被动地等待经济理论对现实世界的事件做出反应；他们知道他们必须主动地采取行动。

然而，他们做得还不够，直到1933年罗斯福总统就职，美国政府才采取了更果断的行动。这一系列行动及其带来的成果包括"银行假日"政策的出台和针对金融体系的一些根本性改革；新政所实施的就业计划总共创造了1300万个就业机会；联邦政府规模大幅度增长，它甚至承担了建设国家基础设施和指导经济的责任。罗斯福在他的政府中雇佣了许多美国制度主义经济学家，这些经济学家在政策形成过程中继续发挥重要作用，一直到20世纪60年代（例如，加尔布雷斯为从罗斯福到肯尼迪的历任总统一直在提供服务）。

---

① 这里的"古典的"遵循了凯恩斯的定义，凯恩斯将他之前的从古典经济学到马歇尔的"新古典经济学"都称作是"古典的"。——校订者注

然而，正如上面所讨论的，"凯恩斯主义"逐渐地在英国、美国和其他地方的经济学中占据了主导地位。制度主义者起初持怀疑态度。在萨缪尔森等经济学家的手中，凯恩斯主义被简化并变成"机械性"的东西，通过简单的宏观经济模型淡化了制度主义者对制度细节的关注。随着经济政策制定者强调"政府注资刺激经济"（pump priming），即针对总需求实施大水漫灌式的刺激（general aggregate demand stimulus），有关分配、金融制度、政策对不同产业部门的影响、甚至国家工业和就业政策的问题都被搁置在一边了。以萨缪尔森为代表的经济学家认为，由于"水涨船高"，经济增长本身就能解决大多数问题。在20世纪60年代末，甚至有人引用萨缪尔森的话说，衰退和通货膨胀已成为历史，因为经济学家知道如何对经济进行微调。

但是，这些经济学家错了。20世纪70年代，美国经济很快又陷入衰退，在60年代末，许多国家的通货膨胀已经加速。由于主流经济学支持菲利普斯曲线有关失业率和通货膨胀率之间权衡关系的理论，所以，他们普遍认为不可能同时应对通货膨胀和失业的出现，即后来所说的滞胀。整个20世纪70年代，随着经济增长放缓和滞胀的持续，各种问题不断出现。

这使得新古典主义经济理论得以复仇式地回归，其形式比凯恩斯所反对的更为激进。米尔顿·弗里德曼和他的追随者在20世纪50年代和60年代一直在研究和发展货币主义，他们将其作为"凯恩斯主义"的替代物，而20世纪70年代的事件给了他们打击凯恩斯主义的机会。弗里德曼从未接受过微调的观点，也从未接受过菲利普斯曲线有关失业率和通货膨胀率之间权衡取舍的理论。1968年，他在美国经济协会的主席演讲（Friedman，1968b）中就预见性地预言通胀将会加速（这意味着他预见到不存在通货膨胀与失业之间稳定性的权衡）。他的政策建议是提倡彻底的"自由市场"：他反对为老年人提供社会保障，反对为病人提供医疗补助，甚至认为医生执照是政府对私人决策的不必要干预。然而，从美国总统里根和英国首相玛格丽特·撒切尔执政的时代起，随着新自由主义（在美国也被称为新保守主义）的兴起，这些激进的建议成为主流。

随着时间的推移，弗里德曼的许多理论主张和政策建议都遭到了质疑，即使是主流人士也对他的观点提出了质疑。美国联邦储备委员会主席保罗·沃尔克试图实施弗里德曼的"货币增长率规则",将货币供应量的增长率固定在某个恒定但较低的水平上,以对抗1979年的通货膨胀。但到1982年,沃尔克放弃了,因为美联储没有达到降低通货膨胀的目标,而且在任何情况下,货币供应量的增长和通货膨胀之间似乎都没有系统性的关联。(当时英国央行在设定货币目标时也有类似的经历。)到20世纪80年代末,美国联邦储备委员会放弃了所有控制货币供应的借口;到90年代,没有一家主要央行仍将货币供给作为政策目标,因为它们都转向了"凯恩斯主义"的建议,将隔夜利率作为目标。

此外,很明显,货币供应量的增长与名义GDP(或国民收入)增长之间的联系不像弗里德曼一直声称的那样密切,这意味着即使政府能够控制货币供应量的增长,也不可能控制通货膨胀。弗里德曼声称,通过适当的货币政策,可以在几乎不付出经济代价(就失业率上升而言)的情况下,迅速降低通货膨胀率,这似乎也与现实世界的经验不符。例如,通货膨胀在20世纪80年代有所降低,但代价是经济增长放缓和失业率大幅度上升。

在经济理论领域,新古典经济学家们转向理性预期,并拒绝了弗里德曼关于央行政策是通过"愚弄"工人和雇主来发挥作用的理论(见第18章)。许多人拒绝承认有效的"短期"货币政策(此时,货币是"非中性的")和无效的"长期"货币政策(货币是"中性的")之间的区别,支持预期的货币政策总是中性的假设。主流经济学转向了真实经济周期理论,其中,周期性波动(明显地)是由"真实因素"引起的,比如,劳动生产率的波动。政府在经济收缩过程中被建议应当发挥的作用甚至远低于弗里德曼理论中的规定,这是因为新古典主义理论反对政府干预经济。"看不见的手"这个比喻比以往任何时候都更具有权威性。

正如罗伯特·斯基德尔斯基(Robert Skidelsky)在2009年出版的凯恩斯传记《凯恩斯:大师归来》的书名所展现的:2008年的全球金融危机引发了凯恩斯主义经济理论的回潮。这本书对新古典主义教条"看不见的手"的整个理论体系提出了质疑,并导致人们对马克思、凡伯伦、凯恩斯、特别是明斯基等非正统经济学家的兴趣日益浓厚,明斯基基于凯恩斯的洞见提出了一种有关金融危机的理论。

斯基德尔斯基在那本传记中很好地讽刺了理性预期革命："历史上很少有如此强大的头脑会献身于如此奇怪的思想。"同时，他也批评了新凯恩斯主义者："在吞下理性预期这头'大象'之后，他们又开始研究它所暗示的持续充分就业的'小昆虫'，并发展出市场失灵的理论，让政府发挥作用"。他接着指出，"有效市场假说是当前金融危机的最大受害者"。简言之，所有正统学说的问题就在于"错误地认为所有风险都可以被正确地度量，因此金融市场总是处于最佳的自我调节的状态"。

斯基德尔斯基对危机发生前的创新机制、对于经济繁荣的错觉和一些促成危机发生的事件进行了精彩的概述，并解释了凯恩斯的见解如何帮助我们分析这场危机，以及如何制定有条件的政策回应。

特别有趣的是，斯基德尔斯基将凯恩斯的理论与凯恩斯的伦理、道德和早期信念都联系在一起。对凯恩斯来说，"好"的行为不是一种自我寻求面向（新古典主义意义上的）"理性"方向努力的行为，而是像哲学家 G. E. 摩尔所说的那样，有助于保持"良好心态"的行为。在凯恩斯看来，好（这种标准）是客观的，"理性人知道什么是好"（Skidelsky, 2009: 136 - 137）。经济学，作为一种道德哲学，是关于一个人应该采取什么样行为、以及如何"提高我们的欲望的质量，使之成为可取的"（Skidelsky, 2009: 138）。

凯恩斯认为，"使世界在道德上变得更好是经济奋斗的唯一正当目的"（斯基德尔斯基，2009: 133）。目标不是最大化快乐感（新古典经济学称之为效用），而是善；一旦一个人"有了一定程度的物质享受"，这就容易做到了。

问题在于"对金钱的爱"（"万恶之源"），因为它在道德上是低效的（对财富的盲目追求），在经济上是效率低下的（守财奴的心理压抑了需求）（Skidelsky 2009: 142）。作为道德哲学家，凯恩斯的矛盾之处在于，对金钱的热爱推动了资本主义的产生，这有助于提供必要的物质上的舒适，以便"明智地、愉快地和健康地"生活，但它也是一种神经症，因为永远不会达到一个满意的点。

因为这种"神经质"的对金钱的热爱是非理性的，它无法被测量或量化，所以，它在很大程度上就被正统经济学忽视了。然而，主流经济学却促进了肆无忌惮的财富积累，甚至往往接受财富和收入的集中，因为这被视为既定的所谓"市场"结果带来的。由于这种经济学在方法论上是通过对个体（在极端的版本中，是一个有代表性的个体）的简单加总而得到总体的，所以，它未能考虑其社会和宏观经济学的含义。《通论》第24章讨论了这一观点的含义：对流动性和不平等的迷恋导致了长期的需求缺口和失业。

斯基德尔斯基（Skidelsky，2009）将凯恩斯的分析与当时的金融危机联系起来：过去几十年的金融化（或者明斯基所说的"基金经理资本主义"）提升了人们对金钱的热爱；今天"财富增长是西方社会提供的唯一目标……因为资本主义的唯一目标是使社会更富有，所以资本主义经济制度必须比任何具有竞争性的经济制度更成功才能生存"。当柏林墙倒塌，"自由市场"在全球范围内受到欢迎时，资本主义似乎取得了胜利。然而，在斯基德尔斯基看来，在它崩溃成为全球金融危机之前，它摧毁了社区，破坏了环境，造成了创纪录的不平等，甚至引发了战争和恐怖主义。

斯基德尔斯基（Skidelsky，2009）认为，这场危机突出了三个失败：制度上的失败（"银行从公用事业突变成为赌场"）、智力上的失败（经济学家对市场的有效性持一种危险的观点）和道德上的失败（"一种建立在货币价值基础上的制度"，"对经济增长本身的崇拜"）（第168—169页）。

尽管如此，斯基德尔斯基（2009）预测，我们不会在2008年金融危机之后再经历一场20世纪30年代式的大萧条，因为我们有凯恩斯。世界各国政府本能地回到了大师的身边；财政刺激的手段"是凯恩斯革命的遗赠之一"（第19页），这种手段得到了包括经济合作与发展组织、国际货币基金组织、世界银行、甚至欧洲联盟在内的政府间组织的支持。在很大程度上，我们对全球金融危机的最初政策回应，要归功于"现代最聪明的头脑"的归来（第192页）。

然而，到2011年，经济合作与发展组织和国际货币基金组织正在推动财政整顿措施，以解决"不利的赤字/债务动态"，尽管有一些限制（Sharpe and Watts，2012）。根据《马斯特里赫特条约》的规定，欧元区国家几乎没有能力实施财政刺激措施，并且货币政策是基于一种"一刀切"的模式，由欧洲央行设定一个共同的银行间利率目标（见第23章）。尽管美国总统奥巴马一直在推动经济刺激计划，但它只持续了两年，赤字鹰派的紧缩政策就获得了胜利。在全球范围内，"通过紧缩实现增长"这一危险的新教条成为一种教义，推动了财政紧缩。其结果是，全球经济复苏在大多数地区停滞不前（中国是个例外）。[①] 全球金融危机爆发十年后，一些国家仍未完全从危机中恢复过来。

因此，在一段时间内，正统经济学说似乎已经死亡，经济学教师将放弃新古典主义教科书，政策制定者将不再采纳新古典经济学家的建议。尽管这种观点过于乐观，但这场危机确实使人们对新古典理论产生了很多怀疑，并重新燃起了对非正统经济学的兴趣。很明显，正统的政策处方未能充分应对这场危机。

由于拥有主权货币的国家复苏乏力，而一些放弃主权货币而采用欧元的欧洲国家的危机仍在继续，于是人们又回到了凯恩斯主义的观点，即政府支出乘数为正时，可以促进经济增长。

结　论

本章对经济思想史进行了简要的介绍。我们对比了正统的和非正统的方法。我们可以在一个可以追溯到200多年前亚当·斯密（Adam Smith）的《国富论》（Wealth of Nations, 1776）的年表里，找出两种截然不同的经济学方法。尽管每一种研究方法都由许多不同的学派组成，但它们在各自的内部都存在着足够的相似之处。尽管正统经济学各流派存在着差异，但它们都严重地依赖于市场出清的均衡方法——即使它们确实为阻止立即走向均衡的"市场失灵"留出了一些空间。此外，正统方法的重点是"实体"经济，在实体经济中，货币充其量只能扮演次要角色。因此正统经济学家没有预见到全球金融危机的到来，这并不令人感到惊讶。

相比之下，非正统经济学的方法强调了依赖货币的经济的特殊性。尽管一些非正统的方法确实使用了均衡的概念，但它与市场出清的正统观点有很大不同。例如，我们早些时候看到凯恩斯的有效需求理论将均衡视为一种"静止状态"——在这种状态中，企业雇佣的员工数量与预期销售额一致，但不一

---

① 有关我国在国际金融危机爆发后所采取的政策问题，请参看贾根良等著《现代货币理论在中国》的《序言》，中国人民大学出版社2023年版。——校订者注

定与充分就业一致。非正统经济学家们在他们的分析中也包含了更多现实世界的制度细节。正如我们在第 26 章中看到的，他们警告说，现代资本主义制度的自然过程会导致不稳定和危机的产生。因此，许多非正统经济学家确实预见到了危机的到来，这也就不足为奇了。

展望未来，由于人们普遍反感与现实世界脱节的正统经济学，非正统经济学有可能会重新夺回一些失去的主导地位。只有时间才能告诉我们，一个奖励一心一意的"崇拜金钱"的经济制度，以及一个将自私视为最高道德要求的正统经济学理论，是否会遭到如此重大的反对。

参考文献

［1］Friedman, M. (1968a) *Dollars and Deficits*: *Inflation*, *Monetary Policy and the Balance of Payments*, Englewood Cliffs, NJ: Prentice-Hall, Northwestern University.

［2］Friedman, M. (1968b) "The Role of Monetary Policy", Presidential Address to American Economics Association, *American Economic Review*, 58 (1), March, 1 – 17.

［3］Jevons, W. S. (1911) *Theory of Political Economy*, London: Macmillan.

［4］Keynes, J. M. (1920) *The Economic Consequences of the Peace*, New York: Harcourt Brace.

［5］Keynes, J. M. (1926) "The End of Laissez Faire", London: Hogarth Press. 1 – 54.

［6］Keynes, J. M. (1930) *A Treatise on Money*, *Vol 1*, *The Pure Theory of Money*, London: Macmillan.

［7］Keynes, J. M. (1930) *A Treatise on Money*, *Vol 2*, *The Applied Theory of Money*, London: Macmillan.

［8］Keynes, J. M. (1936) *The General Theory of Employment*, *Interest and Money*, London: Macmillan.

［9］Marshall, A. (1890 ［1930］) *Principles of Economics*: *An Introductory Volume*, 8th edn, New York: Macmillan.

［10］Marx, K. (1867) *Das Kapital*, Berlin: Verlag von Otto Meisner.

［11］Samuelson, P. (1958) *Economics*: *An Introductory Analysis*, New York: McGraw-Hill.

［12］Sharpe, T. and Watts, M. J. (2012) "Policy Advice in Crisis: How Inter-Governmental

Organisations have responded to the GFC", *Journal of Australian Political Economy*, 69, Winter, 103 – 133.

［13］ Skidelsky, R. (2009) *Keynes: The Return of the Master*, London: Allen Lane.

［14］ Taylor, J. B. (1993) "Discretion versus Policy Rules in Practice", *Carnegie-Rochester Conference Series on Public Policy*, 39, 195 – 214.

［15］ Veblen, T. (1899) *The Theory of the Leisure Class*, New York: Macmillan.

［16］ Veblen, T. (1904) *The Theory of Business Enterprise*, New York: Charles Scribner's Sons.

［17］ Veblen, T. (1918) *The Higher Learning In America: A Memorandum On the Conduct of Universities by Business Men*, New York: B. W. Huebsch.

［18］ Veblen, T. (1919) "On the Nature of and Uses of Sabotage", Dial, LXVI, 341 – 346.

［19］ Veblen, T. (1923) *Absentee Ownership and Business Enterprise in Recent Times: The Case of America*, New York: B. W. Huebsch.

chapter 28

第 28 章

"IS—LM 框架"

本章纲要

28.1 引言与一般均衡的概念

28.2 货币市场:需求、供给与均衡

28.3 推导 LM 曲线

28.4 产品(商品)市场:均衡产出

28.5 推导 IS 曲线

28.6 "IS—LM 框架"的均衡与政策分析

28.7 价格水平的引言:凯恩斯效应与庇古效应

28.8 "IS—LM 框架"的局限性

结论

参考文献

附录:"IS—LM 框架"的数学推导

学习目标

- 能够推导并解释 LM 曲线和 IS 曲线以及 IS—LM 均衡。
- 在"IS—LM 框架"下分析不同的政策选择。

- 认识工资弹性/价格弹性对宏观经济的影响。
- 理解"IS—LM 框架"的局限性。

28.1　引言与一般均衡的概念

在凯恩斯的《通论》发表后不久，英国经济学家 J. R. 希克斯（J. R. Hicks）就发表了一篇文章，试图将他所理解的《通论》中有用的内容与凯恩斯反对的"古典派"观点结合起来。我们在第 12 章中讨论了凯恩斯与古典经济学的争论。

> **提示框**
>
> 回想一下我们在前面已经讲到的：凯恩斯所说的"古典"经济学实际上就是主流的新古典主义宏观经济学。"IS—LM 框架"与我们在第 27 章中讨论的从斯密到马克思的古典经济学无关。

所谓的新古典综合派的出现及其对宏观经济学的主导作用——特别是对宏观经济学教科书的影响——是建立在希克斯及其"IS—LM 框架"的基础之上的（参见专栏 28.1，里面更为详细地讨论了这段历史）。

IS 曲线和 LM 曲线分别代表了产品（商品）市场均衡和货币市场均衡；在产品市场，投资等于储蓄；在货币市场，货币需求［流动性偏好（liquidity preference）］等于货币供给。

"IS—LM 框架"的均衡只是投资和储蓄的简单相等，这反映了"IS—LM 框架"建立时的历史背景。当时人们认为，假设一个不考虑政府的封闭型经济，这样就有助于我们理解收入是如何决定的。IS 方程后来得到了进一步拓展，其中纳入了政府支出、税收以及净出口对总需求的影响。

我们在第 15 章中讨论的"收入—支出模型"纳入了利率的影响，它能够影响投资，从而影响产品市场的总需求和总产出。利率被认为是由货币市场上货币供求的均衡所决定的。给定了利率，产品市场的均衡也就由此可以确定。

"IS—LM 框架"建立在两个市场相互影响的基础之上。一般的"IS—LM 框架"显示了产出（就业）和利率的均衡解是如何同时得到的。换言之，在该框架中，产品市场和货币市场的均衡是同时确定的。在求解时，框架中有两个未知数，产出和利率，以及两个用于求解这些未知数的方程。

"IS—LM 框架"是一般均衡框架的早期范例。它仍然被写入到大多数的宏观经济学教科书中，并且在某些主流经济学的圈子中依旧很流行。特别是在全球金融危机发生后，一些著名的经济学家（包括保罗·克鲁格曼在内）都曾使用过这种方法，他们声称"IS—LM 框架"依然是一种合适的理论。

正如我们将要讨论的，"IS—LM 框架"存在着根本性的缺陷。事实上，它的创造者希克斯后来也承认它在逻辑上是不一致的。用它来理解经济问题是非常具有误导性的，用它来制定政策也是很危险的。即使是主流的宏观经济学家现在也放弃了该框架，转而采用新货币共识模型（the New Monetary Consensus models）和动态随机一般均衡模型（Dynamic Stochastic General Equilibrium models）。我们之所以介绍"IS—LM 框架"，只是因为仍然有许多经济学家和政策制定者坚持使用它。但是，我们这里不介绍如何从"IS—LM 框架"中推导出完整的总需求和总供给模型（AD—AS，aggregate demand-aggregate supply），后者是主流宏观经济学的主要理论框架。"AD—AS 模型"实际上没有给"IS—LM 框架"增添什么新内容。

28.2　货币市场：需求、供给与均衡

正如我们在第 9 章中介绍的，货币是一种存量，经济学家根据流动性的不同，定义了不同类型的货币。我们这里要分析的是非银行私人部门持有的纸币、硬币和银行活期存款的影响因素，也就是那些影响 M1 的因素。在接下来的内容里，我们将遵循传统，用"货币"这个术语表示现金和银行活期存款。

经济学家定义了三种人们持有货币而不是其他资产的动机：

● **交易动机**（transactions motive）：人们需要货币来进行日常交易。由此产生的流动性需求和国民总收入成一定比例。

- **预防动机**（precautionary motive）：为了应对不可预见的事件，例如，汽车的紧急维修，人们会持有额外的货币。这种动机也往往与国民收入成正比，因为经济活动水平越高，交易总量也就越大。

- **投机动机**（speculative motive）：这是凯恩斯的贡献，我们在第12章中提到过这一点，这种动机强调货币不仅仅是一种交换手段。在利率变动不确定时，人们会借助货币。他们会在没有利息回报的货币和流动性较低的生息资产间进行选择。自全球金融危机以来，尽管活期存款也被支付了利息（尽管很低），但是这一事实并不会使得以上论点失效。

凯恩斯假设人们在持有货币和债券之间进行抉择。如果利率上升，那么债券价格会下跌，持有者会遭受资本损失。因此，当利率较低时，人更愿意持有货币而不是冒险投资债券（因为如果利率上升，那么债券价格会下跌）。相反，如果利率下降，那么债券价格就会上涨，债券持有者会得到资本收益。当利率较高时，人们会倾向于认为利率将下降而不是上升，他们的流动性偏好也会变低。

还有另一种考虑利率影响的方法。我们可以这样看，当利率上升时，持有货币的机会成本将会上升，因为持有货币意味着放弃持有债券等生息资产的机会。

因此，货币需求——或按凯恩斯的说法，流动性偏好——是收入和利率的函数。在这里，持有货币的意愿是资产组合管理的一部分。

图28.1展示了流动性偏好函数。其中，纵轴代表名义利率，横轴代表货币需求（L）和货币供给（M_s）。

当我们绘制货币需求曲线时，我们假定收入不变。我们还假设价格水平是恒定的，也就是说，我们暂且将实际收入水平假定为不变的Y_0。稍后我们将在"IS—LM框架"中引入价格水平的变化，但现在我们暂且假定价格水平保持不变。

这里假定中央银行能够通过控制**基础货币**（monetary base）来控制货币供给（M_s），对于给定的基础货币数量，货币供给取决于货币乘数的大小。因此，货币供给被视为是外生且固定的。由此，我们可以用一条垂直线来表示这一假设。

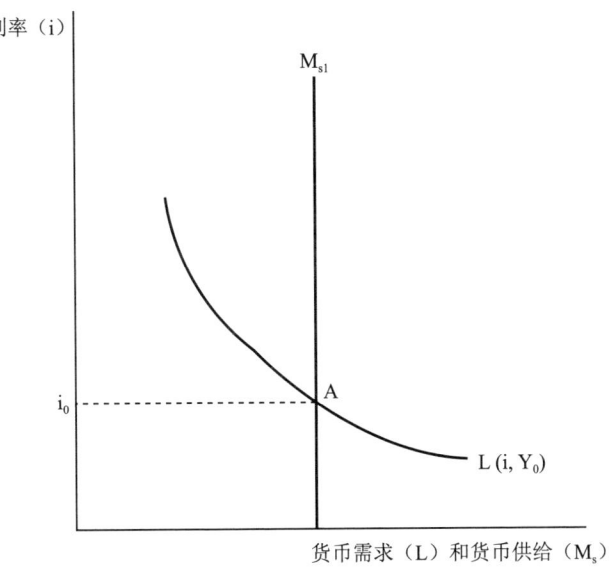

图 28.1 货币市场的均衡

货币需求曲线和货币供给曲线的交点决定了利率。注意，在这里，货币需求和流动性偏好这两个术语可以互换使用。这与凯恩斯对古典经济学的批评有关。古典经济学家认为，利率调节着储蓄和投资（也就是说，利率被当成是一个实际变量，而不是名义变量），凯恩斯批评了这一点。凯恩斯认为，名义利率是由流动性需求和货币供给共同决定的名义货币变量。

货币市场均衡的条件是货币需求等于货币供给。

如果国民收入水平为 Y_0，那么流动性偏好函数曲线 L 与货币供给函数曲线 M_s 的交点对应的利率为 i_0，如图 28.1 的点 A 所示。

28.3 推导 LM 曲线

货币需求曲线（L）相对于利率向下倾斜，随收入水平提高而向右移动。这是因为货币的交易需求和预防需求与收入水平正相关。

在货币供给不变的情况下，更高的收入水平对应着更高的货币需求，因此利率也会更高。

在其他条件不变的情况下，利率越高，对货币的需求就越低。而对于给定的利率水平，国民收入水平越高，货币需求也越高。

货币需求之所以是利率的函数，主要是因为投机动机。如前文所述，二者呈负相关，因为在较高的利率水平上，更多的人会预期利率会下降，这将给债券持有人带来资本收益。因此，当利率上升时，货币的投机需求变低；当利率下降时，货币的投机需求变高。

因为人们对于利率变动方向的看法不一，所以货币需求曲线是平滑且非线性的。例如，随着利率上升，财富持有者会逐渐认为利率已经到达了顶峰。如果每个人的预期都一样，那么需求曲线就不再是一个平滑的曲线。后面我们会分析当所有人都认为利率达到了可能的最低限度时会发生什么（这被称为流动性陷阱）。

我们已经说明，如果国民收入水平为 Y_0，那么对应的流动性偏好函数 $L(i, Y_0)$ 的曲线和货币供给曲线的交点 A 处的利率为 i_0（图 28.1）。

如图 28.2 所示，如果收入提高到 Y_1，那么会发生什么呢？

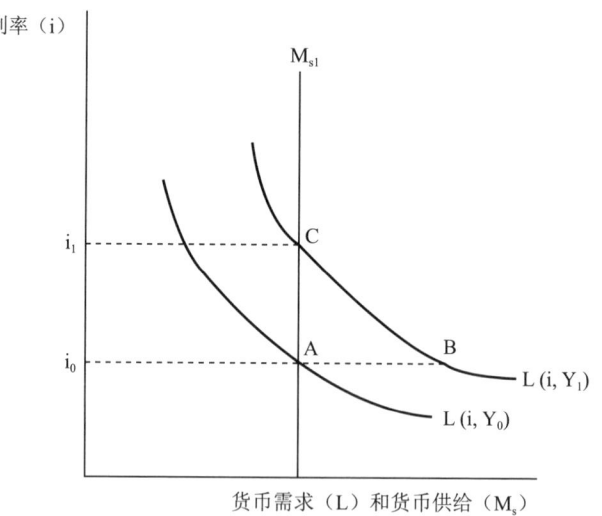

图 28.2 货币市场均衡

假定货币供给不变，在当前的利率水平 i_0 处会出现对货币的过剩需求（表示为线段 AB），这将导致利率的上升，直到过剩的货币需求被消除，也就是到达 C 点,此时对应的利率水平为 i_1。

如果中央银行增加货币供给,那么会发生什么呢?图 28.3 展示了货币供给从 M_{s1} 增加到 M_{s2} 所带来的影响。

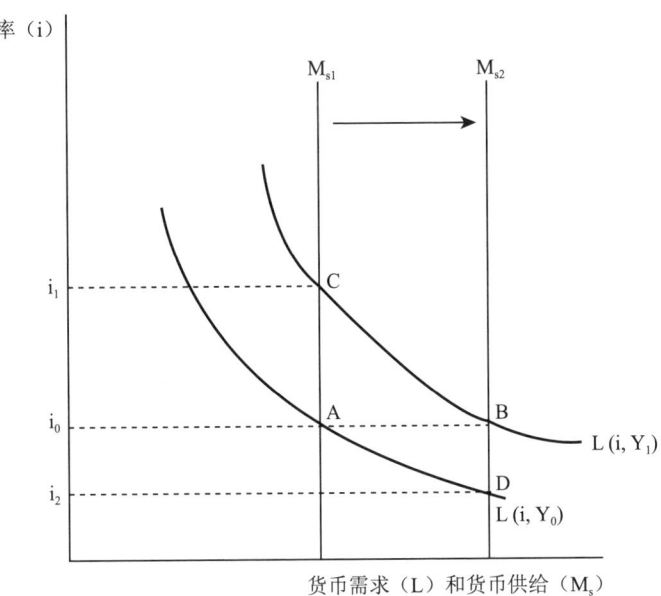

图 28.3 货币供给从 M_{s1} 增加到 M_{s2} 的影响

如果货币供给提高到 M_{s2},那么在 i_0 处就会出现货币供给过剩的情况(表示为线段 AB),利率将一直下降到 i_2,这时货币需求会再次等于货币供给(D 点)。

另外,如果我们仍处在 A 点,国民收入水平增加到 Y_1,并且如果中央银行通过将货币供给提高到 M_{s2} 来满足新增的货币需求,那么利率仍可以维持在 i_0 处。

现在我们可以推导 LM 曲线了,它表示在货币供给不变的情况下,所有货币市场均衡的收入与利率的组合。

图 28.4 展示了 LM 曲线的推导过程。在货币市场的图示 [图 28.4(a)] 中,点 A、B 和 C 分别代表了不同收入水平上的货币供求相等的均衡状态。

我们可以把这些均衡点转换成一个新的图形 [如图 28.4(b) 所示],其中横轴代表国民收入(Y),纵轴代表利率(i)。

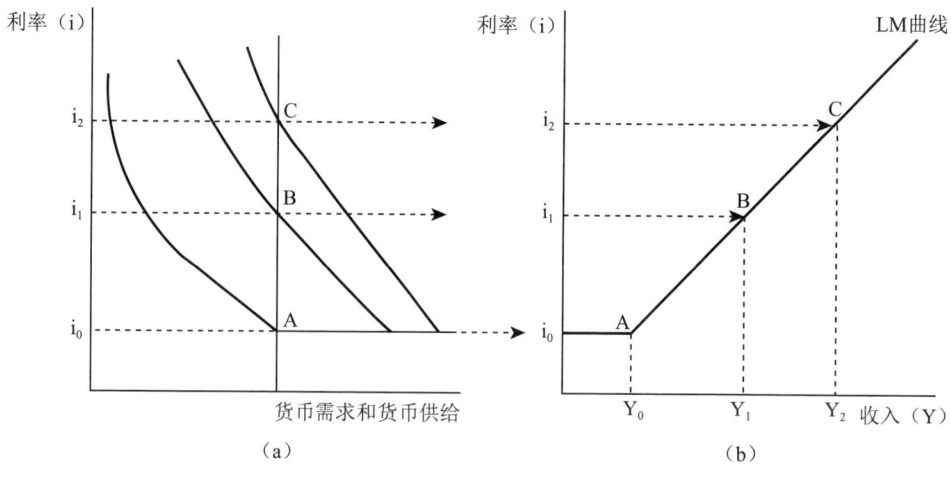

图 28.4 LM 曲线

"收入—利率空间"中的每一点都对应着货币市场的均衡。这些点构成了**LM 曲线**。[①]

请注意,当利率位于 i_0 时,LM 曲线是水平的。这意味着什么呢?LM 曲线的水平段与**流动性陷阱**有关。[②] 流动性陷阱会出现在利率的最低水平(可能为零),这时所有人都认为利率只会上升。由此,每个人都认为投资债券会蒙受资本损失,因为当利率上升时,债券价格会下跌。结果是一旦利率达到这个最低水平,所有人都倾向于持有现金而不是持有债券。

凯恩斯说(Keynes,1936:207):

> 由于上面已经论述过的原因,存在着一种可能性,即:当利息率已经降低到某种水平时,流动性偏好几乎变为绝对的,其含义为:几乎每个人都宁可持有现款,而不愿持有债券,因为债券所能得到的利息率太低。在这一场合,货币当局会失掉它对利息率的有效控制……如果这一情况当真

[①] 在图 28.4 中,LM 曲线向上倾斜的部分是线性的。虽然 LM 曲线一般是向上倾斜的,但是,它不需要一定是线性的。

[②] 20 世纪 30 年代在剑桥大学与凯恩斯有过密切合作的丹尼斯·罗伯特森(Dennis Robertson)创造了"流动性陷阱"一词。

出现，那么它意味着，政府本身可以按照极为低微的利息率从银行系统无限地借款。

在后文中，我们将看到，在"IS—LM框架"内进行政策分析时，在低利率水平上，流动性陷阱的存在会使作为稳定工具的货币政策失效。

在"IS—LM框架"中，货币政策的特点是中央银行能够控制货币供给。当利率处在图28.4中的i_0水平时，货币供给的增加不能对利率或债券价格产生影响，也就是说，货币政策的变化不能改变国民收入水平。

在流动性陷阱中，增加货币供给会使货币需求发生同等的变化，因此利率不会改变。我们将在本章接下来的内容里更为详细地讨论这一问题。

LM曲线相对于收入水平向上倾斜，因为随着国民收入增加，货币需求也会增加，在每个给定的货币供给水平上，利率必须上升以消除过剩的货币需求，从而维持货币市场均衡。

以下因素会使得LM曲线的斜率变得更加陡峭：

- 货币需求（交易动机和预防动机）对国民收入的变化变得更敏感。在给定货币供给的情况下，国民收入的小幅增长会带来大量的过剩货币需求。在其他条件不变的情况下，为了恢复货币市场均衡，利率必须更大幅度地提高。
- 投机需求对利率的变化变得更不敏感。对于给定的过剩货币需求，为了恢复货币市场均衡，利率需要提高更大的幅度。

水平的LM曲线（流动性陷阱的情形）是一种极端，而另一种极端则是垂直的LM曲线，这有时也被称为古典情形。

古典情形源于对利率变化不敏感的货币需求函数。换言之，货币被当成只是一种交易媒介，货币的投机需求则被忽略了。在这种情形下，当收入上升时，货币需求曲线将向外移动，当收入下降时，货币需求曲线将向内移动。因此，对于给定的货币供给，只存在一种货币市场均衡的国民收入水平，此时LM曲线是垂直的。

本章附录提供了更复杂的说明，我们推导了"IS—LM框架"的解析解，说明了这两种敏感程度（弹性）对曲线斜率的影响。

货币供给变化会导致LM曲线的移动。参见图28.3，对于一个给定的货币需求曲线，利率将随货币供给的增加而下降。原因是对于一组给定的货币市场均衡的利率—收入组合，货币供给的增加将导致货币供给过剩，这就需要利率下降以刺激人们的货币需求，从而吸收过剩的货币供给。

就 LM 曲线而言，这就意味着在增加货币供给后，每个收入水平对应的均衡利率都会变低，LM 曲线会向外移动。当货币供给减少时，情况则正好相反。

如果流动性偏好出现了外生变化，LM 曲线也将随之移动，这意味着在每个收入水平上，货币需求会由于流动性偏好的上升（下降）而上升（下降）。例如，如果人们对于未来变得更加悲观，他们可能会选择增加现金持有量，从而规避不确定性。这将导致货币需求曲线向外移动，对于给定的货币供给，每个收入水平上的均衡利率都会变得更高。

28.4 产品（商品）市场：均衡产出

在第 15 章，我们建立了基于实际支出的收入决定框架。根据国民经济核算原理，我们知道在任一时期，国内经济总支出（E）可以被表示为：

$$E = C + I + G + (X - M) \tag{28.1}$$

方程（28.1）与方程（15.1）是一样的。方程（28.1）是一个核算恒等式，它是依据总支出的定义和来源得到的。

国民收入的均衡水平（Y）由总支出决定，即 Y = E。第 15 章的任务是要理解国民经济核算框架中的每一种支出，以及它们是如何相互作用来决定国民收入的。

我们假定在一个时期内企业的计划投资是固定的。在那一章中，我们通过乘数过程说明了国民支出中的自主（外生）支出的构成部分（包括投资、政府支出、出口等）的变化是如何一步步地影响国民收入的。

在第 25 章，我们提出了一种更为详细的投资支出框架，这使得我们可以把利率变动对投资的影响纳入框架中。因此，在这里我们假设总投资支出，在某种程度上，取决于对未来经济状况的预期和利率，而不是像第 15 章那样假设为外生的。

企业会不断形成对未来产出的预期。企业必须在预期实现（销售）之前就作出资源承诺（例如，运营资本、劳动力），因此，任一时期的生产规模反映了企业在一个高度不确定的世界中所做的预测。

此外，给定对未来销售额和收入的预期，除了利率，企业的投资决策也会受到资本品价格的影响。

如果利率上升，投资新资本设备所需的资金成本也会上升，因此边际项目（相对于预期净收入而言）可能就会变得无利可图。换言之，在其他条件不变的情况下，投资可能是利率的减函数。

因此，我们可以假设总投资函数为：

$$I = b_1 - b_2 i \qquad (28.2)$$

其中b_1是自主投资，b_2是投资对于利率的敏感程度。

b_2越高，当利率上升（下降）时，投资就下降（上升）得越多。

"IS—LM框架"保留了凯恩斯的观点，即计划储蓄是国民收入的增函数。如果对《通论》进行更为详细的研究，人们还会发现，凯恩斯认为利率也可能影响消费支出（通过影响财富来影响消费）。此外，购买耐用消费品（如白色家电）也可能需要消费信贷。但是，为了简化分析，我们这里假设利率只会影响投资。

在第15章中，我们假设经济体中的企业只进行数量调整，因此价格在短期是固定的。图15.6将45°的总供给曲线与总需求曲线（E）放在一起。它表明，在总需求曲线与45°线的交点处，国民收入达到均衡。

在该点处，企业形成的总需求预期［这种预期使得企业决定了相应的总供给（Y^*）］与消费者、企业、政府和外国的计划总支出（E^*）相一致。

图28.5考虑了方程（28.2），使得投资受到利率的反向影响，从而丰富了图15.6。总支出曲线$E = C + I + G + NX$是依照给定的利率绘制的。利率越低（$i_0 < i_1$），各个收入水平上的投资（和总支出）就越高。这时，总支出曲线将上移。在其他条件不变的情况下，当利率上升时，总支出曲线将向下平移。

图28.5的A点表示利率为i_0时的产品市场均衡。收入Y_0^*和利率i_0的组合是产品市场的一个均衡组合。

如果利率上升到 i_1 会发生什么呢？这时所有收入水平上的总投资都将会下降，总支出曲线也将从 E_0 向下移动到 E_1。

在先前的收入水平上会出现产品过剩，这会导致企业减产、就业减少和国民收入下降。当 $E_1^* = Y_1^*$ 时，产品市场将达到新的均衡。收入水平 Y_1^* 和利率水平 i_1 的组合代表了产品市场的另一种均衡组合。

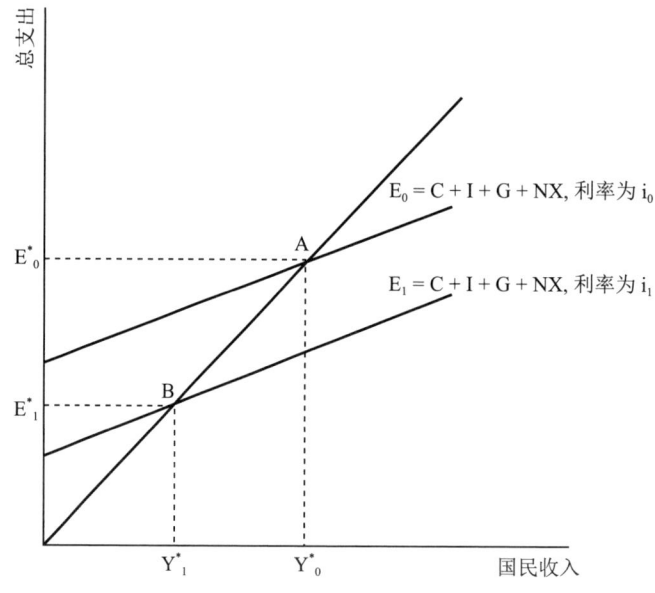

图 28.5　产品市场均衡与利率的变化

由此，我们就得到了两个不同的利率和收入的组合，它们分别代表了不同的产品市场均衡。显然，我们可以考虑不同的利率水平对于投资和总支出的影响，并找到与之对应的利率和收入的均衡组合。

28.5　推导 IS 曲线

IS 曲线代表产品（商品）市场处于均衡状态的所有利率和收入的组合。图 28.6 展现了它的推导过程。

图 28.6（a）中的 A 点是产品市场的均衡点，此时利率为 i_0，总支出为 E_0，对应的国民总收入为 Y_0。

在图28.6（b）中，纵轴代表利率，横轴代表国民收入，点A是利率和收入的组合，对应于图28.6（a）中点A所代表的产品市场均衡。

如果利率上升到i_1，那么投资支出将下降，通过支出乘数，总支出和总收入将下降到E_1。点B表示新的产品市场均衡（i_1, Y_1）。

我们可以在图28.6（a）中找到不同利率下产品市场的均衡，然后将这些均衡点映射到图28.6（b）中。由此我们就可以得到IS曲线。IS曲线由一系列代表国民收入和利率的组合的点构成，这些点都对应着产品市场的均衡。

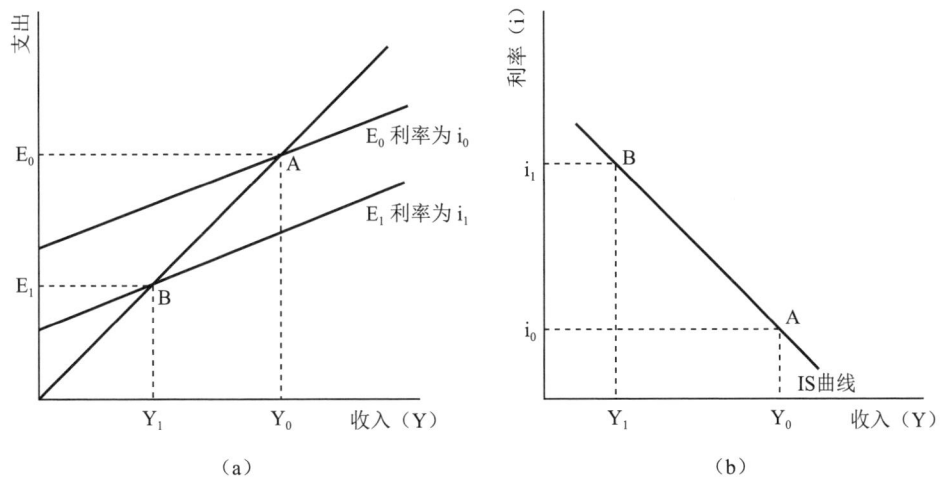

图28.6　IS曲线的推导

在"IS—LM框架"中，货币市场通过利率变化来影响投资进而影响产品市场。利率变化引起了投资变化，投资变化通过乘数效应（引致消费以及税收和出口的漏出）引起了总支出和总收入的变化。换言之，利率变化所带来的总收入变化取决于支出乘数的大小，以及投资对利率变化的敏感程度。

有哪些因素会使得IS曲线发生移动呢？首先，任何自主支出的增加（减少）都会导致IS曲线上移（下移），因为在利率给定的情况下，随着自发支出的增加（减少），国民收入的均衡水平也会上升（下降）。

自主支出的上升（下降）会导致的IS曲线的上升（下降），IS曲线的变化幅度取决于自主支出的变化幅度以及支出乘数的大小。对于一个给定的自主支出变化，支出乘数越大，IS曲线的变化幅度就越大。

IS 曲线的斜率代表国民收入对利率变化的整体敏感程度。支出乘数越大，投资对利率的变化越敏感，IS 曲线也就越平坦。这是因为在其他条件不变的情况下，对于给定的利率变化，投资支出对资本成本的变化越敏感，利率对投资支出的影响就越大。

同时，对于给定的投资变化，支出乘数越大（越小），国民收入的变化就越大（越小）。

如果本期投资对于同期利率变化的反应非常迟钝，那么 IS 曲线将变得非常陡峭。这是非正统经济学家们常用的假设，因为他们从很多实证研究中发现非住宅性投资的"利率弹性"非常低。

在这些把时间视为经济分析的重要考虑因素的经济学家们看来，计划投资依据的是在过去形成的对未来收入流的预期。当期投资支出流量反映了过去的决策。评估不同项目，设计合适且必要的资本设备，筹集资金，建设基础设施，这些都需要时间，这表明当期的投资支出对当期利率变化的反应是较为迟钝的。我们曾在第 25 章中详细讨论过这个问题。

很显然，税率（t）的变化会影响支出乘数，从而会影响 IS 曲线的斜率。税率的上升会导致 IS 曲线变得更加陡峭，因为支出的漏出更大了，这会降低支出乘数。

同样的，储蓄倾向或进口倾向越高，当收入变化时，支出的漏出就越大，IS 曲线也就越陡峭。

28.6 "IS—LM 框架"的均衡与政策分析

"IS—LM 框架"将产品市场和货币市场的均衡结果表示在一张图上，这样我们就可以确定国民收入和利率的均衡值。这凸显了这两个市场的相互影响，这一点凯恩斯已经清楚地论证过了。一个市场的变化会影响到另一个市场，而这又会反过来影响前一个市场，最终两个市场会形成新的均衡。

由此，"IS—LM 框架"构想出了一种一般均衡，这种均衡是通过利率和收入水平的调整达到的，是产品市场和货币市场共同的均衡。用图形表示的话，这个均衡对应着 IS 曲线和 LM 曲线的交点。图 28.7 给出了"IS—LM 框架"的一个均衡解，均衡收入 Y^* 和均衡利率 i^*。

有两点值得注意。垂线 Y_{FE} 表示假定的充分就业状态下的产出水平。换言之，在该产出水平上，所有可用的劳动力和资本都得到了有效利用。

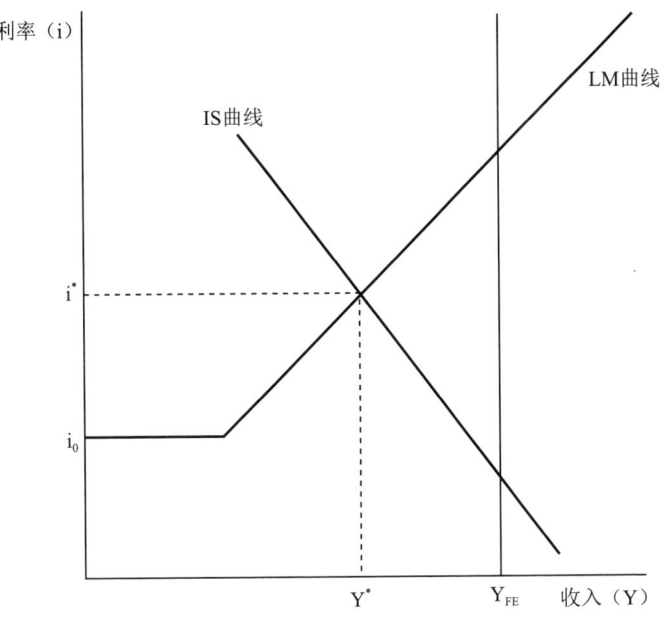

图 28.7 IS—LM 曲线一般均衡

因此，"IS—LM 框架"的均衡收入水平可能低于充分就业的收入水平。这与凯恩斯的观点是一致的，凯恩斯认为资本主义制度有这样一种趋势，它的均衡会出现在不充分就业的水平处，而这一问题需要通过政策干预来解决。

在 Y^* 和 i^* 处，企业的实际销售额与它的预期相同，它没有动力扩大生产和增加雇员。企业和家庭的流动性需求也从现有的货币供给中得到了充分满足。

不充分就业的均衡可能会出现在利率高于最低利率水平的情况下，这里所说的最低利率水平指的是经济体陷入流动性陷阱时的利率水平。

"IS—LM 框架"被用于分析财政政策和货币政策对产出（收入）、利率的影响，以及由此产生的对就业的影响。

这一框架假定中央银行能够改变货币供应量，并通过这种做法来执行货币政策。这背后潜藏的观点是认为中央银行能够调控基础货币（准备金），并通过货币乘数机制来调控广义货币供应量。

> **提示框**
>
> 在第 10 章中，我们论证了为何这种对中央银行操作的认识不能正确地反映现实。事实上，中央银行基本上不能控制货币供给，而主要是通过设定短期利率来实施货币政策的。然而，出于本章的撰写目的，为了确保我们能够准确地介绍"IS—LM 框架"，我们在此处假设货币供给是外生的，并且处在中央银行的控制之下。因此，货币政策的变化在"IS—LM 框架"中就表示为 LM 曲线的**移动**。

如图 28.3 所示，如果中央银行增加货币供给，对于给定的国民收入水平，利率将会下降。这是因为在现有的利率水平上，货币供给会出现过剩，利率必须下降以刺激货币需求。

利率将持续下降，直到货币需求再次等于增长了的货币供给，这时货币市场重新恢复均衡。

对于 LM 曲线而言，这意味着在货币供给增加时，每个收入水平对应的均衡利率都将下降，也就是说，LM 曲线会向外平移。当货币供给减少时，情况则正好相反。

当货币供给增加时，LM 曲线将向右移动，当货币供给减少时，LM 曲线将向左移动。

图 28.8 展示了扩张性货币政策的影响。LM_1 表示当前的货币政策，利率和国民收入的均衡组合是 i_1^* 和 y_1^*。点 A 代表 LM_1 曲线与 IS 曲线相交时的均衡位置。

大规模失业与产出缺口有关，产出缺口是充分就业的国民收入水平（Y_{FE}）和当前国民收入水平（Y_1^*）的差额。中央银行如果认为产出缺口过大，就会决定增加货币供给。

LM 曲线会移动到 LM_2 处，这时利率被压低了。新的均衡出现在 B 点处，此时利率与国民收入的均衡组合为（i_2^*，Y_2^*）。

收入增加是因为利率下降增加了投资（表现为沿着 IS 曲线从 A 移动到 B）。投资支出对于利率的变化越敏感，货币政策就越具有扩张性。

请注意，在图中的情况下，仅凭扩张性货币政策无法达到充分就业，因为在达到充分就业之前，经济体就会陷入流动性陷阱（利率等于 i_0）。想要把利率降到 i_0 之下是不可能的，因为此时每个人都预期利率只会上升；换言之，对货币的投机需求将变得无穷大，因此没有人会放弃货币而持有债券。货币政策将失效。

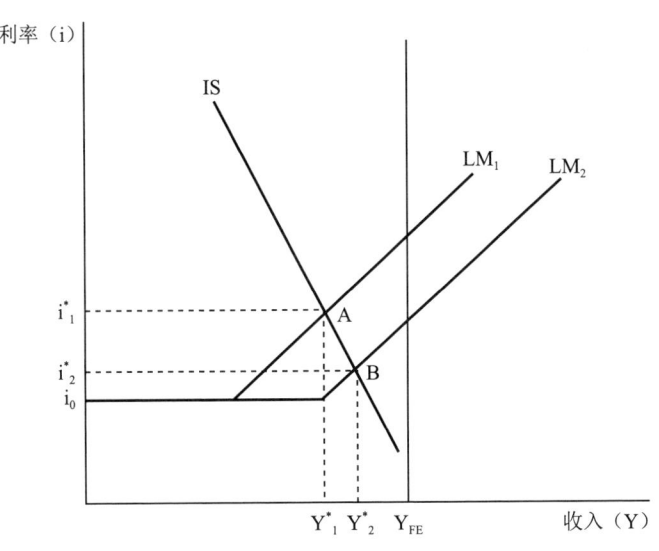

图 28.8　扩张性货币政策

如图 28.8 所示，紧缩性货币政策可以表示为 LM 曲线从 LM_2 移动到 LM_1。这将拉高利率并造成国民收入的下降。收入下降的原因是利率的升高对投资产生了负面影响（表现为沿着 IS 曲线从点 B 移动到点 A）。投资支出对于利率的变化越敏感，货币政策变化的紧缩作用就越大。

扩张性货币政策将压低利率，从而提高国民收入。紧缩性货币政策将抬高利率，从而降低国民收入。

货币政策的有效性取决于 IS 曲线的斜率。IS 曲线越陡峭，货币政策变化对均衡国民收入的影响就越小。货币政策也可能在流动性陷阱中失效。

财政政策可以通过改变政府支出或税率来实施。我们已经了解了,政府支出的增加会使 IS 曲线向右移动,因为对于给定的利率,如果自主支出上升,那么国民收入的均衡水平也会上升。

类似的,政府支出的下降会使得 IS 曲线向左移动,因为对于给定的利率,如果自主支出下降,国民收入的均衡水平也会下降。

自主支出上升(下降)所引发的 IS 曲线上升或下降的幅度取决于自主支出的变化幅度,以及支出乘数的大小。因此,对于给定的自主支出变化,支出乘数越大,IS 曲线移动得越多。注意,在流动性陷阱中,财政政策依然有效。当政府支出上升时,IS 曲线右移;当政府支出下降时,IS 曲线左移。

图 28.9 描绘了扩张性的财政政策,它的形式是政府开支的增加。利率和国民收入初始的均衡组合为(i_1^*,Y_1^*)。点 A 是 IS_1 曲线与 LM 曲线相交的均衡点。

如果财政部认为产出缺口(充分就业的国民收入水平(Y_{FE})和当前国民收入水平(Y_1^*)的差额)过大(考虑到由此可能引发的大规模失业),那么它就会增加政府支出从而刺激总需求。

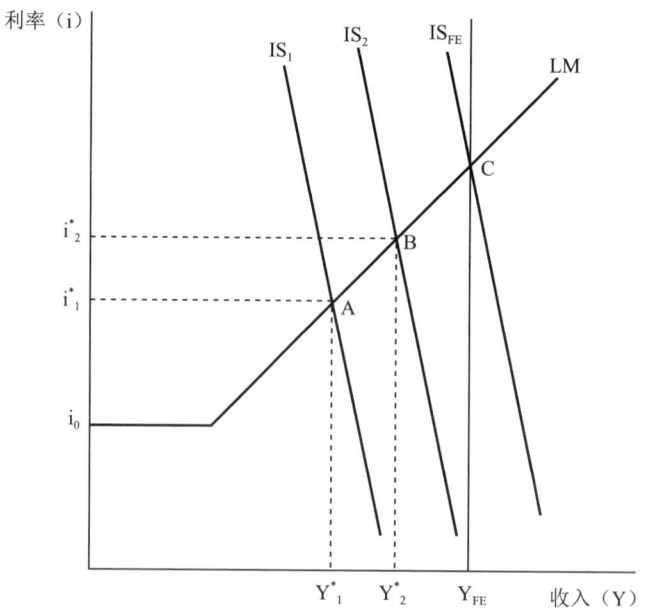

图 28.9 扩张性财政政策

如果 IS 曲线将移动到 IS_2 处，那么新的均衡会出现在点 B，此时利率与国民收入的均衡组合为（i_2^*，Y_2^*）。你会注意到此时均衡利率和国民收入都提高了。国民收入的增加是因为在更高的总需求水平上，企业会生产更多的产品（并雇佣更多的工人）。

我们该如何解释利率的升高呢？在"IS—LM 框架"中，随着总需求的扩张，国民收入也会增加，这进而会增加对货币的交易需求。对于给定的货币供给，在原有的均衡利率（i_1^*）下，货币需求的增长会造成对货币的过剩需求，这时利率会上升，从而使得人们减少货币持有量。这是因为，当利率上升时，持有货币的机会成本也会上升。

你会注意到，如果利率没有上升，收入增量将大于从 Y_1^* 到 Y_2^* 的变化，如第 15 章所述的简单乘数 a 的情况。

我们该如何解释在"IS—LM 框架"中乘数效应变小了呢？利率的上升会抑制私人投资（以及总需求中其他对利率敏感的部分），这部分抵销了政府支出增加所带来的增长。在政策辩论中，这通常被称为**金融挤出效应**（financial crowding out）。挤出效应可以用政府支出扩大时投资（和其他对利率敏感的支出）的下降幅度来衡量。

请注意，如果政府继续增加支出，使 IS 曲线移动到 IS_{FE}，那么财政政策就可以实现充分就业（在 C 点）。

金融挤出效应的程度取决于 LM 曲线的斜率。LM 曲线越陡峭，财政政策的扩张作用就越小，挤出效应就越大。

如图 28.10 所示。对于更平坦的 LM 曲线（LM_1），从初始均衡点 A 出发，财政政策的刺激将会使 IS 曲线从 IS_1 移动到 IS_2，均衡的国民收入会增长到 Y_2^*，利率会上升到 i_2^*（新均衡点 B_1）。

对于更陡峭的 LM 曲线（LM_2），在施加了相同的财政政策刺激后，新的均衡点为 B_2，此时的均衡收入（$Y_2^{*'}$）低于点 B_1 的均衡收入，而均衡利率（$i_{2'}^*$）则高于点 B_1 的均衡利率。因此，LM_2 的金融挤出效应要大于 LM_1。

我们该如何解释这种差异呢？LM 曲线越陡峭，货币需求（交易动机和预防动机）对国民收入的变化就越敏感，货币的投机需求对利率的变化就越不敏感。

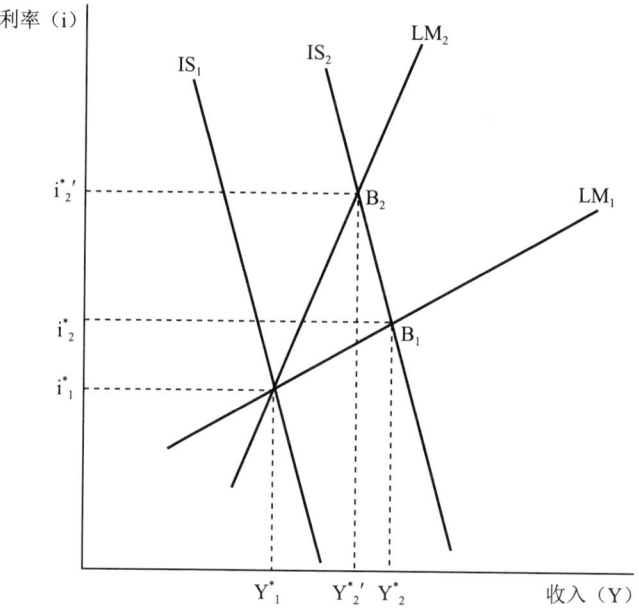

图 28.10　财政政策和金融挤出效应

这时，在给定的货币供给水平上，国民收入的微小变化也会导致货币需求的巨大变化，在其他条件不变的情况下，为了恢复货币市场均衡，利率就必须更大幅度地提高。

一种极端的情况是完全的金融挤出效应。如果 LM 曲线是垂直的，那么就会出现这种情况。在这种情况下，增加政府支出的政策效果会被由利率上升所引发的投资下降完全抵销。在这种情况下，财政政策会完全**失效**。

我们应当注意到，金融挤出效应并不仅仅局限于财政政策。其他类型的自主支出也能够移动 IS 曲线并增加国民收入，这些支出也会影响货币市场，导致利率上升，进而抑制对利率敏感的需求。

另一种极端情况是在某一给定利率处水平的 LM 曲线。在这种情况下，金融挤出效应将不会出现，财政政策对总需求的影响将完全转化为国民收入的变化。我们在本章后面讨论内生货币理论时还会谈到这种极端情况。

如果投资（以及总需求的其他组成部分）对利率不敏感，那么挤出效应就会小一些。这是因为，即使 LM 曲线向上倾斜，政府支出会提高利率，但因为投资对利率的变化不敏感,所以投资不会下降很多。在极端情况下,如果总需求是完全利率无弹性的,那么金融挤出效应就不会出现。

本节的结论如下:
- 扩张性财政政策将会提高国民收入和利率。
- 利率的提高会挤出私人投资,削弱乘数效应。
- 金融挤出效应的程度取决于 LM 曲线的斜率。LM 曲线越陡峭,挤出效应就越大,财政政策的扩张作用就越小。
- 当 LM 曲线垂直时,存在完全的挤出效应;当 LM 曲线水平时,不存在挤出效应。
- IS 曲线越陡峭,挤出效应就越小。

28.7 引入价格水平:凯恩斯效应与庇古效应

最初在推导"IS—LM 框架"时,我们假定价格水平不变,只有产量会发生变化。这与第 15 章中简单的"收入—支出框架"一致,该框架重点关注产出和就业对总需求变化的反应。

我们假设公司愿意在不改变价格的情况下增加产出,直到产能达到最大。在这种情况下,名义利率和实际利率是等价的。在本节中,我们将考虑价格水平的变化是如何影响产出和利率的。

我们将价格水平作为一个外生变量引入到"IS—LM 框架"中,也就是说,价格水平是在"IS—LM 框架"之外直接给定的,而均衡水平和收入则是在框架之内决定的。这一假设会涉及一些复杂的问题,为了简单起见,我们暂且忽略这些问题。

第 15 章的"收入—支出框架"依照的是不变价格,这也是 IS 曲线的基础。总支出的各个组成部分(消费、投资、政府支出和净出口)均以不变价格计算。

因为家庭、企业、政府和国外部门在决策中决定的是它们的实际支出,所以 IS 曲线不会随着一般价格水平的变化而变化。

专栏 28.1　约翰·希克斯对他提出的"IS—LM 框架"的论述

约翰·理查德·希克斯（John Richard Hicks）是一位英国经济学家，他"发明"了"IS—LM 框架"这一宏观经济的一般均衡框架。

在 1937 年发表于《计量经济学杂志》（*Econometrica*）的论文《凯恩斯先生与"古典派"：一种可能的解读》（*Mr. Keynes and the 'Classics': A Suggested Interpretation*）中，希克斯试图用一个图形来解释凯恩斯的《通论》。随着该框架的流行并且被纳入标准的宏观经济学图书中，这个图形被命名为"IS—LM 框架"，它描述了产品市场的均衡（IS）和货币市场的均衡（LM）。

"IS—LM 框架"旨在说明产品市场和货币市场的均衡如何决定了实际总产出。

希克斯说，他"发明了一种小工具"（即"IS—LM 框架"，Hicks 1937：157），从而将凯恩斯主义和古典经济学整合进一个框架中。

到了 20 世纪 70 年代，希克斯在学术论文上的署名变成了约翰·希克斯（John Hicks）而不是 J. R. 希克斯，意在表明他对自己早期论文的不满。

在 1975 年，为了声明自己的转变，他写道：

> "J. R. 希克斯……[是]一位'新古典主义（neoclassical）'经济学家，现已去世……约翰·希克斯……[是]一位相当不尊重他'叔叔'的非新古典主义的经济学家。"（Hicks：1975：365）

问题就在于他已经开始意识到，静态的 IS—LM 均衡框架忽略了凯恩斯的关键贡献：时间和普遍的不确定性（endemic uncertainty）的重要性。

例如，在"IS—LM 框架"中，我们认为当期投资对同期的利率变化是敏感的，这是货币市场影响产品市场均衡的一种方式。但是，当期投资在很大程度上是由前几期的决策所决定的。

在1980年，希克斯写道，他反对经济学家对其发明的"小工具"的使用方式，以及他们从中得出的政策解释。

他说道：

> IS—LM图示被很多人，但不是全部人，认为是一种对凯恩斯理论的简要概括，我不能否认自己对此负有一定责任。它首先出现在我自己的论文《凯恩斯先生与"古典派"》(1937) 中……然而，我毫不掩饰，随着时间推移，我自己对它已经越发不满意了……我认为现在该图示对我的吸引力远不如它对其他人的吸引力大……(Hicks 1980：139)。

希克斯也开始意识到"IS—LM框架"中包含着一个重要的逻辑漏洞。IS曲线关注的是支出和收入流量，而LM曲线关注的则是货币需求与供给，它们是存量。均衡点的收入与利率组合能够同时实现产品市场和货币市场均衡，也就是能够同时实现流量和存量的均衡。在1975年，邓肯·福利（Duncan Foley）证明了存量和流量的同时均衡在理论上是非常复杂的。简单来说，存量存在于某个时间点，而流量则是在某个时间段内发生的。为了绘制LM曲线，我们可以先定义一个存量均衡，比如，在当年的1月1日；但是IS曲线中展现的流量均衡对应的则是一个时间段，比如，从1月1日到12月31日。如果是这样，本章前面介绍的"IS—LM框架"所采用的时间段应该是什么呢？

解决这类问题的一种更好的方法是采用韦恩·戈德利（Wynne Godley）提出的"存量流量一致性框架"（stock flow consistent modelling）。但这些都是相当困难的问题，超出了本书的范围。可以这样说，"IS—LM框架"显然不是"存量流量一致的"，而这正是希克斯已经意识到的。因此，他拒绝使用逻辑上不一致的"IS—LM框架"来进行政策分析，而这正是主流经济学家们大都在做的事情！

（另参见本章末尾引用的希克斯的话。）

到目前为止，我们的分析忽略了价格水平。在主流经济学的框架中，货币需求指的是对实际货币余额（real balances）的需求，这种需求是为了用货币交易商品和服务，正如我们刚才所说的，这些交易依据的是不变价格。

但是，货币供给是用名义货币量（如美元的数量）来表示的，它的单位也是度量其他变量的单位。

给定存量的货币的实际价值会随价格水平变化而变化。对于一定数量的美元，如果价格水平降低，那么其实际价值就会提高，反之则会降低。

例如，假定货币供应量为 1 万亿美元，价格指数为 1。这些货币的实际价值就是 1 万亿美元。现在，如果价格水平上升 5%，物价指数变为 1.05，货币的实际价值会下降到 9524 亿美元。这意味着，如果按实际价值计算，货币使用者能够用于购买和投机的货币量减少了。

如果物价水平不变（即价格指数仍然为 1），而名义货币供应量下降到 9524 亿美元，那么货币供给的实际价值同样也会发生缩水。

换言之，如果价格水平上升（相对于给定的名义货币存量），或者如果名义货币存量下降（相对于给定的价格水平），那么货币供给的实际价值就会下降。

相反，如果价格水平下降（相对于给定的名义货币存量），或者如果名义货币存量上升（相对于给定的价格水平），那么货币供给的实际价值就会上升。

在"IS—LM 框架"中，很显然，如果物价水平上升，从而使得货币的实际价值降低，那么利率就会上升，因为在原有的均衡利率水平上，现在的实际货币余额供不应求了。

一般物价水平的引入改变了 LM 曲线的推导过程。如果物价水平上升（名义货币存量不变），那么货币的实际价值就会下降，这等价于名义货币存量的（名义价格不变）上升。我们可以移动 LM 曲线来反映这种影响。在其他条件不变的情况下，当价格水平提高时，LM 曲线将向左移动，当价格水平下降时，LM 曲线将向右移动。

图 28.11 描绘了一组 LM 曲线，每条曲线都对应着不同的价格水平，其中 P_0 为最高的价格水平，P_3 为最低的价格水平。价格水平的引入意味着当期利率

和收入的均衡会取决于价格水平。这意味着在该框架内，即使货币政策和财政政策不发生改变，如果价格水平发生变化，那么国民收入的均衡水平也会发生变化。

这种观点是20世纪30年代凯恩斯与古典经济学家之间争论的核心议题，我们在第11章和第12章中对此进行过详细的讨论。

假定经济体目前位于图28.11的A点，利率为i_0，国民收入为Y_0。此时的价格水平为P_0。充分就业的产出水平为Y_{FE}，因此A点就是凯恩斯所说的不充分就业状态下的均衡。在A点，产品市场和货币市场都处于均衡状态，但由于产出缺口的存在，在劳动力市场中存在着大规模失业。

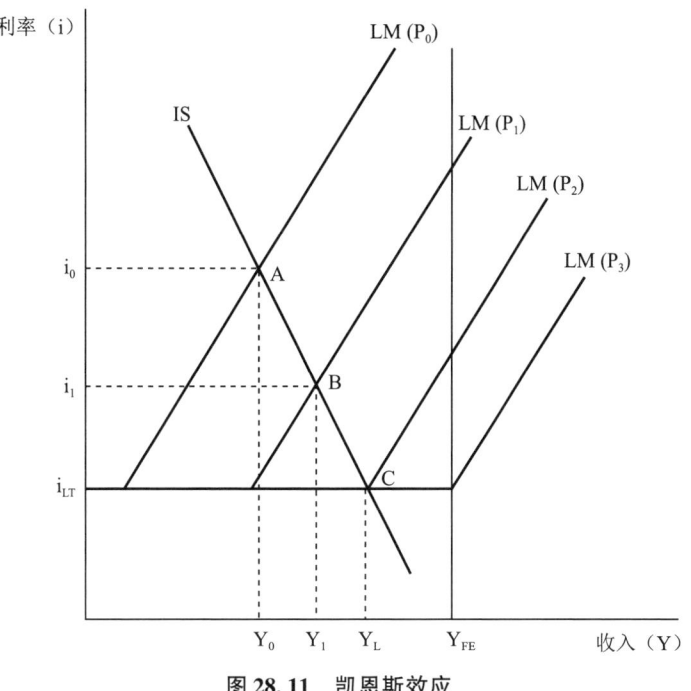

图28.11 凯恩斯效应

凯恩斯认为这是货币经济的**一般情况**，并把新古典框架视为是一种**特例**，在新古典框架中，均衡与充分就业是一致的。但对于凯恩斯而言，货币经济可能在任何的国民收入水平上达到均衡状态。

新古典主义者对此的回应是，除非我们在框架中加入固定工资的假定，否则持续的大规模失业最终会导致名义工资和价格下降。

传统的新古典理论依据边际生产率理论认为，实际工资的下降会使得经济体趋于充分就业。然而，如果名义工资和价格成比例地下降，那么实际工资不一定会下降，这否定了新古典理论的传统主张。虽然实际工资不一定会下降，但是在框架中价格水平的降低能够增加实际货币余额。

由此得到的推论是，在任一收入水平上，因为物价水平的下降使得商品和服务变得更加便宜，所以货币的名义交易需求降低了。在名义货币存量固定的情况下，实际货币余额的增加和流动性需求的下降将导致利率的降低。只要未来的预期回报没有受到萧条环境的不利影响，那么利率的降低就会刺激投资支出，继而通过乘数效应提高总产出和国民收入。只要仍然存在产出缺口，通货紧缩就会继续下去，利率也将继续下降，直到经济达到充分就业状态。

实际货币余额与利率之间的联系被称为**凯恩斯效应**（Keynes effect）。

在图 28.11 中，LM 曲线随价格水平的下降而外移，投资的增加则表现为 LM 曲线沿着 IS 曲线的移动。

例如，如果价格水平下降到 P_1，LM 曲线移动后会在 B 点处达到新的均衡，此时的均衡利率为 i_1，国民收入为 Y_1。在该均衡点处，国民收入处在不充分就业的收入水平。

因此，新古典经济学家认为，只有在工资和价格水平固定的情况下，一种经济才会出现不充分就业的均衡状态，但这只是一种特殊情况，因为灵活的价格变化能够通过 LM 曲线的移动来减少产出缺口并降低失业率。

新古典综合派有一个众所周知的观点，即凯恩斯的不充分就业均衡是一种特殊情况，而弹性价格框架则是更一般的情况。虽然这种观点承认总需求决定了收入和就业（所谓凯恩斯的观点），但如果工资和价格是可以灵活变动的，那么经济体将自发趋向于充分就业（古典经济学的观点）。

请注意，凯恩斯效应影响产出和就业的能力是有限的。如果存在流动性陷阱（i_{LT}），那么通过价格下降，国民收入最多可以上升到 Y_L，也就是 C 点的位置（IS 曲线与水平的 LM 曲线相交的位置）。到了那里，失业仍然会存在，即使工资和价格是可以灵活变动的，即使按照古典经济学的劳动力市场理论，价格水平会持续下降，比如，降到 P_3。LM 曲线会不断向外移动，但国民收入不会进一步增长到 Y_L 以上，因为此时实际货币余额的增加不会使利率降低到 i_{LT}

以下。

这时，按照古典经济学的说法，要实现充分就业，就需要国民收入达到一个新的均衡点，而这个 IS—LM 曲线的交点处的均衡利率必须等于或高于 i_{LT}。

之所以将这种效应称为凯恩斯效应，是因为价格水平的下降会通过增加总需求来实现经济扩张，这一过程一是通过利率对投资的刺激，二是通过标准的支出乘数对消费支出的诱致。

然而，正如我们在第 12 章中所了解到的，凯恩斯并不支持通过削减工资和价格来实现充分就业。他认为削减工资的后果是不可接受的，而是主张增加名义货币供给，从而增加实际货币余额。但可能出现的流动性陷阱将限制扩张性货币政策的效果，这阻止了凯恩斯将凯恩斯效应视为实现充分就业的可行途径。

对于为什么不能通过凯恩斯效应来实现充分就业，还有其他一些原因。凯恩斯在《通论》第 19 章中专门论述了货币工资变化对总需求的影响。在这一章中，凯恩斯认为，货币工资和价格的下降会导致实际收入再分配："（a）收入从工资劳动者那里转移到构成直接成本的要素所有者那里，这些要素所有者的报酬没有被削减；（b）收入从企业家那里被转移到靠领取租金和利息为生的食利者那里，因为，后者的货币收入是被契约保证为不变的"（Keynes 1936：262）。他的结论是，"这种再分配对整个社会消费倾向的影响"是"弊大于利的"（Keynes 1936：262）。

此外，如果货币工资和价格水平下降（Keynes 1936：264）："由于债务负担的加重而对企业家造成的压抑作用将部分地抵销削减工资带来的乐观心情。事实上，如果工资和价格的下跌幅度过大，那么那些负债累累的企业家可能很快就会资不抵债的地步——这将对投资产生严重的不利影响。"总的来说，凯恩斯得出的结论是"认为通过灵活的工资政策就能实现长时期持续充分就业的观点是没有根据的"（Keynes 1936：267）。

债务通缩的观点也得到了其他经济学家的认可，比如，欧文·费雪（Irving Fisher, 1933）、米哈尔·卡莱斯基（Michal Kalecki, 1944）和海曼·明斯基（Hyman Minsky, 1982）。

古典经济学还提出了另一种机制，它认为，只要工资和价格具有足够的弹性，通过这种机制就能够实现充分就业。这就是所谓的**庇古效应**（Pigou effect），它是以凯恩斯在剑桥大学时的主要竞争对手亚瑟·庇古（Arthur Pigou）教授的名字命名的，他是大萧条时期财政部观点（Treasury View）的典型代表。庇古效应也被称为**实际余额效应**（the real balance effect）。

凯恩斯效应通过实际货币余额的变化来影响利率，进而影响投资。而庇古效应则是通过价格下降来刺激消费支出（参见第11章和第12章）。随着物价水平的下跌，家庭财富的实际价值将会上升，储蓄需求从而会降低。随着消费函数曲线向上移动（每个收入水平对应的消费水平增加），IS曲线会向外移动。

图28.12展示了庇古效应。请注意，我们暂且忽略价格水平的下降对LM曲线的影响，仅讨论其对IS曲线的影响。假定在初始的均衡点处，均衡利率为i_0，不充分就业的均衡收入为Y_0，价格水平为P_0。依据庇古效应，由于存在产出缺口（$Y_0 < Y_{FE}$），工资和物价水平将会下降，这会增加实际财富，从而刺激消费，推动IS曲线向外移动，增加国民收入。最终，如果价格能够充分灵活地下降，经济体将在i_2和Y_{FE}处达到充分就业的均衡，此时价格水平下降到了P_2。

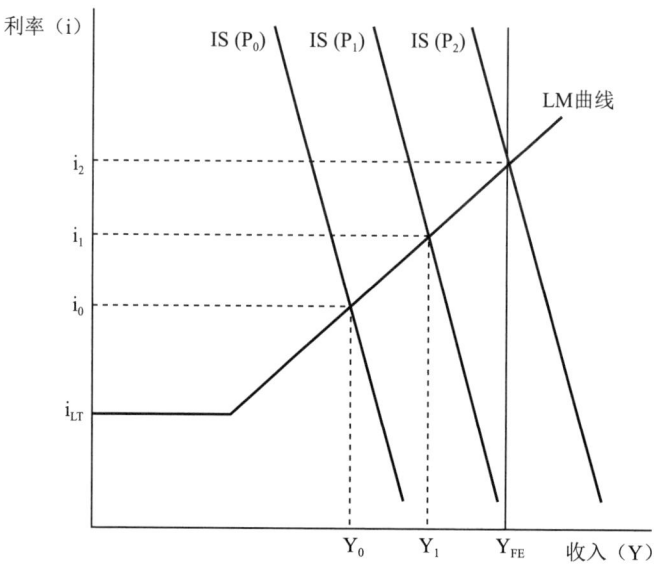

图28.12　庇古效应

你会注意到，凯恩斯效应受限于可能出现的流动性陷阱，而庇古效应则不会受到这种限制。

凯恩斯认为当总需求不足时（相对于充分就业水平），仅凭工资和价格的弹性并不能保证充分就业，庇古效应为反驳凯恩斯的观点提供了理论支持。然而，现有研究已经否认了庇古效应的现实意义。经验研究表明财富效应往往较小，不足以应对严重的经济衰退。

还应当注意到，如果财富包括私人部门中家庭和企业的债务，那么价格下跌会对债权人有利，但对债务人不利。金融财富的实际价值由债权人持有，随着名义收入的减少，债务人将更难以偿还债务，因为债务合同通常是以名义货币量而不是实际货币量来签订的。债务人会被迫削减自己的支出，以负担不断上升的实际债务，这会削弱庇古效应的有效性。如果他们拖欠债务，情况将变得更为糟糕，因为在这种情况下，债权人也可能会受到伤害，他们也可能会选择削减开支。

然而，如果财富包含对政府的债权（形式可能是硬币、中央银行票据和政府债券），那么这些债务的价格下跌和实际价值上升不一定会导致政府削减支出。在这种情况下，庇古效应仍能发挥作用。

28.8 "IS—LM 框架"的局限性

多年来人们对"IS—LM 框架"提出了很多批评。许多人关注的是，这种方法——正如它最初的目的那样——是否忠实地反映了凯恩斯《通论》的原意。就连它的创始人约翰·希克斯也承认，这不是对凯恩斯理论的正确描述。

其他的批评则集中在它的静态性上，以及它并不能告诉我们当经济没有处于均衡状态时将会发生什么事情。

第三种批评是，它误解了现实中中央银行与商业银行的运作方式。

在本节中，我们将重点讨论后两条反对意见。

货币供给的内生性

首先，"IS—LM 框架"基于这样一种假设，货币供给是"外生的"，也就是说，货币供给由中央银行控制，不受货币需求的影响。

支持这一假设的核心理论是货币乘数机制，我们在第 10 章中对此进行过详细研究。这种理论假设中央银行能够控制所谓的**基础货币**（银行准备金和通货的总和），货币乘数机制会将基础货币量的改变传递到货币供给（M_s）上。这种观点认为，中央银行能够通过设定基础货币的数量来控制货币供给，如同 LM 曲线所反映的那样。

正如我们在第 23 章中所了解到的，这种对货币政策操作的认识与现实世界完全不符。美国波士顿联邦储备银行的一名高级官员，A. D. 霍姆斯（A. D. Holmes）早在 1969 年就提出了所谓的"稳定货币供给的操作问题"：

> 定期注入准备金的想法……受到了一种幼稚假设的影响，这种观点认为银行系统只有在中央银行（或市场因素）向其注入准备金后才会增加贷款。但在现实世界中，银行首先扩大信贷，在这个过程中创造出存款，然后再寻找准备金。剩下的问题就变成了美联储是否以及如何满足银行系统的准备金需求。在短期内，美联储几乎别无选择，只能满足这种需求；随着时间推移，政策的影响将显现出来（Holmes, 1969：73）。

正如我们在第 23 章中所详细分析的那样，现实的情况是，中央银行制定了所谓的官方政策利率或目标利率。这是它向银行系统提供资金的隔夜利率。

我们将要点总结如下：

- 银行贷款创造存款，也就是说，银行会对借款人的信贷需求做出反应，而不是根据存款来贷款。
- 信贷需求取决于经济活动状况和人们对未来的信心。
- 银行贷款不受存款准备金的限制。必要时，中央银行会根据商业银行的需要增加准备金。
- 基础货币不决定货币供给，而是会对银行信贷的扩张做出反应。
- 这一过程意味着货币供给是内生决定的，中央银行实际上没有能力来维持货币数量目标。

货币供给是内生决定的，这意味着 LM 曲线是在政策利率处的水平线。因此，所有的利率变化都是由中央银行决定的，货币是依照需求有弹性地供给的。在这种情况下，IS 曲线的移动不会影响到利率。从政策角度来看，这意味着认为中央银行能够通过增加货币供给来解决失业问题的想法是存在缺陷的。

如果中央银行试图按照它的想法增加准备金，那么这只会导致商业银行持有的准备金过剩，隔夜利率因而会被推向零点，但这并不能增加货币供给。要避免这种情况，中央银行就必须按政策利率来为这些超额准备金支付利息。

失业通常是高流动性偏好的结果，考虑到未来的不确定性，人们更愿意持有而不是花掉现金。在这种情况下，贷款需求将大幅下降，银行会因为担心损失而更加谨慎地挑选贷款对象。此时，中央银行不能简单地通过增加货币供给来提高总需求。

自全球金融危机以来，各国中央银行通过所谓的量化宽松向银行系统注入了巨额准备金，我们曾在第 23 章详细地分析过这些政策措施。在货币需求如此低迷的情况下，信贷扩张的速度也大幅度地放缓了，因此，银行会满足于持有大量准备金，这些准备金能够为银行提供微薄的利息收入。

请注意，大多数正统的货币经济学家也已经放弃了中央银行可以控制货币供给的观点，接受了货币政策旨在于设定隔夜利率目标的观点。他们将 LM 曲线从框架中剔除，并提出了新货币共识框架来取代"IS—LM 框架"。我们将在第 30 章中讨论这个问题。

预期和时间

让我们来考虑投资函数在推导 IS 曲线中的作用。投资被认为取决于利率（资金成本）和产出（通过加速数效应，参见第 25 章）。

尽管约翰·希克斯试图用"IS—LM 框架"来表示他所认为的凯恩斯《通论》中的关键要素，但该框架显然忽略了与不确定性和可能性相关的问题。凯恩斯认为，在形成长期预期的过程中，不确定性和可能性至关重要。《通论》第 12 章专门讨论过这个问题。凯恩斯在书中写道：

> 突出的客观事实是：我们对未来收益进行估计时所依据的知识是极端

靠不住的。我们通常对决定投资项目在几年后的收益的各种因素了解很少，并且往往根本缺乏了解。坦率地说，我们必须承认：对投资项目，如铁路、铜矿、纺织工厂、有专利药品的信誉、远洋船舶、城市建筑物等，我们所具有的赖之于估计它们在10年以后的收益的知识充其量也是很少，有的时候则根本没有。甚至对投资在5年以后的收益也是如此。事实上，那些企图认真进行这种估计的人，其数量往往少到如此程度，以致他们的行为对市场不起作用。（Keynes 1936：149-50）

因此，投资决策取决于"长期预期"（Keynes 1936：147），但静态的"IS—LM框架"却忽略了这一点。

投资，和其他重要的经济决策一样，是一种前瞻性行为，在进行投资决策时，企业需要猜测未来几年的总需求状况。这是很有必要的，因为创造新资本存量的过程相当漫长，这会涉及许多不同的决策：要生产的产品类型、生产所需的资本类型、设计、供货渠道和订购渠道、产品数量，这些决策在时间上都是错开的。

今天进行的投资支出是过去一段时期内对当前和未来的世界的预期的结果。投资支出不是一个随着当期利率变化而能够随时打开或关闭的水龙头。

心理因素对于理解以下这些决策至关重要：消费决策（边际消费倾向）；投资决策（资本的边际效率）；劳动合同的确立（隐含在"IS—LM框架"中）。但是，在推导"IS—LM框架"的均衡的过程中，心理因素被忽略了。由于需要静态的IS曲线和LM曲线，这种复杂的动态反馈过程在时间上被冻结了。

"IS—LM框架"没有考虑到预期和历史时间的关键性作用，这使得它只是一个静态的一般均衡框架，其中没有动态系统的容身之处，在动态系统中，不确定性是经济决策的关键决定因素。

本节的最后结语来自"IS—LM框架"的创立者——约翰·希克斯，他在1980年发表于《后凯恩斯主义经济学杂志》（*Journal of Post Keynesian Economics*）的一篇文章中反思了自己的这一发明以及后来人们对"IS—LM框架"的使用方式：

因此，我的结论是，如果要证明"IS—LM框架"是因为在分析中有用而存世的（这里说的有用指的是，它不仅仅是一种会在以后被更好的方法所取代的教学道具），那么唯一方法是将其应用在特定类型的因果分析上，在这类分析中，均衡方法，即使是激进的均衡方法，不会显得不合时宜。我故意以一种非常严苛的方式（有些人会说是学究的方式）来解释均衡概念，并不是因为我想告诉那些正在使用这种方法的应用经济学家，他实际上是在使用一种会得出荒谬结论的工具，而是因为我想让他去向自己证明，在使用这个框架时所出现的现实与理论之间的差异不会超过他可以忽略的程度。我完全相信，在某些情况下，他确实可以忽视它们。但这一问题确实是在任何情况下都需要考虑的。

当人们转向政策问题，着眼于未来而不是过去时，均衡方法更是有问题的。因为在制定政策时，至少要考虑政策发生变化的可能性。如果一切都按预期进行，如果经济体可以被认为（无论多么近似地）处在均衡状态，那么政策就不会发生改变。人们可能希望，在政策发生改变之后，在未来的某个时点，经济体能够到达与之前类似的新的均衡；但在达到均衡之前，经济体肯定会在一定时期内处在非均衡状态。由此就会出现均衡之间的转换是如何实现的问题。**对于该问题，某种形式的连续方法是必要的。**（Hicks 1980：152-153，加粗是原文的强调）。

最后一点很有说服力。虽然给定的 IS 和 LM 曲线的交点可能反映了现在的情况，但各自曲线上的其他点只是约翰·希克斯所说的"理论结构"（1980：149），"当然不代表，也没有声称代表实际发生的事情"（Hicks 1980：149）。

结　论

本章详细研究了新古典综合派凯恩斯主义的理论。在"二战"结束后的二十多年里，这种理论主导了宏观经济学。虽然该理论被认为是一种"凯恩斯主义"理论，但它实际上在很大程度上是基于主流经济学的。它使用了简单的"IS—LM框架"，这一框架的特征是货币市场和产品市场的同时出清。

经济体可能会出现偏离充分就业的均衡状态，但市场机制将（最终）推动经济体达到充分就业。这种观点不仅在学术界占据主导地位，而且也构成了许多政策的理论基础。

由于在政策、预测和理论上的失败，"IS—LM 框架"逐渐被学术界抛弃（尽管它仍然存在于许多政策制定者和一些有影响力的经济学教授的脑海中）。在第 30 章，我们将讨论取代了"IS—LM 框架"的主导地位的新货币共识框架。我们将看到，尽管两者之间存在着不同，但它们都采取了类似的均衡框架。

参考文献

［1］Fisher, I. (1933) "The Debt-Deflation Theory of Great Depressions" *Econometrica*, 1 (4), 337 – 357.

［2］Foley, D. K. (1975) "On Two Specifications of Asset Equilibrium in Macroeconomic Models", *Journal of Political Economy*, 83 (2), 303 – 324.

［3］Hicks, J. R. (1937) "Mr. Keynes and the 'Classics'; A Suggested Interpretation", *Econometrica*, 5 (2), 147 – 159.

［4］Hicks, John (1975) "Revival of Political Economy: The Old and the New", *The Economic Record*, 51 (135), 365 – 367.

［5］Hicks, J. (1980) "IS-LM: 'An Explanation'", *Journal of Post Keynesian Economics*, 3 (2), 139 – 154.

［6］Holmes, A. (1969) "Operational Constraints on the Stabilization of Money Supply Growth. In Controlling Monetary Aggregates", *Federal Reserve Bank of Boston*, 65 – 77.

［7］Kalecki, M. (1944) "Professor Pigou on the 'Classical Stationary State' A Comment", *The Economic Journal*, 54 (213), 131 – 132.

［8］Keynes, J. M. (1936) *The General Theory of Employment, Interest, and Money*, London: Macmillan, 1957 Reprint.

［9］Minsky, H. (1982) "Debt Deflation Processes in Today's Institutional Environment", *Banca Nazionale del Lavoro Quarterly Review*, 143, 377 – 393.

附录："IS—LM 框架"的数学推导

简单的开放经济体

一个开放经济体的简单"IS—LM 框架"有以下关系：

$Y = C + I + G + X - M$	国民收入恒等式	(28.3)
$C = C_0 + cY_d$	消费函数	(28.4)
$Y_d = Y - T$	可支配收入	(28.5)
$T = tY$	税收（税率为 t）	(28.6)
$I = I_0 - bi$	投资函数	(28.7)
$G = G$	政府支出	(28.8)
$M = mY$	进口函数	(28.9)

产品市场均衡

在给定自发支出和乘数的情况下，通过将 GDP（Y）表示为利率（i）的函数可以得到产品市场的均衡解。将从（28.4）到（28.9）的方程代入到方程（28.3）中可以得到：

$$Y = C_0 + cY - ctY + I_0 - bi + G + X - mY \quad (28.10)$$

重新整理后可以得到 IS 曲线方程：

$$Y = a(A - bi) \quad (28.11)$$

其中支出乘数 $a = 1/(1 - c(1 - t) + m)$，A 表示自发支出，$C_0 + I_0 + G + X$。

IS 曲线斜率为 ab，因此乘数（a）越大，或者投资对利率的敏感程度（b）越大，国民收入对利率变化的反应程度就越大，IS 曲线就越平坦。

货币市场均衡

货币市场均衡出现在货币供需相等处。

$$M_s = kY - hi \tag{28.12}$$

由此可以得到 LM 曲线，其中 Y 是 i 的函数：

$$Y = (1/k)M_s + (h/k)i \tag{28.13}$$

LM 曲线的斜率为 (h/k)，因此，货币需求对利率越敏感 (h)，对收入越不敏感 (k)，LM 曲线就越平坦，因为对于利率的微小变化，国民收入需要变化很大才能实现货币需求与给定的货币供给之间的均衡。

也可以将方程 (28.13) 中的 i 写成 Y 的函数：

$$i = (k/h)Y - (1/h)M_s \tag{28.14}$$

一般均衡

在这种情况下，一般均衡是令产品市场和货币市场同时达到均衡状态的利率和收入的组合。这个均衡位置对应着 IS 曲线和 LM 曲线的交点。

为了求解国民收入的均衡水平，我们将方程 (28.14) 代入到 IS 曲线的表达式 (28.11) 中：

$$Y = a[A - (b/h)(kY - M_s)] \tag{28.15}$$

求得 Y 的均衡解为：

$$Y = \left(\frac{\alpha}{1 + \frac{\alpha bk}{h}}\right)\left[A + \frac{b}{h}M_s\right] \tag{28.16}$$

方程 (28.16) 表明均衡收入由自发支出 [A，其中包括财政支出 (G)] 和货币供给 (M_s) 决定。

我们利用方程 (28.16) 来求解均衡利率：

$$i = \frac{\alpha}{h}\left(\frac{k}{1 + \frac{\alpha bk}{h}}\right)A - \left(\frac{1}{h + \alpha bk}\right)M_s \tag{28.17}$$

方程 (28.17) 告诉我们，均衡利率由自发支出 (A) 和货币供给 (Ms) 共同决定。

一些经济学家利用方程（28.16）来确定财政政策乘数，该乘数表示在货币供给保持不变的情况下，给定政府支出变动所能导致的国民收入变化。

财政政策乘数等于方程（28.16）中的自发支出系数（A）。你会注意到，与简单的支出乘数（a）不同，该乘数纳入了收入增长对利率的影响，从而考虑到了货币需求变化导致的投资支出变化。

简单的支出乘数是在假定利率变化不影响投资的情况下推导出来的（也就是说，在 b 等于零的情况下）。

同样的，假定政府支出和税率保持不变，那么我们就可以推导出一个货币政策乘数，用于衡量给定货币供给变化所能导致的国民收入变化。

这个乘数等于方程（28.16）中的系数 M_s。但请注意，此处假设中央银行通过控制货币供给来实行货币政策。这是"IS—LM 框架"不适用于现实世界的缺陷之一，中央银行实际上无法控制货币供给。这种假想的货币乘数是一种事后的核算结果，如果是作为一种因果联系，这种乘数并不存在。

chapter 29

第 29 章
现代经济思想流派

本章纲要

29.1 引言
29.2 新古典宏观经济学的兴起
29.3 真实经济周期理论
29.4 新凯恩斯主义经济学
29.5 现代非正统宏观思想流派
总结
参考文献

学习目标

- 了解每一个主要的现代思想流派的基本理论框架。
- 能够解释正统和非正统宏观经济学研究方法的主要区别。

29.1 引言

在"二战"后的时期,所谓的凯恩斯主义经济学在政策制定者积极实施货币和财政政策的发达国家占主导地位。这些国家在一段持续的时期内经历了高就业率和低通货膨胀。

20世纪70年代的石油价格冲击和宏观经济政策的收紧导致了滞胀的出现,并为弗里德曼的货币主义思想提供了一个理想的平台。正如第18章所概述的,弗里德曼的货币主义思想建立在新古典理论的基础上,以获得可信度。

20世纪70年代是宏观经济理论和政策的一个分水岭,在这十年,正统经济学恢复了自由市场原则的主导地位,导致了"新古典宏观经济理论"(New Classical theory)的诞生。① 这种理论和政策的模式建立在货币主义基础上,后来它又提出了"新货币(宏观)共识",这意味着积极的宏观经济政策仅限于货币政策。在第30章,我们提供了一个关于"新货币共识"的详细分析,它可以被看作是本章所讨论的许多核心思想的综合。

与"新古典宏观经济理论"不同,新凯恩斯主义在接受灵活的工资和价格在长期内能够引导市场出清并实现充分就业这种信念的同时,假定工资和价格在短期内存在刚性,承认自由裁量的政府可以发挥一定的作用。但是,全球金融危机(GFC)的爆发和危机的持续最终动摇了这些自由市场思想的主导地位。

在本章中,我们将简要地总结上述不同的思想流派,并讨论现代非正统经济学与这些主流学派的关键性区别。

---

① 从该书上下文的脉络和经济思想史角度来看,这里的 New Classical theory 和后面的 New Classical Economics 都不能翻译为"新古典经济学"。新古典经济学(Neoclassical Economics)或新古典学派是指从19世纪末兴起但在今天仍处于支配地位的经济学研究传统,它囊括了正统经济学各流派,而 New Classical Economics 或 New Classical theory 则是在萨缪尔森的"新古典综合派"(Neoclassical Synthesis)之后在20世纪70年代兴起的宏观经济学中的一个流派,因此,为了与新古典经济学和新古典综合派相区别,本书将其统一翻译为新古典宏观经济学,三者之间既有密切联系,但也有区别。——校订者注

29.2 新古典宏观经济学的兴起

它根源于弗里德曼的货币主义

尽管在第 28 章中概述的新古典综合派"凯恩斯主义"存在着重大缺陷，但它确实考虑到了总需求不足导致失业均衡的可能性。

在"大萧条"之后，战后的经济学家们认识到政府利用财政政策通过增加支出（或减税）来缩小"需求缺口"的积极作用。尽管政府也可以使用货币政策，但新古典综合派经济学家对其有效性表示怀疑，尤其是在经济衰退的环境下。

货币政策只有在能够鼓励企业和家庭借贷和消费的情况下才会奏效，但如果企业和家庭对于未来经济形势的预期是悲观的，那么货币政策就不能发挥作用。正是这个原因，提高总需求的大部分责任就落在了财政政策上。

从 20 世纪 50 年代末开始，米尔顿·弗里德曼（经常与安娜·施瓦茨合作）用另一种被称为货币主义的方法挑战了上述观点。他认为，货币政策实际上比当时大多数经济学家所认为的要有效得多。他声称，经验证据表明，货币供给的变化导致了名义 GDP 的变动。他还断言，市场的"看不见的手"比凯恩斯主义者认识到的更为强大。

弗里德曼重新阐述了凯恩斯主义以前的货币数量论，使之与新古典综合派凯恩斯主义在推导 LM 曲线时所使用的方法相一致。按照他的货币数量论版本，中央银行增加货币供给会导致支出和价格大幅上涨，从而提高货币需求，直到货币需求和货币供给之间恢复平衡。

弗里德曼认为，由于灵活的工资和价格将引导经济走向充分就业，所以，整个经济系统针对货币供应量增加的大部分调整将表现为价格的上涨，而不是实际产出的增加。因此，在接受一个更具"凯恩斯主义"风格的货币需求理论的同时，弗里德曼复兴了货币数量论，并将其与一个比新古典综合派"凯恩斯主义"更彻底的新古典主义的"自由市场"模型结合在一起。

这是弗里德曼（1970）最为人所熟知的观点：

> 通货膨胀永远而且处处是一种货币现象。……一个稳定的、适度的货币增长率可以提供一个框架，在这个框架下，一个国家可以保持较低的通货膨胀水平和较高的经济增长水平。它不会产生完美的稳定性；也不能为地球创造出一个天堂；但它可以对一个稳定的经济社会做出重要贡献。（第11页）

这句话反映了他的信念，即货币供应量的增加是价格上涨的必要和充分条件。

弗里德曼声称，从长期来看，货币是"中性的"，因此它只会影响工资、物价和利率的名义价值，但从短期来看，它会对实体经济产生影响。

弗里德曼在1968年的论文中，批评了"凯恩斯主义"有关通胀与失业之间权衡的菲利普斯曲线，他认为这只适用于短期。如果货币当局提高货币供应量的增长率，这将提高名义工资和价格的增长率，但没有改变人们的行为。

我们已经在第18章对弗里德曼的"附加预期的"菲利普斯曲线进行了冗长的阐述，该曲线也被称为"加速主义假说"，因此，为了保持对新古典宏观经济学陈述的连续性，我们在这里只提供一组总结性的观点。

- 在"附加预期的"菲利普斯曲线下，通货膨胀和失业之间存在短期权衡，因为工人对价格和工资变动的预期是根据过去的价格和工资结果进行调整的，所以工人在理解价格和工资变动时可能会被暂时愚弄。所以，货币供应的变化会对经济产生实际影响。
- 自然失业率，即由于劳动力和其他市场的摩擦而产生的失业率，与稳定的通货膨胀有关。
- 低于自然失业率的失业率会导致通货膨胀率的加速（上升）。因此，使用将失业率降至自然失业率水平以下的财政政策（或货币政策），只会适得其反。
- 如果没有这种愚弄，菲利普斯曲线将是垂直的，在失业和通胀之间没有权衡的问题，因为提高货币供给的增长率只会导致通胀上升。

一些新古典经济学家怀疑这种预期的形成是否符合理性行为。首先，货币供应量数据和通货膨胀的估计量都经常被报告。其次，"理性"的人应该尽量提前预测中央银行的政策举措，这样的预期应该是"前瞻性的"。在这种情况下，货币政策对失业率等实际变量的影响甚至更小。

无论如何，弗里德曼都不建议轻易使用货币政策。他提出，当局只是将货币供应量的目标定在一个较低但稳定的增长率上，比如，每年3%。如果货币流通速度以相当稳定的速度（比如，每年1%）上升，而实际产出以每年4%的速度增长，那么每年3%的货币供给增长率将意味着平均通胀率为零。我们可以将之写作：

$$g_M + g_v = g_p + g_Y \tag{29.1}$$

其中 g 代表增长率，M 代表货币供应量，V 代表速度，P 代表总价格水平，Y 代表实际（经通货膨胀调整的）国民收入或 GDP。货币供应量的恒定且较高的增长率将产生恒定而且为正的通货膨胀率，因为等式（29.1）可以改写为：

$$g_p = g_M - (g_Y - g_V) \tag{29.2}$$

稳定的通胀率不会影响行为，因为一旦通胀预期调整为正通胀率，就不会有人上当受骗。

与新古典综合派"凯恩斯主义"不同，弗里德曼怀疑财政政策对 GDP 有较大的影响。主要原因是，正如第 28 章所解释的那样：政府支出的增加（或税收的减少）很可能通过提高利率"挤出"私人支出。

如果我们假设某种特殊的理性，我们可以沿着这个思路作出更进一步的推理。假设消费者认为，（由政府支出增加或减税所导致的）今年的政府财政赤字意味着明年将增加税收，以"偿还"任何已发行的政府债务。这就是"李嘉图等价"背后的思想。

对家庭和企业来说，"理性"的做法应该是削减当前的支出，以便为未来的税单存钱。综合所有这些论点，人们得出结论，财政政策是无能为力的。它不会增加产出或就业，因为政府支出的任何增加都会导致私人支出的减少。

总之：

- 弗里德曼认为，财政政策对总需求的净影响很小。
- 货币政策确实会影响总需求，但其主要影响是在价格水平方面。

- 货币政策只会因为一时的愚弄而影响实际产出和就业。
- 货币政策的最佳形式是简单地以货币供应量的恒定增长率为目标，这就消除了愚弄。
- 货币主义者认为，"看不见的手"在保持经济接近充分就业的增长方面相当有效，因此，宏观经济政策只能发挥次要的作用。

新古典宏观经济学

到20世纪70年代初，出现了一种比弗里德曼更加极端的反凯恩斯主义的理论。事实上，与凯恩斯所批评的旧的新古典主义（neoclassical approach）相比，这种反凯恩斯主义的理论更具"市场原教旨主义"的特征，它被称为"新古典宏观经济学"，基于以下命题：

1. 市场能够自发地立即出清。因此，当价格调整使需求量等于供给量时，所有市场都处于均衡状态，而不是缓慢地走向均衡。

2. 行为者即家庭和企业，具有理性预期。这样的定义非常具体：所有经济变量的主观预期将与这些变量的真实或客观的数学条件的预期相一致。这意味着，虽然经济行为者没有完美的预见，但他们所犯的任何错误都是随机的。平均而言，预期是正确的。

3. 弗里德曼的适应性预期是向后看的，因此当他们的预期只是逐渐与现实相一致时，经济行为者会犯系统性错误。但理性预期的假设保证了经济行为者不会形成系统性的错误预期。

4. 经济周期是由以随机的方式影响总供给的"意外事件"所导致的。经济政策只有在无法预测的情况下才是有效的。这被称为（罗伯特）卢卡斯供给函数，根据该函数，随机政策变化会对总需求造成"冲击"。

5. 最后一点需要一些解释。弗里德曼认为，货币政策制定者可以"愚弄"人们去工作和生产更多的实际产出，因为他们把名义工资和物价的上涨误认为是实际（相对）工资和物价的上涨。由于预期是自适应产生的，他们需要一段时间才能意识到自己被愚弄了。然而，这种行为是非理性的，因为只要政策是可预见的，就可以被人们预期到。

6. 只有随机政策是不可预测的，因此能够愚弄任何人。（请记住，在理性预期下，个人可能会作出错误的预测，但平均来说，预期是正确的，因为错误是随机的。）

因此，偏离自然充分就业的失业率是由错误的政策所导致的，尤其是由出人意料的货币政策所导致的。可以预期的货币政策变化不会产生实际影响；只有未预料到的货币政策才是重要的，因为它会影响决策，从而影响实际产出。

从长期和短期来看，货币都是中性的，但随机的货币政策在短期内可能会产生实际的影响。

然而，推行随机政策毫无用处。要想取得成效，政策制定者就必须像在任何特定情况下减少货币供应量一样，在特定的情况下增加货币供应量。卢卡斯（Lucas，1972）的结论是，弗里德曼的货币供应增长率不变的规则对决策者最有意义。试图用货币政策来影响经济是没有意义的，因为可预见的政策不会产生任何影响。

那么财政政策呢？新古典宏观经济学采用了李嘉图等价原理。因此，财政刺激政策将是无效的，因为任何政府支出或减税的增加都将与当前私营部门的储蓄增加相匹配，以便支付预期的未来税收。

在任何情况下，如果所有市场持续出清，就不需要财政刺激，这意味着经济始终处于充分利用产能的状态。不存在需要填补的需求缺口。

但这并不意味着政府政策对经济没有影响。就像一般的新古典理论一样，新古典宏观经济学也是一种供给方的方法。如果一项政策能够影响偏好、技术或劳动生产率，它就能产生实际的影响。

例如，改善教育和培训可以提高劳动生产率，从而提高实际产出；提高税收可能会降低工作的积极性，从而降低实际产出；取消最低工资法可以使劳动力市场自由地增加就业和实际产出。由于供给创造了自己的需求（萨伊定律，见第 12 章），所以不存在有效需求的问题。

罗伯特·卢卡斯提出了另一个持久的论点：卢卡斯批判。20 世纪 60 年代，以新古典综合派"凯恩斯主义"理论为基础，建立大型宏观经济模型是一种流行的趋势。这些数据和模型用于短期预测和政策分析。

这些模型在预测未来一两个季度的经济增长方面做得相当不错，因为它们是由稳定的消费函数驱动的。重要的是，这些模型中的消费方程没有将通货膨胀作为解释变量之一，尽管理论可能表明，家庭通常会在其消费决策中考虑对通货膨胀的预期。只要通货膨胀率保持在20世纪60年代的低水平或稳定水平上，没有通货膨胀变量就没有问题，因此，预测误差很小，证明模型对决策者是有用的。但自20世纪70年代初以来，随着石油输出国组织（OPEC）油价上涨后通胀率开始上升，这些模型开始产生巨大的预测误差，直到将这些遗漏的变量考虑在内才减少了模型的预测误差。

然而，卢卡斯的批评涉及政策分析模型的使用。这些模型使用理论和经济计量估计相结合的方法来获得数据的良好拟合。当使用历史数据对行为方程（如消费函数）的参数进行估计时，它们必然是向后看的。

例如，根据这些估计，我们可以计算出支出乘数。为了分析政府支出增加的影响，我们使用支出乘数的估计值。现在，我们假设支出中自主部分的增加与国民收入的增加相关联，估计的乘数为2。然后，我们用这一估计来宣称，目前政府开支增加30亿美元，将使国内生产总值增长60亿美元。卢卡斯认为，这是不合理的，因为它假定，面对政策变化，人们的行为不会改变。然而，如果人们是理性预期的，他们必然会对未来的政策变化做出反应。

例如，如上所述，他们可能会决定减少消费（储蓄更多），因为他们认为政府最终会征收更高的税收，以偿还由于政府支出增加而产生的债务。为了进行政策分析，分析者必须假定模型中的经济行为者具有理性预期；这些经济行为者将使用一个"关于模型的模型"作出其预期。

如果我们的现实世界遵循李嘉图等价原理，那么经济行为者所使用的模型也必定包含李嘉图等价原理。更一般地说，模型构建者必须假设经济行为者的预期是理性预期的，并且其模型与建模者使用的模型是一致的！虽然这在实践中是很难实现的，但经济建模者认真对待这一批评，并试图将理性预期引入到他们的模型中，然而，实际上却收效甚微。

虽然理性预期假设似乎是新古典宏观经济学的关键性创新，但其更重要的假设是市场持续出清。正如我们将看到的，与新古典宏观经济学不同，新凯恩斯主义者能够恢复他们理论中的一些凯恩斯主义特征，尽管他们采用了看似激进的理性预期假设。

29.3 真实经济周期理论

如前所述，货币主义和新古典宏观经济学都依赖于关于中央银行的"愚弄理论"来解释国民产出和就业的波动，但后者比前者更加强调自由市场的支配作用。弗里德曼的货币主义接受了新古典综合派的某些特征，仍承认货币在短期内具有非中性的特征，其理由就在于存在着短期内没有预见到的政策。

但是，一些新古典经济学家甚至希望更忠实于严谨的新古典主义基础，他们坚称，货币只是一种不应影响经济行为的交换媒介。

这些新古典经济学家认为，既然货币对经济行为没有影响，那么，作为一种替代性的思路，经济周期必须用"真实的"变量来解释，比如，资源禀赋、偏好和生产率的变化，这就导致了真实经济周期理论（Real Business Cycle theory，RBC）的发展。该理论最重要的假设是：

1. 理性预期，
2. 持续的市场出清，
3. 货币政策只决定名义利率（名义货币价格）；货币总是中性的，
4. 偏好和技术具有很大的随机波动性。

这些假设共同导致了几个重要的结论。就业波动是个人效用最大化行为的必然结果。因此，考虑到实际工资和实际利率，这些结果是自愿的和最优的：那些不工作的人是他们自己选择了不工作。经济总是处于均衡态，短期和长期没有区别。

推动产出和就业变化的因素有两个。首先，由于生产过程中投入的增长，即劳动力增长、资本积累和自然资源开发的增加，经济将按正常趋势增长。我们可以假设，所有这些投入都以合理稳定的速度增长，因此，如果不是第二个因素，即不可预料的事件对偏好和技术的随机冲击，那么经济将以合理的和稳定的速度增长。

随机冲击导致增长率偏离正常趋势。它们可以是正的，也可以是负的，将经济转向一个更高或更低的趋势增长率。由于是随机冲击，所以它们在序列上不存在相关性。因此，一个正面冲击之后既可以存在另一个正面的冲击，也可以出现一个负面冲击。

这导致了一种全新的看待经济周期的方式。在真实经济周期理论出现之前，经济学家一直认为经济周期是令人讨厌的。扩张与衰退导致了经济周期，虽然扩张带来了更高的就业和更高收入的好处，但衰退会产生不利的后果，特别是对弱势群体而言。

主流经济学家们认为，扩张和衰退阶段都是偏离均衡的运动。无论是货币主义者还是新古典宏观经济学家，都将扩张阶段归因于货币当局将货币供应量的增长速度提高到超出预期水平的"愚弄"。一旦预期重新调整，新的均衡将在较低的实际增长率和较高的通胀率之下得到恢复。

确实，紧缩的货币政策（较低的货币增长率）将导致经济衰退，在预期调整后，经济将再次恢复均衡。凯恩斯和凡伯伦等非正统经济学家们早就探讨过资本主义经济的周期性。凯恩斯发展了他的有效需求波动理论，凡伯伦分析了企业行为，但他们并没有将这些波动仅仅归因于货币政策的变动。

真实经济周期理论的高级模型

传统的经济周期理论可以具体描述如下：

$$Y_t = g_t + bY_{t-1} + Z_t \tag{29.3}$$

其中 g 为产出增长趋势；b 是使 $0 < b < 1$ 的反演参数；Z_t 是随机冲击；t 是时间下标。该方程表示在滞后的产出变量存在的情况下，关于趋势的自回归。

波动是由需求或供给冲击引起的。这导致了对常态趋势的暂时偏离，然后增长又重新回到正常的趋势。因此，正面（负面）冲击导致增长路径向上（向下）移动，标志着经济周期的扩张（或收缩），随后就逐渐恢复到正常趋势的增长率。

真实经济周期理论的支持者们声称，带漂移的随机游走可以更好地解释这种周期：

$$Y_t = g_t + Y_{t-1} + Z_t \tag{29.4}$$

注意，与上面的方程只有一个不同之处，即 $b = 1$。因此，趋势不会逆转；

产出有一个单位根（b = 1），这里随机冲击（Z_t）提供了"随机游走"，而趋势增长项（g）产生了"漂移"。

与方程（29.3）中的模型不同，生产率冲击会改变增长趋势，并一直持续到下一次冲击。这些冲击被认为是随机的，没有序列相关性。这意味着不可能预测一个积极的冲击之后会是消极的还是积极的冲击。

真实经济周期理论的观点是，如果经济以随机游走的方式漂移，如果对生产率增长的冲击是频繁而随机的，那么它们或许可以解释这种明显的周期循环。

真实经济周期理论认为，经济周期不应被视作对趋势的偏离，而应视作在受到冲击时自然增长率的波动。每一点都是最优的。因此，他们完全拒绝（"传统的"）经济周期概念。

这并不意味着人们在受到负面冲击后选择离开他们的工作，而是说这是他们的效用最大化的反应。考虑到负面政策冲击导致的实际工资较低，工人们理性地选择更多的休闲时间，而不是工作。

积极的技术冲击会提高生产率，导致生产函数向上移动，从而增加了劳动的边际生产率。这创造了劳动力需求，增加了就业，并提高了实际产出和实际工资。这被称作增殖（propagation）效应。这种情况之所以持续，是因为在出现负面生产率冲击并降低实际工资之前，劳动力供给一直保持较高水平。

由于市场力量被认为能够有效地推动经济走向均衡，真实经济周期的理论家们假设市场持续出清，尽管就业的变化反映了工作和休闲之间的最佳选择。

此外，他们认为自己的理论比陈旧的、历史悠久的"经济周期"理论更符合事实。如果经济确实围绕正常趋势循环，人们预计 GDP 增长高于正常趋势（或就业增长高于趋势）的时期之后，会出现类似的增长低于正常趋势的时期。因此，平均而言，经济以相对稳定的正常趋势的速度增长，但它围绕着正常趋势上下循环。

另一方面，真实经济周期理论的支持者们声称，随着时间的推移，实际增长率遵循着"带漂移的随机游走"。换句话说，实际的 GDP 往往以相对稳定的速度增长，比如 3%，这就是"漂移"，但每年它都可能以"随机游走"（随机偏离趋势）的方式偏离这一趋势。一个高于趋势的时期之后不太可能出现一个低于趋势的时期，因为它之后会出现一个高于趋势的时期。由于他们完全拒绝传统的"周期"概念，他们的方法被称为"真实的经济周期"多少有些讽刺意味。

29.4 新凯恩斯主义经济学

引言

在过去 30 年里，另一种主流学派发展起来了，部分原因是对支撑新古典宏观经济学和真实经济周期理论的一些更极端假设的反对。新凯恩斯主义经济学（NKE）试图复活战后新古典综合派的一些思想。

最重要的是，新凯恩斯主义经济学拒绝持续市场出清的假设。尽管该学派的支持者们确实接受"看不见的手引导经济走向均衡"的隐喻，但他们认为，有许多障碍或刚性因素会减缓市场调整过程。例如，如果工资和价格不是完全灵活的，那么市场就不能很快地形成导致供求均衡的价格。工资刚性的一个例子是最低工资法，因为工资不能低于法定的最低工资，所以，失业工人就不能以较低的、市场出清的工资再就业。

新凯恩斯主义经济学打着凯恩斯的旗号，将工资刚性是失业原因的论点归之于凯恩斯。然而，正如我们在第 12 章已讨论的，凯恩斯实际上认为，失业是由总需求不足造成的。他接着在《通论》第 19 章中提出，工资下降会降低有效需求，从而使情况变得更糟，因为在其他条件相同的情况下，工资较低的工人用于消费的实际收入将更少，企业家的预期将因此而受到抑制。凯恩斯将其归咎于货币的使用，因为货币允许经济行为者以流动偏好的形式进行储蓄，而不是因为工资刚性导致了失业。

因此，尽管新凯恩斯主义经济学和凯恩斯都得出了类似的结论，即市场不会产生持续的充分就业，但他们的解释却大相径庭。

价格和工资非灵活性的例子

新凯恩斯主义经济学试图对刚性工资和刚性价格作出"理性"解释。例如，新凯恩斯主义经济学的理论家们假设，频繁地改变价格是代价高昂的，这导致了数量配给而不是价格配给。

以一家需要打印菜单的餐馆为例。为了避免"菜单成本"的上升，即使面对餐厅成本的上升，保持价格稳定也可能更有利可图。餐厅从提高餐饮价格中获得的收益，将被打印新菜单的成本所抵销。此外，在这种情况下保持价格稳定可能会提高"商誉"和销售。

虽然新凯恩斯主义经济学经常采用理性预期的假设，但它的实践者有时会假设存在"信息不对称"，这种"信息不对称"干扰了为市场出清而进行的价格调整。虽然存在着许多种"信息不对称"的类型，但举几个例子就足够了。

新凯恩斯主义经济学承认，如果在面对失业造成的通货紧缩压力时，工资能够保持稳定，它可能会促进与工人的良好关系。虽然在高失业率时期，雇主可以找到愿意以较低工资取代现有员工的工人，但对公司来说，抵制减薪的诱惑可能更有利可图。因为雇佣和培训新的低收入工人而增加的成本，可能会完全抵销低工资带来的节约。这也可能是信息不对称造成的，这就是说，一些失业工人可能愿意以较低的工资工作，但可能生产率较低，而且雇主可能很难识别他们，等等，这是第一种信息不对称导致的结果。此外，如果工资降低，当前员工的士气可能会受到影响，这会降低工作效率，从而增加工作中的偷懒现象。

因此，新凯恩斯主义经济学承认，更高的工资使工人更快乐、更健康，这可以使他们的生产率更高，因此保持高工资更有利可图。因此，工人的生产率与工资是正相关的。

第二种信息不对称与贷款违约风险有关，即借款人知道而贷款人不知道。有"好"借贷者偿还贷款，也有"坏"借贷者不偿还贷款，但银行无法区分它们。

随着银行提高利率以弥补违约的风险，一些"好"借款人将决定不借款，因为考虑到更高的利率，贷款的服务成本已经上升。然而，由于"坏"借款人将会违约，无论利率上升到多高，他们仍将处于"贷款池"之中。当付款到期时，他们就会违约。

对银行来说，在贷款供应量与需求相等之前，通过加息来清理贷款市场是不明智的，因为贷款违约率不会下降，而优秀的借款者却会离开贷款池。这里的问题是"逆向选择"，因为仅仅使用价格配给将导致银行从更糟糕的借款人中进行选择。

保持低利率是"最优"的，但要限制贷款的数量。换句话说，银行使用"数量配给"而不是"价格配给"。然而，"信贷配给"会让一些借款者的信贷需求得不到满足。

也可能存在"逆向激励"问题。随着利率上升，一些借款人可能会选择风险更高的项目。这是因为他们认为存在着"风险回报"的权衡：风险更高的项目有更高的预期回报，以补偿更高的风险。同样，假设借款人知道哪些项目的风险更大，但银行不知道，因此它无法设计出一种合同，阻止借款人在贷款后转换项目。

同样，如果银行提高利率，按资金价格分配贷款，它将向风险更大的借款者发放贷款（这一次，因为仍在贷款池中的借款者转向了风险更大的项目）。所以，由于逆向激励问题，银行在保持低利率的同时使用定量配给是更好的选择。低利率既减少了"逆向选择"问题（向风险更高的借款人发放贷款），也减少了"逆向激励"问题（借款人转向风险更高的项目）。因此，贷款市场的不透明是利率非灵活性的原因。

政策的作用

在工资和价格刚性的背景下，新凯恩斯主义经济学认为积极的政策应该发挥作用。例如，长期劳动合同可能造成工资刚性，并阻止持续的市场出清，从而导致数量配给。这些合同是合理的，理由如下：提供安全保障，降低雇佣和培训成本，提高员工士气。

政策可以减少工资刚性导致的失业。例如，假设工人和雇主在两年的劳动合同期内协商一个名义工资。我们可以假设，工人对通货膨胀具有"理性预期"，这影响了他们的谈判策略。

然而，他们并没有完美的预见，所以他们的预期可能会由于随机的价格冲击而出错。如果这些恰好是负面冲击，那么通货膨胀将低于合同签订时的预期。这意味着由于预先确定的（黏性的）名义货币工资，实际工资将高于企业预期。

按照新古典主义的劳动力市场模型,如果工人的边际生产率低于实际工资,如果企业不能降低名义工资,那么它就必须解雇工人,这就导致了失业。然而,如果能够提高名义需求,将通货膨胀推高至预期水平,在这种情况下,政策将是有效的,政府可以使用财政或货币政策做到这一点。

需要注意的是,即使预期是理性形成的,政策也有实际效果。政策可以比劳动合同更迅速地(即在合同期间)改变。

更一般地说,如果放弃持续的市场出清的假设,那么政府政策可以减弱经济周期的不利影响。虽然理性预期的假设似乎会导致政策无效的结论,但新凯恩斯主义经济学证明,关键的假设是持续的市场出清。如果市场不是持续出清的,那么就存在着有效政策的空间。

一本主流教科书的作者曼昆(Gregory Mankiw, 2016)认为,虽然真实经济周期理论(和新古典宏观经济学)可能因其"内部一致性"而具有吸引力,但它"与外部不具有一致性"。换句话说,真实经济周期理论的假设(即理性预期、中性货币和持续的市场出清)与严格的新古典主义方法在内部是一致的,但它们并没有为现实世界经济提供一个经验上可信的解释。他认为,相比之下,新凯恩斯主义经济学内部并不一致,但更符合事实。无论是新古典宏观经济学(没有预期到)的"货币冲击",还是真实经济周期理论的"技术冲击",都不能解释现实世界的经济周期。

另一方面,新凯恩斯主义经济学有关工资和价格刚性的解释没有考虑到更一般的情况。它们没有严格地建立在新古典主义的微观基础之上。确实,我们可以观察到工资和价格的某些刚性,甚至预期到的货币政策变化也会产生实际影响。然而,如果就业的波动不是真正的"最优",如果政策不是完全无效,那么使用政府的政策来解决高失业率等问题将是一种谨慎的做法。尽管严格的真实经济周期理论和新古典宏观经济学模型都宣称,因为市场是持续出清的,所以,更高的失业率也一定是"最优"的,但是,一个社会允许失业率升至两位数是危险的。

29.5 现代非正统宏观思想流派[①]

引言

在本书中，我们介绍了非正统经济学主要流派的不同理论方面，并提及了这些学派发展的历史。

在本节中，我们将重点比较非正统经济学与本章之前所概述的主流宏观经济理论及其政策的不同。虽然现代非正统经济学各流派之间确实存在着一些不同之处，但它们都具有与上述正统经济学截然不同的共同特征。

让我们首先提供一份简短的清单，列出正统经济学各流派通常具有的主要的和突出的特征，然后，将其与非正统宏观经济学的立场进行比较：

- 正统理论是建立在方法论个人主义基础之上的，这种理论是以价格为信号对个体决策进行分析的。然后，通过均衡分析，显示市场力量如何推动经济在走向均衡的过程中实现所有市场都得到出清的。
- 边际生产率理论决定了每种生产要素的报酬，从而决定了收入的分配。
- 萨伊定律适用于充分就业的均衡，至少从长期来看是这样。
- 可贷资金市场在储蓄供给等于投资借款需求时确定了其利率水平。
- 完全竞争的假设：市场上有许多买家和卖家，单独的个体不能影响价格。
- 至少在长期内，货币是中性的，金融市场是有效的，因此，金融并不重要。
- 它所假设的逻辑时间和理性预期在理论上确保了预期和结果的一致性。

我们现在转向对这些主题的替代性的和非正统的观点。

[①] 作者在这里介绍的主要是现代非正统经济学某些流派的宏观经济学，而这些流派的其他经济理论也没有涉及，所以译者在"现代非正统思想流派"的标题中加上了"宏观"的限定词。——校订者注

均衡的概念与分析的焦点

在新古典理论中，均衡等同于市场出清。在非正统经济学中，存在着两个主要的替代性选择。一些经济学家完全反对新古典经济学的均衡概念，而另一些经济学家则采用一种修正的均衡方法。

1. 非均衡或不均衡的方法：非正统方法强调不完美的预见、不确定性和《通论》第 12 章中概述的投机旋涡。① 不确定性意味着个人无法实现最优或最大化。充其量，人们只能以有限理性行事，采用经验法则。预期的形成是内生的，受累积的因果关系支配。②

经济是演化的，因此，经济学更类似于生物演化的研究。我们对经济的现状有一些了解，但我们不知道它将走向何方。由于未来是不确定的，分析者必须对经济采取历史的研究方法。

经济学必须考虑到受周期行为影响的经济的动态性质。随着时间的推移，经济系统的演化没有必要是稳定的，因为在危机爆发之前，金融脆弱性可能会不断加剧。最重要的是，市场力量不是保持稳定的力量。正反馈甚至可能使经济进一步远离新古典经济学所谓市场出清的均衡。

2. 非正统的均衡方法：回想一下凯恩斯将均衡定义为 D 曲线穿过 Z 曲线的点（见第 13 章），即有效需求点。长期预期的变化可以引起支出的变化，然后通过乘数影响就业和收入。

本质上，我们可以通过一系列不同时间点的快照来分析经济，每一个快照都显示了一个不同的均衡点，其中 D = Z 表示就业水平。我们没有理由相信，这些均衡点与充分就业是一致的。因此，这种均衡概念与新古典主义的市场出清概念截然不同。

剑桥大学早期的一些经济增长和分配理论将凯恩斯关于有效需求的研究从某一时间点的 D/Z 均衡扩展到经济的历时增长（例如，参见 Domar, 1946）。

随着时间的推移，有效需求与充分就业相一致的可能性甚至更小。投资不

---

① "当企业变成投机的漩涡中的一个泡沫时，情形就严重了"，见凯恩斯：《就业、利息和货币通论》，九州出版社 2007 年版，第 267 页。"whirlwinds" 又可译为"旋风"——校订者注

② 循环累积因果原理是非正统经济学的基础性原理之一，有专著讨论这一主题。——校订者注

仅会对总需求产生乘数效应，而且对厂房和设备的投资也会增加产能。

问题是，投资的需求方效应是否与供给方效应相等。如果需求方效应更大，经济就会受到产能不足的影响，从而倾向于爆炸性增长。另一方面，如果供给方效应更大，经济总会有太多的产能，导致闲置产能，这就可以通过降低投资来降低需求和产能利用率。使经济能够在一段时间内稳步增长的均衡条件（尽管不一定是在充分就业的情况下）是限制性的。

这里需要强调的一点是，一些非正统经济学家在使用均衡方法时追随凯恩斯。同样，这不是市场出清的含义，而是在不确定性条件下决策形成的含义上使用均衡概念的。例如，企业家必须决定雇佣多少工人，才能生产出他们认为能够盈利的产品。考虑到预期，他们不想雇佣更多的工人。

由此产生的就业和产出数量是一种均衡，虽然它与预期相一致，但不一定与 Z 和 D 相等时的产出和就业水平相关。这通常被描述为"静止状态"。在给定预期的情况下，没有人会选择做任何不同的事情。可以肯定的是，如果预期更高或更低，经济将进入一个不同的"静止态"均衡。

非正统经济学还反对新古典主义的方法论，这种方法论基于理性的、最大化的和自利个体的假定，这些个体的行为可以被加总起来作为整个经济运行的代表。非正统经济学拒绝默认所谓"看不见的手"，同时肯定集体行动的重要性。

经济被看作是一个社会控制系统，而不是一个根据自主市场提供的信号作出决定的一个个的独立个体。制度建构了市场，并在很大程度上负责资源配置。非正统经济学倾向于多元主义和民主。产出不是经济规律的产物，而是人类决策的结果，因而是可以改变的。

批判实在论[①]强调，经济中存在着难以识别的深层结构。经济分析者从典型事实（stylised facts）[②] 转向理论，再转向潜在的关系和深层结构的分析。预

[①] 参看贾根良：《批判实在论：经济学方法论的新进展》，《自然辩证法通信》2004 年第 2 期。——校订者注

[②] 在英文术语 stylised facts 的中文翻译中，人们通常将之翻译为"程式化事实"，也有翻译为"风格化事实"或"特征化事实"的。后凯恩斯主义经济学的鼻祖之一卡尔多在对经济发展的事实进行概括时，最先使用了 stylised facts 这个术语，它一般是指经济活动中的主要趋势和联系。换言之，它是典型的经验事实的概括。"典型事实"的译法请见杰弗里·M. 霍奇逊主编《制度与演化经济学：关键性概念》，贾根良等译，第 55 页脚注的校订者注，高等教育出版社 2005 年版。——校订者注

测的范围是有限的。我们必须从观察开始，以批判实在论的抽象为基础进行分析。

以**实用主义哲学**为基础的老制度主义的研究方法强调，经济学家的目标是认识问题和解决问题，因此要使用多学科的研究方法。老制度主义者反对自然经济的概念，在他们看来，经济是由可以改变的人类制度所组成的。

综上所述，非正统经济学家们使用了一种不同的均衡概念：这种均衡并不意味着市场出清，而是与资本主义制度的运行相一致的一个概念。

替代性的收入分配的研究进路

在新古典理论中，收入分配遵循要素投入的边际生产率，因此是在生产过程中决定的。在大多数非正统经济学流派看来，分配问题无法从生产领域得到解释；它是由权力、制度、讨价还价、货币政策和财政政策等多种因素所决定的。

例如，关于性别工资差异的数据毫无疑问地表明，在控制了所有可能影响工资的因素之后，各行各业的男性都比女性挣得多。类似的差别也存在于特定国家的种族、民族和宗教群体中。

此外，考虑到现代生产过程的复杂性，即成千上万的工人跨越空间和时间执行无数的任务，生产在不同市场上销售的不同产品，企业不可能计算出任何一个工人的边际生产率。

所有的生产都是社会性的，因为它通常是由团队生产的，并且总是利用过去几代人创造的技术。简单地说，像个人对生产的贡献这样的现象是不能轻易衡量和奖励的。

因为这些原因，非正统经济学一直采取不同的思路对分配进行研究。非正统学说不是通过个体差异（如生产率）而是通过总体来解释分配问题，例如，通过团体（如工会）的谈判、歧视因素（种族、性别、民族）、功能范畴（企业对家庭）和社会阶级（工人对资本家）之间的矛盾等研究分配问题。

在本小节的其余部分中，我们将着眼于非正统经济学在最后两个领域的工作（企业和资本家与工人和家庭之间的矛盾）。这种工作在很大程度上始于这样一种认识：在这种对立统一体的矛盾之中，存在着基本的权力差别，即资本家和企业作出的决定在很大程度上决定了提供给工人和家庭消费者的收入。

凯恩斯的早期追随者，如琼·罗宾逊（Joan Robinson）夫人，对影响收入分配的变量的变化进行了研究，这包括工资和利润之间的分配，以及不同消费群体的消费倾向对经济增长的影响。

这与卡莱斯基（Kalecki, 1971）的格言有关：工人花费他们得到的；而资本家得到他们所花费的。正如我们在第 25 章中看到的，卡莱斯基指出，资本家（在投资或他们自己的消费上）花费的越多，他们的利润就越高。因此，他们的总支出创造了他们的集体收入。相比之下，工人依赖于公司的雇佣决定。工人的消费支出在很大程度上取决于他们的工资收入。

工人的讨价还价可以影响工人之间的实际工资分配，但对工人和资本家之间的分配（即工资和利润的分配）没有影响。

但我们如何知道，即使在短期内，资本家也能获得利润？在新古典理论中，每一种要素的收入取决于其各自的边际产量。非正统经济学拒绝这种理论。为了确定简单再生产（保持产出不变）和扩大再生产（允许增长）的条件，马克思已经处理过这个问题：每一个条件都要求在投资品和工资品（或消费品）之间进行产出分配，以确保利润的实现。

在简单再生产模式中，资本家生产的产品仅够替换陈旧的生产资料，再加上工人必要的工资，以达到社会公认的生活水平。预期利润必须足够高，以吸引充足的生产，以满足消费和替换性投资的需要，从而使经济能够继续保持目前的产出水平。在扩大再生产的模式中，生产足够高，可以增加更多的生产资料，使增长得以发生。

从这项研究中还可以得出两个结论。首先，工资和利润之间的分配不是基于生产率本身，而是必须产生超出工人生活水平的剩余（剩余价值），否则利润就无法实现。但是，如果这段时间没有投资，没有资本家的消费，那么这段时间就没有利润。

因此，创造剩余的能力和资本家支出是两个关键性变量，后者表现为两种形式：投资（或投资在产出中的份额），以及利润中用于消费的倾向（the propensity to consume out of profit）。

帕西内蒂（Pasinetti, 1962）表明, 如果工人确实储蓄, 他们就会获得一些利润收入。在这种情况下, 工资份额不受影响, 但工人储蓄确实会影响工人在整体收入中所占份额。

在新古典理论中, 资本的边际产量决定了资本所有者的利润率。凯恩斯反对这种观点, 他认为, 由于设定了利率标准, 所以资本得到了稀缺性的回报。

而且, 斯拉法（Sraffa, 1960）表明边际生产率理论在逻辑上是有缺陷的。新古典主义者希望用资本的边际产量来决定利润率; 但是, 除非我们知道利润率（因为利润率既取决于利润流, 也取决于资本存量的价值）, 否则我们无法对异质资本进行估值。

边际生产率理论可以确定给定价格的资本存量所隐含的利润率, 但它不能解释利润率。斯拉法（Sraffa, 1960）指出, 如果资本是一种被生产出来的商品（a produced good）, 那么在分配和利润率给定之前, 我们无法对资本（或总收入）进行估值。分配的改变将改变资本的价值。

此外, 由于劳动的边际产量不仅要包括工资, 而且还要包括资本家从提高工资中获得的利润, 因此, 边际生产率理论也因为劳动问题而破产了。所以, 我们不能用边际生产率理论来解释利润或工资; 我们不能把边际产量加起来得到总收入, 因为这取决于分配。①

马克思再生产理论的第二个发展是斯拉法的研究, 他探寻是否有可能找到均衡价格, 这种均衡价格的目的不是为了出清市场, 而是为了整个生产系统的再生产, 它不仅覆盖了其成本, 而且将使所有形式的生产都能获得相同的利润率。

从本质上讲, 斯拉法的理论是一个成本加利润的投入产出模型。斯拉法在确定利润率和（提供社会必要生活标准的）工资的基础之上, 推导出确保利润率相等的价格体系。一般来说, 在工资和利润分配之间的变化将导致一个不

---

① 除非资本是同质的, 也就是马克思所说的固定的资本有机构成, 否则, 总收入不取决于分配, 而固定的资本有机构成本质上要求直接用于生产的劳动小时数与物化于资本的劳动小时数具有相同的比率。另一方面, 凯恩斯在《通论》的阐述中却没有这样的问题, 因为他以劳动时间和名义工资单位来衡量一切。

同的价格体系（它将再生产这个体系）。

个别企业层面的加价是由定价权决定的，定价权将资本家消费产生的利润总额分配给企业（见下文关于完全竞争的讨论）。

同样，工人之间的竞争决定了工资品总量的分配。与企业定价权相类似，工人群体的议价能力并不决定总工资，而是决定了总工资在工人中的分配。

非正统宏观经济学家从作为一个整体的产出和就业是如何决定的开始，也就是从凯恩斯的有效需求出发，并概述了产生这种结果的决策过程。在资本主义经济中，资本家和企业是私人部门的权力中心，他们的决策不仅决定了整体的产出和就业水平，还决定了资本家和工人之间的产出分配。垄断权力的程度决定了总利润在资本家之间的分配，而工人群体之间的竞争决定了剩余的总工资在工人之间的分配。

萨伊定律

新古典经济学家采用了萨伊定律的强版本：供给不仅创造需求，而且灵活的工资制度也确保了充分就业时供给等于需求（参见第 12 章）。非正统经济学家们拒绝接受这两个结论。正如凯恩斯所解释的：预期的有效需求决定就业和产出，没有理由假设这与充分就业是一致的。而且，如果存在着将对当前产出没有需求的购买力贮存起来的途径，那么产出的供给就不会创造出同等的需求。换句话说，如果收入可以以货币的形式储蓄起来，那么今天创造的收入并不意味着今天就会被花掉。

正如我们在第 12 章中所讨论的，凯恩斯坚持认为，储蓄决策分为两个步骤：第一步是决定不消费，第二步是决定以何种形式储蓄。只有当储蓄仅限于为未来消费订购商品和服务时，储蓄的决定才会自动导致对生产的需求，从而确保萨伊定律的成立。否则，"供给"将不会创造出对产出的"需求"。

另一种阐述这一点的方式是凯恩斯的论证，即只要我们有两种总需求，其中一种不是当前收入的函数，那么就没有理由期待收入的增加会带来同样多的支出。

可贷资金与流动性偏好

在正统理论中，利率通常被认为是由可贷资金市场决定的，储蓄代表供给，投资创造了对资金的需求。作为凯恩斯的追随者，非正统经济学家们认为，由于投资创造了储蓄（或者更一般地说，注入创造了漏出），储蓄不可能先于投资而存在。因此，从逻辑上讲，储蓄不可能成为投资的资金来源。此外，非正统经济学承认凯恩斯的"节俭悖论"。在其他条件相同的情况下，家庭试图通过减少消费来增加总储蓄并不会增加储蓄，反而会减少收入。这与前一节讨论的对萨伊定律的否定有关。

许多非正统经济学家追随凯恩斯，用利率决定的流动性偏好理论取代了可贷资金理论。这是凯恩斯在《通论》第 17 章提出的。

利息收入是对放弃流动性的一种回报。它与储蓄决策的第一步（即不消费的决定）无关，而是与第二步有关，即储蓄的持有形式。为了诱使人们以流动性较差的形式储蓄，必须给储蓄者以利息回报，其回报率与资产的流动性成反比（参见第 12 章）。

请注意，流动性是一个连续统一体，从流动性最强的资产（现金、准备金、活期存款）到流动性较好的资产（长期政府债券、公司债券和抵押贷款担保证券），再到相对缺乏流动性的资产（厂房和资本设备）。

现金回报率为零，但银行准备金回报率是由政策（中央银行的隔夜利率目标）决定的。因此，一些非正统经济学家认为，利率是由政策"外生"决定的。对于隔夜利率来说，这是千真万确的。

其他利率有复杂的决定因素，但受未来货币政策预期的影响。如果预期中央银行在未来将提高利率，那么长期资产（如 10 年期或者 30 年期国债）的利率将上升，因为未来的加息会导致这类资产的价格下跌（利率和债券价格反向运动）。这被称为**利率的预期理论**。

因此，可贷资金理论被否定了。利率不是由储蓄和投资决策所决定的，而是由资产市场的流动性偏好和货币政策所决定的。

不完全竞争

长期以来，许多非正统经济学家一直拒绝把完全竞争作为基准性的参照系。相反，人们认识到，许多最重要的价格是由拥有市场力量的企业自主决定的。企业不是接受市场供求给出的价格，而是将价格设定为高于单位成本的加价。

虽然有几种不同的加价方式，但基本思路是企业需要支付生产成本（主要是工资和中间产品），加上加价来支付租金、利息、税收、某些具有一定程度自由决定权的管理费用和利润。这在第16章中有更详细的说明。竞争程度（或卡莱斯基的垄断程度）决定了加价的大小。

正统经济学假定价格的灵活性将导致市场出清，后凯恩斯主义经济学的"加成定价法（mark-up pricing）"理论反对这种说法。[1] 如果企业任由价格下跌，那么这将危及他们的财务生存能力。此外，在寡头垄断市场结构的情况下，降价可能会引发价格战，发动价格战的企业旨在于维持或者恢复其产品的市场份额。

灵活的价格对负债的公司来说尤其危险。如果他们不能履行贷款承诺，就可能被迫破产。事实上，没有定价力量的企业进入信贷市场的途径是有限的。简言之，确保价格足以产生收入来支付贷款的能力对于获得信贷至关重要。

一些非正统经济学家区分了企业在微观经济层面设定的加价和宏观层面上的总体加价。

虽然价格是由企业自主决定的，但在制定高价格方面存在竞争和其他制约因素，包括：（a）取代特定产品的替代品的消费者数量；（b）有动机进入该行业的竞争者；（c）如被认为有哄抬物价的行为，政府将会干预；（d）工会（工人）可能会反对其所在企业的定价行为；（e）低迷的宏观经济状况阻碍了

---

[1] 长期以来，后凯恩斯主义经济学和老制度主义经济学对"加成定价法"有大量讨论，由于西方主流经济学对中国经济学的支配性影响，这些文献很少有人去阅读。请参看杰弗里·M. 霍奇逊主编《制度与演化经济学：关键性概念》第一章《价格决定的制度主义理论》，贾根良等译，高等教育出版社2005年版。——校订者注

预期涨价的实现，因此企业可能不得不大幅降价以出售产出。

另一个原因是，微观层面所需的加价取决于宏观层面的支出。卡莱斯基方程将资本家阶级的总支出与总利润联系起来。因此，在其他条件相同的情况下，要想利润增加，资本家阶级的支出就必须增加。总利润由总资本支出所决定（资本家得到他们所花费的）。

这与微观层面的定价行为无关。如果资本家阶级的支出为零（在简单模型中），那么总利润为零。在这种情况下，定价权的大小都不能影响总利润。

我们将如何协调微观经济结果与宏观经济条件呢？在简单模型中，宏观利润由投资决定，而微观层面的定价权则决定了资本家之间的利润分配。那些有更多定价权的企业可以得到他们想要的加价；那些市场力量较弱的公司会设定较低的加价，甚至可能会出现亏损。

显然，结果会影响对未来的预期，进而影响未来的投资和利润。这意味着理论家们必须小心地从个人的决策中收集信息，无论他们是消费者的决定还是资本家的决策。资本家阶级零支出环境的例子表明，管理定价（administered pricing）本身并不创造利润。

货币、时间与预期的处理

"原教旨"凯恩斯主义货币理论的关键性组成部分包括：

1. 存在真正的不确定性。
2. 市场制度的存在，特别是货币、货币契约和黏性货币工资。
3. 货币既是交换媒介，又是价值储藏手段。此外，货币必须具有两个基本特性：(a) 生产货币的弹性可以忽略不计，因此生产所需的劳动力最少。这意味着当对货币贮藏的需求上升，而总需求下降时，总就业就会下降；(b) 替代的弹性可以忽略不计，因此当对货币贮藏的需求上升时，其他商品或资产无法满足这种需求。

下列命题来自原教旨凯恩斯主义的关键组成部分：

1. 如果存在不确定性，那么即使从长期来看，也可能不存在充分就业的均衡。
2. 货币工资的粘性至关重要，它使货币能够发挥其独特作用：既作为契约记账单位，又充当价值储藏手段。

3. 如果工资和价格是完全灵活的，那么从长远来看，货币就不重要了；但会有别的东西取而代之。

能够持有货币并以货币形式签订合同，再加上价格的黏性，这使得个人可以推迟对未来的决策。一个工资灵活的完美劳动力市场与货币经济是不相容的。我们持有货币，是因为我们不相信我们自己对未来的推测，而只要工资和物价在货币方面相对具有黏性，货币就为我们提供了一种可靠的价值贮藏手段。（请注意，这并不要求通货膨胀率为零，而只要求我们有足够的信心预测货币的未来价值。）

真正不确定性的存在使我们不可能优化或最大化，因为我们根本不知道未来将会发生什么。我们将不可避免地运用有限理性进行决策。这可能会使我们得出结论：最安全的做法是依靠别人的意见和预期。我们将使用惯例和各种意见的权重来决定做什么，而不知道这是不是最优的。

某些后凯恩斯主义者，尤其是保罗·戴维森（Paul Davidson），认为未来是非遍历性的（non-ergodic）。这意味着，即使我们有过去结果的所有概率分布，这些分布也不能应用于未来，因为未来的概率可能是、而且很可能是与从过去计算出的概率不同的。

思考这个问题最简单的方法就是记住，未来还没有被创造出来，无论人类过去做了什么，他们都可以选择在未来做一些不同的事情。在某种程度上，我们可以说我们知道很多关于过去甚至现在的事情，但是我们根本不可能知道未来，至少在它发生之前。

明斯基对不确定性的看法略有不同。在他看来，我们面临的不确定性在于我们有关世界运作模式是否正确的问题。[①] 不确定性不只是关于数据和概率，而是关于世界正确模型的问题。

我们知道我们的模型可能是错误的。因此，我们建立了误差边际，而最佳安全边际是持有高流动性的资产，如现金。结果可能是，我们关于世界的模型

---

① 明斯基认为卢卡斯和新古典宏观经济学的方法认识到了模型中的行为者拥有关于模型的模型，但他拒绝新古典宏观经济学的假设，即行为者所拥有的模型是正确的。他认为，在现实世界中，每个人都知道人们所拥有的模型有可能是错误的。这就是为什么通过建立安全边际来对冲风险是谨慎的。

是错误的，但持有流动性资产提供了安全缓冲。

琼·罗宾逊曾经开玩笑地说，时间的存在是为了防止所有事情同时发生。这确实抓住了"非正统经济学"和"正统经济学"之间的一个关键性区别。"非正统"使用的是"历史时间"的概念，在这个概念中，所有事情都不可能同时发生，而"正统"则在其严格的模型中使用了"逻辑时间"的概念。在合理的时间内，一个人可以在时间上前后移动，以便重新签订合同，以获得最好的交易。

在瓦尔拉斯的拍卖模式中，拍卖师接受买价和卖价，但在所有可交易商品和服务的均衡价格清单确定之前，什么都不会发生。一旦确立了均衡价格，所有的交易就会发生。

这确保了不存在以非均衡价格进行的虚假价格交易。在这样的模式中，没有货币的空间，因为没有理由推迟购买来看看是否会有更好的机会。不存在不确定性，因为均衡价格揭示了所有需要的信息。实际上，时间在交换发生的瞬间就消失了。所有的交换都是物物交换。

相比之下，在非正统经济学的理论中，货币重要：

- 我们的支出需要货币，正如克洛尔（Clower）解释的。货币购买商品，商品购买货币，但商品本身不能购买商品。
- 我们用货币来衡量成功。马克思认为资本主义生产采取 M—C—P—C′—M′ 的形式：货币（M）现在用于购买投入（C）和生产（P）商品（C′），期望这些商品以后可以以更多的货币（M′）出售。
- 我们可以持有货币以应对不确定的未来。

启动生产过程需要货币，企业和消费者都需要为其支出提供资金。然而，货币也允许人们推迟决策；它是一个打破收入和支出之间联系的安全仓库，使萨伊定律失效。当不确定性上升时，对流动性的需求也随之上升，商品和服务的供需缺口也会越来越大。货币从来都不是中性的，在某种重要意义上，它在困难时期更重要。

除了货币的这些功能，现代货币理论学派还增加了货币与（国家）主权之间的联系，其他非正统经济学流派和正统经济学处理货币问题时基本上都忽视了这一问题。国家也需要为其支出提供资金，并在组织货币体系将资源转移到公共领域发挥重要作用。货币对国家来说也不可能是中立的，因为货币主权对于确保国家不受财政约束至关重要。

新古典主义的"李嘉图等价"的概念不适用于主权货币。如果政府增加开支或减少税收，私营部门预期未来税收将增加而削减开支是非理性的。

主权政府不需要在未来提高税收来支付今天的开支（或减税）。事实上，他们在现实世界中并不这样做。我们注意到，大多数主权国家的正常情况是几乎连续出现赤字，很少（如果有的话）偿还大部分债务。第 21 章已经讨论了其原因。

无论如何，重要的是让经济接近其资源的持续充分利用。今年没有使用的劳动力资源不能储存起来供今后使用，今年使用的劳动力资源以后也不能以某种方式用税收来支付。今年调动用于公共部门的任何资源，都将通过开具支票或在银行账户上标记一笔金额而立即得到支付。

私人部门通过削减家庭和企业支出来应对政府开支的增加是非理性的。相反，在增加公共开支的同时增加私人支出要理性得多。

这些思想构成了凯恩斯乘数概念的基础。所有可信的经验估计都表明，政府开支存在乘数效应，而没有产生李嘉图效应。

现代货币理论学派还告诉我们，中央银行的操作总是以隔夜利率为目标，这与其他非正统学派以及新货币共识的思维是一致的。

这意味着中央银行必须与财政当局协调行动，以抵销财政操作对准备金的影响（要么通过满足银行需求，要么通过支付准备金利息）。① 然而，在其他条件相同的情况下，预算赤字会增加超额准备金，从而给隔夜利率带来下行压力，这与新古典经济学的挤出理论所隐含的结果恰恰相反。

挤出理论认为，政府借款和私人借款之间在争夺有限的可贷资金上存在着竞争。这完全误解了政府财政和货币政策操作。在存在预算赤字的情况下，如果利率上升，那是因为中央银行提高了目标利率。

---

① 如果准备金不付息，那么中央银行将通过公开市场操作发行国债，作为赚取利息的替代性选择，以确保超额准备金保持在接近零的水平。如果中央银行支付的准备金利率等于目标利率，那么就没有必要通过发行债券来抽走超额准备金。

专栏 29.1　为什么凯恩斯在《通论》中没有拒绝完全竞争？

凯恩斯没有拒绝新古典理论关于完全竞争的假设。他的策略通常是尽可能多地接受与（新）古典思想家的共同点，然后只拒绝那些他认为对他试图提出的观点至关重要的假设。他的追随者对这种策略是否明智意见不一。

有些人，尤其是那些读过卡莱斯基论著的人，坚持认为这是一个错误。在他们看来，直接地拒绝完全竞争的概念，并包括不同程度的跨行业竞争，将会使凯恩斯的理论更简单，也更现实。

甚至是正统的经济学家也接受这样的结论：在不存在完全竞争的情况下，市场是不能出清的，因为对于具有市场力量的企业来说，最优的策略是通过限制产量来控制价格。因此，价格和工资不会被用来出清市场。

然而，原教旨凯恩斯主义者认为，竞争的程度与他的模型无关。我们所需要的是，产出和就业都是预期有效需求的函数。这样，萨伊定律就被打破了。

此外，正如凯恩斯所言，工资和价格具有黏性：除非价格具有相对的黏性，否则人们不会使用货币契约，也不会将货币作为购买力的临时贮藏手段。他们必须有信心，相信作为流量的供给价格不会有太大的变化。① 流量的供给价格是诱导生产者增加产量所必需的价格。这些价格必须是黏性的，但必须是一种高到足以弥补成本和利润的价格。

另一方面，现货价格可能更加灵活。这些是当前的价格，在这个价格下，产品可以脱销。它们可能不够高，不足以产生更多的产量。只有当现货价格高于流量的供给价格时，才会有更多的产出。因此，尽管现货价格可以相对灵活，但作为流量的供给价格必须具有相当程度的刚性，才能维持有利于生产的条件。

---

① 后凯恩斯主义经济学和现代货币理论学派用交易流量矩阵记录一定时期内（通常是一年）各部门之间发生的交易行为。——校订者注

> 凯恩斯还认为，能够持有货币并签订合约，加上价格的黏性，使得个人能够将决策推迟到未来。如果货币价格大幅波动，持有货币以推迟决策的风险就会太大，因为人们不知道持有的货币在资源或产出方面的价值。一个工资灵活的"完美的"劳动力市场与货币经济是不相容的。除非存在某种黏性，否则货币无法充当连接现在与未来的纽带。

结　论

在本章中，我们继续讨论了经济思想史，更深入地探讨了现代思想的主要流派。我们从正统的方法开始，包括新古典宏观经济学、真实经济周期理论和新凯恩斯主义。我们解释了每种方法是如何由于应对早先的货币主义和IS—LM方法的弱点而得到发展的，然后又研究了正统经济学每种新方法中的弱点。最后，我们详细地讨论了现代非正统经济学各流派共有的基本构成要素，并将它们与主流的正统思想的基础进行了简要的比较。

在下一章，我们将研究"新货币共识"的"综合"，它试图将新古典宏观经济学、真实经济周期理论和新凯恩斯主义整合在一起。

参考文献

[1] Domar, E. D. (1946) "Capital Expansion, Rate of Growth, and Employment", *Econometrica*, 14 (2), April, 137–147.

[2] Friedman, M. (1968) "The Role of Monetary Policy", *The American Economic Review*, 58 (1), March, 1–17.

[3] Friedman, M. (1970) "The Counter-Revolution in Monetary Theory", IEA Occasional Paper, No. 33, Institute of Economic Affairs. London.

[4] Kalecki, M. (1971) *Selected Essays on the Dynamics of the Capitalist Economy*, Cambridge: Cambridge University Press, pp. 78–79.

[5] Lucas, R. E. (1972) "Expectations and the Neutrality of Money", *Journal of Economic Theory*, 4 (2), 103–124.

[6] Mankiw, N. G. (2016) *Macroeconomics*, 9th edn, New York: Worth.

[7] Pasinetti, L. (1962) "Rate of profit and Income Distribution in Relation to the Rate of Economic Growth", *Review of Economic Studies*, XXIX (4), October, 267–279.

[8] Sraffa, P. (1960) *Production of Commodities by Means of Commodities: Prelude to a Critique of Economic Theory*, Cambridge: Cambridge University Press.

chapter 30

第 30 章
宏观经济学的新货币共识

本章纲要

30.1 引言
30.2 新货币共识的内容
30.3 新货币共识的不足之处
结论
参考文献
附录：新货币共识模型

学习目标

- 理解正统经济学不同流派的思想要素是如何融合成在宏观经济学中占主导地位的新货币共识的。

30.1 引言

自 20 世纪 90 年代以来，人们一直试图综合主流宏观经济学的各个分支。所形成的理论被称为新货币共识（New Monetary Consensus）或新宏观经济学共识（New Macro Consensus，NMC）。该理论综合了新古典宏观经济学（New Classical，NC）、真实经济周期理论（Real Business Cycle，RBC）和新凯恩斯主义经济学（New Keynesian，NK）的思想。它通常采用理性预期假说，但也像新凯恩斯主义模型一样假定工资和价格可能存在黏性。该理论主要关注货币政策，尽管也有部分学者支持在经济严重衰退时实行财政刺激政策，但是大多数该理论的支持者将财政政策置于次要地位。经济冲击有可能来自货币"惊吓"（surprises，即突然的加息）（新古典宏观经济学的观点），也可能来自实体经济部门（真实经济周期理论的观点）。

传统货币主义者认为，中央银行在控制也应当控制货币供给。这种观点已被抛弃。相反，人们认识到，货币政策的目标是隔夜利率。许多中央银行使用隔夜利率目标来实现其公开的通货膨胀目标，虽然有些中央银行的通货膨胀目标不太严格，它们允许通货膨胀率在某个区间波动。主流学者相信，货币政策是实现价格稳定以及更广泛意义上的经济稳定的有力工具。

一些新货币共识的支持者倡导以名义 GDP 的增长率作为目标。名义 GDP 增长率等于实际 GDP 增长率加上通货膨胀率。他们认为，为了实现这一目标，中央银行应该依据"需求缺口"（实际产出对潜在产出的偏离）和"通货膨胀缺口"（通货膨胀率对理想的通货膨胀率的偏离）来设定名义利率。（主流）经济学家们通常建议使用"泰勒规则（Taylor Rule）"作为利率设定的准则（参见本章附录）。根据泰勒规则，如果通货膨胀率高于理想值，那么中央银行应提高利率目标；如果通货膨胀率低于理想值，那么中央银行应降低利率目标。

新货币共识的经济学家们还采用动态随机一般均衡模型（Dynamic Stochastic General Equilibrium model，DSGE model）来研究经济现象和制定中央银行政策。这种方法是动态的，因为它可以模拟经济增长和周期性变动，同时也是随机的,因为它允许随机误差或冲击暂时扰动经济体。此外,它采用基于理性、效用最大化、前瞻性个人决策的新古典微观基础的一般均衡方法。它不会受到卢卡斯批判(参见第29章)的约束,因为它假定个体具有理性预期。事实上,"个体"这个术语是不恰当的,为避免不同个体之间的加总问题,这些模型通常采用"代表性个体"(单个消费者、家庭或公司),并假设所有个体都像该代表性个体(representative agent)一样行事。

在20世纪90年代至全球金融危机爆发之前的这段时期,新货币共识已经成为主流宏观经济学的主导理论,这一时期也被称为"大缓和"(Great Moderation)。在全球金融危机之后,虽然新货币共识在预测危机方面并没有比其他主流经济学家做得更好,并且它们的模型的总体预测准确度非常低,但是新货币共识却仍然维持着主导地位。为了给自己糟糕的表现辩护,新货币共识的经济学家声称他们的理论更能够在事后解释危机。但是,很明显,无论是"货币冲击"(第一代或第二代的货币主义的观点),还是"实际冲击"(真实经济周期理论的观点)都不是危机发生的原因。人们认识到,金融部门与危机的起源有一定关系,并且总需求不足延长了经济衰退的时间。因此,目标应该是回归到更为"凯恩斯主义"的理论,并将金融部门纳入分析当中。

人们已经认识到,旧凯恩斯主义的重要模型,"IS—LM模型"(参见第28章)已丧失对现阶段经济现象的解释力。"IS—LM模型"基于这样一种假设,即中央银行能够控制货币供给。在这种情况下,LM曲线必须被中央银行设定的利率所取代。更进一步地,总需求政策需要移动IS曲线,因为总需求水平并非一定与充分就业相一致。尽管如此,新货币共识还是保留了新古典宏观经济学、真实经济周期理论和新凯恩斯主义经济学的许多假设。

在本章中,我们将探讨新货币共识,并评估其解释现实世界中的重要现象(例如,非自愿失业和金融部门等)的能力。为此,本章内容不得不略显复杂。

30.2 新货币共识的内容

新货币共识采用了很多过去的新古典假设,这些假设经过了新凯恩斯主义经济学的修正:

1. 微观和宏观经济都是理性个体跨期决策的结果，也就是说，假设个人会在任何时间点上最大化其在现在和未来所有时期的总效用。由此，新古典宏观经济学和真实经济周期理论的基本行为假设被当作了理论的出发点。

2. 在长期，经济体将趋向均衡；然而，价格刚性（主要是"黏性工资"）在短期内阻碍了市场出清——新凯恩斯主义经济学的主张。

3. 货币政策是修正短期内对均衡状态的偏移的最好方法。货币政策通过设定利率以实现通货膨胀目标。

4. 新货币共识采用失业缓冲储备政策，按照这种政策，"最优"就业率将与工资和价格灵活调整时的产出水平一致，这一就业率对应着非加速通货膨胀失业率（NAIRU）。充分就业并不是指劳动者对工作时间的需求都能得到满足，而是指保持稳定的通货膨胀率所需的失业率。在受到冲击时（无论是供给冲击还是需求冲击，参见下文），刚性工资和刚性价格将使得失业率高于NAIRU水平。

5. 与"二战"后早期指导政策制定及其实施的传统"凯恩斯主义"模型不同，新货币共识建立在新古典经济学的微观基础上（见上文第1点），并假定行为主体是理性预期的（见下文）。

6. 新货币共识在构建模型时将预期内生化从而考虑到了"卢卡斯批判"的问题，这意味着政策变动会引起预期的变化，并由此会导致经济行为的变化。

7. 新货币共识在解释经济周期时，既反对弗里德曼的"愚弄"假说，也不接受卢卡斯的"货币惊吓"理论。但是，它没有采纳凯恩斯主义的观点，即经济波动主要来自经济体的需求方。新货币共识是折中的，认为在需求侧和供给侧都可能出现实际"冲击"。此外，在存在刚性工资和刚性价格的情况下，货币"冲击"也会产生实际的影响。因此，货币政策是有效的，货币也就不一定是中性的。

新货币共识理论可以被简化为三个方程组成的经济模型（更为技术性的细节内容参见本章附录）。第一个方程是IS（"投资—储蓄"）曲线的一个动态形式（见第28章），它表示总需求缺口（通常假定为正，即实际产出与潜在产出之间的差额）。第二个方程将通货膨胀写为需求缺口和预期通货膨胀的函数。第三个方程给出了中央银行的"反应函数",它描述了中央银行如何制定政策,从而将通货膨胀率调整到其目标水平(遵循"泰勒规则")。

这一框架的显著之处在于,它最初并没有假定财政政策的作用,而是将调整经济的全部重担交给了中央银行。并且,它假定政策只关注通货膨胀,而不关注失业问题。在下文中我们将看到,经济学家在全球金融危机爆发后对该模型进行了修正,引入了财政政策的作用,尽管它的重点仍是通货膨胀而不是失业。

新货币共识的主要观点相当简单。如果总需求过高以致于引发通货膨胀预期,中央银行就需要提高利率;如果总需求过低以致于引发通货紧缩预期,中央银行则需要降低利率。新货币共识并非完全依赖支出的利率弹性来限制总支出。它认识到,在繁荣时期提高利率可能无法抑制投机热潮,但在萧条时期降低利率可能也不会刺激借贷和支出,也就是说,总支出对于利率的变化可能不是非常敏感。

相反,中央银行努力做的是预期管理。提高利率会发出中央银行将要抑制通货膨胀的信号,从而影响公众预期。如果企业、家庭和市场普遍地认识到,中央银行不会让通货膨胀失控,那么他们的通货膨胀预期将保持在可控范围内。在这种情况下,人们没有理由提高产品价格和工资;由此人们的行为受到节制,通货膨胀率将保持在低水平。另一方面,如果出现通货紧缩,降低利率就会向市场发出中央银行正在防范物价和工资下行的信号。这让劳动者和企业确信通货紧缩将被逆转,从而增强人们对物价和工资将恢复温和增长的预期。

因此,掌控经济运行的关键是对价格和工资的走势形成共识;如果中央银行能够操控预期,它就能够管控经济。沟通是其中的关键。中央银行不再试图"愚弄"(货币主义的主张)或"惊吓"(新古典主义的看法)市场,因为其政策只能在产生共同预期的基础上发挥作用。

因此,新货币共识主张在货币政策的制定方面更加公开透明,因为它认为政策主要通过影响预期来发挥作用。中央银行在引导市场的一致性预期时,为了避免"愚弄"或"惊吓",通常会选择提前发出信号表明自己的意图。如果个体意识到中央银行正在努力抑制通货膨胀,那么他们就会降低通货膨胀预期,并改变其行为方式,这将导致低通货膨胀率。例如,如果劳资双方预期到合同期内的通货膨胀率较低，那么劳动合同中的名义工资就会上涨较慢。各国中央银行已经放弃了"货币惊吓"政策（即突然的加息），转而支持让市场对利率变化做好准备，并且采用一种"渐进主义"的方法，通过一系列小幅度的利率变化来缓慢地将利率推向最终目标。

全球金融危机爆发后，很多国家的中央银行，包括美国联邦储备银行、欧洲中央银行和英格兰银行这几家重要的中央银行，均将利率降至历史低位，并大规模购买政府和企业的债券（所谓的量化宽松政策），从而缓解可能导致经济衰退的支出下滑。这与新货币共识的观点一致，这一观点认为货币政策是现有最重要的稳定工具。然而，当这些货币政策的大规模干预并没有起到刺激经济复苏的作用时，一些新货币共识的支持者转而开始认为货币政策需要辅之以财政政策。

他们的理由是，当利率达到"零下限"（零利率或接近零利率）时，通过货币政策进一步干预经济的空间变得很有限。在这种情况下，旨在提高通货膨胀预期的财政政策可能可以有效地刺激支出。

这种观点认为，在经济衰退时期，政策制定者必须创造这样一种预期，即财政扩张将刺激通货膨胀，从而增加未来的税收收入，为当前赤字"买单"。在这种情况下，理性的行为主体不会对财政赤字做出消极反应。早期主流理论多通过李嘉图等价这一概念来否定实施财政赤字政策。李嘉图等价的意思是，当政府出现财政赤字时，将要出台的支出刺激计划会被私人部门储蓄的增加（支出的减少）所抵销，人们之所以会增加储蓄是为了支付更高的税收，而税收之所以会增加是因为未来要为这些赤字"买单"。但新货币共识意识到，在某些情况下（比如，在财政赤字导致通货膨胀预期上升时），这种私人部门的抵销行为并不会出现。

更重要的是，根据新货币共识，在没有财政扩张的情况下，中央银行的低利率实际上会收紧政府的财政政策，因为它将为国债支付更少的利息。因此，在货币政策达到其下限，即接近零利率的情况下，政府必须有意识地放松财政政策来配合货币政策。新货币共识主张，在全球金融危机之后政府普遍地未能做到这一点，这就是货币政策未能发挥作用的原因。

新货币共识的支持者相信，这些观点将使政府摆脱——尽管是暂时地摆脱——严苛的"预算限制"（参见第 22 章），但这仅限于利率降至零的特殊情况。读者应该记得，现代货币理论认为这种思考是有缺陷的，新货币共识的支持者之所以会有这种想法是因为他们从家庭预算约束出发来认识发行主权货币的政府。

30.3 新货币共识的不足之处

全球金融危机及其余波对新货币共识造成了不利影响，并促使其支持者开始试图解决部分的理论缺陷。尤为重要的是，它对待货币和金融制度的方式以及轻视财政政策作用的做法都被认为是有问题的。此外，它所采取的个体行为加总的方法论存在合成谬误。最后，事实证明该理论在全球金融危机之前和之后提出的政策建议几乎都是无效的。

新凯恩斯主义经济学和新货币共识的支持者们宣称其理论之所以取得了权威地位是因为他们所构建的宏观经济模型具备所谓的**微观基础**。这意味着，他们假设个人和企业都是基于理性预期进行最大化的理性主体，这些主体能够解决关于当前和未来行为的非常复杂的最大化问题（在消费和产出决策方面）。新货币共识高度形式化的数学模型过于简单（否则就无法求解了）；它的问题在于，这些数学模型无法对现实世界中的数据波动给出合理的解释。在这一点上，他们又对模型进行了一些临时的修正（例如，将滞后变量放入模型中来捕捉现实经济活动的惯性），但这些修正并不符合其微观基础。换句话说，最终使理论与实践相符的并非微观层面的最优化，因而他们所宣称的权威性实际上并不成立。

更为一般地来看，正如本书一直在论述的，任何试图从个体行为出发来解释宏观经济（总体）行为的理论，都会在将其推论推广到经济整体时面临合成谬误的问题。即使个体行为可以被描述为在预算约束下追求终身效用最大化而进行理性计算，这种行为的宏观经济学含义也不能通过对许多个体的简单加总而得到。正如前几章所说明的，虽然个体支出会受到收入的限制，但在总体层面上却是支出决定收入。总收入受到支出的限制，而支出又在很大程度上取决于预期（企业按照它们认为可以卖出并盈利的产量，雇佣生产所需数量的劳动力）。在总体层面上还存在着复杂的协调问题，这些问题被"看不见的手"的隐喻和只存在单一"代表性"个体（一般均衡模型中的典型方法）或相同个体的模型所掩盖了。

新货币共识经济学家继续重复着以前新古典理论家的许多逻辑错误。例如，新货币共识的支持者认为，人们的计划储蓄超过了计划投资，这是后金融危机时代经济持续衰退的主要原因。在他们看来，这通常会导致均衡利率下降，从而减少储蓄，增加投资支出。但由于利率已达到零利率边界，因此，货币政策无法使得储蓄与投资达到均衡。

> **提示框**
>
> 这种观点依据的是有缺陷的可贷资金理论，该理论认为利率是由储蓄曲线和投资曲线的交点所决定（参见第 13 章）。正如我们在第 13 章中所阐述的，无论利率水平如何，储蓄总是等于投资（在没有政府部门或国外部门的简单模型中）。最重要的是，储蓄是收入的函数，储蓄是通过收入而非利率来调节从而使得储蓄与计划的投资支出保持一致。在扩展的模型中，储蓄等于投资加上政府赤字再加上经常账户盈余。

此外，在全球金融危机爆发之前，主流宏观经济学家忽视了金融部门的作用，因为他们认为金融部门不会影响到实际变量。在这个意义上，新凯恩斯主义经济学接受了古典二分法，货币是一层面纱，只与价格的决定有关（见第 12 章）。因此，对实体经济的理解可以忽略金融部门，新货币共识对此唯一的让步是引入了一个依据"泰勒规则"行动的中央银行。

在全球金融危机之后，新货币共识的经济学家们意识到，他们的宏观经济学的核心框架对金融市场的忽视是一个重大缺陷。这一时期出现了大量新的学术论文，它们试图将银行和金融市场纳入新凯恩斯主义经济学的模型中。修正后的新凯恩斯主义经济学保留了动态随机一般均衡模型（DSGE）框架，并增加了金融部门这一要素。但正如非正统经济学家戴维·戈登（David Gordon）

在 20 世纪 70 年代所描述的,这只是对异常现象的一种临时反应;这是新古典理论在经验上出现重大缺陷时的典型做法。

对 DSGE 模型的技术细节的全面阐述超出了本书的范围。以下是 2010 年 7 月 20 日美国众议院科技委员会听证会上对动态随机一般均衡模型的介绍:

> 一段时间以来占主导地位的宏观经济学模型一直是动态随机一般均衡(DSGE)模型,其名称反映了该模型的一些突出特点。"一般"表示模型包含经济体中的所有市场。"均衡"指的是这样一种假设,即经济体能够迅速且不间断地实现供需均衡,竞争性的市场中不会出现短缺、过剩或非自愿性失业。"动态"意味着该模型着眼于长期的而非某个时间点的经济状况。"随机"对应于模型内的一种特定类型的可以设定的随机性,这种随机性允许意外事件的发生,比如,石油冲击或技术变革,并且假设模型中的主体能够确定这些事件发生的数学概率,从而可以为它们购买保险。而那些不能确定概率的事件也就是真正的不确定事件,被排除在外。
>
> DSGE 模型的行为主体——个人和企业——被赋予了某种异常的洞察力。他们是不死的,能看到时间的尽头,能够知道任何可能发生的事情,以及它们发生的可能性;他们的决策总是瞬间作出的,但从不出错,并且他们的决策既不受之前的决策的影响,也不会影响未来的决策。另外,在 DSGE 的基本模型中,所有相同类型的主体——个人或企业——都有相同的需求和偏好,作为"最优化主义者",他们在进行最优化决策时是无限自利的,并且对自己的需求有充分的了解。通过采用所谓的"代表性个体"(representative agent),并赋予其以上的统一特征,DSGE 模型将几乎所有的因果多样性和不确定性都排除在经济模型之外——而这些特征却是现实经济的关键性特征。
>
> DSGE 模型没有区分系统均衡和个体全面均衡;在系统均衡中,个体层面的非均衡力量使得宏观经济趋于均衡;在个体全面均衡中,经济体中的每个个体都处于均衡状态。由此,它就忽视了一些在经济体中的常见现象:非自愿性失业;价格或工资未能瞬间调整从而使得供求回到均衡。DSGE 模型把它们视为异常现象,并认为它们需要作为特例来解释。

与所有新古典的一般均衡模型一样，在这种典型的理论框架中引入货币、银行和金融体系的做法存在问题。例如，标准的 DSGE 模型并不适用于分析金融危机，因为代表性个体的假设排除了债务违约的可能性。这意味着我们不需要专业化的银行部门来评估信用风险。如果没有人会违约，那么每个人都同样有信用，银行的基本活动，也就是所谓的"背书"，就是多余的。储蓄者可以直接借钱给借款者，另外，每个人发行的债务都是可接受的，并且总是能够与其他所有债务等价交换。

尽管 DSGE 模型的建模者希望将货币作为一种交易媒介纳入模型中，从而使其理论更贴近现实，但他们却无法回答发行货币的银行为何会存在这一问题。既然所有的债务都是无风险的，那么我们就不需要货币了，因为任何债务都可以充当同样的职能，你总是可以通过发行自己的债务来直接购买你想要的东西。并且，支付利息的债务总是胜过不支付利息的现金。讽刺的是，该模型已被各国中央银行用来制定货币政策，但它既不能令人信服地说明货币存在的原因，也不能说明在经济模型中纳入金融制度的合理性。在全球金融危机后，将债务违约纳入 DSGE 框架的尝试增加了相当大的复杂性，这些模型在很大程度上是行不通的。

目前在金融市场工作的经济学家威廉姆·比特（Willem Buiter, 2009）将新凯恩斯主义经济学和 DSGE 模型称为"大多数'最前沿的'货币经济学不幸的毫无用处"的体现。他表示：

> 自 20 世纪 70 年代以来，大多数主流宏观经济学的理论创新（新古典宏观经济学的理性预期革命……和新凯恩斯主义经济学）……已被证明充其量是自我指涉的（self-referential），至多是不问窗外事的自娱自乐。这些研究往往由既定研究纲领的内在逻辑、知识的沉没资本和理论的美学所驱动，而非由探究经济运行机制的强烈渴望所驱动——更遑论探究经济萧条和金融不稳定时期的经济运行机制。因此，当危机来临时，经济学家们都措手不及……DSGE 方法曾一度是中央银行所采取的经济模型的主要内容……它排除了一切与维持金融稳定相关的因素。（Buiter, 2009）

在全球金融危机爆发前的几年，各国中央银行官员都在为新货币共识在抑制通货膨胀、维持经济增长和稳定金融市场上的成功而沾沾自喜。在2004年，当时即将成为美联储主席的本杰明·伯南克（Benjamin Bernanke）宣布了"大缓和"时代的到来——这是一个稳定的新时代，各国中央银行的政策成功地降低了出现恶性通货膨胀或经济衰退的风险。中央银行官员们被认为有能力解决宏观经济问题。

然而，这被证明是一个错误的预测，因为仅仅三年后，全球金融危机就爆发了。艾伦·格林斯潘（Alan Greenspan，担任美联储主席至2006年）后来在美国国会上的讲话表明（PBS Newshour, 2008），这场危机表明他过去半个世纪以来基于"自由市场"有效性的世界观是完全错误的（参见专栏32.1）。中央银行家们既不了解经济是如何运作的，也没有真正创造出一个稳定的新时代。事实上，就在伯南克撰写那篇论文时，美国正经历着房地产市场、大宗商品市场和股票市场空前的泡沫时期。

在大危机过后，中央银行官员们进行了政策实验，他们设定了历史性的低利率目标，随后转向非常规政策，如量化宽松和负利率（见第23章），甚至还讨论了"直升机撒钱"［中央银行向家庭发放"意外之财（free money）"］这样的政策。中央银行（根据其理论观点）做了它们能想到的一切来引发通货膨胀（和重置预期），因为通货膨胀率仍远低于其目标。尽管这让人们对货币政策的效果产生怀疑，但它并未使得新货币共识发生大的改变。保罗·克鲁格曼（Paul Krugman）等新凯恩斯主义经济学家只是努力微调新货币共识，他们辩称在"流动性陷阱"中货币政策失去了部分有效性（参见第23章）。尽管各国中央银行试图通过量化宽松来降低长期利率，甚至试图通过向持有准备金的银行收取利息来实现负利率，但这两种措施都没有产生显著效果。

基于上述原因，一些新货币共识经济学家已开始偏离主流经济学家所提倡的"财政政策无效"的观点，他们认为，至少在某些情况下"李嘉图等价"并不成立。在"非李嘉图等价"的情况下，政府支出的增加或税收的减少可能不会被私人部门储蓄的增加所抵销，这里私人部门的储蓄增加是为了在未来支付预期的更高赋税。在这种情况下，赤字支出可以拉动需求，从而提高名义乃至实际GDP。虽然他们使用的部分术语与现代货币理论不同，包括"印钞"

和"直升机撒钱"等隐喻，但至少一些新货币共识的倡导者已经开始理解现代货币理论长期以来的观点。

例如，伍德福德（Woodford, 2000: 32，这里保留了原文加粗强调的内容）是这样说的：

> 一个更为微妙的问题是，尽管我们相信现实中的市场机制对家庭和企业的借款施加了约束，但是假定市场机制对政府施加了借款约束的观点是否有意义呢（无论是理论逻辑上还是其他意义上）？**我认为，对这个问题的最佳回答是，发行以本币计价债务的政府所处状况与私人借款者不同，因为政府债务只是一个用更多的它的债务进行偿付的承诺**（美国国债只是在未来不同日期支付美元的承诺，但这些美元只是新增的且不带利息的政府债务）。**因此，政府兑现其承诺的能力是毋庸置疑的。**

本·伯南克（Bernanke, 2002，加粗强调部分为本书作者所加）得出了同样的结论：

> 在法币（即纸币）制度下，政府（在实践中，中央银行与其他机构合作）应该总是能够增加名义支出并引发通货膨胀，即使是在短期名义利率为零的情况，也存在这种可能……**美国政府有一种技术，叫做印钞（或者，今天的电子记账）**，美国政府从而可以基本上无成本地生产出它需要的任意数量的美元。

然而，新货币共识现在仍是主流的理论。它仍将税收和借款视为政府支出融资的手段，并将印钞当作一种特殊情况下的选项，例如，在全球金融危机这种严重经济衰退情况下的选项。其宏观理论仍然依赖于个体行为的加总，这意味着它会受到各种合成谬误的影响。

即使价格刚性、信息不对称和不完全竞争阻碍了市场的持续出清，但是该理论认为市场力量能够带来均衡。它很难以一种合理的方式将货币和金融机构纳入分析框架之中，更不用说金融危机了。

个体仍然被假定具有理性预期，在一个假定在统计概率上具有确定性的世界里，虽然存在可以表示为概率分布的风险，但不存在真正的不确定性（见第 29.5 节）。在所有方面，该理论所构想的世界与我们所生活的世界几乎没有相似之处。

在新货币共识中，政策有效性的关键取决于预期管理。只有在中央银行能够带来普遍的预期改变时，货币政策和财政政策才会生效。例如，降低通货膨胀率需要市场参与者的预期通货膨胀率的下降。因为企业和劳动者会依据更低的通货膨胀预期设定工资和价格，所以这会降低实际通货膨胀率。在面临通货紧缩时，如何通过政策形成物价上涨的预期至关重要。一旦货币政策触及零利率下限，除了进行预期管理，货币政策做不了别的事情。正如新货币共识所讨论的，由于"李嘉图等价"的概念，除非能够产生通货膨胀预期，否则刺激性的财政政策也是无能为力的。

结　论

自 20 世纪 80 年代初以来，各国中央银行采取了一些被认为可以改善预期管理的重要原则：提高透明度、政策沟通、渐进主义和行动主义。透明度意味着中央银行与金融市场密切合作，告知金融市场货币政策的形成过程，并对其政策目标提供明确的声明。为了避免任何"惊吓"的出现，中央银行会提前通知利率将要发生变动（请注意，这与货币主义和新古典宏观经济学有关中央银行操作的观点是多么的不同）。渐进主义是指中央银行在相对较长的时间内通过小幅调整利率来逐渐达到利率目标。这也使得市场能够逐渐适应新的利率。最后，行动主义意味着一旦出现通货膨胀偏离目标的迹象，中央银行就会迅速采取行动。在理想情况下，中央银行会在更高的通货膨胀率或通货紧缩真正发生之前就采取行动。

然而，在实践中，这些原则被证明是有问题的。例如，来自美国的证据显示，随着美国经济从全球金融危机中复苏，美联储开始警告市场，超低利率的时代即将结束。这与透明度、政策沟通和行动主义等原则一致。然而，美联储首次发出该警告之后已过去很多年，通货膨胀率仍低于其目标区间。市场所预期的大幅加息从未发生。

我们从美联储的会议纪要中可知，其加息的主要原因是市场希望它这么做，而美联储也不想让市场失望。换句话说，预期管理变得扭曲了：美联储形成了一种预期，这种预期反过来迫使美联储采取它原本不会采取的政策。

最终，市场预期必须回归到现实。在全球金融危机之后，各国中央银行认为，经济复苏过程必将产生通货膨胀预期。然而，正如上面所讨论的，即使采取了零利率政策和数万亿美元、英镑、欧元和日元的量化宽松政策，中央银行也无法引起高通货膨胀预期。这表明预期管理是不可靠的经济政策。

参考文献

[1] Bernanke, B. (2002) "Deflation: Making Sure 'It' Doesn't Happen Here", Remarks before the National Economists Club, Washington, DC, November 21.

[2] Bernanke, B. S. (2004) "The Great Moderation", Remarks made at the meeting of the Eastern Economic Association, Washington, DC. February 20.

[3] Buiter, W. (2009) "The Unfortunate Uselessness of Most State of the Art Academic Monetary Economics", *Financial Times*, *March*. Available at: http://economistsview.typepad.com/economistsview/2009/03/the-unfortunate-uselessness-of-most-state-of-the-art-academic-monetary-economics.html, accessed 25 September 2018.

[4] PBS Newshour (2008) "Greenspan Admits 'Flaw' to Congress, Predicts More Economic Problems", 23 October. Available at: http://www.pbs.org/newshour/bb/business-july-dec08-crisishearing_10 – 23/, accessed 27 June 2017.

[5] U. S. House of Representatives (2010) "Building a Science of Economics for the Real World", Committee on Science and Technology Subcommittee on Investigations and Oversight, 20 July 2010. Available at: https://www.gpo.gov/fdsys/pkg/CHRG-111hhrg57604/pdf/CHRG-111hhrg57604.pdf, accessed 24 September 2018.

[6] Woodford, M. (2000) "Fiscal Requirements for Price Stability", Princeton University Working Paper, October. Available at: http://www.columbia.edu/~mw2230/jmcb.pdf, accessed 24 September 2018. Published as Woodford, M. (2001) 'Fiscal Requirements For Price Stability', *Journal of Money, Credit and Banking*, 33 (3), 669 – 728.

附录：新货币共识模型

"新货币共识"模型是在"IS—LM 模型"的基础上改进而成的，它用利率设定的"泰勒规则"替代了 LM 曲线。IS 曲线被调整为"产出缺口"的方程。模型还加入了一个通货膨胀方程。该模型可总结为三个方程：

$$Y_t^* = aY_{t-1}^* + bE_t(Y_{t+1}^*) - C[R_t - E_t(p_{t+1})] + \varepsilon_t \quad (30.1)$$

$$p_t = d(Y_t^*) + \alpha_1 p_{t-1} + \alpha_2 E_t(p_{t+1}) + \xi_t; \quad (\alpha_1 + \alpha_2) = 1 \quad (30.2)$$

$$R_t = r^* + E_t(p_{t+1}) + fY_{t-1}^* + h(p_{t-1} - p^*) \quad (30.3)$$

这些方程中的 a、b、c、d、f、h 均为常数；Y^* 为产出缺口（实际需求与充分就业的产出水平的差额）；R 为名义利率目标；r^* 是"自然"利率或实际均衡利率；p 是通货膨胀率；α 表示通货膨胀形成中过去通货膨胀和未来通货膨胀预期的权重；p^* 是通货膨胀目标；ε 和 ξ 是随机冲击。

方程（30.1）替代了表示商品市场的 IS 曲线。方程假定需求过剩会引发通货膨胀。如果总需求低于充分就业水平，产出缺口为负，那么就会产生通货紧缩压力。当期产出缺口是上一期的产出缺口（因此模型存在滞后性）、下一期产出缺口的预期值（前瞻性预期）、中央银行名义利率目标与下一期的预期通货膨胀率的差额、随机误差项的函数。

在方程（30.2）中，当期产出缺口、上一期通货膨胀率和下一期通货膨胀率的预期值进行了加权，通货膨胀率是它们的加权值和误差项的函数。

该函数的权重之和为 1（$\alpha_1 + \alpha_2 = 1$）。上一期通货膨胀的权重的增加（减少）可以使得模型更注重回顾（更注重前瞻），从而更趋近于弗里德曼的适应性预期模型，或者更趋近于卢卡斯的理性预期模型。

方程（30.3）是泰勒规则，它表示货币政策是对决定通货膨胀的产出缺口的反应函数。名义利率取决于下一期的通货膨胀预期、上一期的需求缺口和上一期的通货膨胀率与通货膨胀的最终目标的差额。因为模型假设名义利率减去预期通货膨胀等于实际利率，并且假设实际利率会影响需求，所以这一方程会进而影响到形似 IS 曲线的产出缺口方程。

第八部分
当代争论

chapter 31

第 31 章
最近的政策争论

本章纲要

31.1 引言

31.2 老龄化、社会保障与代际争论

31.3 双赤字假说

31.4 国际收支约束与货币危机

31.5 固定汇率与弹性汇率：最优货币区、班柯还是浮动汇率？

31.6 环境可持续性与经济增长

参考文献

附录1：案例研究1——经济增长：需求约束还是供给约束？以美国1975—2007年的经济增长为例

附录2：案例研究2——长期停滞的回归？全球金融危机之后的美国劳动力市场

附录3：美国的社会保障和医疗保险制度

学习目标

● 了解在制定宏观经济政策以解决许多发达经济体日益增长的抚养比

方面存在的相互竞争的观点。
- 解释支持与反驳双赤字假说背后的论据。
- 能够解释需求约束增长与供给约束增长之间的不同。
- 理解替代性的汇率制度如何对内外部经济稳定产生不同影响。
- 理解环境可持续性与充分就业如何能够成为社会共同一致的目标。

31.1 引言

在本章中，我们将利用我们对宏观经济理论的理解来分析最近的一些政策争论。在每一个问题上，正统经济学家的论点与基于非正统［特别是那些采用现代货币理论（MMT）的人］的分析之间都存在着巨大的鸿沟。不幸的是，决策者和公众持有的大多数"传统智慧"，基本上都是基于正统理论。这是因为正统经济学家有更多的机会接触主流媒体和政治家。然而，正如凯恩斯在1936年警告的那样，正统经济学不仅是错误的，而且会产生危险的政策建议。现代货币理论提供了一个有用的替代性选择，它不仅建立在坚实的理论基础之上，而且其政策建议也是适合我们生活于其中的经济类型的。

31.2 老龄化、社会保障与代际争论

一个国家的物质生活水平，最终取决于该国所掌控的实际的商品和服务的存量以及获得这些商品和服务的能力。随着时间的推移，生产率的增长提供了提高生活水平的手段，因为在给定的努力下，它为一个国家提供了更多的商品和服务存量。

当我们把这个问题与广泛的宏观经济部门——政府和非政府部门——联系起来考虑时，事情就变得更加复杂了。在市场经济中，商品和服务是以货币交换的。非政府部门掌控商品和服务的能力不仅取决于它们的可得性，还取决于该部门为购买它们而获得融资的能力。

对政府部门而言，掌控以其发行的通货出售的商品和服务的能力，则仅取

决于这些资源的可得性。这是一个根本性的区别，它应该启发我们去理解人口老龄化问题。该问题是宏观经济学中争论的一个主要问题，因为它对财政政策的选择产生了影响。

呼吁减少政府赤字是老龄化社会争论的首要议题。人们的看法是，随着人口的老龄化，各国政府将无力维持必要的支出，以满足日益增长的医疗和养老支持需求。这种观点认为，在某一时刻，政府将耗尽资金，以至于其他公共支出计划也将受到严重连累。

一些经济学家支持这种看法，他们提出了所谓的融资缺口的观点，试图以预计的经济规模来推断未来公共支出的消耗。在这一节中，我们将证明，这些支出缺口的估计，实际上是建立在有关通货发行政府财政能力的有缺陷的前提之上的。

抚养比率

推动人口老龄化争论的一个因素在于，大多数发达国家的抚养比率（dependency ratios）都在上升。什么是抚养比呢？为什么它很重要呢？

总抚养比（total dependency ratio），通常定义为非劳动年龄人口数除以劳动年龄人口数的百分比。劳动年龄和非劳动年龄的划分因国家而异，但在大多数国家，通常在15岁以后允许工作，在65岁以后允许退休。

因此，劳动年龄人口（15岁至64岁）被视为在供养年轻人和老年人。抚养比的上升告诉我们，随着时间的推移，创造国民收入的生产性工人的人口比例在下降，而由收入供养的人口比例却在上升。

如果整个经济的生产率随着时间的推移而保持不变，那么不断上升的抚养比告诉我们，实际平均的物质生活水平将随着时间的推移而下降。

老年抚养比（aged dependency ratio）是相关的另一个概念，指的是退休年龄以上的人口数除以劳动年龄的人口数的百分比。同样，政策制定者有时还提及**儿童抚养比**（child dependency ratio），即劳动年龄以下的人口数除以劳动年龄的人口数的百分比。总抚养比是两者之和。抚养比可以被政策制定者操纵，例如，通过提高"退休年龄"而减少分子，增加分母。

高儿童抚养比，要求在婴儿保健、教育和儿童保育方面有更高的公共投资；而高老年抚养比，则要求在医疗和养老方面有更高的公共支出。

随着生育率下降，总抚养比会下降，因为零至15岁年龄组的人口比例会下降。处于这一发展阶段的国家享有所谓的"人口红利"（demographic dividend），因为潜在工人的人数相对于必须得到抚养的人数的比例较高。最终，随着生育率继续下降，抚养比会开始上升。其原因在于，工人由劳动年龄向退休年龄转变，并且医疗水平的改善还导致了预期寿命延长。

有人认为，老年抚养比上升表明公共财政预算压力增大，这就是为什么近年来抚养比的问题在公共争论中得到关注的原因。随着一个社会从高生育率向低生育率和低死亡率的转变，所需公共支出的构成也发生了变化——需要的学校和儿童保育设施减少，而对养老院和养老金保障的需要却增加了。

图31.1显示了1971年6月至2051年6月澳大利亚的总抚养比、儿童抚养比和老年抚养比情况。1971年至2012年的数据基于实际人口估计，而2013年至2051年的虚线则基于澳大利亚统计局B系列的人口预测。

如果澳大利亚将退休年龄从65岁提高到70岁会有什么影响呢？数据显示，如果政府将退休年龄从65岁（2013年）提高到70岁，那么2051年的总抚养比将从预计的65.4%降至49.9%，而2013年的总抚养比（假设退休年龄为65岁）为51.3%。因此，政策变化可能对抚养比产生相当大的影响。

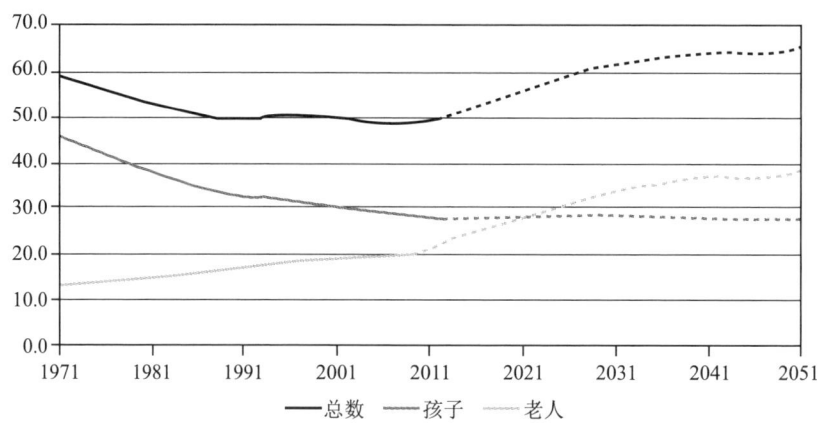

图31.1 澳大利亚总的、儿童的和老年的抚养比（1971—2051）：实际的和预测的

来源：作者自制。数据来自澳大利亚统计局

计算抚养比的标准方法，提供了有关在职工人与非在职人员之间关系的有缺陷的衡量。其中非在职人员被定义为对国民收入的生产没有直接贡献。

有效抚养比（effective dependency ratio）的概念，便是为了解决这些缺陷而发展起来的。

首先，"不计酬工作"的概念被忽略了。正如我们在第 4 章中所看到的，这是传统国民核算框架的一个标准问题。与所有按所谓计酬工作计算人口的指标一样，标准抚养比指标忽略了重要的生产活动，如家务劳动和养育子女。后者的遗漏，低估了女性对经济增长的贡献。

其次，有效抚养比表明，并不是每个劳动年龄的人——无论如何定义——实际上都在生产国民产出和收入。在这个年龄段有很多人也是"受抚养的"。例如，全日制学生、家庭主妇和主夫、病人或残疾人、隐蔽性失业者以及那些提前退休的人，都符合这一描述。

失业者和不充分就业者，也应被列入劳动年龄的非生产性人口类别，尽管统计学家认为他们在劳动力框架内从事经济活动。在大量失业和不充分就业率高企的情况下，将失业者和未充分就业者包括在内，会对估计的抚养比产生重大影响。例如，2013 年 8 月，澳大利亚劳动力市场数据显示，官方估计的失业人数为 714100 人，不充分就业人数估计为 964310 人。

重新计算抚养比（将这些不充分就业的工人加到分子上，并将其从分母中减去），会使 2013 年的总抚养比达到 69.9%，而标准估计则为 51.3%。这一分析表明，对澳大利亚（2013 年）而言，劳动力未充分利用率高企对抚养比的影响，要比将退休年龄提高 5 年更为显著。

正如我们将看到的，持续的劳动力未充分利用也加剧了抚养比上升的影响，因为这对劳动生产率的增长会产生不利影响。

澳大利亚的这些趋势，在大多数发达国家都很普遍。这些国家的出生率正在下降，并且由于营养水平的提高和医疗保健的改善，人们的寿命也在延长。

抚养比重要吗？

公共争论中的一个主流观点是，抚养比的上升表明，依赖国家提供养老和医疗保障的工人会增加，而为政府税基做出贡献的工人将减少。

非从事经济活动的人口的比例上升意味着，从事经济活动的人将不得不承担更高的税收负担，以支持增加的政府开支。随着时间的推移，有人认为国家将进入一场由不可持续的赤字和债务驱动的财政危机。

这些说法支持了政府、商业游说团体和经济学家所使用的主流说辞，以证明在人口老龄化的背景下他们更偏好于追求财政盈余的合理性。

例如，在美国，政府不断受到压力，被要求将美国社会保障制度私有化，以此作为保持其具备偿债能力的手段（有关美国社会保障和医疗保险制度的详细考察，参阅本章附录3）。同样，在澳大利亚，始于20世纪90年代中期，至今仍是一股强大的政治力量的所谓的代际争论，是历届联邦政权追求财政盈余的核心诉求。

在人口老龄化背景下，支持财政盈余偏好的论据很简单：

- 不能允许财政赤字与国内生产总值的比率达到（某个预测的临界值），因为由此导致的公共债务与国内生产总值比率的增加将推高利率，并"挤出"生产性的私人投资。
- 较高的公共债务比率，将给后代带来更高的税收负担，这将减少他们未来的可支配收入，削弱工作激励。
- 必须提高退休年龄，使人们工作更长时间。这将使他们能够积累更多的资金为自己的退休融资，而不是依靠国家养老金。此外，提高退休年龄将降低抚养比，从而提高平均生活水平。
- 应采取奖励措施，提高出生率。对一些国家来说，需要更高水平的移民来扭转人口老龄化的倾向。

从我们这本书所介绍和发展的宏观经济学框架来看，这些论据的真实性如何呢？

人们常常认为，财政盈余相当于一个私人公民由于持续储蓄而得以享有的资金积累。利用这一类比，累积的财政盈余被视为未来的"储备"，从而为政府提供了应对伴随人口老龄化而增加的公共支出需求的手段。

与对年龄敏感的公共支出是否会随着时间的推移而增加，取决于许多因素，包括与学校有关和儿童保育服务相关的支出的名义减少、医疗水平的提高，以及私人退休基金的增长。

然而，虽然公共争论主要考虑的是这些"成本"不可避免上升的可能性，但稍作思考，你就会确信，这个问题是没有实际意义的。

国家政府财政既不会强，也不会弱，只是起到"记分"的作用。我们知道，当政府吹嘘获得了几十亿美元的盈余时，就等于称同期非政府部门持有的净金融资产减少了几十亿美元。换言之，为了产生财政盈余所占资金的提取，私人部门的财富只好被摧毁。然而，一旦我们认识到这一等价性，我们就会得出结论，这种金融资产的流失会产生通货紧缩的倾向，从而减缓产出和就业的增长，进而使失业率保持在不必要的高水平，并迫使非政府部门依靠增加债务来维持消费。

积累的盈余被"储存"起来，将有助于政府应对未来可能伴随人口老龄化而增加的公共支出需求，这种观点正是代际争论所特有的误解的核心之所在。虽然人口老龄化是否会对未来政府开支造成不成比例的压力这一问题尚无定论，但显然，压力的概念是不适用的，因为它假定了具有约束力的政府财政约束。

纳税人为政府开支提供资金的观念是一种误导。税收是中央银行通过借记商业银行的账户来缴纳的，而支出则是通过贷记商业银行的账户来进行的。"借记资金"有进一步用途的看法并不成立。当征税时，税收收入并未流向任何地方。资金的流动是被考虑在内的，但将盈余解读为仅仅是政府对私人流动性的相机抉择的净收缩，并不会改变政府在任何时候通过净支出注入流动性的能力。

赤字会导致未来的税收负担，因为在赤字期间积累的债务必须偿还，这一标准的政府财政约束假定也是有问题的。政府财政约束，并不是以某种限制性方式跨越几代人的"桥梁"。每一代人都可以通过政治进程中的决策，自由选择其税负。征税将真实资源从私人领域转移到公共领域。

发行货币的政府的支出并不面临有约束力的财政约束，但政府必须确保其税收/支出政策设定在正确的水平，以确保总支出足以维持充分就业，既不产生通胀也不造成通缩。因此，财政赤字（盈余）的规模将由非政府部门希望的净储蓄所决定。非政府支出越强劲，赤字就越低（在某些情况下，财政状况有可能从赤字变成盈余）。

这种见解使人们对政府财政的可持续性有了不同的看法。社会确实需要应对抚养比率上升所带来的真正挑战。

所有社会都应致力于提供一流的医疗保健和可行的养老制度，这两者结合起来将为所有公民提供较高的实际生活水平。实现这些目标的能力取决于商品和服务的可获得性，而不是错误地担心发行通货的政府是否有能力购买这些可得的商品和服务。确保商品和服务的可得性，取决于在抚养比上升时保持高水平的就业和生产率，并采用环境可持续的生产和消费方式（参见第31.6节）。

虽然提高老年工人的劳动力参与率是合理的，但只有在有足够的就业机会时，这项政策才能奏效。现在实行财政盈余，并保持持续高水平的失业率和未充分就业，这与其要求背道而驰。各国政府应努力确保青少年充分参与正规教育、技术培训和就业。青年失业率高，使未来的工人无法获得必要的技能和经验，而这些技能和经验将成为高生产率劳动力的基础。

此外，鼓励增加劳动力的临时性和不充分就业，并不是一个明智的未来战略，因为这会降低人们投资于人力资本的动力。只有在预期投资有回报的情况下，一个人才会在教育和培训方面配置资源。在发达国家，不稳定和低收入的兼职工作机会所占比例越来越大，部分原因就在于政府采取了过度紧缩的财政政策，导致就业机会减少，从而降低了人们对技能发展净回报的预期。

为了应对老龄化社会的挑战，政府还必须对各级公共教育进行投资，以确保创造一支高技能的劳动力队伍。试图通过削减公共教育经费来产生不必要的财政盈余，会破坏这一基本目标。为研究提供公共资助，对于促进知识积累、发明和创新的增长，进而支撑生产率的强劲增长，也至关重要。

这些问题超出了政府财政的范畴。政府向非政府部门提供必要的商品和服务的能力，并不受财政上的约束。其中特别重要的是那些私人部门可能提供不足的商品。任何试图通过财政政策"纪律"将两者联系起来的尝试，都不会在长期增加人均GDP增长。现实情况是，伴随着这种"纪律"而来的财政拖累，降低了总需求和私人可支配收入的增长，而这可以用由此放弃的产出来衡量。

将盈余作为为未来储备财政资源的一种手段，并不能保证将来会有足够可得的实际资源。各国必须投资于高生产率战略，以增加未来实际资源的可得性。这些资源在相互竞争的需求之间如何分配的问题,将是政治决定的结果。

环境上可持续的长期经济增长,将是未来为人民持续提供实际商品和服务的唯一决定性因素。其中,长期增长的主要决定因素包括工人使用的资本的质量和数量(这会提高生产率,并容许支付更高的收入)。

强劲的投资构成了资本形成的基础,并取决于实际国内生产总值中用于提供基础设施和资本设备的部分。公共投资在建立互补性基础设施方面非常重要,私人投资可在此基础设施的基础上产生回报。刺激公共和私人部门高水平的实际资本形成的政策环境,将产生强劲的经济增长。

31.3 双赤字假说

引言

在第24章中,我们讨论了开放经济条件下的经常项目以及总体国际收支情况。正如我们在第6章所示,经常项目是三大部门收支之一,这三大部门收支余额的总和为零。

简言之,双赤字假说指出,其中两个部门的收支余额,即财政收支余额和经常项目余额之间存在着系统性关系。

经济学家们普遍认为,不断增加的经常项目赤字表明一个国家"入不敷出":过度的国内需求推高了进口,加剧了通胀,从而削弱了该国的竞争力,限制了该国的出口。他们指出,经常项目赤字是衡量一国借入外债的一个指标。因此,在经济处于对外赤字的每个季度,其外债存量均会增加。这些外债可以是债务形式,也可以是对外国当地企业的股权参与形式。按照这一逻辑,经常项目赤字不断增加表明,国内经济中的消费和投资支出,越来越依赖于外国借贷者的一时冲动。

他们还认为,国民经济中经常项目余额与其政府财政收支余额之间存在着强有力的直接关系。它们可以变为"成双成对",也就是说,等额一起变化。这就是所谓的**双赤字假说**(Twin Deficits Hypothesis)。

此外,双赤字理论声称,如果一国财政赤字不断增加,它将越来越依赖外国对其债务的购买来补充国内储蓄者的购买。

因此，根据这一看法，财政赤字和经常项目赤字的上升，均表明对外国购买其债务的依赖性增加，这使得国内经济容易受到经济前景意外和突然变化的影响。这种观点的支持者认为，这些赤字出现的时间越长，国家无法产生足够的准备金来偿还外债的风险就越大。最终，该国将被迫拖欠外债，从而造成例如无法在全球市场筹集（私人或公共）资金的严重后果。

有人认为，避免这种危险的经济环境最明显的方式，在于限制政府开支和实行限制性货币政策（提高利率），从而鼓励资本流动增加，即便这种战略减少了对资本的需要。

人们普遍认为，实施紧缩政策的后果是负面的，即实际 GDP 增长下降和失业率上升。这表明各国政府首先应避免出现双赤字问题。

此外，反对赤字的另一个理由是，赤字会推高利率（通过对有限的可贷资金的竞争），并引发通胀（由过度需求所引发）。反过来，高利率又被认为将挤压生产性投资，从而降低国家的国际竞争力。通货膨胀也削弱了竞争力。这阻碍了贸易平衡的改善。

因此，双赤字假说假定财政赤字和经常项目赤字之间存在着直接联系，并认为这将导致一系列不良后果。这些论断的有效性如何呢？正如我们将看到的，这些观点在概念和经验上都存在着问题。

概括地说：

- 双赤字假说基于一种关于因果关系的特殊观点，即财政赤字驱动对外赤字。但在实际中，因果关系的作用方向可能是相反的。
- 此外，这一假说依赖于对国内私人支出和储蓄模式所作出的关键假设，而这种情况很少发生。
- 最后，该假说关于财政赤字推高利率和通货膨胀、降低出口竞争力的挤出论断部分，显然是错误的。

在这一节中，我们以第 6 章的讨论为基础，说明采取浮动汇率制的通货发行政府要比双赤字假说所反映的更具有国内政策空间。政府可以利用这一空间来追求经济增长和提高生活水平，即使这意味着经常项目赤字增加，通货贬值。我们还将表明，对外部门的状况与我们可能认为的可持续财政状况几乎没有关系。

最后，具有讽刺意味的是，许多将双赤字关系作为公共支出约束条件的经济学家也声称，赤字支出在刺激国民收入方面并不有效。这两种说法是相互矛盾的。

赤字之间的联系

在第 6 章中，我们提出了国民经济核算的部门收支观，它向我们表明，国民收入的变化确保了政府部门、国外部门和国内私人部门的支出和收入余额之间存在着独特的关系。

这个框架可以用来证明双赤字假说的核算基础。我们在第 6 章中得出的三个部门的收支结余是：

- 如果国内私人部门的支出低于其收入（$S > I$），国内私人收支余额（$S - I$）就会处于盈余状态。
- 如果政府课征的税收收入超过支出（$G < T$），财政收支余额（$T - G$）就会处于盈余状态。
- 如果出口加上净收入流入大于进口（$X + FNI > M$），经常项目余额（$X + FNI - M$）就会出现盈余。

部门收支方程式可以写成以下形式〔注意，我们将财政收支余额表示为 $(T - G)$〕：

$$(S - I) + (T - G) = (X + FNI - M) \qquad (31.1)$$

方程式（31.1）告诉我们，对外收支余额（$X + FNI - M$）等于国内私人收支余额（$S - I$）加上财政收支余额（$T - G$）之和。在其他条件保持不变的情况下，财政赤字的增加将导致经常项目赤字的上升（或盈余的下降）。

我们可以通过对这些余额的相对大小进行假设来解释经济中的运行状况，并始终注意到（31.1）式中的严格等式关系总是由国民收入的变化来保证的。这是因为我们假设储蓄、税收和进口是收入的正函数，因此它们在经济活动增加时上升，在产出和收入水平降低时下降。

例如，当存在对外赤字（$X + FNI - M < 0$）和财政盈余（$G - T < 0$）时，

必然对应着国内私人部门的赤字。请考虑以下数据。如果 X = 10，M = 20（以本国通货计），(X – M) = –10（如果我们假设 FNI = 0，则为经常项目赤字）。如果 G = 20，T = 30，(T – G) = 10（财政盈余）。在这些条件下，国内私人收支余额（S – I）将等于(20 – 30) + (10 – 20) = –20。这意味着国内私人部门的支出超过了收入，因为 I – S = 20。

因此，来自公共部门的财政拖累（财政盈余）与对外部门的净储蓄流入同时发生，对外部门为国内私人部门的赤字支出提供融资。这种情况可持续吗？

这完全取决于国内私人部门支出的构成。如果对外赤字反映了私人部门为投资而借贷，那么生产能力的提高可能产生必要的回报，足以使外债水平无限期地维持在稳定的低水平。

如果对外赤字反映的是消费进口占主导，那么国内私人部门维持不断增加的外债的能力是有限的。如果公共财政赤字大到足以抵销经常项目赤字，那么当存在经常项目赤字（X – M < 0）时，国内私人部门就只能净储蓄(S – I) > 0。比如，(X – M) = –10（如上所述）。那么财政收支平衡（G – T = 0）将迫使国内私人部门的支出超过收入(S – I) = –10。但是，如果政府赤字为 25（例如，G = 55 和 T = 30），那么私人家庭储蓄就将增加 15。

你从等式（31.1）中可以看出(S – I) = (55 – 30) + (10 – 20) = 15。你还可以看到，如果国内私人部门总是处于收支平衡状态（S – I = 0），那么等式（31.1）可以改写为(T – G) ≡ (X + FNI – M)，这是对外收支结余与财政收支结余之间的直接关系。

即使在这种简化形式下，我们也无法从会计恒等式中推断因果关系。是更高的对外赤字（X < M）推动了更高的财政赤字（G > T），还是反过来？也许这种关系是双向的。

一个国家在任何时候的经常项目状况，都会反映一系列国际因素，如不完全竞争、进入壁垒、规模经济和世界贸易的一般状况。这些因素显然都是国家本身无法控制的。

例如，假设发生了一场世界性的经济衰退，它导致某个贸易经济体在出口收入崩溃时出现了经常项目赤字。通过自动稳定器的作用，由于总需求、实际

GDP以及国民收入和税收的下降，财政赤字上升。简言之，因果关系已经逆转。一个国家无法控制的国外部门的变化，通过自动稳定器的作用，驱动着政府的财政收支发生了相应的变化。

当私人部门储蓄与投资之间的缺口为零或稳定时，双赤字假说认定部门收支流量之间存在着严格的因果关系。财政赤字的变化直接转化为经常项目赤字。

这一构造被用来论证一开始就指出的主张，即经常项目赤字代表一个国家"支出大于收入"，这种失衡是由导致外债增加的财政赤字造成的。因此，遭受外国金融市场惩罚的风险——通过国际评级机构等下调信用评级——与财政赤字上升有关。从逻辑上讲，解决经常项目长期赤字的方法在于增加国内储蓄，而双赤字假说的支持者则声称这将来自财政盈余。

除了我们在第9章揭露的"政府储蓄"的错误概念外，双赤字假说的另一个主要问题在于，它的严格因果关系并不必然就会出现。如果国内私人收支有所变化，那么经常项目收支与财政收支之间的严格联系就不再成立。来自许多国家的证据表明，随着时间的推移，国内私人收支远非稳定。

换言之，为了继续进行讨论，我们假定财政收支随着时间的推移而保持平衡。在这种情况下，如果私人家庭和企业开始入不敷出（即$S-I<0$），那么国内私人赤字必然由外国储蓄提供融资，经常项目余额将转变成赤字，其赤字规模占GDP的比重将与国内私人赤字所占比重一样。

与这一观察结果相一致的基本经济学可能在于，在给定的世界需求状态（决定了一个国家的出口表现）下，家庭在消费进口上的支出增加和（或）企业在投资进口（资本设备）上的支出增加，将会产生贸易赤字。

外国储蓄者之所以会愿意为这一赤字提供资金，是因为他们愿意以赤字国的货币积累净金融债权，以换取向该国运送多于该国向国外出口的商品和服务。

如果出现国内私人盈余，情况则相反。换言之，国内私人收支的变化，可以推动与财政收支状况完全无关的对外收支的波动。

双赤字假说还提出财政赤字推动国内利率上升的断言，这是一个我们在第21章中已经作出回应的问题。这一断言认为，国内利率上升源于借款人之间对有限储蓄池的竞争加剧，而这又是由依靠发行债务获得融资的财政赤字造成的。较高的利率会导致该国汇率的升值，这会因国际竞争力下降而"挤出"出口。

我们已经表明，财政赤字不会给利率带来上升压力，因为：

- 官方利率由中央银行制定。
- 储蓄池随着国民收入的增长而增长。这一观点是凯恩斯抛弃古典可贷资金理论的一个根本出发点（见第 12 章）。换言之，如第 21 章所述，较高的政府支出（或其他支出）通过增加国民收入产生额外储蓄。
- 银行总是愿意向他们认为能够满足贷款条件的客户提供信贷。我们知道，贷款创造存款，银行在贷款活动中不受任何先前准备金（即储蓄）的限制。

专栏 31.1　案例研究：澳大利亚

澳大利亚经济非常开放。扣除物价因素，其进出口占 GDP 的比例在 20% 左右波动。图 31.2 显示了 1960—1961 至 2015—2016 财政年度澳大利亚联邦财政赤字占 GDP 的百分比和经常项目赤字占 GDP 的百分比的变化。从 1983 年起，澳元开始浮动。

从这个现实世界的证据来看，你会对经常项目余额与财政余额之间的关系得出什么结论呢？它是否为双赤字假说提供了支持性证据？

撇开因果关系问题不谈，我们可以从这些数据中得出结论：在这段漫长的时间内，澳大利亚的两项收支余额之间没有系统性的关系。这与双赤字假说的论断相反。

在 20 世纪 80 年代末以及自 90 年代中期以来，随着财政收支出现盈余，经常项目赤字仍然在继续扩大。然而，两者之间没有系统性关系这一事实，并不否定在一定时期内，对外收支的变动可能是对财政收支变动的反应，反之亦然。中介因素是国内私人收支的表现。

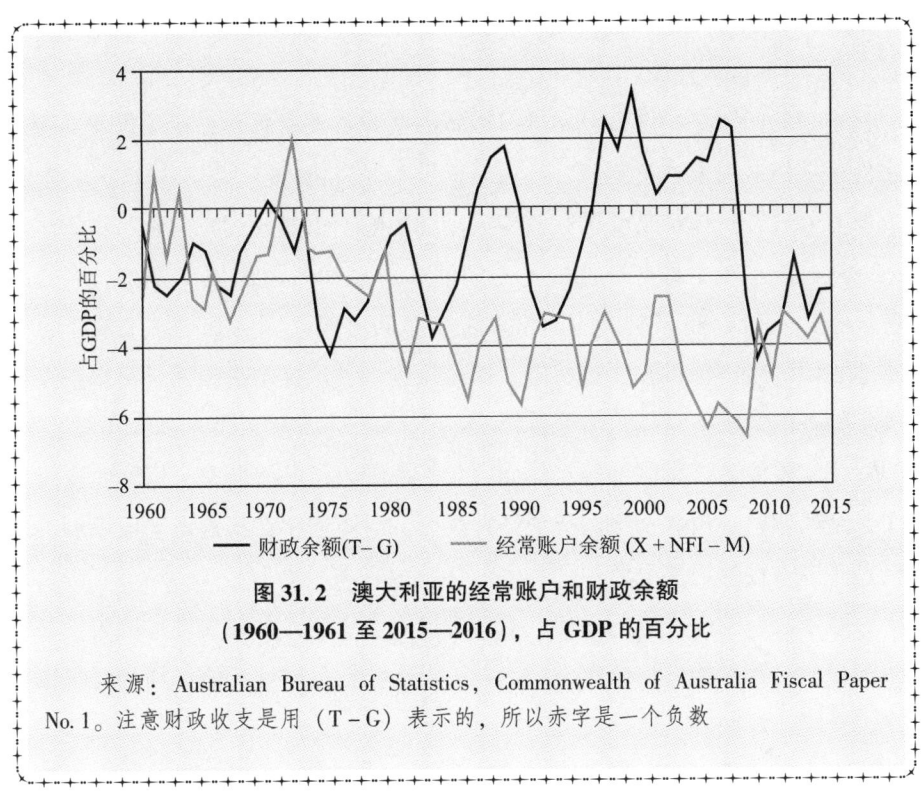

图 31.2 澳大利亚的经常账户和财政余额（1960—1961 至 2015—2016），占 GDP 的百分比

来源：Australian Bureau of Statistics, Commonwealth of Australia Fiscal Paper No.1。注意财政收支是用（T-G）表示的，所以赤字是一个负数

31.4 国际收支约束与货币危机

许多发展中国家拥有货币主权，这意味着它们可以规定以政府发行的货币来强制执行纳税义务。其他货币是否也在这些国家使用——这是一种常见的情况——并不重要。例如，美元经常与当地货币一起在发展中国家使用，并且在一些贸易活动中被居民所青睐。但通常情况下，居民仍然必须用当地货币纳税。这意味着发行货币的政府有能力用这种货币进行支出。

因此，一般原理依然成立，即只要一个欠发达国家有真正可用的资源，政府就可以用其货币权力购买这些资源。特别是，这种真正的财政空间概念可以延伸到欠发达国家数百万失业者。鉴于他们的服务没有市场需求，每个国家的政府都可以很容易地用本国货币购买这些服务，而不会对该国的劳动力成本造成上升的压力。对这些项目进行投资的成本，是以它们消耗的实际资源来衡量的。这些资源成本可以扩展至进口，许多欠发达国家必须进口粮食以维持基本生活。

接下来的问题是：随着经常项目因贸易逆差扩大而恶化，这项投资是否会损害经常项目并引发通货膨胀？

所有开放经济体都易受国际收支波动的影响。正如我们在前几章中所了解到的，这些波动对于那些在固定汇率制度和可兑换货币制度（例如，布雷顿森林体系）下处于外部赤字的国家来说是有问题的，因为在这些制度下，政府被迫将国内经济保持在低迷状态，以压低进口，这样中央银行就可以在不损失外汇储备的情况下维持汇率平价。

对于实施浮动汇率制的经济体而言，汇率吸收了一些调整，国际收支则吸收了其余的调整。**没有一致的历史证据表明，财政赤字在实施浮动汇率制的国家制造了灾难性的汇率贬值。**

一般来说，国内支出的增加会推高进口需求。在大多数欠发达国家，私人资本形成的增长可能更加依赖进口。鼓励投资拉动型增长可能会增加经常账户赤字，至少在短期内是这样。

作为一种替代方案，目标明确的政府支出是在国内创造替代进口的竞争活动。例如，就业保障（JG）工人可以生产一个国家通常会进口的商品和服务，如加工食品。并且，随着促进劳动力技能发展制度的实施，一个充分就业的经济体很可能在稳定的政治制度下吸引外国直接投资。因此，虽然随着经济增长，经常项目可能会转为赤字，这意味着国家在出口换取国外的实际进口上牺牲的实际资源更少；但是，资本项目却会转变为盈余。其整体净效应则尚不清楚。随着经济调整到更高的增长路径，汇率可能会出现一次性变化，但这些变化应该不是持续通货膨胀压力的来源。

最后，货币贬值刺激了当地的就业，因为进口商品变得更贵，出口商品变得更便宜。但是，这些变化的分配影响可能更多地被中高收入群体感受到，而不是较贫穷的群体，因为奢侈品进口商品变得更加昂贵。

诚然，货币贬值会对一个完全依赖进口食品的国家造成损害。请注意，这并不像通常所认为的那样是国际收支约束，而是实际资源约束：国内粮食生产不足。这可能是因为对粮食作物生产有偏见的国内政策选择的结果，也可能是由于跨地理空间和跨国界——划定主权国家边界时有些武断所导致——的资源分配不均造成的。

在这方面，应对国际收支困难的国际制度框架（例如，国际货币基金组织和世界银行）是有缺陷的。如果一个新的多边机构取代世界银行和国际货币基金组织，并负责确保高度弱势的国家能够获得粮食等基本的实际资源，而不因贸易逆差或不利的资金流动所引起的汇率波动而被排除在国际市场之外，情况就会得到改善。

简单的解决办法在于，该机构将购买该国货币来确保灵活性，并确保汇率不会使人们特别是低收入家庭因粮食价格过高而失去粮食。这是一个简单的解决方案，比强迫各国开展紧缩运动以保持本币较高的汇率要好得多。该机构还应鼓励国内采取政策，提高生产其人口所需产出的能力，特别是生产粮食和其他必需品的能力。

货币危机

那么货币危机呢？它们是实施浮动汇率制度，尤其是那些出现经常项目赤字的国家所固有的吗？

20世纪90年代，世界经济出现了三次重大货币危机。第一次是随着柏林墙倒塌而来的欧洲货币危机。第二次到来的是1994的墨西哥货币危机，在当时，资本受美国利率上升的吸引而逃离墨西哥，导致比索价格大幅下挫。第三次发生的是1997年的亚洲债务危机。

- 每一次都发生了什么呢？在每次危机出现时，引发其爆发的现行货币体系的基本特征是什么？
- 我们可以从这些相对较近的事件中吸取哪些教训呢？

1992年的欧洲汇率机制危机

1992年，当德国政府在柏林墙倒塌后采取统一国家的行动时，改善前东德的公共基础设施所需的财政出现了扩张，同时还伴随着利率的上升，因为德国央行担心通货膨胀。由于利率上升吸引资本流入，德国马克大幅升值，净出口因而下降。

问题在于，德国马克是欧洲汇率机制（the European Exchange Rate Mechanism, ERM）中的基准货币，其他西欧国家将它们的货币与之固定。这一安排自 1979 年 3 月以来就已实行。在这种安排之下，那些盯住本国货币的国家，必须根据基准国利率的提高来提高本国的利率，以维持固定的平价。

然而，其他国家并没有进行相应的财政扩张，来抵销利率上升对本国经济的破坏性影响。显然，对固定汇率制度的承诺，将意味着这些国家失业上升以及出现相关的政治困难。

外汇市场的参与者预测，货币盯住国最终将会放弃欧洲汇率机制，让其货币对德国马克贬值。这将导致这些国家的货币在外汇市场上被抛售，从而立即迫使这些国家重新考虑固定汇率制度安排。

导致体系崩溃的推动力，是投机者乔治·索罗斯（George Soros）对英镑的"卖空"攻击。在外汇市场上，投机者可以签订合同，在未来某一天以预定价格卖出一种货币。当然，合同意味着当它到期时，投机者还必须购买合同中的另一种货币。如果这些合同涉及的金额足够大，它们就可能对货币价值产生重大影响，并导致其他投机者效仿。索罗斯卖空英镑兑德国马克。他的卖空行为给英镑兑马克的汇率带来了下行压力。为了维持盯住，英国不得不动用外汇储备购买英镑。

面对货币投机者压低英镑价格的局面，英格兰银行花了 60 多亿英镑出售外币试图将英镑维持在欧洲汇率机制约定的区间内，但根本上就无济于事。1992 年 9 月，英国退出了欧洲汇率机制。英国政府不愿意按照德国的做法提高利率，他们认为这会导致一场大衰退。

在这种情况下，投机者赢了，因为这些政府打算盯住本国货币，却不愿意接受盯住汇率这一决定所带来的货币政策所导致的不利后果。

1994 年的墨西哥比索危机

墨西哥比索危机或"龙舌兰危机"，被国际货币基金组织总经理迈克尔·康德苏（Michael Camdessus）称为"21 世纪面貌的第一次金融危机"（Boughton, 2001）；虽然有人指出，事实上，苏伊士是第一次危机，而墨西哥的问题类似于助推苏伊士危机的因素。尽管不同的经济学家在解释中强调了不同的原因，但这一事实却是众所周知的。

在 20 世纪 80 年代，墨西哥经历了债务危机。这导致了误导性的政策反应，从而从根本上导致了 1994 年的货币危机。20 世纪 80 年代的债务危机，是大型外资商业银行接受以外币计价的浮动利率巨额贷款的结果。这些资金来自石油输出国，这些国家在 1973—1974 年和 20 世纪 70 年代后期欧佩克油价上涨后拥有丰富的外汇储备。

在 20 世纪 70 年代末和 80 年代初，美国利率被推高来应对国内通胀。拉美国家的私人债务负担变得十分严重，因为他们的利息成本上升很快。1981 年的美国经济衰退也损害了初级商品出口市场，这是拉美经济获取外汇的主要来源。1982 年，墨西哥宣布不再有能力偿还外债，外国于是停止了对拉美国家的贷款，从而阻碍了到期贷款的正常再融资。其大部分债务是短期债务。

国际货币基金组织参与其中。作为其提供救助资金的代价，受影响的拉美国家必须实行全面的自由市场改革和严厉的财政紧缩措施，以与国际货币基金组织的意识形态立场保持一致。随着国有工业的私有化，关税保护和福利安全网的削减，大规模失业接踵而至，贫困率急剧上升。

20 世纪 90 年代初，经济恢复增长，资本流入，特别是来自不断增长的美国金融部门的资本流入迅速增加。自由市场导向的墨西哥政府在国际货币基金组织的指导下，也试图使本国经济尽可能地吸引金融投机者。

在 1991 年 11 月 11 日至 1994 年 12 月 21 日期间，墨西哥银行在所谓的"滑移制度"（slippage regime）中维持比索对美元的固定平价，即允许汇率在一定的每日区间内变动。其结果是墨西哥政府随时准备以固定汇率将比索兑换成美元（反之亦然），这意味着它必须有足够的美元储备来保证兑换。可靠的可兑换性，被认为是建立墨西哥政府货币信誉和向国际金融市场树立信心的关键。事实上，所有的风险都已从外国投机者转移到墨西哥政府；这种风险最终导致墨西哥经济无法承受。

墨西哥国内经济的增长，扩大了经常项目赤字，并迎来了大量资本流入。在国际货币基金组织的压力下，墨西哥政府虽然有少量财政盈余，但是被迫继续向外国债权人发行政府债券，以提供能够吸引更多资本流入的金融工具。随着生产能力的耗尽，国内经济增长也加剧了通货膨胀。

这些发展意味着比索应当贬值，但在国际货币基金组织和美国政府的压力下，即使投机者开始抛售比索兑入美元，墨西哥政府仍维持着盯住汇率制。墨西哥银行的外汇储备（所谓的"硬"通货）开始耗尽，于是导致了进一步的投机性攻击。同时，墨西哥国内还出现了一些政治动荡，这进一步打击了人们对其经济的信心。

墨西哥政府对固定平价的短视承诺，致使危机进一步加剧。他们接受了来自大型外国投资者（特别是华尔街银行）的要求，大幅增加所谓的"特索债券"（Tesobono bonds）的发行。这些债券是以美元计价的政府债务工具，以确保持有者免遭任何外汇风险。

外币计价的债券越来越多地取代了比索计价的债务，以取悦外国投资者。"特索"明确规定的外汇（汇率）风险保险，降低了政府必须支付的债务价格，但也大幅增加了比索贬值的风险敞口。

尽管政府内部以及政府与中央银行之间关系紧张，但即便政府显然已无力再支持该国货币，墨西哥也依然维持了固定平价的局面。然而，国际货币基金组织仍旧认为墨西哥的政策制定是合理的。迟至1994年11月30日的执行董事会会议上，国际货币基金组织才讨论为符合条件的国家引入新的"短期融资便利"的问题，以帮助缓解可能使其货币产生不稳定的短期国际收支压力。

然而，不到一个月后，比索的投机性外逃规模就变得太大了。1994年12月22日，墨西哥政府让比索浮动。1994年12月19日，比索兑美元汇率为3.4662。8天后，比索兑美元汇率升至5.7625，比索贬值66.2%。

墨西哥政府决定让比索浮动是被迫的，因为由于投机者抛售比索并压低其在世界市场上的价格，墨西哥已经耗尽了其中央银行维持比索与美元挂钩所必需的外汇储备。

贬值的短期后果是严重的，这种严重程度在一定程度上与政府迟迟不作决定有关。这些事件发生在一个总统选举年。与激烈的竞选活动有关的不稳定[包括1994年3月刺杀一位主要候选人路易斯·唐纳多·科罗西奥（Luis Donaldo Colosio）]和现任总统不愿承担允许贬值的耻辱，意味着尽管出现了大量资金外流，钉住汇率制却在太长时间内仍然予以保留。

钉住美元代表着墨西哥政府的一种姿态。凭借墨西哥1994年初加入经济合作与发展组织（OECD）和北美自由贸易区，这种姿态为其经济注入了自信。

政府还放开了信贷并将银行体系私有化，这使该国面临着快速的资本流入，而其金融机构处理国际金融风险的能力却没有相应提高。一旦墨西哥被迫浮动货币，国际市场就会做出极端的反应。投资者（包括外国人和墨西哥人）曾把墨西哥作为拉丁美洲学习的榜样，却在几天内（1994年12月20—22日）便以惊人的比价卖出了比索。

如果继续维持盯住汇率制，那么随着资本外流加速和中央银行外汇储备的迅速下降，政府就会给自己留下了两个不受欢迎的选择。

第一，他们可以提高利率，以鼓励投资者把资金留在墨西哥。然而，所需的加息幅度将是如此之大，以至于会使经济陷入严重衰退。这可能会进一步降低人们的信心，并给不断下挫的比索增加更多压力。

第二，他们本可以扩大允许盯住汇率爬行的区间。这会稍微改善经常项目状况，或许可以消解在外汇市场所蔓延的对比索可能贬值的狂热。但这一选择产生的后果在于，它会加重墨西哥企业所持有的外债偿付压力，并必将导致政府无力偿付。

最终，国际货币基金组织和美国政府的共同援助稳定了金融体系，安抚了国际投资界——它们方才意识到墨西哥的经济基本面并没有发生改变，也没有理由做出大规模的过度反应。

总之，墨西哥比索危机给我们带来了一些重要的宏观经济政策教训：

- 尽管浮动汇率可能会使经济在贬值时期面临进口通胀的风险，但它能够稳定国内产出和就业的优势却是显著的。一个盯住本国货币的国家失去了对货币政策的控制，并迫使财政政策发挥消极作用——当货币大幅贬值时，这种作用会变得具有破坏性。
- 虽然发行货币的政府可以发行公共债务，但它必须以本国货币计价，而且不能通过指数化或保险安排承担任何外汇风险。

1997年的东南亚债务危机

20世纪90年代的最后一次重大货币危机，始于1997年的东南亚国家——

泰国、马来西亚、菲律宾、新加坡、印度尼西亚，后来蔓延到东亚工业化国家韩国。

在危机爆发前的20年里，东南亚国家吸引了大量资本流入，其经济也大幅增长。20世纪80年代末开始的快速增长时期，伴随的是高私人储蓄率和强劲的投资。并且，通货膨胀率很低，政府基本上保持着财政盈余。

东南亚经济体被国际货币基金组织和世界银行视作是可持续发展的典范。"亚洲奇迹"这一术语，便被用来描述中国香港地区、中国台湾省、新加坡和韩国所谓的"亚洲四小龙"经济体的快速增长和生活水平的提高。这些多边组织错误地认为，快速增长是财政清廉和自由市场动态的产物。在他们看来，自由市场将资源配置于最高价值的用途，使这些国家具有国际竞争力。

然而，现实情况却截然不同。亚洲经济体的增长战略——始于20世纪60年代末（的日本）——建立在工业化、重商主义和强有力的国家产业政策这一混合体的基础之上。

在韩国等经济体，政府在发展进程中发挥了重要作用，并无视国际货币基金组织和世界银行自由市场经济学家就其发展战略提出的建议。国际组织认为，一个国家只有利用其比较优势，才会出现贸易驱动型经济增长。然而，韩国政府却选择并支持几个关键部门作为其增长引擎，尽管它们都没有任何相对的资源优势（例如，化学制品）。韩国的纺织业表明，化学工业将支持其发展。

事实上，政府在很多方面干预了"市场"：它们以低于市场的价格向目标产业提供信贷；它们给予了企业大量的税收减免，以增加企业利润和投资；它们向本国企业提供保护，使其免受进口竞争；它们大量投资公共研发，并与工业界分享研发成果。

到20世纪90年代初，受廉价劳动力资源吸引，资本资源正从"亚洲四小龙"转移到中国大陆地区和印度。中国和印度的增长挑战了其他亚洲经济体的出口优势，如马来西亚、韩国、新加坡、泰国、中国台湾省——这些国家和地区在20世纪80年代末引领了亚洲的增长阶段。不断转移的投资和中国不断增长的出口实力，降低了"四小龙"的增长率。

这一时期还发生了其他几次冲击，破坏了亚洲奇迹。首先，人民币和日元贬值；其次，美联储提高了利率，从而推高了美元的价值，并对与美元挂钩的货币造成了压力；第三，全球半导体价格大幅下跌（1993年至1999年下降了36%）加剧了"四小龙"出口收入的下降。

经济增长阶段还伴随着房地产价格的飙升，这是由大量短期外汇贷款推动的，它们增加了依赖高出口收入来偿还债务的私人部门的风险敞口。

这场危机始于1997年7月的泰国。泰铢与美元挂钩，这种做法在亚洲经济体中很常见。其房地产行业已经将该国的外债推到了可持续的极限之外。因担心泰铢贬值会造成损失所驱使的投机性资本外流，给汇率带来了压力。面对这些压力，泰国央行无法维持钉住汇率制，因为它的外汇储备已经不足。1997年7月2日，政府一浮动泰铢，其价值就下跌了50%以上。其原因就在于，国际投资者在外汇市场抛售泰铢，造成大量供给过剩。

鉴于私人部门持有大量外币计价的债务，货币的崩溃实际上意味着该国的破产。由于它们的大部分收入将以贬值的本国货币计算，它们无法将其兑换成足够的外币来偿还债务。该国股市大幅下跌，几家重要金融机构破产。

这场危机暴露出了维持货币钉住的危险。它要求各国央行拥有足够多的外汇储备，以维持约定的平价。这使该地区的所有货币都容易遭受投机性攻击。

虽然泰国经济的结构与"亚洲四小龙"的大不相同，但投机者认为，所有地区的货币都处于类似的危险之中。这一信念成为一个自我实现的预言。在1997年8月前，对印度尼西亚、马来西亚和菲律宾货币的投机性攻击，导致了这些国家的汇率下降。危机于9月蔓延至中国香港地区、中国台湾省和新加坡。1997年11月，韩国的资本外流迫使其货币贬值。向这些国家提供短期贷款的银行拒绝延期归还贷款，从而随即造成了信贷紧缩。

显然，美国、日本和欧盟等实力较强的发达国家本可以进行干预，提供足够的流动性便利来阻止恐慌所导致的资本外流。不仅它们的央行可以向亚洲国家的央行提供信贷额度，而且发达国家的政府还可以与私人银行达成延期偿还贷款安排，从而阻止恐慌爆发。相反，发达国家的主要反应是通过国际货币基金组织进行干预，该组织于1997年7月首先对泰国进行了干预。就在危机爆发前，该组织还认为亚洲经济体［包括发达国家（韩国）和欠发达国家（如印度尼西亚和泰国）］在其金融体系广泛放松监管的支持下正在强劲增长。它相信进一步的"自由市场"改革将是有益的。虽然有人认识到资本流入非常强劲，而且可能不稳定，但国际货币基金组织未能正确评估其政策处方（自由化等）所造成的脆弱性。

到 1997 年底，国际货币基金组织严厉批评了亚洲各国政府。而在这一年早些时候，它还一直在赞扬这些政府。

现在人们普遍认为，国际货币基金组织在应对危机时的一系列政策失误，导致了危机的加剧和蔓延。为了获得救助资金，作为交换条件，国际货币基金组织坚持要求货币市场受到投机性攻击的国家大幅提高利率，并实施大幅度的财政紧缩。国际货币基金组织对财政赤字严重、通胀加速的情况，采取了"一刀切"的标准应对措施。这种应对方法在情况最好的时候也是值得商榷的，更何况它肯定不适用于亚洲经济体——这些经济体正处于财政盈余状态，通胀率稳定。

这场危机最简单的形式，是 1993 年至 1996 年间推动大量资本流入（以及相应的负债）的过度金融自由化的结果。负债往往是短期的，但这些资金却是用于长期投资（例如，购买房地产）。

当出口增长放缓时，资本流入开始迅速逆转，而国际货币基金组织的要求却确保了危机从外汇市场演变成为全面的经济衰退。随着经济形势恶化，资本外逃加速，国际货币基金组织坚持要求进一步推高利率，加大财政紧缩。

作为印尼救助计划的一部分，国际货币基金组织迫使政府关闭了 16 家资不抵债的银行，声称这将恢复对其余银行的信心。结果恰恰相反，惊慌失措的资金撤出削弱了许多私人银行的偿付能力。印尼央行向这些银行注入资金（相当于国内生产总值的 5%）来加以拯救，却产生了加剧卢比崩溃的效果，并与国际货币基金组织所坚持要求的利率必须大幅上升的做法相悖。

总而言之，亚洲金融危机是资本流动缺乏监管和货币挂钩的结果。在后一种情况下，金融市场将其解读为政府为其提供外汇风险保险，因而私人缺乏对借款的外汇套期保值。一旦货币崩溃并浮动，这些未采取套期保值的头寸就迅速走向破产。

31.5 固定汇率与弹性汇率：最优货币区、班柯或浮动汇率？

引言

在本书中，我们讨论了主权货币与国内政策空间之间的联系。大多数主流经济学家要么没有认识到这种联系的重要性，要么拒绝接受这种联系。事实上，一些人认为，如果各国不发行自己的主权货币，情况就会更好，否则这会诱使它们使用"印钞"来为过度赤字融资，从而导致通货膨胀。

主流经济学家们认为，货币与这种政策之间的联系可以通过以下几种方式来打破：采用外币供国内使用（例如，美元化或货币局安排）；采用共同货币（欧洲货币联盟创建了一种新的共同货币供所有成员国使用）；或者采用罗伯特·蒙代尔（Robert Mundell, 1961）提出的最优货币区（Optimal Currency Area, OCA）建议。在很多重要方面，最优货币区的思路对前两种备选方案提供了连贯的整合。

最优货币区

蒙代尔认为，如果货币首要的功能是一种交换媒介，那么将一种货币的使用与一个民族国家联系在一起就没有什么意义。毕竟，国家边界在很大程度上是由政治决定的。高度一体化经济体的"经济边界"，是完全有可能与民族国家的政治边界不相一致的。例如，美国东部和加拿大之间的经济一体化程度，可能要比这两个国家各自的东部和西部地区之间更高。因此，在这两个国家的西部地区使用"西方"美元，在这两个国家的东部地区使用"东方"美元，而不是根据国家使用美元和加元，或许是合理的。另一个例子可能来自爱沙尼亚和捷克共和国，这两个国家都有与德国制造业高度一体化的地区；那么它们也许应该共享同一种货币？（当然，德国和爱沙尼亚确实共享欧元，而捷克共和国拥有自己的货币；可以这样说，爱沙尼亚和捷克共和国，与德国的一体化程度远高于同样使用欧元的希腊。）

最优货币区应该是一个资本和劳动力自由流动、工资和价格灵活变动的区域。这使得资源能够流向需要的地方，工资和价格能够调整以维持均衡。在货币区内，汇率显然是固定的，因为整个区域使用同一种货币。据称，灵活的资本和劳动力市场可以自我运转，以使供给等于需求（因为汇率不可能调整以承担维持市场均衡的一些负担）。同样重要的是，该地区内的所有区域都受到相同的经济周期的影响，以至于应对周期所选择的货币和财政政策在整个地区都是适当的。与（最优货币区以外的）其他货币之间的弹性汇率，可以维持外部均衡；即经常项目应该可以通过对最优货币区以外的地区（和国家）的弹性汇率来平衡。

除了约束挥霍无度的政府之外，最优货币区还被认为能够降低货币兑换所涉及的交易成本（收取的汇兑手续费用，加上应对汇率变化不确定性的成本）。任何人都不必携带计算器来换算货币区内不同汇率之间的价格。企业无需为自己免受不利汇率变动的影响而提供保护（如果没有最优货币区，作为出口商，它们的成本可能以一种货币支付，但它们的收入却会以另一种货币支付）。转向单一货币减少了成本和不确定性，增加了跨境的互利贸易。整个地区都会受益。

最优货币区的提议扩大到呼吁将全球划分为几个巨大的地区，每个地区使用单一货币。例如，所有美洲国家都可以采用美元；欧元区将扩展到整个欧洲，甚至可能扩展到非洲；整个亚洲采用人民币或日元。在每一个地区内，汇率都是固定不变的，但每个主要的区域货币之间都是彼此灵活的。这样，汇率调整将平衡地区间的支付，区域内灵活的市场将维持充分就业。随着单个国家放弃本国货币，市场将约束各国政府追求预算平衡和低通胀。

蒙代尔的理论经常在论证建立欧洲货币联盟（EMU）中被引用。即使欲将加入欧元区的国家并不完全符合上述先决条件，但有人却认为，通过放弃本国货币而采用欧元，它们可以成为一个最优货币区。我们已经详细讨论了欧洲货币联盟创建的结果。今天，大多数分析师（姗姗来迟地）方才意识到，蒙代尔提议中的致命缺陷在于，他未能认识到国家货币主权是决定财政和货币政策空间的关键性因素。放弃以前的货币，对欧洲货币联盟的大多数成员国都产生了毁灭性的后果。

如果承认国家需要自己的主权货币来支持独立的财政和货币政策，那么究竟何谓合适的国际货币体系则依然悬而未决。在本书中，我们采取了以弹性汇率保持国内政策空间的立场。在本节的其余部分，我们将从第二次世界大战结束时采用的国际支付制度的发展开始，讨论其他国际支付制度。

金本位制的消亡：大萧条与第二次世界大战

大萧条前，许多主要资本主义国家都采用了金本位制，承诺以固定汇率将本国货币兑换成黄金。然而，在大萧条时期，他们放弃了黄金的可兑换性，试图放松财政和货币政策，以应对这场灾难。大萧条之后的第二次世界大战，使国家与国家之间相互对立，导致正常的贸易关系无法开展。随着战争接近尾声，同盟国开始为战后世界进行规划，讨论了将要建立的国际货币制度。

重要的是要明白，在战争之前，英镑在国际支付中发挥着很大的作用。虽然各国都采用金本位制，但支付通常以英镑（与黄金的固定平价）完成。但是，英国的地位在战争期间下降了，而美国的地位上升了。1944年在美国新罕布什尔州布雷顿森林小镇举行的一次国际会议上，世界上许多国家的领导人讨论了战后的体制。凯恩斯（J. M. Keynes）代表英国，怀特（Harry Dexter White）代表美国参加谈判。两个人都各自向会议提出了一个计划；凯恩斯主张"班柯"计划，怀特则提出了后来被称为布雷顿森林体系的计划。除了建立国际汇率制度外，会议的成果还包括建立国际货币基金组织和世界银行。

布雷顿森林体系在很大程度上符合美国的偏好。美国将美元与黄金挂钩，而其他国家则把它们的货币与美元挂钩。国际支付将主要以美元完成。国际货币基金组织和世界银行将通过为该体系提供比战前金本位制更大的灵活性，以促进各国的发展。那些由于自身经常账户赤字而需要美元外汇支撑本国汇率的国家，可以求助于国际货币基金组织和世界银行（此外，美国直接通过其马歇尔计划）提供美元。① 然而，这一体系仍然比凯恩斯所提出的体系更为僵化，而且只持续了四分之一个世纪，在20世纪70年代早期就被抛弃了。看看凯恩斯的提议的特点会十分有趣，也许采用这一提议本可以更为成功。近年

---

① 马歇尔计划是以美国国务卿乔治·马歇尔（George Marshall）的名字命名的一项倡议，因为他最先提出了该计划。按照马歇尔计划，美国在1948年至1952年间向西欧国家提供了超过130亿美元（相当于2016年约1100亿美元）的经济援助，帮助这些国家在第二次世界大战后重建其经济。

来，批评灵活汇率和美元在全球金融市场中支配性影响的人士再次呼吁回归凯恩斯的提议：创建第二个——更好的——布雷顿森林体系。

凯恩斯的班柯计划与布雷顿森林体系的终结

这里的讨论遵循了萨多尼和雷（Sardoni and Wray, 2007）的研究。凯恩斯呼吁建立一个国际清算联盟（International Clearing Union, ICU），其基础是一个叫做"班柯"（Bancor）的记账单位。班柯相对于黄金的价值是固定的，然后参与国际清算联盟的所有国家的货币相对于班柯都是固定的。班柯只能用于各国之间的清算；各国可以使用黄金从国际清算联盟购买班柯余额，但班柯不能兑换黄金，从而确保班柯不会受到挤兑。

一开始，班柯储备的数量将根据以前的国际贸易水平在各国之间进行分配。贸易顺差国家将积累额外储备，而逆差国家将损失储备。国际清算联盟将向那些耗尽储备的国家提供透支便利。储备不能离开这个体系，国际清算联盟总是可以通过向赤字国家提供预付款来扩大班柯储备的供应。此外，盈余国家可以利用班柯储备向赤字国家提供贷款、投资或单边资助。

凯恩斯呼吁对过度透支和过度储备余额收取1至2个百分点的费用，以鼓励贸易平衡。对赤字国家采取的其他可能行动，包括货币贬值、资本管制、扣押黄金储备和国内政策。应对盈余国家采取的行动，包括要求扩大内需、货币升值、降低关税和减少其他贸易壁垒，以及鼓励国际开发贷款（Keynes, 1980: 462–463）。最后，国际清算联盟可以利用其权力，通过利用透支资金开展救济工作、发展商品缓冲储备和建立国际投资公司来鼓励经济发展，促进价格稳定（Keynes, 1980: 190）。

班柯计划从未被采纳。只要从美国流向世界其他地区的美元，刚好足以满足世界对美元资产的需求，布雷顿森林体系就可以运转。到20世纪60年代末，美元遭受压力，全世界的美元债权数量大大超过美国黄金储备。人们担心，只要相对较小一部分美元被提交兑换，持有者就会耗尽这些储备。事实上，美元大幅贬值的任何迹象都会引发挤兑。由于担心会发生这种情况，尼克松总统在20世纪70年代初放弃了这种货币制度，以保护美国的黄金储备。美国让自己的货币浮动，大多数大国也纷纷效仿。

请注意，与凯恩斯的班柯计划相比，布雷顿森林体系的劣势包括：

1. 美元被用作国际储备货币；在凯恩斯的计划中，储备货币将是班柯，它是一种国际货币，而不是任何一个国家的货币。

2. 美元可以兑换成黄金，这使得挤兑成为可能（班柯是不可兑换的）。

3. 向赤字国家输送国际储备货币的"回流"方法，在布雷顿森林体系下要远逊于在班柯计划下。

4. 布雷顿森林体系没有对盈余国家实施惩罚，而班柯计划将迫使那些积累过多储备的国家"非用即失"。

当对美元不可避免的压力导致布雷顿森林体系崩溃时，主要国家便加入美国的行列，转向浮动汇率制。此举得到了一些新古典经济学家的支持，尤其是米尔顿·弗里德曼（Milton Friedman）。其理由在于，一个弹性的体系会像传说中的"铸币流动"机制那样运行，据称该机制在金本位时代迅速纠正了贸易失衡。正统的观点声称，在一个弹性的汇率制度下，贸易失衡将导致货币调整（盈余将带来货币升值，赤字将带来货币贬值），使全球贸易自动回归均衡。

自放弃布雷顿森林体系以来，近半个世纪的历史经验表明这一观点完全不可信。诚然，许多国家没有采用自由浮动的汇率制度，但干预措施的规模并不足以解释贸易失衡的持续性。除了长期的贸易不平衡，世界还经历了大量的汇率不稳定（尤其是在发展中国家），这种不稳定程度远远超出了仅仅因为贸易不平衡而预期到的。因此，弹性汇率的变动并没有带来贸易平衡。像美国这样的国家，多年来经常项目赤字一直居高不下且不断增加，而像日本这样的国家，几十年来则经常项目盈余巨大，却没有引发寻求均衡的汇率调整。这一经历导致一些人呼吁建立一个新的布雷顿森林体系，或者重新考虑凯恩斯的班柯计划。

凯恩斯的汇率理论以及沿着班柯计划的思路所形成的国际货币体系改革的一大困难就在于，与许多主流分析一样，它关注的是贸易失衡和经常项目，而对资本流动的关注太少。公平地说，凯恩斯没有预见到——他也不会支持——"自由"的资本流动。他的提议假定金融仍将是国家的。还请注意，凯恩斯的提议保留了对持续存在贸易赤字的国家实施紧缩的选项，承认汇率调整可能不起作用。因此，货币往往被视为一种交易媒介。凯恩斯在他有关国际清算联盟的研究中开门见山地指出，他的目标是设计一个国际货币体系，在这个体系中，货币交易将像各国"以货易货"一样运作（Keynes，1980：18）。国际清算联盟的运行，旨在确保班柯储备不会流于囤积而闲置；相反，一个国家的储备将构成另一个国家透支的基础，从而鼓励贸易。虽然凯恩斯的提议将惩罚那些积累国际储备的国家，但它似乎仍然是基于货币（主要是）便利于商品交换的观点。

在当今的现实世界中，货币不仅用于经常项目交易，也用于资本项目交易。因此，除非资本完全不流动，否则就没有理由依靠汇率调整来消除经常项目失衡。事实上，随着全球金融的增长——它们很容易规避国家限制，绝大多数国际交易与经常项目没有直接关系。

如果资本管制在政治上和技术上都不可行，那么基于这样一种信念，即国际货币体系的运作应当如同商品与商品之间的贸易——来设计汇率制度就不可能正常运行。此外，很难想象像美国、中国和欧洲等利益不同的国家和国家集团联合起来建立一个国际清算联盟，有权惩罚日本、德国和中国等贸易顺差国家，更不用说对全球最大的贸易逆差国家美国实施紧缩了。

凯恩斯的计划希望通过固定汇率制和采取多项措施来减少贸易失衡，从而增强外部稳定。然而，由于我们下面讨论的原因，这种做法将付出巨大的代价，因为一个国家在固定汇率制度下利用国内政策实现内部稳定的能力降低了。如果增强的外部稳定本身并不能产生内部稳定，那么这就存在着外部稳定与内部稳定之间的权衡。

国际货币的替代性（现代货币理论的）方法：浮动汇率和主权货币

正如我们在上一节中所说，国际货币体系的改革计划集中于贸易和经常项目失衡，它们没有对资本流动扮演主要角色的现状做出充分的反应。在这里，我们将概述国际货币制度的替代性方法，它同样源自凯恩斯。这种替代性方法在目前情况下是适切相关的，因为它意味着各国采用浮动汇率制度。

像美国这样的国家（以及日本、英国、采用欧元之前的欧洲国家，以及放弃货币局之后的阿根廷）创造了一种供国内使用的货币（currency），并主要通过要求用这种货币纳税来确保其使用，尽管有些国家还采用了法定货币法。国家（包括作为政府代理人的财政部和中央银行）发行和支出基础货币（现金和在中央银行的准备金），而不承诺以任何固定汇率将其兑换成任何其他货币或黄金，抑或任何其他商品。我们这里所说的主权，是指一个民族国家对其货币采取这种行为并保持其财政独立的能力。

主权政府的支付能力既不受收入约束，也不受储备限制。此外，主权证券支付的利息不受正常"市场力量"的影响。由于短期政府债务基本上相当于支付利息的准备金，因而是隔夜银行间市场贷款的一个近似替代品。中央银行设定的隔夜利率将控制短期政府"借款"利率。① 这表明主权国家可以根据自己的意愿选择低（或高）的短期国债利率。基准利率是 0 还是 100，是货币政策问题，它不受市场决定。

非主权政府的情况则完全不同。在一个"美元化"的国家，政府必须能够获得美元。虽然它可以发行自己的以（比如）美元计价的借据，但为了保持与美元的平价，它必须随时准备将其借据兑换成实际的美元。因此，它利用税收和发行借据来获得美元储备，以应对预期将至的支出；与主权国家不同的是，该政府在支出之前必须有美元存款。此外，与主权国家不同的是，非主权政府还承诺提供第三方借据（美元）来偿还自己的债务（而美国和其他主权国家只承诺提供自己的借据）。因此，非主权政府美元债务的利率并不是独立设定的。由于它实际上是在借入美元，"美元化国家"支付的利息由以下三个因素决定。第一，美国（美元发行国）货币政策对美元设定的基准利率。第二，市场对非主权政府的信用可靠程度进行评估，这可能是由许多因素决定的。这两个因素决定了市场所能容忍的最低利率。第三，利率也受到国家维持固定汇率或与其他货币挂钩的需要的限制。因此，作为一种货币的使用者（而非发行者），非主权政府不能独立地设定国内利率。

---

① 美国在第二次世界大战期间采取了同样的举措，当时美国短期国债支付的利息是 1% 的 3/8，尽管赤字与 GDP 之比达到了 25%！长期政府债务的利率决定要更为复杂，但需要注意的是，是政府决定发行长期政府债务。它总是可以通过发行短期债券来达到抽走超额准备金的目的，因此不需要发行长期债券。实际上，如果它为准备金余额支付利息，根本上就不需要出售债券。

由此可知，一国在资本高度流动的世界中设定利率的能力，取决于其对浮动汇率制度的采用。浮动汇率制度对发展中国家尤其重要。他们有理由关注不久前亚洲（20 世纪 90 年代）和拉丁美洲（20 世纪 80 年代）的相关国家（本章前面讨论过）所遭受的金融和汇率危机。这些危机是由巨额外债、外汇储备下降以及市场对无法实行汇率钉住制的预期所引发的。

相比之下，一个采用浮动汇率制的国家，总是能够负担得起让国内未就业的资源实现就业。其政府将发行以本国货币计价的债务，并以本国货币偿还债务。无论其债务是内部持有还是外部持有，都不会面临破产风险。这并不意味着这个国家一定可以忽视其贸易平衡或汇率变动，但这确实意味着它可以将国内就业和经济增长放在其政策议程的首位。

主权国家能够利用国内政策实现国内或内部稳定。这是以可能更大的外部不稳定为代价的。如上文所述，浮动汇率不一定会使贸易走向平衡。然而，必须记住，从宏观角度来看，进口是一种收益，而出口是一种成本。因此，贸易逆差意味着净收益。在讨论贸易平衡时，这一点通常被忽略，因为人们认为这会对国内就业产生影响。但是，只要一个国家的国内政策着眼于稳定，它就能实现充分就业，哪怕是在出现贸易逆差的情况下。

这反过来需要货币主权，而它又需要浮动汇率。贸易逆差有可能对汇率施加下行压力，从而对国内通胀产生一定的"传递"影响。如果需要，国内政策可以转向抗击通胀，包括采取财政紧缩的政策以减轻通胀压力的传统方法。然而，利用其主权货币，该国却可以选择采取就业保障，自动确保充分就业，同时也有助于稳定工资和价格。

一个采用固定汇率制的国家一定希望，产生外部稳定的条件也恰好与允许内部稳定的条件相一致。相比之下，采用浮动汇率制的国家可以享受到贸易逆差的净收益、实际贸易条件的改善（贸易逆差意味着以出口衡量的"实际"进口成本更低）和国内充分就业；所有这些收益都有可能被货币贬值和物价上涨的成本所抵销。实行固定汇率制度的国家可能无法"承受"贸易逆差（因为汇率压力），可能不得不利用国内失业作为维持钉住汇率的手段。由于这些原因，弹性汇率为独立政策的形成保留了"政策空间"。

欧元与最优货币区

欧洲建立共同货币区的经验是另一个重要例子,它说明通过放弃弹性汇率从而放弃货币主权对民族国家造成了有害的后果。欧洲国家采用了一个共同货币区,并建立了一个单一的中央银行,以寻求欧洲内部的汇率稳定。在联盟内部形成固定汇率的货币一体化,本身并无过错;事实上,美国就可以被视为是一个由五十个国家所构成的彼此之间具有固定汇率的货币联盟。值得高度怀疑的是货币一体化的推行方式:对财政一体化的关注微乎其微,以至于欧洲每个欧元区国家都失去了货币主权,却没有建立联邦主权财政机构。

欧洲一体化进程的主要特征,在于政治因素扮演着关键作用。建立一个由高度异质的国家组成的货币区,本质上是一个政治决定,而不是它们经济趋同的自发结果。这源于这样一种观点,即货币一体化本身将会促进有效货币区所需的国家之间的经济融合程度。通过这种方式,欧洲就可以成为蒙代尔的一个最优货币区。

然而,欧洲在意识到政治层面重要性的同时,却忽视了国家和政治在一体化进程中的重要作用。首先,欧洲回避了联邦一级的财政政策在创建最优货币区的过程中可以发挥的作用。在采用共同货币的国家是异质性的,而且它是以价格和工资的低灵活性以及生产要素的低流动性为特征的情况下,可以通过建立一个与单一中央银行相对应的财政机构来应对不对称冲击的风险。

欧洲的货币一体化进程依赖于这样一种理论立场:从长远来看,财政政策是扭曲和无效的。更一般地说,国家干预被视为一种应尽可能避免的事情,以免扰乱经济的自发运行。因此,欧洲采取了一个相当独特的进程。拥有财政权力的国家与货币的创造和管理之间的紧密联系被削弱,以至于产生一个完全独立于国家的中央银行,却没有与之对应的财政机构。

总的来说,中央银行独立的概念既有缺陷又不明确。但在欧洲的具体经历中,这一概念却得以实现。欧洲中央银行(ECB)在确定政策目标和实施这些政策方面,都是完全独立的。在这一框架内,个别国家受到限制,因为它们不能自由地使用财政手段来影响产出和就业。欧洲似乎陷入了一个恶性循环。欧洲央行的反通胀立场和欧洲各国政府"财政上负责任"的要求,造成了经济实质性的停滞。"谨慎的"（或限制性的）货币和财政政策，通常会阻碍投资和总需求的增长。预算赤字的内生性，意味着缓慢的增长阻碍了税收的增加，导致赤字扩大。这使得与财政参数保持一致变得愈加困难，因而对需求产生了进一步的负面影响。

在这方面，欧洲联盟依赖外国需求作为经济增长的引擎。但这导致了一种循环：每个成员国都试图增加与其他欧洲货币联盟国家和世界其他地区的净出口，部分是通过试图成为一个低成本的生产国来实现。由于与欧洲货币联盟其他成员国的汇率是固定的，因此，唯一的选择是维持或降低成员国的工资和价格，或实现更高的生产率增长。前者加大了财政紧缩和经济增长放缓的压力。

欧元的经验，为那些鼓吹钉住汇率制的"单边主义"做法的人提供了负面教训，即使是一国拥有具备强大国际力量的大型贸易集团的情况下也是如此。

结论

自20世纪40年代布雷顿森林体系建立以来，世界发生了巨大的变化。在一代人的时间里，这个体系表现相当不错，汇率固定但可以调整。然而，它是为一个资本流动受到限制、规模相对较小、由（来自国际货币基金组织、世界银行和美国马歇尔计划的）官方资本流动支配的世界所设计的。毕竟，这可以解释为什么凯恩斯自己的计划在很大程度上忽略了资本流动对汇率的作用和影响。并且，即使是商品和服务贸易，在当时也受到了相当大的限制，其部分原因在于美国在战后占据了压倒性的主导地位。

随着时间的推移，特别是随着欧洲的复兴和亚洲成为主要的生产商，美国失去了优势。同样，私人资本流动也在逐渐增长，然后以一股洪流爆发。这部分是源自技术变革，部分是因为寻求自由金融市场的"新自由主义"政策。甚至在这方面取得很大进展之前，布雷顿森林体系就崩溃了。尽管有些人仍怀旧地呼吁回归基于凯恩斯班柯计划的固定汇率制度，但当前的经济和政治趋势使得这种建议极不可能实现。大多数国家也不能单独采取固定汇率，因为投机性的攻击几乎可以打破所有的盯住汇率，只有少数现代重商主义国家积累了大量美元储备。

钉住汇率牺牲了重要的自由度，使国内财政和货币政策受制于汇率。浮动汇率允许更大的国内政策独立性，为财政和货币政策提供了空间。然而，必须强调的是，采用浮动汇率并非万灵药。它只是获得政策独立性的必要条件。它本身既不能确保这一政策的独立性得到开明的利用，也不能确保提供增长和发展的捷径。在当前的世界形势下，浮动汇率是实施能够促进更多增长、就业和福利的政策的必要条件，但不是充分条件。归根结底，这种政策的采取，取决于社会、政治和经济行为者如此做的能力和意愿。

请注意，弹性或浮动汇率制度不一定是"自由浮动"制度。弹性的汇率可以为相机抉择的干预留出一定的空间。在某些情况下，财政和货币政策以及外汇市场的官方交易，仍然可以被用来"管理"汇率。特别是，在货币迅速升值的情况下，可能需要采取干预措施，以缓解因货币高估而产生的竞争压力。但是，实现国内稳定或内部稳定将是政策的首要目标，其中，充分就业是最重要的国内政策目标。

浮动汇率给各国带来更多的自由度，但无疑也意味着一些成本。这些成本包括，因汇率和贸易条件的波动而带来更大程度的不确定性，以及由于本国货币大幅贬值导致进口价格上升而可能引发通货膨胀过程。从这个角度来看，也许可以通过浮动汇率与资本管制和贸易政策的某种结合来实现更大的稳定和独立，特别是对发展中国家更是如此。这些因素将使采用有管理的汇率更加容易。然而，在当前世界形势下，如何实行有效的资本管制仍然是一个悬而未决的问题。

凯恩斯的计划依赖于某种形式的国际治理的存在。如果能够创建国际机构，通过着力于为发展提供融资来促进经济增长，这就可以依靠使汇率和贸易条件更加稳定来改善国际经济表现。

从这个角度来看，欧洲的经验就是一个令人信服的例子。理论上，货币一体化可能是对欧洲国家追求更稳定的外部条件这一需求的正确反应。然而，目前的欧洲安排虽然稳定了汇率，但是无法有效地保证更快的增长和更高的就业水平。其根本原因在于，不可能存在一个能够发挥主权国家政府所应发挥作用的超国家机构。换言之，欧洲货币联盟的运作并不能令人满意，这出自同样的原因，即如果没有一个承担类似于凯恩斯和其他人所设想的任务的超国家机构，一个固定汇率制度的世界就无法很好地运作。向这种超国家机构屈服的政治意愿微乎其微，正因如此，班柯式计划是不可行的。

31.6 环境可持续性与经济增长

我们通过本书开始学习宏观经济学时就已指出，主要的宏观经济政策目标是充分就业和价格稳定。

无论是在微观经济学中，还是宏观经济学中，效率都是它们的中心思想，即从现有的资源中获取最佳的效益。在宏观经济层面，"效率边界"通常被概括为充分就业，即所有的可用劳动力资源都能得到有效的配置。

我们知道，宏观经济学的思想流派之间对充分就业的概念存在着激烈的争论，但这并不否定实现充分就业——将我们的宏观经济资源发挥到极限——仍然是宏观经济理论和政策的主要焦点。争论的问题在于这个极限到底是什么。然而，这种争论是由经济学家们根据结构性障碍的程度构造的，这可能意味着我们有关充分就业的概念与我们想要的失业率有关。

我们在第 20 章至第 24 章中已经学过，由于缺乏有效需求，资本主义的货币型经济容易产生大规模的非自愿失业。解决非自愿失业问题的办法包括提高有效需求水平，使其与雇佣所有愿意和有能力工作的人所需的水平相一致，并通过公共净支出来填补需求缺口。这可以通过增加政府支出来实现，以确保非政府支出相对于充分就业需求水平的缺口得以填补。此外，政府还可以通过减税、降息、投资和出口激励计划等多种方式刺激非政府支出。

这表明，随着人口的增长，维持充分就业这种经济和社会理想的目标，需要总需求和实际国内生产总值的持续增长。

在第四章中，我们得知，传统的以市场为基础的国民收入指标在衡量福利时在以下几个方面存在缺陷。首先，许多增进福利的活动（例如，家务劳动、照顾孩子）不算作经济活动，除非支付服务费。并且，任何在市场上销售的产品都会计入到传统的 GDP 核算中。因此，如果一个社会生产越来越多的军事武器，并在冲突期间造成严重破坏，那么这个社会就会被认为是在"增长"

和做得更好。同样，一场重大的环境灾难——如2010年墨西哥湾漏油事件——通过其清理行动也会促进经济增长，即使它破坏了当地的海洋环境。

我们还知道，衡量福利的国民收入指标，在很大程度上忽略了分配问题。如果两个经济体的增长率相同，但其中一个经济体的绝大多数收入增长是被一小部分人获取，其余人都生活在贫困之中，而另一个经济体的人们则广泛地分享实际收入的增长，那么我们作何感想呢？

传统的实际GDP指标，也忽略了不可再生的自然资源日益枯竭的成本。例如，采矿业或林业促进了经济增长，但所留下的环境破坏却不被考虑，因为所涉及的企业并未将损害计入生产成本。工业生产的增长将"有利于"GDP的实际增长，但该生产活动造成的土地、水和空气的相关污染，却可能会损害我们的健康，并最终随着自然体系的消亡而削弱经济的生产能力。越来越多的证据表明，不可持续的耕种活动正在减少可利用的生产性土地数量，破坏水道，但在我们的经济增长核算中却是一分不少地计入的。

很明显，资本主义制度不仅容易造成大规模失业，而且其增长是建立在破坏我们的自然资本的环境退化的基础之上的。这要求我们在制定经济政策时转变"不惜一切代价实现增长"的思路。

马修·福斯塔特（Matthew Forstater）写道：

> 以自然资源不可持续的消耗以及土地、空气和水的过度污染为表现形式的环境退化，是现代资本主义经济的特征。人类现在面临着重大挑战，既有地方生态危机，也有全球环境问题，如臭氧消耗、全球气候变化、生物多样性的丧失、水土流失和滥砍滥伐……（2003：386）

所产生的问题在于，维持充分就业以及实现与该政策目标相关的必要增长，这种愿望是否符合环境的可持续性。这是因为有越来越多的证据表明，人为的全球变暖和资源枯竭正在危及我们经济和社会聚落赖以生存的自然环境的健康。虽然充分就业似乎是一个必要的社会和经济目标，但我们能否将其与自然环境也得以存续的明显需要相协调？即使有可能扩大总需求，其规模足以促进足够的经济增长以跟上劳动力增长和生产率增长的步伐，并清除大量长期失业的储备军,但是,我们又该如何应对已经处于巨大压力之下的自然生态系统呢?

虽然对环境可持续性问题的全面讨论超出了本书的范围,但我们在这里可以提供一些对相关文献有用的评述。关于什么构成环境可持续性的进一步讨论,可以参见罗恩(Lawn, 2001)和福斯塔德(Forstater, 2003)。

从这些文献中得出的重点在于,增长本身并不一定是好的或坏的。我们当然可以改进我们的增长指标,以反映国民经济核算的缺陷。至少,这要求我们将所有生产成本纳入我们的经济活动衡量指标当中。我们修订后的经济增长净指标,将确保我们了解经济活动规模的变化是否促进了我们的整体福祉。完全有可能出现这种情况,即传统的实际 GDP 指标可能显示增长放缓(我们目前将其看作是一个问题),而新的实际 GDP 改进指标(扣除成本)将显示可持续增长的改善。

但我们也可以创造这样一种增长,它将足以确保所有想要工作的人都能找到一份薪水和条件都不错的工作,并仍然满足环境可持续性的要求。

显然,这意味着有必要促使最终产出的构成向环境可持续活动的转变。维持充分就业所必需的,并不是总需求本身的增加,而是某些活动领域总需求的增加。有意消除人类潜能浪费的政策制定者,还必须追求更广泛的目标,即保护我们的自然资本,并尽量减少资源开采造成的浪费,也就是说,我们关于"宏观经济效率边界"的概念因而有一个额外的约束:需要保护我们的自然资本。

罗恩(Phillip Lawn)用"最优宏观经济规模"来定义这一点:

> 其中,一个国家的宏观经济的物理规模和构成其宏观经济的商品的质量使其公民享有的可持续经济福利最大化。"最优宏观经济规模"是一个关键性概念,因为它使人们能够理解一个国家如何能够……在不需要不断增长(continued growth)的情况下……实现可持续发展(sustainable development)。(2001: 1-2)

在考虑"最优宏观经济规模"这一概念时,有两个问题需要回答。第一,创造和保持经济活动所产生的财富有什么好处？第二，消耗现有环境服务的成本是多少？

罗恩（Lawn，2001：4）将自然资本定义为"所有经济活动的原始来源"，因为它"是低熵物质能量的唯一来源和所有高熵废物的终极储存库"。经济活动产生实际收入（这是来自消费所生产的商品和服务的满足感），但也给生产这些商品和服务的人带来社会成本。

罗恩指出，作为产生这些经济效益的过程的一部分，我们必须承受个人成本，例如，工作的负效用和通勤的压力。他所说的"心理净收入"的计算，反映了经济活动的人力成本和收益。

在计算经济活动的人力成本时，我们还必须考虑到消耗现有环境服务的成本。提取这些服务（低熵物质能量）会产生没有其他用途的废物（高熵物质能量）。这种废物耗尽了我们的自然资本，是经济活动的最终资源成本。

试图确定自然资源枯竭的成本是令人不快的，因为生物系统是一个有生命的实体，经济学家无法确定其使用点——超过该临界点，就会死亡。

可持续净收益是指经济活动的净心理收入与环境成本之间的差额。一个国家的最大宏观经济规模，是在可持续净收益为零的时候出现的。超过这种物质生产规模之后，环境成本便会超过经济活动产生的净心理收入。

最大可持续净收益点是最优宏观经济规模，因为净心理收益和环境成本之间的差距最大。因此，宏观经济效率边界的定义是，净人力收益与创造这些净人力收益所需的环境成本两者的并置（平衡）。因此，充分就业的目标不仅需要用所需的就业岗位总数来表示，而且还需要用这些就业者将从事的工作类型和活动来表示。

随着人口的增长，经济增长对就业是必要的，但不能不受限制而任由市场决定。它必须是一种谨慎引导的增长，并采用经济学家通常不使用的新工具，帮助各国政府决定其应做出何种贡献，以及如何监管非政府部门的贡献。考虑到这一点，我们对"生产性工作"的概念将有相当大的改变，目前它被狭义地定义为追求（私人）利润的"有报酬的"工作。

参考文献

［1］ ABS (Australian Bureau of Statistics) (Various years) Commonwealth Fiscal Paper 1. Available at: http://www.abs.gov.au/, accessed 14 June 2017.

［2］ Bernanke, B. S. (2004) "Te Great Moderation", Board of Governors of the US Federal Reserve System, at the meetings of the Eastern Economic Association, Washington DC, 20 February.

［3］ BLS (Bureau of Labor Statistics) (Various years). Available at: https://www.bls.gov/, accessed 12 October 2018.

［4］ Board of Trustees for the Federal Old-Age and Survivors Insurance and Federal Disability Insurance Trust Funds (2016) *Annual Report*, US Government Printing Office, Washington. Available at: https://www.ssa.gov/OACT/TR/2016/tr2016.pdf, accessed 13 June 2017.

［5］ Boughton, J. M. (2001) "Was Suez in 1956 the First Financial Crisis of the Twenty-First Century?" *Finance and Development*, 38 (3), September. Available at: http://www.imf.org/external/pubs/ft/fandd/2001/09/boughton.htm, accessed 14 June 2017.

［6］ Dantas, F. and Wray, L. R. (2017) "Full Employment: Are We There Yet?", Levy Public Policy Brief, No. 142, February.

［7］ Executive Office of the President of the United States (2016) "Te Long-Term Decline in Prime-Age Male Labor ForceParticipation", June. Available at: https://obamawhitehouse.archives.gov/sites/default/files/page/files/20160620_cea_primeage_male_lfp.pdf, accessed 13 June 2017.

［8］ Forstater, M. (2003) "Public Employment and Environmental Sustainability", *Journal of Post Keynesian Economics*, Spring, 25 (3), 385–406.

［9］ Keynes, J. M. (1980) *The Collected Writings of John Maynard Keynes: Activities* 1940–1944. *Shaping the Post-War World: The Clearing Union*, London: Macmillan.

［10］ Lawn, P. A. (2001) *Toward Sustainable Development: An Ecological Economics Approach*, Boca Raton, FL: CRC Press.

［11］ Mundell, R. A. (1961) "A Theory of Optimum Currency Areas", *American Economic Review*, 51 (4), 657–665.

［12］ Pigeon, M. A. and Wray, L. R. (2002) "Demand Constraint and the New Economy" in P. Davidson (ed.), *A Post Keynesian Perspective on Twenty-First Century Economic Problems*, Cheltenham: Edward Elgar, pp. 158–194.

[13] Sardoni, C. and Wray, L. R. (2007) "Fixed and Flexible Exchange Rates and Currency Sovereignty", Levy Economics Working Paper No. 489, January.

附录1：案例研究1——经济增长：需求约束还是供给约束？以美国1975—2007年的经济增长为例

引言

在这个案例研究中，我们将考察美国在过去半个世纪的大部分时间里的经济增长。[①] 从20世纪70年代初到90年代中期，美国经济增长缓慢，失业率相对较高，这与战后早期形成了鲜明对比。到20世纪90年代初，许多经济学家得出结论，认为增长受到供给方面因素的约束，即技术进步较少，年轻工人加入劳动力的程度较低，以及求职者的技能较差。

令人惊讶的是，这一切在20世纪90年代下半期发生了改变。"新经济"在互联网创新的推动下迅猛发展，而失业率却降至接近20世纪60年代的低水平。虽然经济增长随着互联网泡沫的崩溃和90年代末的经济衰退而放缓，但在21世纪初，在商品、房地产和股票市场泡沫的协同作用下，经济又恢复了增长。十多年来，人们一直忘记了早些时候从供给角度对经济增长的"速度限制"的思考。

事实上，在1995年至2007年期间，伴随着更快的增长而来的是生产率的提高，这暂时减弱了有关供给方面制约因素的讨论。许多观察家声称，我们已经进入了一个高增长、低失业、物价稳定和金融稳定的"新时代"，即美联储两位主席艾伦·格林斯潘（Alan Greenspan）和本·伯南克（Ben Bernanke，2004）分别描述的"新经济"（New Economy）和"大缓和"（Great Moderation）。

在正统学派看来，长期增长应该是源自生产要素（劳动力和资本的数量）的增长和生产率提高（它是工人的教育和培训以及技术进步的函数）的结合。请注意，这些因素都是供给方面的变量。一般认为，需求因素在长期并不重

[①] 这一分析借鉴了皮金和雷的研究（Pigeon and Wray, 2002）。

要，因为经济周期的波动平均来看会抵销其影响。

我们将看到，忽视需求因素是一个错误，这出于两个原因。首先，如果一个经济体长期陷于需求不足状态，那么其长期平均增长率将低于总需求较高时的水平。其次，低需求意味着劳动力和资本都未得到充分利用。低劳动力需求助长了滞后性，新进入劳动力市场的人无法找到工作，被剥夺了相关的技能（以及与稳定工作模式相关的社会化），而下岗工人则面临技能退化，养成不利于应聘的习惯和态度（参见第 18 章）。此外，如果失业工人很多，企业就没有什么动力去投资培训。企业可以简单地提高他们的雇佣标准，来利用疲软的劳动力市场。当现有产能未得到充分利用时，投资的动机就很弱。这导致技术进步的速度变慢。

在美国，主流经济学家们一直不愿意承认，真正的问题在于增长疲弱时期的总需求不足，而不是供给方面的限制。错误地诊断问题，会导致错误的政策处方。主流经济学家们通常主张采取限制性政策，认为经济早在充分就业之前就遇到了供给方面的制约。由于总需求过低，无法诱导投资、技术进步和劳动力技能升级，从而使问题变得更加严重。

现在，我们将目光转向第一个缓慢增长时期（20 世纪 70 年代中期至 90 年代中期），以及所谓的"新经济"繁荣。在案例研究 2 中，我们着眼于后全球金融危机时期。这是又一个缓慢增长的时期，重新引发了对长期停滞的担忧。

在这个案例研究中，我们选择关注人均 GDP 和就业率，而不是这些变量的（绝对）水平（GDP 和就业），因为许多人用人均收入的增长来衡量进步。

人均 GDP［不变价格 GDP 除以总人口（POP）］，可以写成就业率［工人（N）除以总人口］与人均生产率的乘积，公式如下：

$$GDP/POP \equiv (N/POP) * (GDP/N) \qquad (31.2)$$

请注意，这里的就业率是就业人口与总人口的比率，而不是大多数政府统计机构公布的传统的就业人口与劳动年龄人口的比率。

用增长率来表示，31.2 式告诉我们，根据经验法则，人均 GDP 增长率是就业率增长率与生产率增长率之和。

从1970年到1995年，美国经济是否经历了长期停滞？

关于供给方面产生增长"速度限制"可能性的讨论，在美国20世纪90年代很常见（直到互联网泡沫的"新经济"推动了增长后才有所消弭）。表31.1比较了主要发达国家经通货膨胀调整后的人均GDP，每个国家在1970年的人均GDP指数化为100。值得注意的是，日本在这一时期早期的经济增长相对较快，而英国则是在20世纪80年代末。除此之外，这些国家的人均增长率也差不多，其中美国属于增长较慢的国家的中间位置。所有国家在同一时期都经历了生产率的增长，日本无疑是表现最好的国家。美国、加拿大和澳大利亚的生产率增幅最低。

表 31.1 人均 GDP 增长（1960—1995），1970 = 100，2011 年价格

	澳大利亚	加拿大	法国	德国	意大利	日本	英国	美国
1960	73.9	72.6	64.0	70.9	61.5	42.2	77.6	75.2
1970	100.0	100.0	100.0	100.0	100.0	100.0	100.0	100.0
1980	113.3	129.4	135.2	131.0	138.5	137.8	121.3	123.1
1990	134.9	151.2	162.1	160.5	174.8	205.1	161.9	154.2
1995	146.0	155.6	168.6	181.8	186.9	216.6	176.1	163.8

来源：来自美国劳工统计局和作者自制

图31.3显示了1970年至1995年期间主要发达国家的就业率和劳动生产率的变化。记住，我们讨论的是**就业率**和**人均 GDP** 的变动。为了帮助你更好地理解图31.3中正在发生的事情，值得注意的是，1970年至1995年间，美国的实际GDP增长了115%（平均每年增长3.1%），而人均GDP增长了63.8%（平均每年增长2.1%）。之所以出现这种差异，是因为在此期间美国人口增长非常强劲（平均每年增长1%），这意味着有更多的人可以分享增长（平均起来）。这与欧洲经济体和日本的情况形成了对比，它们的人口增长率要低得多。

而且，美国就业在1970年至1995年期间增长非常强劲（总体增长58%，平均每年增长1.9%），但强劲的人口增长意味着就业率仅增长了23%（平均每年增长0.7个百分点）。欧洲国家（德国除外）和日本的就业增长远低于英美国家，其中加拿大和美国处于领先地位。

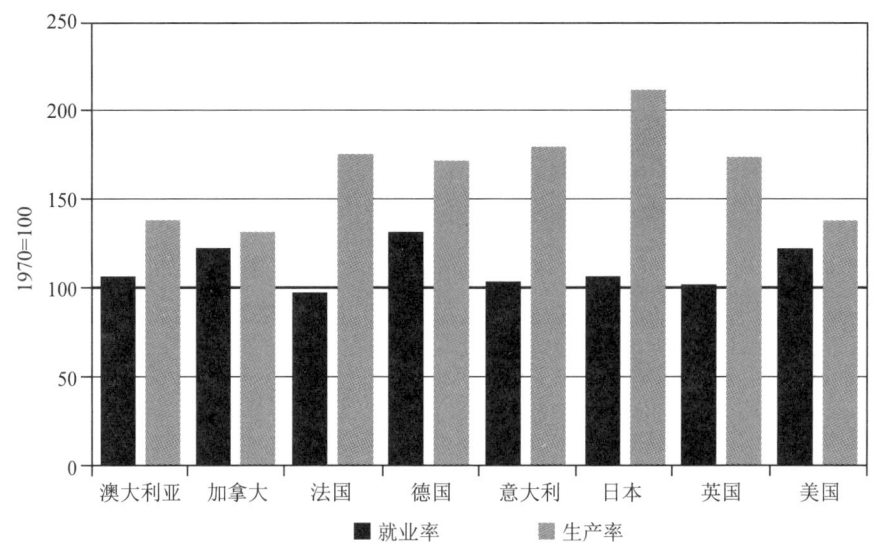

图 31.3　1970 年至 1995 年就业率和劳动生产率，1970 年 = 100

来源：来自美国劳工统计局和作者的计算

在本案例研究的重点——美国的例子中，问题在于，生产率增长的相对放缓是否归因于供给方面的因素。如前所述，主流观点认为，长期停滞的趋势是由缓慢的技术进步，以及年轻工人较低的动力和技能导致的。似乎很难相信，只有美国遭遇了这些弊病，而欧洲和日本却不知怎么逃过此劫。这一论点的不可思议之处在于，20 世纪 90 年代中期，美国突然进入了一个"新时代"，出现了所谓由供给驱动的生产率增长（见下文）。

是否还有其他的可能性呢？或许问题出在需求方面的约束，而非供给方面的约束。

利用经验法则——人均 GDP 的增长率为就业率的增长率与生产率的增长率之和，图 31.4 显示了 1970 年至 1995 年美国人均 GDP 的长期增长如何分解为就业率和生产率的变化。平均来说。人均 GDP 每年增长 2.1%，而就业率每年增长 0.8%，生产率每年增长 1.2%。

31.2 式是一个恒等式，这意味着它在会计上是正确的。为了赋予各组成部分随时间的变化以意义，我们试图理解各组成部分之间的因果联系。此外，尽管经济学家和政策制定者习惯性地认为生产率增长非常重要——即便是在非常短的时间内（即季度环比）——但在实践中，所测量的生产率增长本身并不能告诉我们供给方面的因素就是原因。

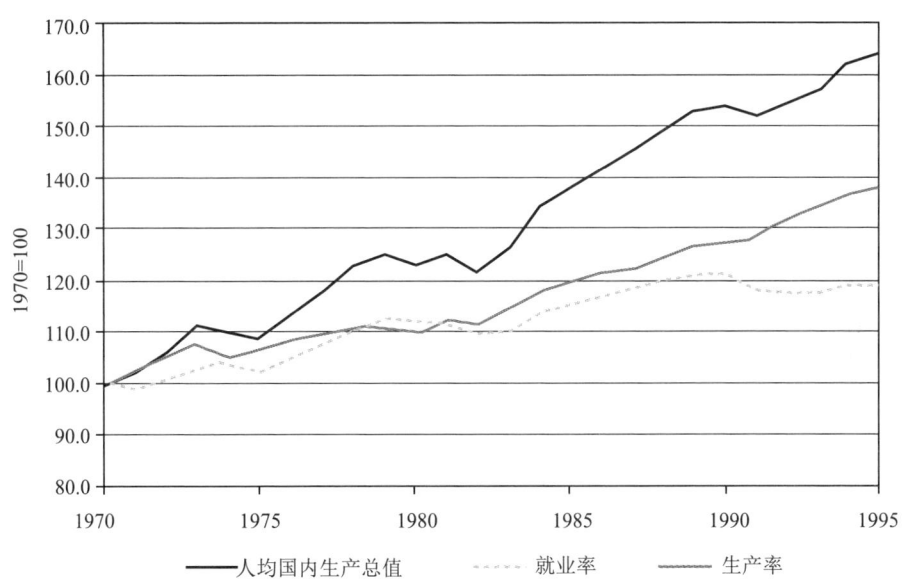

图 31.4　1970 年至 1995 年美国人均 GDP 的长期增长，1970 年 = 100
来源：来自美国劳工统计局和作者的计算

为什么呢？原因在于，虽然供给方面的因素（例如，新技术）可能很重要，但等式（31.2）的右侧部分都不是外生的。就业增长（以及就业率的变化）和生产率增长是由 GDP 增长推动的，而 GDP 增长反过来又转化为给定人口增长时人均 GDP 的变化。因而，等式（31.2）中的各项之间存在很强的相互依赖性。

因此，我们不能轻易地说更快的生产率增长推动了 GDP（和人均 GDP）的增长，而且这种增长是由供给方面的因素推动的。即使有供给方面的因素在起作用，较高的 GDP 增长也会导致就业率（给定人口增长）和生产率增长。

我们可以说的是，美国生产率的相对低增长可能是需求疲软的结果。支持这一猜测的进一步证据可以从以下事实中推断出来：在此期间，美国的失业率明显高于 20 世纪 70 年代中期之前的水平。此外，工资增长落后于通胀和生产率增长，这意味着收入分配向资本转移，而不利于劳动力。这是劳动力市场并非紧绷（tight）的又一表征，因为宽松的劳动力市场使工资增长保持在低位。反过来，这些低工资可能会降低企业在资本设备和劳动力培训方面旨在于提高生产率的投资的动力。

所有这些都表明，1970年至1995年期间美国生产率增长相对较低的原因是需求约束，而非供给约束。

1995年至2007年期间的"新经济"与生产率奇迹

在比尔·克林顿（Bill Clinton）担任总统期间出现的20世纪90年代中期至末期的经济繁荣期间，人们对新的信息技术进行了大量讨论，据称这些技术使经济有可能以更高的速度增长。从1995年到2000年，实际GDP年均增长率上升到4.30%，而人均实际GDP增长率则达到强劲的3.11%。这被称为"金发女孩"式的增长；① 高到足以让许多经济学家相信"新经济"已经出现，并消除了长期停滞的说法。然而，当新经济在20世纪末的"互联网"崩盘中摇摇欲坠时，衰退导致2001年实际GDP增长率降至略低于1%的水平，随后是缓慢的"失业型"复苏。只是房地产和大宗商品泡沫的升温，才使2002年至2006年的实际GDP增幅达到3.15%，以及在这个复苏时期实际人均GDP增幅达到1.75%。经济开始放缓，然后陷入后来开始于2007年的全球金融危机（GFC）。

事实证明，1995年至2007年期间，人均GDP的年均增长率与前一时期的增长率相同（每年2.1%）。这两个时期之间的差异在于，生产率年均增长率从1.2%上升到1.8%左右，而就业年均增长率从1.9%（1970年至1995年）降至1.3%，略高于年均人口增长率。结果，这段时间的就业率每年只上升了0.3%（低于前一段时期0.8%的平均水平）。

---

① "'金发女孩式'的增长"是指某种经济处于高增长、低通货膨胀和利率保持在较低水平同时并存的经济状态。"金发女孩"的隐喻来自英国作家罗伯特·索塞（Robert Southey）的童话故事《三只小熊》。在西方媒体上，人们喜欢把增长进入佳境而通货膨胀威胁尚未来临的经济状况称之为"金发女孩的经济"（Goldilocks Economy）。——校订者注

如图 31.5 所示，尽管就业率基本保持不变，但人均 GDP 的增长却伴随着相对强劲的生产率增长。这些数据似乎支持这样一种说法，即 1995 年至 2007 年这 12 年间人均 GDP 的增长可归因于更高的总需求，这加强了供给方面产生的生产率增长。尽管就业增长疲软。

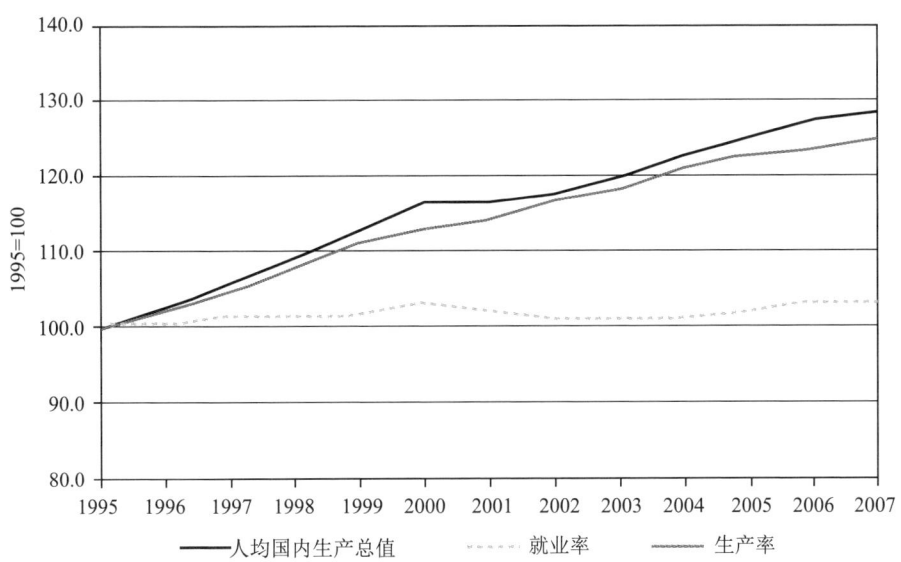

图 31.5　1995 年至 2007 年美国人均 GDP 的长期增长，1995 年 = 100

来源：来自美国劳工统计局和作者的计算

这一时期具有两大特点：

- 私人部门的意愿支出远远超过收入，积累了巨额赤字和日益增长的债务水平，直到美国在全球金融危机中崩溃。信贷繁荣确保了总需求的强劲增长。

- 与此同时，技术繁荣和随之而来的更高的生产率增长，意味着就业增长减弱，而随着人口的持续增长，这意味着就业率上升的时代已经结束。

然而，"生产率繁荣"并没有持续太久，因为随着互联网泡沫的破裂，经济增长开始放缓，接着就陷入了全球金融危机。在下一个案例研究中，我们将转向从深度衰退中的缓慢复苏问题，它导致了长期停滞论的复兴。

附录2：案例研究2——长期停滞的回归？全球金融危机之后的美国劳动力市场[①]

在2007年全球金融危机引发的深度衰退中，美国的就业和经济增长直线下降，随后在接下来的十年内复苏非常缓慢。在这种情况下，高失业和低增长显然是由于总需求不足。

然而，美联储非但没有促进并维持充分就业，反而明确表示了对可就业劳动力供给枯竭的担心，因此将继续加息以对抗从低失业率中预期产生的通胀。

此外，早在失业降至衰退前的水平之前，一些经济学家就已经开始认为，增长缓慢和就业相对较低是"新常态"。他们认为，我们将不得不降低预期，接受所谓的"长期停滞"，它意味着持续缓慢的增长。

尽管人们一致认为经济在衰退后会立即受到需求不足的制约，但许多经济学家仍然认为，长期增长受到供给约束。主要的限制因素，据说在于可雇佣劳动力的质量低下和数量不足，以及技术革新速度缓慢。劳动力增长下降是由于出生率低和人口老龄化。此外，尽管美国从20世纪60年代到90年代女性劳动力参与率的上升中获益，但到21世纪初，新增劳动力的来源已经枯竭。而且，劳动力市场的结构性变化，减少了对技能和教育水平较低的工人的需求。太多的年轻人没有完成足够的教育来满足现代生产过程的需要。最后，计算机时代所创造的技术浪潮已经开始了，但没有迎来新的突破来释放出重大的生产率进步。

与1970年至1995年期间的长期停滞推测——侧重于生产率增长的放缓——不同，这一时期的重点集中于对就业增长的假想约束。

图31.6显示了就业与劳动年龄人口的比率（总就业除以劳动年龄人口的"就业率"）和官方失业率。在本节中，我们使用的是就业与劳动年龄人口的比率，而不是我们之前关注的就业率，因为它可以让我们按季度比较失业率的变化。

[①] 本小节大量吸收了丹塔斯和雷的研究（Dantas and Wray, 2017）。

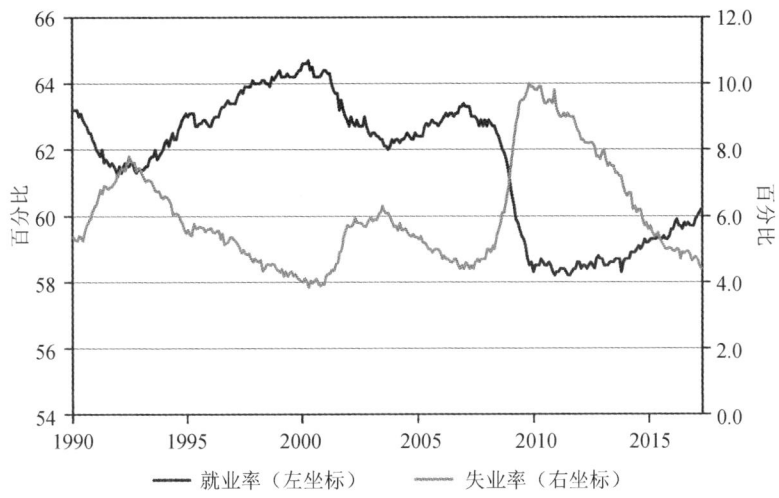

图 31.6　就业占劳动年龄人口的比率和官方失业率
（1990 年 1 月—2015 年 4 月）

来源：美国劳工统计局

就业与劳动年龄人口的比率仍远低于危机前的水平。事实上，自 1990 年以来，每次经济衰退后，就业与劳动年龄人口比率的恢复速度都非常缓慢。或许最令人担忧的是，在整个周期内，失业率（失业人口占劳动力的百分比）和就业与劳动年龄人口比率的反应越来越不对称。

这种不对称有两个特征，如图 31.6 所示。第一，在经济衰退时期，失业率急剧上升，而就业与劳动年龄人口的比率则急剧下降。在复苏时期，两者都很难恢复到以前的水平。第二，虽然这两个比率在经济衰退中的变化方向相反，但失业率下降的速度要比就业与劳动年龄人口比率的改善速度更快。就业与劳动年龄人口比率同失业率之间的经验时间序列关系，是由人口、抚养比和劳动力参与率的变化发挥中介作用的。对这种关系的进一步讨论超出了本书的范围。

虽然官方失业率已回落至全球金融危机之前的水平，但更广泛的劳动力利用不足指标显示，最近的复苏还表现为，大量工人在想要全职工作时却只能找到兼职工作。存在严重的就业不足意味着，一些额外的总需求可以在不需要额外增加雇员的情况下由在职工人延长工作时间来满足。

图 31.7 绘制了官方失业率与"非官方"U6 指标的对比情况,① U6 指标不仅包括那些待就业人口（are marginally attached to the labour force），还包括未充分就业人口。

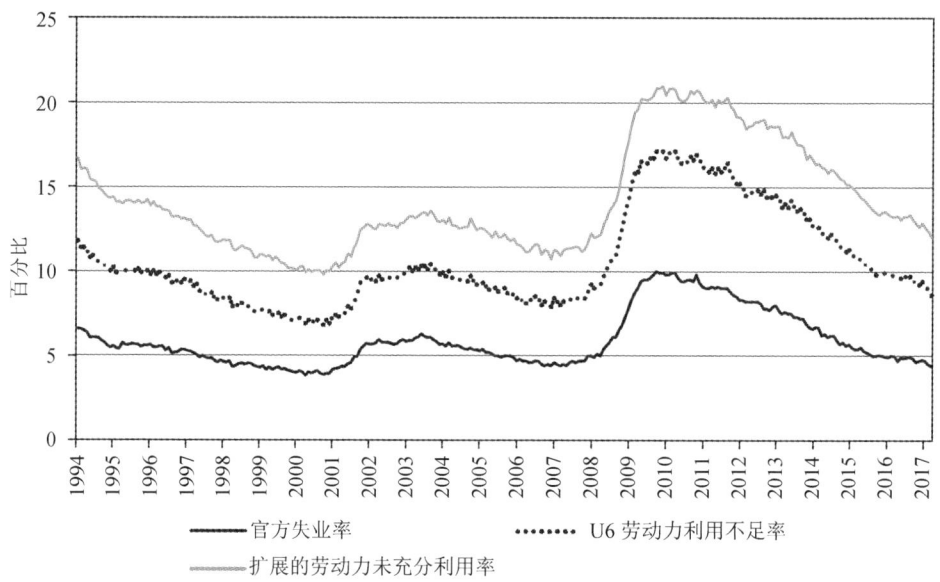

图 31.7　1994 年至 2017 年美国劳动力利用不足率的测量（百分比）

来源：美国劳工统计局和作者的计算

注意：U6 劳动力未充分利用率 =（失业人数 + 经济原因造成的零工人数 + 待就业人数）/（劳动力总量 + 待就业人数）。

扩展的劳动力未充分利用率则是 U6 的分子和分母均加上不属于劳动力但当期想要工作的人数，这一人数为 BLS 数据序列 LNS15026639。

截至 2017 年 4 月，U6 失业率为 8.6%。仍有 710 万人失业，530 万人因经济原因兼职，还有 150 万人待业。绝大多数待业人口是对寻找工作失去信心的准待业人口（找不到工作），或因其他因素——如儿童保育或交通困难——而难以参与工作的人口。考虑到在美国难以获得支付得起的、可获得的和充足的儿童保育和公共交通，这并不奇怪。

然而，即便是 U6 这种失业率指标也可能低估了这些挑战，因为劳工统计局（BLS）的统计人员认为，只有那些在上一年寻找过工作的人才算是"待

---

① U6 比率由美国劳工统计局（BLS）提供。

业"的。根据劳工统计局的数据，2017年4月，有570万就业市场外部的人报称现在想要工作，其中很大一部分人在上一年没有找过工作。将这些人纳入考虑，一项更全面的指标将闲散劳动力的比率提高到了12%，图31.7中的这项指标被称为"扩展的劳动力未充分利用率"（the augmented labour underutilisation rate）。这意味着2017年4月大约有2000万人想要一份全职工作，但在美国却找不到。

美国劳动力参与率下降的典型解释是年龄结构（age demographics），[①] 再加上美国劳动力特征的变化和其他结构性力量。请记住，总劳动参与率是各个年龄组参与率的加权平均值，权重是每个年龄组在总劳动力中的比重。此外，老年工人的参与率远低于壮年（25—54岁）的工人。

因此，尽管55岁及55岁以上的劳动力参与率在20世纪90年代后期开始上升，但参与率较低的老年工人所占比重却不断上升，而壮年工人的比重却不断下降。这意味着总体参与率从2000年初开始下降，而且这一趋势还在继续。

与这一趋势相关的一个难题在于，壮年参与率也随之下降。在经合组织国家中，美国目前的壮年劳动力参与率最低。这一群体的劳动参与率下降，是导致整体劳动参与率下降的重要长期因素之一，并且对从整个"劳动力老龄化"方面来解释美国参与率下降提出了质疑。

很难得出这样的论点，即过度的劳动力市场监管或慷慨的社会安全网，能够解释为何与其他经合组织国家相比，美国的参与率下降。因为这些国家通常拥有更为严格监管的劳动力市场，以及更广泛和全面的社会安全网。

一些人将劳动力参与率下降归因于"社会变迁"，例如，随着越来越多的人渴望更好的工作与生活的平衡（把更多时间花在陪伴家人和业余爱好等上面），或追求更高的教育成就，个人偏好发生了变化。虽然16岁至24岁之间劳动力参与率的下降反映了美国人在学校的时间越来越长，但这不能解释为什么正值壮年的美国人（尤其是男性）已经退出了劳动力市场。

虽然社会变迁的解释听起来似乎有理，但不太可能有大批美国人根据个人

[①] 指一个国家或特定地区或人群中不同年龄段的人口比例和分布情况。——校订者注

偏好自愿离开劳动力市场。事实上，在 16—24 岁和 25—54 岁这两个年龄段中，报告不想要工作的非劳动力人数已经下降。此外，有 18 岁以下子女的已婚夫妇的历史趋势表明，父母双方都有工作的家庭比例显著增加，从 20 世纪 60 年代的 25% 增加到 2016 年 5 月的近 61%。这两种趋势似乎都不符合"生活方式变迁"的说法。

在过去的 50 年中，没有工作也没有找工作的处于壮年的男性人数增加了一倍多。然而，在配偶工作期间花更多时间与家人在一起的"个人选择"，似乎并不能解释这种下降的原因，因为在不加入劳动力大军的壮年人中，只有不到 25% 的人的配偶有工作，其中近 36% 的人生活在贫困之中（Executive Office of the President of the United States，2016）。此外，没有子女的壮年男性的参与率下降速度，是有子女的壮年男性的两倍多。

尽管人们并不否认老龄化对参与率的影响，但全球金融危机后的总需求不足已经造成了"灰心失业者效应"（discouraged worker effect）。[1] 这是长期失业者被归类为就业市场之外的人员的趋势，因为面对稀缺的就业机会，他们不再积极寻找工作。换言之，自 2000 年以来，美国参与率下降的一部分原因是隐蔽性失业率的上升。

结论

尽管人们普遍认为，供给方面的因素会影响经济长期更快增长的能力，但有证据表明，自 20 世纪 70 年代中期以来，美国的劳动力市场一直处于严重疲软状态。缺乏足够的总需求也导致了这一时期大部分时间的生产率增长放缓。如果说有什么不同的话，那就是在全球金融危机之后，人员闲置有所上升，部分原因在于"灰心失业者效应"。

这种闲置，以及随之而来的工资下降压力，降低了企业投资于节省劳动力的生产技术的动力。这反过来又降低了通过创新提高劳动生产率的动力。

换言之，有效需求不足产生了一种反常的、抑制经济发展的恶性循环，这

---

[1] "灰心失业者效应"是指由于长期找不到工作而放弃寻找工作的人数增加导致失业率下降的现象。——校订者注

种恶性循环使总需求和经济增长低于应有的水平。不幸的是，政策制定者错误地将其解读为供给方面对经济增长的约束，因为他们认为生产率主要是供给方面的现象。

美国大量的闲置劳动力可以投入到工作之中，用来增加总需求和经济增长，这可能有利于生产率增长。虽然政策解决方案的一部分在于鼓励私人需求，但也存在着更多的政府支出空间。由于私人部门将首先雇佣最有就业能力的工人（那些获得更多教育、培训和工作经验的工人），所以，政府有必要填补即使在强劲扩张中仍然存在的空缺。最好的办法就是就业保障。

附录3：美国社会保障和医疗保险制度

美国的社会保障和医疗保险制度由两个独立的信托基金构成，每个基金有六个受托人。两名公共受托人（一名民主党人和一名共和党人）审查另外四名受托人的建议，这四名受托人是财政部部长（管理受托人）、卫生和公共服务部长、劳工部长和社会保障专员。

按照美国社会保障法的规定，受托人每年必须向美国国会提交有关信托基金财务状况的受托人报告，该报告还要根据精算和经济假设及模型，对每个基金的未来收入和支出作出详细预测。

老年和遗属保险信托基金，是美国政府用于支付未来退休福利的会计处理方法。伤残保障抚恤金的支付，则由伤残保险信托基金负责承担。这些基金统称为老年、遗属及残疾保险（OASDI）计划。

《2016年美国社会保障受托人报告》指出：

> 根据受托人的中间假设，预计老年、遗属及残疾保险的计划成本将超过总收入，并从2020年开始这一差额会不断增加，联合信托基金储备的美元水平将下降，直到2034年耗尽。……到2038年，预计该计划的成本通常比预计的非利息收入增长更快。这主要是因为，处于工作年龄的婴儿潮一代完全被其之后出生率较低的一代人所取代，婴儿潮一代人的退休将

使受益人数量的增长远远快于受保工人数量的增长。① ……要想老年和遗属保险与残疾保险信托基金在整个75年的预测期内保持完全偿付能力：（1）收入必须增加相当于即时和永久工资税率增加2.58个百分点的数额……；（2）预定的福利金必须减少相当于即时和永久性地削减约16%的数额……；或（3）必须采取这些办法的某些组合。（Board of Trustees, *Federal Old-Age and Survivors Insurance and Federal Disability Insurance Trust Funds* 2016：4-5）

这是一种很常见的报告方式。它基于这样一个前提，即除非信托基金出现正余额，否则社会保障计划将无法支付受益人的费用。此外，有人认为，所谓的资金缺口将随着时间的推移，随着基金受抚养人人数的增加而增加。《2016年美国社会保障受托人报告》称，到2038年，社会保障福利金（OASDI）将占应税工资总额的16.61%，到2034年，信托基金将会耗尽。显然，这些信托基金是美国政府的最终责任，美国政府总能确保福利金得到支付（按名义价值）。这种能力是法定货币制度内在所固有的。为了掩盖这一内在能力，历代政治家都设置了一系列限制性的行政层级，用这些层级来论证他们所声称的政府在财政上受到约束。这些看法反映了许多保守派政治家在意识形态上对政府计划的厌恶。信托基金的组织和资金筹措方式表明，由于美国政府据称无力履行其所有债务，公众于是被误导，错误地认为其未来的养老和医疗权益能否得到保障存在不确定性。例如，通过美国政府决定将工资税和所得税收入分配给这些基金的收入方，这就制造了掩盖事实的会计烟幕。这样一种鲜明的姿态——从财政角度来看完全没有必要——给公众留下的印象是：（a）他们的税收正被用于某些特定用途；（b）如果没有这些税收资助这些用途，就没有能力提供服务。

当然，这两种看法都是错误的。在法定货币制度中，纳税人不为任何东西提供资金，美国政府也不需要为其选择的非政府部门提供商品和服务而寻找

---

① 美国的"婴儿潮一代"是指美国在1946—1964年期间由于出生率大幅度提高所出生的人口。如果退休年龄按60岁计算，那么美国"婴儿潮"期间所出生的劳动力在2024年已经全部进入退休状态。——校订者注

资金。

在美国的社会保障制度中，这种迷惑性非常强大。如果当期收入不足以应付当期债务，这就需要使用以前的信托基金结余（主要是过去的盈余）。这些过去的盈余被投资于美国国债。

这看起来是一个精心设计的机制：政府借钱给自己，假装增加收入，它们是为养老和医疗保险福利"提供资金"所必需的。事实上，美国政府（通过国会）总能通过立法，将"信托基金"转为"普通基金"。

虽然从会计角度来看，这些信托基金可能会因为它们目前的构建和会计方式而资不抵债，但如果美国政府愿意，它绝不可能无法向养老和医疗保健提供必要的美元。事实可概括如下：

- 美国政府每年可以敲击电脑键盘支付所有福利。唯一的问题是名义上的转移在实际意义上是否可行，也就是说，2085年是否有足够的实际商品和服务供美国老年人享用？如上所述，高水平的私人和公共资本形成，将使这些商品和服务的需求得到满足。
- 不必现在或以后消除这些人为信托基金的任何赤字。它们是会计假象。
- 美国社会保障信托基金不存在即将爆发的财务危机。美国政府随时都可以为任何福利提供资金。
- 每年用于社会保障的数十亿美元，并不会使为其他政府计划寻找资金变得更为困难，也不需要大幅度地持续增税。美国政府在财政上不会因为在X上的支出而连累在Y上的支出。它可能在政治上受到损害，但这与货币体系的基本特征以及美国政府作为货币垄断发行者而享有的能力无关。

年轻的工人根本不必担心他们的父母和祖父母正在享受这些基金的好处。年轻工人面临的最大问题在于失业顽疾以及失业持续时间的延长，这是由美国政府未能扩大赤字规模以支持适当水平的就业创造所导致的。这种失业将造成代际损失。现在试图削减开支以应对社会保障，会使年轻工人的处境恶化。

chapter 32

第 32 章
全球金融危机中的宏观经济学

本章纲要

32.1 引言
32.2 为什么主流宏观经济学没有预见到全球金融危机？
32.3 谁预见到了全球金融危机？为什么危机会发生？
32.4 欧元区危机中关于主权货币的教训
结论
参考文献

学习目标

- 理解主流宏观经济学的关键性缺陷，这些缺陷解释了为什么主流宏观经济学的支持者没有预见到全球金融危机。
- 认识到现代货币理论的倡导者预见到了全球金融危机，并且他们分析了欧洲货币联盟的设计缺陷。

32.1 引言

在第 26 章，我们考察了以马克思、明斯基等学者为代表的非主流经济学的经济周期理论。正如我们所看到的，正统与非正统的经济周期理论存在两大主要的不同。

首先，正统经济学通常将经济偏离"自然"均衡的经济周期归咎为外部因素，比如，外部"冲击"或者"出人意料"的政策。内生的市场力量接下来会推动系统回归均衡。真实经济周期理论是一个例外，因为该理论认为，经济一直是处于均衡状态的，技术"冲击"是经济转向新的均衡增长路径的驱动因素。其次，正统经济学认为，经济周期从根本上来说不是货币或金融现象。

尽管一些正统经济学流派（例如，弗里德曼的货币主义和卢卡斯的新古典宏观经济理论）将经济周期归咎于"出人意料"的货币"惊吓"因素，但在这些流派看来，货币一般只能决定名义价值，因而是中性的。只有在经济主体犯错误的时候，货币才会暂时变得非中性。正是货币的这种短期非中性导致了经济周期的变化。

相反，在大部分非正统经济理论中，经济周期都是内生的，货币和金融在其中起着关键性作用。正如明斯基所言，经济周期是金融周期。许多非正统经济学家遵循凯恩斯的思路，认为资本主义经济周期的根源在于，经济活动以赚取金钱为中心。货币永远都不会是中性的，因为资本主义追求的目标就是"更多的货币"。当资本家在追逐货币利润的过程中遇到问题时，抑或他们预期会出现问题时，经济增长就会放缓。货币由此产生了经济问题，特别是因为货币债务需要用货币收入来偿还。

明斯基认为资本主义是一个金融体系，其中存在复杂的金融合约网络。如果这些支付承诺中有一处出现断裂，例如，一个债务人违约，这就有可能导致另一个依赖该违约者还款的债务人违约。尽管周期性的衰退不一定总是伴随着金融危机（反之亦然），但是伴随金融危机的衰退往往更加严重。

在本章中，我们将继续考察始于 2007 年的全球金融危机。此次全球金融危机是自 20 世纪 30 年代的大萧条以来最严重的全球经济危机；在这两次危机中，经济衰退都伴随着严重的金融危机。值得注意的是，尽管这两次危机均波及世界大部分地区，但全球范围内也有很多地区幸免于难。最引人注目的是，苏联在20世纪30年代的大萧条中没有受到很大的影响，全球金融危机在本世纪头十年后期也没有对中国的经济增长产生太大影响。

在大萧条发生之前，一些经济学家，特别是凡勃伦（Veblen，1919）警告危机即将来临。包括欧文·费雪在内的正统经济学家不赞同该观点。甚至在大萧条开始后，正统经济学家们也几乎没有提出有益的政策建议。英国经济学家阿瑟·庇古认为削减工资将减少失业，美国银行家和财政部部长安德鲁·梅隆（Andrew Mellon）甚至倡导将"破产清算"作为复苏的途径。正如我们即将看到的，正统经济学家在2008年全球金融危机迫近之时也基本上同样未能发出预警。

我们将考察大部分正统经济学家在全球金融危机袭来时感到惊讶的原因。回顾过去，几乎没有正统经济学家预见到全球金融危机，这不足为奇，因为他们对经济周期的理解是以对资本主义经济动态的根本误解为基础的。正如我们即将在下一节看到的，他们的理论至多适用于这样一个世界：货币是中性的，经济系统的内部动态变化将自发地恢复均衡。

32.2 为什么主流宏观经济学没有预见到全球金融危机？

在全球金融危机重创全球经济后，英国女王直截了当地问她的经济顾问为什么没有人预见到这场危机。具有讽刺意味的是，许多正统经济学家实际上一直在庆祝美联储主席本·伯南克（Ben Bernanke，2004）所宣称的"大缓和"时代（The Great Moderation）——一个经济稳定的新黄金时代——的到来。他们声称由于一些原因，危机发生的可能性大大降低。

各国中央银行行长更加关注抗击通货膨胀，并采取了与市场沟通的新策略，建立了市场对政策制定者行动的信心。世界范围内较低的通货膨胀被认为促进了更稳定的经济增长。反过来，市场创造了各种各样的金融创新，降低了风险，并将余下的大部分风险分配给那些有能力处理这些风险的市场参与者。此类创新的例子包括利用衍生品来对冲风险——如利率风险和汇率风险，将风险转移出银行体系的证券化,以及信用违约互换的"保险"。

全球化的资本市场使投资组合多样化,也使供应链多样化,从而保护企业免受某些风险的冲击(例如,从可能摧毁工厂的地震到当地工会的罢工)。最后,新的数学算法和高速的计算机使更准确地确定风险成为可能。

此外,如果所有这些创新措施都未能保护市场不受危机影响,人们相信,各国中央银行会迅速出手干预,拯救市场。市场参与者对中央银行行长——尤其是美联储、英国中央银行(英格兰银行)和欧洲中央银行的行长——的权力和智慧抱有极大信心。这使他们确信,发生危机的风险相当小。

许多人提到了"格林斯潘对策"(Greenspan Put)。艾伦·格林斯潘(Alan Greenspan)于1987年至2006年担任美联储主席。他的策略是,只要市场下跌他就会出手救市,从而消除了大部分市场下行的风险。这就好像是在说"硬币掷出正面我赢,反面你输",格林斯潘实际上是"将所有损失社会化,将任何收益私有化"。这鼓励了过度的冒险行为。毫无疑问,这些认知提升了金融市场的乐观预期。

在全球金融危机爆发之后,美国政府进行了一项调查,以确定经济崩溃的原因。金融危机调查委员会(The Financial Crisis Inquiry Commission,FCIC)成立于2009年5月,并于2011年发布了报告。该报告有力地证明,这场危机是可以预见和避免的。它不是严重的低概率随机"冲击"的结果。相反,它是在我们的"公共管家"(政府银行业监管机构)的眼皮底下全球最大的几家银行运作不当造成的。

按照这份引人注目的报告的看法,全球金融危机是公司治理和风险管理的重大失败,这在很大程度上是因为不明智的银行交易(实际上是赌博),以及金融资产负债表的快速增长。与此同时,政策制定者和监管者不断推动放松监管和去监管,支持市场"自我监管"和"自我监督"。报告称,正是这些危险因素共同导致了这场危机。

虽然该报告确实"点名"了不恰当的行为,但它将重点放在了不良的个体金融行为和个别金融事件,这有失偏颇。在下一节中,我们将把这场危机置于战后金融体系转变的历史过程中,并强调整个体系的结构性缺陷。

包括高盛员工在内的一些市场参与者和一些非正统经济学家都预见到了这

场危机。另一方面，为什么几乎没有正统经济学家预见到危机的到来？美联储主席艾伦·格林斯潘在美国国会接受质询时给出了一个言简意赅的答案：他的经济模型是错误的，无法正确描述经济运行方式（参见专栏32.1）。像大多数正统经济学家一样，格林斯潘相信自由市场会自动实现均衡。

他认为，市场这只"看不见的手"会引导理性的个人实现个人效用最大化，通过这样做，他们也实现了社会福利的最大化。这种观点认为，银行向无法偿还的借款人发放贷款是非理性的。投资银行也不会押注自己的客户违约。

因此，市场参与者不会承担过高的风险，也就是说，不会持有那些风险超过收益的资产头寸。此外，理性的经济主体不会承担过高的杠杆率，也不会持有流动性过低的头寸。虽然有些人可能会有不道德和不明智的行为，但人们相信，市场会惩罚他们，并淘汰他们不那么成功的策略。

正如格林斯潘主席所承认的那样，这种世界观是错误的。这只"看不见的手"实际上引导了金融机构发放不良贷款，押注客户违约，承担过度风险，提高杠杆率，同时流动性降低到了如此低的程度，以致于损失只要小幅上升就会危及整个金融体系。

专栏 32.1　格林斯潘承认模型存在缺陷

众议员亨利·韦克斯曼（Henry Waxman）：我想问你的问题是，你持有一种意识形态，你对自由、竞争抱有信念——这是你说的："我确实有一种意识形态。我的判断是，自由、竞争的市场是迄今为止最好的经济组织方式。我们尝试了监管，但这没有什么意义。"这是你的原话。

你们有权力阻止引发次贷危机的不负责任的借贷行为……现在我们整个经济都在付出代价。

你是否觉得，你的意识形态驱使你作出了让你后悔的决定？

艾伦·格林斯潘：嗯，请记住，意识形态是人们处理现实问题的一个概念框架。每个人都有意识形态。为了生存，你需要一种意识形态。问题在于它是否准确。

> 我要说的是，是的，我发现了一个缺陷。我不知道它有多重要，也不知道它会持续多久，但我一直为这个事实感到非常苦恼。
>
> 众议员亨利·韦克斯曼：你发现了现实中的一个缺陷……
>
> 艾伦·格林斯潘：是模型中的缺陷，我认为模型的核心功能是确定世界的运行方式。
>
> 众议员亨利·韦克斯曼：换句话说，你发现你的世界观，你的意识形态是错误的，它不起作用了？
>
> 艾伦·格林斯潘：是这样的。不，这实际上正是我感到震惊的原因，因为在40年或更长的时间以来，我一直都是这么看的，有相当多的证据表明它特别行之有效。
>
> 资料来源：摘自 US Government Publishing Office (2008) House Hearing, 110th Congress-The Financial Crisis and the Role of Federal Regulators Serial No. 110-209. Available from https://www.govinfo.gov/app/details/CHRG-110hhrg55764/CHRG-110hhrg55764.

格林斯潘是一位金融从业者和政策制定者，而不是一位学院派经济学家。他在"现实世界"中研究经济是如何运作的，而不是封闭在某个大学的象牙塔里。在危机之前，他每天都在与金融市场数据和参与者打交道。然而，他仍然大错特错，因为正如他所承认的，他的自由市场意识形态是错误的。该意识形态错误解释了他所获得的真实世界的信息。

正统经济学家们在很大程度上采用了相同的意识形态，但他们对现实世界的金融制度知之甚少。他们的许多理论甚至不允许任何类似于真实金融制度的事物存在。他们的许多模型中都没有货币。

> **提示框**
>
> 在第29章和第30章中，我们对主要的正统经济思想流派做了一个简短的回顾。其主要特征是：
>
> - 货币在很大程度上被充当为一种交换媒介。

> - 金融机构仅仅是一种中介，将储户所提供的储蓄放贷给借款人。
> - 未来没有不确定性，只有已知概率分布的风险。
> - 承担风险的人会得到更高的回报，这些回报足以补偿额外的风险。
> - 数学严谨的模型（动态随机一般均衡模型）假设永远没有人会违约。
>
> 这些是目前最发达的资本主义经济体的中央银行都在使用的模型的基本特征。

然而，尽管遭受失败，正统经济学家和中央银行却依然在其经济模型中假设所有借款人总是能够在到期时偿还所有债务。在这样一个世界里，评估信用风险是毫无意义的，因为所有借款人都信誉良好。像全球金融危机这样的危机几乎是不可能发生的。政策制定者和创建这些模型的学院派经济学家没有预见到危机的到来，这并不令人感到奇怪。

金融危机冲击美国后，一些正统经济学家声称，这个问题是美联储造成的，因为它在长时间内保持过低的利率，导致经济过热。事实是，美联储从2004年开始大幅加息，即便当时并没有出现通货膨胀的迹象，也几乎没有证据表明失业率的下降将会引发工资水平的迅速上涨。这些加息基本上没有产生效果。实际上，美国房地产和大宗商品市场的巨大泡沫的大部分都产生在美联储加息之后（参见下一节关于经济泡沫的讨论）。

总之，许多正统经济学家以及美联储的一些研究人员都否认泡沫的存在。他们辩称，即使资本市场出现问题，美联储也没有职责去推翻数百万金融市场参与者的观点。因此，如果这些参与者热衷于推升房地产和商品价格，位于华盛顿特区的联储委员会没有权利去限制他们的活动。尽管该委员会的一些成员确实私下里对资本市场的过热感到担忧，但美联储的公众形象依旧是新主席的"大缓和"路线。

我们现在可以从美国联邦公开市场委员会的会议记录中得知，当危机袭来的时候，美联储感到惊讶，并在接下来的几个月和几年当中，在问题从一个机构蔓延到另一个机构，从一个金融市场蔓延到另一个金融市场，最后遍及全球的过程中，依然感到惊诧不已。

正如我们将在下一节中看到的，美联储最终不得不发放总计 29 万亿美元的贷款来支持全球金融体系。这个数字大到难以理解，政策制定者或学院派经济学家肯定从未考虑过这个数字。

最值得注意的是，这些贷款与维护货币的交易媒介职能基本无关。它们是必要的，因为层叠在一起的金融债务将金融机构的资产负债表联系在一起。这些金融机构既包括受监管的银行，也包括不受监管的影子银行。①

尽管许多人将危机归咎于流动性问题，但流动性危机并不是非理性的银行挤兑的结果，而是金融机构资不抵债的确切反映。这进而又可以归因于贷款标准的灾难性降低和无处不在的欺诈。

一旦金融机构开始怀疑彼此的偿付能力，它们就会拒绝持有彼此的债务。因此，最终发生的是金融机构之间的相互挤兑，而不是储户所引发的银行挤兑。这就是为什么美联储的贷款总额要比所有银行的美元存款总额高出几个数量级。

19 世纪的白芝浩（Bagehot，1873）认为，在危机中，中央银行必须无限制地出借准备金，也就是所谓的最后贷款人操作。他认识到，一旦银行遭遇挤兑，只有中央银行能够予以阻止。中央银行是通过贷出准备金来做到这一点的，这样银行就可以将自己的债务转化为中央银行的债务。

在存款银行业发展后，银行承诺按需将其存款兑换成中央银行钞票或中央银行准备金。再重复一次，这意味着中央银行必须根据需要借出钞票或准备金，以阻止挤兑。如果不这样做，挤兑将蔓延至整个银行体系，因为私人银行票据或私人银行存款的持有者需要现金，也就是中央银行钞票。

如果中央银行拒绝这样做，支付系统就会停摆，因为如果银行担心无法获得足够的中央银行钞票和准备金来偿还自己的债务，那么没有一家银行会接受另一家银行的债务。没有一家银行能够在对其债务的挤兑中——其中储户或票据持有人要求兑换现金——幸存下来，因此挤兑将从一家银行蔓延到另一家

---

① 影子银行是可以从事信用创造的不受监管的金融机构。

银行。

20世纪30年代，美国建立了存款保险制度，中央银行承诺始终充当最后贷款人。这保护了支付系统，防止了银行挤兑。尽管全球金融危机很严重，许多大银行可能资不抵债，但在美国，受存款保险保护的存款并没有遭到挤兑。

英国北岩银行（Northern Rock）在2007年9月曾发生挤兑事件。这是因为英国中央银行只为90%的受保存款提供赔偿。当然，没有储户愿意损失10%的存款，因此，当危机袭来时，储户明智地试图提取存款。英国不得不将保险提高至100%，以阻止挤兑。澳大利亚陆克文政府在2008年10月推出了一项存款担保计划，通过确保四大银行能够继续从货币市场获得资金来偿还债务从而使它们免于破产。

然而，银行和影子银行发行的非存款债务却出现了挤兑，这些债务没有得到美联储的保护。因此，问题出现在金融体系的边缘，出现在被主流宏观经济学家忽视的活动和资产上。

正统经济学家通常不考虑金融体系的复杂性。如果他们的模型中有货币，那么形式会非常简单，要么是政府发行的法定货币，要么是法定货币准备金（以供兑换）经由乘数创造的存款货币。

这些模型假定企业通过留存收益、贷款或出售股权来为投资融资。从20世纪50年代末开始，主流经济理论就认为，使用这三种融资选择中的任一种是没有区别的。按照这种逻辑，企业是依靠负债，还是依靠自有资金来为支出融资都无关紧要。这也可以扩展到家庭，所以债务实际上并不重要。

回想一下前文所述，最严格的正统经济学模型甚至假定违约永远不会发生，这与他们的以下观点一致，即无论负债的是家庭还是企业都没有区别。当经济主体承担债务时，他们便能够跨越时间地最优地配置支出，从而使收入与期望的支出一致。重要的是，一生的总支出和总收入是相等的。

因此，正统经济学家并不十分关心家庭、非金融企业和金融机构不断上升的债务占GDP的比率。实际上，他们认为这些趋势是人口结构等其他原因造成的，因此债务的上升趋势理性（且安全）地平滑了不同时期的支出流。因此，他们在危机爆发前没有注意到任何值得担忧的事情，这也就不足为奇了。

32.3 谁预见到了全球金融危机？为什么危机会发生？

引言

贝泽默（Bezemer，2009）发现，遵循正统经济学均衡方法的经济学家都没有预见到危机，并且，他们也不可能预见到危机，因为他们要么忽视了助推危机产生的金融创新，要么将这些创新视为降低风险从而增强金融系统弹性的机制。

贝泽默发现了12位预见到这场危机的经济学家，其中的一些早在20世纪90年代中后期就正确地预测到了造成这场危机的问题本质。他们抛弃了均衡概念，转而采用一种资金循环流动的方法，在这种方法中，存量和流量具有一致性（参见第6章）。这些经济学家强调核算恒等式，而不是基于市场出清的均衡。他们还明确地建立了金融系统独立于"实体"经济的模型。最后，他们接纳了凯恩斯的不确定性，而不是假设进行最优化的经济人，后者只需要应对已知的概率，即风险。

在第6章中，我们追寻韦恩·戈德利（Wynne Godley，1999）和兰德尔·雷（Godley and Wray，1999）的先驱工作，学习了核算恒等式以及对存量与流量的处理。戈德利曾对20世纪90年代不可持续的"金发女孩式"经济发出过警告，这是因为克林顿政府的财政盈余意味着非政府部门深陷赤字。在全球金融危机发生之前的近10年里，美国国内私人部门几乎一直处于赤字状态，私人部门债务占GDP比升至125%。与之类似，在澳大利亚，霍华德政府执政的大部分时间里（1996—2007年），政府财政都是盈余，而这也与不断上升的私人负债率有关。

明斯基的金融不稳定性假说

一些经济学家借鉴海曼·明斯基提出的金融不稳定性理论，注意到了金融部门日益脆弱的问题。20世纪90年代初，明斯基采用"阶段"分析方法来描述自19世纪末以来金融体系的长期转变（Wray，2009）。他认为，资本主义在大约一百年的时间里经历了三个主要阶段。

20 世纪初,"金融资本主义"(finance capitalism)占据了重要地位。它由为企业提供融资的投资银行所主导。然而,到 20 世纪 20 年代末,这些投资银行主要是为金融资产——特别是它们附属的信托机构所发行的股票——的投机活动提供融资。

这些只不过是传销骗局。① 投机对象是实际上一文不值的股票,就像臭名昭著的庞氏骗局或当代的伯尼·麦道夫(Bernie Madoff)。高盛在这些骗局中扮演了重要角色。

在明斯基看来,大萧条终结了金融资本主义阶段。对金融部门的新政改革、联邦政府更强大的干预与大萧条共同开启了一个更加稳定的时代。他称之为"有管理的—福利国家"资本主义("managerial-welfare state" capitalism),在这种资本主义中,"大银行"(Big Bank)(美联储)和"大政府"(Big Government)(财政部)促进了稳定的经济增长、高就业率、上涨的工资和更平等的收入(参见第 26 章)。

美国进入了经济的"黄金时代",这一时期从第二次世界大战结束一直持续到 20 世纪 70 年代初。虽然明斯基的研究关注的是美国,但他的大部分分析也适用于其他主要的发达资本主义国家。这些国家也有本国版本的"美国新政",并在这一时期经历了强劲的增长、低失业率和温和的衰退。

严重的衰退和金融危机的消失鼓励了金融创新,这些创新增加了金融不稳定性。此外,由于某些我们没有进行更多讨论的原因,保守派政客和经济学家能够慢慢地削弱了新政改革,尽管新政促进了增长并提供了社会保护。

在 1974 年之后,美国男性收入中位数停滞不前,并开始下降,因为工会遭到了削弱,社会保障体系遭到了破坏。故意增加失业成为政策制定者用来保持低通货膨胀的工具。

有几项重要法案旨在减少监管,其中包括 1999 年的《格雷姆-里奇-比利雷法案》(Gramm-Leach-Bliley Act),该法案终结了《格拉斯-斯蒂格尔法案》

---

① 传销(金字塔计划)是一种商业骗局,这种模式招募成员,并承诺成员可以从招募其他人加入该计划中获得报酬,而不是通过提供商品或服务获得报酬。

(Glass-Steagall）对投资银行业与商业银行业的分离。并且，金融机构越来越依赖于自我监督。在国内总利润中，他们能够获得更大的利润份额，这增强了他们的政治权力，使之有可能进一步破坏或突破监管从而获得更大的利润份额。

这种转变被称为"赌场资本主义"（Casino Capitalism）和"金融化"。这一阶段类似于"金融资本主义"，影子银行现在扮演着20世纪20年代投资银行的角色。在20世纪90年代初，明斯基曾警告称，这个最新阶段——他称之为"基金经理资本主义"（Money Manager Capitalism）——极不稳定，而且倾向于加剧危机。

这一阶段的重要特征是对银行部门进行监管的重要性下降，以及"影子银行部门"中"管理基金"的崛起，正如表32.1所示。这为废除新政改革提供了一个理由：只有这样银行才可以与那些挖走它们业务的管理基金"竞争"。

管理基金包括养老基金、退休储蓄账户、大学捐赠基金和主权财富基金。与银行一样，这些实体发行债务（例如，养老基金对养老金领取者负有债务）并购买诸如银行和影子银行的债务、政府债券和房屋抵押贷款债务等资产。

因此，随着私人部门债务迅速增长，监管宽松的影子银行体系持有的私人债务比重也在不断增加。另一方面，商业银行和储蓄机构不仅受到政府机构的密切监督，而且其大部分债务由政府担保。而由管理基金发行的债务则没有政府担保，因此是有风险的。

一些正统经济学家认为，这种监管环境是适当的。政府担保的潜在损失是有限的，因为监管促使银行回避高风险的资产，而对于持有影子银行债务的人来说，他们会有动力去约束好自己的行为。

然而，这些观点被证明是错误的。当全球金融危机爆发时，政府救助了一些影子银行，如美国国际集团（AIG），并将存款保险扩展覆盖到更多银行。政府还购买风险资产或者以风险资产（如资产支持证券）为抵押发放的贷款。我们现在知道，没有人在约束影子银行，这些影子银行购买了他们预期会贬值的资产。此外，受监管的商业银行与影子银行存在多种金融联系，以至于它们不得不承受很大一部分由基金经理冒险行为所造成的损失。

表 32.1　1945—2008 年金融部门总资产中各类金融机构所占百分比

	1945	1950	1960	1970	1980	1990	2000	2008
商业银行金融资产总额	59.8	50.3	36.9	36.4	33.5	25.3	19.1	24.1
储蓄机构	10.7	13.2	18.0	17.8	17.9	10.0	3.5	2.6
信用社	0.1	0.3	1.0	1.2	1.5	1.6	1.3	1.4
财产意外保险公司	2.6	4.0	4.2	3.6	4.1	4.0	2.4	2.3
人寿保险公司	18.3	21.0	18.6	14.2	10.5	10.3	8.9	7.8
私人养老基金	1.6	2.0	6.6	8.7	11.6	12.4	12.7	7.9
国家和地方政府雇员退休基金	1.1	1.6	3.2	4.2	4.4	5.5	6.5	4.0
货币市场共同基金	0.0	0.0	0.0	0.0	1.7	3.7	5.2	6.5
共同基金	0.5	1.1	2.7	3.3	1.4	4.6	12.6	9.4
封闭式基金	0.4	0.7	1.0	0.4	0.2	0.4	0.4	0.4
政府资助企业	1.0	1.1	1.9	3.3	4.4	3.6	5.6	5.8
机构和政府资助企业支持的抵押贷款池	0.0	0.0	0.0	0.3	2.6	7.7	7.1	8.6
资产支持证券的发行者	0.0	0.0	0.0	0.0	0.0	2.0	4.3	7.1
金融财务公司	1.8	3.2	4.7	5.0	4.8	4.5	3.5	3.2
房地产投资信托	0.0	0.0	0.0	0.3	0.1	0.2	0.2	0.4
证券经纪人及交易商	2.1	1.4	1.1	1.1	1.0	2.0	3.5	3.8
融资企业	0.0	0.0	0.0	0.1	0.4	1.9	3.3	4.7
管理基金	3.6	5.4	13.5	16.7	19.3	26.7	37.4	28.2

数据来源：美国财政部，美联储资金流量账户

许多评论员将全球金融危机的出现称为"明斯基危机"（Minsky Crisis）或"明斯基时刻"（Minsky Moment），并援引了明斯基著名的"金融不稳定性假说"，该假说描述了一个经济体的金融结构从"稳健"到"脆弱"的转变：

持续的繁荣将鼓励投资者、金融机构和企业家承担更大的风险。

- 相对于预期收益，他们借入的资金越来越多，并且发明出风险更高的金融工具。
- 此外，监管者可能会放松监管，因为他们认为经济下行的风险已经降低。

明斯基的描述似乎完美地刻画了美国过去几十年的经历，在这期间，金融

危机变得越来越频繁，越来越严重。例如，我们可以列举出 20 世纪 80 年代的储蓄和贷款危机、1987 年的股市崩盘、发展中国家的债务危机（20 世纪 80 年代、20 世纪 90 年代初）、长期资本管理公司和安然公司的彻底失败，以及互联网泡沫的破裂。

这些危机每一次都导致了美国政府的干预，从而阻止了金融市场和经济的双重螺旋下行，尽管在某些情况下，危机过后会出现暂时的衰退。实际上，在互联网危机之后，人们普遍认为，"大缓和"时代到来之后，经济不再可能出现大衰退。所有这些都鼓励了更多的冒险行为、更多的金融层级和杠杆化（以债务为抵押发行的债务，几乎没有净资产的支持）。所有这些行为都与明斯基的金融不稳定性假说相一致。

许多（如果不是大多数的话）新的金融实践除了让金融机构高管获利以外，没有任何社会意义。与此同时，比起企业的长期生存和投资者回报，高风险交易、高杠杆率和追求短期利润等行为更能得到金融市场的奖励。

在基金经理资本主义阶段，每个基金经理都必须提供高于平均水平的回报率才能留住客户，这在统计学上当然是不可能的。然而，在这样的激励下，在几乎没有政府监管的情况下，这不仅鼓励了冒险行为，也助长了道德风险问题。

在明斯基看来，这些管理基金的兴起得益于早期有管理的福利国家资本主义的成功：未出现萧条和相对良好的经济增长，以及在整个战后时期有利于私人养老金和金融资产增长的政策。尽管金融危机会到来，一些财富会消失，但每一次危机都得到了充分的控制，以至于大多数财富得以幸存，经济增长很快就恢复了。

当时"格雷欣法则"（"劣币驱逐良币"）在起作用，那些能够迅速降低资本比率和减少准备金的机构能够增加净收益，从而给管理层和投资者带来回报。此外还发生了一个转变，这就是股价最大化变成了管理层的主要目标，这被认为可以协调股东与高管的利益关系，后者以股票期权作为一部分薪酬。这使得企业关注股市的短期表现，而这往往通过（合法和非法的）市场操纵来实现。

值得注意的是，受金融机构管理的金融财富总量超过了对社会有用的投资。为了保持高回报，基金经理和银行家们不得不转向越来越深奥难懂的金融投机，这些投机领域不仅不服务于公共目的，反而恰恰与公共目的相悖。

一个例子是大宗商品市场上指数投机活动的兴起，这些投机活动推高了全球能源和粮食价格，造成了全球范围的粮食短缺乃至饥荒。互联网泡沫是另一个例子。投机者推升了互联网公司股票的价格，而这些公司既没有成型的商业模式，也没有预期利润，不可避免的股市崩盘使数千亿美元的财富化为乌有。

再举一个最近的例子。始于千禧年之前的美国房地产繁荣，最终在2007年崩盘，引发了全球金融危机。这是美国历史上规模最大的投机性繁荣，由基金经理所推动，他们为投机交易创造了复杂的证券和衍生品。没有什么比投资银行创造的特殊债务抵押债券更能体现出过度投机了，这种债券使得对冲基金可以押注于房主违约或证券化的住房抵押贷款的持有者违约。

如果房主无法偿还抵押贷款，债务抵押债券就会获利，这意味着投资者购买的证券将会贬值。投资者会输，房主会失去他们的房子，但对冲基金会赢！投资银行也赢了，因为它通过创造证券和创造债务抵押债券获得了手续费收入。正是投资银行和其他投机者对这种高风险工具的需求产生了高风险的次级（subprime）和次优级（Alt A）抵押贷款，最终导致了全球金融危机的爆发。

不平等的加剧

明斯基和惠伦（Minsky and Whalen，1996）还将日益加剧的经济不平等与基金经理资本主义阶段联系了起来（另见 Minsky，1996）。随着失业率的趋势性上升，不平等开始加剧，至少在克林顿政府时期开始的繁荣和萧条周期之前是这样。在1996—2006年这十年，宏观经济有所改善，失业率下降，经济增长，贫困人口不再增加。随后，全球金融危机导致失业率显著上升，贫困人口不断增加，不平等程度上升到创纪录的水平。

图32.1显示了1955年至2008年金融部门在企业利润及增加值中所占的比例。金融部门相对非金融部门明显增长。在全球金融危机开始时，金融部门占美国全国增加值的20%，占企业利润的40%。它既是增长的原因，又由于

该部门的高薪酬,因而也是不平等加剧的原因。

从顶尖大学毕业的学生多达一半进入了金融业,因为那里的薪酬远高于其他行业。高层职位的薪酬简直是爆炸式增长。

如前所述,到 2007 年,美国债务与 GDP 之比达到了 500% 的历史峰值。尽管近年来很多讨论都是关于政府债务率的,但家庭部门、非金融企业和金融企业的债务占 GDP 的比例都要高得多。非金融企业债务不是一个大问题,因为这在很大程度上是由资本设备的长期融资所构成,而且在 2000 年后,美国非金融企业的借贷量相对较低。

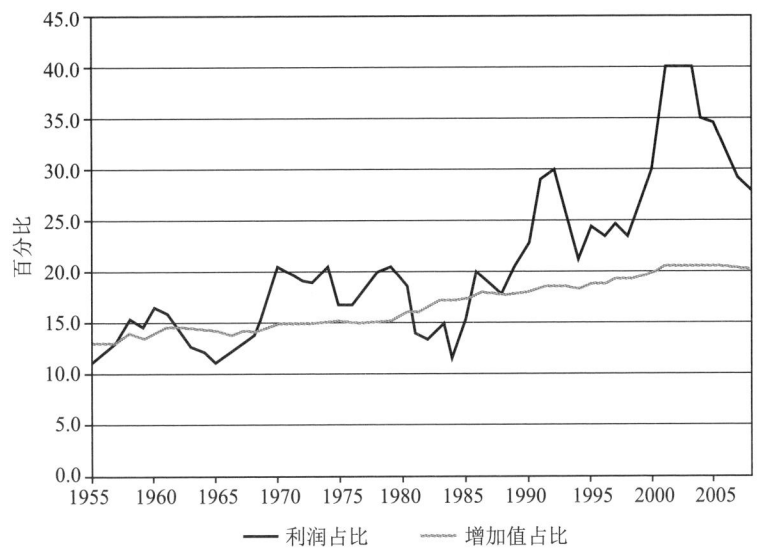

图 32.1　美国经济的金融化

数据来源:美国经济分析局

注:所使用数据为金融、保险、房地产和租赁等部门的数据

然而,家庭债务是一个巨大的问题。并且很明显,在全球金融危机之后,家庭债务仍然是一个持续存在的严重问题,它阻碍了经济的全面复苏。此外,金融部门的负债水平也出现了前所未有的上升,几乎达到 GDP 的 125%,却基本上被忽视了。

基金经理资本主义兴起的另一个表现是收入和财富不平等的加剧(参见专栏 32.2)。第二次世界大战后,强劲的经济增长加上新政体制,以及民权运动和工会更强的议价能力等其他因素,降低了美国的不平等。其他富裕的资本主义国家也出现了类似的情况，发展中国家在此期间一般都有快速的经济增长和不断提高的生活水平。在美国，这一切在20世纪70年代初之后开始发生了改变，原因多种多样，包括新政安全网的瓦解、工会力量的削弱（部分原因是来自国外进口商品的竞争加剧），以及油价冲击。

许多国家的政府（包括美国政府）不再追求充分就业，而是开始将更高的失业率视为对抗更高通货膨胀率的安全阀，这也是工人议价能力下降的原因之一。此外，经济学家们还将政府类比于家庭，提出了"政府预算约束"的概念，并认为要确保政府的偿付能力，就必须遵守财政纪律。

然而，同样重要的是要认识到，金融的重要性上升会将收入和财富转移到金融业。利息收入、资本利得、金融服务费用以及金融资产投机的回报都提高了非工资收入的份额。随着美国工资份额的下降和实际工资的停滞，美国工人不得不通过借贷来维持生活水平。这些演变一道扭转了战后的趋势，收入和财富的不平等开始加剧。

专栏32.2　基金经理资本主义与不平等加剧

战后时期，令人惊讶的是，在经济扩张期间，新增收入中流向最富有人群的份额的上升。图32.2重绘了帕夫丽娜·切尔涅娃（Pavlina Tcherneva）绘制的一张图表，该图表反映了经济扩张期间新增的收入在美国最贫穷的90%的人口和最富裕的10%的人口之间的分配状况。

在战后的第一次经济扩张中，足足有80%的新增收入流入了最贫穷的90%的人口。但这仍然意味着，最富裕的10%的人口获得了20%的新增收入，高于他们的"公平份额"。

然而，在战后时期，最富裕的10%的人口所获得的收入份额急剧上升（除了20世纪80年代至90年代的扩张期间略有下降）。在全球金融危机后的2009—2012年的"复苏"期间，最富裕的10%的人口的收入增长了100%以上。因此，在经历了4年的"复苏"后，最贫穷的90%的人口实际上过得比2009年全球金融危机衰退结束时更糟。

"凯恩斯主义者"在20世纪60年代的观点是"不断涌来的潮水浮起了所有的船",因此经济增长将惠及所有人。图32.2表明,直到20世纪70年代末,经济增长尽管起码会使底层人群的境况有所改善,但似乎使顶层人群的境况改善得更多。此外,自20世纪80年代以来,经济增长带来的好处不成比例地偏向了最富裕的10%的人口,且不成比例的程度越来越大。

从这些数据来看,我们可以认为,增长本身不一定会提高底层人群的生活水平,并且经济结构向基金经理资本主义的转变似乎降低了增长的效益。经济增长现在伴随着不平等的加剧。虽然我们不能得出增长本身会导致不平等的结论,但它似乎并没有改善不平等。

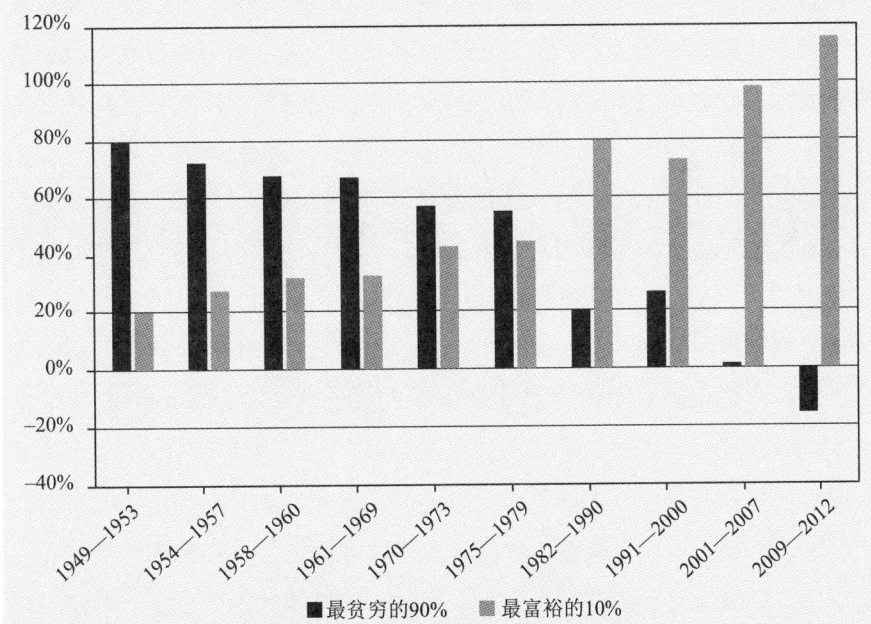

图32.2　美国经济扩张期平均收入增长的分布（1949—1953至2009—2012）

来源：Tcherneva, P. R. (2017) 对 Piketty/Saez 数据和 NBER 数据的分析,经巴德学院列维经济研究所同意重制

注：包括资本利得

新古典经济学家认为不平等的加剧是因为，市场奖励了生产率提高的那部分人（"技能偏向的技术变革"）。对不平等加剧最常见的解释是，"知识经济"增加了对受过高等教育的人的需求，尤其是对STEM（科学、技术、工程和数学）领域的劳动力需求。

与此同时，对受教育程度较低的劳动力需求下降了，这要么是因为这些工作在发展中国家可以以更低的成本完成，要么是因为自动化取代了其中的许多工作。市场正在向年轻人发出信号，他们应该改变职业目标，为这些新的现实情况做好准备。

如果有人没有做出这些改变，那这只说明他们想在低薪行业工作，也许是因为他们喜欢这些工作。或者，他们可能认为他们没有能力将自己的技能提升到STEM部门所需的水平。

在这种"自由市场"的参照系下，正统经济学家要么没有注意到不平等的显著加剧，要么即便注意到了，也会将其视为一个不值得进行政策分析的问题而不予考虑，这也就不足为奇了。只是在全球金融危机爆发后，一些正统经济学家——尤其是拉里·萨默斯（Larry Summers）和保罗·克鲁格曼（Paul Krugman）——才开始担心不平等加剧所带来的问题。最重要的是，他们认为，由于高收入阶层的边际消费倾向低于其他人，这种收入分配的转变将扩大需求缺口。

暂且把不平等的理论问题放在一边，考虑一个现实世界的情况，参看专栏32.3，该专栏描述了美国政府在全球金融危机之后对华尔街的救助所带来的后果。

此外，技术变革以及人口老龄化导致劳动力参与率下降，往往也会抑制需求，因为非劳动力人口通常收入较低。出于这些原因，一些经济学家担心，发达资本主义经济体可能已经进入了一个新的经济停滞时代，在这个时代，增长将会受到长期抑制。他们认为，这证明应当更多地使用财政政策来缩小需求缺口。

尽管这些主流观点并非全然错误，但它们没有全面地认识问题。正如他们看不到全球金融危机的到来一样，他们也看不到我们经济所面临的根本性问题。因此，他们无法制定一套全面的政策来解决这些问题。在我们转向为未来设计宏观经济理论和政策的话题之前，让我们回顾一下另一个问题。在这个问题上，一些经济学家说对了，但大多数经济学家从未预料到它的到来，这就是欧元区的问题。

专栏 32.3　美国政府对华尔街的救助如何促进不平等并且奖励不良行为

美联储对华尔街的救助超出而且可能违反了《联邦储备法》（*Federal Reserve Act*）（及其修正案）的法律规定和既定程序。中央银行行长们长期以来一直认为，在中央银行的"贴现窗口"中，银行的持续借款和紧急借款是有区别的。我们来看一下美联储救助美国和全球金融体系的实际情况。

简言之，美联储被允许（像白芝皓建议的那样自由地）发放贷款以解决流动性危机，但它一直拒绝提供"持续的"贷款。其背后的思想在于，美联储应当阻止一场流动性危机，但随后有偿付能力的金融机构应迅速回归市场为其资产头寸寻找融资。全球金融危机开始于2008年。四年后，美联储仍在以"补贴"（低于市场的）利率放贷。这显然超出了危机中紧急短期贷款的范畴。

此外，美联储通常还被禁止向不属于美联储系统、不发行受保存款（由联邦存款保险公司提供保险）的"非银行"金融机构（我们现在称之为"影子银行"）发放贷款。不过，《联邦储备法》的"13（3）"条款允许美联储在"异常和紧急"的情况下发放贷款，这是一个例外。当然，全球金融危机符合这些情况。

然而，13（3）条款的限制非常严格，美联储似乎违反了这条法律。有些人可能会反驳说，尽管美国中央银行存在一些可疑的、可能非法的活动，但考虑到当时的情况，这样做难道不合理吗？

问题是，这种"救助"认可了华尔街最高管理层——用白领犯罪专家威廉·布莱克（William Black, 2005）的术语来说，就是那些"控制欺诈"的人——有问题的、高风险的并且在某些情况下非法的活动。

大多数研究人员都认为，救助计划所产生的收入和财富将稳定流向（如果不是越来越多地流向的话）最富裕0.1%的人。它让同样的高管继续控制着最恶劣的连环诈骗犯，即高盛、美国银行、花旗集团和摩根大通——这些机构向高管支付了创纪录的奖金。

一些欺诈行为已被曝光，顶级银行已因不良行为支付了大量罚款。然而，美国政府似乎在奥巴马政府的司法部长埃里克·霍尔德（Eric Holder）领导下无所作为，甚至没有启动一项针对高管犯罪行为的调查。

本应该做些什么呢？白芝皓（Bagehot，1873）提出的中央银行以"惩罚性利率"和"优质抵押品""无限制放贷"的建议是合理的，但必须加以修正。任何需要资金的"太大而不能倒闭"的金融机构［布莱克（Black，2005）称之为"具有系统性危险的机构"］，都应当接受美联储的监督。

作为贷款的一个条件，美联储或财政部本应要求高管递交辞呈，并决定应接受哪封辞职信。司法部官员应该调查所有的高层管理人员，对犯罪行为进行起诉，并将那些被定罪的人投入监狱。

以优质抵押品为抵押的短期贷款本应以惩罚性利率提供。一项全面的"停止和终止"命令本应被强制执行，以停止所有交易、所有贷款、所有资产出售和所有奖金支付。联邦存款保险公司本应发挥作用（对拥有保险存款的机构而言），但无论如何，根据现行法律，这些金融机构本应予以解散，因为它们毕竟造成了财政部的损失，并且这样可以避免金融部门的垄断。

这些行动本会使金融体系变得更健康、规模更小；它们原本可以规避过去30年来不断加剧的道德风险问题，因为每一项高风险的创新都得到了政府救援的认可。它们还本可以削弱少数几家大型银行对华盛顿政策制定者的影响力。

32.4 欧元区危机中关于主权货币的教训

欧洲一体化是一个宏伟的计划，它的本意可能是好的。然而，许多现代货币理论的倡导者从一开始就认为，欧洲货币联盟的设计存在致命的缺陷。我们至少可以确定地说，欧元不应该在实现财政一体化——由一个权威组织来保护成员国——之前采用。米切尔（Mitchell，2015）详细描述了欧洲货币联盟设计中的这些缺陷。

没有一个使用主权货币的财政部需要对欧洲议会负责，也就是说，欧洲议会的支出需要其非主权成员国的上贡。并且，人们显然相信，永久性的财政紧缩是促进增长的恰当策略，这意味着所有欧洲货币联盟成员国都被迫采取紧缩措施。

《马斯特里赫特条约》标准（The Maastricht Criteria）——以及后来的《财政公约》（Fiscal Compact）——为每个欧洲货币联盟成员国设定了目标，这些目标要求实施紧缩措施以解决所谓的财政危机，并制裁不合规行为。

在欧元区建立的最初十年里，许多批评人士将焦点放在欧洲中央银行的政策上，认为其货币政策过于紧缩。其他人则认为《马斯特里赫特条约》的标准过于严格。虽然这两种批评都有一定的道理，但它们忽略了一个主要问题：意大利等国家已经无异于不发行自己的货币的美国路易斯安那州或密西西比州、澳大利亚的新南威尔士州或维多利亚州。然而，这些州与欧元区成员国之间的不同之处在于，这些州在危机中可以获得联邦政府的转移支付，但欧元区成员国却不可以。

鉴于欧洲货币联盟的结构，欧元区各成员国面临以下两个问题：

- 当经济严重衰退时，各成员国的财政状况会自动转为严重的赤字。问题不在于《马斯特里赫特条约》的标准本身，因为在2009年危机爆发前的十多年里，几乎所有的欧元区国家都一直在违反这些标准；而是在于市场会提高它们债务的风险溢价，正如2008年发生的那样。这导致利率大幅上升，进而造成利息支出和赤字上升，这种恶性循环加剧了赤字的上升。由于没有上级财政的救助，欧元区国家不得不依靠欧洲中央银行的援助来压低利率。由于欧洲中央银行是在德国中央银行的控制下运作的，这通常不太可行。

- 单个国家应对本国的银行体系负责，但它们没有财政能力为其纾困。同样，在布鲁塞尔也没有一个相当于中央财政的机构，来帮助那些背负着私人银行债务负担的国家政府，这些债务很容易就会超过当前的政府支出甚至 GDP。①

欧洲一体化的目标之一是通过消除壁垒使劳动力和资本自由流动，使生产要素能跨越国界。对于我们的讨论而言，重要的是，这也使欧元区银行能够在整个货币联盟内购买资产和发行债务。

此外，《巴塞尔协议》(Basel Accords) 中概述的银行业放松管制和去监管化，让银行可以像华尔街那样追求高风险资产。其结果是，到了 2007 年，欧盟已经产生了房地产泡沫，其规模几乎与美国的泡沫一样大，而这再一次被相信"自由市场"智慧的正统经济学家所忽视。

爱尔兰银行增加了在欧洲的贷款，使其负债达到了爱尔兰 GDP 的好几倍。接着，当它们的赌博失败时，爱尔兰政府不得不出手相救，从而推高了财政赤字，其政府债务创历史新高。这是欧元区和欧盟的普遍状况，不仅只是欧元银行在过度借贷。这也发生在冰岛和英国。由于上面讨论的原因，这很可能是没有被预见到的。正统经济学家们对金融市场了解甚少，因为他们的理论和模型没有考虑到现今世界中现代金融的复杂性。

随着美国和英国经济的复苏，欧元区实际上陷入了更深的危机。对于欧元区持续的危机来说，另一个重要原因在于，银行储户能够毫无成本地将欧元存款从一家银行转移到另一家欧洲货币联盟成员国的银行。欧元区 Target 2 结算系统使得这些转账可以顺利进行。例如，西班牙银行的任何储户都可以把存款转到德国银行。这笔转账需要西班牙中央银行拥有准备金，然后将这些准备金转移到德国中央银行。如果存款总是从外围国家流出，那么这些国家的中央银行就会被迫向欧洲中央银行大笔借款，从而获得不断被转移到德国等强国中央

---

① 有人可能会说，如果欧元区成员国处于经济周期的不同阶段，那么在整个欧元区实施统一的目标利率会不可避免地产生负面作用。然而，在一个国家内部，农村地区的经济状况可能与城市地区的经济状况存在显著差异，因此，与欧元区"一刀切"货币政策的实施相关的问题同样可以适用于单个国家。

银行账户中的准备金。

随着危机在外围国家蔓延，"三驾马车"（由国际货币基金组织、欧洲中央银行和欧盟委员会组成）要求紧缩政策作为财政援助的条件。然而，在财政紧缩的情况下各国能够实现增长的唯一途径是实施"以邻为壑"的重商主义政策，从而吸走其他国家的需求，也就是实现正的贸易收支余额，即出口超过进口。

出口为一国中央银行赚取准备金额度，并为国内经济创造收入和就业。德国在这方面做得很好。因此，尽管欧洲一体化的目的是防止导致两次世界大战的欧洲内部冲突，但欧洲货币联盟的建立肯定会助长这种行为。欧洲货币联盟实际上在鼓励成员国的自利行为，而德国获得了大部分奖励。

此外，金融机构有动力去承担更多的风险。除了使资本自由流动外，这也为欧元区金融危机的爆发埋下了伏笔。然而，如果发生危机，各国仍要对本国规模过大的金融机构负全部责任。

在失去财政主权的情况下，第一波严重的金融危机使一些成员国的财政状况恶化。这发生在爱尔兰。其他成员国紧随其后，像多米诺骨牌一样倒下。

将外围国家最初的问题归咎于三驾马车强加的紧缩政策是错误的。永久性的紧缩一直是欧元区制度的一部分。这不是什么新鲜事。在没有主权财政机构的情况下，非主权政府必须以这种方式运作。问题从来不是那些财政政策宽松、挥霍无度的地中海国家。根据规则，任何欧元区国家都不应该出现任何规模的长期赤字；因此，它们的债务率本不应上升。从设计上看，这些国家并不是货币意义上的主权国家，因为它们多年前就已经放弃了自己的主权货币，转而使用一种类似于外国货币的欧元。

正如韦恩·戈德利和 L. 兰德尔·雷在 1999 年曾警告的那样，成员国将变得类似于使用宗主国货币的殖民地。此外，就像任何放弃主权货币的国家一样，每个国家都失去了维持财政赤字的能力，而这是所有在以邻为壑的贸易顺差竞赛中失败的国家需要具备的能力。

欧洲货币联盟之所以至今（2018 年）能够幸存，是因为欧洲中央银行推出了一项大规模量化宽松计划，该计划实际上相当于为成员国的财政赤字提供资金，因而违背了《里斯本条约》"不救助条款"的精神。

然而，如果欧元区没有统一的财政部门，货币联盟就无法有效运转，它只能依赖一家不情愿的中央银行违反自身的程序。因此，欧洲货币联盟能否长期存在是有疑问的。

为什么正统经济学家们没有预见到这一点？因为他们认为货币政策应该独立于财政政策。他们认为，政府应该面对由市场纪律强制实施的严格的"政府预算约束"。市场应当提高利率来惩罚不负责任的财政赤字。

正统经济学家们尤其反对财政赤字的"货币融资"，因为这种赤字会导致通货膨胀。这些经济学家不理解部门收支平衡，特别是不理解非政府部门的资产负债表如何受到财务约束的影响。同样，它们也没有认识到国外部门余额对国内部门余额的影响。他们还认为，"市场纪律"可以约束金融机构，而不需要政府部门进行太多的监管。基于这些理由，他们认为欧元区的设计能够达成它的目标。

这也就难怪他们既没有预料到全球金融危机，也没有预料到与之相关的欧元区危机。

结　论

主流宏观经济学在概念、理论和政策等方面都存在缺陷，这些缺陷突出体现在全球金融危机之后的时期和当前的欧元区危机中。现代货币理论为理解这些经济问题提供了一个严谨的概念框架。这引起了包括保罗·克鲁格曼在内的主流经济学家的注意，但也引起了一些不同学派的经济学家的敌意，这表明现代货币理论在经济学学科中已获得了一席之地。

参考文献

[1] Bagehot, W. (1873) *Lombard Street: A Description of the Money Market*, New York: Scribner, Armstrong.

[2] Bernanke, B. (2004) "The Great Moderation", Board of Governors of the US Federal Reserve System, at the meeting of the Eastern Economic Association, Washington, DC, 20 February.

[3] Bezemer, D. J. (2009) "No One Saw this Coming. Understanding Financial Crisis Through Accounting Models", Research Report, Research Institute SOM (Systems, Organisations and Management), the University of Groningen, Netherlands.

[4] Black, W. (2005) *The Best Way to Rob a Bank is to Own One: How Corporate Executives and Politicians Looted the S&L Industry*, Austin, TX: University of Texas Press.

[5] FCIC (Financial Crisis Inquiry Commission) (2011) *Financial Crisis Inquiry Report: Final Report of the National Commission on the Causes of the Financial and Economic Crisis in the United States.*

[6] Godley, W. (1999) "Seven Unsustainable Processes: Medium-term Prospects and Policies for the United States and the World", *Strategic Analysis*, Levy Economics Institute of Bard College, January. Available at: http://www.levyinstitute.org/publications/seven-unsustainable-processes, accessed 10 July 2017.

[7] Godley, W. and Wray, L. R. (1999) "Can Goldilocks Survive?", *Policy Note*, 1999/4, Levy Economics Institute of Bard College, April. Available at: http://www.levyinstitute.org/publications/can-goldilocks-survive, accessed 10 July 2017.

[8] Mitchell, W. F. (2015) *Eurozone Dystopia: Groupthink and Denial on a Grand Scale*, Cheltenham: Edward Elgar.

[9] Minsky, H. P. (1996) "Uncertainty and the Institutional Structure of Capitalist Economies", *Working Paper No. 155*, Levy Economics Institute of Bard College, April.

[10] Minsky, H. P. and Whalen, C. J. (1996) "Economic Insecurity and the Institutional Prerequisites for Successful Capitalism", Working Paper No. 165, Levy Economics Institute of Bard College, May. Available at: http://www.levyinstitute.org/pubs/wp165.pdf, accessed 10 July 2017.

[11] Tcherneva, P. R. (2017) "Inequality Update: Who Gains When Income Grows?", Policy Note 2017/1, Levy Economics Institute of Bard College, April. Available at: http://www.levyinstitute.org/publications/inequality-update-who-gains-when-income-grows, accessed 10 July 2018.

[12] Veblen, T. (1919) "On the Nature and Uses of Sabotage", Dial, LXVI, April 5, 341-346.

[13] US Government Publishing Office (2008), *House Hearing*, 110th Congress-The Financial Crisis And The Role Of Federal Regulators, Serial No. 110-209. Available at: https://www.govinfo.gov/app/details/CHRG-110hhrg55764/CHRG-110hhrg55764, accessed 8 August 2018.

[14] Wray, L. R. (2009) "The Rise and Fall of Money Manager Capitalism: A Minskian Approach", *Cambridge Journal of Economics*, 33 (4), 807-828.

chapter 33

第 33 章

面向未来的宏观经济学

本章纲要

33.1　引言

33.2　模型框架

33.3　政府与货币体系

33.4　货币政策

33.5　私人银行

33.6　贸易与汇率

结论

参考文献

学习目标

- 认识"存量—流量一致性"宏观经济学模型的重要性。
- 理解发行法定通货的政府的经济能力。
- 认识到在流动性管理中,中央银行的货币政策是适应性的。
- 理解中央银行不能控制银行贷款量。
- 认识汇率制度的选择对政策自主权的重要性。

33.1　引言

本书旨在让读者理解现代货币理论，并将其原理应用于解决当代宏观经济问题。现代货币理论的概念和分析框架建立在功能财政和货币国定论的基础之上。在宏观经济分析中，现代货币理论考虑了现行制度实践。这些实践包括对中央银行和（或）财政部行为的约束，它们是政治过程和意识形态施加的，人们误以为它们是有意义的（非自愿）约束。现代货币理论揭开了这层意识形态的面纱，以揭示现代货币经济的内在特征。事实上，我们一直尽量避免将焦点放在任何一个特定国家的制度安排上，以便使本书具有广泛的适用性和相关性。

在本章中，我们将总结本书中提出的现代货币理论的一些关键性命题，这些命题有助于读者修正他们对现代发达资本主义经济运行的理解。但应该强调的是，这些命题不全是现代货币理论的独创，而是广泛地吸收了非正统经济学文献的成果。

全球金融危机——及其之后十余年——对于巩固和完善现代货币理论的理论和政策框架发挥了关键性作用。而且，一些国家所经历的极端宏观经济状况（以及由此生成的数据）不仅推翻了正统经济学的相关命题，也使得现代货币理论的经验性命题接受了严格检验。证据显而易见，正统经济学关于通货膨胀加速（源于量化宽松）、利率上升（源于财政赤字）和政府破产（源于不断上升的债务）的预测均未实现。相比之下，现代货币理论的主要命题却被我们现实世界的经历所证实。

鉴于全球金融危机的影响以及各国政府和其他机构，特别是欧洲货币联盟随后所采取的政策反应，正统经济学遭到了批判——不仅来自非正统经济学家，也出自正统经济学内部的一些信徒。

政策制定者不应再信奉正统经济学，我们可以列举如下几项正统信条：理性预期和市场持续出清；新古典宏观经济理论和真实经济周期理论；中性货币；新货币共识，泰勒规则和大缓和；有效市场假说；李嘉图等价和其他版本的政策无效论。更广泛而言，主张放松管制和市场自我监管的人所提出的观点都需要认真审视。

这些思想都不应作为严肃的经济理论来传授，也不应成为政策的基础。它们与经济理论和政策的相关性，还不如放血疗法与医学研究的相关性大。当然，在经济思想史的研究中，它们作为反面典型仍然很重要，这些理论既不具有内在一致性，又缺乏对现行制度实践（例如，中央银行和财政部的实际运作）的清楚认识。

33.2 模型框架

本书的分析框架借助于资产负债表，以确保模型的"存量—流量一致性"。金融资产等于金融负债，总资产（金融资产加实物资产）等于金融负债加净资产。前者是在宏观层面成立的恒等式；后者不仅在宏观层面成立，而且也适用于每个经济个体。

"存量—流量一致性"意味着，每个流量都必须来自某个地方并去往某个地方，且累积成存量。例如，收入（流量）可以为支出（流量）和储蓄（流量）提供资金。这种支出又必然成为某处的收入，而储蓄必然积累成资产存量。

流量通过部门收支恒等式联系起来。总收入等于总支出，等于 GDP。大多数经济学家认为，在宏观层面上，是支出决定收入。其理由在于，一个国家可以决定增加支出，从而创造更多的收入，但它却无法简单地决定收入的多寡。其中的关键在于，金融机构可以为额外的支出提供融资，这些支出进而能创造更多的收入。虽然我们承认，在单个家庭、企业甚至地方政府的层面上，收入在很大程度上决定了支出；但在总体层面上，支出决定了收入。

由此，我们可以得到注入等于漏出的恒等式：$I + G + X \equiv S + T + M$（$I$ 是投资，G 是政府支出，X 是出口，S 是储蓄，T 是税收，M 是进口），它也可以写作：$(I - S) + (G - T) + (X - M) \equiv 0$。每组括号表示一项净注入（正）或一个净漏出（负），其总和必然为零。

这个恒等式来自国民收入和产出账户（NIPA），它和韦恩·戈德利从资金流量核算中得到的部门收支恒等式一致：国内私人收支余额＋政府部门收支余额＋国外部门收支余额＝0。但在 NIPA 与资金流量版本的宏观恒等式之间也存在一些微小的差异。其中一个重要差异是，前者使用的是净出口，而后者使用的是更广义的经常项目余额。

虽然根据 NIPA 核算原理，这些恒等式总是成立的，但它提供了强大的洞察力。这个恒等式说明，要想任一部门实现盈余（正余额，其收入超过其支出），那么就必须至少有一个其他部门出现赤字（支出大于收入）。

如果外部收支余额为零（即对外收支平衡），那么根据恒等式，国内私人部门的盈余就等于国内政府部门的赤字；并且，政府的赤字意味着它将发行债务，而这些债务将被私人部门累积为净金融储蓄。

另一方面，政府要想实现盈余（在对外收支平衡的情况下），私人部门就必须出现赤字，从而发行被政府所积累的债务。如果政府出现盈余，那么外部赤字将会使私人部门的赤字更大；在这种情况下，外国人也将积累国内私人部门发行的债务。

对于作为一个整体的全球经济而言，所有国家的外部赤字和盈余之和必然为零。因此，全球私人部门盈余将等于全球政府部门的赤字。除非政府部门整体出现赤字，否则全球私人部门不可能实现盈余。

正统经济学的政策常常违反恒等式，例如，在经常项目赤字的情况下依然主张私人部门和政府部门同时实现盈余，而这是不可能发生的。

在我们的分析中，理解和贯彻部门收支恒等式有助于保持"存量—流量"的一致性。因此，任何有赤字的部门都必然发行债务，而任何有盈余的部门都在积累对赤字部门的金融债权。这清楚地表明，如果政府部门出现赤字，而私人部门出现盈余，那么政府一定是在发行债务，这些债务成为私人部门的净金融资产。

这也意味着我们应该关注私人部门财富的积累，而不是像正统经济学那样把注意力集中在政府债务的积累上。在我们的政策分析中，我们必须认识到，（在对外收支保持不变的情况下）削减财政赤字和减缓政府债务发行会减少私人部门的盈余，并缩减其金融财富的积累。一旦我们认识到政府的货币发行权及其对部门收支产生的影响，出于某些模糊的财务逻辑而削减财政赤字的做法就不再明智了。

33.3 政府与货币体系

主权货币（A sovereign currency）

在所有现代发达资本主义经济体中，中央政府都是最大的经济实体。它的角色不可能被缩简为类似于企业或家庭的利益集团。它拥有多维的**主权权力**，虽然并非不受约束，但它确实拥有其他经济实体所不具备的权力。

虽然正统经济学（甚至某些非正统经济学流派）认为货币起源于私人市场的发明，以减少以物易物的交易不便。但现代货币理论认为，宏观经济政策分析必须考虑到主权货币和非主权货币（a sovereign currency and a non-sovereign currency）之间的差异。例如，欧元区成员国使用的是非主权货币。

主权货币政府选择记账货币，发行并使用自己的主权货币，并用主权货币来执行大多数法律合同。同时，它也接受用主权货币来支付各项债务，尤其是税收、费用和罚金。因此，政府与其货币体系之间存在着重要关系。

大多数人关注的是通货（currency）也就是现金在"现货"交易中发挥的作用。现金交易的重要性在现代国家之间差别很大，但随着时间的推移，其重要性普遍下降。

如今，主权货币发挥的最重要作用是"清算"，通常的形式是使用中央银行准备金来进行银行之间的清算。私人银行有足够的中央银行准备金，这对银行系统的平稳运转至关重要。这种重要性在危机当中表现得尤为明显。例如，我们注意到，在全球金融危机期间，美联储不得不向陷入困境的银行和外国中央银行发放 29 万亿美元的准备金贷款。因此，我们对通货的定义将包括钞票、硬币和中央银行准备金。不同国家对此的定义可能随政府发行的金融资产类型而异。

财政政策

在财政部支出时，中央银行增加私人银行准备金余额。然后，私人银行增加政府支出收款方的账户余额。征税的操作则相反，中央银行减少私人银行准备金（并增加财政部在中央银行的账户余额），私人银行减少纳税人的账户余额。

因此，在理论上政府支出和征税是相互独立的操作，但大多数人却认为税收用于"支付"支出。这在技术上是不正确的，它造成了这样一种误解，即政府需要先征税，然后才能支出。事实上，在一开始，人们无法以主权货币的形式支付税款，除非货币已经发行出去，而这通常是通过过去的支出实现的（它也可以由主权国家借出）。

在现代国家，纳税人使用私人银行存款来纳税。然而，银行必须使用主权货币来为客户向国家进行支付，这里用到的是中央银行准备金。这就确保了对中央银行准备金的需求源源不断。准备金只由中央银行创造，而没有其他来源。

因此，对国债的传统认识也需要修正。同样的道理，在一开始，政府也无法借入自己的通货来支出，除非它已经把自己的通货提供给国债购买者。实际上，当政府出售债券时，无论债券购买者是银行还是银行客户，中央银行都会减少私人部门准备金数量。债券买进（中央银行公开市场操作或财政部债务清偿）的操作则相反，中央银行会增加私人部门准备金数量。出售债券不是政府支出的融资方式，而是货币政策操作的一部分。

当政府出现赤字，也就是它的支出超过收入时，私人部门的银行准备金就会有净增加，银行客户的存款也会有净增加。换言之，政府的赤字支出创造了盈余，增加了非政府部门的净金融资产——最初是以银行准备金的形式。如果政府出售债券，那么银行准备金会减少，净金融资产就会转化为国债的形式。

在现代货币理论看来，财政政策可以对非政府部门产生强大的影响，因为政府支出会增加私人部门的收入，并促使私人部门的收支走向盈余。私人部门是否真的会出现盈余还取决于国际收支状况。此外，财政赤字会提供安全和流动的净金融资产——现金、准备金和国债——从而改善非政府部门的资产负债表。

并不是所有的政府支出都有相同的刺激效果。例如，直接创造就业的政府支出对总需求的影响，可能要比同等规模的减税更大，因为那些获得新工作的人会增加对私人部门产出的支出（并通过乘数效应创造更多的就业机会）。

对于发行本国货币的政府，它永远不会耗尽本国货币。政府总是能通过扩大支出来实现劳动力和资本等资源的充分利用。但这并不意味着政府只需扩大支出规模就能解决一切问题，政府支出的通货膨胀和生态环境效应不仅取决于支出规模，而且取决于支出构成。

重点在于，支付能力并不是问题，尽管我们必须始终考虑政府支出对通货膨胀、金融稳定性、环境可持续性和社会稳定性的影响。

将货币体系建立在主权货币的基础之上，并强制要求必须以该主权货币来履行纳税的义务，是创造财政和货币政策空间的关键。这种政策空间具体有多大，将取决于所采用的汇率制度，即浮动汇率制、有管理的汇率制度，还是固定汇率制。

如果是浮动汇率，政府债务就不会有无法偿付或非自愿违约的风险。因此，金融意义上的支付能力从来都不是问题。其真正的约束在于资源——最为重要的是劳动力——的充分利用。在浮动汇率的情况下，利率目标的设定可以与国内政策目标保持一致。

有了汇率浮动的主权货币，政府就可以消除自我施加的约束，比如，平衡财政、中央银行准备金目标、固定汇率以及交由市场决定利率的观念。这些约束都不适用于发行本国货币的国家。在第 33.6 节，我们将讨论不同的汇率制度。

持续的财政赤字

虽然正统经济学家们认为政府赤字和债务会成为民众的负担，总有一天他们必须通过缴纳更多的税赋来"偿还"；但是，赤字却使其他部门出现了盈余，且政府累积的债务构成了其他部门的净金融财富。此外，也没有理由认为后代就需要更多地纳税来"偿还"政府债务，这样做只会减少他们的净金融财富。

在一个正常运转的现代经济中，政府长期面临赤字，而国内私人部门享有盈余。这种情况是完全可持续的，并且实际上促进了私人部门的金融稳定。但是，一国的经常项目不一样，它不可能长期实现盈余，因为显然不可能所有国家同时做到这一点（如果一些国家出现盈余，那么肯定会有其他国家出现赤字）。

我们这样说并不是指政府永远不应该有盈余。事实上，在两种情况下，政府可能需要盈余。第一，如果国内私人部门的繁荣使经济过热，那么随着国内私人部门出现赤字，政府的财政状况通常会转向盈余。这将有助于为经济降温。第二，如果一个国家有大量的经常项目盈余，以至于也可能使国内私人部门过热，那么政府的收支可能会转向盈余。

中央银行为财政支出创造准备金，从而使政府摆脱了正统经济学所想象的"财政约束"。如果政府真的受制于其"收入"（税收收入）或"借入"能力（出售债券）的约束，它就会失去逆周期调节的财政力量。在经济低迷从而导致税收下降的情况下，政府将不得不像家庭和企业一样在经济衰退中"勒紧裤腰带"，从而使经济形势恶化，需求缺口扩大。如此一来，每次衰退都会变成大萧条。因此，免受财政约束，对于确保政府不必像家庭和企业那样行事至关重要。

此外，如果真按正统经济学所想象的"财政约束"行事，政府的一些重要职能也将受到极大的限制。想象一下，如果在第二次世界大战期间，同盟国政府不能增加开支来对抗法西斯轴心国（德国、意大利和日本），那将会是一种什么样的后果？在这场战争中，美国政府的开支增长到了 GDP 的 50%，赤字达到了 GDP 的 25%。这是参战政府所出现的共同趋势。虽然法西斯国家可能能够强制征召和动员士兵、工人和产业（以及奴役大量的本国及殖民国民众参与战争生产工作），但同盟国很大程度上得依赖于其主权货币权力来雇佣劳动力和购买产品，以追求公共利益。（主权货币的）这些优势在战争时期表现得最为明显，但在和平时期，政府使用财政权力的能力也同样至关重要。

正统经济学有一个挥之不去的担忧：政府赤字会推高利率，因为政府会与私人部门争夺有限的私人储蓄。这种设想存在两处缺陷。

第一，政府并不是真的通过借贷来弥补赤字，尽管它可能会在出现赤字时发行债券。这些债券发行实际上是货币政策的一部分，作用是从银行回笼准备金。它们不会消耗储蓄。事实上，正如刚才所讨论的，政府赤字创造了净储蓄，债券被累积为净金融资产。

第二，中央银行以隔夜利率为目标，无论赤字规模有多大，它都可以将隔夜利率保持在接近于零的水平。全球金融危机就是一个鲜明的例证，当时大多数国家的财政赤字迅速增加,但各国中央银行却下调利率目标,主权政府债券利率随之下降。正统经济学的担忧是没有根据的,却持续存在。正统经济学没有正确地"解释"政府赤字和债务,它们的模型不具有"存量—流量"一致性。

33.4 货币政策

中央银行设定银行相互拆借准备金的隔夜利率。它提供准备金以满足银行的准备金需求——主要用于结算,尽管美国等国家还有最低准备金要求。

中央银行提供的准备金数量不能低于银行所需的数量,因为不这样做将导致银行的拆借利率高于中央银行的利率目标。中央银行可以选择提供比银行所需更多的准备金,但它必须按目标利率为超额准备金支付利息,否则银行的拆借利率会低于目标利率。

尽管人们普遍地认为,中央银行是——而且也应当——独立于财政部的,但实际上它不可能是独立的。它是政府的银行,财政部几乎所有的收支都是由它来操作的。它必须为财政部支票(或电子支付)提供结算,这意味着它必须与财政部密切合作,以确保财政的支票不会因资金不足而遭"退回"。

这种协调合作奏效的证据在于,财政部的支票从来没有遭中央银行拒付退回,正如纳税人的支票一样,不会因其银行持有的准备金不足而遭拒付(假设开支票的个人在其银行账户中有充足的资金)。此外,财政部可以根据需要出售债券来补充其在中央银行的余额。

20 世纪 70 年代和 80 年代初,许多中央银行试图控制货币供给,却因无法做到而放弃——关于其原因,我们在本书前面已经讨论过。然而,一些正统教科书仍然声称,中央银行能够控制货币供给,并通过规定存款准备金率来控制信贷创造水平(见下文)。

准备金与国债销售

大多数经济学家认为,财政部在税收收入不足时出售债券为其支出融资。如前所述,这些债券据说会与私人借贷争夺稀缺的储蓄供给,因而可能会推高利率。这其实误解了债券出售的目的及其对利率的影响。

当政府支出时，银行持有的准备金会增加；而当政府征税时，银行持有的准备金则会减少。因此，如果支出超过税收，准备金会净增加。在通常情况下，银行会减少准备金的持有，因为准备金的利率由中央银行设定，其收益很低。银行不想持有超过结算所需和存款准备金要求的（如果存在的话）准备金数量。超过需要的准备金都会被银行在隔夜市场上贷出。

如果财政赤字规模很大，就会在银行体系中产生超额准备金。这会导致准备金供给超过需求，进而给银行间隔夜拆借利率带来下行压力。由于现代中央银行总是以隔夜利率为目标，一旦利率达到目标区间的最小值，它们就会进行干预。为了消除超额准备金，中央银行会出售资产，通常是国债。而银行会用准备金来购买国债，超额准备金由此被耗尽。

现实中，中央银行与财政部所采取的合作程序更为复杂，且更加积极主动。事实上，在一些国家，包括美国、英国和澳大利亚，中央银行和财政部每天早上会就相关活动进行协调，以应对预期将至的财政支出、税收收入、国债出售和赎回以及其他交易。因为这些活动会影响银行准备金。

然后，中央银行会计划是否出售或购买债券，以抵销财政活动对银行准备金的影响。但即便中央银行和财政部之间进行了精心协调配合，也不可能完美预测所有这些活动。例如，财政部并不确切地知道它签发的支票中有多少将被"兑现"，也不知道在任何一天将收到多少税款，因此中央银行无法适时地调整当天的国债交易。

现在，许多中央银行为大多数准备金支付利息。这使得银行持有的国债与中央银行准备金不再具有显著差别。在采取量化宽松政策之后，这一点变得至关重要。量化宽松为银行提供了大量超额准备金。如果准备金利率为零，银行是不会愿意持有这些准备金的。在这种情况下，当拥有超额准备金的银行试图借出这些准备金时，隔夜利率将被推至为零。一旦中央银行开始支付利息，银行间同业拆借利率只会降至"支持"利率，即中央银行为准备金支付的利率。

这一切意味着什么呢？从市场的角度来看，中央银行和财政部出售的债券没有什么区别：其功能都是提供一种赚取利息的准备金替代产品（中央银行要么不支付准备金利息，要么按照支持性利率支付利息）。换言之，国债的功能不在于使财政部得以借贷，而是让中央银行得以钉住目标利率。这也意味着，在没有债券出售的情况下，财政赤字通常会带来超额准备金，从而压低利率，而不是推高利率。

总而言之，创造准备金有两种截然不同的方法。第一种方法是中央银行创造准备金，要么用来借给银行，要么用来购买资产。在功能上，这两种行为是相同的。需要准备金的银行既可以在贴现窗口向中央银行借入准备金（银行提交一项资产作为抵押品，中央银行根据该抵押品发放准备金），也可以将资产出售给中央银行。请注意，中央银行创造银行所需准备金的能力没有技术限制，它总是可以发放贷款或购买银行想要出售的资产。其限制来自银行对准备金的需求，以及中央银行对银行抵押品和出售的资产的质量要求。

第二种方法是中央银行创造准备金来为财政部付款。当财政部签发一张支票用于支付或批准一项电子支付时，中央银行将增加收款人银行的准备金数量。具体的支付程序是多种多样且十分复杂的，但财政部支付的最终结果却总是相同的，即收款人的银行存款的增加，以及收款人银行的准备金数量增加。请再次注意，中央银行创造准备金以方便财政部支付的能力是没有技术限制的。并且在实践中，现代中央银行总是确保财政部的支付得以"清偿"。

中央银行通过借出操作来创造准备金，从而确保支付系统的顺利运行。当金融机构需要履行债务支付承诺时，它们总是可以求助于中央银行从而借入准备金并完成支付。

33.5 私人银行

融资

储蓄没有为投资（或消费者赤字，抑或政府赤字）提供融资；事实上，因果关系是相反的。产生储蓄的是投资、政府赤字和净出口；储蓄并非融资来源。储蓄是一个两步决策：在给定收入情况下，储蓄者首先决定的是储蓄多少，其次决定储蓄的积累形式。正是第二个决定在一定程度上影响利率。虽然在个人层面，一个人确实可以用自己的储蓄来为支出融资（例如，投资支出），但在总体层面上，储蓄却并非融资来源。

相反，融资是以信贷的形式实现的，通常涉及四个资产负债表条目。在金融机构贷款时，对于债权人而言，记录的是资产（"贷款"）的增加和负债（"存款"）的增加。对于债务人而言，记录的是资产（"存款"）的增加和负债［债权人持有的"票据"或"借据（IOU）"］的增加。

在这个过程中，储蓄并不发挥作用。融资实际上是金融机构资产负债表的借记和贷记变化。在现实世界中，交易会更加复杂。（例如，当今的银行通常将许多贷款捆绑在一起，将其"证券化"，然后将其出售给货币基金。）

不确定性和违约风险是金融市场中的普遍现象。私人部门较高的债务比率，与较大的金融脆弱性和危机爆发的可能性联系在一起。因此，债务值得我们关注。使用留存收益或出售股票来为投资融资的风险通常较低，因为这些资金来源不会使公司背负未来偿付债务的义务。

同样，对于家庭而言，利用当前收入为支出融资的风险低于债务融资的风险。因为随着负债的增加，家庭违约和破产的可能性也会增加。

然而，宏观经济学教科书的正统观点却认为，金融机构将家庭、企业、政府和外国人的储蓄存款集聚起来，以便将这些存款借给投资者。因此，有人声称，金融机构发挥着储蓄者和投资者之间的中介作用。于是，资金的总供给便会受到储蓄者节俭程度的限制。这就是为什么人们担心政府借款会"挤出"私人借款，特别是那些需要融资来进行投资的企业的借款。利率调节了储蓄供给和需求，从而达到可贷资金市场的均衡。

在正统经济学中，企业的投资是使用它们的留存收益（它们自己的储蓄），还是从金融机构借款（来自中介的储蓄），抑或出售股权（来自储蓄者的直接融资），都没有什么区别。如上所述，只要假设无人违约，它们对决策的影响是相同的。因此，债务并不重要。

内部财富与外部财富

如上所述，在非政府部门内部，如果一个实体向另一实体发行金融负债，那么就会相应地产生一项非政府部门的金融资产。这些资产和负债的净额必然为零。它们被称为"内部"资产和负债，因为它们产生于非政府部门内部。因此，内部金融财富为零。然而，非政府部门还有实物资产，它们构成了其净内部财富。政府部门的负债被非政府部门作为净金融资产持有。它们被称为外部金融财富。因此，非政府部门净财富总额等于政府负债（外部金融财富）加上实物财富。

信贷创造与货币供给

银行在发放贷款时会创造存款，因而货币供应量会内生地扩张。准备金数量或者库存现金数量并没有限制银行放贷。实际上，正如前面所讨论的，贷款只是资产负债表上的分录变化。银行使用准备金来结算银行之间以及与中央银行之间的交易。由于中央银行以利率为目标，它们必须满足相应的准备金需求（否则，中央银行将无法实现这一目标）。

私人金融机构提供了绝大部分计入"货币供应量"（无论是只包括现金和活期存款的狭义货币供应量，还是包括金融机构其他短期负债的广义货币供应量）的金融资产。只有一小部分"货币供应量"是由政府（财政部和中央银行）发行的。

然而，必须谨记，银行和其他金融机构并不创造净金融财富，因为它们的资产是非金融部门的债务，它们的负债是非金融部门的资产。只有政府才能为非政府部门创造净金融财富。

在流行的正统经济学教科书中，银行吸收存款，保留一些准备金，然后把剩余的资金贷出去。在总量上，部分准备金制度存在着货币乘数。由于银行需要准备金来发放贷款，因而中央银行最终可以决定有多少新存款被创造出来。换句话说，中央银行通过控制准备金来控制货币供应量的增长。大多数正统经济学家现在意识到，中央银行的目标是利率，它们没有（可能难以）控制货币供给。然而，许多正统经济学的教科书仍在讲授货币乘数的故事。

33.6 贸易与汇率

外部余额是指世界其他地区对本国生产的商品和服务的支出加上本国从世界其他地区收到的要素收入，减去本国对国外商品和服务的支出，再加上对国外要素的支付。这汇总为经常项目余额，该余额可以是负数也可以是正数：

经常项目余额 =（商品和服务出口 + 要素收入）−（商品和服务进口 + 要素支出）

经常项目赤字意味着世界其他地区出现盈余（支出低于收入），而经常项目盈余意味着世界其他地区出现赤字。在存量上，存在着以下对应关系：经常项目盈余意味着该国正在积累对世界其他地区的金融债权；经常项目赤字意味着该国正在积累对世界其他地区的债务：

经常项目盈余→积累对世界其他地区的债权
经常项目赤字→积累对世界其他地区的债务

总的来说，在总量上：

国内私人部门余额 + 国内政府部门余额 + 国外部门余额 = 0

一个国家能够同时实现私人部门盈余和政府财政平衡的唯一方式，就是实现经常项目盈余（由于世界其他国家对该国存在赤字，国外部门余额为负）。

汇率制度

最后，我们回到主权货币发行者所采用的汇率制度。如果一国货币与某一贵金属或外国货币挂钩，那么国内政策空间就会缩小。该国需要确保金属货币或外国货币的正流入。它可以通过追求净出口（或者更广泛意义上的经常项目盈余）来实现。这通常意味着需要抑制进口，鼓励出口。这两种战略都是通过采取国内财政紧缩政策来实现的，这种政策降低了收入，进而减少了消费，包括对国外产品的消费（进口），同时也降低了国内的生产成本（鼓励出口）。人们通常认为，贸易盈余可以使货币保持坚挺，从而防止货币贬值。这种紧缩也可以通过高利率来实现。

如果一国不能维持正的外部余额，它仍然可以通过发行以外国货币计价的债务等方式来借取外国货币。然而，在固定汇率的情况下，政府的承诺潜藏着违约的风险。第一，如果政府的外汇储备不足以满足固定汇率的需要，它就可能不得不让货币贬值。第二，如果它发行了以外国货币计价的债务，它就可能不得不违约，无法以外国货币偿付债务。

随着对政府违约的担忧的增加，这时可能会发生对本国货币的挤兑，表现为用本国货币来兑换外国货币（或贵金属）。没有一家银行能够在银行挤兑中幸存下来，除非它拥有充足的准备金。同样的道理，在没有充足外汇储备的情况下，任何一个钉住本国货币汇率的国家也无法从挤兑中幸存下来。只有当准备金的供给者充当最后贷款人时，挤兑才有可能被阻止。但在通常情况下，这些国家无法指望储备货币的发行者来拯救它们。

钉住他国货币会在实质上导致一个国家沦落为该国货币的使用者。即使该政府继续发行自己的货币，它也需要外国货币（或黄金）来保护自己免于违约。

主权政府可能会选择有管理的汇率制度。在这种情况下，政府选择将本币对外币（或贵金属）的汇率维持在一定范围之内，试图让人们形成一种它能够保持汇率稳定的预期。然而，政府也有可能自愿或被迫改变汇率。由于它没有承诺固定汇率，这样做不算违约（不过，如果政府发行以外国货币计价的债务，它可能会被迫违约）。但是，建立稳定预期的危险在于，如果以外国货币计价的债务持有人开始怀疑汇率的稳定性，他们就会对汇率施加压力从而改变汇率。这种预期因而能自我实现，从而无法实现所期望的稳定性。

浮动汇率制消除了违约的可能性（只要政府不发行以外国货币计价的债务）。这也使得外汇投机不再那么有利可图。在固定汇率甚至是有管理的汇率制度下，投机者可以持有"空头"头寸——押注政府无法获得充足的外汇储备来保持汇率稳定（投机者会卖出本币，买入储备货币，这会给本币带来贬值压力）。如果空头大于政府的储备持有量，这些投机基本都能成功，因为政府缺乏足够的外汇储备来购买本国货币，从而应对汇率的下行压力。投机者的收益就是政府的损失。

另一方面，如果政府让汇率浮动，那么它就无须干预。知道了这一点，它就无须让积累外汇储备主导它的经济发展战略。

在不受融资约束的情况下，主权政府可以利用国内政策空间来追求最重要的公共目标：充分就业；为所有人提供足够的食物、衣服和住所；普及医疗保健、教育和文化；老年护理、产妇护理和儿童护理；环境保护；公共基础设施投资；消费者保护和私营企业监管；促进公民权利和机会平等；追求国内安全和保护合法权利；以及向其他国家提供援助。任何发行本国通货的政府都没有理由声称这些活动"成本太高",这些都是财政上可以负担得起的。唯一的问题在于,是否有足够的资源可以用于实现这些目标。

这不意味着每个国家就应当实施浮动汇率制度;但所有主权国家都应当仔细评估固定汇率或有管理的汇率制度所带来的约束。

结　论

在过去的半个世纪里,正统宏观经济学日益脱离了现代货币经济的现实。这在一定程度上是因为对数学模型的过度重视。这些数学模型建立在简化假设之上,它们假设人类最多只会面临"风险",因此人类行为就是"理性经济人"为实现其简化目标的最优化行为。

中央银行和财政部等现代经济机构的实际运作方式,要么被曲解,要么大体上被忽视。此外,为了把宏观经济学建立在被认为是正当合理的"微观基础"之上,现代正统理论借助代表性个体(representative agent)来刻画社会整体。这导致了一系列"合成谬误"。

综合所有这些特征,现代正统的宏观经济理论遮蔽了其支持者的双目,以致于他们不仅无法预测全球金融危机,反而提出了加速危机爆发的政策。即使在崩盘之后,他们也支持那些阻碍复苏并增加下一场危机可能性的政策。

本书中提出的"现代货币理论"依据的是一种完全不同的宏观经济学研究路径。正如前文已经说明的,现代货币理论的研究者确实预见到了这场危机的到来。他们采取了一种更为现实地刻画人类行为的方法,这种方法建立在马克思、凡勃伦、凯恩斯和卡莱斯基等巨人的肩膀上。人类是社会性动物,其行为受制度、阶级、习俗和社会地位的影响。他们的决策是在真正不确定性的条件下做出的,在这种条件下,人们不可能理性地计算出不同结果的概率。

此外,宏观经济学所分析的是为所谓"货币生产"而组织起来的资本主义经济。在这些经济体中,私人生产的目标在于"赚钱",即以货币债权的形式获取利润。在这些经济体中,货币不可能是"中性的",因为生产过程本身是以货币利润为导向的。

正如马克思、凡勃伦和凯恩斯这三位伟大的经济学家所认为的那样,资本主义生产始于货币，又以赚取更多的货币为目的。为了利润而进行生产的前景总是不确定的。如果生产仅仅是一个技术问题，那么几乎没有不确定性：将"生产要素"组合在一起，遵循众所周知的模板，生产"小商品"，并以市场出清的真实（相对）价格出售。

然而，资本主义生产实际上要复杂得多。资本家必须首先获得货币来购买生产要素，这可能需要签订支付利息的债务协议（贷款协议）。这些承诺能否兑现取决于未来的收入。这在进行投资决策时尤其是个问题，资本家需要借贷来购买昂贵的长期资本资产，这些债务可能需要五年、十年、二十年甚至更长时间来偿还。他们没有神奇的水晶球可以预知如此长时期的投资收益流。

因此，债务问题关系重大。持有高流动性资产以及构建安全边际是比较谨慎的做法。对流动性资产的偏好源于未来的不确定性，流动性偏好受到经济周期中的乐观和悲观情绪波动的影响。繁荣会引发情绪高涨，导致借款人和贷款人倾向于低估经济下行的风险。金融脆弱性可能会随之增长，使危机更有可能发生，即使借款人和贷款人都认为危机变得越来越遥不可及。政策制定者助长了这种错误的安全感，他们在金融危机之前鼓吹"大缓和"，并宣扬"新经济"的到来。

沉下心来认真阅读本书并批判性思考的读者是不太可能被愚弄的。他们将认识到，市场力量是不稳定的。事实上，正如明斯基所言，市场力量可能孕育着不稳定，甚至不时地具有爆发性。相反，正是施加于市场之上的制度结构，才能约束这种不稳定性。然而，这种暂时的稳定也在促使市场参与者采取更加危险的行为，这降低了这些约束的有效性。经济学家和政策制定者需要对稳定的"新时代"的到来这种观点保持怀疑。

参考文献

[1] Mitchell, W. F. and Fazi, T. (2017) *Reclaiming the State: A Progressive Vision of Sovereignty for a Post-Neoliberal World*, London: Pluto Books.

Index

索引

A

accelerationist hypothesis, 274 – 283 加速主义假说

　expenditure multiplier and, 415 – 417 支出乘数与

　problems with, 278 问题

adaptive expectations of inflation see inflation rational expectations hypothesis (RATEX) 通货膨胀的适应性预期,参见通货膨胀理性预期假说

ageing, social security and intergenerational debate, 499 – 503 老龄化,社会保障与代际争论

　fiscal deficits and, 499, 533 – 534 财政赤字与

　full employment and, 502 – 503 充分就业与

　public education investment and, 503 公共教育投资与

　real challenges of, 502 真正的挑战

　taxes, 501 税收

　taxes, MMT view of, 502 现代货币理论的税收观

　US social security and medicare, 533 – 534 美国社会保障和医疗保险

ageing, social security and intergenerational debate, dependency ratios, 499 – 503 老龄化,社会保障与代际争论,抚养比率

　aged (child), 499 – 500 老年（少儿）

　effect of unemployment and underemployment, 501 失业和不充分就业的影响

　effective, 500 – 501 实际抚养比

　fertility rates, 500 生育率

　policy changes and, 500 政策变化与

　total, 499 总抚养比

ageing, social security and intergenerational debate, fiscal surpluses, 501 老龄化,社会保障与代际争论,财政盈余

　MMT view of 'stored surpluses', 502 现代货币理论的"储存盈余"观

aggregate consumption function, 221; see also

consumption (C) 总消费函数；也参见消费

aggregate demand (D), 186, 196, 206, 218 – 219, 406; see also demand output curve; demand gap 总需求；也参见需求产出曲线；需求缺口

 aggregate supply and, 195 总供给与

 crisis and, 422 危机与

 D1 and D2, 198 D1 和 D2

 deficiency, 80 不足

 definition (Keynes), 196 （凯恩斯的）定义

 effective, level of, 178 有效需求，总需求水平

 expectations and investment, 411 预期和投资

 full employment and, 186 充分就业与

 function, 226 函数

 government spending, 201 – 202 政府支出

 Job Guarantee and, 305 就业保障与

 Monetarist approach, 275 货币主义

 notional vs effective, 213 – 214 名义与有效

 taxation and, 201, 323 税收与

 unemployment, 182 失业

 US 1975 to 2007, 524 – 528 美国 1975—2007 年

aggregate expenditure, total, 225 – 228; see also expenditure multiplier 总支出；也参见支出乘数

aggregate labour supply function, 186 – 187 总劳动供给函数

aggregate output, 249 – 252; see also output gap 总产出；也参见产出缺口

aggregate spending, production and, 242 总支出，生产与

aggregate supply (Z), 170, 196, 217 – 218, 239 – 252 总供给

 aggregate demand and, 195 总需求与

 curve, 196, 206 曲线

 definition, (Keynes), 196 （凯恩斯的）定义

 elasticity, 246 弹性

 full employment and, 247 充分就业与

 function (schedule) (AS), 240 – 242, 245 – 249, 函数（图像）

 function (schedule) properties of, 248 – 249 函数（图像）性质

 labour productivity growth and, 248 劳动生产率增长与

 theory of, 240 理论

algebra, 代数

 power series, 111 – 112 幂级数

 rules, 106 – 107 规则

anchors, 锚

 inflation, 291, 297, 301 通货膨胀

 price, 301, 304, 306 价格

austerity see fiscal austerity 紧缩，参见财政紧缩

Austrian school see schools of economic thought, Austrian 奥地利学派，参见经济思想流派，奥地利学派

automatic stabilisers, 125, 224, 303 – 304, 307, 323, 342 自动稳定器

B

balance of payments, 375–377; see also exchange rates; income, world 国际收支；也参见汇率；收入，世界

    capital and financial account, 377 资本和金融账户

    components of, 375 组成部分

    constraints and currency crises, 507–513 约束与货币危机

    constraints and currency crises, food importing, 508 约束与货币危机，粮食进口

    credit entries, 375 贷方分录

    current account, 376–377, 559; see also current account; current account balance (CAB) 经常账户；也参见经常账户；经常账户余额

    debit entries, 375 借方分录

    essential concepts, 378 核心概念

    international competitiveness, 382–383 国际竞争力

    Marshall-Lerner Condition, 380–381 马歇尔－勒纳条件

    nominal exchange rate (e), 378–379 名义汇率

    nominal exchange rate (e) determination, 379, 382 名义汇率的决定

    real exchange rate, 382 实际汇率

    terms of trade, 383 贸易条件

balance sheets, 97–101 资产负债表

Bancor plan, 515–516; see also Bretton Woods monetary system; entries under Keynes, John Maynard; monetary systems 班柯计划；也参见布雷顿森林体系；约翰·梅纳德·凯恩斯下的条目；货币体系

    problems, 516 问题

banks, 361, 557–559; see also central bank; crowding out; money multiplier; quantitative easing 银行；也参见中央银行；挤出；货币乘数；量化宽松

    fractional reserve system, 153, 364 部分准备金制度

    IOUs, 143, 157–158, 361 借据

    loans and deposits, 155–156, 557–558 贷款和存款

    neoclassical view of, 154 新古典的观点

    operations, 153–161, 557–558 操作

    payments system, 156 支付系统

    privatisation of, 511 私有化

    reserves, 156 准备金

    reserves, positions, 154, 361 准备金，头寸

Basel Accords, 317 巴塞尔协议

beggar thy neighbour policy see mercantilism 以邻为壑的政策，参见重商主义

bonds; see also central bank; financial assets; treasury 债券；也参见中央银行；金融资产；财政部

    auction system, 149 拍卖制度

    consol, 148 永续债券

    coupon, 148 息票

    definition, 148 定义

    face value, 148 面值

functional finance and, 335 功能财政与

issue price, 148 发行价

primary vs secondary market, 148–149 一级与二级市场

bonds yield, 149–153, 424–425 债券收益率

coupon or nominal, 150 票面或名义

current, 150 当前

curve, 151–152 曲线

examples, 150–151 例子

inflation expectation and, in Japan, 30, 151 通货膨胀预期与，日本

target interbank rate, 151 银行同业拆借目标利率

to maturity (YTM), 150 到期

Bretton Woods monetary system, 13–14, 141, 514–515; see also Bancor plan; Economic and Monetary Union of the European Union (EMU); exchange rates, fixed and gold standard 布雷顿森林体系；也参见班柯计划；欧洲经济货币联盟；汇率，固定汇率和金本位制

strategies to avoid running out of foreign currencies, 141 避免外汇耗尽的策略

bubbles, market, 539 泡沫，市场

Buckaroos model, 36–37 袋鼠币模型

buffer employment ratio (BER), 304; see also buffer stocks, employment; buffer stocks, unemployment; employment; full employment; Job Guarantee; non-accelerating inflation buffer employment ratio (NAIBER) 缓冲就业率；也参见缓冲储备，就业；缓冲储备，失业；就业；充分就业；就业保障；非加速通货膨胀缓冲就业率

buffer stocks, employment, 16, 291, 301–309; see also buffer employment ratio (BER); buffer stocks, unemployment; employment; full employment; Job Guarantee; underemployment; unemployment 缓冲储备，失业；也参见缓冲就业率；缓冲储备，失业；就业；充分就业；就业保障；不充分就业；失业

buffer stocks, unemployment, 1, 291, 294, 296–301; see also buffer employment ratio (BER); buffer stocks, employment; employment; full employment; Job Guarantee; underemployment; unemployment 缓冲储备，失业；也参见缓冲就业率；缓冲储备，就业；就业；充分就业；就业保障；不充分就业；失业

agriculture, 310 农业

costs of, 298–301 成本

inflation and, 298 通货膨胀与

output losses, 297 产出损失

sacrifice ratios, 298–301 牺牲率

business cycle, 413–417, 420–421, 535; see also entries under Minsky; Hyman; financial instability 经济周期；也参见海曼·明斯基下的条目；金融不稳定

acyclical, 413 非周期性的

countercyclical, 413 逆周期性的

Harrod-Domar model, 416 哈罗德-多马模型

investment accelerator and, 415 – 417 投资加速数与

Juglar cycle, 420 朱格拉周期

Keynesian view of, 421 凯恩斯主义的观点

Kitchin cycle, 420 基钦周期

Kondratieff long wave cycles, 420 康德拉季耶夫长波周期

Kuznets cycle, 420 库兹涅茨周期

lagging indicator, 414 滞后指标

leading indicator, 413 领先指标

Marx view of, 421 马克思的观点

Mitchell, C. W. view of, 421 米切尔的观点

new classical economics and, 472 新古典经济学与

procyclical, 413 顺周期性的

terminology, 414 – 415 术语

Veblen, theory of business enterprise, 421 凡勃伦，企业理论

C

capital and financial account, 377; see also balance of payments 资本和金融账户；也参见国际收支

capital controls, 389 – 390, 519; see also central bank, capital controls 资本管制；也参见中央银行，资本管制

definition, 389 定义

types, 389 类型

capital flows, 329 – 331, 366 资本流动

in Asia, 513 亚洲

deficit finance, 329 赤字融资

sterilisation, 329 冲销

capital stock, 222; see also investment 资本存量；也参见投资

investment and, 396, 400 投资与

capitalism, 39 – 40, 44 – 45, 535 资本主义

Minsky stages of capitalism, 541 – 543 明斯基的资本主义阶段

monetary, 45 – 46 货币的

pace of change under, 44 社会改变的速度

profits and production, 45 利润和生产

production sequence (Marx), 46 生产过程（马克思）

capitalism, global, 46 – 47 资本主义，全球的

government downsizing, 47 缩减政府规模

international supply chains, 46 国际供应链

opposition to, 47 反对

trade deals, 47 贸易协定

capitalism, revolts and transition to, 43 – 44 资本主义，起义（造反）和向资本主义过渡

enclosure movement, 43 圈地运动

English peasant revolts 1381, 43 英国农民起义

casino capitalism see Minsky; Hyman; stages of capitalism 赌场资本主义；参见海曼·明斯基；资本主义的阶段

casualisation, 74; see also underemployment 临时雇佣制；也参见不充分就业

causation is forced movement metaphor, 129 因果关系是强制运动的隐喻

central bank, 16, 315 – 317; see also banks;

crowding out; money multiplier; quantitative easing; treasury 中央银行；也参见银行；挤出；货币乘数；量化宽松；财政部

balance sheets, 26–28 资产负债表

bond sales, 556–557; see also entries under bonds 债券销售；也参见债券下的条目

capital controls, 389–390; see also capital controls 资本管制；也参见资本管制

coordination with treasury, 315, 317, 319, 334, 557 与财政部的协调

deposit rate, 316 存款利率

discount rate, 316 贴现率

discount window, 155, 316, 557 贴现窗口

duties of, 319 职责

independence, 299, 315, 369–370, 518, 556 独立性

inflation targets, 315, 362 通货膨胀目标

interbank market, 155, 361 银行间市场

interbank rate, 316, 361, 556 银行同业拆借利率

lender of last resort, 361, 363, 427, 539, 560 最后贷款人

liquidity management role, 156, 334, 363–365 流动性管理的职责

money supply, control, 362；货币供给，控制

money supply, control, in classical system, 175–176, 440, 556 货币供给，控制，在古典体系中

monetary policy and, 315; see also monetary policy official intervention, 381 货币政策与；也参见货币政策官方干预

open market operations,（OMO）, 320–321 公开市场操作

overnight interest rate target, 315, 316 隔夜利率目标

payments system and, 316 支付系统与

private banks and, 317 私人银行与

public purpose and, 317 公共目的与

creserves, 316, 554, 556–557 准备金

role in crisis, 317 在危机中的作用

central bank interest rate policy, 157, 362, 556, 557 中央银行利率政策

after Global Financial Crisis（GFC）, 364; see also entries under interest rates 全球金融危机之后；也请参见利率下的条目

certificates of deposit（CD）, 143, 157 大额存单

classical system, 164–179 see also Law of Diminishing Returns; Quantity Theory of Money（QTM）; schools of economic thought, classical 古典体系，也请参见报酬递减规律；货币数量论；经济思想流派，古典学派

aggregate supply, 170 总供给

dichotomy, 175, 261 二分法

features, 176 特征

full employment, 182 充分就业

fundamental postulates, 182 基本假设

fundamental postulates critique of, 185–

186 对其基本假设的批判

labour market, 165 劳动力市场

labour market equilibrium, 167 – 168; see also full employment 劳动力市场均衡；也请参见充分就业

loanable funds theory, 172 可贷资金理论

main components, 165 主要组成部分

price level determination, 175 – 176 价格水平的决定

production function, 165 – 167 生产函数

real wages, 169 – 170 实际工资

Say's Law, 170 萨伊定律

unemployment, 169 – 170 失业

Clower, R. (1965), 214 克劳尔

coefficients, 105 系数

cognitive frames, 123 – 128; see also metaphors 认知框架；也请参见隐喻

collateralised debt obligations, (CDOs) see Global Financial Crisis (GFC) 债务抵押债券，参见全球金融危机

communism see production modes of, communism 共产主义，参见生产方式，共产主义

company finance, 150 公司财务

compound interest, 403 复利

conflict theory, 255 – 256, 259 – 260 冲突理论

consumer price index (CPI), 59 消费者价格指数

    definition, 59 定义

    rate of growth, 61 – 62 增长率

consumer price index (CPI) measurement, 59 – 63 消费者价格指数的度量

    base weighted index (Laspeyres), 60 – 61 基期加权指数（拉氏指数）

    current weighted index (Paasche), 60 – 61 现期加权指数（帕氏指数）

consumer price index (CPI), as a measure of inflation, 62 – 63 消费者价格指数，作为通货膨胀的衡量

    formula bias, 62 方法偏差

    housing, 62 – 63 住房

    new product bias, 62 新产品偏差

    quality change bias, 62 质量变化偏差

    outlet substitution bias, 62 折扣商品偏差

    substitution bias, 62 替代偏差

consumption (C), 53; see also aggregate consumption function; marginal propensity to consume (MPC) 消费；也参见总消费函数；边际消费倾向

    induced 234, 236 引致的

    private expenditure, 219 – 22 私人支出

credit creation, 154 – 157, 558 – 559 信贷创造

    conditions for, 154 条件

    examples, 157 例子

    liberalisation, 511 自由化

    reserve positions of banks and, 154, 558 银行准备金头寸与

credit crunch, 420, 426；信贷紧缩

    Asian, 512 亚洲

crises see currency crises; financial instability;

Global Financial Crisis (GFC); entries under Great Depression 危机，参见货币危机；金融不稳定；全球金融危机；大萧条下的条目

crowding out, 336–337, 413; see also banks; central bank; money multiplier; quantitative easing; treasury 挤出；也请参见银行；中央银行；货币乘数；量化宽松；财政部

 financial, in IS–LM framework, 457–458 金融的，在"IS—LM 框架"中

 interest rates and, 337 利率与

 loans and, 337, 558 贷款与

 non-government surpluses and, 337 非政府部门盈余与

 twin deficits hypothesis, 506 双赤字假说

currency see also IOU's; money; Paper Money Acts Virginia 通货，也参见借据；货币；弗吉尼亚纸币法

 fiat, 134, 136 法定

 government spending and, 137 政府支出与

 national 135–140; see also unit of account 国家的；也参见记账单位

 non-convertible, 517 不可兑换的

 pegs, 509, 510, 512, 559 钉住汇率

 precious metals and, 136 贵金属与

 pyramiding, 144–145 金字塔

 sovereign, 135, 325–326, 553–554 主权

currency, acceptance, 136–139 货币，接受

 fiat, 136 法定

 legal tender laws 136 法定货币法

 metal, 136 金属

 taxes, 137–139 税收

currency crises, 508–513 货币危机

 European exchange rate mechanism crisis 1992, 509 1992 年欧洲汇率机制危机

 Mexican peso crisis 1994, 509–511, 1994 年墨西哥比索危机

 IMF involvement, 509–510 国际货币基金组织的干预

 Tesobonos, 510 特索债券

 South East Asian debt crisis 1997, 511–513 东南亚债务危机

currency devaluation, 512 货币贬值

 IMF involvement, 513 国际货币基金组织的干预

 real estate boom, 512 房地产繁荣

current account, 376–377, 559; see also balance of payments 经常账户；也参见国际收支

 goods and services or balance of trade, 377 商品和服务或贸易差额

 primary income, 377 初次收入

 secondary income, 377 二次收入

 twin deficits hypothesis, 504–507 双赤字假说

current account balance (CAB), 85, 95; see also external financial balance 经常账户余额；也参见对外收支余额

D

Debt see also government debt 债务，也参见政府债务

inside, 97, 371 内部（国内）

outside, 97 外部（国外）

deficit see fiscal deficits 赤字，参见财政赤字

doves, 333 鸽派

hawks, 333 鹰派

owls, 333-334 猫头鹰派

deflation, 255 通货紧缩

demand see aggregate demand (D); demand output curve; demand gap 需求，参见总需求；需求产出曲线；需求缺口

demand gap, 198, 200, 201-202 需求缺口

    government spending and, 201-202 政府支出与

    policy implications and, 201-202 政策含义与

    role of taxes, 201 税收的作用

demand, output curve, 205-212 需求，产出曲线

    interdependency, 205 see also aggregate demand (D); demand gap 相互影响，也参见总需求；需求缺口

dependency ratios see ageing, social security and intergenerational debate 抚养比率，参见老龄化，社会保障与代际争论

deregulation, market, 274 去管制，市场

derivative (of functions), 110 （函数的）导数

discount window see central bank, discount window 贴现窗口，参见中央银行，贴现窗口

discouraged worker effect, 532 灰心的失业者效应

dynamic stochastic general equilibrium (DSGE) model see schools of economic thought, general equilibrium (GE) 动态随机一般均衡模型，参见经济思想流派，一般均衡

D-Z approach, 194-200; see also effective demand theory of "总需求—总供给" (D—Z) 方法；也参见有效需求理论

E

economics, 经济学

    assumptions and, 8 假设与

    cost, 356 成本

    definition of, heterodox, 7 定义，非正统非正统的

    definition of, neoclassical, 5 定义，新古典的

    language of, 13 语言

    macroeconomics vs microeconomics, 20 宏观经济学与微观经济学

    social sciences and, 3 社会科学与

    study of, 2-8 研究

    theory (model), 12-13 理论（模型）

Economic and Monetary Union of the European Union (EMU), 14, 370, 518-519, 547-549 see also Bretton Woods monetary system; Bancor plan 欧洲经济货币联盟，也参见布雷顿森林体系；班柯计划

    banking, 548 银行业

    sovereignty of member states, 547-549 成

员国主权

economic cycle see business cycle 经济周期，参见商业（经济）周期

economic systems see production, modes of 经济制度，参见生产，方式

economy, visions of, 121–123 经济，图景

effective demand, theory of, 193–203 see also macroeconomic demand for labour 有效需求，理论，也参见宏观的劳动力需求

 advantages of D–Z framework, 199–200 "总需求—总供给"（D—Z）框架的优势

 deficient, 351; see also spending gap 不足；也参见支出缺口

 labour demand and, 249 劳动需求与

efficiency, of labour force, 67, 297 效率，劳动力

employment; see also buffer employment ratio (BER); buffer stocks, employment; buffer stocks, unemployment; full employment; Job Guarantee; non-accelerating inflation buffer employment ratio (NAIBER) 就业；也参见缓冲就业率；缓冲储备，就业；缓冲储备，失业；充分就业；就业保障；非加速通货膨胀缓冲就业率

 classical theory of, 165–172 古典理论

 classical theory of, Keynes critique, 212 古典理论，凯恩斯的批判

 output function, 240–242 产出函数

 population ratio, 70 人口比例

 as public purpose, 11 作为公共目的

 real wages and, 185–186 实际工资与

 taxation and, 324–325 税收与

employment policies, behaviouralist, structuralist and job shortage, 293–296 就业政策，行为主义者，结构主义者和就业岗位短缺

 government job creation, 295–296; see also Job Guarantee 政府就业创造；也参见就业保障

 Keynesian, post WWII, 294 凯恩斯主义的，"二战"后

 Minsky on, 293 明斯基论

 private sector incentives, 294–295 私人部门激励

 welfare and, 293–294 福利与

equations, types of, 105–106 等式，类型

exchange rates, 140–142 汇率

 determination, 382 决定

 fixed and gold standard, 141, 559 固定汇率和金本位制

 fixed and gold standard, trade balance and, 516, 559; see also Bretton Woods monetary system; gold standard 固定汇率和金本位制，贸易余额与；也参见布雷顿森林体系；金本位制

 floating/flexible, 141–142, 519, 555, 560 浮动

 floating/flexible and Job Guarantee, 305 浮动和就业保障

 future, 382 远期

 government intervention in markets, 142 政府干预市场

instability, 421 不稳定

managed, 140–141, 560 有管理的

Marshall-Lerner Condition, 380–381 马歇尔-勒纳条件

nominal (e), 378–379 名义的

predictions, 142 预测

real, 382, 383–384 实际的

relative, 382 相对的

expenditure multiplier, 230–238, 358, 412; see also aggregate demand 支出乘数；也参见总需求

investment accelerator and, 415–417 投资加速数与

government spending changes and, 233 政府支出变化与

marginal propensity to consume and, 232, 235 边际消费倾向与

marginal propensity to import and, 232, 235 边际进口倾向与

process, 231 过程

tax rate and, 232, 235 税率与

exports (X), 54 出口

exports, net (NX), 54, 224–225, 386; see also balance of payments; exports (X) 出口，净出口；也参见国际收支；出口

domestic demand and, 201; see also mercantilism profits and, 412 国内需求与；也参见重商主义利润与

external financial balance, 85, 95; see also current account balance (CAB) 对外收支余额；也参见经常账户余额

F

factor cost, 55 要素成本

fallacies, compositional, 19, 20, 195, 205; see also government/household analogy 谬误，合成谬误；也参见政府/家庭类比

definition, 20 定义

paradox of thrift, 20–21, 481 节俭悖论

paradox of thrift, and Global Financial Crisis (GFC) 21–22 节俭悖论，与全球金融危机

feudalism, see production modes of, feudalism 封建主义，参见生产方式，封建主义

finance capitalism see Minsky; Hyman; stages of capitalism 金融资本主义，参见海曼·明斯基；资本主义的阶段

financial assets, 93, 94–95, 98, 148–153, 322; see also entries under bonds 金融资产；也参见债券下的条目

financial crises see currency crises; financial instability; Global Financial Crisis (GFC); entries under Great Depression 金融危机，参见货币危机；金融不稳定；全球金融危机；大萧条下的条目

Financial Crisis, Inquiry Commission (FCIC) report, 537 金融危机，调查委员会报告

financial instability, 294, 420–421; see also Global Financial Crisis (GFC); entries under Great Depression 金融不稳定；也参见全球金融危机；大萧条下的条目

causes, 420, 426 成因

currency crises, 508–513 货币危机

Minsky's financial instability hypothesis (FIH), 257, 407, 420, 427–428, 540–543 明斯基的金融不稳定性假说

US crises, 542 美国危机

financial liabilities, 93 金融负债

financial system, 140 金融体系（系统）

financialisation see Minsky; Hyman; stages of capitalism 金融化，参见海曼·明斯基；资本主义的阶段

fiscal austerity, 297, 298, 299, 333, 442, 559 财政紧缩

fiscal balance, 15, 125–126 财政收支

 private domestic sector, 85 国内私人部门

 twin deficits hypothesis, 504–507 双赤字假说

fiscal deficits, 100, 124–125, 126, 126–127, 128, 318, 322, 351, 553, 554 财政赤字

 ageing population and, 499, 533–534 老龄化人口与

 financial wealth and, 96 金融财富与

 interest rates and, 126, 555 利率与

 Japan, 27–31 日本

 persistent, 555–556 持续的

 private domestic sector, 93 国内私人部门

 profits and, 412 利润与

 taxation and, 126–127, 355 税收与

 under Job Guarantee, 303 就业保障制度下的

fiscal drag, 353, 354 财政拖累

fiscal policy, 15–16, 300, 332–348, 554–555; see also monetary policy 财政政策；也参见货币政策

fiscal rules, 90, 355; see also government fiscal constrain 财政规则；也参见政府财政约束

full employment and price stability, 91t 充分就业与价格稳定

 recessions and, 91 衰退与

fiscal space, 127, 130, 349–359 财政空间

 IMF definition, 352 国际货币基金组织的定义

 MMT perspective, 353 现代货币理论的观点

fiscal surplus, 100, 125, 318, 553 财政盈余

fiscal sustainability, 349–359 财政可持续性

 public purpose, 353–354 公共目的

 sovereign government, 354 主权政府

 taxation and, 355 税收与

 with full employment, 354 伴随充分就业的

fiscal targets see fiscal rules 财政目标，参见财政规则

Fisher effect, 152–153 费雪效应

flexible accelerator model, 400–401 灵活的加速数模型

 implications of incomplete adjustment, 400–401 不完全调整的影响

 rate of adjustment, 400 调整率

flows, 91–92; see also stocks; stocks and flows 流量；也参见存量；存量和流量

 external income net, 84 对外净收入

labour market flows matrix, 76 劳动力市场流量矩阵

underemployment and, 75–78 不充分就业与

variables, 91 变量

flow of funds analysis, 94–97 资金流量分析

as a system（Ritter 1963）, 94 作为一个系统（Ritter 1963）

national accounts differences and, 102 国民经济核算的差异与

flow of funds matrix, 101–102 资金流量矩阵

advantages of, 101–102 优势

Global Financial Crisis and, 102 全球金融危机与

national accounts and, 102 国民经济核算与

formula bias, 62; see also consumer price index 方法偏差; 也参见消费者价格指数

framing, 120, 131 构造框架

Franco-Italian circuitist school see schools of economic thought, Franco-Italian circuitist 法国—意大利循环学派, 参见经济思想流派, 法国—意大利循环主义

free market, 3–4 自由市场

fair vs equal, 4 公平与平等

role of government and, 4 政府的角色

use of language in framing debates, 120 语言在构造争论中的运用

vs heterodox approach, 5 与非正统学说

Friedman, Milton; see also inflation; schools of economic thought, Monetarism; Monetarism 米尔顿·弗里德曼; 也参见通货膨胀; 经济思想流派, 货币主义; 货币主义

accelerationist hypothesis, 274 加速主义假说

helicopter money, 341, 493 直升机撒钱

full employment, 12, 67, 74, 290–312, 325, 518, 554; see also employment policies; Job Guarantee 充分就业; 也参见就业政策; 就业保障

abandonment of, 294, 296 放弃

ageing society and, 502–503 老龄化社会与

in classical system, 168–169, 182, 212 在古典体系中

as human right, 9–10, 292, 303 作为人权

buffer stocks, 291; see also buffer stocks employment 缓冲储备; 也参见缓冲储备就业

deficit condition, 307, 350–352, 353, 354 赤字条件

environmental sustainability and, 521 环境可持续性与

fiscal condition, 352 财政状况

fiscal sustainability, 354 财政可持续性

functional finance and, 340 功能财政与

growth and, 292 增长与

in IS–LM framework, 453–458, 460 在"IS—LM框架"中

Keynes, 182 凯恩斯

loose, 307 宽松的

Monetarism and, 274 货币主义与

new classical economics and, 472 新古典经济学与

functional finance, 15, 333-336 功能财政
    bonds and, 335 债券与
    full employment and, 340 充分就业与
    government borrowing and, 335 政府借款与
    inflation and, 340 通货膨胀与
    spending gaps, 350 支出缺口
    taxes and, 336 税收与
    two principles of, 335 两条原理

G

general equilibrium (GE) school see schools of economic thought, general equilibrium (GE) 一般均衡学派，参见经济思想流派，一般均衡

Gini coefficient, 63-65; see also Lorenz curve 基尼系数；也参见洛伦兹曲线

Global Financial Crisis (GFC), 535-550 全球金融危机
    bank bailouts, 541, 546-547 银行救助
    bank bailouts, Eurozone, 548 银行救助，欧元区
    bank conduct pre GFC, 537, 548 全球金融危机前银行的行为
    bubbles, market, 539, 543 泡沫，市场
    central banks, 363, 539 中央银行
    collateralised debt obligations (CDOs), 543 债务抵押债券
    debt, private sector, 541, 543-544 债务，私人部门
    deposit insurance, 539-540 存款保险
    Economic and Monetary Union of the European Union (EMU), 547-549 欧洲经济货币联盟
    failure to foresee, 536-540 未能预见
    fiscal austerity and, 298, 333, 442 财政紧缩与
    flow of funds and, 102 资金流量与
    Greece, 91 希腊
    Greenspan, Alan on flawed model use, 537-538 艾伦·格林斯潘论的错误模型
    heterodox view of pre GFC, 540 全球金融危机前的非正统非正统观点
    index speculation, 543 指数投机
    inequality rise, 543-547 不平等上升
    interest rates, 364, 493 利率
    invisible hand, role, 537 看不见的手，作用
    liquidity, 539 流动性
    managed money, 541-543 有管理的基金
    Minsky's financial instability hypothesis (FIH), 540-543 see also entries under Minsky, Hyman 明斯基金融不稳定性假说，也参见海曼·明斯基下的条目
    monetary policy and, 366 货币政策与
    money wages and, 270 货币工资与
    orthodox ideology pre GFC, 537-539 全球金融危机前的正统意识形态
    orthodox ideology pre GFC, great moderation, 542 全球金融危机前的正统意识形态，大缓和

orthodox ideology pre GFC, view of money, 539, 540 *see also* great moderation 全球金融危机前的正统意识形态，货币观，也参见大缓和

prediction of, 540 - 547 预测

Phillips curve and, 270 菲利普斯曲线与

public purpose and pre GFC investment, 543 公共目的和全球金融危机前的投资

quantitative easing, 343, 365 量化宽松

rational expectations hypothesis（RATEX）and, 282 理性预期假说与

regulation, 541 监管

return to Keynesian economics, 441 回归凯恩斯主义经济学

risk taking, 542 风险承担

secular stagnation US, post 529 - 532 危机后美国长期停滞

underemployment and, 74, 287; in US post, 530 不充分就业与；在危机后美国的

unemployment, 543 失业

US Federal Reserve conduct, 539, 546 - 547 美联储的行为

gold standard, 514; *see also* Bretton Woods monetary system; exchange rates, fixed and gold standard 金本位制；也参见布雷顿森林体系；汇率，固定汇率和金本位制

government budget constraint *see* government fiscal constraint 政府预算约束，参见政府财政约束

government debt, 355 政府债务

foreign purchase of, 356 外国购买

sustainability debate, 356 - 358 可持续性争论

to GDP ratio, 356 与 GDP 的比值

government deficits *see* fiscal deficits 政府赤字，参见财政赤字

government fiscal constraint, 333, 335, 356, 544, 555; *see also* fiscal rules 政府财政约束；也参见财政规则

government/household analogy, 19 - 20, 124, 318, 333, 555; *see also* fallacies, compositional 政府/家庭类比；也参见谬误，合成谬误

government sector（consolidated）, 16, 85; *see also* central bank; treasury 政府部门（合并）；也参见中央银行；财政部

government, sovereign, 100, 318, 354 政府，主权

vs non-sovereign, 517 与非主权

government spending（G）, 54, 95, 135, 137, 224 - 225, 318, 334, 554 - 555; *see also* automatic stabilisers; crowding out; fiscal deficits; fiscal policy; Friedman, Milton, helicopter money; spending, sources of 政府支出；也参见自动稳定器；挤出；财政赤字；财政政策；米尔顿·弗里德曼；直升机撒钱；支出，来源

bond sales, 320, 337, 554; *see also* entries under bonds 债券销售；也参见债券下的条目

determinants of, 224 决定因素

hyperinflation, 342 – 344 恶性通货膨胀

inflation, 339 – 344 通货膨胀

 as an injection, 224, 351 作为一种注入

 quantity rule, 296 数量规则

 as source of demand, 201 – 202 作为需求的来源

 spending gap, 350, 351 支出缺口

 taxation and, 323 税收与

 types of, 224 类型

 voluntary constraints, 337 – 339, 354 自愿约束

Great Depression, 大萧条

 as end to finance capitalism, 541 作为金融资本主义的终结

 falling wages and employment, 194, 213 工资和就业下降

 Fisher, Irving debt deflation theory, 424 欧文·费雪债务通缩理论

 gold convertibility and, 514 黄金可兑换性与

 investment, 411 投资

 Keynes and, 20, 188 凯恩斯与

 New Deal, 293, 439 – 440, 541 新政

 New Deal, destruction of, 541, 544 新政, 毁灭

 two visions of the economy and, 122 两种经济图景与

great moderation, 419, 492, 536, 542 大缓和

gross domestic product（GDP）, 22 – 23; see also gross national product（GNP）; gross national income（GNI）国内生产总值; 也参见国民生产总值; 国民收入总值

 as a flow, 51 作为流量

 as a measure of production, 52 作为产出的衡量

 chain weighted, 58 – 59 连锁加权

 components of, 53 – 54 组成

 definition, 50 定义

 deflator, 58 平减指数

 growth and environmental sustainability, 521 增长和环境可持续性

 growth and price deflator, 57 – 58 增长和价格平减指数

 inclusions and exclusions, 51 计入的和不计入的内容

 inflation targets, 299 通货膨胀目标

 issues with use, 51 – 52, 58 使用时的注意事项

 measures of, 54 – 55 衡量

 measures of, expenditure approach, 55 衡量, 支出法

 measure of, income approach, 55 衡量, 收入法

 measures of, production approach, 55 衡量, 生产法

 real, 51 实际

 selected countries behaviour over time, 23 部分国家的历史表现

 unpaid work and, 51 无薪工作与

 vs gross national product（GNP）, 55 – 56 与国民生产总值

gross national income（GNI）, 56; see also

gross domestic product (GDP); gross national product (GNP) 国民收入总值；也参见国内生产总值；国民生产总值

gross national product (GNP), 55–56, 84–85; see also gross domestic product (GDP); gross national income (GNI) 国民生产总值；也参见国内生产总值；国民收入总值

growth, economic; see also consumer price index (CPI); gross domestic product (GDP) growth; gross national product (GNP); gross national income (GNI) 增长，经济；也参见消费者价格指数；国内生产总值增长；国民生产总值；国民收入总值

annual average rates, 115–116 年平均率

environmental sustainability and, 520–522 环境可持续性与

full employment and, 292 充分就业与

job type and, 522 工作类型与

inequality and, 545 不平等与

speed limits, 524 速度限制

US 1975 to 2007 case study, 524–528 1975—2007 年美国案例

H

heterodox approach, 5–8; see also schools of economic thought, heterodox vs orthodox tenants; Modern Monetary Theory (MMT) 非正统经济学；也参见经济思想流派，非正统与正统阵营；现代货币理论

distribution and, 7 分配

loanable funds theory rejection, 481 可贷资金理论的拒斥

role of government, 7 政府的角色

Say's law rejection, 481 萨伊定律的否定

vs free market approach, 6 与自由市场方法

Hicks, John Richard see IS–LM framework 约翰·理查德·希克斯，参见"IS—LM 框架"

hyperinflation, 255, 342–346 恶性通货膨胀

definition, 343 定义

MMT view, 343–4 现代货币理论的观点

Quantity Theory of Money and, 343 货币数量论与

Weimar Germany, 344–345 魏玛德国

Zimbabwe, 345–346 津巴布韦

hysteresis, 283–285, 297, 298 回滞

algebra, 284–285 代数

government policy and, 284 政府政策与

macroequilibrium rate of unemployment (MRU), 80, 283, 285 宏观均衡失业率

unemployment, 80–81 失业

I

imports (M), 54 进口

as system leakage, 201, 225; see also marginal propensity to import (m) 作为系统的漏出；也参见边际进口倾向

income, disposable, 220–221 收入，可支配收入

expenditure model, 84 支出模型

flows, external net, 84 流量，对外净

personal (PI), 56 个人收入

world, 387 – 389; see also balance of payments 世界; 也参见国际收支

incomes policies, 264 – 267; see also wage determination 收入政策; 也参见工资决定

  distributional conflict and, 265 分配冲突与

  problems with, 264 – 265 问题

  wage price guideposts US, 264 – 265 美国工资价格控制指标

index numbers, 112 – 115 指数

inequality, 不平等

  growth and, 545 增长与

  money manager capitalism and, 545 基金经理资本主义与

  national, 63 – 65 国内的

  neoclassical explanation of, 546 新古典的解释

  rise in, 543 – 547 上升

inflation, 61, 127 – 128, 255 – 261; see also consumer price index (CPI); hyperinflation; Phillips curve; stagflation; stagnation, secular 通货膨胀; 也参见消费者价格指数; 恶性通货膨胀; 菲利普斯曲线; 滞胀; 停滞, 长期停滞

  accelerating, 255 加速的

  anchors, 291, 297, 301 锚

  conflict theory and, 255 – 256, 259 – 260 冲突理论与

  constant, 255 常数

  cost push, 254, 256 – 258 成本推动

  definition, 255 定义

  demand pull, 254, 260 – 261 需求拉动

expectations, 273, 274 – 281 预期

expectations, adaptive expectations of, 277, 280 – 281; see also rational expectations hypothesis (RATEX) 预期, 适应性预期; 也参见理性预期假说

functional finance and, 340 功能财政与

government spending and, 339 – 344 政府支出与

in 1970s, 259, 273, 340 20 世纪 70 年代

in 1970s OPEC oil increases, 261, 275, 473 1970 年代石油输出国组织油价上涨

Job Guarantee and, 304 – 5 就业保障与

price-wage, 257 价格—工资

rational expectations hypothesis (RATEX), 281 – 283, 440 理性预期假说

raw material price increases, 258 – 259 原材料价格上涨

Scandinavian Model (SM), 265 – 267 斯堪的纳维亚模式

structural imbalance, 284, 285 结构性失衡

targeting (first), 296, 299 目标（优先）

targeting (first), central banks and, 315, 362 目标（优先），中央银行与

targeting (first), fiscal policy and, 300 目标（优先），财政政策与

targeting (first), GDP and, 299 目标（优先），GDP 与

twin deficits hypothesis and, 504 双赤字假说与

unemployment and, 254 – 267 失业与

unemployment and, trade-off, 268, 270,

284; see also Phillips curve 失业与，替代关系；也参见菲利普斯曲线

wage-price, 257, 258 工资—价格

injections, 224, 351, 552 注入

institutional school see heterodox approach; schools of economic thought, institutional 制度学派，参见非正统经济学；经济思想流派，制度学派

interbank market see central bank 银行间市场，参见中央银行

interest rates; see also central bank; IS – LM framework 利率；也参见中央银行；"IS—LM 框架"

 fiscal deficits and, 126, 555 财政赤字与

 impact on IS – LM framework, 446, 452 – 453, 457, 460 对"IS—LM 框架"的影响

 investment and, 401 投资与

 market determination, 517 市场决定

 movements in, 189 – 190, 191 – 192 变动

 negative, 367 负的

 parity theorem, 382 平价理论

 post GFC, 493 后全球金融危机

 twin deficits hypothesis and, 504 双赤字假说与

 US pre GFC, 539 全球金融危机前的美国

 zero, 334 零

intergenerational debate see ageing, social security and intergenerational debate 代际争论，参见老龄化，社会保障与代际争论

inventory cycle, 229 存货周期

planned investment and, 230 计划投资与

investment (I), 53 – 54, 189 – 190, 394 – 418 投资

 accelerator model of, 397 – 401 加速数模型

 accelerator model of, expenditure multiplier and, 415 – 417 加速数模型，支出乘数与

 accelerator model of, flexible, 400 – 401 加速数模型，灵活

 accelerator model of, simple 397 – 399 加速数模型，简单

 borrowing rates and, 365 借款利率与

 definition, 395 定义

 determination, 407 – 408 决定

 expectations of future conditions, 401 – 402, 406, 408, 411 对未来状况的预期

 expectations of future conditions, asymmetry, 402 对未来状况的预期，不对称

 gross, 223, 396 总

 interest rate, 401 利率

 internal rate of return (IRR), 404, 405 内部收益率

 IS – LM framework and, 451 "IS—LM 框架"与

 marginal efficiency of capital (MEC), 404 – 405 边际资本效率

 marginal efficiency of investment, 404 – 407 边际投资效率

 Minsky's two price system, 407 明斯基的两种价格体系

net, 223–224, 396 净

present value, 402–404 现值

private, 222–224 私人的

profits and, 395, 409–413; see also Kalecki, Michal 利润与；也参见米哈尔·卡莱斯基

recessions, 402 衰退

volatility, 395 波动

investment-saving（IS）curve see IS–LM framework 投资－储蓄曲线，参见"IS—LM 框架"

invisible hand, 9, 537 看不见的手

Veblen rejection of, 438 凡勃伦的拒斥

IOUs, 142–145 借据

banks, 143, 157–158, 361 银行

clearing accounts, 143 结算账户

flow variables, 91–92 流量变量

inside wealth, 93 内部财富

leveraging, 143 杠杆

role of issuer, 142 发行者的作用

taxation as, 137 税收作为

IS–LM framework, 444–468; see also schools of economic thought, IS–LM framework "IS—LM 框架"；也参见经济思想流派，"IS—LM 框架"

algebra, 467–468 代数

critique by Hicks, 459, 465 希克斯的批判

definition, 453 定义

equilibrium output of product market, 385, 450–452 产品市场的均衡产出

expenditure multiplier and, 453 支出乘数与

financial crowding out, 457–458 金融挤出

full employment and, 453, 460 充分就业与

interest rate impact, 446, 452–453, 457, 460 利率影响

investment and, 451 投资与

IS curve derivation, 452–3 IS 曲线推导

Keynes effect, 458, 460–2 凯恩斯效应

Keynes effect, vs Pigou（real balance）, 211, 462 凯恩斯效应，与庇古（实际余额）效应

limitations of, 463–6 局限

liquidity preference function, 446 流动性偏好函数

liquidity trap, 449 流动性陷阱

LM curve derivation, 447–450 LM 曲线推导

monetary policy and, 449, 455–456 货币政策与

money market, 445–447 货币市场

national income impact, 452–453 总收入的影响

Pigou（real balance）effect, 211, 462–463 庇古（实际余额）效应

Pigou（real balance）effect, vs Keynes, 462 庇古（实际余额）效应，与凯恩斯

price level and, 460 价格水平与

shifts in IS curve, 453 IS 曲线的移动

speculative demand, 447 投机性需求

steepness of LM curve, 449–450 LM 曲线的倾斜程度

taxation and, 453 税收与

J

Japan, 日本
    budget deficits, 27-31 预算赤字
    fiscal balance, 28 财政平衡
    government bond yields, 30 政府债券收益率
    inflation, 31 通货膨胀
    interest rates, 30, 367 利率
    public debt, 29 公共债务
    quantitative easing, 343 量化宽松

job creation *see* employment policies; Job Guarantee 就业创造,参见就业政策；就业保障

Job Guarantee (JG), 292, 295-296, 301-312, 341; *see also* employment policies; full employment 就业保障；也参见就业政策；充分就业
    as automatic stabiliser, 303-304, 307 作为自动稳定器
    developing nations and, 508 发展中国家与
    fiscal policy and, 303, 306, 307 财政政策与
    flexible exchange rates and, 305 浮动汇率与
    general price level anchor, 304; *see also* anchors, price 一般价格水平锚；也参见锚，价格
    inflation control and, 304-305 通货膨胀控制与
    market and, 303, 304, 306 市场与
    minimum wage and, 302, 304, 306 最低工资与
    non-accelerating inflation rate of unemployment (NAIRU) and, 302, 304 非加速通货膨胀失业率与
    past Keynesian policies and, 304, 309 传统凯恩斯主义政策与
    Phillips curve and, 309-310 菲利普斯曲线与
    policy lags and, 303 政策滞后与
    supply shocks and, 305 供给冲击与
    unemployment benefits and, 302, 303 失业补助与
    wage determination, 302-303, 304, 306, 308 工资决定

K

Kalecki, Michal, 256 米哈尔·卡莱斯基

Kalecki, Michal theory of profits, 409-413, 423 米哈尔·卡莱斯基的利润理论
    generalised model, 411-413 一般化（的）模型
    simplified model, 409-411 简化模型

Keynes, John Maynard; *see also* heterodox approach; schools of economic thought, Keynesian financial; schools of economic thought, Keynesian, fundamentalist; schools of economic thought, neoclassical synthesis Keynesian (bastard Keynesian); schools of economic thought, new Keynesian (NKE); schools of economic thought, post-Keynesian 约翰·

梅纳德·凯恩斯；也参见非正统经济学；经济思想流派，金融凯恩斯主义；经济思想流派，原教旨凯恩斯主义；经济思想流派，新古典综合派凯恩斯主义（"冒牌的"凯恩斯主义）；经济思想流派，新凯恩斯主义；经济思想流派，后凯恩斯主义

aggregate labour supply function, 186–187 总劳动供给函数

Bancor plan, 515–516; *see also* Bretton Woods monetary system 班柯计划；也参见布雷顿森林体系

classical theory of employment critique, 212 对古典就业理论的批判

crises, view of, 424–427 危机，观点

D–Z framework *see* effective demand effect on IS–LM framework, 458, 460–462 D—Z框架，参见"IS—LM框架"下的有效需求效应

full employment, 182 充分就业

General Theory of Employment, Interest and Money, 164, 189–190, 198《就业、利息和货币通论》

Great Depression, 20, 188 大萧条

inflation gap, 260 通货膨胀缺口

insufficient aggregate demand, 436 总需求不足

liquidity preference, 190–192 流动性偏好

loanable funds theory critique, 188–190 对可贷资金理论的批判

marginal efficiency of capital, 404, 424 边际资本效率

marginal efficiency of investment, 404–407 边际投资效率

paradox of thrift, 20–21, 481 节俭悖论

perfect competition and, 483 完全竞争与

Pigou (real balance/wealth) effect critique, 211, 462 对庇古（实际余额/财富）效应的批判

pump priming, 341, 440 政府注资刺激经济

Quantity Theory of Money rejection, 263 货币数量论的拒斥

Say's Law rejection, 188–192, 213–214, 263, 436 萨伊定律的否定

vs the 'classics' 180–192 与"古典学派"

Keynesian approach to economics *see* Heterodox approach; entries under Keynes John Maynard; schools of economic thought, Keynesian financial; schools of economic thought, Keynesian, fundamentalist; schools of economic thought, neoclassical synthesis Keynesian (bastard Keynesian); schools of economic thought, new Keynesian (NKE); schools of economic thought, post-Keynesian 凯恩斯主义经济学方法，参见非正统经济学；约翰·梅纳德·凯恩斯下的条目；经济思想流派，金融凯恩斯主义；经济思想流派，原教旨凯恩斯主义；经济思想流派，新古典综合派凯恩斯主义（"冒牌的"凯恩斯主义）；经济思想流派，新凯恩斯主义；经济思想流派，后凯恩斯主义

L

labour, demand, macroeconomic 199 – 200, 204 – 215; see also effective demand, theory of 劳动, 需求, 宏观经济; 也参见有效需求, 理论

    curve, 205 – 211 曲线

    classical case, 207 古典情况

    generalised case, 210 一般的情况

    involuntary unemployment and, 212 非自愿失业与

    Keynesian case, 208 凯恩斯的情况

    underconsumptionist case, 209 消费不足主义者的情况

labour force, 70 劳动力

    framework 67 – 71 框架

    marginal attachment to, 71 边际依附

    statistics, 67 – 68 统计数据

    survey, 69; 调查

    problems, 70 问题

labour force, participation rate, 70; see also ageing, social security and intergenerational debate 劳动力, 参与率; 也参见老龄化, 社会保障与代际争论

    ageing and, 531 老龄化与

    impact of business cycle, 71 – 72 经济周期的影响

    US post GFC, 530 – 532 全球金融危机后的美国

labour market flows, matrix, 76; see also flows 劳动力市场流量, 矩阵; 也参见流量

    stocks and, 77 – 78 存量与

labour productivity, 劳动生产率

    factors that influence, 241 影响因素

    growth and aggregate supply, 248 增长和总供给

    procyclical movements in, 251 – 252 顺周期变化

labour theory of value, 436 劳动价值论

Laffer curve, 435 拉弗曲线

Lakoff, George, 118 – 119 乔治·莱考夫

language, 119 – 120 语言

Laspeyres index see consumer price index (CPI) 拉氏指数, 参见消费者价格指数

Law of Diminishing Marginal Productivity, 250 边际生产率递减规律

Law of Diminishing Returns (LDR), 165 – 167, 248 报酬递减规律

leakages, 201, 221, 224 – 225, 351, 552 漏出

Leijonhufvud, A. (1968), 214 莱琼霍夫德

lender of last resort see central bank, lender of last resort 最后贷款人, 参见中央银行, 最后贷款人

Lerner, Abba, 15, 258, 407 阿巴·勒纳

liquidity management, see central bank, liquidity management role; Global Financial Crisis (GFC), liquidity 流动性管理, 参见中央银行, 流动性管理职能; 全球金融危机, 流动性

liquidity preference, 190 – 192, 481; see also saving and liquidity preference; IS – LM framework, liquidity preference function 流动性偏好; 也参见储蓄和流动性偏好; "IS—LM 框架", 流动性偏好函数

LM curve see IS – LM framework, LM curve derivation LM 曲线, 参见 "IS—LM 框架", LM 曲线推导

loanable funds theory, 172, 188 可贷资金理论

  heterodox rejection of, 481 非正统的拒斥

  Keynes critique of, 188 – 190 凯恩斯的批判

  new monetary (macro) consensus and, 491 新货币（宏观）共识与

Lorenz curve, 63 – 65 洛伦兹曲线

Lucas critique, 472 – 473 卢卡斯批判

  new monetary (macro) consensus and, 488 – 489 新货币（宏观）共识与

M

macroeconomics, 12 宏观经济学

  basic rule of, 83, 219 基本规则

  efficiency and, 12 效率与

  for future, 551 – 561 面向未来

  full employment and, 12 充分就业与

  model, 104 – 106 模型

  model, graphical depiction, 109 – 111 模型, 图形化描述

  vs microeconomics, 20 与微观经济学

macroeconomics, key questions, 12 宏观经济学, 关键问题

  central bank balance sheets, 26 – 28 中央银行资产负债表

  GDP growth, 22 – 23 GDP 增长

  Japanese economy, 28 – 31 日本经济

  private sector indebtedness, 26 私人部门负债

  real wages and productivity, 23 – 26 实际工资和生产率

  unemployment, 23 – 25 失业

macroequilibrium rate of unemployment (MRU) 285; see also hysteresis 宏观均衡失业率; 也参见回滞

managerial-welfare state capitalism see Minsky, Hyman, stages of capitalism 管理—福利国家资本主义, 参见海曼·明斯基, 资本主义的阶段

marginal efficiency of capital, 404, 424 边际资本效率

marginal efficiency of investment, 404 – 407 边际投资效率

marginal productivity theory, 433, 480 边际生产率理论

marginal propensity to consume (MPC), 107, 221, 227 边际消费倾向

  expenditure multiplier and, 232, 235 支出乘数与

marginal propensity to import (m), 225, 384 边际进口倾向

  expenditure multiplier and, 232, 235 支出乘数与

marginal propensity to save (MPS), 188, 222 边际储蓄倾向

mark-up pricing, 240 – 241, 245, 248, 256 加成定价

market power, 245 市场力量

Marshall-Lerner condition, 380–381; see also balance of payments, exchange rates 马歇尔-勒纳条件；也参见国际收支，汇率

Marxist approach to economics see heterodox approach; see also entries under Marx, Karl 马克思主义经济学方法，参见非正统经济学；也参见卡尔·马克思下的条目

Marx, Karl, 卡尔·马克思

    capitalist production sequence, 46 资本主义的生产和流通过程

    cause of crises, 177, 422–423 危机的成因

    class struggle, 433 阶级斗争

    communism and socialism, 48 共产主义和社会主义

    Engels, Frederic, social labour and, 45 弗雷德里克·恩格斯，社会化劳动与

    labour theory of value, 436 劳动价值论

    paradox of thrift and, 20–21 节俭悖论与

    Say's Law critique, 176–178 萨伊定律批判

    unemployment causes, 177 失业成因

    wage and price adjustments, 213–214 工资和价格调整

mercantilism, 201, 548 重商主义

metaphors, 120, 123–131; see also cognitive frames 隐喻；也参见认知框架

    event-structure, 129 事件结构

    MMT, 128–31 现代货币理论

    more is up, 129 多为上

    neoclassical, 124–128 新古典

millennium development goals, US, 292 千年发展目标，美国

minimum wages see wage determination 最低工资，参见工资决定

Minsky, Hyman 海曼·明斯基

    central bank as lender of last resort, 427 中央银行作为最后贷款人

    determination of investment, 407–408 投资的决定

    financial instability hypothesis (FIH), 257, 407, 420, 427–428, 540–543; see also financial instability; Global Financial Crisis (GFC) 金融不稳定性假说；也参见金融不稳定；全球金融危机

    stages of capitalism, 541–543 资本主义的阶段

    two price system, 407 两种价格体系

Modern Monetary Theory (MMT), 13–16 现代货币理论

    critique of, 340 对现代货币理论的批评

    government and non government sectors, 13–14 政府部门与非政府部门

    hyperinflation view of, 343–344 对恶性通货膨胀的观点

    metaphor use, 128–131 隐喻的运用

    problems in understanding, 120–121 理解上的问题

    role of government, 13 政府的角色（作用）

Monetarism, 254, 440; see also schools of economic thought, Monetarist 货币主义；也参见经济思想流派，货币主义

    approach to aggregate demand policy, 275

总需求政策

approach to profits, 265 利润理论

bond issuance and, 149 债券发行与

full employment and, 274 充分就业与

mass unemployment and, 277 大规模失业与

minimum wages and, 275 最低工资与

monetary policy, 368, 470 货币政策

natural rate of unemployment, 275; see also non-accelerating inflation rate of unemployment (NAIRU); unemployment 自然失业率;也参见非加速通货膨胀失业率;失业

Phillips curve and, 275 菲利普斯曲线与

Quantity Theory of Money (QTM) and, 262 货币数量论与

structural bias and, 260 结构性偏向与

monetary aggregates, (M0, M1, M2, M3, M4), 147–148 货币供应量（M0, M1, M2, M3, M4）

monetary base, 322 基础货币

monetary policy, 15–16; 360–373, 556–557; see also central bank; fiscal austerity; fiscal policy; quantitative easing 货币政策;也参见中央银行;财政紧缩;财政政策;量化宽松

banking and, 361 银行与

disadvantages of, 369 缺陷

implementation of, 365–366 实施

Monetarism and, 368, 470 货币主义与

post GFC, 366 全球金融危机之后

unconventional, 366–367 非常规

unemployment and, 297 失业与

monetary systems, 354; see also Bretton Woods monetary system; Bancor plan; Economic and Monetary Union of the European Union (EMU) 货币体系;也参见布雷顿森林体系;班柯计划;欧洲经济货币联盟

Bancor plan, 515–516 班柯计划

Bancor plan, problems, 516 班柯计划,问题

Bretton Woods; 13–14, 141, 514–515 布雷顿森林

Economic and Monetary Union of the European Union (EMU), 14, 370, 514, 518–519, 547–549 欧洲经济货币联盟

money; see also Paper Money Acts (Virginia); entries under currency; Quantity Theory of Money (QTM) 货币;也参见纸币法案（弗吉尼亚）;通货下的条目;货币数量论

broad see monetary aggregates 广义,参见货币供应量

endogenous (horizontal reserve), 363 内生（准备金水平供应）

fiat, 340, 342 法定

fundamental Keynesian components of, 482 原教旨凯恩斯主义的构成

high powered (HPM) see monetary aggregate 高能货币,货币供应量

international, 516–518; see also Bretton Woods monetary system; exchange rates fixed and gold standard; Bancor plan 国际，也参见布雷顿森林体系；汇率，固定汇率和金本位制；班柯计划

motives for holding, 445-446 持有动机

narrow see monetary aggregates 狭义，参见货币供应量

orthodox view of in relation to GFC, 539, 540 与全球金融危机相关的正统经济学观点

printing see overt monetary financing (OMF) 印钞，参见公开货币融资

supply, exogenous, 154 供给，外生

supply, endogenous, 156; see also central bank, money supply, control 供给，内生；也参见中央银行，货币供给，控制

taxation and, 137-139 税收与

terminology, 145 术语

velocity of circulation, 175, 262 流通速度

money manager capitalism see entries under inequality; Minsky, Hyman, stages of capitalism 基金经理资本主义，参见不平等下的条目；海曼·明斯基，资本主义的阶段

money multiplier, 153-154, 364; see also banks; central bank; crowding out; quantitative easing; treasury 货币乘数；也参见银行；中央银行；挤出；量化宽松；财政部

money, wages 183, 242-244 货币，工资

aggregate supply and, 248 总供给与

changes, 205, 462 变化

classical system, 205 古典体系

Global Financial Crisis (GFC) and, 270 全球金融危机与

inflexibility in, 243 黏性

Keynes, 205 凯恩斯

under Job Guarantee, 303 在就业保障制度下的

workers and a reduction in, 183-184, 213-214 工人和工资削减

more is up metaphor, 129 多为上的隐喻

N

national income, 总收入（国民收入）

equilibrium, 228-230 均衡

net (NNI), 56 净

net flows, 95 净流量

sources, 84 来源

National Income and Product Accounts (NIPA), 50-65, 99, 552-553 国民收入与产出账户

national output, measurement see gross domestic product (GDP) 国内产出，衡量，参见国内生产总值

net income flows, 95 净收入流量

neoclassical approach, 4-5, 7, 281; see also schools of economic thought, neoclassical synthesis Keynesian (bastard Keynesian) 新古典经济学；也参见经济思想流派，新古典综合派凯恩斯主义（"冒牌的"凯恩斯主义）

neoclassical synthesis school see schools of economic thought, neoclassical synthesis Keynesian（bastard Keynesian）新古典综合学派，参见经济思想流派，新古典综合派凯恩斯主义（"冒牌的"凯恩斯主义）

new classical（NC）school see schools of economic thought, new classical（NC）新古典学派，参见经济思想流派，新古典学派

neoliberal/neoconservative, 4-5; see also neoclassical approach; schools of economic thought, neoclassical synthesis Keynesian（bastard Keynesian）新自由主义/新保守主义；也参见新古典经济学；经济思想流派，新古典综合派凯恩斯主义（"冒牌的"凯恩斯主义）

New Deal see Great Depression, New Deal 新政，参见大萧条，新政

new Keynesian school（NKE）see schools of economic thought, new Keynesian（NKE）新凯恩斯主义学派，参见经济思想流派，新凯恩斯主义

new economy, 524, 527-528 新经济

new monetary（macro）consensus（NMC）see schools of economic thought, new monetary（macro）consensus 新货币（宏观）共识，参见经济思想流派，新货币（宏观）共识

new product bias see consumer price index（CPI）新产品偏差，参见消费者价格指数

non-accelerating inflation buffer employment ratio（NAIBER）, 304-305 非加速通货膨胀缓冲就业率

vs NAIRU, 305-307, 308-309 与非加速通货膨胀失业率

non-accelerating inflation rate of unemployment（NAIRU）, 283, 286 非加速通货膨胀失业率

as inflation anchor, 297 作为通货膨胀锚

Job Guarantee and, 302, 304 就业保障与

limitations of, 297 局限

new monetary（macro）consensus and, 488 新货币（宏观）共识与

vs NAIBER, 305-307, 308-309 与非加速通货膨胀缓冲就业率

O

open market operations（OMO）see central bank, open market operations（OMO）; monetary systems 公开市场操作，参见中央银行，公开市场操作；货币体系

optimal currency areas（OCA）, 513-514 最优货币区

conditions, 514 条件

Economic and Monetary Union of the European Union（EMU）, 14, 370, 514, 518-519, 547-549 欧洲经济货币联盟

OPEC oil increases see inflation 欧佩克油价上涨，参见通货膨胀

optimal macroeconomic scale, 522; see also entries under growth, economic; gross domestic product（GDP）, growth and environmental sustainability 最优宏观经济规模；

也参见增长，经济增长下的条目；国内生产总值，增长和环境可持续性

outlet substitution bias see consumer price index (CPI) 折扣商品偏差，参见消费者价格指数

output gap, 73, 249, 298 产出缺口

overt monetary financing (OMF), 342 公开货币融资

owners' equivalent rent (OER), 63 业主等价租金

P

Paasche index see consumer price index (CPI) 帕氏指数，参见消费者价格指数

Paper Money Acts (Virginia) 138–139; see also entries under currency; IOUs; entries under money 纸币法案（弗吉尼亚）；也参见通货下的条目；借据；货币下的条目

parameters see coefficients 参数，参见系数

Phillips curve, 268–289, 300; see also inflation; unemployment 菲利普斯曲线；也参见通货膨胀；失业

 algebra, 271–272 代数

 econometric misspecification, 273 计量研究的设定错误

 expectations augmented (EAPC), 274–283 附加预期的

 Global Financial Crisis (GFC) and, 270 全球金融危机与

 instability of, 272–273 不稳定

 Job Guarantee and, 309–310 就业保障与

 long-run steady state, 279 长期稳态

 Monetarism and, 275 货币主义与

 short-run (SRPC), 277 短期

 underemployment and, 286–288 不充分就业与

 wage determination, 273 工资的决定

Pigou, Arthur, 亚瑟·庇古

 Theory of Unemployment, 164《失业理论》

 effect (real balance or wealth effect), 210–211 效应（实际余额或财富效应）

 Keynes critique, 462 凯恩斯的批判

policy independence, 325–326; see also central bank, independence 政策独立性；也参见中央银行，独立性

post Keynesian school see schools of economic thought, post-Keynesian 后凯恩斯主义学派，参见经济思想流派，后凯恩斯主义

pre-existing biases, 120 既存偏误

present value, 402–404 现值

price, 价格

 anchors, 301, 306 锚

 determination, 175–176, 244–245, 482 决定

 factors of, 245 因素

 increases, 218, 249 上涨

 mark-up, 240–241, 245, 248, 256 加成

price, stability, 292 价格，稳定

 unemployment buffer stocks and, 296–301; see also buffer stocks, employment; buffer stocks, unemployment 失业缓冲储备与；也参见缓冲储备，就业；缓冲

储备，失业

private domestic sector, 国内私人部门

    financial assets, 94–95 金融资产

    fiscal balance, 85 财政平衡

    fiscal deficit and, 93 财政赤字与

    indebtedness, 26 负债

    investment, 222–224 投资

    net saving, 85 净储蓄

    wealth, 93 财富

producer's price index (US), 62 生产者价格指数（美国）

product market equilibrium, 385, 450–452 产品市场均衡

production, modes of, 38–49 生产，方式

    capitalism, 44–45 资本主义

    capitalism, global, 46–47 资本主义，全球

    capitalism, monetary, 45–46; see also capitalism 资本主义，货币的；也参见资本主义

    communism, 48, 433 共产主义

    feudalism, 42–43 封建主义

    future systems, 47–49 未来的制度

    Fordism, /post-Fordism, 39 福特主义/后福特主义

    industrial revolutions, 45 产业革命

    monetary, 39 货币的

    production technology, 250–251 生产技术

    slavery, 41–42 奴隶制

    socialism, 48, 433 社会主义

    tribal society, 40 部落社会

profits, 244, 296–297, 402; see also Kalecki, Michal; entries under Marx, Karl 利润；也参见米哈尔·卡莱斯基；卡尔·马克思下的条目

    exports and, 412 出口与

    financial instability, 420 金融不稳定

    investment and, 395, 409–413 投资与

    Monetarist approach, 265 货币主义

    source of, 422–423 来源

public programme, costs of, 130–131 公共项目，成本

public purpose, 9–12, 353–354, 560 公共目的

    central bank and, 317 中央银行与

    employment and, 11 就业与

    fiscal sustainability and, 353–354 财政可持续性与

    government role and, 9–10 政府作用与

    international organisations role and, 11 国际组织的作用与

pump priming, 341, 440; see also entries under Keynes, John Maynard 政府注资刺激经济；也参见约翰·梅纳德·凯恩斯下的条目

purchasing power parity theorem, 382 购买力平价理论

purposes are destinations metaphor, 128–129 目的是终点的隐喻

Q

quality change bias see consumer price index (CPI) 质量变化偏差，参见消费者价格

指数

quantitative easing, 335, 343, 358, 365, 366, 493, 557 量化宽松

    MMT view of, 367; see also banks; central bank; crowding out; Global Financial Crisis (GFC); money multiplier; treasury 现代货币理论的观点; 也参见银行; 中央银行; 挤出; 全球金融危机; 货币乘数; 财政部

quantity rationing vs price rationing, 156, 217 数量配给与价格配给

Quantity Theory of Money (QTM), 154, 175–176, 254, 261–264, 342; see also classical system 货币数量论; 也参见古典体系

    hyperinflation, 343 恶性通货膨胀

    issues with, 176 问题/注意事项

    Keynes rejection of, 263 凯恩斯的拒斥

    Monetarism and, 262 货币主义与

quit rates, 278 离职率

R

radical institutional school see schools of economic thought, radical institutional 激进制度学派, 参见经济思想流派, 激进制度学派

random walk see schools of economic thought, real business cycle (RBC) 随机游走, 参见经济思想流派, 真实经济周期

rational expectations hypothesis (RATEX), 281–283, 440; see also adaptive expectations of inflation; inflation; schools of economic thought, new classical economics 理性预期假说; 也参见通货膨胀适应性预期; 通货膨胀; 经济思想流派, 新古典经济学

    critiques of, 282 批判

    Global Financial Crisis (GFC) and, 282 全球金融危机与

    government policy and, 282 政府政策与

real assets (non-financial wealth) see entries under wealth 实物资产 (非金融财富), 参见财富下的条目

real balance (wealth) effect, 210–211 实际余额 (财富) 效应

real business cycle (RBC) school see schools of economic thought, real business cycle (RBC) 真实经济周期学派, 参见经济思想流派, 真实经济周期

real exchange rate see exchange rates, real 实际汇率, 参见汇率, 实际

recessions, 414, 440; see also Global Financial Crisis (GFC); entries under Great Depression 衰退; 也参见全球金融危机; 大萧条下的条目

    distributional impacts of unemployment, 78 失业的分配效应

    fiscal rules and, 91 财政规则与

    investment and, 402 投资与

reduced form solution, 108 简化解

reserve deposits, 361 准备金存款

reserves see banks; central bank, reserves 准备金, 参见银行; 中央银行, 准备金

resource space, real, 323, 355-356 资源空间，实际的

Ricardo, David, *On the Principles of Political Economy and Taxation*, 177 大卫·李嘉图，《政治经济学及赋税原理》

Ricardian equivalence, 471, 472; see also schools of economic thought, Ricardian equivalence 李嘉图等价；也参见经济思想流派，李嘉图等价

rise over run, 110 高度比长度/斜率

Ritter, L. W., 97 L. W. 里特

S

Samuelson, Paul, 保罗·萨缪尔森

accelerator model, 415-417 加速数模型

neoclassical synthesis, 437; see also schools of economic thought, neoclassical synthesis Keynesian (bastard Keynesian) 新古典综合；也参见经济思想流派，新古典综合派凯恩斯主义（"冒牌的"凯恩斯主义）

saving, 189-190; see also marginal propensity to save (MPS) 储蓄；也参见边际储蓄倾向

liquidity preference and, 200 流动性偏好与

personal (PS), 57 私人

private domestic, 85 国内私人

Say's Law, 170 萨伊定律

heterodox economics rejection, 481 非正统经济学的拒斥

Keynes rejection, 188-192, 213-214, 263, 436 凯恩斯的拒斥

Marx critique, 176-178 马克思的批判

Scandinavian Model (SM) of inflation, 265-267; see also inflation 斯堪的纳维亚式通货膨胀模型；也参见通货膨胀

schools of economic thought, 2-8, 432-443 经济思想流派

Austrian, 433-435 奥地利学派

classical, 436 古典学派

Franco-Italian circuitist, 437 法国—意大利循环主义

institutional, 437-438 制度学派

IS-LM framework, 444-468; see also IS-LM framework "IS—LM 框架"；也参见"IS—LM 框架"

Keynesian financial, 437 金融凯恩斯主义

Keynesian, fundamentalist 437 原教旨凯恩斯主义

modern, 469-486 现代

Monetarist, 435, 470; see also Monetarism 货币主义的；也参见货币主义

neoclassical synthesis Keynesian (bastard Keynesian), 436, 438, 470-473 新古典综合派凯恩斯主义（"冒牌的"凯恩斯主义）

neo-Ricardian, 437 新李嘉图学派

new classical (NC), 435, 472 新古典宏观经济学派

post-Keynesian, 437 后凯恩斯主义

radical institutional, 438 激进制度学派

Ricardian equivalence, 471 李嘉图等价

schools of economic thought, general equilibrium (GE), 435 经济思想流派，一般均衡

    critique by US House of Representatives Committee on Science and Technology, 491–492 美国众议院科学技术委员会的批判

    dynamic stochastic general equilibrium (DSGE), 435 动态随机一般均衡

schools of economic thought, heterodox vs orthodox tenants, 478–485 经济思想流派，非正统与主流阵营

    critical realists, 479 批判实在论者

    disequilibrium or nonequilibrium approaches, 478 去均衡或非均衡方法

    distribution, 479 分配

    equilibrium, 478 均衡

    imperfect competition, 482 不完全竞争

    liquidity preference, 481 流动性偏好

    loanable funds and, 481 可贷资金与

    marginal productivity theory, 480 边际生产率理论

    money, 483–484 货币

    pragmatic institutional approach, 479 实用制度主义方法

    Say's law and, 481, 484 萨伊定律与

schools of economic thought, new Keynesian (NKE), 436, 439, 475–477 经济思想流派，新凯恩斯主义

    continuous market clearing, 475 持续市场出清

    critiques of, 492 批判

    information asymmetries, 476 信息不对称

    role of policy, 476–477 政策的作用

schools of economic thought, new monetary (macro) consensus (NMC), 439, 487–495 经济思想流派，新货币（宏观）共识

    amendments post GFC, 489, 490, 493 全球金融危机后的修正

    central bank role, 489 中央银行的作用

    components of, 488–490 组成

    critiques of, 491–492 批判

    DSGE model, 488 动态随机一般均衡模型

    fallacies of composition in, 490 合成谬误

    financial institutions and, 490 金融机构与

    fiscal policy, 489, 490 财政政策

    interest rates, 387 利率

    IS–LM model, 488 "IS—LM 框架"

    loanable funds approach, 491 可贷资金方法

    Lucas critique and, 488–489 卢卡斯批判与

    monetary policy and, 387 货币政策与

    NAIRU and, 488 非加速通货膨胀失业率与

    nominal GDP growth target, 387 名义 GDP 增长目标

    Ricardian equivalence, 490 李嘉图等价

    Taylor rule, 387 泰勒规则

    weaknesses of, 490–494 缺陷

schools of economic thought, real business cycle (RBC), 435, 440, 473–475, 535 经济思想流派，真实经济周期

assumptions of, 473 假设

random walk and, 473–475 随机游走与

market clearing, 475 市场出清

scientific revolutions, 32–33 科学革命

effect on theory, 34 对理论的影响

Keynes (1936) *General Theory of Employment, Interest and Money*, 33–34 凯恩斯的《就业、利息和货币通论》(1936)

Kuhn (1970), 32 库恩

Marx (1867) *Capital*, 34 马克思《资本论》

sectoral balances, 14–15, 83–103, 318–319, 552 部门收支（余额）

framework, uses of 86–88 框架，运用

graphical framework, 87–89 图形框架

graphical framework policy options, 88 政策选择的图形框架

graphical framework sustainable space, 89 可持续空间的图形框架

Shenkar-Osorio (2012), 121–123 申克尔-奥索里奥

short squeeze, 371–372 逼空

skill shortage, 73; see also Job Guarantee; unemployment 技能短缺；也参见就业保障；失业

Smith, Adam, 432 亚当·斯密

social vs economic multipliers, 292 社会与经济乘数

socialism see production, modes of, socialism 社会主义，参见生产，方式，社会主义

speculation, 425 投机

spending gap, 350, 351; see also demand gap 支出缺口；也参见需求缺口

spending, sources of, 219; see also government spending 支出，来源；也参见政府支出

stagflation, 259, 272, 294, 440 滞胀

stagnation, secular, US post GFC, 529–532 停滞，长期停滞，美国全球金融危机后

stocks, 71, 92–93; see also flows; flow of funds analysis; flow of funds matrix; stocks and flows 存量；也参见流量；资金流量分析；资金流量矩阵；存量和流量

stocks and flows, 14, 552; see also flows; stocks; flow of funds analysis; flow of funds matrix 存量和流量；也参见流量；存量；资金流量分析；资金流量矩阵

subscripts, 107 下标

substitution bias see consumer price index (CPI) 替代偏差，参见消费者价格指数

supply, aggregate see aggregate supply (Z) 供给，总，参见总供给

supply siders, 435; see also unemployment, supply side programmes 供给学派；也参见失业，供给侧计划

surplus see fiscal surplus 盈余，参见财政盈余

T

T accounts, 97–101 T 形账户

taxation, 318, 355; see also currency, acceptance 税收；也参见通货，接受

ageing population and, 501, 502 老龄化人

口与

aggregate demand, 201, 323 总需求

as an IOU, 137 作为借据

bracket creep, 358 税级攀升

employment and, 324–325 就业与

expenditure multiplier, 232, 235 支出乘数

fiscal deficits and, 126–127, 355 财政赤字与

functional finance, 336 功能财政

government spending and, 323 政府支出与

IS–LM framework and, 453 "IS—LM框架"与

money and, 137–139 货币与

Paper Money Acts, 138–139 纸币法

role of, 323–325, 324, 355 作用

use of, 96 使用

terms of trade, 383; see also balance of payments; current account; exchange rates 贸易条件；也参见国际收支；经常账户；汇率

theory of business enterprise, 421 企业理论

trade balance, 95, 381, 548; see also balance of payments; current account; exchange rates 贸易差额（平衡）；也参见国际收支；经常账户；汇率

trade deficits, 141, 381; see also balance of payments; current account; exchange rates 贸易赤字；也参见国际收支；经常账户；汇率

trade unions, 256, 297 工会

real wages and, 170, 243 实际工资与

transactions, 交易

horizontal, 97, 370–372 横向的

vertical, 97, 322, 370–372 纵向的

horizontal vs vertical, 97, 370–372 横向的与纵向的

transfer payments see welfare 转移支付，参见福利

transition probabilities, 77–78; see also flows 转移概率；也参见流量

treasury, 317–319, 320–321; see also banks; central bank; government sector, (consolidated); quantitative easing 财政部；也参见银行，中央银行，政府部门，（合并）；量化宽松

bond sales, 320, 322–323; see also entries under bonds 债券销售；也参见债券下的条目

coordination with central bank, 315, 317, 319, 334, 557 与中央银行的协调

duties and responsibilities, 317, 320 职责和责任

voluntary operational rules, 320 自愿的操作规则

Treasury View (of involuntary unemployment), 181 财政部观点（关于非自愿失业）

trickle down economics, 435 涓滴经济学

twin deficits hypothesis, 503–507 双赤字假说

definition, 503 定义

crowding out and, 506 挤出与

inflation, 504 通货膨胀

interest rates, 504 利率
link between fiscal and current account balance, 504–507 财政收支与经常账户收支之间的联系
problems with hypothesis, 506 假说的问题
unemployment, 504 失业

U

underemployment, 74–75; see also casualisation 不充分就业；也参见临时雇佣制
  Global Financial Crisis (GFC) and 74, 287 全球金融危机与
  Global Financial Crisis (GFC), in US 530 全球金融危机, 美国
  Phillips curve and, 286–288 菲利普斯曲线与
  skill related, 74 技能相关的
  time related, 74 时间相关的
  wage determination, 286, 296 工资的决定
  zero, 74 零
unemployment, 23–25; see also buffer stocks, employment; buffer stocks, unemployment; Global Financial Crisis (GFC); Phillips curve; recessions 失业；也参见缓冲储备, 就业；缓冲储备, 失业；全球金融危机；菲利普斯曲线；衰退
  as leakage, 221 作为漏出
  broader measures of, 73–75 更广泛的衡量
  classical view, 169–170 古典观点
  costs of, 291–292 成本
  duration, 78 持续时间

duration, and distributional impacts of recession, 78 持续时间, 衰退的分配效应
effective demand and, 182 有效需求与
equilibrium, 181–182 均衡
Global Financial Crisis (GFC) and, 543 全球金融危机与
hidden, 71 隐蔽
involuntary, 181–182, 186–187, 211–213 非自愿
long term, 79–80, 286; see also unemployment duration; wage determination 长期；也参见失业持续时间
macroequilibrium rate of (MRU), 285 宏观均衡失业率
Marx on cause of, 177 马克思论失业成因
mass, 298, 277 普遍
measurement, 67–72 衡量
monetary policy, 297 货币政策
natural rate of, 269, 274, 296 自然失业率
redistribution of, 293–294 再分配
role of government, 202 政府的角色（作用）
selected countries over time, 23–25 部分国家的历史表现
skill atrophy, 80 技能退化
skill shortages, 73 技能短缺
statistical discrimination, 80 统计上的歧视
supply side programmes, 213; see also supply siders 供给侧计划；也参见供给学派
systemic failure, 181 系统性失灵
twin deficits hypothesis, 504 双赤字假说

wait, 302 等待

wage determination, 296, 297; *see also* wage determination 工资决定；也参见工资决定

unemployment, categories of, 72–73 失业，种类

 cyclical (demand deficient), 73 周期性的（需求不足型）

 frictional, 72 摩擦性

 seasonal, 72 季节性

 structural, 72, 213 结构性

unemployment, factors influencing, 280 失业，影响因素

 in 1970s, 283; *see also* non-accelerating inflation rate of unemployment NAIRU 在 1970 年代；也参见非加速通货膨胀失业率

unemployment, hysteresis (path dependence), 80–81 失业，回滞（路径依赖）

 effect on equilibrium unemployment rates, 80, 283, 285 对均衡失业率的影响

unemployment, inflation and, 254–267 失业，通货膨胀与

 trade-off, 268, 270, 284; *see also* Phillips curve 替代关系；也参见菲利普斯曲线

unemployment, rate, 70 失业，率

 as a stock measure, 71 对存量的衡量

unit labour costs, 244, 251 单位劳动成本

unit of account, 135–140 记账单位

 financial stocks and flows and, 140; *see also* entries under currency; entries under money 金融存量和流量与；也参见通货下的条目；货币下的条目

United Nations Universal Declaration of Human Rights (1948), 9–10, 292 联合国世界人权宣言（1948）

utility, 3, 352 效用

 maximiser, 168 最大化者

V

variables，变量

 change in, 109 变化

 endogenous (dependent), 105 内生（因）

 exogenous (autonomous), 105, 108 外生（自主）

 subscripts and, 107 下标与

Veblen, Thostein 索尔斯坦·凡勃伦

 institutional economics, 437–438 制度经济学

 invisible hand rejection, 438 对看不见的手的否定

 theory of business enterprise, 421 企业理论

W

wage determination; *see also* incomes policies 工资的决定；也参见收入政策

 Job Guarantee and, 302–303, 304, 306, 308 就业保障与

 long-term unemployment and, 286 长期失业与

 Phillips curve and, 273 菲利普斯曲线与

price guideposts US, 264–265 美国工资价格控制指标

price level and, 269 价格水平与

underemployment and, 286, 296 不充分就业与

unemployment and, 296, 297 失业与

wage determination, minimum, 31–32 工资决定，最低

 Job Guarantee and, 302 就业保障与

 new Keynesian approach, 439 新凯恩斯主义

 Monetarism and, 275 货币主义与

 real wages and, 170 实际工资与

wages, real, 242–244 工资，实际

 classical system, 169–170 古典体系

 cuts, 258 降低

 employment and, 185–186 就业与

 equilibrium, 170 均衡

 flexibility, 182 弹性

 minimum wages and, 170 最低工资与

 productivity and, 25–26 生产率与

 productivity and, USA and Australia over time, 25–26 生产率与，美国和澳大利亚的历史情况

 trade unions and, 170, 243 工会与

wealth, 财富

 effect, 210–211, 358 效应

 inside, 93, 97, 558 内部

 non-financial (real assets) 94, 98 非金融（实物资产）

 outside, 93–94, 97, 558 外部

 private domestic, 93 国内私人

welfare, 224, 297 福利

 vs job creation, 293–294 与就业创造

Weintraub, Stanley 206–211; see also macroeconomic demand for labour 西德尼·温特劳布；也参见宏观的劳动力需求

work, gainful, 68; see also Job Guarantee; underemployment; unemployment 工作，有偿的；也参见就业保障；不充分就业；失业

working age population (WAP), 69–70 劳动年龄人口

worth, net aggregate, 94 价值，净总

Y

yields see entries under bonds 收益率，参见债券下的条目

Postscript

后 记

自2019年夏天开始,我们就开始了本书的中文版翻译工作,并于2020年夏完成了初稿翻译,但由于国内原出版社的毁约以及英文版代理人的扯皮,直到2023年8月,中央编译出版社才与外方出版社签订新的出版合同。在过去四年多的时间里,经常有读者询问该书何时出版,在此,我们就本书延迟到现在才出版表示歉意,并感谢他们对本书命运的关注。我们也感谢中央编译出版社最后接手该书译稿的出版事宜!

本书中文翻译初稿分工如下:贾根良(推荐语、序言、第1—2章)、李黎力(第25—26章、第31章、索引)、刘新华(第9—10章)、何增平(第13—16章)、贾诗玥(第3、8、27、29章)、王娜和李彬(第23—24章)、楚珊珊(第17—19章)、张志(第11—12章)、兰无双(第20—22章)、李家瑞(第7、28章)、孙歌珊(第4—5章)、孙钰祺(第6、30章)、李晶晶和张红梅(第32章)、张红梅(第33章)。

自2020年春季学期开始,笔者在博士生的教学中就开始使用本书英文版和部分中文译稿作为课程讨论材料,在这里,笔者要感谢当时的北京大学经济学院博士生孙艳峰和中国人民大学经济学院的博士生任维伟等同学对译稿提出修改意见。

本书初稿翻译后,先是由译者们互校,然后由笔者、李黎力和何增平分工对全部译稿对照英文原文做了第二遍校译，最后由笔者对全部译稿又进行了两遍校译或校订，脚注中的校订者注是笔者所加。即使是这样，本书中文版仍可能存在翻译错误和不到位的地方，敬请读者批评指正！

贾根良

2024 年 4 月 18 日